人民文库 第二辑

# 五四运动史

(修订本)

彭明 著

人民出版社

责任编辑：刘　畅
装帧设计：肖　辉　王欢欢

**图书在版编目(CIP)数据**

五四运动史/彭明 著. —修订本. —北京：人民出版社，2022.4
（人民文库. 第二辑）
ISBN 978－7－01－023574－5

Ⅰ.①五… Ⅱ.①彭… Ⅲ.①五四运动-研究 Ⅳ.①K261.107

中国版本图书馆 CIP 数据核字(2021)第 134981 号

五四运动史
WUSIYUNDONGSHI(XIUDINGBEN)
（修订本）

彭　明　著

人民出版社 出版发行
(100706 北京市东城区隆福寺街99号)

北京新华印刷有限公司印刷　新华书店经销

2022年4月第1版　2022年4月北京第1次印刷
开本：710毫米×1000毫米 1/16　印张：40
字数：575千字

ISBN 978－7－01－023574－5　定价：148.00元

邮购地址 100706　北京市东城区隆福寺街99号
人民东方图书销售中心　电话 (010)65250042　65289539

版权所有·侵权必究
凡购买本社图书，如有印制质量问题，我社负责调换。
服务电话：(010)65250042

# 出 版 前 言

1921年9月,刚刚成立的中国共产党就创办了第一家自己的出版机构——人民出版社。一百年来,在党的领导下,人民出版社大力传播马克思主义及其中国化的最新理论成果,为弘扬真理、繁荣学术、传承文明、普及文化出版了一批又一批影响深远的精品力作,引领着时代思潮与学术方向。

2009年,在庆祝新中国成立60周年之际,我社从历年出版精品中,选取了一百余种图书作为《人民文库》第一辑。文库出版后,广受好评,其中不少图书一印再印。为庆祝中国共产党建党一百周年,反映当代中国学术文化大发展大繁荣的巨大成就,在建社一百周年之际,我社决定推出《人民文库》第二辑。

《人民文库》第二辑继续坚持思想性、学术性、原创性与可读性标准,重点选取20世纪90年代以来出版的哲学社会科学研究著作,按学科分为马克思主义、哲学、政治、法律、经济、历史、文化七类,陆续出版。

习近平总书记指出:"人民群众多读书,我们的民族精神就会厚重起来、深邃起来。""为人民提供更多优秀精神文化产品,善莫大焉。"这既是对广大读者的殷切期望,也是对出版工作者提出的价值要求。

文化自信是一个国家、一个民族发展中更基本、更深沉、更持久的力量,没有文化的繁荣兴盛,就没有中华民族的伟大复兴。我们要始终坚持"为人民出好书"的宗旨,不断推出更多、更好的精品力作,筑牢中华民族文化自信的根基。

人民出版社<br>2021 年 1 月 2 日

# 目 录

前 言 我是怎样研究五四运动史的 ················· 1

第一章 从山东问题说起 ·························· 1
　　　　——"五四"前中国民族危机的严重

　一、不平静的海滨 ······························ 1
　二、可耻的床前外交 ···························· 4
　三、如此"欣然同意"！ ·························· 8
　四、大借款和大拍卖 ··························· 11

第二章 不断的复辟丑剧 ························· 16
　　　　——"五四"前北洋军阀的反动统治

　一、顽固的封建专制主义 ······················· 16
　二、袁世凯称帝 ······························· 21
　三、张勋复辟 ································· 31
　四、段祺瑞的统治术 ··························· 36

第三章 从经济看政治 ··························· 44
　　　　——"五四"前的中国社会经济

　一、帝国主义的经济侵略 ······················· 45
　二、封建军阀的经济掠夺 ······················· 51
　三、中国民族资本主义的发展 ··················· 58

— 1 —

## 第四章 天下兴亡　匹夫有责 ····· 67
### ——"五四"前的群众斗争

一、工人的斗争 ····· 68
二、农民的斗争 ····· 77
三、学生的斗争 ····· 88
四、民族工商业者、华侨及其他爱国人士的斗争 ····· 91
五、孙中山彷徨在歧途中 ····· 94

## 第五章 启封建之蒙 ····· 100
### ——"五四"前的新文化运动

一、从文艺复兴说起 ····· 100
二、中国的"新学" ····· 103
三、《新青年》的创办 ····· 107
四、"法兰西文明"——民主的追求 ····· 113
五、有鬼还是无鬼？——科学和迷信之争 ····· 118
六、打倒吃人的礼教 ····· 123
七、反对封建八股 ····· 127
八、百家争鸣 ····· 132
九、意义和偏向 ····· 137

## 第六章 新世纪的曙光 ····· 140
### ——十月革命对中国革命的影响

一、划时代的炮声 ····· 140
二、世界革命的高潮 ····· 143
三、十月革命在中国的反响 ····· 146
四、保卫十月革命的中国工人 ····· 153
五、中国学生反对《中日共同防敌协定》的斗争 ····· 161
六、红楼星火 ····· 164

## 第七章 新旧思潮的激战 ········· 167
### ——"五四"前夕文化斗争和政治斗争的结合

一、《荆生》大闹陶然亭 ········· 168
二、对于新旧思潮激战的社会评论 ········· 173
三、《每周评论》的鼓动作用 ········· 176
四、组织起来的各种社团 ········· 185

## 第八章 幻想的破灭 ········· 204
### ——中国外交代表在巴黎和会上的失败

一、从克林德碑说起 ········· 204
二、公理战胜? ········· 207
三、分赃会议 ········· 212
四、幻想的破灭 ········· 218

## 第九章 古城在怒吼 ········· 223
### ——五四爱国运动的第一阶段

一、山雨欲来风满楼 ········· 223
二、天安门集合 ········· 231
三、东交民巷受阻 ········· 235
四、火烧赵家楼 ········· 239
五、五月五日的总罢课 ········· 249
六、蔡元培的出走 ········· 254
七、五月十九日的总罢课 ········· 260
八、中外反动派对运动的破坏 ········· 267
九、六月三日开始的大逮捕 ········· 271

## 第十章 震撼黄浦滩 ········· 279
### ——五四爱国运动进入第二阶段

一、上海三罢斗争的实现 ········· 279

二、学生走在运动的先头 …………………………………… 288
　　三、资产阶级的两面性 …………………………………… 291
　　四、工人阶级的决定作用 ………………………………… 297
　　五、中外反动派对运动的破坏 …………………………… 303

第十一章　星火燎原 ……………………………………………… 306
　　　　　——五四爱国运动在全国各地
　　一、综述 …………………………………………………… 306
　　二、山东 …………………………………………………… 311
　　三、天津 …………………………………………………… 319
　　四、武汉 …………………………………………………… 328
　　五、长沙 …………………………………………………… 335

第十二章　人民的胜利 …………………………………………… 344
　　　　　——从罢免卖国贼到拒签和约
　　一、卖国贼的被罢免 ……………………………………… 344
　　二、《北京市民宣言》和陈独秀被捕 …………………… 347
　　三、中华民国学生联合会的成立 ………………………… 351
　　四、拒签和约运动 ………………………………………… 353
　　五、人民群众是历史的主人 ……………………………… 356

第十三章　对鲁案、闽案的声援 ………………………………… 359
　　　　　——五四爱国运动的延续
　　一、马良最无良 …………………………………………… 359
　　二、北京的请愿斗争 ……………………………………… 361
　　三、天安门风波 …………………………………………… 364
　　四、觉悟社的诞生 ………………………………………… 366
　　五、十月的斗争 …………………………………………… 370
　　六、全国各界联合会的成立 ……………………………… 374

七、对闽案的声援……377

**第十四章 新文化运动的新发展**……383
——马克思主义在中国的传播

一、马克思学说在中国的最早出现……383
二、马克思主义在中国的传播……390
三、新文化运动的新发展……402

**第十五章 问题和主义之争**……406
——马克思主义和反马克思主义的第一次论战

一、什么是实验主义？……406
二、杜威的来华……409
三、胡适的挑战……418
四、李大钊的反击……424
五、意义和影响……428

**第十六章 空想社会主义的破产**……433
——昙花一现的工读互助团

一、"隔着纱窗看晓雾"……433
二、一副美妙的共产主义"蓝图"……436
三、工读互助团的实践和失败……444
四、空想必须代之以科学……451

**第十七章 对科学社会主义的追求**……456
——马克思主义哺育了一代青年

一、南陈北李……456
二、青年毛泽东和周恩来……464
三、瞩目无产者……469
四、到民间去！……473

五、到法国去! ………………………………………………… 478
　　六、到俄国去! ………………………………………………… 484

第十八章　社会主义辩论 …………………………………………… 491
　　　　——马克思主义和反马克思主义的第二次论战
　　一、研究系研究什么? …………………………………………… 491
　　二、罗素的来华 ………………………………………………… 494
　　三、张东荪等人的挑战 ………………………………………… 497
　　四、社会主义辩论 ……………………………………………… 500
　　五、意义和影响 ………………………………………………… 505

第十九章　反对无政府主义 ………………………………………… 508
　　　　——马克思主义和反马克思主义的第三次论战
　　一、什么是无政府主义? ………………………………………… 509
　　二、无政府主义在中国的流行 ………………………………… 516
　　三、黄凌霜、区声白等无政府主义者的挑战 ………………… 523
　　四、反对无政府主义 …………………………………………… 528
　　五、意义和影响 ………………………………………………… 533

第二十章　五四运动和妇女解放 …………………………………… 536
　　一、近代妇女的觉醒 …………………………………………… 536
　　二、拆掉贞节牌坊 ……………………………………………… 542
　　三、打破"授受不亲" …………………………………………… 546
　　四、商女也知亡国恨 …………………………………………… 552
　　五、自杀和出走 ………………………………………………… 555
　　六、李超之死 …………………………………………………… 560
　　七、娜拉出走后怎么办? ………………………………………… 562
　　八、妇女解放的根本道路 ……………………………………… 565

结束语 ·················································· 569
附　录　一九一二年一月——一九二一年七月大事记 ········· 575
修订版后记 ············································· 617

# 前言　我是怎样研究五四运动史的

一九七九年五四运动六十周年之际，广东人民出版社和北京出版社分别出版了我的两本小书：《五四运动论文集》和《五四运动在北京》。此后不久，某刊物编辑部就要我写一篇同青年人谈治学经验的文章，而且命题为《我是怎样研究五四运动史的》。不过，我迟迟未敢动笔，因为感到自己才疏学浅、人微言轻，对青年不会有什么帮助，更重要的原因是当时《五四运动史》一书尚未写完，谈经验未免为时过早。

我在上面两本小书的"后记"中都表明了这样的愿望："将来如果条件许可的话，我愿意在科学的道路上重新起步。"意思是说，希望在那两本小书的基础上继续努力，争取完成一本可读的书。现在呈现在读者面前的《五四运动史》就是近几年来在那两本书的基础上继续研究的成果。书成之后，总要有一篇序言或后记之类的文字，向读者交代写书的经过。因此，我写下了《我是怎样研究五四运动史的》这篇文章，算是应答某刊物编辑部指定的题目，同时也算是这本书的前言吧！

## 我是怎样选择五四运动这个题目的？

话要从三十多年前说起。

一九四六年，我在华北联大教育学院史地系学习。那年的"五四"青年节，我们的老院长兼系主任于力（董鲁安）同志，在《北方文化》上发表了一篇纪念文章：《北京高师参加五四游行示威的情况》，讲述了他参加五四运动的经过。这篇文章引起了我对五四运动的兴趣，也就是从这时起，我开始了积累"五四"资料的工作。

一九五六年，我在编写教材的过程中，阅读了大量五四时期的报刊和回忆录，并进行了初步的研究，愈来愈感到五四时期这段历史的重要性：在中国新民主主义革命过程中出现的各种政治思潮，差不多都是在五四时期传入或兴起的；在中国新民主主义革命过程中的一些著名人物，都是在五四时期开始登上政治舞台的。中国新民主主义革命时期的许多革命运动，如工人运动、青年运动、妇女运动等，追根溯源，都是从五四时期发端的。

在中国近代历史上，太平天国运动和五四运动是两大转变时期的标帜。如果说太平天国运动揭开了中国旧的资产阶级民主主义革命的序幕，五四运动则是揭开了新的资产阶级民主主义革命的序幕，成为由旧民主主义革命到新民主主义革命的转折点。我国历史学界对于太平天国的研究是比较充分的，如罗尔纲同志在二十世纪三四十年代便从事过系统的研究，写下了大量著作。而对于五四运动的研究，相比之下，则是比较薄弱的。六十年代初，我看到了美国哈佛大学出版的一本长达数十万字的《五四运动史》（周策纵著，一九六〇年英文版）。这本书激起了我也写一本《五四运动史》的愿望：外国都有了，中国为什么没有？

愿望虽好，但有没有可能实现呢？主要是资料问题。根据多年摸索的经验，感觉资料还是比较丰富的，如档案、报刊、文献等文字资料，当事人回忆的活资料等也都是不难获得的，只要肯付出艰苦的劳动，便会产生出一定的成果。

为此，我从一九六一年拟提纲开始，除一九六四年下去"四清"外，算是没有中断地为《五四运动史》工作了五年。到一九六六年初，共得稿将近三十万字，算是打下了这本书的基础。

因此，当青年朋友们问我治学经验，即如何开展科学研究工作的时候，我认为：选题是中心的一环。

选题必须考虑两个方面，一是必要，一是可能。道理十分明白：你所研究的问题如果对别人没有用处，社会并不需要；或你所研究的问题已是众所周知的道理，并不能在历史科学宝库中增加任何新东西，那有什么研究的必要呢？因此，在定题以前，必须先进行一些调查研究工作，查阅一些文献资料，看前人在这个问题上已经研究到了什么程度，还有哪些问题需要继续研究。选题除考虑必要性外，还要考虑可能性。材料准备怎样？理论准备怎样？都要有些预见。不然的话，便可能产生停工待料以致半途而废的情况。

## 我是怎样收集资料的？

题目选定之后，就要大力从事收集资料的工作了。"巧妇难为无米之炊"，没有资料是谈不上研究的。马克思说："研究必须详细地占有材料，分析它的不同的发展形态，并探寻出各种形态的内部联系。只有在完成这种工作之后，实际的运动方才能够适当地叙述出来。"（《资本论》第一卷《第二版的跋》）我的资料来源不外以下五个方面：

第一，报刊资料。在五十年代编写教材时我就将五四时期的主要报纸和刊物初步地阅读了，到六十年代提纲拟成后，又分章分节分段地补读了应该看到而尚未看到的一些报刊。在这方面我应该十分感谢中国社会科学院中国近代史研究所、北京大学图书馆、北京图书馆、马克思恩格斯列宁斯大林著作编译局等单位的大力协助，报刊资料是当时的文字记录，可以作为我们研究历史的基础资料。

第二，档案资料。报刊资料是重要的历史资料，但并非都是可靠的资料，因它总带有一定的宣传性质，由于各自的立场、角度、动机和时机的不同，报道混乱以致失真的情况是经常发生的。在这种情况下，最后还得靠档案资料才能解决问题。如五月四日当天游行人数问题，李大钊在北大的任教时间问题，等等，都是靠档案资料才弄清楚的。在这方面，我应该十分感谢中国第二历史档案馆和北京大学的帮助。特别是二史馆的同志们,从六十年代起就帮助提供了五四时期的全部有关档案资料,使我的研究工作有可能建立在一个比较扎实的基础上。

第三,文献资料。指的是五四时期的一些代表人物的著作、论文、日记、信札等。五四运动是一次伟大的思想运动。对这次运动中的一些有影响的人物,如陈独秀、李大钊、蔡元培、鲁迅、胡适、吴虞等,一些人的思想,包括青年一代的代表人物,如毛泽东、周恩来等人的思想,都是应该认真研究的,对有关他们的上述一些文献资料,都应广泛收集、反复研读。我在研读这些资料时,都随时整理出一些研究札记性的论文,作为写书的素材。

第四,口述资料。指当事人的一些回忆,即活资料。新中国成立以来,集中出版或分散发表在各种刊物上的有关五四运动的回忆录不少,给我们提供了很多新鲜材料和情况。我对这些回忆录,除认真阅读外,还带着一些问题走访过当年五四运动的参加者或目击者,包括五四时期北京大学的工友、赵家楼胡同的居民、陈独秀故居的房东等。这些活资料非常重要,它可以给你提供许多为文字资料所不具有的细节,给你回答一些不易解决的难题。如高一涵对李大钊、陈独秀、胡适等人物的思想和活动情况的提供,许德珩、杨晦等关于学生运动情况的提供,罗章龙关于马列经典著作在中国翻译、出版情况的提供,张申府、刘清扬关于周恩来等活动情况的提供,都是非常宝贵的资料。这些历史的见证者,有的已年近古稀,有的则已作古,如一九六四年春节前夕曾在南京接见我并作过长谈的高一涵同志,竟在文化大革命期间(一九六八年一月二十三日)去世了,而我在文章前面提到的五四游行中的高师学生于力(董鲁安)同志则早在五十年代就已逝世。因此,深感抢救活资料的迫切性。

除国内一些当事人的回忆资料尽量收集外,对于港台及国外出版的一些当事人的回忆资料,我也尽量收集,作为研究的参考。如张国焘的《我的回忆》及曹汝霖《一生之回忆》等,都可作为一些史实校正的参考资料。

第五,实地考察。司马迁之所以能写出《史记》那样伟大的著作,一方面是由于他掌握了"石室金匮之书";另一方面,或者是更重要的方面,则是和他到处访问历史古迹,进行实地考察"网罗天下放失旧闻"分不开的,后者补充了前者之不足,解答了前者的疑问,因而才能使"百年之间,天下遗文古事,靡不毕集太史公"(《史记》卷一百三十《太史公自序》)。

在研究《五四运动史》的过程中,深感实地考察的重要性。我们不可能重新参加五四运动的实践了,但是我们研究历史的人应该对历史的遗迹进行必要的考察,增加一些真实感受,作为向后代青年教育的材料。因此,我每读到一段文字资料时,总要尽可能地到发生这些事件的地方去走访。例如,我曾不止一次地走访过《新青年》编辑部——陈独秀故居,北京大学当时各科的旧址,毛泽东两次来北京居住和工作的地方;我也曾不止一次地按照五月四日当日游行的路线从东交民巷走到赵家楼胡同曹汝霖的住宅。我不仅自己这样做了,而且在每一次向研究生、学生讲完这一段历史后,也要领着他们这样走一趟,边走边讲,青年人说这样学历史印象深刻,很受教育。

"纸上得来终觉浅,绝知此事要躬行"。通过实地考察,确能纠正书本上或传闻上的一些谬误。例如在文字记载中,《新青年》编者当年曾在"新世界"散发《北京市民宣言》,我原来听说"新世界"就是前门外的劝业场,但经过实地的访问调查,发现不对了,不是劝业场,而是珠市口西香厂路口的一座楼房(原为一小学,现准备拆除)。当年北京的"新世界",类似上海的"大世界"游艺场。通过两次访问(第一次承一位小学教师接待,第二次承小学的一位老工友接待,这位老工友是"五四"当年经常出入"新世界"的一位梨园世家子弟),并参考了当年报纸上的"新世界"游艺场的广告,使我了解了当年"新世界"的全貌。这样,再来读高一涵的那篇和陈独秀一起在"新世界"散发传单经过的回忆,就活灵活现、印象逼真,真是如见其人、如闻其声了。

前人说:"行千里路,读万卷书。"我自己行路虽不多,读书也很少,但我觉得这个方向还是对头的。

以上五个方面,说的是资料来源。如何把这些资料积累起来呢?

首先要强调的是手勤,而且要养成习惯。范老(文澜)强调读书一定要做笔记,他认为读书不做笔记,等于没读。开始我不太理解,后来在实践过程中体会到确属至理名言。经常有这样的情况：当别人谈起某个问题或某个材料的时候，自己恍惚也曾看过（因为确曾看过），但一深究，出于何经？据于何典？便张口结舌，答不出来，也查不出来了。这就是没做笔记的缘故。徐老（特立）谈自己的读书经验："不动笔墨不看书。"又有所谓买书不如借书，借书不如抄书，抄书不如摘录的说法，其意思都是强调要手勤，做笔记。

除强调手勤外，也要有一种科学方法。根据前辈学者的经验和自己的实践，感觉使用卡片积累资料确是一种好方法。我把卡片分为三类：第一类摘录卡片，一般用在不易借到的书籍和资料上；第二类索引卡片，一般用在手头上有或比较容易借到的书籍和资料上；第三类心得卡片，主要是记录一些在看书和研究资料过程中随时想到的一些观点和问题。

卡片积累到一定的数量后，即可根据自己研究问题的提纲，分类放入卡片箱中，在需要时即可分类提取，用完后再归还原处。听说，国外有的历史学者把卡片一式复印两份，一份按年代排列，一份按问题排列。这样，使用起来就更为方便了。

## 怎样从感性认识上升到理性认识？

"详细地占有材料，在马克思列宁主义一般原理的指导下，从这些材料中引出正确的结论"（毛泽东：《改造我们的学习》）。

马克思列宁主义是我们治学的指导思想。如何从生产力和生产关系的矛盾来分析中国革命发生和发展的原因，如何从经济基础和上层建筑的关系来解释中国经济、政治和意识形态各种运动、变化的原因等，所有这些，都是离不开马克思列宁主义的理论指导的。特别是五四新文化运动的许多具体问题，如马克思主义在中国的传播、空想社会主义在中国的破产、马克思主义和反马克思主义思潮的斗争等，不认真学习和掌握马克思列宁主义的经典著作，就无法正确认识历史。材料只是历史的现象，理论才能解决本质问题。浩如烟海的历史材料,如果不以马列主义理论为指导去整理,只能是一团乱麻。

但马克思列宁主义不是教条,而是行动的指南。历史著作并不要求过多地罗列语录,更反对脱离史实的空泛议论,而是要寓论于史,把马列主义的立场、观点、方法寓于历史的表述之中。

如何把收集到的资料从感性认识上升到理性认识?《实践论》简明地概括了这样一个过程:去粗取精,去伪存真,由此及彼,由表及里。这个过程,也就是我们研究工作的过程。

去粗取精。资料收集很多,总不能全部堆积到一本书里去,因此要有取舍。例如五四运动的背景材料,我从袁世凯的反动统治到段祺瑞的反动统治都写了,两个政权的卖国活动资料很多,当然不能面面俱到,什么都写上,因为我写的不是《北洋军阀史》,而是《五四运动史》。因此我就只能取与五四爱国运动有关的签订"二十一条"和山东问题换文的两段资料(又从中点出曹汝霖、章宗祥的卖国相),为五四运动伏下一条线。

去伪存真。对于说明问题的史料,即所谓论据,必须认真核对,辨别真伪。因为史实错了,立论就不可能是正确的。例如,我们以前往往把《每周评论》对《湘江评论》的一段赞语,说成是李大钊所写并由此发出一通议论,李大钊对毛泽东如何如何,等等。认真核对以后,发现这段赞语却出自胡适之手。可见,如果史实弄错了,主观设想出来的任何高明议论,也就没有价值了。我们并不要求事无巨细,都去作一番烦琐的考证。但是,重要史实的核对工作,是绝对不可少的。

由此及彼。说的是材料之间的关系,即彼此联系问题。根据我研究《五四运动史》的体会,首先谈谈文字材料和回忆材料之间的关系。文字材料和回忆材料,应该以当时文字材料为主。因为回忆材料是在事过境迁的多年以后回忆的。由于年代久远,记忆不清,或者角度不同,往往许多人回忆同一件事,却差异很大。因此,许多问题必须有当时的文字材料来印证,才能作出正确的结论。在回忆材料中,第一手的材料,即亲身经历,又是主要的。虽然是同时代人,但是听别人讲的,并非亲自经历,这是不能作为主要根据的。在第一手的回忆中,是当时不久的回忆,还是现在的回忆,两者之中,又应以当时不久的回忆为主。道理是不说自明的。虽然同是回忆某个事件,但因所处地位和角度不同,回忆也会是不同的。如五四运动中火烧赵家楼这件事,许多参加者都回忆说当游行队伍到达赵家楼胡同曹宅时,曹汝霖事先闻讯逃跑了。但是曹汝霖却回忆说他没有跑,他说,"我于仓猝间,避入一小屋(箱子间)","这箱子间,一面通我妇卧室,一面通两女卧室,都有门可通";当学生"即将破门到小屋来,岂知他们一齐乱嚷,都从窗口跳出去了"。(《曹汝霖一生之回忆》,台北一九七〇年版,第一五三页)。曹本人的这段回忆,应该说是实情。学生没有找到曹,因此估计他事先逃跑了,这是可以理解的,但却是不合事实的。由此可见,我们对一切资料,都要具体分析,进行由此及彼的比较研究,来判断事实的真象。

由表及里。即从现象看本质,要从纷繁复杂的历史现象,捉住最本质的东西。从五四时期看来,中国工人阶级的队伍虽然数量还不大,马克思列宁主义的传播还不够普遍,但它们却是最先进的阶级、最先进的思想,代表了时代发展的方向,是其他任何阶级和其他任何思想所不能比拟的。对一个人物的思想研究也是如此,如《李大钊狱中自述》,如果不透过现象看其本质,就不可能作出公正的评价。

我们写历史要求再现历史真相、分析历史特点、阐明历史规律、总结历史经验。对资料钻研愈细致,搜集愈全面,则历史真相的复写才可能愈清晰,才可能将其时代精神、思潮趋向、人物动态以至于当时的景象、气氛勾画出来。也只有在此基础上,才可能分析其特点,阐明其规律,自然而然地得出许多历史的经验和教训。所有这一切,都是必须运用马克思列宁主义这一锐利的思想武器,进行长期的艰苦的劳动才能获得的。

## 文字如何表述

研究成果如何通过文字表述出来,是一个很重要的问题。写了书,总是想使人家看的。书的内容无论怎么丰富,如果没人愿意看,或者人家看不懂,那有什么用?司马迁写《史记》,人物、事件写得那么栩栩如生,引人入胜,千古流传,实在令人佩服。当然,历史学不同于文学,不能虚构和夸张。但是在准确(事实)、鲜明(观点)的基础上,文字力求生动些,让人能读得下去,还是应该的。由于有这么一点读书的感受,所以我在五十年代写那本《中国近百年的历史故事》(上)时,便力图通过讲故事的体裁来宣传科学的历史。那本小册子出版后,老一辈的历史学家及广大读者曾给我很大的鼓励,使我更坚定了信心。

所以,我在写作《五四运动史》时也非常注意这一点。例如,我在写山东问题时,曾亲自到青岛考察了历史沿革和地形的外貌,并请教了研究青岛史的专家。在写到东交民巷、赵家楼胡同、北大红楼、北大法科、杨昌济寓所、三眼井、《新青年》编辑部、新世界游艺场、陶然亭慈悲庵等地方时,我曾不止一次地到那里去观察、访问,力图将几十年前发生的真情实况,再现在读者的面前。然而,我做得还很不够,未能完全达到目的,有许多章节写得还是很呆板。如果将来有机会,我当继续弥补这些不足。

## 持之以恒

鲁迅曾经说过:中国没有肯下死功夫的人。无论什么事,如果持续收集材料,积之十年,总可成一学者。即如最简便而微小的旧有花纸之搜集,也可以观测一时的风尚习惯,和社会情形的一般(许广平:《关于鲁迅的生活》,人民文学出版社一九五四年版,第二五页)。

范老(文澜)谈治学,也是经常要人们坐得住冷板凳,而且要下决心坐上十年。意思是说研究工作持之以恒,必然会出成果。不要三心二意,三天打鱼,两天晒网,一事无成。一是坐冷板凳,一是不要发空论,即不要放空炮,要言之有物。这是范老经常告诫人们的两句话。后来,人们把这两句话概括为这样一副对联:"板凳须坐十年冷　文章不写一句空"范老的治学精神和恩格斯的下述教导是完全一致的:"即使只是在一个单独的历史实例上发展唯物主义的观点,也是一项要求多年冷静钻研的科学工作,因为很明显,在这里只说空话是无济于事的,只有靠大量的、批判地审查过的、充分地掌握了的历史资料,才能解决这样的任务。"(《卡尔·马克思〈政治经济学批判〉》)

重温前辈们的这些教导,我是很惭愧的。屈指算来,从一九四六年收集"五四"资料开始,已经是三十六年过去了。从一九六一年算起,也已过去二十多年了。在这漫长的岁月里,研究工作始终未敢中断。文化大革命的风暴来临后,虽然历尽沧桑,包括去江西干校劳动三年,《五四运动史》的稿子始终未离身边,并在打石头、锯木头、做馒头等劳动之余,不断翻阅和修改。但是,由于自己才疏学浅,功力不够,现在呈现在读者面前的成果实在是微不足道的。而且空话仍然很多,观点、材料错误之处也一定不少。"丑媳妇不怕见公婆",暂就现在这样拿出来,继续听取大家的意见。

## 集 思 广 益

个人的能力有限,集体的智慧无穷。一个人的本领再大,也不可能百事精通。因此,我在研究和写作《五四运动史》的过程中,采取了虚心求教的态度。例如,在研究五四运动在各地区的发展情况时,便向山东、天津、湖北等地方的研究五四运动的专家请教;在研究五四运动和妇女解放问题时,便向妇联干校专门从事妇运史教学和研究的同志请教;在研究五四时期的经济情况时,便向中国近代经济史的专家请教。

没有集体的帮助,这本书是无法写成的。

我应该特别感谢的单位和个人是:

中国社会科学院近代史研究所、中国第二历史档案馆、北京大学图书馆、北京图书馆等单位,都在图书资料上给予了帮助。中国历史博物馆、北京市文物局、首都博物馆、青岛市博物馆、北京出版社、北京大学图书馆等单位,在插图上给予了帮助。

邓野、刘家宾、全慰天、李义彬、李玉贞、杨云若、林代昭、周传云、官守熙、桑咸之、徐锡祺、黄小瑜等同志(以姓氏笔画为序),在部分章节、某些问题上,或提供初稿,或提供资料,或积极提出修改意见,都先后给予了很大帮助。附录的《大事记》是由林代昭同志帮助编写的,地图是由朱菊卿(形势图)、徐锡祺(游行路线图)二同志帮助绘制的。

最后,还应该向人民出版社吕涛同志表示谢意,他为本书的出版付出了大量的劳动。

作　者<br>一九八三年二月

# 第 一 章

# 从山东问题说起

## ——"五四"前中国民族危机的严重

## 一、不平静的海滨

　　山东省的东海之滨,有一座美丽的城市,依山傍海,山、海和市区三者浑然一体。进入这座城市,碧海、蓝天、绿树、红瓦,相互辉映,使人心旷神怡。这就是中外驰名的青岛市。

　　有的书上记载说,原来这里也是一片荒滩,滩上仅有少数渔民的一些窝棚。所谓青岛者,是指距海岸约一海里的一个海中小岛,面积不过0.012平方公里。① 现在人们仍把这里称"小青岛"。但是,也有的研究者考证说,青岛在陆而不在海,它在很早以前(一八九一年)"已是一个繁荣的市镇"了。②

　　总之,这里当黄海、渤海之要冲,地势非常重要,所以帝国主义者(特别是德帝国主义者)觊觎已久,他们的殖民专家认为:欲图远东势力之发达,非占领胶州湾不可。他们认为:从胶州湾作为一突破口,即可占领物

---

① 《胶澳志》卷二《方舆志二》"面积"。
② 鲁海:《青岛考源》,《齐鲁学刊》一九八〇年第六期。

产丰富的全山东,并由此进而魔爪四伸,占领全中国。一八九七年十一月十四日,德国借口山东教案(两名德国籍教士四天前在巨野被杀),派军舰占领了胶州湾。一八九八年三月,德国在沙俄的帮助下,强迫清政府订立了中德《胶澳租界条约》,其中规定:"胶澳之口,南北两面,租与德国,先以九十九年为限";"租期未完,中国不得治理,均归德国管辖"。① 当时境界包括胶州湾四周及岛屿。整个租界地称"胶澳租界",统治者称"胶澳提督"。一八九九年德皇下令"将胶澳租界地的新市区定名为青岛",只准许欧洲人居住。② 当时中国报刊,有的称青岛,有的称胶州。五四运动中提出所谓青岛问题者,即指整个胶澳租借地而言。

《胶澳租界条约》还规定了德国在山东境内修筑胶济铁路和在铁路沿线三十里内采矿的权力,而且中国对"德国商人及工程人",必须"一律优待"。③

这样,在十九世纪末的"割地狂潮"中,山东便成为德国的势力范围了。胶济铁路于一九〇四年由青岛修至济南,全线通车。④

从此以后,德国便在胶州湾沿岸大兴土木。我们今天到青岛市的海滨去走一趟,到处看到的仍是德国式的建筑,有的房屋上还刻着"190×"字样。现在的海洋学院(原山东大学)就是当年的德国兵营(名曰"俾斯麦兵营"),原来的军事设施,仍保存着很多痕迹。

一九一四年的夏季,正是青岛的最好季节,德国人正在这个避暑胜地寻欢作乐。可是,第一次世界大战的炮声响了。八月一日,德国对俄宣战。三日,德国又对法国宣战。同日,德军侵入比利时。四日,英国对德宣战。

第一次世界大战,是帝国主义为重新瓜分世界而进行的战争。战争的双方是两大帝国主义国家集团:一方面是德国、奥匈、保加利亚和土耳其,称为同盟国;一方面是英国、法国、俄国以及塞尔维亚、比利时,称为协

---

① 《中外旧约章汇编》(1),第七三八页。
② 参见鲁海:《青岛考源》。又据鲁海同志一九八一年一月十九日函告:"一九一一年辛亥革命后,清廷王公贵族封建官僚逃来青岛甚众,《胶州湾》一书统计,副大臣以上即十八人,其实尚不止此数,德国修改了法令,开始允许中国人居住。"
③ 《中外旧约章汇编》(1),第七四〇页。
④ 《胶澳志》卷十二《胶澳大事记》。

约国。以后陆续参加的还有日本、意大利、美国等。总计卷入这次战争的共有三十三个国家,动员人数达七千四百万人。

东方的日本帝国主义,认为第一次世界大战是它侵占中国的大好时机。当时被任命为驻华公使的日置益,在他还未上任的时候,就口口声声说:"战则大妙!"

当时的北洋军阀政府,腐败无能,仅在八月六日宣告中立,说什么"各交战国在中国领土、领海不得有占据及交战行为","各交战国之军队军械及辎重品,均不得由中国领土领海经过",[①]等等。

可是,日本帝国主义根本不理会这一套。就在北京政府宣告中立的第三天——八月八日,日本军舰已出现于青岛海面。

八月十五日,日本对德发出最后通牒,要求将远东海上之德国军舰一律撤回,并要求将胶州湾德国租界地无条件地交与日本接收。

八月二十三日,日本对德宣战,旋即派军两万多人在龙口登岸。北京政府立即划出所谓特别区域供日军使用,不再顾及它曾宣布过的中立条款了。九月三日,北京政府借口参照日俄战争先例,照会各国公使说:"在龙口、莱州及接连胶州湾附近各地方,确实为各交战国军队必须行用至少之地点,本政府不负完全中立之责任。"[②]

但是,日本并不以进占上述地区为满足。九月二十六日,日军四百余人即超出所谓特别区域,进占潍县车站。这时,北京政府虽然向日本申诉了将使"政府失信于军民"的苦衷,但日本政府不仅置之不理,而且在胶济路"纯系德政府之产"的借口下,继续派军西进,并威胁中国立即将胶济路上的军队撤开,声称:"若有冲突,日本将认为助德敌日之举。"[③]

在北京政府屈从退让下,日本军队于十月六日直达济南车站。日本政府并公开声言:"本国政府对于山东胶济铁路有管理之必要,因而实行占领。"[④]

---

[①] 《东方杂志》第十一卷,第三号。
[②] 《东方杂志》第十一卷,第四号。
[③] 《东方杂志》第十一卷,第五号。
[④] 《东方杂志》第十一卷,第五号。

十一月七日，日军攻占青岛，在青岛的德国人向日军投降。至此，在中国境内的对德作战已告结束。按理，日军应该撤退，而将青岛等地交还中国了。但是，日军仍借口欧战尚未结束，拒不撤走。十二月间，驻胶济铁路及新设电线沿线和龙口、青岛间的日军，仍达一万六千人左右。

日军既不撤走，北京政府也不敢正式提出要求，十二月十四日，驻日公使陆宗舆致电外交部次长曹汝霖说："正式要求撤兵，必须稍待，恐速反不达。"[①]

在北京政府处处退让的形势下，日本侵略者更步步进逼。到一九一五年，日本不仅拒绝从山东撤兵，反而进一步提出了灭亡全中国的二十一条。

## 二、可耻的床前外交

一个真正独立的国家，应该有自己的国家尊严。国与国之间的谈判，不论就内容上，或形式上（包括礼仪上），都应该建立在平等的基础上。

但是，"五四"时的中国，是一个半殖民地半封建的社会，统治中国的北京政府不过是帝国主义侵略的工具，因此这个政府和帝国主义国家的外交谈判，就不是平等的关系，而是主子和奴才的关系。例如，一九一五年关于"二十一条"的谈判，就是如此。在谈判过程中，日方代表日本驻华公使日置益于三月十七日因坠马受伤了。既然如此，那么就应暂停谈判或者由日方改派代表好了。但是，卖国的北京政府并没有要求这样做，而是继续派自己的谈判代表曹汝霖（北京政府外交部次长）等人，到东交民巷日本使馆日置益的床前去进行会议。曹汝霖在回忆这次谈判时说："适日使坠马受伤，会议停了三次，小幡来部告我，公使伤未愈，腿涂石膏，不能下床，但急于会议，拟请陆总长与您枉驾使馆会议。余告陆总长

---

[①] 驻日使馆档案，见王芸生辑：《六十年来中国与日本》第六卷，第七十五页。

同意,遂移至日本使馆会议。日使不能下床,就在床前设桌会议。"①这种国家之间外交代表的谈判,实在是古今中外外交史上罕见的丑闻。

屈辱的形式,是和屈辱的内容相适应的。那么,"二十一条"都是些什么内容呢?

"二十一条"共分为五号。

第一号是关于山东问题。其中规定:"中国政府允诺,日后日本国政府拟向德国政府协定之所有德国关于山东省依据条约或其他关系对中国政府享有一切权利利益让与等项处分,概行承认。""中国政府允诺,凡在山东省内并其沿海一带土地及各岛屿,无论何项名目,概不让与或租与他国。""中国政府允准,日本国建造由烟台或龙口接连胶济铁路之铁路。""中国政府允诺,为外国人居住贸易起见,从速自开山东省内各主要城市作为商埠,其应开地方,另行协定。"②

第二号是关于南满及内蒙东部问题。其中规定:"将旅顺大连租借期限,并南满洲及安奉两铁路期限,均展至九十九年为期。""日本国臣民在南满洲及东部内蒙古,为盖造商工业应用之房厂或为耕作,可得其需要土地之租借权或所有权。""日本国臣民得在南满洲及东部内蒙古任便居住往来,并经营商工业等各项生意。""中国政府允将在南满洲及东部内蒙古各矿开采权,许与日本国臣民。""中国政府在南满洲及东部内蒙古聘用政治、财政、军事各顾问教习,必须先向日本政府商议。""中国政府允将吉长铁路管理经营事宜,委任日本国政府,其年限自本约画押之日起,以九十九年为期。"此外,还规定了非经日本政府同意,不得允许其他国人在南满及内蒙东部建造铁路或进行铁路借款,中国政府也不得将南满及内蒙东部的各项税课作为向他国借款的抵押。

第三号是汉冶萍公司问题。其中规定:"将汉冶萍公司作为两国合办事业,并允如未经日本国政府同意,所有属于该公司一切权利产业,中国政府不得自行处分,亦不得使该公司任意处分。""所有属于汉冶萍公

---

① 曹汝霖:《曹汝霖一生之回忆》,台北一九七〇年版,第九三页。
② 龚古今、恽修编:《第一次世界大战以来帝国主义侵华文件选辑》,生活·读书·新知三联书店一九五八年版,以下"二十一条"引文均同此出处。

司各矿之附近矿山,如未经该公司同意,一概不准该公司以外之人开采。并允此外凡欲措办,无论直接间接对该公司恐有影响之举,必须先经该公司同意。"

第四号是沿海岛屿问题。其中规定:"中国政府允准,所有中国沿岸、港湾及岛屿,概不让与或租与他国。"

第五号是对全中国的控制问题。其中规定:"在中国中央政府须聘用有力之日本人,充为政治、财政、军事等各顾问。""所有在中国内地所设日本病院、寺院、学校等,概允其土地所有权。""将必要地方之警察,作为日中合办,或在此等地方之警察官署须聘用多数日本人……""由日本采办一定数量之军械(譬如在中国政府所需军械之半数以上),或在中国设立中日合办之军械厂,聘用日本技师,并采买日本材料。""允将接连武昌与九江南昌路线之铁路,及南昌杭州、南昌潮州各路线铁路之建造权,许与日本国。""在福建省内筹办铁路矿山,及整顿海口(船厂在内),如需外国资本之时,先向日本国协议。""允认日本国人在中国有布教之权。"

从以上"二十一条"的内容来看,有的是对日本已经实现的侵略特权的承认,更多的则是使日本侵略势力在中国得到一个猛烈的扩张。这个条约包括了政治、军事、经济、文化各个方面,如果这个条约实现,中国也就全部沦亡于日本之手了。

这个"二十一条",是一九一五年一月十八日,由日本驻华公使日置益向袁世凯亲自递交的,当时即要求"迅速商议解决,并守秘密"。① 因为,日本帝国主义和其他列强有矛盾,害怕第三国的干涉。这一点,日置益向北京政府的谈判代表外交总长陆征祥、次长曹汝霖说的更加明白:"此种谈判,一有耽误,恐生妨碍。本国政府亟思从速进行……"②

由于这个卖国条约太露骨了,所以北京的袁世凯政府在谈判开始的时候,曾不得不考虑其他帝国主义的干涉和人民群众的反对,而有所犹豫,一再请求日本"原谅中国政府实在为难情形,勿过坚持","请留亲善余地"。③

---

① 王芸生:《六十年来中国与日本》第六卷,《大公报》社一九三二年版,第八十七页。
② 王芸生:《六十年来中国与日本》第六卷,第一一六页。
③ 王芸生:《六十年来中国与日本》第六卷,第一四二页。

日本政府很不满意袁世凯政府的犹豫。它于一九一五年三月间增兵东北、山东、津沽等处,向袁政府进行恫吓。日置益在三月八日往访曹汝霖说:"会议迁延,日本国军国民(按:应是日本政府),势难再徇情,若于数日内对于重要各条,无满意之承认,恐生不测之事。"①

四月二十六日,日本政府提出修正案二十四款。这一修正案,除在形式上和文字上略有变动外,基本内容仍和"二十一条"一样。五月七日,日本政府向袁世凯政府下达最后通牒,声言:第一号、第二号、第三号、第四号之各项,及第五号中的福建问题,必须按照日本提出之修正,"不加以何等之更改,速行应诺";第五号的其他各项则应"另行协商"。这一通牒,要求袁世凯政府在五月九日以前作出答复,"如到期不受到满足之答复,则帝国政府将执认为必要之手段……"②

五月九日,称帝心切的袁世凯令其代表对日本的要求作了完全的承认。③

五月二十五日,有关"二十一条"各项内容的条约和换文,在北京签

---

① 王芸生:《六十年来中国与日本》第六卷,第二三四页。
② 《六十年来中国与日本》第六卷,第三〇七、九十一页。
③ 曹汝霖是亲自拟稿和递送投降书(即复文接受最后通牒)的人。他在九十一岁时的回忆中,曾交代了这一可耻活动的具体情节:

"散会(指袁世凯召集的讨论接受最后通牒的会)后,我回外部,与参事顾少川商拟复日使照会稿。我们以为虽然接受通牒,然我方应驳之处,仍应声明,仔细斟酌,三易草稿,请少川以英文译述,亦觉妥当。脱稿时已逾四时,假眠片刻。黎明后,余即携稿入府。总统已在办公厅,状甚兴奋,似未睡眠。正在阅稿时,日使馆即来电话,请余接话。余接话时,知系高尾,他说今日已到限期,贵方复文何时发出?我答必在期内发出。他又说最后通牒复文,只有诺否两字已足,若杂以它语,彼此辩论,过了期限,反恐误事,务望注意。我答知道了,即将电话挂断回报总统。可知我方举动,彼均留意侦悉。总统听了,叹了一口气,即命内史长阮斗瞻重拟一稿,将我原稿交阅,且说将辩论之处,一概删去,只要简单。惟于末尾称,除第五项外余照允等语。后高尾又来部云,奉公使命,请先阅复文稿,以免临时有误限时,反而不便。余以干涉太甚,不允交阅。彼再三要求,且说你如不允,请见总长。余乃请示总长,总长说时间局促,免生枝节,即先给他阅看吧。岂知阅后又生问题,他说除第五项外这句,不是通牒原文,须照原文更正。余说这是事实并无不合。他说原文是暂时脱离容后再议,非照原文改正不可。秘书往还磋商,易稿数次,终不同意。直至黄昏,时限将到,仍未商妥,陆总长乃谓此事由我负责,即照原文,以后再议与否,要看那时情形,不必在此时文字上争执。遂定稿缮正,由陆总长及余并施秘书,亲送至日使馆,交与日使日置益,时为五月九日十一时也。余心感凄凉,若有亲递降表之感。"(见《曹汝霖一生之回忆》,第一〇〇——一〇一页。)

字和交换(计条约二件,换文十三件)。在袁看来,"二十一条"的承认,将有助于日本对其帝制的支持,因为当日置益向袁面交"二十一条"的时候就曾说:"总统如接受此种要求,……日本政府从此对袁总统亦能遇事相助。"①

以上,就是"五七""五九"国耻的经过。后来,中国人民把"五七"或"五九"作为国耻纪念日。"五七"是指日本政府下最后通牒的日子,"五九"是指袁世凯政府承认"二十一条"的日子。

## 三、如此"欣然同意"!

日本占据山东,全国人民反对。但是,却有人同意,不仅同意,而且是"欣然同意";不仅口头同意,而且白纸黑字,立有字据。此人是谁?不是别人,就是臭名昭著的卖国贼章宗祥。

事情的原委是这样的:

袁世凯虽然承认了"二十一条",但是却没有坐稳皇帝的宝座。一九一六年六月六日,在全中国一片唾骂声中,他就死去了。

袁死,黎元洪以副总统的资格,继任大总统。但实权握在国务总理兼陆军总长段祺瑞的手中。

黎和段是有矛盾的。他们各有其帝国主义的后台。一九一七年初在中国参战问题上的府(总统府)院(国务院)之争,实际上就是反映了日、美之间的斗争。

当第一次世界大战刚刚开始的时候,日本是不愿意中国参战的。因为日本那时正在进攻山东,中国如果参加协约国作战,它就没有进攻山东的理由了。但到一九一七年时,情况不同了:第一,它已在"二十一条"中取得了特别权益;第二,它与英、法、意、俄之间在一九一七年二、三月间取

---

① 《六十年来中国与日本》第六卷,第三〇七、九十一页。

得了秘密谅解,四国承认日本在山东的既得权益,日本则须使中国对德宣战为交换条件。在这种情况下,段祺瑞遵照其主子的意旨,决定对德宣战了。

美国是在一九一七年二月间参加世界大战的。当时它曾通知北京政府:"如其他中立各国能仿美国政府之举动者,实于世界和平将有裨益。"但是,当美国发现日本要利用中国的参战来扩大自己势力的时候,它又立即主张中国暂时不要参战了。三月间,黎元洪所以拒绝在段祺瑞拟具的关于对德绝交的电稿(此电稿系训令驻日公使章宗祥秘密通知日本政府)上签字,就是以美国的态度为转移的。

府、院之争导致了一九一七年七月一日张勋复辟丑剧的上演(关于这一事件,下章将为详述)。翻手为云,覆手为雨的段祺瑞,先是支持张勋反黎,而当张众叛亲离时,他又在马厂誓师讨张,以"再造民国"的功臣自居。

段祺瑞胜利,黎元洪下台。继黎为总统的是直系军阀头子冯国璋,但北京的中央大权仍掌握在国务总理段祺瑞的手中。八月十四日,段祺瑞使北京政府宣布对德作战;接着,又制造了一个皖系国会作为自己统治的工具。

中国既然对德宣战,按道理讲,德国在山东夺取的利益,应该由中国收回了。但是,事实恰恰相反,权益不仅未被收回,而且被更大量地出卖了。

原来德国在山东除经营胶济铁路外,还于一九一四年从北京政府取得将来敷设延长线之权利,其延长线即自济南西至京汉路之顺德,以及自高密至徐州之线路。"二十一条"谈判时曾议及两路,但未作具体决定。一九一七年中国参战后,日本要求用条约的形式肯定下来,于是在次年的九月二十四日,驻日公使章宗祥和日本外相后藤交换了关于向日本借款的公文,并在九月二十八日正式签订了借款二千万元的合同。

由于上述借款涉及山东问题,因此在一九一八年九月二十四日章宗祥和后藤交换借款公文的同时,又交换了关于山东问题的换文。

换文中说:"胶济铁路沿线之日本军队,除济南留一部队外,全部均调集于青岛。"①这就是说,中国虽然参战了,但日本军队仍然要占领济南和青岛,而且要用正式换文肯定其占领的合法。

换文中说:"济南铁路之警备,可由中国政府组成巡警队任之";"巡警队本部及枢要驿并巡警养成所内,应聘用日本国人。"②这就是说,日本要继续占领胶济铁路,仅仅把形式由日本驻军改为日人指挥下之"中国巡警队"而已。

换文中说:"胶济铁路所属确定以后,归中日两国合办经营。"③所谓"中日合办",实际上是由日本独占。而且根据中德铁路章程,中国有在将来收回铁路之权,这里规定的"中日合办",竟是遥遥无期。

根据"二十一条",日本所要求的山东权益,基本上还限于继承德国之所得。但据此照会,却大大超过了德国的势力范围。中国参战的结果,不是将山东收回,而是进一步丢弃,这实在是奇耻大辱。但是,已经彻底投靠日本帝国主义的段祺瑞政府,不仅不感到耻辱,而是"欣然同意",试看其特命全权公使章宗祥是怎样立下保证的:

> 敬启者:接奉贵翰(指日外相后藤之来文)内称,贵国政府顾念贵我两国间所存善邻之谊,本和衷协调之意旨起见,提议关于山东省诸问题,照左记各项处理等因,业已阅悉:(一)胶济铁路沿线之日本国军队,除济南留一部队外,全部均调集于青岛;(二)胶济铁路之警备,可由中国政府组成巡警队任之;(三)右列巡警队之经费,由胶济路提供相当之金额充之;(四)右列巡警队本部及枢要驿并巡警养成所内,应聘用日本国人;(五)胶济铁路从业员中应采用中国人;(六)胶济铁路所属确定以后,归中日两国合办经营;(七)现在施行之民政撤废之。中国政府对于日本政府右列之提议,欣然同意。特此奉复,谨具。④

这张字据,成为后来巴黎和会上日本强占山东的借口,也是中国学生

---

① 《六十年来中国与日本》第七卷,第一八八页。
② 《六十年来中国与日本》第七卷,第一八八页。
③ 《六十年来中国与日本》第七卷,第一八八页。
④ 《六十年来中国与日本》第七卷,第一八九页。

为什么把章宗祥和签订"二十一条"时的主角曹汝霖、陆宗舆(签"二十一条"时的驻日公使)并列为三大卖国贼的原因之一。

## 四、大借款和大拍卖

上述济(南)顺(德)、高(密)徐(州)两铁路二千万元借款,在当时段祺瑞政府向日本的大借款中,只占一个很小的部分。除此之外,还有各种性质的,政治的、军事的、经济的,公开的、秘密的,等等许多借款。

通过大借款,殖民地化中国,是日本政府的既定政策之一。

第一次世界大战期间,日本国内资本过剩,亟欲向外寻找出路。而当时日本和袁世凯签订的"二十一条",又遭到中国人民的严重抗议。因此,一九一六年十月日本寺内内阁继大隈内阁成立的时候,即决定对华大量投资。在他们看来,这样做,一方面可以继续获得大量利权;另一方面又可转移中国人民对日之恶感。

日本为了避免其他列强的干涉,许多借款不以官方名义公开行之,而是组织朝鲜、台湾、兴业三银行为主秘密进行,并以西原龟三其人奔走于东京、北京之间。所以人们又把这一时期的大借款,称为"西原借款"。①一九一七年八月,又成立了中日合办的中华汇业银行(华股代表为陆宗舆,日股即为朝鲜、台湾、兴业三银行),办理西原借款的接收等事宜。

除西原借款外,日本通过各种渠道,利用各种名义进行的借款,还有很多。总计一九一七和一九一八两年内,日本对中国的借款达数亿元之多。通过这些借款,日本在中国获得了大量利权,试看下表:②

---

① 西原龟三(一八七三——一九五四年),是在一九一一年结识了朝鲜总督寺内正毅的,他在一九一六年六月曾奉寺内之命到中国东北、华北等地考察,写出多篇调查报告,为促使大隈辞职、寺内上台尽力颇多。在寺内内阁期间(一九一六年十月六日至一九一八年九月二十八日),他又五次秘密来华,充当日本和皖系军阀勾结的直接牵线人,"西原借款"就是这种勾结的产物。

② 《第一次世界大战以来帝国主义侵华文件选辑》,第五七——五九页。

| 名　目 | 日　期 | 金额（日元） | 利率 | 担保品 | 签字者 | 备注 |
|---|---|---|---|---|---|---|
| 中日交通银行借款合同 | 1917.1.20 | 5,000,000 | 0.075 | 陇海铁路收入国库券 | 中国交通银行总理曹汝霖,日本兴业银行总裁代理二宫基成 | |
| 善后借款第一次垫款合同 | 1917.8.28 | 10,000,000 | 0.07 | 国库券（盐务收入） | 中国财政总长梁启超,日本横滨正金银行代表小田万寿之助 | |
| 中日第二次交通银行借款合同 | 1917.9.28 | 20,000,000 | 0.075 | 国库券 | 中国交通银行总理曹汝霖,日本兴业银行总裁立铁次郎 | |
| 中日吉长铁路借款合同 | 1917.10.12 | 6,500,000 | 0.05 | 吉长铁路 | 中国财政总长梁启超,交通总长曹汝霖南满铁路公司代表理事龙居赖三 | |
| 第一次军械借款合同 | 1917.11.15 | 10,000,000 | 0.07 | 国库券 | 北京陆军部,日本泰平公司 | 以军械为现款 |
| 中日运河借款契约 | 1917.11.20 | 5,000,000 | | 运河收入及印花税 | 中国政府代表熊希龄,美国广益公司 | 在中美运河借款的一千二百万元中,日投资五百万元 |
| 中日直隶水灾借款契约 | 1917.11.22 | 5,000,000 | 0.01 | 多伦、鄂尔及山东、山西之某地常关收入 | 中国财政总长梁启超,日本银行代表团代表中日实业公司总裁李士伟 | |
| 中日印刷局借款合同 | 1918.1.5 | 2,000,000 | 0.08 | 印刷局财产 | 中国财政部印刷局,日商三井洋行 | |
| 善后借款第二次垫款合同 | 1918.1.6 | 10,000,000 | 0.07 | 国库券（盐务收入） | 中国财政总长王克敏,日本横滨正金银行代表武内金平 | |
| 中日四郑铁路短期借款合同 | 1918.2.12 | 2,600,000 | 0.07 | 四郑铁路 | 中国交通总长兼财政总长,曹汝霖,日本横滨正金银行 | |
| 中日无线电台借款合同 | 1918.2.21 | 536,267镑 | 0.08 | 无担保 | 中华民国海军部,日商三井洋行 | |
| 中日有线电报借款合同 | 1918.4.30 | 20,000,000 | 0.08 | 有线电报 | 中国交通总长兼财政总长曹汝霖,股份公司中华汇业银行总理陆宗舆,专务理事柿内常次郎 | |
| 中日吉会铁路垫款合同 | 1918.6.18 | 10,000,000 | 0.075 | 吉会铁路 | 中国交通总长兼财政总长曹汝霖,日本兴业银行代表总裁真川孝彦 | |

第一章 从山东问题说起

续表

| 名　目 | 日　期 | 金额（日元） | 利率 | 担保品 | 签字者 | 备注 |
|---|---|---|---|---|---|---|
| 陕西地方当局与日本东亚兴业会社借款合同 | 1918.6.30 | 3,000,000 | 0.08 | 陕西省铜元局纺纱局之红利 | 陕西省长刘镇华,东亚实业株式会社代理大仓洋行河野久太郎 | |
| 善后借款第三次垫款合同 | 1918.7.5 | 10,000,000 | 0.07 | 国库券（盐务收入） | 中国财政总长王克敏,日本横滨正金银行代表武内金平 | |
| 第二次军械借款合同 | 1918.7.31 | 23,643,762 | 0.07 | 国库券 | 中华民国陆军总长段芝贵,日本泰平公司代表高木洁 | 以军械为现款 |
| 中日关于吉黑两省金矿及森林借款合同 | 1918.8.2 | 30,000,000 | 0.075 | 吉黑两省之金矿及国有森林财产及收入 | 财政总长曹汝霖,股份公司中华汇业银行总理陆宗舆,专务理事柿内常次郎 | |
| 中日山东省短期借款条约大纲 | 1918.9.1 | 3,500,000 | 0.08 | 山东省各种税收 | 山东督军兼省长张怀芝,中日实业有限公司同部三郎 | |
| 中日满蒙四铁路借款合同 | 1918.9.28 | 20,000,000 | 0.08 | 满蒙四路 | 中华民国特命全权公使章宗祥,日本兴业银行副总裁小野英二郎 | |
| 中日济顺高徐二铁路借款合同 | 1918.9.28 | 20,000,000 | 0.08 | 济顺高徐二路 | 中华民国特命全权公使章宗祥,日本兴业银行副总裁小野英二郎 | |
| 中日参战借款合同 | 1918.9.28 | 20,000,000 | 0.07 | 国库券 | 中华民国特命全权公使章宗祥,日本帝国朝鲜银行总裁美浓俊吉 | |
| 中日扩充电话借款合同 | 1918.10.25 | 10,000,000 | 0.08 | 电话局财产及收入;国库券 | 中华民国交通总长曹汝霖,日本中日实业股份有限公司代表杨毓斌等 | |
| 中日京绥铁路公债借款合同 | 1918.12.7 | 3,000,000 | 0.09 | 公债担保 | 京绥铁路管理局局长丁士源,东亚兴业株式会社代表枯三郎 | |

应当指出,这一记载是很不完全的,因为有许多借款都是由中日两国政府秘密进行的,具体详情一时无法查明。例如,除上表记载者外,根据

日本寺内下台时大藏省的报告,即还有满蒙铁路正式借款一亿五千万元和制铁借款一亿元。①

在各种借款中,日本所获得的利权,有两点需要加以特别注意:

第一,日本于一九一八年九月二十八日以"参战"借款两千万元之代价,取得了日本军官训练中国"参战军"的权利。

段祺瑞自一九一七年八月十四日对德宣战后,长期以来的情况是宣而不战。但当第一次世界大战将要结束的时候,他却借款编练起"参战军"来了。显然,段祺瑞编练军队的目的,是用以对内,而不是用于对外。

在日本方面,则是唯恐天下不乱。编练"参战军",一方面可以扩大亲日派军阀的实力,使其与其他各派军阀作战;另一方面,借此时机,以日本军官控制"参战军",也就取得了在中国军事上的特殊地位。

在袁世凯签订"二十一条"时,日本已经提出控制中国军警权的要求,但那时袁世凯尚有所顾忌而未敢应允。现在,日本仅以两千万元的代价,即从段祺瑞手中取得为袁世凯所不敢出卖的权利。段的卖国确是青出于蓝而胜于蓝了,而中国的殖民地化程度,也因而更为加深。因此,当时段祺瑞的政敌、西南军政府总裁岑春煊在论段祺瑞祸国书中说:"最足异者,该军队用日本军官教练。仅以日本军官教练之下士论,闻达数百名之多。夫国军而用多数外国军队训练,独立国家,罕此先例,惟保护国殖民地为然。此不仅贻国家将来不测之忧,且使独立主权生重大危险。"②

第二,日本通过借款,不仅在军事上取得了特殊地位,而且也在政治上取得了特殊地位。袁世凯签订"二十一条"时,日本曾提出在中国中央政权中设置政治、财政,军事等顾问的要求。那时,袁世凯也因有所顾忌而未敢全部应允。但是,现在日本的要求都在段祺瑞政府中一一实现了。例如,段曾聘青木为军事顾问,聘坂谷为财政顾问,续聘有贺为政治顾问,等等。

日本帝国主义者以极小的代价,从段祺瑞手中取得了大量的权利,他

---

① 刘彦:《帝国主义压迫中国史》(下),上海太平洋书店一九二七年版,第一三六、一三七页。
② 刘彦:《帝国主义压迫中国史》(下),第一三五页。

们是深为得意的。日本寺内内阁下台时,曾自夸其侵略中国之成果说:"大隈内阁向中国要求'二十一条',惹中国人全体之怨恨,而日本却无实在利益。本人在任期间,借与中国之款,三倍于从前之数;其实际上持植日本对于中国之权利,何止什倍于'二十一条'。"①

综上所述,自第一次世界大战以来,通过一九一五年的"二十一条"及其以后的各项秘密条约,日本取得了在中国政治上的特殊地位。通过一九一七、一九一八两年的借款,日本又取得了在中国财政上的特殊地位;通过"参战"借款,日本更取得了在中国军事上的特殊地位。

中国社会最主要的矛盾——中华民族和帝国主义的矛盾,特别是和日本帝国主义的矛盾,更加激化了。

---

① 刘彦:《帝国主义压迫中国史》(下),第一三七页。

# 第 二 章

## 不断的复辟丑剧

### ——"五四"前北洋军阀的反动统治

### 一、顽固的封建专制主义

辛亥革命以后,虽然建立了中华民国,但由于不久袁世凯窃取了政权,就使这个"民国"徒具形式,而无内容了。

就是这块徒具形式的中华民国招牌,也有人十分厌烦它,盼望很快摘掉它。有一位清朝遗老编了一副对联,对"民国"大加讽刺说:

民犹是也,国犹是也,何分南北?

总而言之,统而言之,不是东西。①

这种泄愤的诅咒,不能看作是个别的现象,而应看作是一种势力,一种阶级的情绪反映。

鲁迅于一九二七年十月在上海的一次讲演中,曾很幽默地说过下面一段话:

我从前也很想做皇帝,后来在北京去看到官殿的房子都是一个

---

① 溥仪:《我的前半生》第二章、四、毓庆宫读书,群众出版社一九六四年版。

## 第二章 不断的复辟丑剧

刻板的格式,觉得无聊极了。所以我皇帝也不想做了。做人的趣味在和许多朋友有趣的谈天,热烈的讨论。做了皇帝,口出一声,臣民都下跪,只有不绝声的——Yes,Yes,那有什么趣味?但是还有人做皇帝,因为他和外界隔绝,不知外面还有世界!①

凡是生活在现代的中国人,在参观过一次故宫之后,大概都会和鲁迅先生有同感:做皇帝实在没有趣味。

但是,在民国初年(以至很长一段时间内),想做皇帝的却大有人在,拥护别人做皇帝的也大有人在。这是什么原因呢?鲁迅指出是"和外界隔绝,不知外面还有世界",我们把这个意思引申一下,是否可以这样理解:中国社会长期以来(两三千年来)都是一个封建社会,是一个"和外界隔绝,不知外面还有世界"的封闭社会,鸦片战争以来虽然受到欧风美雨的波及,但是封建专制主义的根基却始终没有动摇。中国人仍然是从娘肚子里生下来就没有民主,也不晓得民主为何物。

话又得说回来,辛亥革命以后和以前究竟有所不同了。以孙中山为首的南京临时政府,虽然只存在了九十天左右,但它留给人们的中华民国的观念却是深刻的,因而使得袁世凯的称帝和张勋的复辟都不能不是短命的,继起的统治者段祺瑞仍不得不挂起民国的招牌。

复辟,给人们的教训是深刻的。人们不禁要问:复辟的丑剧为什么能够一再上演,段祺瑞、曹锟、吴佩孚、张作霖这些军阀头子们虽然没有称帝,但他们仍继续着封建专制主义的统治,仍然是皇权主义者,这又是为什么?

鲁迅在《忽然想到》(一九二五年二月十二日)一文中写道:"我希望有人好好地做一部民国的建国史给少年看,因为我觉得民国的来源,实在已经失传,虽然还只有十四年!"②

"民国"为什么失传?在没有回顾民国以来的历史以前,让我们首先探讨一下封建专制主义在中国盘踞两三千年以至民国以来仍然继续盘踞

---

① 《关于知识阶级》,《鲁迅全集》第七卷《集外集拾遗补编》,人民文学出版社一九八一年版,第四五四页。

② 《鲁迅全集》第三卷《华盖集》,人民文学出版社一九七三年版,第二十三页。

— 17 —

的原因。

第一,地主阶级是封建专制主义的阶级基础。

两三千年来,中国广大农村一直被这个阶级直接统治着,城市中的各级政权则是这个阶级的政治代表。以孙中山为代表的中国资产阶级革命派提出了"平均地权",可谓抓住了问题的根本,但是年轻而又软弱的中国资产阶级却不能找到解决这个根本问题的道路。而到辛亥革命时,这个问题却被抛置不顾,连提也不提了。因此,正如鲁迅在《阿Q正传》中所指出的那样,辛亥革命前的未庄,是由赵太爷和钱太爷两家大地主统治着;辛亥革命后,依然是赵、钱两家统治着。在这里发生的"革命",不过是由赵秀才和钱洋鬼子到尼姑庵(静修庵)去革掉一块上写"皇帝万岁万万岁"的龙牌(却又乘机偷走观音娘娘座前的宣德炉)而已。未庄的唯一变化,是"将辫子盘在顶上的逐渐增加起来了"。而城里呢,"革命党虽然进了城,倒还没有什么大异样。知县大老爷还是原官,不过改称了什么,……带兵的也还是先前的老把总"。[①] 县衙门里监牢里关的是什么人呢? 一种是"不准革命"的阿Q,还有就是"举人老爷要追他祖父欠下来的陈租"[②]的那种人。

鲁迅笔下的未庄,可以说是当时全国农村的一个缩影。

反动的地主阶级,是几千年专制政治的基础,是帝国主义、封建军阀、贪官污吏的墙脚,辛亥革命没有破除这个基础、挖掉这个墙脚,所以最后还是失败了。

第二,如果说地主阶级是封建专制主义的阶级基础,那么,广大的小生产者则是它的社会基础了。

小生产者是和自给自足的自然经济相联系的。以一家一户为生产单位的个体小生产,不能自己代表自己,小生产者也往往受地主阶级的经济剥削和政治压迫,不断地起义和反抗,每一次较大的农民起义和农民战争的结果,都打击了当时的封建统治,因而也就多少推动了社会生产力的发

---

[①] 《鲁迅全集》第一卷《呐喊》,人民文学出版社一九五六年版,第一〇四页。
[②] 《鲁迅全集》第一卷《呐喊》,第一〇九页。

展。但是农民如果不在先进阶级领导之下而单独进行起义,结果只能是封建专制主义的改朝换代,例如朱元璋所代表的元末农民大起义,在明皇朝建立以后,所推行的封建专制主义,和前人相比是有过之而无不及。这样,就在每一次大规模的农民革命斗争停息以后,虽然社会多少有些进步,但是封建的经济关系和封建的政治制度,基本上依然继续下来。

从鲁迅的《阿Q正传》,也可以看出小生产者是怎样认识"革命"的。

阿Q"以为革命党便是造反",原来是"深恶而痛绝之"的。但后来觉察到"革命""却使百里闻名的举人老爷有这样的怕,于是他未免也有些'神往'了,况且未庄的一群鸟男女的慌张的心情,也使阿Q更快意"。于是他感到"革命也好吧","也要投降革命党了","革这伙妈妈的命"。可以看出,阿Q是带着个人的复仇情绪来参加"革命"的。

阿Q"革命"的目的是:"我要什么就是什么,我欢喜谁就是谁。"

他的经济目标是:"元宝,洋钱,洋纱衫,……秀才娘子的一张宁式床……钱家的桌椅……"

他的政治目标是:"第一个该死的是小D和赵太爷,还有秀才,还有假洋鬼子,……留几条么?王胡本来还可留,但也不要了……"

不要摧毁旧的土地制度,没有改革政治制度的远大理想,阿Q所要求的只是在未庄实现个人独裁。甚至于谁来做自己的老婆,他都考虑到了:"赵司晨的妹子真丑。邹七嫂的女儿过几年再说。假洋鬼子的老婆和没有辫子的男人睡觉,吓,不是好东西!秀才的老婆是眼泡上有疤的。……吴妈……可惜脚太大。"因此,阿Q的"革命"成功,也只能是封建专制主义的继续。

第三,孔孟之道是封建专制政治的思想基础。

孔子创立儒家学说,其主要内容是"礼"和"仁"。礼,指统治阶级规定的秩序。亲亲、尊尊、长长、男女有别,是礼的根本,据此区别人与人的关系,确定每一个人应受的约束,使各守本分,不得逾越。

西汉武帝罢黜百家,独尊儒术。董仲舒根据孔子的"礼"(伦理纲常)和"仁"(仁义道德)的思想,提出了系统的维护封建制度的三纲五常学说。三纲是:君为臣纲;父为子纲;夫为妻纲。五常是:仁、义、礼、智、信。

随着封建社会的发展和没落,封建伦理更加规范化了,宋元明又产生了和流行着程、朱理学(道学)。"理"的内容,就是三纲五常。清代思想家戴震曾深刻揭露封建统治者"以理杀人":"人死于法,犹有怜者;死于理,其谁怜之?"

地主阶级为了维护自己的封建统治,极力使这种三纲五常说成为全社会的统治思想。小生产者接受的也是这种思想,他们的落后的生产地位,使他们不可能形成远大的先进思想。正如马克思和恩格斯在《德意志意识形态》中所说:"统治阶级的思想在每一时代都是占统治地位的思想。这就是说,一个阶级是社会上占统治地位的物质力量,同时也是社会上占统治地位的精神力量。"①

因此,我们在清末社会看到的是:各家各户(不管是农村、城市)每年门户上贴的春联尽是:"帝德乾坤大,皇恩雨露深。"

因此,我们在民国后的长时期中,社会上看到的是:各家各户(不管是农村、城市)也还大都供奉着"天地君亲师"的神牌。"君"是核心,是天地的崇高代表。国不可一日无君,失了"君"就失了宇宙的主宰者。这种意识形态,构成了封建专制政治的顽固的思想基础。

第四,封建专制主义有着军事力量作为它的强大支柱。

中国历代皇朝的"天下"差不多都是打下来的(所谓"打天下"),因此封建主义的专制,不仅是政治专制,而且也是军事专制。中国古代是这样,近代也是这样。袁世凯就是靠小站练兵起家的。正因为他手中掌握了一支北洋军,所以能够左右开弓,使清皇室和民国政府都把政权交给了他。

袁世凯窃取政权后,实行专制的"统一",首先强调的也是军权的"统一"。他借口"服从命令为军人之第一要义","军人不得私组政团","不准干预政治",等等,剥夺了革命派和一切异己的武装,因而在一九一三年能够比较顺利地镇压了"二次革命",并使自己的政权向恢复帝制逐步过渡。

袁世凯依恃军事力量作为封建专制政治的支柱,张勋、段祺瑞也都是

---

① 《马克思恩格斯选集》第一卷,人民出版社一九七二年,第五十二页。

这样。张勋所以敢拥清废帝复辟,正因为他手中有着数千辫子军。段祺瑞虽然变换各种手法,不要帝制的名义了,但始终没有松手的是他的"参战军""国防军"。

事实正如毛泽东所说:"辛亥革命后,一切军阀,都爱兵如命,他们都看重了'有军则有权'的原则。"①

第五,中华民国建立后,封建专制主义还十分顽固,除以上各种原因外,还有一个很重要的原因,即:帝国主义的支持。

正如后来共产国际所分析:帝国主义者"首先和以前的社会制度的统治阶级——封建地主、商业和高利贷资产阶级联合起来,以反对占大多数的人民。帝国主义到处致力于保持资本主义前期的一切剥削形式(特别是在乡村),并使之永久化,而这些形式则是它的反动的同盟者生存的基础"。②"帝国主义及其在中国的全部财政军事的势力,乃是一种支持、鼓舞、栽培、保存封建残余及其全部官僚军阀上层建筑的力量"。③

在意识形态方面,列宁在一九一三年论述东方各国的政治生活时即指出:帝国主义不仅从政治上支持那里的反动势力,而且从意识形态上支持那里的"僧侣主义和蒙昧主义"。④

在探讨了封建专制主义在中国生长的种种原因之后,再来看民国以来的种种怪现象,就不难理解了。

## 二、袁世凯称帝

袁世凯依恃北洋军实力,左右开弓,窃取了中华民国的临时大总统,

---

① 《战争和战略问题》,《毛泽东选集》第二卷,人民出版社一九九一年版,第五四六页。
② 共产国际第六次大会《关于殖民地和半殖民地国度革命运动的提纲》。
③ 一九二七年五月二十四日斯大林在共产国际执行委员会第八次全会上的演说:《中国革命与共产国际的任务》。
④ 《亚洲的觉醒》,《列宁选集》第二卷,人民出版社一九七二年版,第四四八页。

并制造"兵变"①把宝座坚持放在帝王之都的北京城。

中华民国的招牌虽然挂着,袁本人在《誓词》中也曾冠冕堂皇地说"世凯深愿竭其能力,发扬共和之精神,涤荡专制之假秽",②但他根本不知民主、共和为何物。在他看来,总统和皇帝一样,也应该有至高无上的权力,唯我独尊。袁的第一任内阁总理唐绍仪,本是他的亲信,与他共事"二十年如一日",③但当唐加入同盟会后,他不仅对唐失去信任,而且公开破坏《临时约法》中关于总统颁布命令须经内阁副署的规定(袁和唐曾议定任王芝祥为直隶总督。一九一二年六月十五日,袁改任王为南京军宣抚使,但未经内阁副署,即将此令擅自颁布),逼唐辞职离京。

唐绍仪离职后,袁改以陆征祥④为国务总理,并以武力强使临时参议院通过陆内阁人选,八月,陆因受到失职弹劾,而称病请假。袁世凯为了进一步控制内阁,令内务总长、特工头子赵秉钧⑤代理总理,九月改为实任并仍兼内务总长。不久,赵"将唐绍仪所设之国务会议迳移至总统府。国务院形式上虽有会议,实权已操于总统府,内阁制之精

---

① 关于这次"兵变",有种种说法。据当时在袁的总统府秘书厅任秘书的曹汝霖回忆说:"时曹锟第三镇军队,由娘子关撤回北京,以卫京师。不知那一位策士献计,俟迎驾专使到京之后,密令一部分军队,在京兵变示威,以证实袁之不能南下。那知兵士们得此密令,即假戏真做,趁火打劫,大肆抢掠。"兵变次日晨,曹汝霖"至总统府,院内亦有遗弃的枪支军衣,及零星物件。入门即着芸台(项城长子),他尚假惺惺的问道,昨夜受惊没有?军士们听说南方专使到京,迎来父南下,即纷纷反对,不守营规胡闹越来。这班兵丁,听了风声,即闹成这样,倘使家父真南下,不知他们要闹成怎样?原因由于南方坚持要家父南下!"(见曹汝霖:《曹汝霖一生之回忆》,第七十五、七十六页)看来,"兵变"为袁氏一手造成,确凿无疑。

② 《誓词》影印件,见《袁世凯伪造民意纪实》。

③ 《辛亥和议之秘史》,《辛亥革命》(八),第一一八页。

④ 陆征祥(一八七一——一九四九年),曾任清政府驻外使馆的翻译、参赞、公使等职,因外语流畅,深为帝国主义分子赞许。辛亥革命爆发时,陆任驻俄公使。陆在梁士诒的密电授意下,配合袁的逼宫,曾联合一些驻外使节,发电劝清帝退位。袁任临时大总统后,陆被任为内阁外交总长。

⑤ 赵秉钧(一八五九——一九一四年),早年任直隶保甲局总办,领巡防营,以"长于缉捕"而闻名,袁世凯任直隶总督时,办巡警局、警务学堂"成绩昭然",深得袁的赏识。一九〇五年,清政府成立巡警部,赵经袁的推荐,任右侍郎,成为袁世凯集团的特工头子。他不仅到处迫害人民,而且也监视上层和宫廷,使袁能获取各种重要情报。袁任临时大总统时,赵任内阁的内务总长,坚决主张一切要害部门均须由北洋旧人掌握。

神,完全丧失,盖无形中已变为总统制矣"。①

一九一二年十二月,北京参众两院议员进行初选;次年二月,进行复选。结果,国民党获绝对多数,占三百九十二席;而共和、统一、民主三党仅占二百二十三席。②

这时,三十二岁的宋教仁,踌躇满志,积极为组织国民党的责任内阁作准备。他到处(历经湖北、湖南、安徽、浙江、江苏等省)发表演说,批评时政,成了风云一时的人物。

袁世凯既容不得唐绍仪,就更容不得宋教仁。一九一三年三月二十日夜十时四十五分,宋在上海车站正要乘车北上的时候,袁通过赵秉钧派人将其暗杀。宋当场伤要害,至二十二日晨四时四十七分,在医院逝世。

刺宋案震惊全国,袁世凯不得不假惺惺地电令江苏都督程德全、民政长应德闳,要"穷究主名,务得确情";同时散布许多谣言,转移视线,如说这是国民党内部斗争等。但是,"确情"很快就弄清了,因为刺宋的凶手武士英(即吴福铭)及暗杀指挥者应桂馨(即应夔丞)均被捕获了,③并从应桂馨的家中搜出了杀人的手枪和有关的密电码、函电证件及其他罪证。四月二十四日,武士英在狱中突然死去。四月二十五日,程德全、应德闳将宋案主要证据四十四件分电袁世凯、参众两院、国务院、各省都督、民政长及各报馆。自二十六日起,各报先后将主要证据悉行公布。至此,案情大白。

上海车站的枪声,开始惊醒了革命派对袁世凯的幻想。三月二十六日,孙中山急从日本返抵上海。四月二十六日,即各报开始公布宋案证据之日,孙中山、黄兴联名通电,要求"严究主名,同伸公愤"。

---

① 白蕉:《袁世凯与中华民国》,《人文月刊》社一九三六年版,第四十八页。
② 谢彬:《民国政党史》,上海学术研究总会一九二五年版,第五十一页。
③ 宋案发生后,根据袁世凯"穷究主名,务得确情"的电令,江苏地方官、检察厅、沪宁铁路局均悬赏缉捕,并函请上海租界捕房协同办理。三月二十三日,有一王姓古董商人投报四马路中央捕房,提供了应桂馨在十天前曾收买人进行暗杀的线索。因而应很快被捕,凶手武士英也很快被捕。武自供年二十二岁,山西人,曾在云南充当营长,被裁后流浪到上海,加入共进会为会员。应桂馨供称是"中国共进会的会长,全国有会员一万"。应的另一头衔,据说是江苏驻沪巡查长,系内务部秘书洪述祖(袁世凯第六姨之兄)介绍前来。

但是,革命派对袁世凯的认识已太晚了。正如诗人柳亚子在追悼宋教仁时所说:"操刀悭一割,滋蔓已难图。"①这时,袁手中既有一支比较强大的北洋军,又掌握着全国政权。而这时的革命派手中的力量还很有限,几乎是赤手空拳。这样,一九一三年七月的"二次革命"②刚刚兴起,就被袁世凯镇压下去。

袁世凯镇压"二次革命"后,以冯国璋驻南京,段祺瑞驻湖北,龙济光驻广东,监视各省。他认为依靠北洋军实力即可做到全国的武力统一。因而在政治上,他也就更加肆无忌惮地独裁专制,使"民国"逐步蜕变到"帝国"。他迈向帝制的道路,大致经过了这样一些步骤。

第一,由临时大总统到正式大总统。

一九一三年四月,当选之参众两院议员齐集北京,国会成立。这算是中华民国的第一届正式国会。

按道理讲,应先制宪法,然后选举正式大总统。但是,人们认为制宪日长而国家不可一日无元首,因此有"先举总统,后定宪法"之议。九月,参众两院议决先制《总统选举法》,以宪法会议名义公布。

十月六日,中华民国的第一届正式国会选举第一届的正式大总统。然而,一出场就丑态毕露,使中华民国蒙受了极大的耻辱。曹汝霖是当时的议员,请看他是如何回忆当时情景的:③

> 俟议员到齐后,忽将大门锁闭,听外面人声嘈杂,只听得喊我们是公民团,代表民众监督你们的。大总统只有袁世凯应该当选,我们是拥护袁世凯当选中华民国大总统的。你们议员们,今天如果不照我们的公意,不选袁世凯为大总统,不要想能出此门。

曹汝霖的这一回忆,和《袁世凯与中华民国》一书的记载是大体相符的:④

---

① 《宋渔父》第一集后编,《民国丛书》,上海书店一九八九年版。
② 一九一三年六月,袁世凯下令免国民党三都督(江西李烈钧、广东胡汉民、安徽柏文蔚)职,以孙中山为首的革命派决定武装讨袁。七月,李烈钧起兵湖口,黄兴入南京组织讨袁军,安徽、福建、广东、湖南等省亦相继响应。这就是"二次革命"。
③ 《曹汝霖一生之回忆》,第八〇页。
④ 白蕉:《袁世凯与中华民国》,第六十一、六十二页。

## 第二章　不断的复辟丑剧

十月六日,由两院组织选举会,袁遣军人到会,强迫投票,议员咸不得自由;院外有袁氏左右所买嘱号称"公民团"者数百人,整齐严肃如军伍,包围众议院数十匝,迫即日选出所属望之总统,否则选举人不能出议院一步。选举人不得不俯首听命,忍饿终日,以行选举,直至袁世凯当选之声传出,公民始高呼大总统万岁,振旅而返。

按规定,正式大总统须要三分之二票数始能当选。第一次选举不足法定人数,第二次仍不足法定人数。但这时"已午夜十时,外面公民团已喧哗庞杂,里面议员亦有起哄"。因而直至第三次就第二次得票最多之袁世凯、黎元洪二人再行投票时,袁始当选,而这时已近凌晨二时了。①

这一选举丑剧,是由袁世凯的秘书长号称"财神"的梁士诒一手操纵的。梁组织"公民团"(一称"公民党")时,使其部属全体参加。他因操纵选举有功,在一九一四年被袁世凯授予"一等大绶宝光嘉禾章,一等大绶宝光文虎章"。②

第二,修改《临时约法》。

一九一三年十月十日,袁世凯在北京故宫太和殿就任正式大总统职。③

但袁并不以此为满足,在他就任总统后不久,他的外国顾问,如毕葛德(英)、古德诺(美)、有贺义雄(日)等便纷纷发表文章,对宪法草案进行指责,力谋扩大袁世凯个人之权力。十月十八日,袁本人更直接向众议院提出修改临时约法案。与此同时,他还授意各省军政官员纷起叫嚣重制宪法,解散国会等。十一月四日,他下令解散国民党。次年一月十日,他宣布停止参众两院议员职务,一律资遣回籍。至此,国会正式宣告解散,中华民国之立法机构消亡。

在着手解散国会的同时,袁世凯组织了一个包括中央和各省官员在内的政治会议,为其执行国会权力的御用机关;又设约法会议,进行修改

---

① 《曹汝霖一生之回忆》,第八〇页。
② 《三水梁燕孙先生年谱》上,《民国丛书》,上海书店一九九〇年版,第四十三页。
③ 同日,黎元洪在湖北都督府就任正式副总统职(十月七日,国会选黎为副总统)。

《临时约法》。

一九一四年五月一日,袁世凯公布《中华民国约法》,改责任内阁制为总统制,极力扩大总统年限。他在布告中对《临时约法》大加攻击,说:"乃《临时约法》,于立法权极力扩张,行政权极力缩减,束缚驰骤,使政策不得遂行,卒之筑室道谋,徒滋纷扰,贻害全国,坐失事机。"[1]又说:"使为国之元首而无权,即有权而不能完全无缺,则政权无由集中,群情因之涣散,恐为大乱所由生。"[2]

要求"完全无缺"之个人权力,这就是袁世凯修改《临时约法》的实质。而这却是违反共和制的根本原则的。民主,就是人民作主,总统不过是人民之公仆,他虽然有很大的行政权,但他同时也要受立法、司法、监察各种权力的制约,不能一个人说了算。"完全无缺"的权力是有的,但只有帝制时代的皇帝才具有这样的权力,而这正是袁世凯所追求的。

五月一日,也就是公布新《约法》的同一天,袁世凯废止国务院官制,设政事堂于总统府,特任徐世昌为国务卿,接着又任命杨士琦、钱能训为政事堂的左右丞。五月二十三日,他又公布省、道、县官制。省设巡按使,道设道尹,县设知事。

除此而外,袁世凯还参照清制,任官分职:文官分卿、大夫、士三等,每等又分三级,如卿分上卿、中卿、少卿。现任官阶,如某某长都称为职。官是终身,职可随时变更。如各部总长,皆授中卿(间有少卿);次长都授上大夫(间有少卿,如外交次长曹汝霖即授少卿)。武官方面,中央设将军府为最高机关。将军亦分三级,即上将、中将、少将。将军在中央任职者冠以威字,在地方任职者冠以武字。各省都督改称将军,管军事;各省民政长改称巡按使,管民事。

清朝的各种官职都有了,难道可以没有皇帝么?人们都很快地看出,政事堂的设置是迈向帝制的一个重要阶梯。连当时曾被授以少卿(外交

---

[1] 白蕉:《袁世凯与中华民国》,第一二二页。
[2] 白蕉:《袁世凯与中华民国》,第一二一页。

次长)的曹汝霖,也不得不承认:"自厘定官制后,又定民间婚丧礼,又定甲乙两种礼服,重在复古,对于新的建设,不甚注意。……复古之制,层出不穷。总统亦不常出席国务会议,总由徐相国(即徐世昌)主席。后又定郊天礼,祭孔礼,步步仿效帝制。"①

一九一四年十二月,袁世凯御用的约法会议又炮制了一个《修正大总统选举法》,由袁正式公布。其中规定:总统任期改为十年,并可连任;继任人由现任总统推荐三人,将其姓名"亲书于嘉禾金简",密藏石室,届时交付选举。这样,民国的总统和封建时代的皇帝,已相差无几了。

第三,大造帝制舆论。

一九一五年,袁世凯在签订二十一条的同时,也加快了迈向帝制的步伐。

他首先借助于外国人的舆论。

八月间,袁的美国宪法顾问古德诺博士,洋洋洒洒,作了一篇六七千字的名为《共和与君主论》的长文,旁征博引,总结各国共和与君主发展的历史,得出结论说:"夫民智卑下之国,最难于建立共和,故各国勉强奉行,终无善果。"②他因此断言:"中国数千年以来,狃于君主独裁之政治,学校阙如,大多数之人民智识,不甚高尚,而政府之动作,彼辈绝不与闻,故无研究政治之能力。四年以前,由专制一变而为共和,此诚太骤之举动,难望有良好之结果者也。向使满清非异族之君主,为人民所久欲推翻者,则当日最善之策,莫如保存君位,而渐引之于立宪政治,凡其时考察宪政大臣所计划者,皆可次第举行,冀臻上理。"③又说:"盖中国如欲保存独立,不得不用立宪政治,而从其国之历史、习惯、社会经济之状况,与夫列强之关系观之,则中国之立宪,以君主制行之为易,以共和制行之则较难也。"④

---

① 《曹汝霖一生之回忆》,第八十八页。
② 《袁世凯与中华民国》,第一六八页。
③ 《袁世凯与中华民国》,第一七一页。
④ 《袁世凯与中华民国》,第一七二页。

洋博士既然立论,袁世凯的亲信杨度[①]立即纠合孙毓筠、严复、刘师培、李燮和、胡瑛等在北京发起筹安会。[②] 他们在发起《宣言》中说:"美国者,世界共和之先达也,美人之大政治学者古德诺博士即言世界国体,君主实较民主为优,而中国则尤不能不用君主国体。此义非独古博士言之也,各国明达之士,论者已多。而古博士以共和国民而论共和政治之得失,自为深切著明,乃亦谓中、美情殊,不可强为移植。"[③]你看,外国人都这么关心中国,中国人难道还无自知之明么! 因此,这些发起人说:"用特纠集同志,组成此会,以筹一国之治安,将于国势之前途,及共和之利害,各摅所见,以尽切磋之义,并以贡献于国民。"[④]

筹安会名为"发挥学理,商榷政论"的研究机关,[⑤]实际上是袁世凯父子操纵,为复辟帝制作准备,明眼人一下即可看出。因此,连八月二十七日《字林西报》的北京通讯都指出:"筹安会主张者,与规定之国体相反,在法实为大逆! 共和政府竟容筹安会高唱异说,绝不干预,则上峰固赞成筹安会之活动矣,又何疑焉。"[⑥]

就是这样一个学理研究机关,却可以叫各省将军、巡按使派代表来京

---

[①] 杨度(一八七四——一九三二年),湖南湘潭人。早年从国学大师王闿运学习。一九〇三年,杨入京参加经济特科考试,中一等第二名,但被怀疑为康梁余党,不得不避走日本,在东京就学,并被推为中国留学生会会长。杨好交游,座无虚席,特别是和黄兴、宋教仁、陈天华等过从甚密。一九〇五年孙中山到日本时,曾劝杨入同盟会。杨以政见不合(赞成君主立宪),不入。

杨在日本写的改行立宪政体的考察报告,为袁世凯所赏识。袁调军机大臣后,杨即应召入幕。"南北议和"时,杨为袁制造舆论,出力不少。一九一五年八月,在袁授意下组筹安会。

杨后来思想变化很大。张勋复辟,他曾通电反对。一九二二年八月,孙中山由广东来上海,杨曾访孙,表示愿"从公奔走"。一九二六年春,山东张宗昌聘杨为总参议,来往于京、津、鲁之间,接触上层人士较多。一九二七年春,李大钊被捕时,杨积极奔走,设法通知消息和营救。一九二八年杨移居上海,在此期间(一九二八至一九二九年)参加中国共产党。一九三二年病逝。参见陶菊隐:《我所知道的杨度》。《学术月刊》一九七九年八月。

[②] 筹安会于八月二十三日宣告成立,在石驸马大街设事务所,杨度任理事长,孙毓筠为副理事长,严、刘、李、胡等为理事。

[③] 《袁世凯与中华民国》,第一七五页。

[④] 《袁世凯与中华民国》,第一七五页。

[⑤] 《筹安会简章》,《孔府档案》,卷六五九三。

[⑥] 《袁世凯与中华民国》,第二四六页。

讨论国体问题。① 讨论的结果呢？自然是按预定的计划行事。因此,八月二十九日,筹安会发表第二次宣言说:"日昨投票议决,全体一致主张君主立宪。""本会以为谋国之道,先拨乱而后求其治。我国拨乱之法,莫如废民主而立君主;求治之法,莫如废民主专制而行君主立宪。此本会讨论之结果也。"

第四,袁世凯称帝及其败亡。

帝制舆论已经造就,但还需蒙上一层合法的外衣。不过,时间有些急迫了。"立法贵简,需时贵短"。因此,袁世凯在九月间还拟召集国民会议解决国体问题,②到十月间就认为"国民会议开会迟缓"不宜采用了,于是又立即制造了一个《国民代表大会组织法》,规定了各省劝进书的统一底稿,并令内务部总长等密电各省将军、巡按使说:"国体投票开票后,当即行推戴,无须再用投票手续,即由公等演说,君宪国体既定,不可一日无君,诸位代表应推戴袁世凯为中华帝国大皇帝,如赞成应起立表决,后将拟定之国民推戴书交请各代表署名。"于是,从十月二十八日开始,各省区"国民代表大会"进行所谓"国体"投票,至十一月二十日投票全部完成,共计代表票数一千九百九十三张,全部赞成君主立宪,没有一张废票,也没有一张反对票。十二月十一日,袁世凯的参政院代行立法院自称"国民代表大会"总代表,向袁世凯上总推戴书;十二日,袁发表接受帝位申令;十三日,袁在居仁堂受百官朝贺。接着,袁世凯把自己居住的总统府改称新华宫,并规定一九一六年为"洪宪元年",并拟在适当的时候举行登极大典。

为了登极,大典筹备处以八十万元的代价在北京瑞蚨祥制做了两件龙袍(一件登极用,一件祭天用),以十二万元的代价制做了新朝玉玺,以六十万元的代价制做金印五颗。总计登极费用两千余万元。

但是,袁世凯还没来得及黄袍加身,已是四面楚歌了。

袁世凯的帝制活动,激起了全国人民的反抗怒潮,就是他的部属中,

---

① 筹安会八月二十四日通电。
② 国民会议为袁世凯新约法规定之决定宪法机构,其组织法于三月二十日公布。

也有人认为危险性太大,采取不合作的态度,纷纷辞职、请假。

帝国主义者,特别是日本帝国主义者,对袁是采取两面态度的:一方面,在换取"二十一条"的承认时,它曾向袁表示"对袁总统亦能遇事相助";另一方面,当它看到袁的统治并不稳固时,便拟培植新的工具而代之。因此,一九一五年十月二十八日,驻京日使竟联合英、俄两使,向袁的外交部提出警告:"若总统骤立帝制,厕国人反对之气志,将立即促起变乱,而中国将复陷重大危险之境,……且恐东亚之公共和平,亦将陷于危境。"①十二月十五日,即帝制已经确定后,日、英、俄、意、法又联合警告,声言:"以后对于中国决定执监视之态度。"②

一九一五年十二月二十五日,蔡锷等在云南宣告独立,揭起"护国军"旗帜,起兵讨袁,进军四川。接着,贵州、广西等省相继响应,宣布独立。

袁世凯的走卒们看到帝制活动失去了后台老板,便树倒猢狲散地一个个叛袁而去。袁世凯见事不妙,急于一九一六年二月二十三日宣布延期实行帝制,接着又于三月二十二日下令撤销"承认帝位案",仍称大总统。但是,这时已是骑虎难下的形势。十七省国会议员通电反对袁恋栈大总统;十九省公民发表宣言,主张以武力迫袁退位;各省相继独立。最后,连袁世凯派到四川、湖南的将军,他自认为很可靠的亲信陈宧、汤芗铭也宣告"独立"了。其中,陈宧的叛离,最使袁恼火。③

六月六日,袁世凯在全国人民的一片唾骂声中可耻地死去。他从一九一五年十二月十二日称自己为皇帝,到一九一六年三月二十二日被迫取消皇帝称号,为时不过一百零二天,如果从洪宪改元(一九一六年元旦)算起,至颁布废止洪宪年号之日(三月二十三日)止,则只有八十三

---

① 《袁世凯与中华民国》,第二九三、二九四页。
② 《袁世凯与中华民国》,第二九八页。
③ 陈宧原是他派到四川去平乱的,当陈带兵入川的时候,"向项城辞行,竟行三跪九叩大礼。项城惊异道,何必如此。陈对以陛下登极大典,臣恐未必能躬预,故先行庆贺。项城即说,即改国体亦废跪拜礼了。陈又跪下,三嗅项城之足而退,据说这是喇嘛对活佛的最敬礼"。就是这样一个忠顺的奴才,竟然通电"独立"了。因此,袁世凯接到陈宧的通电后,"悲恨交集,想起辞别时情形,真是不堪回首"。见《曹汝霖一生之回忆》,第一二○、一二一页。

天。所以说袁是一个短命的皇帝。

袁世凯死后,各界人士均纷纷发表评论,总结"教训"。其中,黄炎培曾撰《吾教育界之袁世凯观》一文,发表于当时各日报。该文从道德教育的观点总结了九条"教训",其中讲道:"凡违反大多数人心理之行为必败";"欲取大巧,适成大拙";"欲屈天下人奉一人,必至尽天下人敌一人";"以诈伪尽掩天下人之耳目,终必暴露。以强力禁遏天下人之行动,终必横决。"①

## 三、张勋复辟

按照袁世凯的《修正大总统选举法》,规定大总统的继任人可由现任总统推荐三人,将姓名"亲书于嘉禾金简",密藏石室金匮。袁死后,他的亲信打开金匮,启视内藏之固封木匣,只见红笺上写着黎元洪、徐世昌、段祺瑞三个名字。② 按照袁的帝制思想,他所"推荐"的人选,必然是其儿子袁克定。但是这红笺上写着的三个人,却没有一个是袁克定。这是怎么回事呢?据了解内幕者所讲,原来,"在护国军起义后,各省纷纷响应,袁眼看皇帝梦要破灭,连总统也保不住了,在一个黑夜里,叫亲信侍卫,去把石室凿开,偷偷地换进这个名单的"。③

袁世凯败亡后,黎元洪以副总统资格继任大总统,段祺瑞仍任国务总理,徐世昌因实力不足,退居河南辉县水竹村,自称"水竹村人""退耕老人",等待时机。

黎元洪就任大总统,当时南北双方均无异议,但在出任的法理解释上,却发生了分歧。南方认为黎的出任,根据旧约法(《临时约法》)制定

---

① 《袁世凯与中华民国》序。
② 《曹汝霖一生之回忆》,第一二三页。
③ 此系袁的侍从亲自对张国淦所讲。见徐铸成:《报海旧闻》,上海人民出版社一九八一年版,第十八页。

的总统选举法,应是"继任";北方则认为根据袁氏新约法制定的《修正大总统选举法》,应是"代行"。这样,便展开了新旧约法的斗争,南方主张恢复旧国会议员资格。段祺瑞在冯国璋的促使下,接受南方条件。七月二十九日,黎元洪宣布"遵行"《临时约法》,续行召集国会,并特任段祺瑞为国务总理。八月一日,国会复会(自一九一四年一月十日被袁世凯解散,至是日复会),黎元洪莅会补行大总统宣誓礼。十月三十日,国会又选冯国璋为副总统,冯在江苏督军府就任。

南北矛盾暂时调和,而黎、段矛盾却又尖锐起来。

黎、段之间的矛盾,反映了他们的后台美、日帝国主义在中国争夺的矛盾。正如列宁在一九一六年春季写成的《帝国主义是资本主义的最高阶段》一书中所指出:"瓜分中国才刚刚开始,日美等国争夺中国的斗争愈来愈激烈。"①

黎、段争执,段不愿去总统府,把应办之事均交给国务院的秘书长徐树铮。② 徐仗段势,出入总统府,常与黎元洪发生争执。据曹汝霖回忆说:"院秘书长徐树铮,不免盛气凌人,往往关于人事,又铮持令请盖印时,黎若问及资历,徐即对以总理所定,我不知道。黎以徐秘书长轻视总统,不能共事,商段撤换,合肥以黎干涉到院秘书长之进退问题,越权太甚,坚持不允。"③徐树铮的专横跋扈,为内务总长孙洪伊所不满,黎、孙结合对抗段、徐。后经徐世昌调解,徐、孙同时(十一月二十日)免职。

一波未平,一波又起。黎、段矛盾的继续发展,终于在一九一七年爆发了府院之争的参战案,并由此引起了一出张勋复辟的丑剧。

国会复会后,议员多为原国民党人和进步党人。原进步党议员分别组成以汤化龙、刘崇佑为首的"宪法讨论会"和以梁启超、林长民为

---

① 《列宁选集》第二卷,人民出版社一九七二年版,第八一五页。
② 徐树铮(一八八〇——一九二五年),字又铮,江苏萧县人,十二岁中秀才,十七岁考举人(未中)。一九〇一年到山东上书袁世凯,结识了段祺瑞,任段的书记官,成为亲信。一九〇五年,为段保送去日本士官学校两年,回国后在北洋军中任军事参议(第六镇)、总参谋(第一军)等职。民国后,在段的陆军部迭任要职,一九一四年升任陆军部次长。袁世凯败亡后,任段祺瑞国务院的秘书长,有"小扇子军师"之称。
③ 《曹汝霖一生之回忆》,第一二四页。

首的"宪法研究会";旋两会合并为"宪法研究会",形成所谓研究系。原国民党议员为对抗"宪法研究会",组成"宪法商榷会"(被称为商榷系),两派在国会中斗争非常激烈。

在一九一六年十月讨论"省制加入宪法"问题时,商榷系议员主张学习欧美各国,将地方制度订入宪法,给予各省地方以一定自治地位,省长民选。① 其目的在于限制中央集权,防范段祺瑞专制,以保护和他们有利害关系的西南各省势力。研究系则按照段祺瑞的意旨,对这一提案积极反对,主张加强中央集权。黎元洪拉拢商榷系以限段,段祺瑞则勾结研究系以压黎,府(总统府)、院(国务院)之争愈演愈烈,到一九一七年初因参战问题,这一矛盾就显现得十分尖锐了。

为了对黎元洪实行要挟,段祺瑞在北京召开了督军团会议。当五月间国会讨论参战案时,段命陆军部人员指挥"公民请愿团""五族请愿团"等包围国会,殴辱议员。在目的尚未达到时,段就指使督军团联名呈请总统解散国会。黎元洪拒绝了这一要求,督军团则相率离京赴徐州集会。徐树铮代表段到徐州,极力煽动张勋反黎。这时,段祺瑞以出卖中国主权换取日本借款的卖国行为被揭露,全国人民反段情绪高涨。黎遂借此时机,于五月下旬免段的国务院总理职。段祺瑞唆使皖系、奉系各省督军纷纷通电,宣告独立,并于六月二日在天津设立军务总参谋处。

日本帝国主义利用这一时机,企图使在徐州的张勋和段祺瑞合作,以推翻黎元洪。黎元洪在军事压力下一筹莫展,也幻想借张勋的武力制段,以便调解黎、段之间的矛盾。而段祺瑞则想利用张勋来实现借刀杀人的阴谋。六月七日,张勋率辫子军自徐州北上,至天津和段派集议。在段派指使下,张勋电黎元洪提出调停条件为先解散国会。十二日,黎元洪被迫下令解散了国会。接着张勋、康有为先后至京,七月一日,复辟丑剧便正式上演了。

张勋(一八五四——一九二三年),字绍轩,江西奉新人。袁世凯在

---

① 一九一六年七月十六日,孙中山在上海邀请参、众两院在沪议员及各界知名人士于张园开茶话会。孙在这个会上发表《地方自治制》的演说,主张学习美国建立地方自治。

小站练兵时,张在袁的手下充任管带(相当后来的营长),后又因随袁到山东镇压义和团有功,升任副将、总兵。一九〇二年,张到北京宿卫端门,多次充当慈禧太后和光绪皇帝的扈从。一九〇六年,他的部队驻防奉天。一九一〇年,接统江防营。一九一一年八月,他被清廷任命为江南提督,坚决反对武昌起义,更反对各省独立响应,认为"独立即造反,反则皆贼也"。南京光复时,他负隅顽抗,后战败北逃。十二月,他还被清廷授以江苏巡抚、署两江总督兼南洋大臣。清廷退位后,张部被改编为武卫前军,驻扎在山东兖州。他的部队在民国以后仍保留发辫,而被称为"辫子军",张本人则被称为"辫帅"。袁世凯镇压"二次革命"时,他率部攻掠南京,因而被袁任为江苏督军,后又转任长江巡按使,移驻徐州。一九一四年,他的武卫前军改称定武军,他本人被袁授以定武上将军。一九一六年,张又任安徽督军。这时,他的"辫子军"已扩充到五十七营、二万余人(张在辛亥革命后从南京撤退,其残部最少时仅存一千多人)。

张勋在一九一三年四月就阴谋拥溥仪复辟,因"事泄而止"。[①] 一九一六年袁世凯称帝的时候,他又企图勾结北方的升允,[②]共同拥溥仪复辟。袁世凯帝制失败,张不仅贼心不死,反而荒唐地认为袁的失败是因为他"辜负皇恩"、出卖清王朝的结果。因此,张的复辟之火由袁之死而更加狂热起来。一九一七年黎、段矛盾爆发,终于给张勋以可乘之机。

张勋和其他封建军阀一样,也有帝国主义做他的后台老板。张在镇压"二次革命"、进攻南京时,就有德国军人参与。以后,德国源源接济张勋军火,洋枪达数千支,并包括重武器(炮四门)。张勋复辟时,其"辫子军"的枪弹都有德国刻记。德国还表示"愿以德华银行资本","协助"张勋,"可假以举大事"。[③] 除德国外,张勋还和日本帝国主义积极勾结。一

---

① 冷汰:《丁巳复辟记》,《近代史资料》,一九五八年第一期。
② 升允是蒙古王公贵族,清宋任陕甘总督,辛亥革命后,他只身跑到哈尔滨,投靠沙俄和日本帝国主义,活动于东北、蒙古、陕甘等地区,组织复辟武装。一九一六年五月,他指使巴布扎布率"勤王军"一千五百人,打着黄龙旗,从东北一直逼近张家口。参看章伯锋译:《日本与宗社党的关系》,《近代史资料》,总第三十五期。
③ 章宗祥:《复辟问题小记》(未刊稿);《金永致张勋书》(一九一七年三月十日),《近代史资料》,总第三十五期。

九一六年,日本黑龙会分子佃信夫,在中国积极煽风点火,与张勋策划于密室,敦促"张勋起义",并要求"必须事事接受日本的诱导和扶持"。①

既有国际帝国主义的支持,又有国内的社会渣滓作基础(包括一部分反动军阀、王公贵族、遗老遗少等),张勋认为复辟的时机到来了。一九一七年五月,升允写信给张勋,要他"立建龙旗,宣言复辟",并说"薄海远近望风兴起",必将"天旋地转,旦夕遂定"。②

六月七日,张勋率领"辫子军"十营三千余人自徐州北上,先至天津迫黎元洪解散国会后,十四日即进入北京。

张勋到北京后,各地复辟分子纷纷涌来。六月二十八日,从上海到北京的津浦线的一列三等客车上,有一个身穿布衣的六十岁左右模样的老头,新剃去的胡须,并不时用大蒲扇遮住自己的脸膛,显然是在有意避人耳目。此人不是别人,正是鼎鼎大名的康有为。当时,张勋被称为"武圣人",康有为则被称为"文圣人"。"武圣"和"文圣"早有预谋。这时,康有为正带着十几道预先替溥仪草拟好的"诏书",化装北上。这位"文圣"一到北京和"武圣"会合,复辟就立即实现了。

七月一日凌晨三时,张勋穿着清代的朝服,头戴红领花翎,率领复辟群丑三百多人,入清故宫(紫禁城)拥溥仪"登极"。溥仪按照事前安排,立即发布由康有为起草的诏书,宣布自即日起"临朝听政,收回大权,与民更始";并改民国六年七月一日为宣统九年五月十三日,恢复清末旧制。

在溥仪的复辟诏书和随后发布的伪诏里,张勋被授予议政大臣、直隶总督兼北洋大臣,掌管政府的最高权力;康有为被授予弼德院副院长兼太傅(皇帝的老师);升允被授予大学士。其他清朝的封建余孽,则分别被任为阁丞、尚书、侍郎、都御史等官职。

七月上旬的北京,官府门前都挂起了龙旗。前门大街的估衣铺,生意也兴隆起来;许多遗老遗少们又都穿上清朝服装、弹冠相庆了。

---

① 邹念兹译:《张勋与佃信夫》,《近代史资料》,总第三十五期。
② 这封信系郑孝胥为升允所写,载在郑的一九一七年五月二十一日的日记中。见历史博物馆藏件。

张勋复辟丑剧的上演,使全国人民义愤填膺。北京人民拒挂"龙旗",表示抗议。长沙、广州、上海等地人民纷纷集会,一致声讨,有的(如长沙)当场断指血书:"护法讨贼";有的(如广州)自动发起"国民哭灵大会"。张勋是江西奉新县人,江西广大人民感到莫大耻辱,声讨更为激烈。在群众怒火中,张的家属也被迫四处逃窜。

狡猾的帝国主义在看到张勋复辟不能得逞时,像对待搞帝制活动的袁世凯一样,立即甩掉张勋这只不中用的走狗,继续培植更为得力的工具。例如,张勋在徐州召集会议时,日本参谋次官田中义一曾"道过徐州,与张勋会晤",张亦"扬言日本已赞成复辟的主张";但后来当徐世昌派曹汝霖去日使馆询问时,其公使林劝助却又代表田中说"日本政府决不赞成张勋的复辟"了。① 这种出尔反尔的态度使张勋也很恼火,他后来对人十分肯定地说:"田中明明赞成复辟。"②

溥仪登上皇帝宝座,身为大总统的黎元洪逃进日本使馆避难,并通电全国要求出师"靖难"。段祺瑞本来是利用张勋倒黎的,这时他却在日本的支持下组成"讨逆军",于七月三日在天津附近的马厂誓师,宣布讨伐张勋。"讨逆军"在京、津一带集结达五万余人,分东西两路(沿京津、京汉线)向北京进攻。十二日,发动总攻,"辫子军"招架不住,立即投降,张勋在德国人的保护下由南河沿住宅逃入荷兰使馆,溥仪宣布退位。复辟丑剧演完,由上场到收场,不过十二天。

# 四、段祺瑞的统治术

袁世凯死后不久,他的北洋嫡系即逐渐分裂为直、皖二系。直系以冯国璋为首(冯死后继起的是曹锟、吴佩孚),因冯是直隶河间人,故称这一

---

① 参见《曹汝霖一生之回忆》,第一二五、一二六页。
② 参见《曹汝霖一生之回忆》,第一二五、一二六页。

派为直系。皖系以段祺瑞为首,因段是安徽合肥人,故称这一派为皖系。从袁死后直至一九二〇年直皖战争,北洋军阀的中央政权主要由皖系段祺瑞所控制。

段祺瑞(一八六五——一九三六年),字芝泉,其祖父曾是淮军统领,以剿捻军起家。段幼年随祖父读书,后考入天津武备学堂炮兵科,毕业后被李鸿章派赴德国学军事,在克虏伯炮厂实习。在北洋军阀头子中,他是唯一留学外洋的人。回国后深为袁世凯所信任,成为袁编练北洋新军的重要助手,在新军中历任三、四、六镇统制。

民国以来,历届陆军总长多由段担任,一九一三年还一度兼代过国务总理。一九一五年底,段因权力过大,怕遭袁忌,不得不暂时辞职。一九一六年袁被迫取消帝制时,段又出任参谋总长,接着又受袁命组织责任内阁。袁死后,段即继承其衣钵,掌握了"民国"的大权(段任国务总理兼陆军总长)。看来,段和袁走了一条几乎相同的道路。其道理,就是这时的段祺瑞和清末的袁世凯一样,也掌握着相当的北洋军队。袁以北洋实力使清朝、民国都把权力交给了他。段祺瑞也以北洋实力,使袁在朝不保夕的情况下不得不把权力交给了他;而在继承了袁的衣钵后,他又以其实力鼓动了并转而攻击了张勋的复辟,从而以"再造民国"的功臣自居。

段祺瑞,这个曾经吃过洋面包的封建军阀,既不学袁世凯的称帝,也不学张勋的复辟,而是假借民国之名,行其封建专制主义之实。

第一,对外宣而不战,对内战而不宣。

皖系虽然控制着中央政权,但还不是唯一的实力派,它这时的地盘不过是华北部分地区以及安徽、浙江、福建等省。而直系军阀则控制着直隶及湖北、江西、江苏等省。至于关外三省,则完全为奉系军阀张作霖所控制。

张勋复辟平定后,黎元洪通电去职,段祺瑞迎冯国璋以副总统资格代理总统。这时,冯国璋驻南京,他怕中了段的调虎离山计,不愿做没有实权的大总统。直到段答应了他所提出的江苏、江西、湖北等省督军人选①

---

① 李纯督苏,陈光远督赣,王占元督鄂,加上北方的曹锟督直,成为直系的基本势力。

后,他才于一九一七年八月初到北京,通电宣布就任代理总统。

段祺瑞是以主张对德宣战而赶走黎元洪的,现在他胜利了,当然得按照他的意旨行事。八月十四日,冯国璋布告对德奥宣战,宣布自"八月十四日上午十时起,对德国奥国,宣告立于战争地位",并声明废止与德奥两国所订之一切条约(九月二十六日,南方军政府也布告对德奥宣战)。

虽然对德宣战,但中国却未派一兵一卒去作战,只是应法国公使之召,募集了一些华工到法国,在后方挖战壕、从事搬运工作而已。[①]

虽然是宣而不战,但段祺瑞却借此大练参战军,并以督办参战事务处(一九一八年三月成立,段任督办)名义,向日本大行借款。

对外是宣而不战,对内却是战而不宣。段祺瑞上台伊始,即积极推行他的武力统一政策,并在湖南展开争夺战。一九一七年十月一日,段祺瑞与《大陆报》记者谈话,声称将"出师剿灭"南方粤、桂援湘之军队,对反对派诸领袖"政府必不宽宥"。

战争已打得相当激烈,但冯国璋却迟迟不发讨伐令,因为冯国璋早已和西南"互通声气"(西南各省要求袁世凯退位时,冯曾斡旋其间)。一九一八年一月,冯国璋通电北洋主战各督,拒发对西南讨伐令,说:"为维持国家秩序起见,以后倘各省抗命不从,有扰地方治安,即目为土匪,当命各省长官讨伐之,故不必明发讨伐令。"

一九一八年二月,属于直系的第十六混成旅旅长冯玉祥,在湖北武穴通电主和,要求南北罢兵休战。七月,冯部又在湖南常德宣布独立。八月,直系第三师师长吴佩孚在致苏督李纯电中,痛斥武力统一是亡国政策,又在通电中,请冯国璋"颁布全国一体停战之明令,俾南北军队留有余力,一致对外"。吴还在复段祺瑞电中,说"将在外君令有所不受",并斥段"一意孤行,宠任宵小"。

---

[①] 据曹汝霖回忆当时情况是:"当欧战紧急之时,法国公使康悌曾与梁燕孙(即梁士诒)密商,以法国人工缺乏,拟招华工赴法,不加入战事。燕孙以华工出洋,恐招物议,遂设惠民公司,秘密进行,派亲信到河北、山东、湖南、广东等处,招募华工,……定额两千名。岂知以工资较厚,又不赴前线,应募者竟超出定额十倍。赴法后,虽不赴前线,然在后方挖战壕、从事搬运工作,帮助军事匪鲜。"见《曹汝霖一生之回忆》,第一四六页。

第二章　不断的复辟丑剧

从对南方作战的不同态度，可以看出，皖系军阀和直系军阀的明显分裂。

第二，组织安福俱乐部，操纵国会选举。

张勋复辟事件过去以后，曾经在讨伐张勋中和段祺瑞合作过的研究系，为段出谋划策，说溥仪复辟已使民国中断，不需要再召集旧国会，可成立临时参议院，定国会组织法、选举法，召集新的国会。段采纳了研究系的建议，但是却没有满足研究系控制国会的要求，因为在他看来，研究系究竟不是自己的嫡系，使用起来不会那么得心应手。一九一七年十一月，北京临时参议院成立，①由皖系政客王揖唐任议长，并从事对民初国会组织法和议员选举法的修改。一九一八年二月，北京政府公布了这个为段派修改过的国会组织法和议员选举法。

为了操纵新国会的选举，一九一八年三月间，段命徐树铮组织安福俱乐部于北京的安福胡同，②并由此形成安福系。

参加安福俱乐部的都是皖系军阀控制下或接近皖系军阀的一些议员、政客，其任务就是根据公布的所谓国会组织法、议员选举法四处进行操纵选举的活动。在这些活动中，安福系成员以金钱和政治势力兼施，演出了许多丑剧。如：王揖唐派他的侄儿去当湘江道尹，包办湖南的选举，结果指定的人未能全部当选，张敬尧竟使用伪票来达到可耻的目的；有的地方使用小学生排队投票，前门进，后门出，再从前门进，后门出，如此循环往复，来完成投票任务。

一九一八年夏，安福国会完成了它的议员选举。八月，临时参议院结束，安福国会开幕。属于安福俱乐部的议员达三百余人，属于新旧交通系的一百余人，属于研究系的二十余人。③ 王揖唐、刘恩格当选为众议院正副议长，梁士诒、朱启钤当选为参议院正副议长。

安福系本来是想推段祺瑞为总统的，但是这会遭到直系的反对和各

---

① 由每省各推选议员五名组成。所谓推选，就是由各省的督军、省长指定。
② 安福胡同是北京西单南边的一条胡同，今仍称安福胡同。后来，安福俱乐部扩大了组织，其总部又移至太平湖。
③ 参见谢彬：《民国政党史》，学术研究会总会一九二六年版，第七十六——七十八页。

— 39 —

方面的牵制。在这种情况下,段和冯国璋同时宣告退职,而以六十四岁的老官僚徐世昌为总统,段本人则专任参战督办。在段看来,这样既可以控制政权,又可以用参战军名义借日款扩大军队,而直系势力也可以被排斥在中央政权之外。这就是为什么安福国会在九月间推举徐世昌为大总统的原因。梁士诒年谱的作者曾记述说:"及安福派组织成立,乃盛言举徐(徐世昌),暗中实预备推己,盖徐树铮之谋也。事为冯派所知,忿不可忍,……段自再出组阁,滥借外债,损失国权,国人莫不痛心疾首。段既自知不能当选,以积怨关系,亦决不欲冯之当选,故其所宣布,始终皆云与冯一同下野。徐树铮更怂恿张作霖增兵畿甸,安福系又必无推冯之理,故冯亦无扶正之希望。于是举徐之说,遂由空论而渐趋于事实。"①

安福国会成立后,安福俱乐部势力大增,各色各样的投机政客都纷纷趋炎附势,登门入室,"无奇不有,率皆重钱买取利欲引诱而来。鸡鸣狗盗,自命名流。社鼠城狐,谬充政客。声蹑枢要,自便私图"。②

关于安福系的人事情况,上海《民国日报》刊登过一个《安福世系表之说明》,其中指出:"该系以段为首领,而段不出面,……徐树铮固事实上、表面上皆主体人物也。王揖唐为代小徐组织之人,为党魁,为议长,为和议代表,……倪嗣冲自始至终协同彼系捣乱,……曾毓隽主持党事,势力大于王而小于徐,……朱深与小徐关系极深,且司法权限以内,于小徐之旨处处承顺,……方枢前为国务院秘书长,即小徐替身,其为议和代表亦代表小徐者,……龚心湛本非安系,只以热心作官,投入门下,……"③从这段摘引中,可以大体看出安福系的一些主要人物。

第三,控制政权,极力扩大安福地盘。

在北洋军阀统治的年代里,内阁实际不起什么作用,顶多只是军阀的一个账房,如当时舆论所说:"北京政治中心,久已不在内阁,内阁只需有

---

① 《三水梁燕孙先生年谱》,第四三二页。
② 《留日学生声讨安福电》,上海《民国日报》一九一九年八月七日。
③ 上海《民国日报》一九一九年九月十五日。案:该报所登"安福世系表"很详细,但所列人物过多,措词过于嬉戏诙谐,科学性也值得研究,故未全部引录。

一人摆样耳。"①实际的权力掌握在一时得胜的军阀手中,内阁成员可以呼之即来,挥之即去,从一九一二年至一九二七年,内阁总理变更过四十多次,足以说明问题。

安福国会成立后,第一任国务总理是钱能训,第二任是龚心湛,但实权仍掌握在参战督办段祺瑞那里,安福系分子对各任内阁都进行着控制。正如当时报纸所揭露:"小徐(按:指徐树铮)在国务院事事干涉,无论何项政务,不经小徐寓目,即片纸只字,亦飞不出国务院大门。老龚(按:指龚心湛)名为总理,其实不过执监印承发之役,为小徐之主使而已。"②

安福系的支柱是日本帝国主义所帮助的军阀武装,他们时时不忘巩固和扩大这支武装,段祺瑞不任国务总理而任参战督办是这个目的,由参战督办而改任边防督办也仍然是这个目的。

一九一九年六、七月间,安福国会通过了一个"西北筹边使官制",这个官制把西北筹边使的权力无限扩大:"西北筹边使由大总统特派,筹办西北各地方交通、垦牧、林矿、硝盐、商业、教育、丘卫事宜。所有派驻该地各军队,统归节制指挥。"③徐树铮由此当上了西北筹边使兼西北边防总司令,参战军由此改为边防军,其目的就是为了极力扩大地盘和武装。

徐树铮就任西北筹边使兼边防总司令,只是把边防军一部开入蒙古,而自己的司令部却仍然设在北京,以便继续控制中央政权。

安福系不仅控制中央政权和向西北扩张,而且极力向其他各省区地方扩张自己的势力。例如在山东,"安福为媚日起见,拟将鲁省各官缺尽揽归该派所有。据最近消息,屈映光已允将该省各现任知事一律更动,悉以曾经留学日本人员代之,以便对日亲善,据说此即安福许屈为鲁省长之一条件"。④再如,他们为了控制下届国会的选举,曾派人携带大量金

---

① 上海《民国日报》一九一九年八月二日。
② 上海《民国日报》一九一九年八月二十日。
③ 上海《民国日报》一九一九年七月九日。
④ 上海《民国日报》一九一九年八月二十三日。

钱四出活动,到处建立支部,据当时报载:"安福俱乐部为下届选举之预备,将于七月以内,设立奉、吉、黑、苏、皖、鲁、豫、湘、鄂、浙、闽、直、晋等十三省支部。"①

第四,坚持武力统一,破坏南北议和。

一九一八年底,由于第一次世界大战的结束和巴黎和会的行将召开,国内人民有一种要求和平统一的愿望(在当时反动统治下,这种愿望虽然是一种幻想,但却是完全可以理解的)。西方帝国主义卷土重来,企图打破日本行将独占中国的优势,因此也极力要求南北"统一"。西南军阀和直系军阀,为了打破皖系"挟天子以令诸侯"的优势,不肯承认安福国会,所以也赞成南北"统一",另行立法。而徐世昌呢? 他虽然是安福国会选举出的总统,但又不愿完全受制于安福系,企图凌驾于各派之上。因此,在上述情况下,徐也不得不派出代表和南方代表进行和谈。就是这样,一九一九年二月间,南北代表在上海开始了和平会议。

段祺瑞的安福系是这一和议的积极破坏者,因为这一和议将阻碍日本和段祺瑞武力统一中国的实现。

一九一九年四月八日,北方分代表、安福系分子吴鼎昌在北京致上海的北方总代表朱启钤电中说:"昌意同人态度似应强硬,力往决裂一方做去……"②

四月十七日,安福国会议员联合通电,反对南北和会讨论国会问题,说和会"倘若越权擅议,则紊乱国宪,摇动国本",并说什么"一有动摇,牵动全局"。③ 总之,安福系的统治要千秋万岁,丝毫也不能打破。

五月十五日,徐树铮致北方代表的密电,说得就更加露骨了,他说:"夫以交通、北洋、安福三派实力,戴东海④之德望,据二十四省区之大地,得桂老⑤之明干,左右扶掖,导我辈后进之先路,稍从根本整理,何患不气

---

① 上海《民国日报》一九一九年七月十三日。
② 《一九一九年南北议和资料》,中华书局一九六二年版,第二三〇页。
③ 中国第二历史档案馆藏〔北洋政府陆军部档案(1011)1474〕。
④ 指徐世昌。
⑤ 指朱启钤。

吞欧亚,若五省之就范,直瞬息间事耳!何至低首下心,专向流氓胯下讨生活哉!"①口气是如此之大,气焰是如此之高,段祺瑞、徐树铮挟安福系为资本,真正是不可一世了。

① 《一九一九年南北议和资料》,第二七〇页。

# 第 三 章

# 从经济看政治

## ——"五四"前的中国社会经济

政治是经济的集中表现,文化则是政治、经济的反映。从历史科学的整体来看,经济是历史的骨骼,政治是历史的血肉,文化思想是历史的灵魂。因此,当我们分析任何一种政治现象或文化思想运动的时候,必须首先把握住这一时代的经济状况。恩格斯说:"每一历史时代的经济生产以及必然由此产生的社会结构,是该时代政治的和精神的历史的基础。"[1]又说:"唯物史观是以一定历史时期的物质经济生活条件来说明一切历史事变和观念、一切政治、哲学和宗教的。"[2]

因此,我们在这一章中所要探讨的是:在第一次世界大战期间,帝国主义的经济侵略状况是怎样的?北洋军阀统治下的农村土地关系和人民群众的负担又是怎样的?中国资本主义有了哪些发展和具有怎样的特点?毛泽东在《五四运动》一文中说:"由于那个时期新的社会力量的生长和发展,使中国反帝反封建的资产阶级民主革命出现一个壮大了的阵营,这就是中国的工人阶级、学生群众和新兴的民族资产阶级所组成的阵营。"[3]那么这个壮大了的阵营又是怎样出现的呢?所有这

---

[1] 《〈共产党宣言〉一八八三年德文版序言》。《马克思恩格斯选集》第一卷,人民出版社一九七二年版,第二三二页。

[2] 《论住宅问题》,《马克思恩格斯选集》第二卷,人民出版社一九七二年版,第五三七页。

[3] 《五四运动》,《毛泽东选集》第二卷,人民出版社一九九一年版,第五五八页。

些问题都必须从中国社会经济状况的变化上来说明。

# 一、帝国主义的经济侵略

列宁在一九一六年所写的《帝国主义是资本主义的最高阶段》一书中指出:"对于金融资本最'方便'最有利的当然是使从属的国家和民族丧失政治上的独立这样的支配。半殖民地国家是这方面典型的'中间'形式。显然,在金融资本时代,在世界上其他地方已经瓜分完毕的时候,争夺这些半独立国的斗争一定会特别尖锐起来。"①

列宁的这段分析,完全符合中国的情况。在第一次世界大战爆发前后,中国这个半殖民地国家正是各帝国主义国家争夺的对象。但由于欧洲列强忙于大战,因此对中国的争夺,又主要地表现为日、美之间的斗争。如列宁所说:"瓜分中国才刚刚开始,日美等国争夺中国的斗争愈来愈激烈。"②

日本帝国主义既然通过袁世凯、段祺瑞卖国政府取得了政治、军事、财政等各方面的特权,使中国这个"从属的国家和民族丧失政治上的独立",因此它就利用这种特权,大量地向中国输出资本和输出商品。

日本是甲午战争后获得在华设厂权的,但在第一次世界大战前,它还谈不到大规模的资本输出。由于当时它国内的棉布还多赖手工业去生产,因此在一八九五年至一九一三年的十八年中,其主要的侵华方式,还不得不限于棉纱布的倾销。若谈投资,至一九一三年,在华的日商纱厂的机器设备,不过纱锭一一一九三六枚,布机八八六台而已。③

---

① 《帝国主义是资本主义的最高阶段》,《列宁选集》第二卷,人民出版社一九七二年版,第八〇二页。
② 《帝国主义是资本主义的最高阶段》,《列宁选集》第二卷,人民出版社一九二七年版,第八一五页。
③ 严中平:《中国棉纺织史稿》,科学出版社一九五五年版,第一七四页。

第一次世界大战给了日本一个发展的机会。在一九一四至一九一八年的四年内,它战前业已来华设立分厂的内外棉株式会社,增设了三个新厂,收买一家华商旧厂,上海纺织会社增设纱厂、布厂各一个;另在上海新组一日华纺织公司,收买了美商鸿源纱厂一家。总计在这四年内,纱锭增加了二十多万枚。至一九一九年,在华的日商纱厂的机器设备,纱锭达三三二九二二枚,布机达一四八六台。①

日本在第一次世界大战期间的对华资本输出和商品输出,其方面是极其广泛的,其增长的速度也是极其猛烈的。试看以下十个主要指标的统计数字:②

| 指标项目 | 单 位 | 1912年 | 1919年 | 1919/1912(%) |
| --- | --- | --- | --- | --- |
| 日货入口额 | 千海关两 | 94,172 | 256,372 | 272 |
| 政府借款额(1) | 千元 | 106,200 | 354,438 | 334 |
| 在华日本商行数 | 家 | 733 | 4,878 | 665 |
| 在华日本企业投资 | 千日元 | 385,019(2) | 1,385,800(3) | 360 |
| 在华中日合办企业资本 | 千日元 | 3,812(4) | 33,243 | 872 |
| 在华日本银行资本 | 千日元 | 3,500(5) | 13,775 | 394 |
| 在华日本轮船吨位 | 吨 | 27,398 | 34,519 | 126 |
| 满铁资本(6) | 千日元 | 230,466 | 417,190 | 181 |
| 满铁收入 | 千日元 | 33,546 | 153,133 | 456 |
| 满铁盈利 | 千日元 | 4,926 | 24,375 | 495 |

由于日本对华输出的扩张,日资在帝国主义对华投资中的比重,有了显著的增长;而其他忙于欧战的国家,则有了显著的减少。以帝国主义在中国煤矿中的投资为例,一九一九年,帝国主义对华投资额(包括中外投资)占全国投资总额的百分之六十以上,而日资(包括中外合资)即占了

---

① 严中平:《中国棉纺织史稿》,科学出版社一九五五年版,第一七五、一七七页。
② 此表是中国科学院经济研究所汪敬虞、魏金玉同志根据许多原始资料编制的,参见《经济研究》一九五九年第四期所载《五四运动的经济背景》一文。原作者注;(1)系指本年以前政府借款的总数。(2)系一九一四年的数字。(3)系一九二四年的估计数字。(4)一九一二年没有合办企业数字,为了计算倍数,以一九一一年代之。(5)系一九一七年的数字。(6)包括债票及准备金。

百分之三十五点五,英资(包括中外合资)仅占百分之一八点八,其他国家投资(包括中外合资)则只有百分之六点三。①

日资比重不仅显著增加,而且渗透在中国经济的各个部门中。当时接受日本借款的企业,不仅有汉冶萍公司,而且有扬子机器厂和申新、华新、大生等纱厂。日资的扩张,还不仅限于大城市和大企业中,而且渗入许多偏远地区和广大的中小企业中。例如,在一九一二至一九一九年间,中国的中小型电厂,就有四十家以上接受了日本的借款;这些电厂,有的甚至在四川的泸县和湖南的洪江等偏远地区。

以上是日资的扩张情况,再看看美国。

美国是个后起的,但又发展极快的帝国主义国家。当甲午战争后帝国主义者在中国划分势力范围的时候,美国因忙于和西班牙争夺西印度群岛和菲律宾群岛的殖民地,无暇兼顾,因而未能在中国划分势力范围。为了弥补这种"损失"和进一步侵略中国,美国政府便在一八九九年间向各国提出了"门户开放"的政策,就是说帝国主义对中国侵略的机会均等。一九〇〇至一九〇一年,美国参加八国联军镇压义和团运动(首先攻入北京城的就是美国军队)。此后,它便急起直追,和其他各国展开了对中国的争夺。

到第一次世界大战爆发的时候,美国在华资产已有相当数目,试看下表:②

一九一四年美国在华产业表　　　　(单位:美元)

| | |
|---|---|
| 直接投资 | 42,000,000 |
| 政券及政府债款 | 7,299,000 |
| 教会财产 | 10,000,000 |
| 总　计 | 59,299,000 |

第一次世界大战爆发后,美国加紧了对中国的侵略,并极力寻找它在

---

① 严中平等编:《中国近代经济史统计资料选辑》,科学出版社一九五五年版,第一三二、一三三页。

② 雷麦:《外人在华投资》,商务印书馆一九五七年版,第二〇四页。

中国进行统治的工具。一九一五年袁世凯的帝制运动,得到了美国的积极支持。与此同时,美国也就进一步取得了对中国进行各种贷款的权利。从一九一四年到一九一六年六月袁世凯死亡以前,中美借款合同计有五项:(一)一九一四年一月三日"导淮借款"二千万美元;(二)一九一六年四月十一日,由驻美公使顾维钧与美国波士顿省利·希洛金生公司签订借款二千万美元(在付款一百万之后,袁世凯死,美国即停止续付);(三)一九一六年四月十九日山东省"运河改修借款"三百万美元;(四)一九一六年五月十三日"淮河改修借款"三百万美元;(五)"铁路借款"一千万美元(时间也在一九一六年四月至六月期间)。

根据上述借款合同统计,共达五千六百万美元之多。至于这些借款的支付情况,尚无精确的统计。抛开这些情况,仅就合同数字来看,也足以说明美国侵华之紧了。因为这些借款,除"导淮借款"系在第一次世界大战爆发前签订者外,其余都是在第一次世界大战爆发后,而且是在一九一六年四月至六月一个很短的时间内签订的。在这样短的时间内,借款数字差不多相当于一九一四年前历年投资的总数字,这不是足以说明侵华之紧和培植工具之急么!

通过这些借款合同的签订,美国获得了许多特权。例如,一九一六年五月间,美国便获得了修筑株(株州)钦(钦州)铁路和周(周家口)襄(襄阳)铁路的特权,两路约长一千七百七十公里(未成)。①

美国对华经济侵略的扩张,从其来华船只吨位的增加,也可明显看出。根据海关统计,各通商口岸美籍航运势力的增长情况是:一九一三年为五一四七九五吨;一九一八年为七六四一〇九吨;一九二〇年为三二〇三九三四吨。②

当时中国驻纽约领事馆主事屠汝涑在《欧战四年间中美商务之比较》一文中,曾对中美贸易增长之情况,作了这样一段说明:"查欧战四年间,我国与各国之贸易,其有增进者,只中日及中美间之贸易而已。其与

---

① 严中平等编:《中国近代经济史统计资料选辑》,第一八八页。
② 严中平等编:《中国近代经济史统计资料选辑》,第二四六页。

他国者,均见减焉。我国与日本之贸易,居我国海外贸易之首者,历有年所。我国与英国之贸易,向居第二。惟至民国五年,一降而为第三,而使中美之贸易占其位焉。在民国三年(欧战初年),中英之贸易为数计一万二千七百万两,中美之贸易计八千一百余万两。两载以后,后者竟增至一万二千五百万两之多,而前者减至一万零五百万两。又阅二载(欧战末年),前者减至七千五百万两,而后者竟增至一万三千五百万两,其差数达六千万两之谱。总计四年间,中美贸易之超过中英贸易之数在一万万两以上焉。"①

屠文为了比较中日、中美、中英之间四年间的增减情况,曾列出下表(与我国每年海外贸易总数比较)以说明之:②

当第一次世界大战将近结束的时候,美国这个在战争中牺牲最少、获利最多的国家,为了在战后和其他国家竞争,对中国的侵略就更为加紧了。一九一八年五、六月间,美国银行三十六家(后来又加上七家),在其政府指挥下准备对华投资。七月十日,美国政府又向日、英、法三国提议合组对华的国际银行团。所有这些,都是企图打破日本独占的优势,从而使美国进一步在中国处于特殊地位。

| 年 份 | 中 美 | 中 英 | 中 日 |
|---|---|---|---|
| 民国七年 | 13.0% | 7.2% | 38.9% |
| 民国六年 | 15.3% | 7.2% | 32.3% |
| 民国五年 | 12.6% | 10.5% | 37.4% |
| 民国四年 | 11.1% | 11.8% | 22.6% |
| 民国三年 | 8.8% | 13.8% | 20.7% |

帝国主义在掠夺中国上是互相矛盾的,但是它们在一定时机一定问题上又有着暂时的协调。一九一七年十一月二日,日美之间成立《兰辛石井协定》,美国说:"合众国承认日本国于中国有特殊之利益,而于日本

---

① 中国第二历史档案馆藏:〔北洋政府农商部《农商公报》一九二〇年第七卷第二册〕。
② 中国第二历史档案馆藏:〔北洋政府农商部《农商公报》一九二〇年第七卷第二册〕。

所属接壤地方,尤为其然。"①日本则保证不侵害美国在中国的利益。

不管帝国主义者在掠夺中国问题上产生矛盾也好,或者产生暂时的协调也好,受害的当然都还是中国。

在日、美帝国主义经济侵略的扩张下,特别是日本帝国主义的公开掠夺下,中国人民所受的损失是严重的。以钢铁业为例,自从汉冶萍向日本大借款签订运砂合同后,这个中国唯一的大型钢铁企业,实际上只是"日本国制铁所"的原料供给地。一九一三年,中国铁砂在国际市场上需用二六点六吨换来一吨钢铁,而到一九一七年,则需要三六点二吨才能换来一吨钢铁了。这种不等价的交换,典型地说明了帝国主义者为什么要把殖民地、半殖民地变为资本输出和原料供给的场所,也生动有力地说明了殖民地半殖民地丧失独立的重要原因。

以上,我们分析了日、美帝国主义在第一次世界大战期间的乘机扩张,但这绝不是说其他帝国主义者已经停止了他们的经济侵略。特别是像英国这样老牌的帝国主义者,虽然由于忙于欧战、无暇东顾,但它对中国的侵略活动却一天也没有停止。除东北三省外,中国的大部分通商口岸的主要商行,仍然是英国资本。从海关贸易统计数字来看,英货来华仍然保持着一定的数量,试看下表:②

| 年　月 | 疋头疋计(疋) | 呢绒疋计(码) | 五金担计(担) |
| --- | --- | --- | --- |
| 1914年5月 | 1,065,375 | 434,958 | 64,754 |
| 1915年5月 | 567,095 | 195,100 | 48,342 |
| 1916年5月 | 610,067 | 947,156 | 49,282 |
| 1917年5月 | 228,478 | 631,615 | 10,809 |
| 1918年5月 | 731,830 | 387,139 | 21,720 |
| 1919年5月 | 240,255 | 304,803 | 78,896 |

---

① 《六十年来中国与日本》第七卷,第一二一页。
② 中国第二历史档案馆藏:〔北洋政府农商部《农商公报》一九一九年第六卷第五册〕。

在第一次世界大战期间,英国在中国的一些大的厂矿、洋行和公司等仍在积极活动。如开滦煤矿,根据一九一三年开滦总局第一届报告,所获净利尚不过一百余万元,而从一九一七年起(到一九二八年),所获净利则猛增到最低为二百八十余万元,最高达八百九十余万元,平均每年在六百万元以上。依此估算,开滦煤矿成本,四年即可全部赚回,其余均为红利。① 由此亦可看出,帝国主义压榨剥削我国人民之深重。

也是在第一次世界大战期间,英国福公司和中原公司合并成立"福中总公司",控制河南的焦作煤矿。② 一九一五至一九二〇年,英国还霸占了北京郊区的门头沟煤矿。③

矿业为立国之生命。开滦、焦作、门头沟等煤矿产额占有我国总产值的相当比重。英国对这些煤矿的控制,说明这个老牌帝国主义者对我国的经济命脉还有着一定的操纵。

英、日、美三国是中国近代史上侵略我国的三个主要帝国主义国家。它们在侵略中国的过程中既有协同,又有矛盾,在不同时期扮演着不同的角色。在第一次世界大战期间,日、美乘机扩张,尤其是日本帝国主义成为侵略中国的元凶。因此,日本侵略者及其在中国的走狗成为中国人民共同攻击的直接目标。

## 二、封建军阀的经济掠夺

土地问题是中国革命的根本问题。地主阶级对农民的剥削是封建剥削制度的根基。帝国主义为了侵略的需要,极力保持中国的封建剥削制度,使中国的封建地主阶级变为它们统治中国的支柱。

---

① 陈真等合编:《中国近代工业史资料》第二辑,生活·读书·新知三联书店一九五八年版,第一七一页。

② 陈真等合编:《中国近代工业史资料》第二辑,第二〇九页。

③ 《中国近代经济史》上册,人民出版社一九七六年版,第二〇九页。

资产阶级革命派虽然提出了土地问题,但他们却无力解决这个问题。一场辛亥革命,虽然推倒了清朝封建皇帝,但是农村的阶级关系却没有改变。相反,土地集中的现象和趋势,仍然严重存在。试以一九一四年和一九〇五年相比,且看昆山、南通、宿县三个地区农户的变动情况:①

各县总农户=100

| 时期 | 昆山 | | | 南通 | | | 宿县 | | |
|---|---|---|---|---|---|---|---|---|---|
| | 自耕农 | 半佃农 | 佃农 | 自耕农 | 半佃农 | 佃农 | 自耕农 | 半佃农 | 佃农 |
| 1905年 | 26.0 | 16.6 | 57.4 | 20.2 | 22.9 | 56.9 | 59.5 | 22.6 | 17.9 |
| 1914年 | 11.7 | 16.6 | 71.7 | 15.8 | 22.7 | 61.5 | 42.5 | 30.6 | 26.9 |

从上述三个地区的情况,都可以看出自耕农减少、佃农增加,即土地集中的趋势。为数很少的地主集中了农村大量土地,而广大贫苦农民却无地或很少土地,不得不忍受着地主阶级的残酷剥削。

封建军阀是地主阶级的政治代表,同时他们本身又都是大地主。封建军阀的出身虽有不同,但他们在成为军阀之后即大量地掠夺土地,这又是共同的,可以说无一例外。试看民国以来的一些著名军阀占有土地的情况:袁世凯在河南彰德、汲县、辉县等地有田产四百顷左右;②徐世昌在辉县有五十多顷土地;③段祺瑞在东北边境占地二十万顷(圈占的荒地);冯国璋是河间人,《新青年》编者在一九一九年曾以"河间府的田地现在也买不着了"④来形容冯在其家乡抢购田产的情况,冯在苏北还有田七十五万亩;曹锟弟兄是天津静海一带最大的地主,而且垄断了那一带的水利机关;⑤张作霖在东北占有土地十五万余垧(每垧合十亩)。⑥

---

① 《中国近代经济史统计资料选辑》,第二七六页。
② 《中国近代农业史资料》第二辑,生活·读书·新知三联书店一九五七年版,第十四页。
③ 《中国近代农业史资料》第二辑,第十四页。
④ 《新青年》第七卷,第一号,第一一九页。
⑤ 《中国近代农业史资料》第二辑,第十六页。
⑥ 《中国近代农业史资料》第二辑,第十七页。

以上是曾经霸据中央政权的几个大军阀的占地情况,至于各省军阀,也并不比他们差多少,占地数百顷是普遍的现象。例如,安徽霍邱张敬尧老家和阜阳倪嗣冲家各拥有七八万亩以上的土地。① 再如,在一九一三至一九二二年历任福建镇守使、护军使、巡按使、督军、省长等职的李厚基,在江苏徐海一带就占有二百多顷土地。②

不仅独霸一方的著名军阀占有大量土地,等而下之,如参议、参赞、被服厂长、县长、中下级军官等也都各占有大量土地。以东北的一些情况为例,张作霖的参议韩麟春在其家乡占地二百余垧;奉天陆军被服厂长潘性庭在吉林省内占地二百余垧;沈阳县知事恩麟在法库的土地价值十五万元之多;奉军炮兵司令邹作华在吉林占地五百垧;中东铁路参赞曾有翼在沈阳占地三百余垧;吉林第二十六旅旅长李桂林占地二百余垧。③

军阀们的土地是怎样得来的呢?举两个例子即可说明。

一个是南方的。彭湃在《海丰农民运动报告》一文中,讲到陈炯明的统治情况时说:"陈炯明一握到广东的政权,所有海丰的陈家族,自然随着陈炯明的地方家族主义占据了广东的政治势力及军权,以巩固个人的位置。所以海丰人之为官者,以海丰之人口及面积来平均,与别个地方比较,为全世界之第一。他们不但在别个地方铲地皮,在他们的家乡主义底下的家乡也是一样的对付。所以,海丰一旦就增加了无数军阀、官僚、新官儿、政客、贵族及新兴地主阶级(即地主兼军阀)!"④

另一个是北方的。有一个调查材料说:张作霖等"他们每个人都占有土性最肥沃且有交通之便的良好土地,各自形成部落,特别像张作霖,竟派遣地政委员经常管理其事。张作霖的胞兄,还有张作霖的义弟通称张五大帅者,驻在当地担任总管,其势力足以颐使地方官吏,如通辽县知

---

① 《中国近代农业史资料》第二辑,第十四页。
② 吴寿彭:《逗留于农村经济时代的徐海各属》。《东方杂志》第二十七卷,第六号,第七八页。
③ 《中国近代农业史资料》第二辑,第十七、十八页。
④ 原载《中国农民》第一册,参见《中国近代农业史资料》第二辑,第二二页。

事者,简直可以说事事受其压迫,仰其鼻息,仅得维持一己地位而已。张作霖的委员们,利用省长的权位和威势,按特别低廉的价格把有前途的地点买进,再慢慢吞并四邻,他们一直在玩弄着这种惯技"。①

以上两个例子,都说明了军阀们如何利用既得的政权,进行巧取豪夺和实行家族主义的统治。这种用搜刮地皮得来的钱在地方上廉价掠取土地的现象,在当时是极为普遍的。有一个省的督军,于在职八年中,搜刮资财八千万元(平均每年一千万元),即以此款在其家乡山东廉价购买土地,结果他成为占有四县土地的大地主。②

封建军阀不仅掠夺了和集中了大量土地,而且还依靠权势接收了和发展了清政府的一些官僚资本企业。

清政府在洋务运动期间创办的一些军火工厂,在二十世纪初,即袁世凯上台编练新军的时候,有所发展。辛亥革命后,这些军火工厂均转到北洋军阀手中。一九一五年,北洋军阀又在河南巩县筹办一个较大的兵工厂(一九二一年建成),来为军阀们的内战服务。基于同样目的,一些地方军阀也设立兵工厂。

封建军阀,特别是控制中央政权的军阀,还接收了清政府办的一些民用工业,成为这一时期官僚资本企业的一部分。如江南制造局船坞,辛亥革命时为沪军都督陈其美接受,一九一二年四月移交北洋政府海军部,改称江南造船所,到一九一八年,又"接添新厂一座,与旧厂衔接合用发动机,以便工作,陆续添置各种机器"。③

除官办企业外,北洋政府也搞了一些官商合办的企业,其目的也是为了掠取民财,为它的反动政治服务。如一九一五年周学熙倡办的华新纺织公司,定资本洋一六〇〇万元,官股百分之四十,商股百分之六十。它是在怎样一种情况下创办的呢?据当时报纸揭露,它完全是为筹化袁世凯登极后的用款而创办的:"袁氏践祚后御政第一年内,须有巨款以备赏

---

① 《中国近代农业史资料》第二辑,第十九页。
② 《中国近代农业史资料》第二辑,第二〇页。
③ 陈真:《中国近代工业史资料》第三辑,生活·读书·新知三联书店一九六一年版,第一〇三页。

给军士一月之恩饷,蠲免民间一年之赋税,此外尚须赏给士卒肉食三日,以买军心,故中国财政家竭力设法筹款,以便新皇帝有所需用即如数支给。"因此,这种企业的反动性,是显而易见的。当时的论者就指出:"今华新纺织公司于创办伊始,虽名为官股十分之四,商股十分之六,而其企图之志,实则在垄断直隶、山东、河南三省之棉业权利,然非先送政府以巨款,以救其燃眉之急,不能得此专利,此可断言也。"①

封建军阀们还以私人名义占有了许多工矿企业。如山东枣庄的中兴煤矿,是中国的大型煤矿,便是徐世昌、黎元洪、朱启钤以个人名义经营的,②张作霖在其中也有资本。③ 这种企业由于在运费、税捐等各方面享有很多特权,因而盈利很高,而使民族资本企业无法与之竞争。试看下表:④

| 矿名 | 资本性质 | 每吨产煤成本（元） | 每吨公里运费（元） | 主要销地 | 运至主要销地每吨运费 || 每吨税捐 ||
|---|---|---|---|---|---|---|---|---|
| | | | | | 运费（元） | 占成本（%） | 税捐（元） | 占成本（%） |
| 阳曲保晋公司 | 民族资本 | 2.021 | 0.02500 | 石家庄 | 3.206 | 159 | 1.7310 | 86 |
| 枣庄中兴公司 | 官僚资本 | 2.025 | 0.00501 | 济南 | 1.258 | 62 | 0.2000 | 10 |
| 唐山开滦公司 | 帝国主义资本 | 1.500 | 0.00812 | 天津 | 1.180 | 79 | 0.2675 | 18 |

从上表可以看出,民族资本既敌不过官僚资本,也敌不过帝国主义资本。在双重的排挤下,中国民族资本主义的命运也就可以想见了。

在北洋军阀统治时期,各个地方的军阀、官僚、政客,很多都经营、控制有近代工矿企业。比较有实力的集团,在北方,有以梁士诒为首的

---

① 汉声:《论中国官僚之企业心》,《时报》一九一五年十一月二日。参见《中国近代工业史资料》第三辑,第六六三、六六四页。
② 《中国近代经济史统计资料选辑》,第一五三页。
③ 吉迪:《北洋军阀政客资产纪闻》,《近代史资料》,一九七八年第一期。
④ 《中国近代经济史统计资料选辑》,第一六七页。

旧交通系,[1]以曹汝霖、陆宗舆为首的新交通系,[2]以及所谓"北四行";[3]在南方则有所谓"南五行"[4](江浙财阀),以及"华南集团""四川财团""山西财团"等。

封建军阀的官僚资本是和帝国主义资本密切勾结在一起的。如一九一八年成立的中华汇业银行,便是中日合办的,总理是陆宗舆,日本专务理事是柿内常次郎。该银行是日本寺内正毅内阁为扶植皖系军阀而设立的,规定资本总额一千万日元,每股一百日元。一九一九年四月十九日第一次股东大会,总股数八三七九〇,其中日本四四九〇〇,中国三八八九〇。(一九二七年十二月十七日股东大会,总股数八八六二五,其中日本四二九〇〇,中国四五七二五。)在中国股份中,段祺瑞占三千多股,章宗祥三千多股,陆宗舆一千多股,冯国璋一千股,交通银行五千股,中国银行五千股,东三省官银行一千多股。[5]

北洋军阀的官僚资本渗透的范围虽然很广很深,但是比较起他们的老祖宗——李鸿章的"洋务"和他们的晚辈——四大家族的官僚资本来说,其成就是不够集中突出的。因为军阀间的混战实在太频繁了,"乱烘烘,你方唱罢我登场",控制中央政权的军阀头子,像走马灯一样换来换去,而内阁的变更在一九一二至一九二八年的十七年间竟达四十多次。一个企业的成长,无论是官僚资本或民族资本,没有一个相对安定的环境,都是不可能的。例如,皖系军阀在第一次世界大战结束前后筹办的宣化龙烟铁矿和石景山炼铁厂,就因为不久爆发了直皖战争,而不得不重新改组。其他地方的一些企业,也有类似情况。

---

[1] 旧交通系是袁世凯一手培植起来的,是他进行政治斗争的一个工具。由于该系成员长期控制交通、财经部门,因此人称交通系。梁士诒曾是袁世凯总统府的秘书长,并兼任交通银行总理,一度兼代财政部的职务,被称为"财神",外国报纸评论说:"梁士诒者,在中国财政上最有势力之第一人也。……袁大总统为前路先锋,梁士诒乃为其后路粮台。"

[2] 袁世凯败亡后,梁士诒等人被通缉亡命海外,留在国内的交通系分子便利用曹汝霖、陆宗舆等出面,维持该系的固有势力。曹、陆等则利用交通系开辟地盘,扩充自己的势力,逐渐形成新交通系。后来梁士诒回国后,曹、陆等仍然保持着独立的系统。

[3] "北四行"是指金城、大陆、中南、盐业四个银行。

[4] "南五行"是指上海、浙江兴业、浙江实业、中国、交通五个银行。

[5] 吉迪:《北洋军阀政客资产记闻》,《近代史资料》,一九七八年第一期。

## 第三章　从经济看政治

封建军阀为了割据地盘、肆行掠夺,连年混战不已。如一九一七年和一九一八年,全国都有九个省份发生战争。军阀混战的频繁,必然使历年军费不断增长,试看下表:①

| 年　份 | 军　费 |
| --- | --- |
| 1895年 | 25,604,880元 |
| 1910年 | 102,000,000元 |
| 1916年 | 152,915,765元 |
| 1918年 | 203,000,000元 |

按其军费占政府支出总数的百分比来看,一九一三年是二六点八九,一九一六年是三三点八一,一九一九年是四一点六八,而到后来(一九二三年)更增到六四。(至于各省军费开支,比数更大,如四川在一九二二年占其省政府开支的百分之八十八,湖北在一九二三年则达九十四。)

羊毛出在羊身上。军费的增长,就意味着广大人民群众负担的加重。

据现有材料看来,辛亥革命后最初的一两年内,人民群众的税收负担,比较清末并未增加。大约在第一次世界大战爆发前后,即一九一四、一九一五年间,税收开始猛增。一九一四年,山东、直隶两省借口治河而自征附税。一九一五年,北京政府令援山东、直隶之例,增加附税,以弥补财政赤字。一九一五年以后,旧附加税并入正税,新附加税又有增加。

如果我们仅仅从军阀政府公布的税制来看,那还是和人民负担的实际状况有着极大的距离。因为税制是一回事,实际征收又是一回事。广西《武宣县志》有过这么一段记载:"民国四年,广西巡按使张鸣岐通令全省清理田赋。各县奉令后,即遵照原有旧粮额数加倍或加数倍征收,得以博取奖赏,故各县中,仍有有田无粮,无田有粮,重益加重之弊。"②

广西这种情况,在全国各地都普遍存在。军阀专政的天下,有枪即有"理"。大小军阀都可以独霸一方,巧立名目,设置各种捐税,随意征收。

---

① 《中国近代农业史资料》第二辑,第六○八页。
② 《中国近代农业史资料》第二辑,第五六五页。

其捐税名目的繁多,简直是惊人的,人口要捐,牲畜要捐,粮食要捐,青菜要捐,可以说衣食住行以至婚丧嫁娶,无一不要捐。

除各种赋税外,军阀们还发行各种公债,对各阶层人民进行掠夺。辛亥以来至一九一八年,北京政府公债的发行情况是:①

| 年 份 | 实际发行额 |
| --- | --- |
| 1912年 | 6,248,460元 |
| 1914年 | 24,970,520元 |
| 1915年 | 25,834,155元 |
| 1918年 | 139,363,760元 |

至于各省发行的公债,其名称和数目就更加繁多了。例如,湖南一省在一九一二至一九二一年就发过至少五次的公债,其名目有筹饷公债、地方有奖公债、惠民奖票、定期有利金库证券、省库证券等。

土地的占有,内战的扩大,赋税、公债的增加,都给人民以沉重的负担。军阀政府为了投靠帝国主义,还给中国人民开出了无数的卖身契。

帝国主义和封建主义相结合,使中国陷入半殖民半封建社会的深渊。这种景况,在辛亥革命以后,不仅未能改变,而且一天天在加深。中国人民要获得解放,不仅必须坚持不懈地进行彻底的反对帝国主义的斗争,并且必须坚持不懈地进行反对封建主义的斗争,而在五四时期说来,特别要坚持反对日本帝国主义的走狗——皖系军阀的斗争。

## 三、中国民族资本主义的发展

毛泽东在一九三九年所写的《中国革命和中国共产党》一书中,曾对

---

① 中国银行总库司:《国内公债汇览》,参见《中国近代农业史资料》第二辑,第五八六页。

中国资本主义的发展过程,作了下述的分析:"还在十九世纪的下半期,还在六十年前,就开始有一部分商人、地主和官僚投资于新式工业。到了同世纪末年和二十世纪初年,到了四十年前,中国民族资本主义便开始了初步的发展。到了二十年前,即第一次帝国主义世界大战的时期,由于欧美帝国主义国家忙于战争,暂时放松了对于中国的压迫,中国的民族工业,主要是纺织业和面粉业,又得到了进一步的发展。"①

毛泽东的这一分析,是合乎客观事实的。

在第一次世界大战期间,虽然日、美两国乘机加紧侵华,但是那时处于交战的欧洲列强,却不得不相对地对东方放松了侵略,因为它们"无暇东顾"了(当然不是说它们已经停止了侵略)。这从帝国主义来华船只的锐减,即可说明。试看下表:②

| 年　份 | 帝国主义国家航运来华吨数(吨) |
| --- | --- |
| 1913 年 | 24,491,838 |
| 1916 年 | 18,581,333 |
| 1918 年 | 14,357,648 |

这样,也就使得中国的入超状况大为改善了。试看下表:③

| 年　份 | 入超状况(海关两) |
| --- | --- |
| 1914 年 | 213,014,753 |
| 1915 年 | 35,614,555 |
| 1916 年 | 16,188,270 |

有些个别商品,中国竟由入超国变为出超国。以面粉为例,试看下表:④

---

① 《毛泽东选集》第二卷,人民出版社一九九一年版,第三〇三页。
② 《中国近代经济史统计资料选辑》,第二四六页。
③ 杨瑞六、侯厚培:《六十五年来中国国际贸易统计》,表一,中央研究院社会科学研究所一九三一年版。
④ 杨大金:《现代中国实业志》,商务印书馆一九三八年版。

| 年　份 | 输　入 | 输　出 | 入　超 | 出　超 |
|---|---|---|---|---|
| 1913 年 | 2,592,821 | 193,206 | 399,615 | |
| 1914 年 | 2,166,318 | 69,932 | 2,095,386 | |
| 1915 年 | 158,272 | 196,596 | | 38,323 |
| 1917 年 | 678,849 | 789,031 | | 110,182 |
| 1918 年 | 4,552 | 2,011,899 | | 2,007,347 |
| 1920 年 | 511,021 | 3,960,271 | | 3,449,250 |
| 1921 年 | 752,673 | 2,047,004 | | 1,294,331 |
| 1922 年 | 2,060,838 | 593,225 | 1,467,613 | |

以上表可以看出：第一次世界大战前，中国的面粉贸易是入超的；而到世界大战爆发后的第二年（一九一五年），即变为出超了。从一九一五年至一九二一年，出超逐年增加；直到一九二二年，才又变为入超。

由于帝国主义对华输入的锐减，就大大刺激了中国民族工业的发展，根据北京政府农商部的统计，历年向其注册的工业公司，在一九一四年八月以前，共有一百四十六个，资本额为四一一四八二〇五元；而自一九一四年八月至一九二〇年，六年多一点的时间，新注册的工业公司即达二百七十二个，资本额为一一七四三四五〇〇元。历年发展情况，见下表：①

| 年　份 | 公司数 | 资本额（元） |
|---|---|---|
| 1914 年（8—12 月） | 16 | 3,921,400 |
| 1915 年 | 53 | 11,606,400 |
| 1916 年 | 24 | 22,467,000 |
| 1917 年 | 41 | 3,765,600 |
| 1918 年 | 33 | 5,378,800 |
| 1919 年 | 65 | 44,728,300 |
| 1920 年 | 40 | 25,567,000 |
| 总　计 | 272 | 117,434,500 |

在发展着的中国民族工业中，包括纺织、面粉、卷烟、火柴、榨油、针

---

① 《第一回中国年鉴》，商务印书馆一九二四年版，第一四四—一页。

织、缫丝、丝织、造纸、制糖、染料、肥皂等业。其中尤以纺织业和面粉业最为发展。

以纺织业来说，在第一次世界大战前，即从一八九六至一九一三的十八年中，在中国建成的纯华资的纺织工厂，仅有十六家，纺锭数在一九一三年才发展到四八四一九二枚。而在第一次世界大战期间及其稍后的年代里，即从一九一四到一九二二年的九年中，纯由华资开设的纱布厂即达五十四家，开工的纺锭在一九二二年达一五〇六六三四枚。

纺织业发展较快，是和这一行业的盈利较大分不开的。试看下表：①

第一次世界大战前后中国纱厂的盈利情况
按市价推算之 16 支纱生产费用及其盈利（规元两）

| 年 份 | 棉价（每担） | 生产费用（每包） | 纱价（每包） | 盈利（纱每包） | 申新一厂实际盈利额（元） |
|---|---|---|---|---|---|
| 1914 年 | 21.00 | 85.50 | 99.50 | 14.00 | ? |
| 1915 年 | 23.00 | 93.63 | 90.50 | -3.13 | 20,000 |
| 1916 年 | 24.10 | 97.56 | 103.00 | 5.45 | 110,000 |
| 1917 年 | 31.25 | 125.60 | 152.00 | 26.40 | 400,000 |
| 1918 年 | 37.00 | 143.18 | 158.50 | 15.33 | 800,000 |
| 1919 年 | 34.25 | 149.55 | 200.00 | 50.55 | 1,000,000 |
| 1920 年 | 33.75 | 147.75 | 194.20 | 46.45 | 1,000,000 |
| 1921 年 | 32.50 | 143.20 | 150.50 | 7.30 | 600,000 |
| 1922 年 | 35.85 | 155.25 | 140.50 | -14.75 | ? |

从上表可看出，在一九一四年十六支纱盈利十四两，一九一七年即达二六四〇两，一九一九年则达五〇五五两。这是中国自有纱厂以来从未曾有过的厚利。从申新一厂自一九一五年至一九二〇年逐年实际盈利的增长额来看，其数字和速度都是很惊人的。这种情况，必然会激起建设纱厂的狂潮。

再从面粉业来看，其发展速度也是很快的。前面所举出超数字，即足

---

① 《中国棉纺织史稿》，科学出版社一九五五年版，第一八六页；参见《中国近代经济史统计资料选辑》，第一六五页。

以说明。这是因为在战争期间,帝国主义各国缺乏粮食,俄国、英国、日本、法国等都需要从中国入口面粉。此外,如菲律宾、越南、土耳其等许多国家,也都成了中国面粉的输出国。因此,中国的面粉在国际市场上发生很大变化,由入超国一跃而为出超国。而这时中国国内的面粉市场也在扩大。这样,就不能不刺激了中国民族资本在面粉工业方面的发展。根据一九二〇至一九二一年间的统计,在中国共有面粉厂一百二十三家,其中主要是民族工业。在这一百二十三家中,约有百家都是在第一次世界大战期间建立起来的。不过,中国的面粉工业,一般规模较小,资本多在三五十万元之间,在一百万元以上的大厂不过六七家。所以在大战期间新开的面粉厂虽在厂数上多于纺织厂,而在资本数额上却赶不上纺织厂。

除纺织、面粉业外,针织、卷烟、榨油等民族工业也有很大发展。例如,成立于一九〇六年的南洋兄弟烟草公司,最初资本不过十万元,一九一五年达一百万元,一九一八年则迅速增至五百万元,一九一九年又猛增至一千五百万元,一九二〇至一九二一年每年盈利即达四百万元。再如,中国新式的榨油工业,也因大战期间为帝国主义所需要而有较大发展。东北榨油工业中心的营口,一九一三年有榨油厂十二家,一九二一年即增至二十一家。大连的油厂也有很大发展。

除开设新厂外,原有工厂的扩大,是极为普遍的现象。"一九〇六年所建的无锡振新纱厂,经营七八年,并无重要发展,惟到了一九一九至一九二〇年,股东红利曾高达六分之多。又同年所建的宁波和丰纱厂,战前本难于维持的,但在一九一九年该厂竟以九十万元的资本获净利达一百二十五万元,一九二〇年获利犹在此数以上。江阴利用纱厂,一向出租出去,一九一五年始由原股东收回自办,其后六年内以七十二万两的资本,一五七九二枚的纱锭,获利达三百余万元之多。若天津裕元纱厂,一九一八年完工时仅有资本二百万元,开工后四年内便盈利六百余万元;又如天津华新纱厂,一九一八年开工时仅有资本二百万元,一九一九年便获利一百五十万元;又如南通大生第一厂,在这繁荣期所分派的官利曾高达九分之多。"[1]

---

[1] 《中国棉纺织史稿》,第一八五、一八六页。

如此高额的利润,资本家把利润资本化,从事扩大再生产,就成为必然的事了。

除开设新厂、扩大旧厂外,工场手工业向工厂工业转化,在此期间也极普遍。如东北纺织业,易手织为机织,易个人组织为公司,易人之发动为电力,在一九一四至一九一五年间,"一时极为繁盛"。再如四川内地的许多盐井,也在一九一五年开始改用机器。许多用土法开采的中小煤矿,在此期间也纷纷使用新法开采。

中国民族工业虽然有了很大的发展,但由于这种发展是在半殖民地半封建社会中形成的,因此它显现出以下的许多特点。

第一,中国民族工业虽然有了进一步的发展,但在整个社会经济中仍然没有占据优势。如和其他资本主义国家相比,仍是很落后的。即以一九一九年的中国和一九一三年的俄国相比,从几种工业产量和纱锭设备来看:俄国煤是二八九〇〇〇〇〇吨,中国是二〇一四六八一八吨;俄国钢是四二〇〇〇〇〇吨,中国是三四八五一吨;俄国生铁是四二〇〇〇〇〇吨,中国是四〇七七四三吨;俄国纺锭是七六六八〇〇〇锭,中国是六五八七四八锭。上述情况,正如毛泽东所指出:"中国有许多事情和十月革命以前的俄国相同,或者近似。封建主义的压迫,这是相同的。经济和文化落后,这是近似的。两个国家都落后,中国则更落后。"[①]

第二,轻重工业发展不平衡,就是说中国民族工业还不可能形成一个独立的工业体系。在第一次世界大战期间,中国的重工业虽然稍有发展,如山西保晋、江苏贾汪、安徽烈山、河北中和等地的煤矿和安徽裕繁等地的铁矿,在一九一五年后都曾先后增加资本、扩大矿区。但是这种发展,是极其微弱的。在中国的绝大部分的重工业,都仍然是控制在帝国主义资本和官僚资本手中。以煤矿业为例,帝国主义资本控制的煤矿,在全国机械开采总产量中的比重:一九一五年为最高,达百分之九九点七;一九一七年为最低,但也达百分之七十五以上。在中国人自办的机械开采煤矿生产中,官僚资本控制的又占绝大比重:一九一六年为百分之七九点

---

[①] 《论人民民主专政》,《毛泽东选集》第四卷,人民出版社一九九一年版。

三,一九二〇年为百分之六八点二。

就是中国官办的一些重工业,也不能独立的发展,而不得不事事依靠外洋。例如湖北官矿公署计划开采的象鼻山铁矿,"本拟采、运、炼三项同时并举,以建伟大事业,而收美满之效果,嗣以设炉建厂,机器钢板,概需购自外洋。欧战方炽,舶来匪易,建设炉厂,不惟价值高贵,而亦事实所难能"。在这种情况下,只好"定计从缓建设炼厂,先从采运着手,……拟即先行售砂,……"①

中国重工业的落后情况,和其他国家相较,是十分明显的。以钢铁来说,当时中国人口约四亿,而当时每年生产的钢铁仅四十万吨,即平均每人每年仅有一公斤。以此与其他国家相较,试看下表:②

| 国　名 | 年人均用铁量（1919年） |
| --- | --- |
| 美 | 0.250 吨 |
| 德 | 0.130 吨 |
| 英 | 0.130 吨 |
| 法 | 0.130 吨 |
| 俄 | 0.030 吨 |
| 日 | 0.040 吨 |
| 中 | 0.001 吨 |

钢铁工业,是一个国家强弱的重要标志。中国钢铁工业如此落后,也就不免时时处于挨打的状态。正因为如此,中国缺少了工作母机,也就无法建立起一个独立的工业体系。

第三,中国发展起来的一些民族工业,在地区的分布上,也是极不平衡的。这些工业多集中在沿海和通商口岸。根据一九一九年的官方数字,注册工厂共三百七十五个,其中在江苏的就有一百五十五个,在河北的有五十七个,在浙江的有四十二个,在广东的有三十三个,在山东的有

---

① 中国第二历史档案馆藏:〔北洋政府农商部档案〕(一〇三八)二十七。
② 中国第二历史档案馆藏,翁文灏:《铁矿纪要》(续)一九一九年六月,《农商公报》一九一九年第五卷,第十一册。

三十一个,而在广大的内地和偏远地区,则很少或没有。即使是上述沿海省份,也只是集中在上海、天津等少数大城市。例如棉纺织业,一九一八年,上海一地就占了全国纱锭的百分之六一点八二。

工业地区发展不平衡的状况,使中国工业脱离了自己的原料产地和销售市场,加深了对帝国主义的依赖。随此而来,一切不正常的现象都发生了。例如本来足够中国纱厂消费的棉花,竟被搁置起来或出口,而一些纱厂却又要从国外进口棉花。

第四,中国民族工业对帝国主义的依赖,或者说千丝万缕的联系,还特别表现在资本关系上。在第一次世界大战期间发展起来的各种民族工业,几乎都有过和外国企业公司、银行或其他团体的债务关系。例如,著名的拥有九个纱厂和十一个面粉厂的申新、福新公司,就不断举借外债:一九一七年,申新一厂向中日实业公司借款四十万元;一九一八年,福新一厂向中日实业公司借款二十五万元;一九二二年,申新各厂共同向日本东亚兴业株式会社借款三百五十万元。再如,著名的民生公司曾借加拿大银行之款,上海求新造船厂在一九一九年也加入有法国资本。

向外国借款的利息是很高的。以棉纺业为例,一般都在百分之十以上,常常高至百分之十二(第一次世界大战后,资本主义国家国内市场上的利息水平,一般在百分之三左右)。这样,就使得中国民族工业经常陷入风雨飘摇的危险境地。例如,一九一七至一九三一年间,曾经和日本垄断资本有过债务关系的华资纱厂共十四个厂,绝大部分都因无力偿还债务而被日本帝国主义吞并。

第五,中国民族工业不仅和帝国主义,而且也和封建主义有着千丝万缕的联系。在棉纺织业方面,当时投资创建纱厂的商人,有很多就是军阀、官僚、地主,真正由工业资本积累而发展起来的,则寥寥无几。如湖南人聂缉椝(曾国藩的女婿),便是一个大官僚,当过上海制造局总办,上海道台,江苏、安徽、浙江等地的巡抚。日俄战争后,他使儿子聂云台收买了上海恒丰纱厂(原上海纺织新局,被聂收买后,改名恒丰纺织新局),自己却在"领垦湖田"的名义下,在家乡建立"种福垸"大庄园,占地四万五千到四万八千亩,拥有佃户三千余家。聂家每年从农民身上剥削"正租"稻谷五六万石,棉花一万五千斤左右。恒丰纱厂虽然在第一次世界大战期间获得很大利润,但直至一九一八年以前,聂云台并没有及早地更新和扩充恒丰的生产设备,而是将大量利润投资在土地的经营上。截至一九一五年,从恒丰汇往"种福垸"的资金不下六十万元。①

综上所述,中国民族工业的发展情况及其经济上的若干特点,也就在根本上决定了中国民族资产阶级一些政治上的性格。一方面,由于民族资本主义的发展受到帝国主义和封建主义的压迫,使得中国民族资产阶级有参加民族民主革命的一定积极性;另一方面,由于民族资本主义和帝国主义、封建主义有着千丝万缕的联系,就使得中国民族资产阶级非常软弱,有着很大的妥协性。这就是说,中国民族资产阶级虽然能够参加反帝国主义和反封建主义的民族民主革命,却无力担负起这个革命的领导责任。

---

① 参见江绍贞:《聂云台》,《民国人物传》第二卷,中华书局一九八〇年版,第二五一页。

# 第 四 章

## 天下兴亡　匹夫有责

——"五四"前的群众斗争

茫茫大陆起风云,举国昏沉岂足云;

最是伤心秋又到,虫声唧唧不堪闻。

这首诗,是周恩来一九一六年秋在南开学校读书时所作,题为:《次皞如夫子伤时事原韵》。张皞如的原诗是:①

太平希望付烟云,误国人才何足云;

孤客天涯空涕泪,伤心最怕读新闻。

上面两首诗,都反映了当时中国的青年知识分子的一种愤世嫉俗、忧国伤时的心理状态。

"风声雨声读书声,声声入耳;家事国事天下事,事事关心。"富于政治敏感的青年学生,是不甘于自己国家的沉沦的。

明末清初的爱国主义思想家顾炎武②曾说过:天下兴亡,匹夫有责。意思是说:天下者是天下人的天下,而不是哪一个人的天下,"天下"要亡了,人人都有责任去挽救它。顾炎武的这两句话,为后人经常称道和引用,每当民族危急存亡之秋,总是用它来激励人心,鼓舞士气。一九一六年

---

① 《五四前后周恩来同志诗文选》,天津人民出版社一九七九年版,第三二、三三页。

② 顾炎武,字宁人,世称亭林先生,江苏昆山人。

十月三日,周恩来在南开学校所作的一次题为《中国现时之危机》的讲演中,便号召广大青年同学"兴鸡鸣起舞之感,天下兴亡匹夫有责之念"。①

青年知识分子的爱国激情,遍布全国。不论在沿海的大城市,或内地的中小城市,都是这样。当时在长沙第一师范读书的青年毛泽东,便于一九一五年在一本揭露"二十一条"的《明耻篇》上写道:

五月七日,民国奇耻;何以报仇?在我学子!

不仅国内的学生如此,就是国外的留学生也是如此。因为这些留学生身居异国,消息又很灵通,所以他们的愤激情绪,甚至比国内还要高昂。诚如李大钊在为留日学生总会所写的《警告全国父老书》中所说:"同人等羁身异域,切齿国仇,回望神州,仰天悲愤。"②

先进的知识分子是首先觉悟的成分。除知识分子外,其他社会各阶层也都动起来了。

"五四"前的中国社会经济状况,既然是帝国主义和封建军阀对劳动人民的残酷剥削和掠夺(如第三章所述),那么,生活在最底层受剥削、压迫最严重的工农劳苦大众,必然要进行坚决的反抗斗争。

广大青年学生、民族工商业者、爱国华侨和其他爱国人士,他们也不满于中国堕入半殖民地半封建社会深渊的现状,因而也积极参加挽救民族于危亡的斗争。这些斗争,有的是直接针对帝国主义的,有的是为谋自己的生存而针对中国的反动统治的。不论是哪一种,总的来说都是对帝国主义及其走狗的打击。

# 一、工人的斗争

列宁在一九一二年曾预言:"由于在中国将出现许多个上海,中国无

---

① 《周恩来同志的中学时代》(下),《天津师院学报》一九七八年第二期,第十六页。
② 《李大钊选集》,人民出版社一九五九年版,第十九页。

产阶级将日益成长起来。"①

事实证实了列宁的预言。由于第一次世界大战期间中国民族工业的发展,以及某些帝国主义在华企业的增加,中国一些工商业城市在形成着和发展着,中国工人阶级的队伍迅速壮大起来。

中国工人阶级成长的历史过程是:从一八四〇至一八九四的五十多年间,中国产业工人的数目在十万左右;从一八九五至一九一三的近二十年间,中国工人数目有了较大的增加,根据截至一九一三年的统计,中国工矿企业的工人已达六十万左右,加上海员、铁路等工人,中国产业工人已有一百多万人。但是一九一四至一九一九的五年中,中国工人有了更为迅速的增加,至一九一九年,中国产业工人已达二百万左右。

二百万人,和全国人口相比,并不算多。但是,由这二百万人所组成的工人阶级,却是新生产力的代表,是近代中国最进步的阶级。

二百万人,虽为数不多,但他们却非常集中,无论哪一种人,都不如他们集中。以地区说,他们集中在上海、天津、青岛、武汉等少数大城市(在这些城市中,每一地都集中了十几万至几十万的工人)。以企业说,他们又都集中在铁路、矿山、海运、纺织、造船等大企业中,特别是多集中在外国企业中。民族资本家办的中小企业里,也集中了许多工人。据北洋政府农商部在一九一九年就十三个省的统计,有五百个工人以上的工厂达一百四十四个,有一千工人以上的工厂达二十九个,个别工厂有达数千工人以至超过万人者。工人阶级的集中,就使他们易于发挥强大的战斗力。

集中着的二百万产业工人,其经济地位又是十分低下的。"他们失了生产手段,剩下两手,绝了发财的望,又受着帝国主义、军阀、资产阶级的极残酷的待遇,所以他们特别能战斗。"②

中国工人阶级在三重压迫(帝国主义、封建势力和资产阶级)下,过着极其痛苦的生活。

---

① 《中国的民主主义和民粹主义》,《列宁选集》第二卷,人民出版社一九七二年版,第四二八页。

② 《中国社会各阶级的分析》,《毛泽东选集》第一卷,人民出版社一九九一年版,第八页。

第一，工时长。中国工人的劳动时间，一般都在十二小时左右，有的甚至达十四至十六小时，而且星期日多半没有休息。工人因工作时间过长而死亡者，时有所闻。例如，一九一六年三月三十日上海报载："董家浜乡民周富金，有童养媳名全瑛，年十四岁，向在戈登路第四纱厂做工，日前进厂做夜工，至次晨放工出厂，在附近宜昌路顾顺泰木作内略事休息，忽然倒地身死……该厂工作时间甚长，无论日夜工均以十二小时为限，未免劳苦……"①

第二，工资低。当时中国工人的每日收入，一般只有两三角钱。如果把工资增长和物价增长相比，其工资水准就更低了。试看广州、汉口、上海、天津四大城市工资与生活费用的变化：②

广州1913年工资=100

| 广　州 | | | 汉　口 | | | 上　海 | | | 天　津 | | |
|---|---|---|---|---|---|---|---|---|---|---|---|
| 年份 | 工资 | 生活费 | 年份 | 工资 | 食物费 | 年份 | 工资 | 米价 | 年份 | 工资 | 小米价 |
| 1913 | 100.0 | 100.0 | 1911 | 100.0 | 100.0 | 1913 | 100.0 | 100.0 | 1911 | 100.0 | 100.0 |
| 1919 | 105.3 | 132.9 | 1921 | 220.0 | 250.0 | 1919 | 123.1 | 138.4 | 1918 | 133.3 | 166.7 |

以上海纺织工人的工资为例：一八九四年上海纺织工人工资为一角至两角，当时米价每担为二元八角；一九二○年上海纺织工人工资为二角至四角，而米价每担已涨至十二元左右。两者相较，工资只增加了一倍，而米价却上涨了五倍。

以中国工人工资和外国工人相较，一九一三年，中国棉纺工人的工资，只抵得英国同样工人的四分之一到六分之一。据美国绢业协会的调查，一九一○年，各国丝织业工人的日工资见下表：

---

① 上海《民国日报》一九一六年三月三十日。
② 此表是汪敬虞、魏金玉同志根据下列资料编成的：
广州：《第一回劳动年鉴》；汉口：《海关十年报告》，一九一二——一九二一年，第三二五页；上海：《上海总商会月报》第四卷第四号；天津：《海关十年报告》，一九一二——一九二一年，第一六五页。参见《经济研究》一九五九年第四期，《五四运动的经济背景》。

| 国　别 | 男工日工资（美元） | 女工日工资（美元） | 每日工时（小时） |
| --- | --- | --- | --- |
| 美 | 1.5—3 | 1—2.5 | 8—10 |
| 法、瑞士 | 0.75—1.5 | 0.5—0.9 | 9—12 |
| 意 | 0.5—0.8 | 0.3—0.6 | 9—12 |
| 日　本 | 0.15—0.2 | 0.1—0.12 | 10—14 |
| 中　国 | 0.1—0.12 | 0.06—0.09 | 10—14 |

第三，没有劳动保险。中国工人一方面受着失业的威胁，另一方面在得到工作时又受着死亡的威胁。一九一五年初，峄县中兴煤矿因旧井积木下陷，突然发火，井中工人六百七十余名，除救出二百余人，余均死亡。一九一七年一月十一日，抚顺煤矿突然发生爆裂事件，一次即死亡工人九百二十四人。试看一九一七至一九一九年抚顺煤矿工人雇佣、解雇及伤亡人数:[①]

| 年　份 | 年初工人数 | 本年新雇 | 本年解雇 | 伤　亡 |
| --- | --- | --- | --- | --- |
| 1917 年 | 6,162 | 34,897 | 31,301 | 3,884 |
| 1918 年 | 9,758 | 42,087 | 39,900 | 4,698 |
| 1919 年 | 11,945 | 49,425 | 50,021 | 4,799 |

第四，中国近代企业中普遍地存在着包工制。资本家发给工人少得可怜的工资，经包工头从中克扣，就所剩无几了。除包工制外，还存在着比包工制更为残酷的包身制；被包身的女工，不仅全部工资被剥夺，而且受着各种侮辱和监视。

第五，毫无政治权利。工人们受着残酷的剥削和压迫，却没有任何说话和反抗的权利。北洋军阀政府明令规定工人集会和罢工是非法的。一九一四年的《治安警察法》第一章中便说:"最高当局为维持社会秩序与安宁，……决定采用警察力量，制止一切工人之结合与行动。"此外，在《治安警察条例》（一九一四年）、《暂行新刑律》（一九一二年）等反动法

---

① 虞和寅：《矿业报告》第二册，《南满洲铁道株式会社第二次十年史》。参见前揭《五四运动的经济背景》。

规中,还有许多禁止和镇压工人罢工的具体规定,如:同盟罢工者,处三十元至三百元之罚金乃至拘役和有期徒刑,等等。

由于中国工人阶级所受的压迫特别严重,生活特别痛苦,所以斗争性也特别坚强。

此外,中国工人阶级多半出身于破产的农民,和广大农民有着天然的联系,所以它在战斗中容易和农民结成亲密的联盟。中国工人阶级的产生和发展,不但来源于中国民族资本主义的企业,而且还来源于帝国主义在华经营的企业,因此它的资格较之民族资产阶级更老些,它的阶级力量和社会基础也更为强大和广泛。

中国工人阶级从它产生的那一天起,就不懈地进行着英勇的斗争。

随着中国工人数目的增加,队伍的集中,所受痛苦的加深,其战斗力也日益增强了。根据不完全的统计,一八七〇至一八九五的二十五年中,全国工人发生过十六次罢工;上海一地,从一八七九至一八九四年,发生过九次罢工。从一八九五至一九一三的十八年中,全国工人罢工达一百一十六次;同时期,上海一地发生七十多次罢工。到了一九一四至一九一九年五月以前的期间,中国工人的自发斗争更加高涨,在五年多的时间内,罢工即达一百多次,仅上海一地就有八十五次。这一期间,全国规模较大的罢工,计有:

一九一四年,上海招商局、太古、怡和三大轮船公司中船员的罢工;上海锯泥水木等业工人的罢工。一九一五年,湖北大王岩煤矿工人的罢工;苏州机织业工人的罢工;上海人力车夫的罢工。一九一六年,北洋政府财政部印刷工人的罢工;上海翻砂工人的罢工;上海英美香烟公司工人的罢工;江南造船厂工人的罢工;天津法租界工人的同盟大罢工。一九一七年,上海中华书局和商务印书馆工人的罢工;英美香烟公司工人的罢工。一九一八年,上海日华纱厂工人的罢工;上海第二纱厂工人的罢工;上海英美香烟公司工人的罢工;大连沙河口铁道工厂工人的罢工。一九一九年,上海日华纱厂工人的罢工;上海杨树浦三新纱厂工人的罢工;上海英美香烟公司印刷车间工人的罢工。

在这一时期的许多罢工中,显现出以下的特点:

第一，工人在斗争中开始意识到"共同反抗"的意义,因此人数众多的同盟性罢工日益增多起来。一九一四年十二月,沪海道尹给北洋政府内务部的一个材料说:"上海锯泥水木等业工人,持生活程度日高、工资入不敷出之说,于上月先后在二马路三鑫楼及鲁班殿会议,假同盟罢工,要求加给工价,并刊送传单,号召企业,愈集愈众,有数万人之多……"①这个材料说明:工人们组织罢工的能力,已经有了很大的提高。他们用散发传单的方法团聚群众,而且能收到一次集众数万人之多,这在以前是不多见的。此后,在这一时期,万人左右的大罢工,不断发生。例如,一九一五年上海人力车夫的罢工,有两万多人参加;一九一九年上海三新纱厂工人的罢工,有八千多人参加。

第二,工人斗争的次数,不仅比以前大为增加,而且表现了斗争的持续不断。这从一地一厂的斗争情况,看得非常明显。例如:自一九一六至一九一九年,上海英美香烟公司年年发生罢工;一九一八年内,上海纱厂工人连续发生多次罢工;一九一八年,大连沙河口铁路工厂工人在一月间发生了一千多人的罢工,到十月间又发生了两千多人的罢工。

第三,政治罢工的事件增多了。有些罢工是直接为了反对帝国主义侵略而起的。如一九一五年,上海搬运工人和在日本企业中做工的工人,为反对"二十一条"卖国条约,曾纷纷举行了罢工。

特别值得指出的是一九一六年天津工人反对法帝国主义侵占老西开的斗争。

老西开(天津海光寺)为天津法租界和华界接壤处,法帝国主义竟拟非法侵占此地,而北洋政府开始竟也承认了法帝国主义的要求。但这一事件,遭到了工人阶级的激烈反对。十一月间,天津法租界工人一律罢工。工人的斗争影响到社会各阶层。法界华警,一律罢岗。法汉学堂的学生,全体罢课。法国商店、机关所用之中国店员、职员,一律罢工。法人家庭所雇之中国佣人,全体退辞;影响所及,在其他外国人家作工之中国佣人,亦全体退辞。法租界的这次罢工,还得到了天津人力车夫、津浦铁

---

① 中国第二历史档案馆藏:〔北洋政府内务部档案〕(一〇〇一)二八〇四。

路工人的援助。

像天津这样的大都市,离开了工人劳动者,社会生活根本无法组织进行。例如,由于法租界电灯公司工人之罢工,使租界电灯全部熄灭,顿成黑暗世界。天津法租界工人全体大罢工的结果,使"灿烂繁荣之法国租界,几化鬼市荒墟"。①

天津法租界工人的斗争,虽然没能全部达到目的,但是也迫使法帝国主义不得不由完全侵占改为中法共管。

老西开的斗争,虽然是直接反对法帝国主义的,但是它也具有反对一般帝国主义的性质。因为当时中国的民族危机是太严重了,任何帝国主义的侵略行为,都能使被压抑的中国人民的爱国义愤,一发而不可遏止。事实上,其他帝国主义,如英、日、俄等国,也都曾干预老西开事件,英公使曾迫使北洋政府在老西开案件上签字。因此,天津法租界工人的斗争,不仅直接打击了法帝国主义,而且打击了一切侵略中国的帝国主义。英文《京报》十分惊恐地论述老西开事件说:"天津人民忍耐以待之至,渐发见一种堀强之状,此不能不设法遏止,而继持延宕之政策,实极危险。"②

从以上所举中国工人斗争的规模以及若干特点来看,中国工人阶级的觉悟程度和斗争能力,已经大为提高了。

但是,这时的中国工人阶级,仍处在"自在"的阶段,而不是一个"自为"的阶级。因为这时中国还没有马克思主义,中国工人运动还没有和马克思主义相结合。

因此,这时工人阶级的觉悟虽然有了很大的提高,但是仍然没有本阶级的先锋组织的出现。运动虽然有了极大的进展,但是仍然不能提出远大的政治目标。就是说,中国工人阶级还没有觉悟到本阶级的历史使命。

当时领导和组织工人活动的,有一些是旧式的民间秘密结社和由同

---

① 《新青年》第二卷,第四号,第七页。
② 上海《民国日报》一九一六年十二月二十六日。

乡关系组成的帮口。凡属这种组织领导的斗争,即使斗争胜利了,仍然不能使工人的觉悟有很大的提高。例如,一九一八年五月间,由青帮领导的上海水木工人要求增资的斗争,就是如此:在罢工前,领导人召集工人代表,在酒楼开席五六桌,吃"齐心酒";事后,由于罢工得到胜利,领导人就骄傲地对工人们说:"假若没有我,你们永远也没有加工钱的时候!现在加了工钱,我用在请酒、车资上的钱是要偿还的,就用你们每人每工扣除一文钱来补上吧!"[①]

有些斗争,是工人自发而起的,但在斗争中,为其他阶级的分子所掌握。如老西开的斗争,就是这种情况。老西开斗争中,工人虽然有了一种工团组织(这一组织下设文牍、会计、招待、调查、庶务、稽查、演说七部,并将工人编为十八部),但是这种组织和工人的斗争仍然为资产阶级所掌握。当时的具体情况是:天津法界工人全体罢工后,"齐集商会联合会,筹商对待法人办法",后来又"假联合会内开各部分工人全体联合大会",并"首由公民代表大会边君洁清(即省参议会议长)登台演说"。[②] 这一事实,一方面说明了工人的斗争受到社会各阶层的支持,连商会、参议会都采取积极态度。但是,另一方面也说明了,由于工人阶级尚无先进的组织,工人运动不得不由其他阶级的分子所掌握,而使工人斗争的规模和形式都受到一定的限制。继上述省议会议长边洁清对工人演说后,即有一名为卞月庚者继续演说,他除了表示积极支持工人斗争,"情愿倾家败产,亦决不辞其责任"外,但又要求工人"万不可稍有无意识之暴动,以免外人有所借口"。[③]

一九一二年一月,在上海曾出现过一个中华民国工党的组织。三月间,这个组织成立了一个共进社,谋工人福利事业,办过百岁金,会员曾达二百人。同年十一月三日,中华民国工党在南京举行该党联合大会时,号

---

[①] 《时事新报》一九一八年五月七、八、十、十三、十四等日。引文原为文言,这里译成了口语。
[②] 上海《民国日报》一九一六年十一月十九日。
[③] 上海《民国日报》一九一六年十一月十九日。

称支部发展到十六省,"党员几达四十万"。① 一九一三年反袁斗争(即"二次革命")兴起时,这个组织的领导人企图占领上海兵工厂,结果为袁军镇压,组织解散无形。

一九一六年,袁世凯败亡后,中华民国工党复活,不久更名为中华工党,并继续在国内各地和海外建立支部。上海《民国日报》曾辟专栏,登载工党活动消息。工党浦东支部在其成立宣告中说:中华工党"为全国工界联络感情,并与资本家相提携,以增进工人之福利"的组织。② 其总部规定入党资格的通告中说:"本党纯为民生事业,入党资格,必须确有职业,能自营生活者。"③有一天,几个理发工人曾赴工党总部(设上海法租界霞飞路),请求加入,并希解决一些问题。该党职员答复说:"俟该业全体加入后,方能着手办理。"④可见该党也没有什么固定的严密组织。一九一七年三月,中华工党因入党工人"多未缴纳党费",⑤进行组织清理,将所谓"不良分子""无业游民"取消党员资格,⑥规定只有"确有职业,能自营生活者",才能获得新党证。从工党的领导成分来看,主要是资本家、工头、资产阶级和小资产阶级知识分子,也包括绅士一类的人物。从工党所办理的事业来看,据其浦东支部的宣告,仅为"设立医局,组织工业学校、工业介绍所、工业赛会等类"。一九一七年三月,该党总部还曾"致函纽约万国工党美国工党总会,请联络办理,并将章程文件寄下,以资参考"。⑦

综上观之,中华工党的资产阶级性质,是很显明的了。

但是,半殖民地半封建社会的中国,并没有欧美各国那样的社会改良主义的经济基础。工党虽然一现再现,但终无任何成就,而很快地也就默默无闻了。

---

① 《民权报》一九一二年十二月十五日。
② 上海《民国日报》一九一七年三月二十日。
③ 上海《民国日报》一九一七年二月二十三日。
④ 上海《民国日报》一九一七年二月二十五日。
⑤ 上海《民国日报》一九一七年三月十五日。
⑥ 上海《民国日报》一九一七年三月二十一日。
⑦ 上海《民国日报》一九一七年三月十八日。

毛泽东在《实践论》中说:"无产阶级对于资本主义社会的认识,在其实践的初期——破坏机器和自发斗争时期,他们还只在感性认识的阶段,只认识资本主义各个现象的片面及其外部的联系。这时,他们还是一个所谓'自在的阶级'。但是到了他们实践的第二个时期——有意识有组织的经济斗争和政治斗争的时期,由于实践,由于长期斗争的经验,经过马克思、恩格斯用科学的方法把这种种经验总结起来,产生了马克思主义的理论,用以教育无产阶级,这样就使无产阶级理解了资本主义社会的本质,理解了社会阶级的剥削关系,理解了无产阶级的历史任务,这时他们就变成了一个'自为的阶级'。"[1]

很显然,这时的中国工人阶级,仍然是一个"自在的阶级",而不是一个"自为的阶级",因为他们还没有接受马克思主义的教育,还没有理解资本主义社会的本质、社会阶级的剥削关系和无产阶级的历史任务。

但是,中国工人阶级觉悟的逐步提高,中国工人阶级战斗能力的逐步加强,迫切地需要马克思主义理论的指导。中国工人阶级已处在由"自在阶级"向"自为阶级"转变的前夜。这种情况,就为马克思主义在中国的传播,生根、发芽、开花、结果,奠定了良好的基础。

## 二、农民的斗争

中国农村状况既如上章所述,原有的封建地主未被触动,又增加了大军阀大官僚对土地的掠夺,因而加剧了土地的集中。伴随着土地集中而来的必然现象之一,是自耕农的减少和佃农的加多。以江苏的昆山地区为例,一九〇五年自耕农户数占总户数的百分之二十六,而到一九一四年则减少为百分之十一点七;一九〇五年佃农户数占总户数的百分之五十七点四,而到一九一四年则增加为百分之七十一点七。再以南通地区为

---

[1] 《毛泽东选集》第一卷,人民出版社一九九一年版,第二八八页。

例,一九〇五年自耕农户数占总户数的百分之二十,而到一九一四年则减少为百分之十五;一九〇五年佃农户数占总户数的百分之五十六点九,而到一九一四年则增加为百分之六一点五。(以上统计的自耕农数字,均不包括半自耕农。)

佃农的加多,必然引起农民租地的竞争。这样,就必然引起地主阶级对农民地租剥削的任意加重。中国资本主义的发展,促进了农业生产的进一步商品化。但是伴随着这种现象而来的,是增加了地主阶级的消费支出和扩大了地主阶级对货币的需要。这样,又必然加重农民的负担。以南通地区为例,如以一九〇五年的地租剥削率为一百,到一九一四年,则钱租增为百分之二〇〇点〇七,谷租为百分之一五五。

特别应当指出的是,帝国主义商品深入农村,利用各种手段扩大工农业品的不等价交换,使农民所受的剥削,更增加其残酷性。如果以一九一二年的物价指数为一百,那么,到了一九一九年,则烟叶(农业)为八十五,卷烟(工业)为二一五;大豆(农业)为八十一,豆油(工业)为一二六;棉花(农业)为一二三,棉纱(工业)为二三〇。

农民失掉土地,忍受着各种残酷的剥削,当生活无着时,只好求告于借贷。而高利贷者,也就乘人之危,给贫苦的农民再加上一重剥削。许多地区的高利贷,竟高到月息百分之十以上。

辛亥革命以来,军阀战争连年不断。这种反革命战争给人民带来的祸害是无穷的。它不仅表现在赋税、徭役无限制的增加上,而且表现在军阀们对人民生命的滥肆迫害上。以湖南地区为例,一九一八年,"在湘客军,数逾十万,淫掠焚杀,无所不至,举其著者,如醴陵之役,全城被焚,黄土岭之役,女尸满山"。[①] 这种情况,在全国各个省区都不是罕见的。

综合上述各种人祸,再加以各种无情的天灾,就使农民的生产遭受严重的摧残。

---

① 《新青年》第五卷,第六号。

根据当时北洋政府农商部的调查,荒地面积逐年增加如下:①

| 年　份 | 荒地面积(亩) |
| --- | --- |
| 1914 年 | 358,235,867 |
| 1915 年 | 404,369,948 |
| 1916 年 | 390,363,021 |
| 1917 年 | 924,583,899 |

不仅荒地面积逐年增加,而且种植土地上的产量,也在显著减少。试看每亩平均收获量的逐年情况:②

| 年　份 | 米(石) | 麦(石) | 豆(石) |
| --- | --- | --- | --- |
| 1914 年 | 3.692 | 0.942 | 0.717 |
| 1915 年 | 5.158 | 0.954 | 0.720 |
| 1916 年 | 2.180 | 0.888 | 0.563 |
| 1917 年 | 2.188 | 0.642 | 0.719 |
| 1918 年 | 1.664 | 0.648 | 0.753 |

从上表可以看出,以一九一八年和一九一四年相较,米和麦的产量,都有惊人的下降。其中豆的产量较好,但它又是输出的产品。

农民收获量日益减少,无法为生,因此经常出现弃田他走的现象。仅在一九一七至一九一八的一年间,农户总数即减少了二百九十余万户(西南诸省尚未计算在内)。③

与农民破产的情况相对照,地主阶级的各级代表,从中央到地方,却巧取豪夺,集中大量土地,过着荒淫无度的生活。如当时报刊评论所指出:"大者结私党买帝位;小者置田地,造房屋,贿上官,养娈童、爱妾;其最下流者,亦狂嫖浪赌,骄其乡里。"④

---

① 《第一回中国年鉴》,商务印书馆一九二四年版,第一一三七、一一三八页。
② 《前锋》第一期,第二八页。
③ 《前锋》第一期,第二九页。
④ 上海《民国日报》一九一六年三月十一日《时评》。

一面是"朱门酒肉臭",一面是"路有冻死骨",这就使农民劳动者和封建势力之间的矛盾,日益尖锐起来。辛亥革命后,声势浩大的白朗军,便是这种矛盾发展的必然产物。

河南宝丰县农民白朗率领的起义军,一九一一、一九一二年间兴起于白的家乡宝丰一带,曾活动于北自禹县南至桐柏山的豫西广大农村地区。一九一三、一九一四年间,这支起义军有了很大发展,最盛时达到两万多人,曾转战河南、湖北、安徽、陕西、甘肃等省,攻克过五十多座城市。

白朗军最初提出的口号是"打富济贫",夺取地主富豪的财物,分给贫苦农民,和政治斗争尚无联系。

"二次革命"前后,这支队伍开始和政治斗争相配合。一九一三年七月二十日,黄兴曾以江苏讨袁军总司令名义派人持函和白朗联系,其二十日的函中首先对白朗军的起义行动加以肯定:"自足下倡义鄂、豫之间,所至风靡,豪客景从,志士响应,将来扫清中原,殄灭元凶,足下之丰功伟烈可以不朽于后世。"接着,黄兴要求白朗采取下列行动予"二次革命"以支援:"足下占领鄂、豫之间,相机进攻,可以窥取豫州,若能多毁铁道,使彼进路阻碍,为功实匪浅鲜。"①

"二次革命"失败后,"国民党人和有为的进步青年,不甘袁世凯和张镇芳(按:时任河南都督)的屠杀,多往归白狼,因此,白狼的旗帜也愈益显明。"②

在资产阶级革命派的影响下,白朗军先后打出的反袁旗号计有"中华民国抚汉讨袁司令大都督""中原扶汉军大都督"等。在以"中原扶汉军大都督白"的名义发布的布告中,明确提出起义军的政治目的:"照得我国自改革以来,神奸主政,民气不扬。虽托名共和,实厉行专制。本都督辍耕而太息者久之!用是纠合豪杰,为民请命。"③在以同一名义于西安附近张贴之布告,则直斥袁世凯祸国殃民之罪行:"袁贼世凯,狼子野

---

① 参见杜春和编:《中华民国史资料丛稿:白朗起义》,中国社会科学出版社一九八〇年版,第二二六页。
② 乔叙五:《记白狼事》,《近代史资料》,一九五六年第三期。
③ 参见《中华民国史资料丛稿:白朗起义》,第二二四页。

心,以意思为法律,仍欲帝制自为,摈除贤士,宠任爪牙,以刀锯刺客待有功,以官爵金钱励无耻,库伦割弃而不顾,西藏叛乱而不恤,宗社党隐伏滋蔓,而不思防制铲除,惟日以植党营私,排除异己,离弃兄弟,变更法制,涂饰耳目为事。摧残吾民,盖较满洲尤甚!海内分崩,民不聊生。"①布告晓以"天下兴亡,匹夫有责"之义,号召陕西人民说:"夫天下之大,匹夫有责。秦民夙称强武,而又热心爱国,岂其见神奸主政,群凶盈廷,河山之断送,汉族之论胥,而遂漠然不一援手?"②

白朗军的军事行动给袁世凯的反动统治以沉重打击。袁派陆军总长段祺瑞亲临前方、坐镇开封指挥围剿白朗军。但是,反动派并没有能顺利地达到他们的目的,段祺瑞虽然亲自出马了,但也是"久劳师旅,未靖匪氛"。③这种情况实在使袁世凯忧心如焚,他在致段祺瑞等人的电中,不得不表达了他的惶惶不安的心理状态:"白匪久未平,各国报纸谓政府力弱,不足以保治安,乱党又从中鼓吹,殊损威信。因而中国债票跌至百分之十二三,续借款愈难办,关系全局甚重。"④"部长久在外,各国注视白狼更重,且久未平,尤损声威。"⑤

白朗军不仅给袁世凯以沉重打击,对帝国主义也确是严重的威胁。起义军所到之处,对外国传教士中作恶多端的帝国主义分子及其教堂不断进行惩罚。而这一点,也正是袁世凯政府最担心的。如一九一四年三月白朗军攻占老河口不久,北洋政府参、陆两部即以"万急"电在开封的段祺瑞和在武昌的段芝贵转达袁世凯的命令说:白朗军"乘隙蠢动,近日发兵二万人,奔驰两阅月,卒未殄灭,各国视之,大损威信,极为军界耻辱。老河口又生戕杀外人重案,若不迅速扑灭,恐起交涉,牵动大局"。⑥

---

① 此布告曾张贴于西安附近某处。原载一九一五年一月出版的《时事汇报》第八号《白狼猖獗记》,参见《中华民国史资料丛稿:白朗起义》,第二二五页。
② 此布告曾张贴于西安附近某处。原载一九一五年一月出版的《时事汇报》第八号《白狼猖獗记》,参见《中华民国史资料丛稿:白朗起义》,第二二五页。
③ 北洋政府档案:一九一四年三月二十三日段祺瑞复袁世凯电。
④ 北洋政府档案:一九一四年三月二十一日袁世凯致段祺瑞、段芝贵、王汝贤电。
⑤ 北洋政府档案:一九一四年三月二十三日袁世凯致段祺瑞电。
⑥ 北洋政府档案:一九一四年三月十一日参陆两部致段祺瑞、段芝贵电。

帝国主义是军阀政府的后台老板,当袁世凯、段祺瑞对镇压白朗军无能为力的时候,一些后台老板们也亲自出马,为之出谋划策了。一九一三年十一月十六日,旅汉口之外国人会议在租界公共议会召开,会议提议:"拟中国政府仿照圣彼得堡用飞行艇投掷炸弹,或照阿尔加用飞行艇投掷电石剿灭野蛮人方法,将白狼军队全行炸尽,不难一刻消灭。如中国无此飞行家,可向外人聘用。较之以兵力对待,糜费兵饷可省数十倍。"①

有一个英国使馆的武官还专门研究了白朗军的作战特点,给北洋政府陆军部写了《剿匪节略》。由于白朗军活动地区,"地势半为高山,半为稻田,并多小径",可以"循小径而潜窜","在稻田中可自由行动",②因此这个帝国主义分子要袁世凯、段祺瑞采取堡垒政策:"查英前在南非洲攻打游匪时,即将某处遍立堡垒,各堡垒相距其近,中有数人以守护之,如有警则有警号。堡垒外以铁丝互相连贯,此法设立完备后,即派马队将游匪趋而入此阱中。然此法须时日,始能组织完备。然其奏功甚巨,闻美人在斐利滨亦曾用此法也。"③

帝国主义者对此次"剿匪"是异常重视的,英武官随军"观战","俄武员援英员例求观剿匪"。④ 这些,北洋政府不仅都一一应允了,而且由大总统袁世凯亲自谕令"派员接待,并饬沿路军队保护"。⑤

历时三年、转战五省的白朗起义军,虽然最后失败了(一九一四年八月初,白朗率部数十人在宝丰山区战死),但这场斗争对中外反动派的打击都是沉重的。

在辛亥革命不久后出现的这次农民反抗斗争,说明在中国农民中蕴藏着巨大的潜力,问题在于领导。资产阶级革命派虽然一度看到了这支力量,但是却无力把他们组织和领导起来。因此,我们看到的,仍然是习惯于军事冒险的资产阶级革命派和仍然是自发势力的农民军各自为战,

---

① 《中华民国史资料丛稿:白朗起义》,第二四一页。
② 《中华民国史资料丛稿:白朗起义》,第二四二、二四三页。
③ 《中华民国史资料丛稿:白朗起义》,第二四四页。
④ 北洋政府档案:一九一四年三月五日徐树铮致段祺瑞电。
⑤ 北洋政府档案:一九一四年三月十一日徐树铮致段祺瑞电。

这样就显然不能战胜强大的中外反动派。

除白朗军外,其他各地农民以各种不同的形式,向反动派斗争的事件,连年不断。据当时报刊所载,及北洋政府的档案材料,举其要者如下:

一九一三年五月,福建浦城、建瓯、崇安、松溪一带人民,因米荒举行暴动,"鸣锣纠众,抢夺绅富"。①

同年七月,陕西神木县人民,以抗禁种烟起事,聚众七八千人,击毙县知事,歼反动武装百余人,抢夺县署仓库,并焚毁教堂。

同年十月,江西都昌人民起事,击毙县知事,攻破县城。

一九一四年二月,山东乐陵县农民,聚众抗税,击毙县知事。

同年三月,山西盂县农民抗税,聚众五六千人,持抬枪、快枪、鸟枪、木棍等器械(有些枪支系从团练局夺取),攻打县城,将东北两门攻破。

同年三月,安徽定远县藕塘地方农民数百人起事,号称"江淮义侠军",占据县城。

同年五月,奉天安东县农民抗税,聚众两千余人,与反动军警搏斗,攻打四区警局,夺获许多枪械子弹。

同年六月,直隶临榆、永年、行唐等县农民连续进行抗税斗争。临榆农民曾入城结合城内群众发动罢市。永年农民曾入城击毁县署公案。行唐农民曾入城与县署警察搏斗。

同年九月,奉天本溪农民起事,揭"讨袁军"旗帜,攻入县城,占领县署警署,砸毁监狱,释放囚犯。

同年十月,浙江东阳县人民起事,焚毁县署。

同年十二月,福建长太县农民进行抗粮斗争,聚众数百人,各持枪械,将下乡催粮之县知事围困;四川涪陵县农民三千余人起事,与反动军队进行搏斗,毙敌六十余人;江西万年县农民起事,进城焚毁县署,开狱释放囚犯。

一九一五年一月,奉天新民县某乡农民起事,聚众数百人,执械围攻清丈局。

---

① 中国第二历史档案馆藏:北洋政府内务部档案(一〇〇一)三五三七。

同年三月,湖北沔阳县人民起事,数百人执械劫狱,焚烧县署。

同年五月,湖南新化县人民起事,攻破县城,击毙敌警备队长。

同年七月,广东花县人民起事,攻入县城,焚毁县署。

同年八月,山西和顺县农民起事,聚众一万余人,要求豁免一切捐税。

同年九月,云南巧家县人民起事,聚众数千,与官军对抗。

同年十月,甘肃环县、庆阳等处人民起事,"戕官据城",进行抗捐抗税斗争。

同年十一月,江西万载县人民,因反对烟酒公卖起事,聚众捣毁县署。

同年十二月,吉林五常县全县农民,联合邻县榆树、舒兰等地农民,到处捣毁清丈、统税、货牙各税局。

一九一六年一月,奉天宽甸县农民展开抗捐抗税斗争,聚众一万余人,捣毁税局,并将局长痛殴。

同年二月,吉林舒兰县农民展开抗捐抗税斗争,聚众数千人,捣毁税局,并高呼:"反正官不让民过活,民只得与官拼了吧!"①吉林密山、富锦、虎林、宝清等县农民二万余人起事,反抗盐务缉私队栽赃和逼死人命。

同年三月,山东肥城县农民起事,反对清丈及加捐加税,三十余村的群众一千五百余人,攻入县城,焚毁县署。影响及于附近东平、东阿、平阴等县,各该县农民亦纷纷举事。

同年四月,湖南平江县人民起事,攻入县城,击毙县知事。

同年五月,易县、涿县、涞水、涞源等地农民,结社抗捐及反对清丈土地,聚众在三万人以上,并将易县县知事俘获。

同年六月,奉天复县、海城、东丰、盖平等地人民起事,各该县城均被攻袭。

同年八月,湖北宣恩、监利等地人民起事,各该县城均被攻破;山东昌乐农民,因反抗逼税,与反动军队展开搏斗。

同年九月,四川川西道属各县人民起事。

同年十一月,四川新繁县人民起事,攻入县城,焚毁县署。

---

① 上海《民国日报》一九一六年二月十五日。

此外,湖北、江西两省的哥老会,在这一年内也曾发动群众,展开斗争。

一九一七年一月,四川德阳县人民起事,攻入县城,焚毁县署、征收局等处。

同年二月,陕西保安、延川、安定等县人民起事,各该县城均被攻破;滇西各地人民起事,攻破兰坪等县城。

同年四月,吉林舒兰县霍伦川地方人民反对皇产局清丈,聚众两千人,将皇产局焚毁。

同年五月,四川懋功县人民起事,攻入县城。

同年七月,安徽五河、泗县、六安、寿县、风台、颖上、江苏盱眙等县人民起事。五河县城被攻破,县署被焚毁。

同年九月,吉林富锦县人民起事,攻入县城,俘去县知事。

同年十一月,湖南宁乡县人民起事,攻入县城。

此外,在这一年内江苏苏州的佃农曾因要求减租包围了县城,并烧毁地主房屋;湖南许多地区农民,纷纷展开对地主的斗争,有的到地主家"派饭均粮",有的逼迫地主降低粮价;陕西武功县斋门教起义;安徽省大刀会起事,聚众千余人,攻打涡阳县城。

一九一八年三月,安徽含山县人民数百人起事,号称"讨倪军",① 攻占县城,释放囚犯;山东滕县、新太等地人民起事,攻占新太县城;湖北蕲州一带人民起事,号称"护国军",进入安徽省境作战,攻打县城。

同年四月,山东东平、茌平、临清等县人民起事,各该县城均被攻破。

同年五月,直隶栾城县人民起事,攻入县城。

同年六月,赣北人民起事,号称"赣北护法军",攻占鄱阳、都昌等县城;吉林方正县人民起事,攻破县城,俘获知事。

同年七月,江苏肖县等地人民起事,二千余人攻破肖县县城。

同年八月,广东新会县人民起事,五百余人攻破县城。

同年九月,奉天辑安县人民起事,攻破县城。

---

① 当时安徽督军系倪嗣冲。

同年十月,山东肥城县人民起事,攻破县城。

此外,湖南的白莲教二千余人也在这一年举行了反抗军阀统治的起义。

一九一九年一月,吉林农安、长岭一带农民,反抗军队任意号粮号草,"聚众开会,倡言须以武力抵制"。

以上所载,只是农民反抗斗争的一部分材料。但从这些材料中,已经可以大体看出辛亥革命后至"五四"前夕农民斗争的状况了。

从时间上看,自辛亥革命以来,农民斗争的事件,年年不断,月月不断,可以说无时无刻不在发生和发展着。根据极不完全的有文字记载的材料的统计,从一九一二至一九一九年间,各地农民反抗斗争至少在二百起以上。

从地区上看,自南到北,几乎遍及全国各个省区。

从规模上看,小者数百人,中者数千人,大者在万人以上,而且很多是有武装的。

从斗争的性质上看,以抗捐、抗粮、抗税、"打富济贫",即反对经济剥削和压榨、要求生存居多数。在一部分农民起事中,也带有政治斗争的性质,例如有些农民武装曾打出"公民讨贼(袁)军""讨倪(嗣冲)军""护国军""护法军"等旗帜。

但是,总的看来,这些农民起事,都还处在自发斗争的过程中。有的是毫无组织,有的则仍用封建迷信的旗帜相号召(如一九一七年安徽省大刀会起事,其首领即自称为"后汉明德真主")。从"护国""护法"这些旗帜,可以看出有的农民斗争,已经受到一些资产阶级革命的影响。但是,当时的资产阶级革命派,并没有把农民领导和组织起来。

当时的农会组织,只有一种官办"农会"。

还在一九〇七年时,清政府的农工商务部,就曾奏定农会章程二十三条。一九一二年,北洋政府又颁布农会章程三十六条及细则九条。至一九一六年,全国各地已有二十三个省份建立了省农会和县农会。但是,这些农会是什么性质的呢?据北洋政府农林部于一九一二年十一月五日公布之《全国农会联合会章程》中说:"全国农会联合会以谋全国农业改良发达,令各省农界代表周知全国农业情形,交换各地农业知识为主旨。"①什么人能参加农会呢？根据农林部于一九一二年九月二十四日公布之《农会暂行规程》,规定为:"(一)有农业之学识者;(二)有农业之经验者;(三)有耕地、牧场、原野等土地者;(四)经营农业者。"②以上四项资格,根据(一)(三)两条规定,是只包括"学者"和地主在内的,贫下中农和佃农都是无分的;即(二)(四)条所指,也多为富农、富裕中农或经营地主,贫苦农民也是无分的。不仅如此,根据规程规定,除具有以上资格外,还必须是"品行端正"者,方得为会员。"品行端正",就是说必须维护反动派的统治秩序。同时,该农会领导人也不是由会员推举,而是由官府委派的,根据《农会规程施行细则》第四条规定:"市乡府县农会之会长、副会长及省农会、全国联合农会之会长、副会长,分别由主管官署发给委任状。"③根据上列各项规定,在二十三个省份内成立的这种农会,其反动性质是很显明的了。

除了官办的反动农会外,中国资产阶级则没有进行任何组织农民的工作。

农民阶级身受封建势力的压迫和剥削,有着革命的积极性。特别是占农村人口大多数的贫农,"是中国革命的最广大的动力,是无产阶级的天然的和最可靠的同盟者,是中国革命队伍的主力军"。④

但是,农民也有着由于小生产者的地位而带来的一些弱点。农民能够沉重地打击封建势力,却不能从根本上推翻封建制度,这已经为无数历史事实所证明了。农民斗争要取得胜利,必须在资产阶级(如一七八九年的法国革命)或工人阶级(如一九一七年的俄国革命)领导下才有可能;而农民要取得彻底的解放,则只有在工人阶级领导下才有可能。

中国资产阶级是软弱的,它在辛亥革命时,便未能把发动和领导农民

---

① 《第一回中国年鉴》,商务印书馆一九二四年版,第一一九〇页。
② 《第一回中国年鉴》,第一一八八页。
③ 《第一回中国年鉴》,第一一九〇页。
④ 《中国革命和中国共产党》,《毛泽东选集》第二卷,人民出版社一九九一年版,第六四三页。

斗争的任务担当起来。在辛亥革命后,它的组织陷于涣散无力,更谈不到对农民的发动和领导了。当时的中国工人阶级,如前所述,虽然已经成长壮大,并进行了英勇的斗争,但它仍然是一个自在的阶级,因此也谈不到对农民的发动和领导。

农民的斗争,随着阶级矛盾的尖锐和民族危机的加深,一天天地发展着。它们迫切需要正确的领导,迫切需要正确的斗争纲领。

## 三、学生的斗争

要说明学生的斗争,必须首先研究一下近代知识分子队伍形成的状况。

自从清朝末年兴学堂、废科举以后,新式学校有了相当的发展。辛亥革命时,学校已有五万二千五百余所,学生共有一百五十六万五千余人。

辛亥革命后,学校有了更大的发展,学生队伍有了进一步的扩大。

第一,小学。一九一二年一月,南京临时政府成立教育部后,颁布了《普通教育暂行办法》。此后数年,小学教育有了很大的发展。试看下表:①

| 学年度别 | 学校数 | 学生数 | 教职员数 |
| --- | --- | --- | --- |
| 1912 年 | 86,318 | 2,795,475 | 214,453 |
| 1913 年 | 107,286 | 3,485,807 | |
| 1914 年 | 121,081 | 3,921,727 | |
| 1915 年 | 128,525 | 4,140,066 | |
| 1916 年 | 120,097 | 3,843,454 | 296,316 |

表中学生数字,系每年在校学生数字。每年学校的毕业学生,都有一

---

① 《第二次中国教育年鉴》,商务印书馆一九四八年版,第二三〇页。

定的数量。而且表中数字,尚未将私立学校统计进去。如果考虑以上两种情况,那么可以估计,在"五四"前夕,全国受过新式小学教育的人,当近千万。

第二,中学。辛亥革命后,中学教育发展情况,见下表:①

| 学年度别 | 学校数 | 学生数 |
| --- | --- | --- |
| 1912 年 | 373 | 52,100 |
| 1913 年 | 406 | |
| 1914 年 | 452 | |
| 1915 年 | 444 | 69,770 |
| 1916 年 | 350 | 60,924 |

表中数字,是包括公私立学校在内的。如果加上历年毕业生数字,可以估计,在"五四"前夕,全国受过中学教育的人,当在十万以上。

第三,大学。清朝末年,全国已有公立大学及公立高等学堂二十七所;另,私立专科以上学校也有若干所,其中仅教会办理者就有十余所。一九一二年度,全国专科以上学校共有一百一十五所,学生达四万多人。一九一三年后,由于大学逐渐增设,专门学校则逐渐结束或停止招生,因此,学校数和学生数均形减少。一九一八年,公私立专科以上学校总数为八十六。其逐年在校人数和毕业人数,统计见下表:②

| 学生数<br>年份 | 在校生 | 毕业生 |
| --- | --- | --- |
| 1912 年以前 | | 3,184 |
| 1912 年 | 40,114 | 490 |
| 1913 年 | 38,373 | 976 |
| 1914 年 | 32,079 | 1,048 |
| 1915 年 | 25,242 | 1,364 |

---

① 根据《第二次中国教育年鉴》第一五〇、一五一页所载数字编制而成。但《第一次中国教育年鉴》数字与此有出入。

② 《第二次中国教育年鉴》,第五二八页。

续表

| 年份 \ 学生数 | 在校生 | 毕业生 |
| --- | --- | --- |
| 1916年 | 17,241 | 1,470 |
| 1917年 |  | 1,155 |
| 1918年 |  | 900 |
| 1919年 |  | 1,137 |
| 总　计 |  | 11,724 |

从上表所列逐年在校生情况和历年毕业生总计来看，在"五四"时，全国受过高等教育的人当有数万之多。

第四，留学生。在中国学生队伍中，留学生是一支不小的力量。清末，同一时间留学日本者即达一万多人。① "五四"前夕几次大规模的学生斗争，就是由留日学生首先发动的。除留学日本的外，到英美各国留学的也很多。一八七六年，清政府曾派严复等人到英国去学海军；一八七二至一八八一年间，又派容闳率领一百二十名学生在美国学习；此外，还派人到法国、德国去学习。一九〇八年，美帝国主义利用庚子赔款，在中国开办学校，并使中国派遣留学生赴美。② 各帝国主义国家看到美国侵略政策发生效果，于是纷起效尤。这样，中国的留学生就一天天更为加多。

从以上各种统计，可以看出中国近代知识分子队伍的一个大体上的规模。

学生，知识分子，本身并不是一个独立的阶级或阶层。他们的阶级属性，要进行具体的分析。中国的学生，特别是中等以上学校的学生，很多都出身于剥削阶级的家庭。但是，由于他们大都不直接参预家庭的经济剥削，又由于他们在政治上一般地也受帝国主义和封建主义的压迫，因此，他们中除掉一部分服务于帝国主义和国内反动派的反动知识分子外，

---

① 据一九〇六年清政府学部统计，我国留日学生已达一万二三千人。见《中国近代教育大事记》，上海教育出版社一九八一年版，第一六三页。

② 《东方杂志》第六卷，第八期；《教育杂志》第一卷，第八、九期。参见《中国近代教育大事记》，第一九五、一九六页。

是具有革命性的。历史的发展,深刻地证明了这一点。正如后来毛泽东所指出:"为了侵略的必要,帝国主义给中国造成了数百万区别于旧式文人或士大夫的新式的大小知识分子。对于这些人,帝国主义及其走狗中国的反动政府只能控制其中的一部分人,到了后来,只能控制其中的极少数人,例如胡适、傅斯年、钱穆之类,其他都不能控制了,他们走到了它的反面。"①

在"五四"前夕,中国学生所受的帝国主义和封建主义的政治压迫,是很具体的。山东的被占,"二十一条"的签订,使中国人民面临亡国灭种的危险。富于政治敏感的青年学生,更是痛心疾首,义愤填膺。在政治活动上,青年学生是毫无自由的。据一九一四年三月二日北洋政府公布的《治安警察条例》,青年学生"不得加入政治结社"。此外,青年学生还受着失学失业的威胁。据统计,当时中学毕业生能升学者,约为四分之一至三分之一,而失业的则为三分之一至二分之一。

在上述情况下,中国学生在"五四"前夕,就不断地向反动派展开了斗争。这些斗争,围绕着当时重大的政治事件,形成了三个高潮,即:第一,反对"二十一条"卖国条约的斗争;第二,反对袁世凯帝制的斗争;第三,反对段祺瑞和日本签订《中日共同防敌协定》的斗争。

## 四、民族工商业者、华侨及其他爱国人士的斗争

随着中国资本主义进一步的发展,民族工商业者的数目,也有所增加。据一九一八年的统计,国内商会会员有十六万二千余人,华侨商会会员有二万一千余人。②

--------

① 《丢掉幻想,准备斗争》,《毛泽东选集》第四卷,人民出版社一九九一年版,第一四八五页。
② 《前锋》第一期,第三十五页。

民族工商业者和帝国主义是有矛盾的。即使在第一次世界大战期间民族工商业有较大发展的"黄金时代",民族资本仍然受着外国资本的排挤。例如当时民族工业中最发达的纺织工厂的产品,虽有很大的增加,然价值亦不过五千多万元;而外国棉织物的输入,却价值在一亿元以上。[1] 外国商品在中国,只需缴纳百分之五的进口税和百分之二点五的子口税,即可行销各地;而中国商品,在本国却要受层层关卡的克扣,有的产品所纳税额,竟在其成本一倍以上。这种情况,就必然使外国商品到处泛滥。特别是日本的商品,充斥市场,"销售得法,而价又廉"。[2] 这样,就给民族工商业的发展以极大的阻碍。

因此,当全国人民展开反对"二十一条"的斗争时,民族工商业者也参加了这一斗争,并表现了一定的积极性。例如,当时遍及各地的救国储金运动,就是由他们发起的。

一九一五年四月,上海商界发起组织中华救国储金团,"开收以来,未及一旬,数逾二十余万多,系各界零款,争先恐后,日不暇给。……各业各自开会劝储,经伙各友自愿捐薪,踊跃输将,影响至捷,各学校亦佥议储金,各省各埠请商会通寄简章……"[3]

五月十一日,北京救国储金团在中央公园(今中山公园)开会。储金团发出宣言书说:"国家新造,忧患迭乘,悲愤交集,五中俱裂。吾侪生为中国之人,死为中国之鬼。……今本商会出于吾国民爱国之忱,为自保身家性命起见,特发起救国储金团,日积所蓄,储备万一。"[4]

五月二十三日,北京救国储金团在中央公园开第二次救国储金会,陆续到会者,有工商学各界共十余万人,当场认储及交纳现金者共八十余万元。[5]

但是,工商业者在运动中也表现了他们的软弱性。例如,当北洋政府

---

[1] 《前锋》第一期,第三十四页。
[2] 上海《民国日报》一九一六年二月十六日。
[3] 北洋政府内务部档案(一〇〇一)三三五一。
[4] 北洋政府内务部档案(一〇〇一)四〇五三。
[5] 北洋政府内务部档案(一〇〇一)三三五一。

对储金运动稍加干涉时,商人们立即表示:储金运动"并无他项目的,与政治外交毫无关系"。① 东北某地的救国储金传单上原有"人心不死,为交涉后备"等语,但在反动政府的干涉下,也迅即加以修改了。此外,工商业者对"抵制日货,提倡国货"的口号,原是赞成的,但当广大群众掀起声势浩大的反日运动时,他们又恐怕引起外交干涉了,因此他们后来就只讲"提倡国货",而不敢提"抵制日货"了。

中国民族资本主义的发展,要求有一个统一的市场。但是,封建军阀的割据统治,却阻碍着这一要求的实现。加以军阀们为了筹措军费,无限制的加捐加税,更使民族工商业的发展受到阻碍。因此,民族工商业者在反对国内封建军阀的斗争上,也表现出一定的积极性。

在反袁斗争中,上海各业曾开会讨论,认为:"中华民国大总统,不能变为大皇帝,否则对外对内信用俱失,何以立国于地球之上。"② 四川、广东、湖南、湖北、福建等地商人,也积极参加了反袁斗争,他们在警告全国商界书中说:"袁世凯帝制自为,谋叛民国,……今日宜认明时势,群起逼迫袁氏退位,还我共和。"③

在反对段祺瑞政府签订中日密约的斗争中,民族工商业者也参加了。商界代表力争废约,曾被段祺瑞政府指控为"商会受党人之运动"。④

除反袁、反段斗争外,民族工商业者的抗捐抗税风潮,也不断地在全国发生着。

总的来说,在"五四"以前,中国工人阶级尚处于"自在阶级"的状态。就资产阶级看来,工人阶级的斗争对自己尚不是最大的威胁。因此,它在反对帝国主义和反对封建军阀的斗争中,表现出一定的积极性。

除国内工商业者,国外华侨也积极投入了反帝反封建军阀的斗争。例如在一九一四年下半年,南洋华侨中便有一"诛日救亡会"的组织,发布抵制日货宣言,并寄到国内来,要求共同提倡。一九一五年反对"二十

---

① 北洋政府内务部档案(一〇〇一)四〇五三。
② 上海《民国日报》一九一六年二月六日。
③ 上海《民国日报》一九一六年三月二十八日。
④ 上海《民国日报》一九一八年五月二十五日。

一条"斗争中,南洋华侨中的救国团曾分头致函国内知名之士,呼吁共同奋起救国。函中表达华侨之悲愤心情说:"天祸我国,惨遭奇难,人非木石,能无恫乎!侨等远居异地,国事不得其详,然据西电所传亦得其略。……将见父皇帝儿皇帝互签押于条约上矣。呜呼!以一人之贪位,而易以五千年之国土,四万万之人民。伤心惨目,未有此极。何辜于天,我罪伊何而竟躬逢其变也。"①

除以上所述工人、农民、学生、工商业者、华侨的斗争情况外,还有各界的许多爱国人士都参加了反对日本帝国主义侵略中国的斗争。例如一九一五年三月间,济南便有一名为"山东救亡团"的组织,在军队和群众中散发敬告同胞军队书,号召山东军民起来抵抗日本军队的侵略。书中说:"日本政府视中国政府如木雕泥塑,视中国军队为奴隶牛马,毫不介意。今在山东,无论该国军队商民,皆抱任意横行主义。我军队人民抵御之策,不外拆坏铁路,斫断电线,以泄我山东同胞之愤。望我陆军诸兄弟,倘遇日本商民,或是日本军队,或是徒手殴打,或者开枪击死,俾日本知我国军队尚有强锐勇猛之气。由此行之,嗣后日本不畏我国政府,必畏我国军队也。"②

## 五、孙中山彷徨在歧途中

全国工人、农民、学生、民族工商业者、华侨及各界爱国人士斗争的发展,酝酿着一场大的革命风暴的来临。

这种形势,要求有一个先进的革命政党,制订一个适应当前斗争的革命纲领,以便把全国人民领导和组织起来,集中力量去同反革命的敌人作战。

---

① 北洋政府内务部档案(一○○一)四○五三。
② 北洋政府陆军部档案(一○○一)二七○。

但是,资产阶级革命派已不可能再担负起如此重大的任务了。

孙中山在"二次革命"失败后再度亡命日本。他在日本力劝流亡的革命党人重新振作,恢复同盟会时期的革命精神,共同组织中华革命党。

他鉴于辛亥后由于同盟会的涣散而招致革命失败的教训,非常强调事权的统一。一九一四年五月二十九日,他在致黄兴函中,认为"二次革命"的失败,"全在不听我之号令",坚持今后"欲为真党魁,不欲为假党魁,庶几事权统一,中国尚有救药"。① 六月十五日,他又致函南洋革命党人说:"此次重组革命党,首以服从命令为唯一之要件,凡入党各员,必自问甘愿服从文一人,毫无疑虑而后可。"并称"本党系秘密结党,非政党性质"。②

一九一四年七月,中华革命党在东京举行成立大会,孙中山在会上宣誓加盟,正式就任总理职务。其他人入党时均须立誓约,按指印。

从一定意义上说,即从主观上为了加强战斗力来说,孙中山是对的。正如他自己所说:"鉴于前此之散漫不统一之病,此次立党特立服从党魁命令,并须各具誓约,誓愿牺牲生命自由权利,服从命令,尽忠职守,誓共生死。"③

但从客观实际上看,这种在形式上过于严格的要求,必然使革命组织成为一个狭隘的小团体。中华革命党开成立大会时,到会者只有三百余人。黄兴拒绝入党,离日去美。许多未加入中华革命党的同盟会员则在东京组织欧事研究会,④别树一帜。

孙中山在中华革命党成立大会上公布手书的《中华革命党总章》,规定"以实行民权、民生两主义为宗旨",以"扫除专制政治,建设完全民国为目的"。⑤

---

① 《孙中山年谱》,中华书局一九八〇年版,第一六八页。
② 《孙中山年谱》,中华书局一九八〇年版,第一六九页。
③ 《民国三年在日本组织中华革命党致邓泽如书》,胡汉民编:《总理全集》第三集,上海民智书局一九三〇年版。
④ 参加组织欧事研究会的有李根源、熊克武、钮永建、邹鲁等一百余人。他们在欧战爆发后经常集会讨论国内外局势,因此形成这一团体。
⑤ 邹鲁:《中国国民党史稿》,上海民智书局一九二九年版,第六一页。

原来,孙中山的三民主义在辛亥革命后只剩下一民主义了。孙在一九一三年三月出席东京的一个欢迎会上便明确地这样讲过:"民族、民权二大主义均经达到目的,民生主义不难以平和办法,逐渐促社会之改良。"①在孙当时看来,清朝统治被推翻,民族主义已完成;民国建立,民权主义也已完成。

现在,经过"二次革命"的教训,认清了袁世凯的窃国面目,恢复了民权主义。这自然是一大进步。但是,孙中山这时仍然未认识到帝国主义是中华民族的主要敌人,因此中华革命党的二民主义纲领仍然是残缺不全的。

中华革命党成立后,设支部于国内外各地,国内支部专事组织武装讨袁,海外支部负责筹款。袁世凯复辟帝制时,革命党人积极在上海、广东、江苏、浙江、湖南、江西、东北、山东、四川、陕西、湖北、福建等地发动武装起义。孙中山在讨袁檄文中怒斥袁世凯"非法攘攫正式总统,而祭天祀孔,议及冕旒,司马之心,路人皆见"。又指出:"袁贼安称天威神武之日,即吾民降作奴隶牛马之时,此仁人志士所为仰天椎心,虽肝胆涂疆场、膏血润原野而不辞也。军府痛宗国之陆沉,愤独夫之肆虐,爰率义旅,誓殄元凶,再奠新邦,期与吾国民更始。"②

但是,中华革命党既缺乏一条正确的政治路线,也缺乏一条正确的组织路线,因此,虽有许多反袁的武装起义,但这些起义大都是没有充分准备的单纯军事冒险。也正如孙中山本人所说的:"党内重要人物已冒险深入内地,急思发动,成败在此一举,不能复待。"③

既然缺乏充分的准备,特别是缺乏发动和组织群众的准备,因此,失败就是不可避免的。上述各地起义,有的没等发动就遭破坏,有的发动了也很快被镇压下去。

袁死段继,军阀统治的本质并没有改变。袁世凯窃国的教训,使孙中山考虑到怎样才能既有民国之名,又有民国之实。一九一六年七月间他

---

① 《孙中山年谱》,第一五九页。
② 《孙中山选集》上卷,人民出版社一九五六年版,第九八、九九页。
③ 孙中山于一九一五年五月十日给邓泽如等人的信,参见《孙中山年谱》,第一七九页。

在上海对参、众两院议员及各界名流、新闻记者发表关于地方自治的演说;一九一七年又专门从事《民权初步》①的著述,都表明了这种探索。但是,他所设想的仍是一些英美式的地方自治方案和议会的开会方法等,而没有考虑到如何依靠群众推翻军阀统治的问题。

张勋复辟前,黎元洪被迫解散国会;复辟失败后,段祺瑞又制造了自己御用的工具——安福国会。

国会和约法,是共和国的象征。国会被解散,约法被撕毁,孙中山认为这是对民国的最大背叛。他立即到广东进行护法活动,北方的国会议员这时也相继赴粤。一九一七年七月上旬,他在致桂、粤、湘、滇、黔、川六省都督及各界的电中说:"火速协商,建设临时政府,公推临时总统,以图恢复。"②

八月,广东非常国会在广州开幕,通过《中华民国军政府组织大纲》,规定在《临时约法》效力未完全恢复以前,中华民国行政权由大元帅行使。

九月,孙中山被举为中华民国军政府大元帅,唐继尧、陆荣廷为元帅,并电请黎元洪南来组织正式政府。

这时,孙中山对军阀已有了进一步的认识,他指出:"今张勋虽败,而段祺瑞等以伪共和易真复辟;其名则美,其实尤痛。"③又说:"今日之乱,非帝政与民政之争,非新旧潮流之争,非南北意见之争,实真共和与假共和之争。"④孙中山反复强调了对真共和追求的决心,而且对北方军阀的假共和大张挞伐,就这个意义上说,护法运动是应该肯定的。

但是,孙中山所依靠的力量却是西南军阀。这时,中华革命党已名存实亡。孙中山既没有革命武装,也没有革命组织,而且他这时也不懂得去"唤起民众"。在这种情况下,护法运动建立在一个很不可靠的基础上,

---

① 《建国方略之三:社会建设(民权初步)》,《孙中山选集》上卷,第三三九——四一八页。
② 《孙中山年谱》,第二〇八页。
③ 《主张护法致陆荣廷电》,胡汉民编:《总理全集》第三集,第三三页。参见《孙中山年谱》,第二一一页。
④ 《真共和与假共和之争》(一九一七年在广州欢迎会上的演说),《总理全集》第二集,第一七四页。

其失败也就成为必然了。

西南军阀参加护法运动,只是为了乘机夺取权力。在与己有利时,他们可以利用孙中山这面革命的旗帜;而在与己不利时,他们又可以随时把孙中山抛开。就在护法军政府成立后不久,十二月间,桂系军阀便通电主和。一九一八年一月间,滇桂军阀成立"护法各省联合会",推岑春煊为议和总代表,形成和军政府的对峙。五月,由政学系操纵的非常国会,通过了改组军政府案,废大元帅,改为七总裁合议制。孙中山虽为七总裁之一(其他六人为唐绍仪、伍廷芳、岑春煊、陆荣廷、唐继尧、林葆怿),但实权却被剥夺了,唐继尧认为孙中山"宜游历各国,办理外交"。①

在这种情况下,孙中山被军阀们赶了出来。五月下旬离开广州。他在五月四日辞大元帅职的通电中说:"顾吾国之大患,莫大于武人之争雄。南与北如一丘之貉。虽号称护法之省,亦莫肯俯首法律及民意之下。"②

不仅北方军阀不好,西南军阀也不好,他们是"一丘之貉"。事实的教训,又使孙中山在痛苦的道路上增长了智慧。

但是,孙中山并没有因此去发动和组织人民群众。他在五月下旬离开广州后,曾再一次到了日本,企图得到同情和支持,只是在受到冷漠的待遇、感到"现日本当局仍决心助段,遽欲其改变方针,事恐大难"③后,才在六月下旬回到了上海。他在给陈炯明的信中说:"文自抵东以后,鉴于外交方面,难骤活动,一切计划,未能实行,无可奉告,故中间久阙致书,嗣因目疾待治,匆匆归沪。"④他在给孙科的信中,除告知离粤后之行程外,并表示:"对于现在之时局,拟暂不过问。"⑤

孙中山回到上海后,心情是痛苦的。多年的碰壁,使他思索再思索。但是,从革命理论到革命方法的转变,对一个旧民主主义者来说,毕竟是

---

① 罗家伦主编:《国父年谱》初稿下册,台北一九五八年版,第四五〇页。
② 《孙中山年谱》,第二二七页。
③ 《民国日报》一九一八年六月十八日。
④ 《国父年谱》初稿下册,第四五九页。
⑤ 许师慎:《〈国父全集〉未刊载之重要史料》,《研究中山先生的史料与史学》第一七八页。引见《孙中山年谱》,第二二八页。

困难的。没有先进思想和先进力量的启示和帮助,是难于完成这个转变的。孙中山继续在痛苦中摸索。依靠军阀失败,而又没有觉悟到去依靠人民,手中无一兵一卒,周围无革命的组织。在这种情况下,孙中山对政治活动采取了消极的态度,而把精力放到著述上面。他认为:"据年来经验,知实现理想中之政治,断非其时,故拟取消极态度,将来从著述方面,启发国民,至于目前收拾大局,但期得有胜任之人,若东海①出山,则更不出异议。"②

综上所述,我们可以看到:一方面,孙中山在前进的道路上百折不挠;另一方面,他仍然没有找到正确的革命道路。他的政治活动的根本弱点,在于没有和当时的人民群众斗争汇合起来,因而更谈不到领导人民群众前进。

工人、农民、学生、民族工商业者、华侨及其他爱国人士的斗争在不断地开展着,他们需要正确的领导。但是,孙中山却彷徨在歧途中。

中国的出路在哪里?这是迫切需要回答的问题。

---

① 即徐世昌,一九一八年九月一日被安福国会举为总统。
② 汪精卫给梁士诒的电报。《三水梁燕孙先生年谱》上,第四二八、四二九页。

# 第 五 章

# 启封建之蒙

## ——"五四"前的新文化运动

## 一、从文艺复兴说起

"五四"前夕的新文化运动,一般被称为启蒙运动。

启蒙运动是反封建的产物。封建社会造成人们的蒙昧无知,为了廓清蒙昧、启发理智,上升期的资产阶级,需要一个思想上的启蒙运动。因此,"启蒙"二字,也就是启封建之蒙的意思。

欧洲启蒙运动可以上溯到十四至十六世纪的文艺复兴。那时,是欧洲从中世纪封建社会向资本主义过渡的历史转折时期。文艺复兴和启蒙运动,是新兴的资产阶级在哲学、文学、宗教、艺术和科学领域内开展的一场革命运动。

在欧洲中世纪,罗马天主教会是封建制度的巨大的国际中心,它把整个封建的西欧联合成为一庞大的政治体系。当时,教会垄断了欧洲封建社会的全部文化,它把意识形态的其他一切形式都合并到神学中。哲学成了神学的奴仆,文学只是"圣者"的言行录,史学沦为寺院的编年史。任何先进的思想或新的科学发现,都被视为异端邪说,许多进步的思想家、科学家遭到宗教裁判所的残酷迫害。例如,意大利天文学家布鲁诺

(一五四八——一六〇〇年)通过新的研究,对圣经的欺骗提出怀疑,对科学的威力进行歌颂,便被指控为"异端",最后被宗教裁判所活活烧死在罗马。布鲁诺在生命的最后一刻,仍然骄傲地说:"你们对我宣读判词,比我听这判词还要畏惧。"再如,著名的意大利天文、物理学家伽利略(一五六四——一六四二年),因发明望远镜观察、研究天体,推翻了天空特殊本性的宗教传说,晚年被宗教裁判所处以囚禁和严刑。但这位七十高龄的科学老人,在受辱之后,仍然满怀信心地说:"地球仍然在转动!"这句名言,鼓舞着此后无数的科学家为真理而坚持战斗。

文艺复兴的年代,在意大利是十四世纪至十六世纪,在欧洲其他国家则为十五世纪至十七世纪初。它大体上经历了三个阶段:早期以十四世纪意大利人文主义文学的出现为开端,到十五世纪时,在各国则以新的造型艺术和建筑为其特征;中期是高潮期,从十五世纪末至十六世纪二十年代,特点是资产阶级的文化运动和宗教改革的内容丰富多彩,文学艺术的高度繁荣;晚期,时间是从十六世纪至十七世纪初,这是近代自然科学和新哲学同时诞生并取得了划时代成就的重要阶段。

人文主义是文艺复兴的一面精神旗帜。它和封建文化、宗教神学是针锋相对的。宗教神学主张以神为中心,一切都为了神,人只能把自己的一切都献给神;神学还提倡禁欲主义,要人们抛弃一切欲望,放弃物质享受,只求"灵魂升到天国"去。人文主义主张以人为中心,一切为了人的利益。作为资产阶级的代言人,人文主义者要求重视现实生活,重视物质享受,要求发展个性,把人的思想感情和智慧都从神学的束缚下解放出来。他们的口号是:"我是人,凡是人的一切特性,我都具备。"他们提倡人性以反对神性,提倡人权以反对神权,提倡个性自由以反对宗教桎梏。

文艺复兴最先在文学领域发起冲锋,意大利的但丁(一二六五——一三三一年)的长诗《神曲》,大胆地谴责了买卖圣职的教皇和僧侣,无情地揭露了教皇是意大利一切动乱的根源。恩格斯称赞但丁是一位"大人物",说"他是中世纪的最后一位诗人,同时又是新时代的最初一位诗人"。①

---

① 《共产党宣言》,《马克思恩格斯选集》第一卷,人民出版社一九七二年版,第二四九页。

文艺复兴的高潮时期,欧洲各国纷纷涌现出强调思想解放、个性自由、反封建、反神学和发扬民族精神的现实文学作品。英国著名的剧作家莎士比亚(一五六四——一六一六年)用民族语言对教会僧侣的丑行作了辛辣的讽刺,他谴责教会和朝廷这些头面人物都像"猪一般懒惰,狐狸一般狡猾,狗一般疯狂,狮子一般凶恶"。

　　文艺复兴的晚期,在人文主义文化高潮的基础上,发展了近代哲学和近代自然科学。一五四三年,哥白尼《天体运行论》的发表,宣布了近代自然科学的独立,标志了同神学思想体系的彻底决裂。从此以后,出现了许多划时代的重大发明,一系列基础科学和学科门类开始建立起来。如恩格斯所说:"中世纪的黑夜之后,科学以意想不到的力量一下子重新兴起,并且以神奇的速度发展起来。"①

　　继文艺复兴而起的是十八世纪以法国为中心的启蒙运动。如果说人文主义是文艺复兴的一面精神旗帜,那么天赋人权说则是启蒙运动的一面精神旗帜。"天赋人权"强调的是人人生来自由、平等,打破人们对于"君权至上"的迷信,从理论上论证了等级特权的不合理性,从而为一七八九年的法国资产阶级革命作了思想上的准备。

　　马克思主义大师们对意大利的文艺复兴和法国的启蒙运动都作过很高的评价。恩格斯在《反杜林论》一书中论法国的启蒙运动时指出:"在法国为行将到来的革命启发过人们头脑的那些伟大人物,本身都是非常革命的。他们不承认任何外界的权威,不管这种权威是什么样的。宗教、自然观,社会、国家制度,一切都受到了最无情的批判;一切都必须在理性的法庭面前为自己的存在作辩护或者放弃存在的权利。思维着的悟性成了衡量一切的唯一尺度。……从今以后,迷信、偏私、特权和压迫,必将为永恒的真理,为永恒的正义,为基于自然的平等和不可剥夺的人权所排挤。"②

　　当然,也必须指出,不论文艺复兴,或者启蒙运动,都还是资产阶级的运动,都受着时代的局限。如恩格斯在分析法国的启蒙运动时所指出:

---

① 《自然辩证法》,《马克思恩格斯选集》第三卷,人民出版社一九七二年版,第五二三页。
② 《马克思恩格斯选集》第三卷,第五六、五七页。

"这个理性的王国不过是资产阶级的理想化的王国;永恒的正义在资产阶级的司法中得到实现;平等归结为法律面前的资产阶级的平等;被宣布为最主要的人权之一的是资产阶级的所有权;而理性的国家、卢梭的社会契约在实践中表现为而且也只能表现为资产阶级的民主共和国。十八世纪的伟大思想家们,也和他们的一切先驱者一样,没有能够超出他们自己的时代所给予他们的限制。"①

## 二、中国的"新学"

中国没有一个独立发展的资本主义社会。但是,从半殖民地半封建社会的间隙中不断挣扎着的中国民族资本主义,也要求有一个思想上的启蒙运动为它开辟道路。

实际上,自鸦片战争后不久,西方的学说,特别是自然科学就在中国开始传播了,因为不仅新兴的资产阶级需要自然科学,而且封建统治阶级为了自己统治的需要,也开始羡慕外国的"船坚炮利"。

当时,地主阶级中的抵抗派,就要求学习西方资本主义的一些科学技术,来达到强国御侮的目的。用魏源的话说,就是:"师夷之长技以制夷。"最初,清政府并没有采纳这种主张,顽固的当权派斥西方的科学技术为"奇技淫巧"。

太平天国运动对清王朝的沉重打击,使反动统治者感到利用洋枪、洋炮镇压革命的重要。这样,就出现了曾国藩、李鸿章等官僚们的洋务运动。他们陆续创办了机器制造局、新式造船厂、轮船局、矿务局、电报局等。既要兴办这些事业,便不能不培养这方面的人才。因此,从一八六一年在北京设立同文馆教习外文开始,上海、广州、福州、天津、武昌、南京等地,都陆续设立了各种洋务学堂。通过这些学堂,自然科学的一些知识在

---

① 《马克思恩格斯选集》第三卷,第五七页。

中国传播开来了。例如,福建船厂(一八六六年设立)附设的船政学堂,便设置有英文、算术、几何、代数、解析几何、割锥、平三角、弧三角、代积微、动静重学、水重学、电磁学、光学、音学、热学、化学、地质学、天文学、航海学等课程。

许多学堂不仅设有自然科学课程,而且翻译这方面的著作。上海江南机器制造局(一八六五年设立,后改为江南制造总局)还专门设立有翻译馆。

为了学习外国的科学技术,清政府还派了许多留学生出国。

这样,到十九世纪末,中国翻译和编著的自然科学方面的书籍,便达一千种以上。

洋务派不论办学堂,或者向外国派留学生,其目的都是为了"船坚炮利"、培养军事技术人才。对于资产阶级的社会政治学说,他们是排斥的。所以国内洋务学堂的学习课目,仅限于自然科学;国外留学生的学习科目,也只是被规定的军政、船政、数算、制造诸学。一八八七年,清政府以西方新学开科取士,也只是添设了算学一科。

一八九四至一八九五年的中日战争,使洋务派的"新政"彻底破产。事实告诉了人们,仅仅学习外国的"船坚炮利",而不改变政治制度,是不可能达到富强的目的的。于是,在中日战争之后,主张改君主专制为君主立宪的维新运动兴起了;"新学"的介绍,也不仅限于自然科学,而比较广泛地对资产阶级的社会政治学说进行探讨了。法国启蒙运动中的一些名著,就是在这时开始传到中国的。例如,著名的翻译家严复(一八五三——一九二一年)曾翻译了《天演论》[①]《原富》[②]《法意》[③]《名学》[④]等

---

[①] 严以翻译此书而著名,被人称为"严天演"。《天演论》原书名《进化与伦理》,系英国生物学家赫胥黎的论文集。严复选译其中的两篇,简称《天演论》。

[②] 这是一本讲资产阶级经济学的经典著作,作者为英国经济学家亚当·斯密。原书出版于一七七六年,严的全译本正式出版是在一九〇二年。

[③] 《法意》是论述资产阶级法学的书,作者是法国的启蒙学者孟德斯鸠。原书出版于一七四三年,严的译本是在一九〇四至一九〇九年间陆续出版的。

[④] 《名学》是论述形式逻辑的一部名著,作者是英国学者穆勒。原书出版于一八四三年,严复于一九〇〇至一九〇二年间只译了半部出版。一九〇九年,严还译了一本《名学浅说》(作者是英国一位与穆勒齐名的学者耶芳思),于同年出版。

西方名著。除严复翻译的这几本主要著作外,还有许多西方哲学、社会政治经济学说及各国历史的著作,也都逐渐翻译成中文。至一九〇四年,关于这方面的书籍已达二百五十多种。

资产阶级改良派介绍这些学说的目的,并不是想学法国那样的资产阶级革命,而只是想进行一场自上而下的立宪改良运动。因此,他们在介绍书籍的品种上以及他们的解释中,都离不开他们的政治观点。例如,严复在《译天演论自序》中说:"近二百年欧洲学术之盛,远迈古初,其所得以为名理公例者,在在见极,不可复摇。顾吾古人之所得,往往先之。"就是说,资产阶级这一套学说,中国早就有了。他认为《周易》就是以逻辑、数学为经,以物理、化学为纬的;牛顿关于机械力学的三大原理早就见于《周易》一书了。他在翻译《群学肄言》[1]的《译余赘语》中又说:"窃以为其书实兼《大学》《中庸》精义,而出之以翔实,以格致诚正为治平根本矣。"从上述情况可以看出,改良派在介绍西方资产阶级学说时,是夹杂了许多"封建余毒"在内的。正如毛泽东所指出:"那时的所谓学校、新学、西学,基本上都是资产阶级代表们所需要的自然科学和资产阶级的社会政治学说(说基本上,是说那中间还夹杂了许多中国的封建余毒在内)。"[2]

改良派的"封建余毒"很深,因此当革命力量兴起构成对他们的威胁时,他们就必然又堕落成复古主义者,并和封建势力结合起来对付革命。严复在一九一五年成为筹安会的发起人之一,不是偶然的。他在一九一四年《庸言》杂志第二卷第一、二号合刊上发表《民约平议》,攻击卢梭,由当年"天赋人权论"的宣传者,变为"天赋人权论"的反对者,也不是偶然的。

中国的资产阶级革命派也介绍过西学,作过一些启蒙工作。但是,不论从数量上或质量上,都是很不够的。他们依据的思想资料,大都来源于维新运动时期的改良派。他们对西方思想的介绍,不仅零星片断,而且加

---

[1] 原名《社会学研究法》,作者斯宾塞尔,严复的中译本在一九〇三年出版。
[2] 《新民主主义论》,《毛泽东选集》第二卷,人民出版社一九九一年版,第六九六页。

上了一些主观的臆说。他们当时宣传和活动的中心是反满,对资产阶级民主革命的理论,既缺乏创造性的研究,也缺乏系统的介绍。因此,辛亥革命就没能攻破封建主义的思想堡垒。

袁世凯窃国后,把资产阶级革命派一度改革过的学校教育,也打得落花流水了。一九一四年,袁政府规定:"各学校均应崇奉古圣贤,以为师法。宜尊孔尚孟,以端其基而致其用。"在教育内容上,则又规定"中小学均加读经一科"。这样,就把一九一二年所进行的一些改革①从根本上给废除了。

从传播文化思想的重要工具——报纸来看,资产阶级的文化战线也被打得溃不成军。辛亥革命时,全国报纸达五百家。"二次革命"后,袁世凯对所有赞同革命的报纸进行查封和收买。结果,剩下为数不多的几家报纸,不仅销路大减,而且从内容上也都丧失了革命气息。

这种状况,正如毛泽东所说:"因为中国资产阶级的无力和世界已经进到帝国主义时代,这种资产阶级思想只能上阵打几个回合,就被外国帝国主义的奴化思想和中国封建主义的复古思想的反动同盟所打退了,被这个思想上的反动同盟军稍稍一反攻,所谓新学,就偃旗息鼓,宣告退却,失了灵魂,而只剩下它的躯壳了。旧的资产阶级民主主义文化,在帝国主义时代,已经腐化,已经无力了,它的失败是必然的。"②

既然辛亥革命未能解决帝国主义和中华民族、封建主义和人民大众的矛盾,先进的中国人必然要继续探寻解救自己国家于危亡的真理。随着第一次世界大战期间中国资本主义的进一步发展和社会矛盾的进一步激化,一场启封建之蒙、催促青春中国之诞生的新文化运动,便应运而起了。

---

① 一九一二年,南京临时政府成立,蔡元培任教育总长,在他的主持下,教育部曾于当年一月十九日颁发了《普通教育暂行办法》,要求"凡各种教科书,务合乎共和民国宗旨","小学读经科一律废止"。见南京《临时政府公报》第四号,一九一二年二月一日。

② 《新民主主义论》,《毛泽东选集》第二卷,第六九七页。

## 三、《新青年》的创办

"五四"前的启蒙运动——新文化运动的兴起以《新青年》杂志的创办为标志。

《新青年》是在一九一五年九月创刊的。原名《青年》,自第二卷第一号(一九一六年九月)才改名为《新青年》。编者是陈独秀,①直到一九一七年,这个刊物完全由他自己主办。

一九一七年一月,蔡元培到北京大学任校长(蔡是在一九一六年十二月二十六日被任命的,次年一月到校任职),聘陈独秀为文科学长。②这样,《新青年》编辑部也由上海移到北京,地址就在北池子箭杆胡同九号(即陈独秀的家中)。

蔡元培任北京大学校长期间,实行"兼容并包"的方针,许多新文化人被请到北大来。

---

① 陈独秀(一八七九——一九四二年),曾是中国共产党的总书记,在第一次国内革命战争时期犯了右倾投降主义的错误,招致了第一次国内革命战争的失败,使党的事业受到了严重损失。但陈在"五四"启蒙运动中,还是起了重大作用的,他当时以急进的民主派而著称。陈是安徽怀宁人,辛亥革命前曾留学日本,一九〇三年在上海创办《国民日日报》,主张民主革命,反对专制。《国民日日报》停刊后,陈返安徽,于一九〇四年创办《安徽俗话报》,旋于次年在芜湖安徽公学任教期间,组建半军事性质的秘密组织——岳王会,自任会长。辛亥后,陈独秀历任安徽都督府秘书、秘书长、顾问及安徽高等学校教务主任等职。一九一三年"二次革命"后,陈逃东京。一九一四年曾协章士钊办《甲寅》杂志。一九一五年夏,回上海,于当年九月十五日在上海创办《青年》杂志。

② 关于向蔡元培推荐陈独秀的人,有两说,一说是当时任北京医专校长的汤尔和,一说是当时在北大任教的沈尹默,可能兼而有之。本来,蔡对陈早年在安徽办报、从事反清斗争等事迹就有所闻,现在又看了《新青年》,更为钦佩。因此,当陈来北京时,蔡曾亲自到前门外陈所下榻的某旅馆去见陈,表示邀请的诚意,并答允可将《新青年》搬到学校里办。参见沈尹默:《我和北大》,《文史资料选辑》,第六十一辑,第二三〇页。又见蔡元培:《我在北京大学的经历》,《蔡元培选集》,第二八八页。一九一七年一月十三日,蔡向陈发出了由北京政府教育总长签署的委任书。见《北京大学文书档案》第三十二卷。山教育总长范源濂于一月一十三日签署的"教育部令第三号"称:"兹派陈独秀为北京大学文科学长此令。"

陈独秀主持北大文科时,刘半农也进入北大文科。钱玄同、沈尹默则在此之前就在北大文科任教了。

胡适在一九一七年夏天由美回国后,也被聘到北大来担任中国哲学史的课程。

李大钊于一九一七年十一月到北大,于次年一月任北大图书部主任[1](一九二〇年以后他兼任了北大许多课程的教授)。

鲁迅当时(一九二〇年前)虽然没有在北大任教,但由于他长期在教育部工作,又因为和《新青年》的关系,因此他和北大的一些教授们也保持着密切的联系。[2]

一九一八年一月,《新青年》由陈独秀个人主编改为同人刊物。李大钊、鲁迅、胡适、钱玄同、刘半农等人都参加到编辑部中来并成为主要的撰稿人。据沈尹默回忆:"《新青年》搬到北京后,成立了新的编辑委员会,编委七人:陈独秀、周树人、周作人、钱玄同、胡适、刘半农、沈尹默。并规定由七人编委轮流编辑,每期一人,周而复始。"一九一九年一月,《新青年》六卷一号,曾将这种轮流编辑办法公之于众,据六卷一号封里《本志第六卷分期编辑表》所载名单是:第一期,陈独秀;第二期,钱玄同;第三期,高一涵;第四期,胡适;第五期,李大钊;第六期,沈尹默。

这样,就以《新青年》为中心,大体上形成了一个新文化阵营。

从这些《新青年》同人来看,他们的政治思想是很不一致的。例如,袁世凯签订"二十一条"时,胡适就在美国发表文章,反对留美中国学生的爱国运动,要人们保持"镇静"。他当时就遭到留美中国学生的责骂。[3]

当时,马克思主义还没有在中国传播,在中国思想界影响最大的仍然

---

[1] 李大钊是由章士钊推荐,接替章任北京大学图书部主任的。当时章任北大教授兼图书部主任,李在日本时,章即很赏识他的才华。一九一七年一月,章创办《甲寅日刊》,曾邀李任编辑。

[2] 鲁迅和《新青年》建立关系的开始,他在《呐喊》集自序中有过说明:当《新青年》创办的时候,他仍在北京宣武门外绍兴会馆内抄古碑。钱玄同"偶或来谈",约他为《新青年》写文章。他终于答应了,"这便是最初的一篇《狂人日记》。从此以后,便一发而不可收"。见《鲁迅全集》第一卷,人民文学出版社一九五六年版,第六、七页。

[3] 《胡适留学日记》第三册,《民国丛书》,上海书店一九八九年版,第五七〇、五九三、六一三页。

是进化论,即严复翻译的《天演论》。这仍然是"五四"前启蒙运动的指导思想,《新青年》同人大都是接受的这种思想。

同样是以进化论思想为指导,但《新青年》同人们由于各自的实践不同,又表现出思想的歧异。试以陈独秀和李大钊来比较。

进化论的基本观点是:"物竞天择,适者生存。"这种思想在十九世纪末的中国民族危机中曾起了警钟的作用,它摧毁了清朝统治者妄自尊大的心理,号召国人起来"自强"。不自强,弱国一定要被强国所灭亡。

《新青年》编者陈独秀宣扬的也是这种思想。他在创刊号的第一篇文章——《敬告青年》中,即说:"新陈代谢,陈腐朽败者无时不在天然淘汰之途,与新鲜活泼者以空间之位置及时间之生命。"他在《抵抗力》一文中又说:"万物之生存进化与否,悉以抵抗力之有无强弱为标准。优胜劣败,理无可逃。"①

达尔文的进化论对生物科学有着很大的贡献,马克思主义的大师们都给以极高的评价。列宁指出:"达尔文推翻了那种把动植物种看做彼此毫无联系的、偶然的、'神造的'、不变的东西的观点,第一次把生物学放在完全科学的基础上,确定了物种的变异性和承续性。"②

但是,把这种学说用于解释社会现象,却不能不产生一些错误的结论。因为,"优胜劣败""弱肉强食",都无疑地给侵略者以借口。因此,恩格斯说:"想把历史发展和错综性的全部多种多样的内容都总结在贫乏而片面的公式'生存斗争'中,这是十足的童稚之见。"③他指出:"把历史看作一系列的阶级斗争,比起把历史单单归结为生存斗争的差异极少的阶段,就更有内容和更深刻得多了。"④

从进化论的观点出发,陈独秀和他的前辈一样,在一个很长的时间内,没有提出反对帝国主义的口号。在陈独秀看来,中国所以落后,并不

---

① 《青年》第一卷,第三号。
② 《什么是"人民之友"以及他们如何攻击社会民主主义者》,《列宁选集》第一卷,人民出版社一九七二年版,第一〇页。
③ 《自然辩证法》,《马克思恩格斯选集》第三卷,人民出版社一九七二年版,第五七二页。
④ 《自然辩证法》,《马克思恩格斯选集》第三卷,人民出版社一九七二年版,第五七三页。

在于帝国主义的侵略,而在于自己的不长进。别人强,自己弱,所以活该挨打。《青年》杂志创刊前一年,一九一四年十月,他在《甲寅》杂志发表《自觉心与爱国心》一文,竟说:"海外之师至,吾民必且有垂涕而迎之者矣。"一九一八年十月,陈独秀在《克林德碑》一文中大骂义和团,说八国联军攻打北京是由于"义和团无故杀了德国公使克林德",而义和团所以闹事,则是由于这样五种原因:(一)道教;(二)佛教;(三)孔教;(四)中国戏;(五)守旧党。他说:"要想义和拳不再发生,非将制造义和拳的种种原因完全消灭不可。"陈独秀列举了种种原因,就是没有找出产生义和团运动的最根本原因——帝国主义的侵略。这样,中国人民的一个最主要的敌人,在陈独秀笔下,被轻易地开脱了。

从进化论的观点出发,陈独秀在创办《青年》杂志的时候,对当时正在泛起的帝制逆流,也没有进行直接斗争。在陈独秀看来,袁世凯所以实行帝制,是由于人民的觉悟不高。《青年》杂志创刊时,有一个读者要求批判袁世凯的帝制运动。陈不以为然,他说:"国人思想尚未有根本之觉悟,直无非难执政之理由。年来政象所趋,无一非遵守中国之法,先王之教,以保存国粹,而受非难,难乎其为政府矣。"①

在这里,陈独秀的说法和严复早期的观点有了非常近似的地方。严在翻译《法意》时,曾写过如下的案语:"夫一国之制,其公且善,不可以为一人之功,故其恶且虐也,亦不可以为一人之罪,虽有桀纣,彼亦承其制之末流,以行其暴,顾与其国上下,同游于天演之中,所不可以自拔者,则一而已矣!"用天演公例,把封建暴君的罪恶给开脱了。陈的说法和严的观点如此近似,很可能有些师承的关系。当然,最重要的,是因为他们都用进化论看问题,而不是用阶级论看问题。

由于不能正确地理解"自强"和反帝国主义斗争的辩证关系,不能正确地理解提高人民觉悟和反封建专制斗争的辩证关系,陈独秀在创办《青年》杂志时,把自己的事业孤立地放在文化思想方面,而和当时的政治斗争脱节。他说:"盖改造青年之思想,辅导青年之修养,为本志之天

---

① 《通信》,《青年》第一卷,第一号。

职。批评时政,非其旨也。"①又说:"盖伦理问题不解决,则政治学术,皆枝叶问题。"②

李大钊在"五四"前接受的也是进化论的思想。

在这种思想影响下,他号召人们积极进取,自强不息:"他人之国,既依其奋力而造成,其间智勇,本不甚悬,舜人亦人,我何弗若?"③

在这种影响下,他也错误地歌颂过德意志帝国,并说它在大战中会得胜。他说:"惟德意志与勃牙利,此次战血洪涛中,又为其生命力之所注,勃然暴发,以挥展其天才矣。由历史考之,新兴之国族与陈腐之国族遇,陈腐者必败;朝气横溢之生命力与死灰沉滞之生命力遇,死灰沉滞者必败;青春之国民与白首之国民遇,白首者必败,此殆天演公例,莫或能逃者也。"④

同样是受进化论的影响,但李大钊⑤的早期活动,和陈独秀相比,显现出一些特点:

第一,直接参与政治活动。在反对"二十一条"的斗争中,在反对袁世凯帝制运动的斗争中,李大钊都是积极的参加者和倡导者。他为留日学生总会写的《警告全国父老书》,是十分激动人心的。

第二,积极的爱国主义精神。一九一四年十月间,陈独秀在《甲寅》杂志上发表《自觉心与爱国心》一文,对中国前途流露了极端悲观的情绪,认为"其国也存之无所荣,亡之无所惜"。虽然陈的意图也在于促起国人之自觉,但所起的客观影响,却是"风诵回环,伤心无已"。各地因忧

---

① 《通信》,《青年》第一卷,第一号。
② 《宪法与孔教》,《新青年》第二卷,第三号。
③ 《厌世心与自觉心》,《李大钊选集》,人民出版社一九五九年版,第三一页。
④ 《青春》,《李大钊选集》,第七〇页。
⑤ 李大钊(一八八九——一九二七年),河北乐亭人,一九〇五年入永平府中学,一九〇七——一九一三年在天津北洋法政专门学校读书。一九一三年冬赴日,翌年入早稻田大学政治经济学科学习(《早稻田大学百年史》)。一九一六年五月回国。在留学期间,他曾发起组织神州学会、经济学会,接触到各种社会主义思潮,对马克思主义开始研究,尤其是阅读了日本早期工人运动的著名领袖幸德秋水的一些著作。(参见《北京日报》一九八二年六月二十八日载:《李大钊同志在日本留学的日子》)在留学期间,李大钊就非常关心国事,以饱满的爱国主义热情,写下了《大哀篇》《警告全国父老书》《厌世心与自觉心》等著名文章。

国愤世而自杀者,时有所闻。针对这种情况,李大钊在一九一五年八月间出版的《甲寅》上,发表《厌世心与自觉心》一文,阐发了积极的爱国主义精神,指出了应有的自觉之道。他说:"自觉之义,即在改进立国之精神,求一可爱之国家而爱之,不宜因其国家之不足爱,遂致断念于国家而不爱。"①

第三,对马尔萨斯人口论的否定。一九一七年三月,李大钊在《甲寅》日刊上发表《战争与人口问题》一文,举出马尔萨斯人口论的四大缺点,并揭露了侵略者利用此说发动战争的事实。他并且进一步指出:"今日战争之真因,不在人满乏食,乃在贪与惰之根性未除。……惟贪与惰,实为万恶之原……。欲有以救之,惟在铲除此等根性,是乃解决人口问题之正当途径,销弭战争惨象之根本方策也。"②

李大钊这时还不是一个马克思主义者,因此,他还不可能揭示资本—帝国主义的本质及其规律性。但是,他指出了战争策源于贪和惰。贪和惰,这不能不说是道破了剥削阶级的一些特性。

李大钊由马尔萨斯的人口论看出了社会进化论有给侵略分子发动战争以口实的危险,从而对社会进化论产生了怀疑以至否定。这对于他转变成一个阶级论者,创造了很好的条件。不久,他在十月社会主义革命的影响下,很快地成为一个马克思主义者,这绝不是偶然的。

第四,孕育着唯物辩证法的因素。李大钊当时虽然还不是马克思主义者,但是在他的文章中,却不时地闪耀着一些唯物辩证法的观点。例如他在一九一六年九月所写的《青春》一文中说:"宇宙果有初乎?曰,初乎无也。果有终乎?曰,终乎无也。初乎无者,等于无初。终乎无者,等于无终。无初无终,是于空间为无限,于时间为无极。质言之,无而已矣,此绝对之说也。若由相对观之,则宇宙为有进化者。既有进化,必有退化。于是差别之万象万殊生焉。惟其为万象万殊,故于全体为个体,于全生为一生。个体之积,如何其广大,而终于有限。一生之命,如何其悠久,而终

---

① 《李大钊选集》,第二九页。
② 《李大钊选集》,第八五页。

于有涯。于是有生即有死,有盛即有衰,有阴即有阳,有否即有泰,有剥即有复,有屈即有信,有消即有长,有盈即有虚,有吉即有凶,有祸即有福,有青春即有白首,有健壮即有颓老,质言之有而已矣。"[1]基于这样的观点,他认为"其变者青春之进程,其不变者无尽之青春也"。[2] "吾族青年所当信誓旦旦,以昭示于世者,不在龂龂辩证白首中国之不死,乃在汲汲孕育青春中国之再生。吾族今后之能否立足于世界,不在白首中国之苟延残喘,而在青春中国之投胎复活。"[3]

恩格斯在给拉甫洛夫的信中说:"在达尔文的学说中,我同意发展的理论,至于达尔文的证明方法(生存竞争、自然淘汰),我认为只是被发现的事实的初步的、暂时的、不完全的表现。"(着重点是原有的。——引者案)

进化论,在当时中国思想界中是占主导的思想,而先进的思想家则掌握了达尔文学说中的这个合理的核心,即发展的理论,歌颂青春之长存,催促青春中国之诞生。在这方面,李大钊是一个典范。正因为如此,启蒙的思想家才能起到各种不同的进步作用。

## 四、"法兰西文明"
——民主的追求

《新青年》提出了两大口号,一曰民主,一曰科学,即"德先生"(Democracy)和"赛先生"(Science),"要拥护那德先生,便不得不反对孔教、礼法、贞节、旧伦理、旧政治;要拥护那赛先生,便不得不反对旧艺术,旧宗教;要拥护德先生又要拥护赛先生,便不得不反对国粹和旧文学"。《新青年》明确宣告:"我们现在认定只有这两位先生,可以救治中国政治上、

---

[1] 《李大钊选集》,第六六页。
[2] 《李大钊选集》,第六七页。
[3] 《李大钊选集》,第七一页。

道德上、学术上、思想上一切的黑暗。"①

《新青年》针对辛亥革命后中国还没有民主政治,还是孔家店统治中国,中国群众思想仍然蒙昧和落后的状况,提出了为民主和科学而战斗的口号,这是很对的。

特别是民主。由于几千年的封建统治和将近八十年的半殖民地半封建的统治,形成了顽固的封建专制主义政治制度和意识形态,因而使中国人从娘肚子里一生下来就没有民主。

近代以来,中国人为争取民主,曾进行了长期的斗争。毛泽东说:"自从一八四○年鸦片战争失败那时起,先进的中国人,经过千辛万苦,向西方国家寻找真理。洪秀全、康有为、严复和孙中山,代表了在中国共产党出世以前向西方寻找真理的一派人物。"②

许多人都向西方找真理,但根据各自立场和观点的不同,又各有着不同的学习重点,大致经历了这样几个阶段:

开始是向英国学,如早期改良主义者介绍西方的议会制度,便主要是以英国为典范。

接着是向日本学,如康有为、梁启超搞戊戌变法,就是学日本的明治维新。

作为资产阶级革命派的孙中山,主要是向美国学习。他的政治理想,是仿照"欧美之法","创立合众政府","建设一个驾乎欧美之上的真民国"。

"五四"前的一些启蒙思想家们,仍然是向西方找真理,不过他们主要是向法国学习。《新青年》编者陈独秀,就是这方面的一个典型。

陈独秀在《青年》杂志创刊号上发表的第一篇发刊词性质的文章是《敬告青年》,紧接着的第二篇文章就是《法兰西人与近世文明》。他在这篇文章中说:"近代文明之特征,最足以变古之道,而他人心社会划然一新者,厥有三事:一曰人权说,一曰生物进化论,一曰社会主义,是也。"

---

① 《本志罪恶之答辩书》,《新青年》第六卷,第一号。
② 《论人民民主专政》,《毛泽东选集》第四卷,人民出版社一九九一年版,第一四六九页。

"欧罗巴之文明,欧罗巴各国人民皆有所贡献,而其先发主动者,率为法兰西人。"

文中所说社会主义,即指圣西门、傅立叶的学说而言。陈独秀在文中也提到了这个学说的发展情况,但他所称道的并不是马克思主义,而是第二国际的社会改良主义。他说:"各国之执政及富豪,恍然于贫富之度过差,决非社会之福,于是谋资本劳力之调和,保护工人,限制兼并,所谓社会政策是也。晚近经济学说,莫不是以生产分配,相提并论。继此以往,贫民生计,或以昭苏。"①

陈独秀最向往的是人权说,即法国资产阶级革命所发布的《人权宣言》。所谓"人人于法律之前,一切平等"的说法,在当时十分流行,也深深地吸引着中国的启蒙思想家。陈独秀于一九一五年二月在《东西民族根本思想之差异》一文中,继续阐发这个思想说:"法律之前,个人平等也。个人之自由权利,载诸宪章,国法不得而剥夺之,所谓人权是也。"②

陈独秀以人权说作武器,要求仿效法、美等国的资产阶级革命,实现中国的共和。他说:"美利坚力战八年而独立,法兰西流血数十载而成共和,此皆吾民之师资。"③

陈独秀曾说《青年》杂志"批评时政,非其旨也",但实际上,这是不可能的。既然要效法法兰西革命,就不能不批评封建专制制度。因此,到了一九一六年二月,陈就在《吾人最后之觉悟》一文中:"吾人既未能置身政治潮流以外,则开宗明义第一章,即为抉择政体良否问题。"又说:"吾国欲图世界的生存,必弃数千年相传之官僚的专制的个人政治,而易以自由的自治的国民政治也。"④这里所指的"自由的自治的国民政治",即资产阶级的共和立宪制。

建立资产阶级共和国,这是当时启蒙思想家们的共同方案。陈独秀如此,李大钊也是如此。一九一七年二月,俄国发生资产阶级民主革命,

---

① 《法兰西人与近世文明》,《青年》第一卷,第一号。
② 《青年》第一卷,第四号。
③ 《抵抗力》,《青年》第一卷,第三号。
④ 《青年》第一卷,第六号。

沙皇制度被推翻。陈独秀和李大钊都曾著文论述这次革命。他们都以民主主义者的立场，希望这次革命能够促起中国人民的觉悟，使资产阶级共和国在中国实现。李大钊于一九一七年三月二十九日发表的《俄国大革命之影响》一文说："今以俄人庄严璀璨之血，直接以洗涤俄国政界积年之宿秽者，间接以灌润吾国自由之胚苗，使一般官僚耆旧，确认专制之不可复活，民权之不可复抑，共和之不可复毁，帝政之不可复兴。"又说："俄国此次革命之成功，未始不受吾国历次革命之影响。今吾更将依俄国革命成功之影响，以厚我共和政治之势力。"①

对于实现资产阶级共和制度，启蒙思想家们的态度是坚决的。但是，怎样实现共和，基础和上层建筑是怎样的一种关系？中国何以未能实现共和？他们却不能作出圆满的回答。

一九一六年十一月间，陈独秀在《我之爱国主义》一文中说："欲图根本之救亡，所需乎国民性质行为之改善。"②差不多同时间内，他又在《宪法与孔教》一文中说："盖伦理问题不解决，则政治学术，皆枝叶问题。"③把政治看作枝叶问题，在这里，陈独秀显然不懂得政治是经济的集中表现，以及文化思想和政治、经济之间的辩证关系。

基于上述的理解，陈独秀在《我之爱国主义》中提出了六个字，作为根本的救亡之道。这六个字就是：勤、俭、廉、洁、诚、信。陈在"洁"的解释中，竟把消除"公共卫生，国无定制；痰唾无禁，粪秽载途"的现象，作为救亡之道，这就很接近胡适后来所谓"五鬼闹中华"的提法了。在"诚"字的解释中，他还说："吾愿爱国之士，无论维新守旧帝党共和，皆本诸良心之至诚，慎厥终始，以存国民一线之人格。"抽象的谈"诚"，而且要改良派、反革命派、革命派都一样的"至诚"，这简直太天真了。显然，陈独秀并没有认清共和的主要敌人，并没有找到根本的救亡之道。

一九一七年三月，陈独秀又分析共和不能实现的原因说："共和建设之初，所以艰难不易实现，往往复反专制或帝制之理由，乃由社会之惰力，

---

① 《李大钊选集》，第八二页。
② 《独秀文存》卷一，上海亚东图书馆一九三三年版，第八七页。
③ 《新青年》第二卷，第三号。

阻碍新法使不易行,非共和本身之罪也。其阻力最强者,莫若守旧之武人(例如中国北洋派军人张勋等)及学者(例如中国保皇党人康有为等)。"①

在这里,陈独秀没有提到中国人民最主要的敌人——帝国主义,但已把北洋军阀列为推行共和之"阻力最强者",算是比"勤、俭、廉、洁、诚、信"的提法,前进了一步。

但是,如何解决和北洋军阀的矛盾呢?陈独秀在一九一八年七月间所写《今日中国之政治问题》一文提出了一个方案。这个方案要求:首先,劝说北洋和西南各派军阀放弃武力政治;其次,实行"北洋、国民、进步三党平分政权的办法"。② 显然,这个主张更是行不通的,也是很可笑的。

陈独秀所以提出这样的方案,是和他对人民群众的轻视分不开的。他认为人民群众中的多数并不赞成共和。他于一九一七年五月间在北京神州学会的讲演中说:"袁世凯要做皇帝,也不是妄想。他实在见得多数民意相信帝制,不相信共和,就是反对帝制的人,大半是反对袁世凯做皇帝,不是真心从根本上反对帝制。"③这当然是唯心主义的估计,完全不符合"民主共和国"的口号深入人心的实际情况。

陈独秀既然对人民群众作出如是的估计,当然就谈不到如何发动和组织群众,用革命的方法推翻封建军阀反动统治的问题了。

第一,认不清中国人民最主要的敌人是帝国主义;第二,轻视人民群众,不能把广大群众发动和组织起来。这是中国资产阶级民主派的两大弱点。中国革命的先行者、中国资产阶级杰出的政治家孙中山,有此弱点;"五四"前的启蒙思想家们,也有类似的弱点。

因此,"五四"前的启蒙思想家们,虽然热情地歌颂了"法兰西文明",憧憬着"自由、平等、博爱"的共和国,但是他们却不能把它实现在中国的土地上,他们在一个时期内也没有找到不能实现的真正原因:

---

① 《独秀文存》卷一,第一九四页。
② 《新青年》第五卷,第一号。
③ 《旧思想与国体问题》,《新青年》第三卷,第三号。

第一，法国资产阶级革命，正是由于广大群众的推动与参加，才比较彻底地推翻了封建势力的统治，建立了资产阶级共和国。正如恩格斯所指出，在英法资产阶级革命中，"都是农民提供了战斗部队"。[①] 列宁在论述资产阶级革命时，也指出："资产阶级在当时的经济和政治的发展阶段上，相信它的利益同农民的利益协调一致，不担心自己统治的巩固性，而同农民结成了联盟。"[②]

在中国，由于具体的经济政治条件，并没有出现法国大革命时期的那样的资产阶级。"五四"前夕的工农群众斗争虽然不绝如缕，但是中国资产阶级却无力把这些斗争领导起来。与此相适应，中国启蒙运动的倡导者也缺乏法国启蒙学者的那种水平。

第二，中国不能实现资产阶级共和国，还由于帝国主义的不允许。中国资产阶级民主革命（从完全意义上讲的）兴起的时候，世界资本主义已经发展到帝国主义阶段，它和发生在资本主义上升年代的法国资产阶级革命不同。国际帝国主义瓜分中国，绝不允许中国建立资产阶级专政的共和国。正如毛泽东所说："要在中国建立资产阶级专政的资本主义社会，首先是国际资本主义即帝国主义不容许。帝国主义侵略中国，反对中国独立，反对中国发展资本主义的历史，就是中国的近代史。历来中国革命的失败，都是被帝国主义绞杀的，无数革命的先烈，为此而抱终天之恨。"[③]

## 五、有鬼还是无鬼？
### ——科学和迷信之争

《新青年》除追求民主外，另一个口号是提倡科学。科学，即赛先生

---

[①] 《社会主义从空想到科学的发展》，《马克思恩格斯选集》第三卷，人民出版社一九七二年版，第三九二页。

[②] 《论革命的两条路线》，《列宁全集》第二十一卷，人民出版社一九五九年版，第三九五页。

[③] 《新民主主义论》，《毛泽东选集》第二卷，人民出版社一九九一年版，第六七九页。

(Science),主要是指自然科学。

科学和迷信不两立。意大利天文学家布鲁诺因触犯宗教的"禁区",被宗教裁判所判处"火刑"。

中国虽然没有出现过文艺复兴时代的那样献身科学的"巨人",但是,人民群众中因破除迷信,触犯"天条",亵渎"神灵",而被处死的,却大有人在。

鬼神之说,起源于原始社会,因为那时人们处于蒙昧状态,对于许多自然现象无法解释。刮风是天神在呼吸,打雷是天神在击鼓,地震是鳌鱼在转身,燐光是幽灵在燃火(即鬼火)。历代封建统治者利用了和发展了这种鬼神之说,使之更加系统化、宗教化,给广大人民群众套上了一副沉重的迷信枷锁,而便于他们的反动统治。

中国是一个长期处于封建主义统治的国家,鬼神之说是颇为盛行的。辛亥革命失败后,反动派除提倡尊孔读经外,还大力宣扬鬼神之说。一九一七年秋,上海便有一帮封建文人筹划创建迷信团体。他们在当年十月正式开设了"盛德坛",成立了"上海灵学会",并出版《灵学丛志》(这个杂志从一九一八年一月创刊至一九二〇年九月,共出二卷十八期,第一卷一到十期为月刊,以后不定期出版)。他们声称,灵学会"专研究人鬼之理,仙佛之道,以及立身修养种种要义",并说:"灵学者,实为凡百科学之冠,可以濬智慧、增道德、养精神、通天人。《易》言:'知鬼神之情状,其惟圣人乎'!则灵学者,即谓之圣学可也。"(《灵学丛志》一卷三期:《余冰臣先生书》)他们竟狂言:"鬼神之说不张,国家之命运遂促!"[1]

封建专制政治和鬼神迷信思想有着密切关系,因此上海这一帮讲鬼话的封建文人在十里洋场兴起一股妖风之后,立即得到当权者及封建专制维护者的支持。黎元洪曾为《灵学丛志》题词,清废帝溥仪的老师、英国人庄士敦也正式交款参加了灵学会,严复也致函"灵学会"会长兼《灵学丛志》主编表示支持,并说:"丛志拾册,分表知交,半日而尽,则可知此

---

[1] 《随感录三十三》,《鲁迅全集》第七卷,人民文学出版社一九五六年版,第三八〇页。

事研究,为人人之所赞成明矣。"(《灵学丛志》一卷二期:《严几道先生书》)对于这样一股妖风,当然不能为高揭民主和科学大旗的《新青年》所容忍。

这样,《新青年》创办后不久,便展开了一场和有鬼论的斗争。

一九一八年五月出版的《新青年》第四卷第五号上,陈大齐、陈独秀、钱玄同、刘半农等人,都发表了专文或杂感,针对《灵学》进行了批判。同年十月,鲁迅对此问题发表的随感录,则在实际上为这次争论作了科学的总结。

陈大齐[①]的《辟灵学》,抓住了乩文的一些破绽,指出其荒唐可笑。例如,乩文上的"周末诸子居然能作七绝诗,孟轲且能作大草",而周代并没有七绝诗,草书则在东晋以后,这不就明白看出,所谓"周末诸子""孟轲",不都是扶乩者的作伪吗?

《辟灵学》还根据生物学和心理学的一些原理,举出许多事实,论证了乩文并非"圣贤仙佛"所为,指出:"扶乩所得之文,确是扶者所作。有意作伪者,出自扶者意识之我,无意作伪者,出自扶者下意识之我。"

《灵学》第一期上,有一个名叫丁福保的,写了一篇《我理想中之鬼说》,硬说:人死了变鬼,鬼是有形有质的,人的眼睛虽然看不见,但禽兽是能看见的。针对这个荒唐的说法,《辟灵学》加以反驳说:禽兽能见鬼,你丁先生是怎样知道的呢?动物有心理作用,并不是人能够直接知道的,而是靠观察动物的外形动作而推知其心理状态的。因此,禽兽见鬼,并不是你丁先生所能知道的。你怎么能作出这样荒唐的结论呢?

陈独秀写了《有鬼论质疑》,只有六百多字。这篇短文向有鬼论者提出了八个使他们无法回答的问题。例如,他向有鬼论者问道:人如有鬼,那么一切生物皆应有鬼,但是,为什么现在有鬼论者,"只见人鬼,不见犬马之鬼耶?"

---

① 陈大齐(一八八六——一九三七年)字百年,浙江海盐人,曾留学日本和德国,研究心理学,这时是北京大学的心理学教授。

钱玄同和刘半农,①以随感录的形式,列举了《灵学》的谬论。钱着重指出了乩文中回答音韵的荒唐可笑;刘列举了九条破绽,指出《灵学》系"奸民作伪,用以欺人牟利"。他们对二十世纪的中国出现这样的怪现象表示了极大的愤慨,刘骂提倡"灵学"的人是"妖孽",钱向青年号召说:"青年啊!如果你还想在二十世纪做一个人,你还想中国在二十世纪算一个国,你自己承认你有头脑,你自己还想研究学问;那么,赶紧鼓起你的勇气,奋发你的毅力,剿灭这种最野蛮的邪教和这班兴妖作怪胡说八道的妖魔!"

接着,易白沙②在《新青年》五卷一号上发表《诸子无鬼论》一文,介绍了中国历史上王充等人的无鬼论学说,指出:"鬼神之势大张,国家之运告终。证以历史,自三代以至清季,一部二十五史,莫不如是。盖大可惧之事也。"他论述封建专制和鬼神迷信的关系说:"吾国鬼神,盛于帝王,古代文化,亦借鬼神以促其演进……一部二十五史,捍御强敌,几乎无代不以鬼神为武器。君权神权,关系密切。"

科学究竟胜于玄学。经过无鬼论的宣传和对有鬼论的斗争,一九一八年由《灵学》刮起的一阵妖风,不敢再在新文化的论坛上兴起了。

一九一八年十月,鲁迅在《新青年》五卷四号上,以《随感录》的形式,为这次斗争作了科学的总结。他说:"现在有一班好讲鬼语的人,最恨科学,因为科学能教道理明白,能教人思路清楚,不许鬼混,所以自然而然的成了讲鬼话的人的对头。"又说:"据我看来,要救治这几至国亡种灭的中国,那种'孔圣人、张天师传言由山东来'的方法,是全不对症的,只有这鬼话的对头的科学!——不是皮毛的真正科学!"

破和立,是辩证的统一。要彻底破除迷信,必须使真正的科学兴旺发达起来。

---

① 钱玄同(一八八七——一九三九年),浙江吴兴人,精研音韵、训诂学,章太炎的门生。早年留学日本,一九一三年任教于北京高等师范学校,一九一七年起兼任北京大学教授。刘半农(一八九一——一九三四年),即刘复,江苏江阴人。一九一七年时,任北京大学预科教授。

② 易白沙(?——一九二〇年),湖南长沙人。辛亥革命前后,曾在安徽创办师范学校,因反袁,被迫于一九一三年逃亡日本。归国后,参加了《新青年》的反孔斗争,并先后担任南开、北京、复旦三大学的国文教授。一九二〇年,因病离复旦往长沙岳麓山休养,不久去广东,因不满社会的黑暗,于同年在新会县白沙村跳海自杀。

在自然科学的传播上,鲁迅也是一个典范。他在一九〇三年就写了《说钼(音日,即镭。——引者案)》和《中国地质略论》:前者通过对最新发现的放射性活动的介绍,描绘出一幅充满着运动着物质的唯物主义世界的构图。后者则介绍了康德—拉卜拉司的星云说,"昔德儒康德 Kant 唱星云说,法儒拉布拉 Laplace 和之",①鲁迅在介绍这个学说时,把整个世界(自然和人类)看作一个不断演变的过程。

同年,鲁迅还和别人合编了《中国矿产志》(一九〇六年七月普及书店初版),用章回体译述了法国科学小说家儒勒·凡尔纳的《月界旅行》(十月由东京进化社初版)、《地底旅行》(头两回载十二月《浙江潮》月刊第十期,未刊完,一九〇六年三月南京启新书局印行)。

一九〇七年,鲁迅又写了《人之历史》和《科学史教篇》。前者介绍了近代各家重要生物学者的贡献,阐发了唯物主义的自然观。后者阐述了科学与哲学的发展,着重指出生产实践和科学之间的联系,反对人们脱离科学去"思理孤运":"社会之事繁,分业之要起,人自不得不有所专,相互为援,于以两进。故实业之蒙益于科学者固多,而科学得实业之助者亦非鲜。今试置身于野人之中,显镜衡机不俟言,即醇酒玻璃,亦不可致,则科学者将何如,仅得运其思理而已。思理孤运,此雅典及亚历山德府科学之所以中衰也。"②

列宁指出:"在欧洲全部近代史中,特别是十八世纪末叶,在进行了反对一切中世纪废物、反对农奴制和农奴制思想的决战的法国,唯物主义成为唯一彻底的哲学,它忠于一切自然科学学说,仇视迷信、伪善行为及其他等等。"③

"五四"前夕的一些醉心于"法兰西文明"的启蒙思想家们,在自然科学方面,大都是赞成唯物论的。他们在破除迷信、愚昧方面,具有一定的建树。

---

① 《中国地质略论》,《鲁迅全集》第七卷,第二二〇页。
② 《科学史教篇》,《鲁迅全集》第七卷,第一七六页。
③ 《马克思主义的三个来源和三个组成部分》,《列宁选集》第二卷,人民出版社一九七二年版,第四四二页。

## 六、打倒吃人的礼教

孔家店是民主和科学的大敌。针对"五四"前的尊孔逆流,《新青年》进行了有力的反击。

一九一六年十月至十二月,《新青年》编者陈独秀连续发表了三篇论文(《驳康有为致总统总理书》《宪法与孔教》《孔子之道与现代生活》),对康有为这位孔教教主的谬论,进行了有力的驳斥。

《驳康有为致总统总理书》,针对康一意要把孔教订为国教的论调,指出孔教和帝制的关系,说"别尊卑、重阶级、事天尊君"这些孔教思想,正为历代帝王所利用。袁世凯帝制虽然失败了,可是"康先生"很怕人们丢掉"帝制根本思想",所以仍然"锐意提倡"。陈独秀根据西方国家信教自由的原则,驳康有为请定孔教为国教的种种理由说:"信教自由,已为近代政治之定则。强迫信教,不独不能行之本国,且不能施诸被征服之属地人民。"康有为虽然自夸他曾"三周大地,游遍四洲,经三十国,日读外国之书",但陈独秀却嘲笑了他的无知,说他"不通外国文,于外国之论理学、宗教史、近代文明史、政治史,所得甚少"。

《宪法与孔教》一文,指出:现在的宪法是根据"欧洲法制之精神"制订的,而这种精神是以"平等人权为基础的",如果宪法上订了尊孔条文,那么其他条文都可以不要了。

《孔子之道与现代生活》从现代经济生活和现代伦理关系上,论证了孔教之道不适于现代经济生活。现代经济生活,是"个人独立主义",与此相适应,现代伦理学也是"个人人格独立","社会风纪,物质文明,因此大进"。但是,孔教宣扬的却是"父母在,不敢有其身,不敢私其财",这都不符合现代的"个人独立之道"。[①]

---

[①] 《新青年》第二卷,第四号。

不但要求个人独立之人格,而且要求个人独立之财产。这里,反映了当时中国资本主义发展的要求,也说明了反对封建伦理道德的社会意义。

对于康有为的上书,李大钊也连续发表文章,予以驳斥。一九一七年一月三十日,李在《甲寅》日刊上发表了《孔子与宪法》一文;二月四日又发表了《自然的伦理观与孔子》一文。

李大钊指出:孔子是"数千年前的残骸枯骨",将此"残骸枯骨",进入现代国民精神结晶之宪法,那么这种宪法就是"陈腐死人"的宪法,而不是"我辈生人"的宪法。①

李大钊也指出了孔教和帝制的关系,说孔子是"历代专制之护符","专制不能容于自由",将孔教载入宪法,是"专制复活之先声"。②

李大钊也以近代唯物论的观点,说明道德之进化是随着社会进化而来的,"古今之社会不同,古今之道德自异。"③而自然之变,绝不是"神秘主宰"的"惠与",也不是"古昔圣哲"的"遗留"。④ 他表示自己反对孔教的决心说:"虽冒毁圣非法之名,亦所不恤。"⑤

在反孔教的斗争中,鲁迅以小说和杂感等文艺形式,和李大钊等并肩战斗,并和李大钊结成了深厚的战斗友谊。⑥

一九一八年五月,鲁迅在《新青年》上发表的《狂人日记》,是他的第一篇白话文小说,也是他开始用鲁迅笔名射向封建礼教的第一支投枪。

同年九月起,鲁迅在《新青年》"随感录"栏连续发表短评(至十一月,共写《随感录》二十五、三十三、三十五、三十六、三十七、三十八等六篇,一九一九年又写了随感录三十九至四十三、四十六至四十九、五十三至五十四、五十六、五十七、五十八、五十九、六十一、六十二、六十三、六十四、

---

① 《李大钊选集》,第七七页。
② 《李大钊选集》,第七七页。
③ 《李大钊选集》,第八〇页。
④ 《李大钊选集》,第七九页。
⑤ 《李大钊选集》,第八〇页。
⑥ 鲁迅后来曾回忆说:"守常先生……给我的印象是很好的:诚实、谦和,不多说话。《新青年》的同人中,虽然也很有喜欢明争暗斗,扶植自己势力的人,但他一直到后来,绝对的不是。"寥寥数语,刻划出鲁迅对李大钊的深情。

六十五、六十六等许多篇),不断地批判封建礼教。一九一九年三月,他还在《每周评论》上,用庚言的笔名,发表了三则《随感录》(《敬告遗老》《孔教与皇帝》《旧戏的威力》),对孔教及尊孔派、封建文化进行了有力的打击。①

鲁迅把自己这一时期的作品称作"遵命文学",他说:"这些也可以说,是'遵命文学',不过我所遵奉的,是那时革命的前驱者的命令,也是我自己所愿意遵奉的命令。"②

在《狂人日记》中,鲁迅借着"狂人"的口,愤怒地揭穿延续几千年的封建礼教的真面目:"我翻开历史一查,这历史没有年代。歪歪斜斜的每页上都写着'仁义道德'几个字。我横竖睡不着,仔细看了半夜,才从字缝里看出字来,满本都写着两个字是'吃人'!"

鲁迅以深邃的思想,沉痛地揭露了封建伦理的根深蒂固和害人之深:"他们可是父子兄弟夫妇朋友师生仇敌和各不相识的人,都结成一伙,互相劝勉,互相牵掣,死也不肯跨过这一步。""他们会吃我,也会吃你,一伙里面,也会自吃。""四千年来,时时吃人的地方,今天才明白,我也在其中混了多年。"

鲁迅对那些维护封建礼教的人,予以警告说:"你们立刻改了,从真心改起:你们要晓得将来是容不得吃人的人。"

《狂人日记》是一篇对封建礼教的控诉书,是一把击中封建礼教的匕首。它号召千百万人民起来进行战斗。从此以后,打倒"吃人的礼教",成为人们的口头禅。

继《狂人日记》,鲁迅又发表了《我之节烈观》《我们现在怎样做父亲》,对夫权主义、父权主义(《三纲》中的两纲:夫为妻纲、父为子纲),进行了有力的批判。

对于在"节烈"的名义下无谓牺牲的妇女,鲁迅认为应该追悼,并认为今后的人们应该使妇女从"节烈"的枷锁下解脱出来。他说:"我们追

---

① 《每周评论》第十五号,一九一九年三月三十日。参见孙玉石:《介绍鲁迅五四时期的四篇佚文》,《北京大学学报》一九七八年第一期。

② 《〈自选集〉自序》,《鲁迅全集》第四卷。

悼了过去的人,还要发愿:要自己和别人,都纯洁聪明勇猛向上。要除去虚伪的脸谱。要除去世上害己害人的昏迷和强暴。""我们追悼了过去的人,还要发愿:要除去于人生毫无意义的苦痛。要除去制造并赏玩别人苦痛的昏迷和强暴。""我们还要发愿:要人类都受正当的幸福。"①

关于父权主义。鲁迅在《我们现在怎样做父亲》一文中指出,父亲必须正确地教育孩子,使今后的孩子超越自己,超越过去。他说:"超越便须改变,所以子孙对于祖先的事,应该改变,'三年无改于父之道可谓孝矣',当然是曲说,是退婴的病根。"②在封建的父权主义下所管教的孩子,是永远不超越父亲、超越过去的,只能是"穷人的孩子蓬头垢面的在街上转,阔人的孩子妖形妖势娇声娇气的在家里转,转得大了,都昏天黑地的在社会上转,同他们的父亲一样,或者还不如"。③ 因此,必须改变这种状况,必须使孩子们在封建的父权主义下解脱出来。鲁迅号召说:"先从觉醒的人开手,各自解放了自己的孩子。自己背着因袭的重担,肩住了黑暗的闸门,放他们到宽阔光明的地方去;此后幸福的度日,合理的做人。"④

在当时,猛烈攻击封建礼教比较出名的人物,还有吴虞。吴虞(一八七二——一九四九年),四川新繁人,早年留学日本,长期在成都教书,并在报上不断发表文章。一九一六年十二月,他将自己的文章《家族制度为专制主义之根据论》,由成都寄给陈独秀,向《新青年》投稿,并给陈写了一封长信,表明自己的见解。陈对吴很赏识,称他为"蜀中名宿",并把他的文章刊登在《新青年》第二卷第六号上。吴虞对《新青年》能够发表自己的文章,感觉很荣幸,他在一九一七年三月二十五日的日记中写道:"余之非儒及攻家族两种学说今得播于天下,私愿甚慰矣。"此后,他便在《新青年》上不断发表文章。《新青年》三卷四号发表了吴的《儒家主张阶级制度之害》,同时也发表了他妻子吴曾兰(香祖)所写的《女权平议》,他非常高兴。在一九一七年九月初五日的日记中,他写道:"《新青年》三卷

---

① 《鲁迅全集》第一卷,第二四四页。
② 《鲁迅全集》第一卷,第二五一页。
③ 《随感录二十五》,《鲁迅全集》第一卷,第三七五页。
④ 《我们现在怎样做父亲》,《鲁迅全集》第一卷,第二四六页。

四号一本,有余之《儒家主张阶级制度之害》一篇,香祖《女权平议》一篇。香祖文后独秀识语云:'此文作者吴女士,即又陵吴先生之夫人也。'可谓特别标识。"吴的文章,猛烈攻击封建家族制度和孔子学说,特别对儒家提倡的孝、弟予以无情的鞭斥。他认为"儒家以孝、弟二字为二千年来专制政治家族制度联结之根",①因而使中国社会长期停滞于宗法社会,而不能前进。

吴虞早年思想,受老庄和李卓吾影响很多。他自向《新青年》投稿,参加新文化运动后,又受鲁迅的影响。例如,他在《新青年》六卷六号(一九一九年十一月一日)上发表的《吃人与礼教》,便是看了鲁迅的《狂人日记》(《新青年》四卷五号,一九一八年五月)后引起共鸣而写的。吴虞说:"他(指鲁迅)这日记,把吃人的内容和仁义道德的表面看得清清楚楚。那些戴着礼教假面具吃人的滑头伎俩,都被他把黑幕揭破了。我现在试举几个例来证明他的说法。"

吴虞发表的激烈言辞,曾震动一时,在思想界起了一定的影响,陈独秀说他是"蜀中名宿";胡适说他是"四川省只手打孔家店的老英雄"。②

## 七、反对封建八股

八股文是十五世纪到十八世纪中国封建王朝考试制度所规定的一种特殊文体。③

清代科举,沿袭前朝,以四书、五经和八股文体为标准,分三级进行考

---

① 《家族制度为专制主义之根据论》,《新青年》第二卷,第六号。
② 《吴虞文录》序,上海亚东图书馆一九二一年版。
③ 八股文每篇由破题、承题、起讲、入手、起股、中股、后股、束股等部分组成。"破题"共二句,说破题目的要义。"承题"用三句或四句,承接破题的意义而说明之。"起讲"概说全体,为议论的开始。"入手"为起讲后入手之处。起股、中股、后股、束股这四个段落,才是正式的议论。中股为全篇文字的重心。在这四个段落中,每一段落都有两股两相比偶的文字,合共有八股,所以叫作八股文。

试。每三年举办一次。县、府一级称院试,被录取者称秀才。省一级称乡试,秀才有资格参加乡试,被录取者称举人。各省举人到北京参加最高级考试,被录取者称进士。进士的第一名称状元,第二名称榜眼,第三名称探花。凡是考中举人和进士的人,就可以做官和享有社会特权。

因此,那时的知识分子都是读四书、五经之类的孔夫子的教条。凡是违背这些教条的,就要被轻视、被申斥,甚至进"文字狱"。

那时的学者,在清初还是有些成就的,但从雍正、乾隆年间大兴"文字狱",实行残酷的文化专制主义后,学术的发展就停滞了。"避席畏闻文字狱,著书只为稻粱谋"。与此相连,是考据学的兴起。如鲁迅所说:"清初学者,是纵论唐宋,搜讨前明遗闻的。文字狱后,乃专事研究错字,争论生日,变了'邻猫生子'的学者。"[1]

诸代八股文,不仅盛行于科举士人间,而且影响当时的文坛日趋摹古。雍正、乾隆年间,形成桐城古文派(以方苞、姚鼐为代表),这一派主张"文以载道",崇尚以"词章"宣扬"义理",凡不合乎孔夫子的教条的,都不必写。这一派以唐宋以来古文派的正统自居,流行一时,成为清代封建文学思想的主要流派。和桐城派的散文相适应,还有"文选"(昭明文选)派的骈体文,刻意摹仿古典,滥用对偶排比,堆砌辞藻典故。

> 俗儒好尊古,日日故纸研。
> 六经字所无,不敢入诗篇。
> 古人弃糟粕,见之口流涎。
> 沿习甘剿窃,妄造丛罪愆。

这是清末倡导"诗界革命"的维新派名诗人黄遵宪在《人境庐诗草》中咏的几句诗,可说是切中时弊。"六经字所无,不敢入诗篇",凡是孔夫子没有讲过的话,都不能写进自己的诗文,这是多么严重的蒙昧教条啊!而这确实是当时的实际情况。

清末以来,要求变革的志士仁人,早不满意这种蒙昧状况。黄遵宪提出:"我手写我口,古岂能拘牵、即今流俗语,我若登简篇。五千年后人,

---

[1] 《鲁迅书简》上册,人民文学出版社一九五八年版,第四三四页。

惊为古斑烂。"革命派陈天华则用通俗流畅的白话文体写出《猛回头》《警世钟》等那样妇孺皆能上口的宣传文字:"拿鼓板,坐长街,高声大唱。"(《猛回头》)

清末也有人创制官话字母,提倡拼音文字,还有些人编了《白话报》《白话丛书》(编者裘廷梁),提倡用白话文代替文言文。不过,这些影响都不很大。

《新青年》创办时,其文学作品以翻译、介绍为主,大多是托尔斯太(俄)、屠格涅夫(俄)、左喇(法)、易卜生(挪威)、王尔德(英)的作品,又由于用晦涩的文言文表达,所以影响也不够大。

一九一七年一月,胡适在《新青年》第二卷第五号上发表《文学改良刍议》。二月,陈独秀在第二卷第六号上发表《文学革命论》。大约从这时开始,《新青年》展开了关于"文学革命"的讨论。

胡适[1]在留学期间,便不断向《新青年》投稿。一九一六年十月,他在寄《新青年》编者的信中,提出"文学革命"须从八事入手,即:不用典,不用陈套语,不讲对仗(文当废骈,诗当废律),不避俗字俗语,须讲求文法之结构,不摹仿古人,须言之有物。[2]

接着,胡适将这八条,写成《文学改良刍议》,发表在一九一七年一月出版的《新青年》上,文字和顺序略有变动,但基本上还是那八条。一九一八年四月,胡适在《新青年》上发表《建设的文学革命论》,又将这八条名之为"八不主义"。

从以上的八条看来,胡适所说的"文学革命",实际上只限于文体上的改革。这一点,他自己也讲得很清楚:"我的'建设文学论'的唯一宗旨只有十个大字:'国语的文学,文学的国语。'我们所提倡的文学革命,只是要替中国创造一种国语的文学。有了国语的文学,方才可有文学的国语。"[3]一九一七年七月胡适回到中国后,到处演说"文学革命",所宣

---

[1] 胡适(一八九一——一九六二年),安徽绩溪人,一九一〇到一九一七年,留学美国,是第二批庚款留学生。
[2] 《新青年》第二卷,第二号。
[3] 《新青年》第四卷,第四号。

讲的就是这种"国语的文学,文学的国语"。

由此看来,胡适的所谓"文学革命",就是提倡白话文的同义语。

新思想、新文学的反封建内容,需要新的形式去适应,以便于它的表达和传播。因此,白话文的提倡是有意义的。一九一八年后,《新青年》和新文化界比较普遍地使用白话文,有力地促进了新思想、新文学运动的开展。而且,白话文既然能够使语言和文字统一起来,就使文字更能为广大的人民群众所接受,这对于群众性的启蒙运动也是很有利的。

白话文有利于文学革命的开展,但提倡白话文并不一定就是文学革命。形式和内容并不是等量齐观的。白话文的形式,适合于新思想、新文学的内容,但它也同样可以装进反动的东西。文言文的形式,适合于封建思想、封建文学的内容,但它也并不是绝对不能为革命思想、革命文学所利用。把问题绝对化,就必然要犯形式主义的错误。

一九一七年二月,《新青年》编者陈独秀发表的《文学革命论》,正式举起"文学革命"的大旗,旗上亮明了三大主义:

一、推倒雕琢的阿谀的贵族文学,建设平易的抒情的国民文学;

二、推倒陈腐的铺张的古典文学,建设新鲜的立诚的写实文学;

三、推倒迂晦的艰涩的山林文学,建设明了的通俗的社会文学。

这样,《文学革命论》提出的问题,已经不是仅限于文体,而是接触到内容了。

在讨论中,表现最激烈的是钱玄同。

钱玄同是一个激烈的语言文字改革者。他以"疑古"为号,表示对传统文化的坚决否定。他在《新青年》上发表《中国今后之文字问题》,提出废汉文和废汉语的主张。他说:"欲使中国民族为二十世纪文明之民族,必以废孔学、灭道教为根本之解决,而废记载孔门学说及道教妖言之汉文,尤为根本解决之根本解决。"[①]

钱在这里虽然缺乏历史主义的分析,但他的改革精神,是值得肯

---

[①] 《新青年》第四卷,第四号,一九一八年四月。

定的。

把内容和形式结合得很好的,仍然是鲁迅。《狂人日记》《孔乙己》《药》等白话文小说的陆续出现,作出了典范,显示了"文学革命"的成果。这些小说,"颇激动了一部分青年读者的心"。①

一九一八年,李大钊也开始用白话文写作,他的《今》《新的!旧的》两篇著名论文,都是用白话写的。他还开始用白话写了一首《山中即景》的短诗,登在《新青年》五卷三号上。诗的原文是:

是自然的美,是美的自然;
绝无人迹处,空山响流泉。

云在青山外,人在白云内;
云飞人自还,尚有青山在。

这是描写他的家乡昌黎五峰山②的情景,读来给人一种清新、朴实、自然的快感,是自然的白话,是白话的自然,让人觉得新诗的可爱。

除以上所举外,当时积极赞助白话文的,还有刘半农。他在一九一七年三月就发表有《我之文学改良观》一文。在一九一八年参加《新青年》编辑部后,他的作品主要是白话诗。

新文化运动兴起了。但由于这个运动没有和政治革命相结合,因此还没有引起敌对方面的注意。新文学家们"目桐城为谬种,选学为妖孽",可是"桐城"和"选学"却置之不理。这种情况,使新文学家们不免感到寂寞。为了引起敌对者重视,《新青年》同人不得不由钱玄同和刘半农扮演了一出双簧戏。

一九一八年三月,钱玄同化名王敬轩,在《新青年》上发表通信,用文言文的形式,以封建文人的口气,把反对新文学的主张一一罗列出来,表示对新文学的进攻(这封信用小号字体排印)。就在这封信的后面,刘半农作了一篇长达近万言的回答,对"王敬轩"的来信逐段(共分八段)进行

---

① 《中国新文学大系》:《小说二集》导言,上海良友图书印刷公司一九三五年版。
② 五峰山上有韩文公(愈)祠,李大钊经常在那里读书,作文。

了驳斥(这个回答是用大号字体排印的)。

新文学家们煞费苦心扮演的这场斗争,虽然也引起了一些反映(例如《新青年》的通信栏中有崇拜"王敬轩"者,也有反对"王敬轩"者),但是仍然没有引起那些"桐城""选学"大师们的重视。

这种状况,到了一九一八年底和一九一九年初,文化革命和政治运动相汇合的时候,就有所改变了。那时,"新旧思潮的大激战",已使新文学家们无寂寞之感了。

## 八、百家争鸣

当社会历史发展到一个新的转折点时,随着经济、政治关系的变动,文化思想上也必然会出现一个百家争鸣的局面。而每一次的百家争鸣,又推动了科学的进步和社会的发展。

春秋战国时期,中国历史上出现过百家争鸣的局面。当时,诸子百家,学派林立,争辩不已。

西欧的资产阶级革命和文艺复兴运动,也先后在意大利、英国、法国等地造成了百家争鸣的局面。恩格斯称那时"是一个需要巨人而且产生了巨人——在思维能力、热情和性格方面,在多才多艺和学识渊博方面的巨人的时代"。①

五四时期是中国近代历史的一个转折点,即由旧民主主义革命到新民主主义革命的转折点。这时,中国的资本主义经济已有了进一步的发展,新的政治力量——资产阶级、小资产阶级和无产阶级的政治力量,也有了相应的发展。而作为它们的反映并为它们服务的新文化,是必然要发生的。

但是,五四启蒙运动既不同于意大利的文艺复兴,也不同于法国的启

---

① 《自然辩证法》,《马克思恩格斯选集》第三卷,人民出版社一九七二年版,第四四五页。

蒙运动。因为,它不仅是资产阶级领导的旧民主主义革命(辛亥革命)的思想上的补课,而且又是无产阶级领导的新民主主义革命的序曲。它和世界社会主义革命的新纪元衔接起来了。

因此,中国五四时期的百家争鸣局面,更显出了它的复杂局面。可以明显地看出这样两个阶段:

"五四"前的启蒙运动,是资产阶级的"新学"和封建主义的"旧学"之争。

"五四"后,即十月革命传入马克思主义之后,虽仍然是"新""旧"之争,但是"新"的中间,却是百说杂陈了,有民主主义,也有社会主义;有马克思主义,也有修正主义;有国家主义,也有无政府主义;等等。当然,历史最后宣判,只有马克思主义才能救中国。

但是,我们不应割断历史。正是"五四"前的启蒙运动,特别是北京大学的兼容并包所创造的百家争鸣局面,为马克思主义在中国的传播开辟了道路。

北京大学的前身,是京师大学堂,创立于一八九八年(光绪二十四年)。当时入学者,为出身于举人、进士的京官,校舍在马神庙公主府。① 八国联军侵占北京时,一度停办。辛丑后续办,并增设速成科,分仕学、师范两馆。一九〇三年(光绪二十九年),又增设进士馆(在太仆寺街)、译学馆(在北河沿)、医学馆(在后孙公园)等。清末宣统年间,改办分科大学,设有经、法、文、农、工、商、格知等科。

一九一二年(民国元年),京师大学堂改为北京大学,除经科归并文科外,余仍照办(一九一四年,农科改为农业专门学校)。一九一六年,建寄宿舍于汉花园(旋改为教室)。②

从一九一二年至一九一六年,先后任北京大学校长者有严复、马良、何燏时、胡仁源等。历年各科毕业生数目如下:③

---

① 即现在的景山东街。
② 即现在五四大街的沙滩。
③ 《国立北京大学二十周年纪念册》,第一六页。

| 年　份 | 文本科 | 理本科 | 法本科 | 工本科 | 预　科 |
|---|---|---|---|---|---|
| 1912 |  |  |  |  | 128 |
| 1913 | 99 | 2 | 25 | 37 | 67 |
| 1914 |  |  |  |  | 63 |
| 1915 |  |  |  |  | 8 |
| 1916 | 17 | 17 |  | 32 | 189 |

蔡元培[1]于一九一七年任北大校长后，将工科并入北洋大学，商科停办（商业学隶于法科）。这样，北京大学便逐步成为文、理、法三科。一九一九年，废去文、理、法各科名目，改称第一院、第二院、第三院，采用分系制。第一院在汉花园，第二院在马神庙，第三院在北河沿。这时，学生人数有很大增加，一九一二年学生注册人数为八百多人，而一九一九年则达到两千多人。教员人数也有很大的增长，一九一二年教员人数为五十三，而一九一八年则增长到二百一十七人。[2]

蔡元培对北京大学的重要改革是：

第一，提倡学术研究。

一九一七年以前的北京大学，仍沿袭着京师大学堂的旧传统，不是一个研究学术的机关，而是一个谋求升官发财的阶梯。由于开办时收的学生是"京官"，所以学生一向都被称为"老爷"。有人回忆说：当时上体育课，教师发口令，也毕恭毕敬地喊："老爷，向右转！老爷，向左转！"而监督和教员则被称为"中堂"或"大人"。学生对教员的评价，不是看学术水

---

[1] 蔡元培（一八六八——一九四〇年），浙江绍兴人。一八九二年得翰林，旋补编修。青年时代，深受改良主义影响，主张教育救国。辛丑后，倾向革命。一九〇二、一九〇三年，在上海组织爱国学社，从事革命宣传和爱国活动。一九〇四年，与章炳麟等在上海创光复会，并被推为首任会长。一九〇五年，中国同盟会成立于东京，蔡为本部推为上海分部创办人。一九〇六年，一度在北京任京师大学堂译学馆教员，讲授国文及西洋史。一九〇七年至一九一〇年，游学德国。辛亥后，任南京临时政府教育总长，临时政府移北京后仍继任一段时间（范源濂为教育次长）。蔡任教育总长时，曾仿照西方对旧的教育制度作了若干改革。不久，辞职，再度赴德。宋教仁案起后，一度归国。一九一三年秋，赴法。一九一五年，曾参与办理留法勤工俭学会及组织华法教育会。一九一六年，黎元洪继袁世凯为大总统，范源濂任教育总长。同年底，蔡元培被电促回国。一九一七年一月，正式任北京大学校长。

[2] 《国立北京大学二十周年纪念册》。

平,而是看他在政府中的官阶。因为老师有地位,学生毕业后才有靠山。在这种情况下,学生在预科毕业后,愿入法科,而不愿入文科。教员在这里也多是敷衍塞责,上课时照读一遍第一次的讲义,不管学生听与不听;考试时把题目和范围告诉学生,以避免学生的怀恨和顾全自己的体面。教员中很少有研究学问的习惯。

蔡元培到校后,首先针对这些陋习加以改革。他在就任的演说中,便对学生以"抱定宗旨""砥砺德行""敬爱师友"三事相勉。他在解释"抱定宗旨"时说:"大学者,研究高深学问者也。……诸君须抱定宗旨,为求学而来。入法科者,非为做官;入商科者,非为致富。宗旨既定,自趋正轨。诸君肄业于此,或三年,或四年,时间不为不多,苟能爱惜分阴,孜孜求学,则其造诣,容有底止。"①

第二,展开百家争鸣。

为了造成学术空气,必须聘请学有专长的教师。蔡元培是一个自由主义的教育家,他对教员的选择,采取兼容并包的方针。在这一方针下,《新青年》的编者们,如陈独秀、李大钊、鲁迅、胡适、钱玄同、刘半农、高一涵、沈尹默等,均被请来任教。同时,"拖长辫而持复辟论"的辜鸿铭,"筹安会之发起人"刘师培,也被请来任教。蔡元培虽在北大组织进德会,戒嫖、戒赌、戒娶妾,但教员中如有违反这些戒条的,也不过苛责备,因为他认为:"人才至为难得,若求全责备,则学校殆难成立。"金无足赤,人无完人,看来蔡元培是很懂得这一道理的。

对于各种学派,只要是"言之成理、持之有故",都可以自由争鸣,让学生自由选取。蔡元培说:"我素信学术上的派别,是相对的,不是绝对的;所以每一种学科的教员,即使主张不同,若都是'言之成理、持之有故'的,就让他们并存,令学生有自由选择的余地。"②又说:"大学者,'囊括大典,网罗众家'之学府也。……各国大学,哲学之唯心论与唯物论,文学、美术之理想派与写实派,计学③之干涉论与放任论,伦理学之动机

---

① 《就任北京大学校长之演说》,《蔡元培选集》,中华书局一九五九年版,第二三页。
② 《致〈公言报〉函并附答林琴南君函》,《蔡元培选集》,第七九页。
③ 即经济学。

论与功利论,宇宙论之乐天观与厌世观,常樊然并峙于其中,此思想自由之通则,而大学之所以为大也。"①

第三,对学生的政治活动,不予严格干涉。

对于学生参加政治活动,蔡元培虽不很赞成,但也不采取严格的干涉,基本上是自由主义的态度。他说:"我对于学生运动,素有一种成见,以为学生在学校里面,应以求学为最大目的,不应有何等政治的组织。其有年在二十岁以上,对于政治有特殊兴趣者,可以个人资格参加政治团体,不必牵涉学校。"②

第四,中外教员,一视同仁。

当时北京大学各科都聘有几个外国教员,是托中国驻外使馆或外国驻华使馆介绍的。经过试用之后,发现学问并不都是很好,而且有的外国教员向不好的中国教员学,消极怠工。因此,蔡元培就按合同将这样的人辞退。有一个被辞退的法国教员声言,要控告蔡。一个被辞退的英国教员竟上朱尔典(英国驻北京公使)那里去要其和蔡谈判。朱尔典这个帝国主义分子,竟摆出太上皇的姿态,放出口气说:"蔡元培是不想当校长了。"③对于这些,蔡都置之不理,一笑了之。

蔡元培为了贯彻他的教育方针,在帝国主义分子威胁面前,没有屈服、退缩,这种精神是难能可贵的。

总之,北京大学的改革,特别是文科的改革,使新文化运动获得一个有力的据点,使《新青年》团聚了更多的新文化人,使学生有了接受新思潮和参加政治活动的机会。同时,古老的北京,又是新旧思潮交锋的最前线。因此,这一改革,在五四运动史上是有意义的。蔡元培"兼容并包"的方针,尽管在主观上还反映了反封建斗争的不彻底性,但在客观上所起的积极作用,是显而易见的。五四爱国运动爆发时,北大成为运动的中心,不是偶然的。

---

① 《北京大学月刊发刊词》,《蔡元培选集》,第六七页。
② 《我在北京大学的经历》,《蔡元培选集》,第二九二页。
③ 《我在北京大学的经历》,《蔡元培选集》,第二九〇页。

## 九、意义和偏向

十四至十六世纪的欧洲文艺复兴运动,涉及的范围是很广的,文学、哲学、政治、宗教、艺术、教育,差不多都进行了重大的改革。无产阶级革命导师曾高度评价了它的历史作用:"这是一次人类从来没有经历过的最伟大的、进步的变革。"①

发生在二十世纪初的"五四"前的启蒙运动,涉及的范围也很广泛,文艺复兴的几个方面,差不多也都触及了。看来,当时的启蒙思想家们是有意的向文艺复兴学习。《新青年》编者就曾说过:"今日庄严灿烂之欧洲,何自而来乎?曰,革命之赐也。……自文艺复兴以来,政治界有革命,宗教界亦有革命,伦道理德亦有革命,文学艺术亦莫不有革命,莫不因革命而新兴而进化。"②

当然,完全的类比是不恰当的。时代不同了,所起的作用也不尽相同。恩格斯论文艺复兴的意义时说:"中世纪的黑夜之后,科学以意想不到的力量一下子重新兴起,并且以神奇的速度发展起来。"③显然,"五四"启蒙运动还没有达到这样的程度。

但是,这次启蒙运动所起的震古烁今、振聋发聩的思想解放作用,却是不可低估的。它对孔家店进行了猛烈的轰击,对蒙昧主义进行了坚决的斗争,使广大青年从沿袭几千年的孔夫子宗教教条统治下解脱出来。读者们称《新青年》为青年界之"明星""金针""良师益友",他们说:"青年得此,如清夜闻钟,如当头一棒。"④《新青年》发行,从创刊时的一千册,

---

① 《自然辩证法》,《马克思恩格斯选集》第三卷,第四四五页。
② 《文学革命论》,《新青年》第二卷,第六号,一九一七年二月。
③ 《自然辩证法》,《马克思恩格斯选集》第三卷,第五二三页。
④ 《通信》,《新青年》第二卷,第五号。

增加到一九一七年时的一万五六千册,①这不是偶然的。

文艺复兴是"需要巨人而且产生了巨人"的时代,中国的启蒙运动也产生了李大钊、鲁迅这样无愧于时代的"巨人",而在稍晚些时候,又培育出毛泽东、周恩来那样杰出的革命领袖。中国启蒙运动的杰出意义,尤其在于:它和世界无产阶级革命的新时代直接衔接起来了,因此它有力地推动了中国的革命由旧民主主义发展到新民主主义。而这一点,无论是意大利的文艺复兴,或者是法兰西的启蒙运动,都是无法比拟的。

毛泽东说:"五四运动所进行的文化革命则是彻底地反对封建文化的运动,自有中国历史以来,还没有过这样伟大而彻底的文化革命。当时以反对旧道德提倡新道德、反对旧文学提倡新文学为文化革命的两大旗帜,立下了伟大的功劳。"②又说:"五四运动时期,一班新人物反对文言文,提倡白话文,反对旧教条,提倡科学和民主,这些都是很对的。在那时,这个运动是生动活泼的,前进的,革命的。那时的统治阶级都拿孔夫子的道理教学生,把孔夫子的一套当作宗教教条一样强迫人民信奉,做文章的人都用文言文。总之,那时统治阶级及其帮闲者们的文章和教育,不论它的内容和形式,都是八股式的,教条式的。这就是老八股、老教条。揭穿这种老八股、老教条的丑态给人民看,号召人民起来反对老八股、老教条,这就是五四运动时期的一个极大的功绩。"③

毛泽东的这两段话,虽然是就整个五四时期而讲的,但对"五四"前的启蒙运动来说,也是完全适用的。

"五四"前夕的启蒙运动,虽然有着极大的功绩和伟大的历史意义,但是它也有着严重的偏向。

第一,文化运动未和政治斗争、群众运动相结合。一九一八年五月发生了规模宏大的反对《中日共同防敌协定》的学生请愿斗争,新文化界的主要人物不仅没有投入这一斗争,而且《新青年》上也没有任何的反映。文化运动不和政治斗争、群众运动相结合,便不能产生巨大的物质力量。

---

① 《中国近代出版史料》,二篇。
② 《新民主主义论》,《毛泽东选集》第二卷,第七〇〇页。
③ 《反对党八股》,《毛泽东选集》第三卷,第八三一页。

因此，文化运动虽然有了一定的规模和影响，但是，它并没有给反动统治者以剧烈的震动。

就以当时的文学革命来说，虽然提出了建设"国民文学"，但是这时的文学活动，也只是局限于城市的一小部分知识分子中。如毛泽东所指出："这个文化运动，当时还没有可能普及到工农群众中去。它提出了'平民文学'口号，但是当时的所谓'平民'，实际上还只能限于城市小资产阶级和资产阶级的知识分子，即所谓市民阶级的知识分子。"①

第二，形式主义的偏向。如毛泽东所指出："那时的许多领导人物，还没有马克思主义的批判精神，他们使用的方法，一般地还是资产阶级的方法，即形式主义的方法。他们反对旧八股、旧教条，主张科学和民主，是很对的。但是他们对于现状，对于历史，对于外国事物，没有历史唯物主义的批判精神，所谓坏就是绝对的坏，一切皆坏；所谓好就是绝对的好，一切皆好。"②

在这种形式主义的方法下，许多新文化人认为一切西方文化，都是进步的，甚至帝国主义用以奴役人们的思想武器，他们也错误地当作新文化来介绍。

在这种形式主义的方法下，许多新文化人认为一切东方文化，都是落后的，甚至一些优秀的民族遗产，他们也错误地当作封建文化而一概否定。

这种形式主义的偏向，必然要影响到启蒙运动后来的发展。毛泽东指出："五四运动的发展，分成了两个潮流。一部分人继承了五四运动的科学和民主的精神，并在马克思主义的基础上加以改造，这就是共产党人和若干党外马克思主义者所做的工作。另一部分人则走到资产阶级的道路上去，是形式主义向右的发展。"③

---

① 《新民主主义论》，《毛泽东选集》第二卷，第七〇〇页。
② 《反对党八股》，《毛泽东选集》第三卷，第八三一、八三二页。
③ 《反对党八股》，《毛泽东选集》第三卷，第八三二页。

# 第 六 章
# 新世纪的曙光
——十月革命对中国革命的影响

## 一、划时代的炮声

一九一七年十一月七日,北京香山的红叶已纷纷落地。正是落叶惊秋的季节,北方的邻国——俄罗斯,传来一声炮响,伟大的十月社会主义革命爆发了。革命导师列宁挥舞着他那强劲的巨掌,宣告了历史新纪元的到来。当日上午十时,列宁在为彼得格勒工兵代表苏维埃军事革命委员会起草的《告俄国公民书》中写道:

临时政府已被推翻。国家政权已转到彼得格勒工兵代表苏维埃的机关,即领导彼得格勒无产阶级和卫戍部队的军事革命委员会手中。

立即提出民主的和约,废除地主土地所有制,实行工人监督生产,成立苏维埃政府,所有这一切人民为之奋斗的事业都已有了保证。

工人、士兵、农民的革命万岁![1]

---

[1] 《列宁全集》第二十六卷,人民出版社一九五九年版,第二一六页。

第六章 新世纪的曙光

同日晚,第二次全俄苏维埃代表大会开幕了。十一月八日晨五时,代表大会通过了有历史意义的决议,批准了由列宁起草的《告工人、士兵、农民书》,宣布:"各地全部政权一律转归工兵农代表苏维埃,各地苏维埃应负责保证真正的革命秩序。"①同日晚,在大会的第二次会议上,列宁宣读了《和平法令》《土地法令》。大会一致通过了这些法令。

大会决定:"在立宪会议召开以前,成立工农临时政府管理国家,临时政府定名为人民委员会。"②大会推举列宁为人民委员会主席。

十一月九日,苏维埃代表大会闭幕。

彼得格勒的起义发动后,莫斯科在十一月七日晚也发动了起义,经过数天的战斗,反革命军队于十一月十五日投降。

彼得格勒、莫斯科起义胜利后,反革命派不甘心自己的失败,他们纷纷组织各种反革命的中心,和外国反动派相勾结并在其唆使下,阴谋发动叛乱。这种情况说明:苏维埃政权在全国的建立和巩固,还需要一个艰苦的战斗过程。

但是,十月起义终于胜利了,工人阶级已划时代地成为俄国的统治阶级。

伟大的俄国十月社会主义革命,和法国的资产阶级革命以及其他一切的资产阶级革命都不相同。过去的资产阶级革命,把人民从封建主义的剥削和枷锁下解放出来,但又给人民带来新的资本主义的剥削。而无产阶级的社会主义革命,则把人民从一切形式的剥削和枷锁下解放出来。

为了完成这样的历史任务,社会主义革命必须粉碎旧的国家机器,建立强大的无产阶级专政,以镇压剥削阶级的一切反抗。列宁指出:"无产阶级专政是新阶级对更强大的敌人,对资产阶级进行的最奋勇和最无情的战争,资产阶级的反抗,因为自己被推翻(哪怕是在一个国家内)而凶猛十倍。"③(着重点是原有的。——引者案)

---

① 《列宁全集》第二十六卷,第二二三页。
② 《列宁全集》第二十六卷,第二四一页。
③ 《共产主义运动中的"左派"幼稚病》,《列宁选集》第四卷,人民出版社一九七二年版,第一八一页。

一九一七年底和一九一八年初,苏维埃政权颁布了一系列的法令,对旧军队的一切不良制度进行了彻底的破坏,使军队中的全部权力转移到士兵苏维埃和委员会手中,并确定了建立工农红军的制度。

根据一九一七年底苏维埃政权颁布的法令,旧的司法制度被废止了,新的人民法庭成立了。

旧的警察队伍,还在二月革命的日子里,就被工人阶级摧毁了。二月革命后的临时政府虽然组织过民团,但不是由劳动人民组成的。十月革命后,工人阶级建立了自己的民团,帮助苏维埃维持革命秩序。

一九一八年初,苏维埃政权颁布法令,使教会与国家分离,使教会与学校分离,并宣布信教与否是公民的私事,完全有自己的自由。

此外,苏维埃政权还颁布了废止等级、婚姻自由、保护儿童等一系列的法令。

一九一八年二月七日(俄历正月二十五日),苏维埃政权以法令公布,正式废止旧历,采用公历。

无产阶级专政的国家机器,必须组织社会主义经济事业的进行。

在十月革命后的第五天(十一月十二日),苏维埃政权就公布了八小时工作制的法令。接着又公布了《工人监督条例》。实行工人监督的目的,在于防止资本家破坏生产和打击资本家的反动。这样,苏维埃政权便逐渐地使资本家工厂由工人监督过渡到工人管理。

通过一系列的法令和措施,铁路、航运、对外贸易、银行等企业,也都分别由苏维埃政权所接管了。

由于土地法令的执行,工农联盟进一步加强了。一九一七年底,全俄农民苏维埃代表大会在彼得格勒举行。与此同时,在苏维埃全俄中央执行委员会和农民苏维埃代表大会的联席会议上,一致通过了合并工人代表苏维埃和农民代表苏维埃的决定。

布尔什维克党的号召,第二次苏维埃代表大会的决议,苏维埃政权的法令,受到革命群众的热烈欢迎和支持。因此,苏维埃政权在胜利地发展着。一九一八年三月十二日,列宁在莫斯科工、农和红军代表苏维埃的演说中指出:"苏维埃政权已经不仅在大城市和工厂区建立,并且已经深入到穷乡僻壤了。"①

俄国十月革命,在人类历史发展上,有着划时代的伟大意义。它标志着旧的资本主义世界的崩溃和新的社会主义世界的建立,它使世界分裂为两大对立的体系,它给世界资本主义带来一个永远不能恢复的致命伤。

## 二、世界革命的高潮

俄国十月革命的伟大意义,很快便从行动中表现出来了。

还在一八九四年,列宁就曾预言:"当工人阶级的先进代表领会了科学社会主义思想,领会了关于俄国工人的历史使命的思想时,当这些思想得到广泛的传播并在工人中造成一种把他们现时分散的经济战变为自觉的阶级斗争的坚固组织时,俄国工人就能率领一切民主分子去推翻专制制度,并引导俄国无产阶级(和世界各国无产阶级并排地)循着公开政治斗争的大道走向胜利的共产主义革命。"②(着重点原为黑体字。——引者案)

列宁说俄国无产阶级是和世界各国无产阶级并排前进的,换句话说,各国无产阶级也是和俄国无产阶级并排前进的。十月革命的爆发,使俄国工人阶级成为国际共产主义运动中的先进的突击队。就在这支突击队的启示和影响下,各国工人阶级也迅速地前进了。

德国是和俄国直接交战的国家,因此俄国工人的斗争对德国工人不能不发生深刻的影响。一九一八年,柏林工人总罢工,要求停止对苏俄的敌对行动,并成立了工人代表苏维埃。同年内,德国各地的工人、水兵也纷纷举行起义。一九一九年四月,在巴伐利亚建立了苏维埃共和国。

十月革命也给奥匈帝国以极大的震动。一九一八年,在维也纳及奥

---

① 《列宁全集》第二十七卷,人民出版社一九五八年版,第一五二页。
② 《什么是"人民之友"以及他们如何攻击社会民主主义者》,《列宁选集》第一卷,人民出版社一九七二年版,第七九页。

地利的其他城市中,纷纷成立了工兵代表苏维埃。革命运动遍及奥匈帝国的军队。

捷克斯洛伐克的革命运动,在十月革命的影响下,迅速增长。一九一八年,布拉格和许多城市都发生了总政治罢工。十月二十八日,成立捷克斯洛伐克共和国。

十月革命对匈牙利有着强烈的影响。一九一八年十月,布达佩斯工人占领了兵工厂及许多政府机关。一九一九年三月,匈牙利建立了苏维埃政权,并开始建立红军。

法国劳动人民在知道了十月革命的事业是世界各国劳动人民共同的事业后,在一九一八年"五一"节纷纷举行游行示威,要求政府停止对苏俄的敌对政策。一九二〇年二月,法国铁路工人大罢工,要求铁路国有化。

芬兰的工人们也向俄国工人学习。十月革命后不久,他们就开始了总罢工,并建立了红色近卫军。一九一八年初,成立了人民代表苏维埃。

一九一八年底,罗马尼亚的工人也实行了罢工。农民运动也开展了,并和政府军队发生武装冲突。

东方的日本,在一九一八年内共发生了四百一十七次的罢工。同年的四月和九月,掀起了有上千万人参加的"抢米暴动"的风潮。

一九一九年,十月革命所掀起的世界革命浪潮波及的范围更为扩大了。在这一年内,波兰、保加利亚、意大利、西班牙,都出现了工农运动的高涨。群众性的政治罢工,大规模的政治示威游行,接连不断地发生。有的地区的农民运动,发展到夺取地主的土地。

罢工运动在英美两国也掀起了高潮。一九一九年九月,英国铁路工人实行总罢工。一九一九年,美国工人罢工次数达三千五百七十七次(一九一八年为一千五百次)。

革命运动在拉丁美洲也蓬勃地展开了。一九一八年十一月,巴西工人进行了武装起义。一九一八至一九二〇年,阿根廷的罢工运动遍及全国。一九二〇年九月,在墨西哥举行了要求与苏俄团结友好的群众示威运动,有些地区的工人在一九二一年自动宣布成立苏维埃。

十月革命对亚非殖民地和附属国有着伟大的深刻的影响,开辟了这些国家民族解放运动和人民革命斗争的新时代。

越南由于十月革命的影响,出现了民族解放斗争的高涨。

朝鲜在一九一九年三月爆发了著名的反对日本殖民者的"三一"运动。三月一日和二日,示威游行遍及朝鲜二百一十一个郡(当时朝鲜共二百一十八个郡)。参加起义的人数在二百万以上,许多城市的工人举行了罢工。

印度工人运动和农民运动,在一九一八年日益高涨。十二月间爆发的孟买纺织工人大罢工,持续一个多月,参加罢工的工人有十二万五千多。为了反抗英国的殖民统治,一九一九年三月间,全国到处举行了群众大会、示威游行和罢工。一九二〇年,罢工达二百次左右。

印度尼西亚的民族独立运动,在十月革命影响下,日益高涨。工人罢工和农民起义事件不断发生。

缅甸当时还是印度的一个行省,一九一八年,在那里实行了抵制英货的运动和掀起了群众性的对英国殖民政权不合作的运动。在仰光和其他城市的许多企业中,爆发了罢工事件。

此外,阿富汗、埃及、伊拉克、伊朗、摩洛哥、叙利亚、黎巴嫩、土耳其、菲律宾等许多殖民地和附属国中,在十月革命的影响下,都在不同程度上掀起了民族解放运动的高潮。它们要求独立,驱逐殖民者。斗争形式各种各样,工人罢工、农民起义,群众性的游行示威,等等。有的是以大规模反侵略战争来对待殖民者的侵略。例如,一九一九年五月三日,英国殖民者挑起了第三次侵略阿富汗的战争,[①]阿富汗曾以六万军队抵抗了英军三十四万人的侵略。

综上所述,十月革命不仅促进了资本主义各国无产阶级革命运动的高涨,动摇了帝国主义统治的中心,而且促起了殖民地和附属国的民族解放运动的高涨,从而打击了帝国主义的后方,动摇了帝国主义在殖民地和

---

[①] 第一次英国对阿富汗的侵略战争在一八三八——一八四二年;第二次在一八七八——一八八〇年。

附属国里的统治。

　　无产阶级革命运动和民族解放运动汇合成一股汹涌壮阔的巨流,形成了俄国十月革命后的第一个世界革命的高潮。这个高潮有力地冲决了世界资本主义的堤防,不论是在统治的中心,或者是在辽远的后方,帝国主义的支柱都不再是稳固的了。

## 三、十月革命在中国的反响

　　俄国十月革命后的第三天,即十一月十日,中国的报纸上即以"突如其来之俄国大政变"为题,报道了这一消息,消息中说:"彼得格勒戍军与劳动社会已推倒克伦斯基政府。"[①]

　　从这时起,报道俄国革命的消息,不断地在中国报纸上出现着。由于消息来自一些帝国主义国家的通讯社,因此情况的报道也是比较混乱的。例如在十一月份的报纸上,忽而说"新政府似已得海陆军多数赞助",忽而又报道"里林(即列宁)党失败说";忽而报道"克伦斯基已恢复势力",忽而又说"极端派似未失败"。因此,报纸也不得不承认"真消息难以传出"。有时,报纸编辑部就干脆以"一塌糊涂之乱状",来作为俄国革命消息的标题。[②] 至于把布尔什维克党称为过激党,则是当时报道中一个普遍的说法。除报纸外,在当时出版的个别的杂志上,也有反映十月革命的文章。但不论报纸或杂志,在最初的报道中,都是比较混乱的,其态度是不明确的,甚至有一定程度的敌视。

　　随着时间的推移和俄国革命局势的稳定,中国的舆论也逐步比较明确起来了。一九一八年二月间,中国的报纸上登载了苏维埃政府宣布废除不平等条约的消息:"俄国……政府……公布公文声明,凡以前之政府

---

① 上海《民国日报》一九一七年十一月十日。
② 上海《民国日报》一九一七年十一月十一日、十四日、十六日、二十日、二十一日。

所缔结之一切国际条约,限于一千九百十八年一月末以后概行作废。"①四月间出版的《劳动》杂志第一卷第二号上的一篇文章则说:"现在我们中国的比邻俄国,已经光明正大的做起贫富一班齐的社会革命来了。社会革命四个字,人人以为可怕,其实不过是世界的自然趋势。现在社会不善的原因,以后处处皆要发现的,毫不稀奇。"②

苏维埃政府建立后,即力图和中国政府建立外交关系。但是北京政府以帝国主义的态度为转移,拒绝和苏俄发生关系。一九一七年十一月间,苏维埃政府曾经询问法国、英国、意大利、美国、比利时、塞尔维亚、罗马尼亚、日本和中国,是否同意于十二月一日和苏维埃政权进行和平谈判。但是,北京政府和其他协约国一样,对这个呼吁拒绝答复。

当时驻北京的俄国公使拒绝执行苏维埃政府的外交政策,虽然苏维埃政府将他免职了,但是北京政府仍然继续和他保持关系。一九一七年十一月二十七日,俄国公使和其他帝国主义国家的代表同北京政府签订关于偿付庚子赔款期限的协定;十二月十九日,他又参加了关于税率协定的签字。

当时驻俄国的中国公使是刘镜人,在一九一七年十一月至十二月间,苏维埃政府的外交人民委员就同刘镜人进行过建立两国外交关系的谈判。一九一八年一月,外交人民委员部正式向中国公使馆建议,具体谈判废除沙皇政府所加于中国的各项不平等条约,并签订新的协定,以建立新的平等的外交关系。

虽然北京政府的个别代表对苏维埃政府的建议感到很大兴趣,但是对北京政府外交政策起决定性作用的是国际帝国主义者及他们驻北京的外交团。因此,北京政府不仅没有采纳苏维埃政府的处议,反而对苏俄采取了敌对的行动。

中国民间和北京政府的态度不同。

---

① 《申报》一九一八年二月十五日。
② 《劳动》系中国无政府主义者的刊物,从一九一八年三月到七月,共出五期。刊物主编是吴稚晖,投稿人多是无政府主义者。这篇文章的题目是《俄罗斯社会革命之先锋李宁事略》,署名持平,真实姓名不详。见《劳动》第一卷第二号,第二〇页。

一九一八年元旦,《民国日报》的社论,对俄国革命发表评论表示:"吾人对于此近邻之大改革,不胜其希望也。"但它称道的仍然是二月革命,而不是十月革命。这篇社论指出:

> 俄国革命之要求惟何? 曰人权;曰民权。惟争人权也,故非达农民工民生活之改善不可;惟争民权也,故非革除专横之王家及贵族而建设民主政治不可。吾国之革命要求亦然也……曰建设以三民主义为基础之民主国家,使国内之各民族各阶级举为平等,而个人之法律上人格皆为尊重。换言之,求人权及民权之伸张也,求平等自由精神之实现也,求吾国之永久和平也。①

上海《民国日报》是在孙中山指导下办理的,系当时各大报中之较进步者。文中内容显然是以孙中山民主主义的观点来看二月革命的,因此,它不了解十月革命为什么要使"新政府颠覆",使"全国重蹈于无政府之状态","是吾国民自辛亥以来所经验之恐怖、悲哀、不安、愤激诸苦,俄国国民又经验之,乃尤较我国为甚矣"。②

但到一九一八年五月间,《民国日报》对十月革命的认识便进了一步了,报纸的消息中说:"俄国新政府所注意者惟在排除资本家之垄断与官吏之强暴而已。至属地问题则亦以放任主义立反前专制政府压迫之政策,务使人民悉登乐土。对于邻邦,则深不满意于日本侵略政策。"又说:"俄国数千年之专制政府亦为提倡和平之列宁政府所推翻,行见东亚大陆将为民治潮流所充布,而侵并强霸之主义决难实现于今日矣。俄国列宁政府之巩固,即由于和平之放任主义,中国似宜取以为法。"③

文中所说"放任主义",似指民族自由联合和自由分离的民族自决权。《民国日报》向中国人民宣扬了苏维埃的对外政策及这一政策的远景,并指出中国也应向俄国人学习,这在中俄关系上实令人一新耳目。孙

---

① 孙洪伊:《吾人对于民国七年之希望》(社论)。上海《民国日报》一九一八年一月一日。
② 孙洪伊:《吾人对于民国七年之希望》(社论)。上海《民国日报》一九一八年一月一日。
③ 上海《民国日报》一九一八年五月二十七日。

中山后来曾说,"有了十月革命,便使人类产生了一个大希望",这不是偶然的。

一九一八年,孙中山还致电苏维埃政府和列宁,庆贺十月革命的成功。电文中说:"中国革命党对贵国革命党所进行的艰苦斗争,表示十分钦佩,并愿中俄两党团结共同斗争。"①当时苏维埃俄国正处于四面受敌,孤立无援的境地,列宁接到来自遥远东方的这封友好的电报,很受感动。②

同年八月一日,苏维埃政府外交人民委员契切林向孙中山致意说:"人民委员会给予我一个光荣任务,向您、尊敬的导师,在几个月前代表南方国会致工农政府的贺词一事表示感谢。"又说:"当各帝国主义政府从东、西、南、北伸出贪婪的魔掌,想一手击破俄国革命并剥夺俄国工农用世界上前所未有的革命而获得的东西的时候,当外国银行家所扶植的北京政府准备同这伙强盗勾结的时候,——在这个艰辛的时刻,俄国劳动阶级就向他们的中国兄弟呼吁,号召他们共同进行斗争。"③

孙中山对十月革命所表达的思想情感,是真挚动人的,充分体现了这位伟大的革命先行者不屈不挠、寻师觅友、追求真理的精神。孙中山关于十月革命的贺电,是中国人民第一次向列宁、向俄国革命所表达的敬意和关怀。

据另一种记载说,苏维埃政府在一九二〇年曾派出一个代表到达福建的漳州,会见了广东军队的领导人,并递交了列宁的署名信。列宁的信件和这位代表的致意,均十分热情地关怀着中国局势的发展,并表示愿意帮助中国完成国民革命。

但,孙中山究竟是以资产阶级民主主义观点来看十月革命的,对其本质还缺乏了解。真正向中国人民分析了十月革命的本质和阐述了它的伟大意义的,是中国最早的马克思主义者李大钊。

还在一九一八年初,李大钊就向他的友人宣传和介绍十月革命的情

---

① 《国际生活》一九五五年第十一期。
② 参见《政治周报》第二期,第一四页。
③ 《国际生活》一九五五年第十一期。

况。林伯渠当时正在南方跟随孙中山进行护法斗争,他回忆当时的情况说:约在一九一八年三、四月,连续接到李大钊同志几封信,详细给我介绍了十月革命情况及一些小册子、文件,并对目前中国形势阐述了他的所见,得到很大的启发。①

一九一八年七月,李大钊发表了他的第一篇关于十月革命的论文——《法俄革命比较观》。这篇文章分析了俄国十月社会主义革命和法国资产阶级革命的区别,指出了这一革命的历史意义。文中说:"俄罗斯之革命是二十世纪初期之革命,是立于社会主义上之革命,是社会的革命而并著世界的革命之采色者也。"文中还针对当时的混乱报道,告诉中国人民不要因为"一时之乱象"而"抱悲观",而应"翘首以迎其世界新文明之曙光"。②

同年十一月底和十二月初,李大钊又发表了《庶民的胜利》的演说和写下了《布尔什维主义的胜利》的论文,继续指出十月革命是"二十世纪中世界革命的先声",是"世界人类全体的新曙光",并进一步指出十月革命是"劳工主义的胜利",一切历史的残余——皇帝、贵族、军阀、官僚、军国主义、资本主义,统统都要被摧毁、扫除,他很形象地比喻道:"俄国的革命,不过是天下惊秋的一片桐叶罢了。"他号召中国人民向十月革命学习,为在中国实现"劳工社会"而奋斗。

一九一九年元旦,李大钊在《每周评论》上发表了以《新纪元》为题的社论,进一步指出:十月革命开辟的"新纪元","带来新生活、新文明、新世界",他明确地指出,中国人民应该沿着十月革命照亮的道路前进。③

李大钊论述十月革命的几篇文章,虽然对马克思主义的学说内容还没有进行系统的介绍,而且文章也有些不够恰当之处,但是它却在一定程度上表达了和传播了马克思主义的一些观点,应该看作马克思主义在中国传播的开始。

除李大钊外,在早期的启蒙思想家中,如陈独秀等,也都受到十月革

---

① 中国社会科学院中国近代史研究所藏:林伯渠同志谈话记录。
② 《李大钊选集》,第一〇四页。
③ 《每周评论》第三号,一九一九年一月五日。

## 第六章 新世纪的曙光

命的影响。

陈独秀本来对俄国的二月资产阶级革命抱有很大的兴趣,他把那次革命当作民主主义对君主主义的胜利,并和世界大战中的协约国对同盟国的作战联系起来观察(他认为协约国是代表民主主义的,同盟国是代表君主主义的)。十月革命爆发了,由于资产阶级反革命的叛乱以及苏维埃政府和德国签订布勒斯特和约(一九一八年三月)等事件的发生,曾使陈独秀迷惑不解。他以民主主义者的观点看十月革命,不理解克伦斯基政府为什么要被推翻,更不理解俄国退出帝国主义战争的意义。因此,在相当一段时间内,陈独秀对苏维埃俄国抱着保留的态度。

但是,随着十月革命影响在中国的扩大,特别是李大钊的宣传和介绍,陈独秀的态度也逐步明确起来了。一九一九年二月九日,他指出:"过激派的行为,纵或有不是的地方,但是协约国把他们破坏俄德两大专制的功劳,一笔抹杀,又试问公理何在?"①四月二十日,他更明确地说:"十八世纪法兰西的政治革命,二十世纪俄罗斯的社会革命,当时的人都对着他们极口痛骂。但是,后来的历史家,都要把他们当做人类社会变动和进化的大关键。"②

鲁迅当时和李大钊、陈独秀等保持着密切的联系,他把自己的创作称为"遵命文学",并进一步解释说:"不过我所遵奉的,是那时革命的前驱者的命令,也是我自己愿意遵奉的命令,决不是皇上的圣旨,也不是金元和真的指挥刀。"③

鲁迅既然自觉地和"革命的前驱者"站在同一条战线上,因此,当十月革命的消息在中国不断传播开来的时候,他也抱着同情和寄予希望的态度,称十月革命为"新世纪的曙光"。他发表在《新青年》第六卷第五号上的杂感说:"他们(按:指俄国人民)因为所信的主义,牺牲了别的一切,用骨肉碰钝了锋刃,血液浇灭了烟焰。在刀光火色衰微中,看出一种薄明

---

① 《公理何在》,《每周评论》第八号。
② 《二十世纪俄罗斯的革命》,《每周评论》第十八号。
③ 《〈自选集〉自序》,《鲁迅全集》第四卷。

— 151 —

的天色,便是新世纪的曙光。"①

后来(一九三四年),鲁迅在《答国际文学社问》中,谈到十月革命对他的影响时也说:"先前,旧社会的腐败,我是觉到了的,我希望着新的社会的起来,但不知道这'新的'该是什么;而且也不知道'新的'起来以后,是否一定就好。待到十月革命后,我才知道这'新的'社会的创造者是无产阶级。"②

蔡元培对十月革命也表示过公开的看法。这位自由主义的教育家,竟认为列宁是托尔斯太学说的继承者,他说:"过激派首领列宁等,本来是抱共产主义,与托氏相同,自然也抱无抵抗主义,所以与德人单独讲和,不愿与协商国共同作战了。"③他还说:"过激派实是误用托氏主义",又说"用兵力来压制异党",是违反了托尔斯太的学说等。

蔡元培所以这样讲,中心意思是在宣扬克鲁泡特金的互助论。他认为德国政策实行的是尼采的强权主义,俄国政策实行的是托尔斯太的无抵抗主义,协约国政策实行的是克鲁泡特金的互助主义。他说:"误用托氏主义的俄人失败了,专用尼氏主义的德人不久也要失败了,最后的胜利,就在协商国(即协约国)。协商国所用的就是克氏的互助主义。"

以上,是蔡元培在一九一八年十月十八日对北京大学学生的演说。接着,第一次世界大战结束,蔡元培又在十一月十五、十六日连续发表演说,除了继续指出"强权论消灭""互助论发展"④外,并以《劳工神圣》为题,指出参加此次世界大战的,中国只有在法国的十五万劳工,他认为:"此后的世界,全是劳工的世界。"⑤

蔡元培不理解十月革命,也不认识协约国的本质,但是他喊出的"劳工神圣",却迎合了十月革命掀起的新时代的潮流。

胡适对十月革命似乎没有立即表示什么态度,但是他却借第一次世

---

① 《杂感录五十九》,《鲁迅全集》第一卷,第四二五页。
② 《且介亭杂文》,《鲁迅全集》卷六。
③ 《蔡校长关于欧战之演说》,《北京大学日刊》一九一八年十月二十一日。
④ 《北京大学日刊》一九一八年十一月二十七日。
⑤ 《劳工神圣》,《新青年》第五卷,第五号。

界大战的结束,大肆宣扬了一番美国。他在欧战演说中说:"这一次协商国所以能大胜,全靠美国的帮助。"①

以上,是新文化运动中的一些代表人物对于十月社会主义革命的不同态度,左右翼的阵线,还是比较清楚的。那么,在社会其他各阶层中对十月革命是如何反应呢?大体上有这么三种情况:

第一,在劳动人民中,传说着俄国的"穷人党"胜利了。他们以惊喜的态度奔走相告。

第二,在小资产阶级中,特别是青年学生(如北京大学)中,传说着十月革命的胜利就是无政府主义的胜利。因为无政府主义在他们中间传播有着较久的历史。

第三,在上层的一些封建官僚们相信帝国主义的敌视报道,视"过激主义"为洪水猛兽。他们在酒席宴前说到"过激派要来了"的时候,无不吓得面色如土。

## 四、保卫十月革命的中国工人

上述十月革命在劳动人民中的传说,主要是当时从俄国归国的华工带来的。

根据一九一九年五月间中国的报纸记载,在苏维埃国土上的中国工人,有三四万人参加了红军。②

实际数目,当不限于此数。根据当时中国驻俄国大使馆负责劳工事务的全权代表的材料,第一次世界大战期间,在俄国境内的中国工人总数达十五万人,其中有五万人是在前线一带。③

---

① 《北京大学日刊》一九一八年十一月二十七日。
② 《申报》一九一九年五月二十二日。
③ 引见阿·阿·古别尔主编:《伟大十月和东方各国人民》,生活·读书·新知三联书店一九五八年版,第四二页。

这些居住在俄国的中国工人,有的是在太平天国时代的回民起义失败后,逃到那里去的;大多数则是从上海、大连、哈尔滨等地去俄国谋生的。

至于十月革命时参加红军作战的,则大多数是在第一次世界大战期间被召去做工的工人。

一九二〇年十二月一日,旅俄华工联合会在致苏俄外交人民委员部的信中,曾详尽地描述了这种情况:

一九一五年初,世界帝国主义战争打得正激烈,各国工业部门都缺乏劳动力。协约国的三个成员国,英、法、沙皇俄国的资本家为了获得廉价劳动力,就注意到中国,希望中国政府能给他们以自由招募劳工的权利。他们要把劳工运往欧洲,补充前后方劳力的不足。在列强的压力下,中国政府被迫同意把自己的人民运往外国。俄国是招募中国劳工的国家之一。俄国的欧洲地区,得到了约十万名中国劳工。工作、生活和气候条件,对中国劳工都是极端不利的。中国工人过着困苦悲惨的生活。而他们的命运,全掌握在工头和宪兵的手里,这就使他们陷入了更加悲惨的境地。在他们出国前,资本家所提出的工作、工资和生活条件,都是他们可以接受的。但是,他们到了外国才发现受了欺骗。他们既不能返回祖国,又无处申诉,更无权要求改善生活,因为人们认为他们是黄种人,是买来的商品和奴隶,可以任意枪杀、鞭打、长期囚禁在沼泽和森林地带,挨冻受饿。中国劳工有的病倒了,但谁也不管他们。中国政府的外交官员也没有为减轻本国侨胞的痛苦而采取什么有效措施(况且"外交官老爷们"既没有工夫,也不想自找麻烦去处理这类"小问题")。中国劳工就是在这样的情况中生活、工作和死亡着。他们感到:不会有什么希望了,再也看不到故乡的太阳、亲人、家祠和祖坟了……

二月革命时期,中国工人算是透了一口气。宪兵溜走了。人们对待他们比较人道一点了,给了他们返回祖国的权利。一列列火车载着中国工人经由辽阔的西伯利亚铁路驶向中国。

十月来临了,同时十月革命也来临了。第三国际的口号深入了

第六章　新世纪的曙光

中国工人群众的心灵。拿起武器保卫十月革命的号召一传出,数以万计的中国工人就志愿加入了先进战士的行列。他们在所有的战线上,经受了国内战争的艰苦考验,他们忠诚地捍卫了第三国际的口号和旗帜。①

旅俄华工联合会是在中华旅俄联合会的基础上成立的。中华旅俄联合会成立于一九一七年四月十八日,会长是刘泽荣。② 这原是一个旅俄学、工、商各界的组织,宗旨为:"一,联络旅俄华人;二,对于旅俄华人之行动,凡在法律范围内者,当竭力以辅助之。"③其主要任务是安排华工归国,并在苏俄开展一些救济工作。联合会的工作在十月革命后得到苏维埃政府的支持,如派车运送华工归国等,④但它并不带有明显的政治倾向,所以北京政府也认为它的活动是"惠及同胞,实堪嘉许"。⑤

随着华工思想觉悟的提高,联合会的活动范围扩大了,其性质也起了变化。

列宁十分关怀在俄的中国工人。一九一八年十一月三十日,列宁接见了发起成立旅俄华工联合会的中国南、北方工人的代表刘绍周(即刘泽荣)、张玉春。刘、张向列宁介绍了中国的情况,并表示,中国人民将全力支持苏俄同国际帝国主义和国内反动势力的斗争。⑥

一九一八年十二月中旬,旅俄华工联合会在彼得格勒成立了。它拥

---

① 苏联外交部档案。引见 Γ.诺沃格鲁茨基、A.杜纳耶夫斯基合著:《中国战士同志》,解放军文艺出版社一九六一年版,第一三、一四页。
② 刘泽荣,广东高要人,早年在俄国读书,一九一七年创办中华旅俄联合会,十月革命后,将该联合会改为旅俄华工联合会,一九一九年三月共产国际召开第一次大会及一九二〇年七月召开第二次大会时,刘均代表中国工人列席,列宁曾三次接见过他。刘于一九二〇年底回国后,在中东铁路任职。一九三三至一九四〇年,先后在北平大学商学院和西南联合大学任俄语教授。一九四九年九月,为新疆和平解放作出贡献。全国解放后,先后任新疆临时外交办事处处长、外交部条约委员会委员和外交部顾问等职,一九五六年加入中国共产党。一九七〇年七月十八日逝世,享年七十八岁。见《人民日报》一九七九年十一月二十九日。
③ 《中俄关系史料。俄政变与一般交涉。民六至八年》(一),台湾精华印书馆股份有限公司一九五〇年版,第一六五页。联合会成立经过及活动,可参见李玉贞:《十月革命前后的旅俄华人组织及其活动》,载《吉林大学学报》一九七九年第五期。
④ 前引《中俄关系史料》,第二八二页。
⑤ 前引《中俄关系史料》,第一七五页。
⑥ 《在保卫苏俄战斗中的中国志愿者》,莫斯科俄文版,第四一页。

— 155 —

有"四至六万会员。会议决定越出工会的范围,使联合会具有进行广泛宣传的革命组织的性质"。①

苏俄政府非常关心这个组织,信任这个组织,承认它是"无产阶级的组织……不仅在俄国,而且在中国进行宣传,与劳农政府携手合作"。②

十二月十五日,联合会从苏俄向祖国的正在苦难中的阶级弟兄发出呼吁书,号召向卖国的北京政府展开斗争,同全世界无产阶级紧密联系起来,呼吁书明确指出:"中国工人应该记住,中国革命的命运与俄国工人革命的命运休戚相关。只有同俄国工人阶级紧密团结起来,才能在被压迫的中国取得革命的胜利。俄中无产阶级团结万岁!全世界工人团结万岁!"③

十二月十九日,即联合会成立后的第四天,在彼得格勒人民会堂大厅举行了国际主义者万人大会。有中、朝、印度、伊朗、布哈拉、美、英、法等国的代表参加。刘绍周参加了这次大会并发表了演讲,他说:"我们,在遥远的异国漂泊的人,现在已听说中国南方的革命正在发展……革命已在南方开始了……一旦中国人民听到解放了的俄罗斯人民的真实情况,全中国人民一定会狂喜地高呼'伟大的俄国革命万岁!'"④

十二月三十日,华工联合会在莫斯科举行第一次群众大会。会议主席刘绍周介绍了成立旅俄华工统一组织的情况,莫斯科支会会长张永奎号召中国同志立即积极投入战斗,与俄国革命并肩前进。会议批准了联合会章程,选出了执行委员会以及参加莫斯科工兵苏维埃的代表。⑤

一九一九年三月二日至六日,共产国际第一次代表大会在莫斯科举行。刘绍周、张永奎列席了大会并享有发言权。⑥ 中国代表在向大会发

---

① 《真理报》一九一八年十二月十五日。
② 《我们曾为苏维埃政权并肩战斗》,莫斯科俄文版,第二九页。
③ 《真理报》一九一八年十二月十五日。
④ 《我们曾为苏维埃政权并肩战斗》,第二八、二九页。
⑤ 《消息报》一九一九年一月四日。转引自《在保卫苏俄战斗中的中国志愿者》,第一三五页。
⑥ 《共产国际有关中国革命的文献资料》(一九一九——一九二八年),中国社会科学出版社一九八一年版,第一四页。

表的祝辞中说:"当俄国苏维埃政府的声音在《告东方各国人民书》中,特别是在契切林致中国的骄傲——孙中山的信中,通过战争和革命的炮火圈传到中国革命者中间时,他们的喜悦心情是可以想象的。在这些书信里,中国第一次从外国同志的话语里听到自己的宿愿已被人理解,听到以工农政府为代表的俄国人民已经决定为与世隔绝的中国民主力量的优秀分子所追求的理想而坚决斗争。"①

由于北京政府不愿和苏维埃政府建立外交关系,因此在断交期间,旅俄华工联合会事实上代行了中国领使的职务。这一行动得到苏维埃政府的承认和支持。苏俄外交人民委员会的代表曾宣布,允许旅俄华工联合会暂时代行保护旅俄华侨的领事职务,②"并承认它有权保护旅俄华侨的利益"。③ 一九一八年十二月二十八日出版的《消息报》,在其《简讯》中这样写着:

> 旅俄华工联合会照会外交人民委员部,中国工人组织已于十二月二十四日在彼得格勒中国使馆成立了总会,以处理侨居俄国的中国侨民的事务。使馆的所有档案文件都移交该会。使馆(谢尔盖也夫斯卡街二十二号)的大厦上,升起了中国劳动人民的红旗。④

华工联合会在华侨较多的地方(如莫斯科、彼得格勒、基辅、哈尔科夫、塔什干、维亚特卡、彼尔姆、托姆斯克、尤佐夫卡等)都设有分会。在设有这种组织的地方,中国工人组织红军和参加红军的工作都进行得比较好。联合会还办有中文报纸《旅俄华工大同报》,在中国工人和中国志愿红军中进行宣传。

实际上,在华工联合会成立以前,即在十月革命最初的日子里,中国工人就大量的参加红军了。

前莫斯科红军游击近卫队长兼莫斯科红军步兵团指挥官彼·阿·阿

---

① 《共产国际有关中国革命的文献资料》(一九一九——一九二八年),第一三页。
② 《苏联对外政策文件集》第三卷,莫斯科一九五九年版,第六六六页。
③ 《真理报》一九一八年十二月十五日。
④ 引见《中国战士同志》,第六〇页。北京政府外交部档案中也记载了这一情况:"有使馆为张玉川(按:应为张玉春)、刘绍周等强占,广义政府承认其办理华工事务。"《中俄关系史料·俄政变与一般交涉·民六至八年》(一),第五一〇页。

普尼捷夫、前赤卫军和红色游击队阿·斯·哈依洛夫在给《人民日报》的信中写道："当一九一七年十二月十八日到二十日,我们占领了洛卓巴牙车站(彼特留拉匪帮的据点)的这一天,有大约二百五十名到三百名的中国矿工志愿部队到这里来,准备参加第一批莫斯科的红军游击近卫军。由于你们的参加,我们才彻底击破了开往顿河及克卢尼洛夫地区的白匪指挥官的整批列车,也由于你们,我们才把装有许多弹药、军需品和白匪军官的兵车全部捕获。"①

一九一八年五月九日,《真理报》的"红军"栏,登载着莫斯科中国营的一个通告:《告全体中国革命的社会主义者》,全文是:

同志们:

在中国,穷人受到残酷的压迫。你们都是从中国来的,正在苏维埃俄国寻找光明,你们是身在革命国家的革命者,快参加革命的队伍吧!

我们有一千八百人正在打击资产阶级匪帮——反动的罗马尼亚人、乌克兰的白匪和德国人。不彻底打垮世界反革命部队,我们决不放下武器,誓不罢休。

革命的中国兄弟们!拥护奴隶解放的人,请加入我们的队伍吧!要捍卫工农政权的人,请同我们一道走吧!摧毁一切障碍,消除一切隔阂,获得解放的中国劳动者应当同战无不胜的世界无产阶级联合起来!

同志们!大家都来参加红军,参加中国营。严守革命纪律,紧密团结,为打垮资产阶级军队而战斗。②

在彼得格勒,一九一八年时,也同样成立了由中国工人组成的志愿部队。特别值得一提的,是一九一九年初在列宁的卫士队中,有七十多个中国人。③

---

① 《人民日报》一九五八年十二月二十四日,第八版。
② 《真理报》一九一八年五月九日。
③ 当时列宁的卫士之一李富清,一九五七年时仍在新疆军区建设兵团工程处工作,见《解放军文艺》一九五七年第一期,第六二页。

愈来愈多的材料证明,在苏维埃国土上,为保卫十月革命而战斗过的由旅俄工人组成的中国连、中国营、中国团,不是几个,而是几十个。在乌克兰和北高加索,在伏尔加河沿岸和顿巴斯,在彼得格勒附近和北极圈内,在乌拉尔和西伯利亚,到处都有中国战士的足迹和他们洒下的鲜血。

中国战士的英勇表现,深为苏俄红军所赞赏。当时南方战线革命军事委员会政治部情报联络处在一九一八年十一月十五日发出的通报中写道:"从二十一莫斯科团来的红军战士讲述了俄国战士与中国战士之间的友谊。这个团里有五百个中国国际战士,他们严守纪律,吃苦耐劳;作战英勇顽强。他们用自己不屈不挠、英勇无畏的范例来影响我们初上战场的新战士。有的中国战士负伤多处,只随便包扎一下,坚决不下火线,又继续战斗。这种英雄行为,深深地感动了红军战士们。"①

一位内战时期的红军将军回忆当年的情景说:"那时,在我们师里有一百二十个中国人,不是其他人,而是中国人。全师里谁不称赞他们的英勇和出色的勤苦?我知道,他们怎么样跟俄罗斯人共同分一块黑面包;我也知道,他们在哪块俄罗斯土地上流过血……"②

中国工人,大批参加红军,为保卫苏维埃政权而战斗。这自然是对帝国主义者的一种打击。因而各帝国主义国家政府曾经横加干涉。一九一九年,参加巴黎和会的代表、北京政府外交总长陆征祥曾为此事写信给刘泽荣,要求采取措施,劝告华工脱离红军。③但是华工们不仅拒绝这种无理干涉,反而于一九一九年十一月三十日举行集会,表达了志愿者的国际主义精神。会议强调指出:"协约国及其走狗诋毁在苏俄和西伯利亚建立国际中国队伍的种种企图,均属徒劳。红军中的国际中国支队,完全是中国革命组织自动发起的……全由中国志愿革命者组成。经协约国默许、由高尔察克、邓尼金和尤登尼奇军队所制造的任何诽谤、威胁和残暴

---

① 苏军中央档案局档案,引见《中国战士同志》,第五二页。
② 《我们访问了苏联》,人民文学出版社一九五三年版,第三八页。
③ 参见《国内战争时期的苏俄与东方邻国》,第三六五页。

行为,绝对吓不倒中国士兵。"①

在俄国做工的中国工人,除参加红军者外,有一部分曾陆续回国。从十月革命到一九一九年夏天,在苏维埃政府帮助下,经西伯利亚回国的中国人大约有四万。②

这些回国的中国工人,把十月革命的真相传达给国内的人民,因而使十月革命的影响在中国更为广泛。例如,开滦煤矿的工人在第一次世界大战期间,曾有两千多名在俄国做工。十月革命后,这些华工回到开滦煤矿,便经常向矿工介绍俄国工人的情况,他们说:"资本家残酷地剥削压迫工人,俄国人都清楚地知道资本家是他们的死敌,他们的斗争方法是罢工。罢工前响四声汽笛,于是工人们便从四面八方集合到广场上,有领导人在台上讲话……""革命后的俄国,资本家的工厂归工人管理了,俄国工人有礼拜,有挺多的福利。那里没有资本家,没有包工,工人不受压迫和剥削了,如果我们进行斗争,也可以站起来。"③

华工回国的情况,使反动派极为恐慌。一九一九年初,日本驻满洲的军官藤井向齐齐哈尔的中国督军警告说:"现在布尔什维主义已波及了广大的区域。一万以上的中国工人不能回国,他们已经接受了布尔什维克的宣传,并且加入了布尔什维克党。……前几天在沙河子煤矿里有三个从西伯利亚回国的中国工人,开始在工人当中进行布尔什维克的宣传。……为谋求东亚的幸福计,贵国必须在蒙古、新疆和其他边境地区采取非常的预防措施。我们的军队在这方面将采取一切措施来加以对付。"

反动派虽然采取了非常的预防措施,并严格地检查和监视从苏俄进入国境的中国人。但是,思想的传播是没有国界限制的,而且也是不可能用暴力抵制得了的。

---

① 《消息报》一九一九年十一月三十日。转引自《国内战争时期的苏俄与东方邻国》,第三六五页。
② 《真理报》一九一九年八月二十六日。
③ 开滦煤矿史编委会编写组编:《开滦煤矿史》(工运部分初稿),一九五九年三月油印本。

除旅俄华工直接受到十月革命的影响外,还必须提到的,是在中东铁路上工作的中国工人。由于在十月革命前夕,中东路上的俄国工人和驻哈尔滨的许多俄国士兵就拥护布尔什维克,并成立了工人、士兵代表苏维埃;又由于十月革命后,哈尔滨的苏维埃很快就同以列宁为首的人民委员会建立了联系,因而这里的中国工人和中国居民也较早地接受了十月革命的影响。不久,苏维埃虽被解散,布尔什维克党也被迫转入地下,但是十月革命的影响却在中国工人中日益加强着。

## 五、中国学生反对《中日共同防敌协定》的斗争

十月革命建立了无产阶级专政的苏维埃政权,帝国主义者把它视为最大的不祥之物。从这个新生的婴儿诞生的第一天起,帝国主义强盗就企图把它扼杀在摇篮里。

一九一八年上半年,帝国主义者开始了对苏俄的武装干涉。英法军队在苏俄北部登陆,援助当地的反革命叛乱,并纠合一帮白匪组织了"北俄政府"。

同年一月,日本巡洋舰驶进了海参崴,英国巡洋舰跟着也进来了。四月,日本军队在海参崴登陆;接着,英、法、美等国的军队也相继开到。

一九一八年二月间,日本参谋次长田中义一和北京政府驻日公使章宗祥商谈中日军事行动问题,他们肆意攻击苏维埃政权和德国签订和约,说什么"东亚和平深恐为之扰乱",认为"两国国防实非迅谋共同行动不可"。①

同年三月二十五日,日本外务大臣本野和章宗祥交换了关于"共同防敌"的照会。五月十六日,中日两国军事代表(北京政府以靳云鹏为

---

① 《六十年来中国与日本》第七卷,第二一四页。

首,日本方面以斋藤为首),在北京签订了《中日陆军共同防敌军事协定》。《协定》中规定:"凡在军事行动区域之内,中国地方官吏,对于该区域内之日本军队,须尽力协助,使不生军事上之窒碍……""中国境外派遣军队时,若有必要,两国协同派遣之。""军事行动区域之内,设置谍报机关,并互相交换军事所要之地图及情报……"①此外,还规定了使用中东铁路的办法。五月十九日,中日两国又签订了与此相类似的《中日海军共同防敌协定》。② 九月六日,双方又签订了《关于陆军共同防敌军事协定实施上必要之详细协定》,其中规定:"中日两国各派遣其军之一部,对于后贝加尔州及黑龙州,各取军事行动,……期指挥之统一及协同圆满起见,行动于该方面之中国军队,应入日本军司令指挥之下……"③

日本签订这个协定的目的,一方面是干涉十月革命,同时也是为了借此进一步控制中国,特别是为了巩固其在北满的统治。日本利用这个协定,曾向长春以北的中东铁路附近地区调来了六万军队,占领了中国东北的大片领土。

段祺瑞政府签订这个协定的目的,是为了进一步投靠日本,以便维持自己的反动统治。根据这个协定,段祺瑞也曾派遣了一支部队到外贝加尔,参加了那里的作战。段祺瑞政府虽然也曾声明进入俄国作战是为了援助协约国抗击西伯利亚的德奥势力,并说什么决不干涉俄国内政,但实际上,它干的却是扼杀苏维埃政权的可耻勾当。

这一协定,受到了中国学生的坚决反对。

还在一九一八年四月间,中国留日学生即获得这一《协定》的秘密消息,他们就进行了集会和散布传单的活动。五月上旬,留日学生议决组织救国团。但是,他们的活动竟遭到日本警察的干涉和侮辱,这就更激起了学生们的义愤。学生们决定一律罢学回国。

留日学生回国是分三起走的:一起至上海,一起至北京,另一起为直接回本省者。据五月十七日报载,仅至上海者已达一千四百余人。如李

---

① 《六十年来中国与日本》第七卷,第二二八、第二二九页。
② 《六十年来中国与日本》第七卷,第二三〇——二三四页。
③ 《六十年来中国与日本》第七卷,第二三四页。

达、王希天、李汉俊、黄日葵等,就是这次回国的。李达等回国后,曾到北京和北大的学生代表进行联系;黄日葵回国后,也到了北京大学作旁听生。① 其他经东北三省回来者也很多。回国学生在上海设立救亡团本部,在北京设分部,各省则设立支部。救亡团在国内展开了请愿及各种宣传联络活动。学生们在泣告同胞书中说:"我同胞乎,速起反对密约,头可断,血可溅,此约不可认也。士农工商,其各奋起协力。"②

留日学生在北京政府的压力下,大部分最后虽不得不重行东渡,但这一行动在全国人民中留下的影响是很大的。

除留日学生外,在其他国家的中国留学生也有所活动。如留法学生,曾经发出反对密约通电,号召全国一致反对段祺瑞政府。再如,留美讲武堂全体学生,也曾发出通电,电文中说:"生等身羁异地,心响中华。值此重大问题发生,不能不尽国民之职务,即拟舍却学业,联合国人,趱程南归,共谒政府,陈说利害,务使收回成命,以挽狂澜。"③

北京的这次学生运动,是在五月下旬起来的。当留日学生代表回到北京时,即和北大学生中的活动分子邓中夏等发生了联系,共同商讨行动计划。五月十九日,北京《大中华报》上揭载了《中日共同防敌协定》的内容,次日各报也纷纷转载。学生们看到后都愤慨异常。五月二十日晚,在北大西斋饭厅召开了群众大会,北京其他各校学生代表也应邀出席。留日学生代表发表了演说,要求废除卖国《协定》;北大学生代表也慷慨陈词,响应留日学生;当场有许多人痛哭流涕,全体学生表示要和留日学生一致行动,并定于次日去总统府请愿。

五月二十一日上午,北京大学、高等师范(北京师大前身)、高等工业专门学校、法政专门学校等校学生两千多人,前往新华门总统府请愿,要求宣布并废除《中日共同防敌协定》,情绪十分激昂,有一学生曾断左手中指血书:"案件取消之日,为我辈生还之时。"当时北京政府的大总统是

---

① 中国社会科学院中国近代史研究所藏:许德珩谈话记录,邵力子访问记录的补充谈话。
② 上海《民国日报》一九一八年五月二十五日。
③ 上海《民国日报》一九一八年五月三十一日。

直系军阀冯国璋。冯被迫接见了学生代表,用花言巧语欺骗学生。学生们缺乏政治经验,听信了冯的花言巧语,受了骗,第二天便宣告复课。这次斗争没有取得什么结果。

虽然没有结果,运动仍然是有成绩的。通过这次运动,北京和天津的学生组织起来了,北京一部分学生组织了学生救国会(初名爱国会①)。一九一八年七月间,这个组织的代表,先到天津,又会同天津代表,到济南、南京、上海等地进行联络。经过一个多月的时间,学生们组织成了一个近乎全国性的学生团体——学生救国会。

学生们开始行动起来了,他们在初试锋芒的斗争中受到了锻炼,取得了经验。

自这次运动后,北京的学生界,三五成群,课余饭后,教室、操场、公寓、花园,无不谈论着国事和报纸刊物上的文章,密切注视时局的发展。

# 六、红楼星火

北京东城汉花园迤东,沙滩大街路北(现五四大街西端),矗立着一座四层的红砖到顶的大楼,这就是著名的原北京大学的红楼——李大钊和毛泽东曾经工作过的地方。

京师大学堂的最初校舍是在马神庙公主府(现景山东街),后因校舍不够用,才向汉花园(即沙滩附近)方面发展。

红楼是在一九一八年,即北京大学建校二十周年(京师大学堂是在一八九八年创办的)时建成的。

红楼的第一层,即最下一层,主要作图书馆之用。

李大钊是在一九一八年一月任图书馆主任的,红楼建成后,图书馆迁

---

① 当时有的学生受无政府主义影响,以为"爱国"是落后的思想,因而又改爱国会为救国会。参见许德珩:《杂谈五四》,《五四运动回忆录》,中华书局一九五九年版。第二十四页。

此,他即在东南角上的一间房子(图书馆主任室)里办公。①

李大钊任图书馆主任后,特别注意扩充有关民族解放和介绍马克思列宁主义的书籍。② 他在扩充和介绍这些书籍中,非常注意外文原著。为此,他还率领图书馆人员去清华参观,因为那里"以英文书为主,中文书次之"。③ 他很重视全校人员的外语学习,为图书馆陈列室订购的十五种报纸中,外文的(日、英)就有四种;④他还是业余法文夜校的发起人之一。⑤

就是在这座红楼中,李大钊团聚了一些志趣相投的人,研究和学习马克思主义,建立了一个学会的组织。高一涵回忆说:"五四前不到半年,守常在北京大学组织了一个研究马克思主义的学会。我们不是用马克斯、而是用马尔克斯这个名字,为的是要欺骗警察。他们回去报告,上司一听研究马尔萨斯(与马尔克斯相混),认为这是研究人口论的,也就不来干涉了,这个学会,先是公开的;后来就秘密起来。它的对内活动是研究马克思学说,对外则是举办一些讲演会。"⑥

就是在这座红楼中,李大钊不仅写出了《法俄革命之比较观》《庶民的胜利》《布尔什维主义的胜利》《新纪元》等一系列宣扬十月革命的文字,而且写了一系列宣扬马克思主义的文章。

一九一九年二月,李在《大亚细亚主义和新亚细亚主义》中,明确地提出了"民族自决"和"帝国主义"⑦的概念。而在此以前,中国还没有人用马克思主义的观点这样提出问题。

同年二月,他又在《战后之妇人问题》一文中,阐述了马克思主义的

---

① 《北京大学日刊》一九一八年十月二十二日载图书馆布告:"本馆办公室一概迁至新大楼第一层……自今日起即在新舍照常办公,此告。"
② 参见陈琮英、李星华等:《烈士亲属的回忆》,中国青年出版社一九五八年版,第一八、一九页。
③ 《通信》,《北京大学日刊》一九一八年三月十九日、二十日。
④ 《图书主任告白》,《北京大学日刊》一九一八年十月二十九日。
⑤ 《北京大学日刊》一九一八年二月十八日。
⑥ 《五四运动回忆录》,中华书局一九五九年版,第二一三页。
⑦ 《李大钊选集》,第一二七页。

阶级斗争学说,明确地表达了全世界无产者联合起来、用阶级斗争的手段、推翻剥削制度的马克思主义观点。

同年五月,他主编《新青年》第六卷第五号。在这一号里,他编排了许多介绍马克思主义和社会主义学说的文章,他自己执笔写了一篇两万多字的《我的马克思主义观》,全面地阐明了马克思主义的三个组成部分——唯物史观、政治经济学和科学社会主义,指出这三个部分,"都有不可分的关系,而阶级竞争说恰如一条金线,把这三大原理从根本上联络起来"。①

《我的马克思主义观》这篇文章虽然还夹杂着一些错误观点,但它的基本内容是应该肯定的。如果说,前面提及的关于十月革命的几篇论文,还只是传播了马克思主义的一些观点,那么,《我的马克思主义观》就成为系统地介绍马克思主义理论的开始。

在马克思诞辰一百零一周年(一九一九年五月五日)的时候,李大钊还帮助北京《晨报》副刊开辟一个《马克思研究》专栏。从五月五日到十一月十一日,六个多月的时间里,这个专栏共发表了五种论著,其中包括:马克思的《劳动与资本》,考茨基的《马氏资本论释文》,河上肇的《马克思唯物史观》等。

为在中国传播马克思主义,李大钊花费了巨大的精力,许多同辈人都能回忆起他在红楼中孜孜不倦、辛勤劳动的情景。

　　欣看星星之火,已成燎原之焰。

这是吴老(玉章)在五四运动三十一周年时为红楼李大钊工作室所作的题词。

饮水思源。当中国人民欢庆解放的时候,始终不能忘怀在黑暗的中国第一个高高举起马克思主义火炬的人。

李大钊是应永远怀念的,红楼也是值得永远纪念的。

---

① 《李大钊选集》,第一七七页。

# 第 七 章

# 新旧思潮的激战

## ——"五四"前夕文化斗争和政治斗争的结合

　　新文化运动不断扩大着它的影响。但是,直到一九一八年上半年,这个运动仍然未和群众的政治斗争结合起来。

　　一九一八年五月,学生界掀起了规模宏大的反对《中日共同防敌协定》的斗争,但《新青年》却没有任何的反映。

　　当北京大学学生参加五月请愿斗争的时候,校长蔡元培曾经加以阻挠,阻挠未成,而"引咎辞职"。北大文科学长陈独秀和其他各科学长一样,也表示和蔡共进退,"引咎辞职"。只是由于学生们和各方面的"挽留",蔡、陈等人的辞职才作罢。①

　　但是,文化运动是不可能长期和政治斗争隔绝的。

　　情况在一九一八年下半年以后有了变化。一九一八年下半年,十月革命的影响扩大了,李大钊介绍十月革命的几篇论文,就是在这时发表的。第一次世界大战也是在这时结束的,协约国唱出的"公理战胜强权"的调子,很为动听,威尔逊的"十四条",也很迷惑人。所有这一切,都不能不促使文化运动和政治运动结合起来。正因为如此,新旧思潮的矛盾

---

　　① 关于蔡元培的辞职,蔡本人在《我在北京大学的经历》一文中曾说:"民国七年夏间,北京各校学生,曾为外交问题,结队游行,向总统府请愿;当北大学生出发时,我曾力阻他们,他们一定要参与;我因此引咎辞职。经慰留而罢。"见《蔡元培选集》,中华书局一九五九年版,第二九二页。关于陈独秀等人的辞职,参看当时的《北京大学日刊》。

也就日益表面化起来。

# 一、《荆生》大闹陶然亭

北京市内的西南角上,有一处景色秀丽的陶然亭公园。这里不仅是供人们休息游览的场所,而且是值得人们永远纪念的地方。园内西南角高台阶处,有一慈悲庵。李大钊、毛泽东、周恩来早年都曾在这里从事过革命活动。

我国唐代大诗人白居易在赠友人刘禹锡的诗中曾咏:"更待菊黄家酝熟,共君一醉一陶然。"[1]这就是陶然亭命名的由来。

陶然亭的历史,可以上溯到元代,那时土丘上已建有慈悲庵。明清两代,曾在这里设窑厂,烧砖制瓦。清康熙三十四年(一六九五年),管窑厂的工部郎中在慈悲庵盖了三间敞厅,借用白居易的诗句,取名陶然亭。多少年来,陶然亭饱尝了旧中国的苦难,也经历了革命的风雨。由于这里比较幽静,无尘嚣之扰,所以在十月革命后,新文化界的名人们也经常在这里聚会。正因为如此,反动派对这里也恨之入骨,竟然以此为背景,写进他们的反动小说里。

一九一九年二月十七日林纾[2]在上海《新申报》上发表名为《荆生》

---

[1] (唐)白居易:《与梦得(刘禹锡字)沽酒闲饮且约后期》。

[2] 林纾(一八五二——一九二四年),字琴南,号畏庐,福建闽县人。他是清末著名的古文家、画家。他没有学过外文,不懂任何一种外国文字,却成了著名的翻译家。他翻译的第一部小说,是法国作家小仲马的名著:《巴黎茶花女遗事》。翻译时,是靠从法国回来的王寿昌,拿着原著逐字逐句地把意思说出来,林纾坐在一旁,用他那精练的散文,迅速记录下来。用这种合作方式,他以后又陆续译了《黑奴吁天录》、《块肉余生记》(即狄更斯《大卫·科波菲尔》)、《迦茵小传》、《撒克逊劫后英雄略》、《吟边燕语》(即《莎士比亚故事集》)、《孝女耐儿传》(今译《古玩店》)、《魔侠传》(今译《唐吉诃德传》)、《伊索寓言》等,林译的这些小说曾风行一时。

林早年具有爱国思想。在戊戌政变前,他就主张学习西方,进行改革。但在辛亥革命以后,他却以遗老自居,暴露了他的顽固的封建意识,日益成为社会前进的阻力。"五四"前夕,极力主张尊孔读经,大肆攻击新文化运动,成为极反动的守旧派。辛亥革命前后,他曾是京师大学堂和北京大学经文科教员。(见《国立北京大学二十周年纪念册》)

的小说,肆意诋毁新文化运动。《荆生》小说中的人物,以田必美影射陈独秀,以金心异影射钱玄同,以狄莫影射胡适,说这三人聚谈于陶然亭,田生指责孔子,狄生主张白话,忽然间隔壁跳过来一个名荆生的"伟丈夫",把三人大骂了一顿,结果,"田生尚欲抗辩,伟丈夫骈二指按其首,脑痛如被锥刺;更以足践狄莫,狄腰痛欲断。金生短视,丈夫取其眼镜掷之,则怕死如蝟,泥首不已。丈夫笑曰:'尔之发狂似李贽,直人间之怪物。今日吾当以香水沐吾手足,不应触尔背天反常禽兽之躯干。尔可鼠窜下山,勿污吾简(指荆生的铜简),……留尔以俟鬼诛。'三人相顾无言,敛具下山。"①

林纾在小说的末尾,颇有感慨地说:"如此混浊世界,亦但有田生狄生足以自豪耳!安有荆生?"

这篇小说反映了当时封建卫道者们的心理,他们痛恨新文化运动者,希望有荆生那样的"伟丈夫"出现,为他们出气。人们说,文里的"荆生",就是指皖系军阀徐树铮。

林纾的反动小说一出笼,立即遭到新文化界的反击。李大钊在北京《晨报》上发表《新旧思潮之激战》,指出:"我正告那些顽旧鬼祟,抱着腐败思想的人:你们应该本着你们所信的道理,光明磊落的出来同这新派思想家辩驳、讨论。公众比一个人的聪明质量广、方面多,总可以判断出来谁是谁非。你们若是对于公众失败,那就当真要有个自觉才是。若是公众袒右你们,那个能够推倒你们?你们若是不知道这个道理,总是隐在人家的背后,想抱着那位伟丈夫的大腿,拿强暴的势力压倒你们所反对的人,替你们出出气,或是作篇鬼话妄想的小说快快口,造段谣言宽宽心,那真是极无聊的举动。"②

李大钊以俄国革命为例,号召中国的新青年起来,绝不要怕武力的镇压,指出新思潮必定战胜旧思潮。他说:"须知中国今日如果有真正觉醒的青年,断不怕你们那伟丈夫的摧残;你们的伟丈夫,也断不能摧残这些

---

① 《每周评论》一九一九年三月九日。
② 《每周评论》一九一九年三月九日。

青年的精神。当年俄罗斯的暴虐政府,也不知用尽多少残忍的心性,杀戮多少青年的志士。那知道这些青年牺牲的血,都是培植革命自由花的肥料,那些暗沉沉的监狱,都是这些青年运动奔劳的休息所;那暴横政府的压制却为他们增加一层革命的新趣味。直到今日这样滔滔滚滚的新潮,一决不可复遏,不知道那些当年摧残青年、压制思想的伟丈夫那里去了。"①

陈独秀也在《每周评论》对林纾的《荆生》上加以点名驳斥,并对"国故党造谣"予以揭穿,他指出:"新青年所评论的,不过是文学、孔教、戏剧、守节、扶乩这几个很平常问题,并不算什么新奇的议论。以后世界新思想的潮流,将要涌到中国来的很多。我盼望大家只可据理争辩,不用那'倚靠权势''暗地造谣'两种武器才好。"②

《每周评论》在发表陈独秀上文的同时,还发表了一篇中学教师用读者来信口吻写的长文:《评林蜎庐最近所撰〈荆生〉短篇小说》。这篇长文以改中学生作文之手法,指出《荆生》一文"其结构之平直、文法之舛谬、字句之欠妥,在在可指"。作者在逐段批评之后,所加评语是:"此篇小说,其文之恶劣,可谓极矣。批不胜批,改不胜改。设吾校诸生作文尽属如此,则吾虽日食补脑汁一瓶,亦不足济吾脑力,以供改文之用。然吾昔读林先生所译之茶花女遗事及他种小说,尚不如是。岂年衰才尽抑为他人膺作耶? 惜我不识林先生,无从质之。"③

嬉笑怒骂,皆成文章。这位"中学校教师",把大古文家林纾讽刺、挖苦得实在淋漓尽致,使其威信扫地。由此也可看出,旧思潮是多么不得人心。

在《荆生》出笼后不久(三月间),林纾还写了致蔡元培的公开信。

林在第一封信中,说北京大学是"覆孔孟,铲伦常";"尽废古书,行用土语文字"。他并且冷嘲热讽地说:"若尽废古书,行用土语文字,则都下引车卖浆之徒,所操之语,按之皆有文法,……则凡京津之稗贩,均可用为

---

① 《每周评论》一九一九年三月九日。
② 《关于北京大学的谣言》,《每周评论》一九一九年三月十六日。
③ 《每周评论》一九一九年三月十六日。

教授矣。"①

蔡元培看到林纾的信后,即写了《致公言报函并附答林琴南君函》。不过,蔡的回答,是很温和的。他为北京大学辩护说,校中并无"覆孔孟,铲伦常"的过分言论,也没有"尽废古文而专用白话",并且说:"《新青年》杂志中,偶有对于孔子学说之批评,然亦对于孔教会等托孔子学说以攻击新学说者而发,初非直接与孔子为敌也。"②

蔡元培是以资产阶级自由主义教育家的态度对待这次斗争的,他的回答带有一定的调和性。但是,他在回答中重申了"思想自由"和"兼容并包"的原则,主张百家争鸣,却是有利于新文化运动开展的。特别是,他也用以子之矛、攻子之盾的办法,予林纾以反诘:"公(指林纾)曾译有《茶花女》《迦茵小传》《红礁画桨录》等小说,而亦曾在各学校讲授古文及伦理学,使有人诋公为以此等小说体裁讲文学,以狎妓、奸通争有夫之妇讲伦理者,宁值一笑欤?"③

《荆生》在遭到反击后,林纾仍不服输,他再次给蔡元培写信,表示:"终之以拼我残年,极力卫道,必使反舌无声,瘈犬不吠然后已。"④

除《荆生》和致蔡元培的信外,林纾又在三月十九至二十三日的上海《新申报》上,发表了一篇名为《妖梦》的小说,其手法就更为低劣下流了。小说中的元绪公(影射蔡元培,元绪即骂人为乌龟)是白话学堂(影射北京大学)的校长,田恒(影射陈独秀)为教务长,秦二世(胡亥,影射胡适)为副教务长,田、秦二人提倡白话、反伦常而元绪公点首赞成。最后,忽来一妖魔将他们三人统统吞噬。这篇小说出笼后,立即遭到人们的指责,有人投书《每周评论》说:"我向别人借看《妖梦》,乃知比《荆生》和给蔡君的信,更加可笑:篇中所叙的人,竟有名叫'元绪'的,这竟是拖鼻涕的野小孩在人家大门上画乌龟的行径了。这种行径,真是可怜。我想该举人也是一个人类,已经活到七十岁,知识还是如此蒙昧,这真是他的不幸,所

---

① 《蔡元培选集》,第八二页。
② 《蔡元培选集》,第七六页。
③ 《蔡元培选集》,第七九页。
④ 《每周评论》一九一九年四月十三日。

以说他真是可怜。我们费了宝贵的笔墨、纸张、精力、时间来批评该举人，未免'太不自爱'。'道理'两个字，和该举人相去不止十万八千里，本来不能和他去讲。"①

林纾的言论，不是个别的偶然现象，它反映了深刻的时代背景。即：安福系军阀、政客，准备对新文化运动进行直接干涉。

就在《荆生》出笼的前后，社会上便流传着这样的消息：有一个名叫张元奇的参议员，面见教育总长傅增湘，要求干涉北京大学的新思潮运动，否则参议院将提出弹劾案云云。② 这个消息，虽然经北大同人一再辟谣，但是，无风不起浪，它是事出有因的。而实际上，陈独秀在"五四"前已被迫离开了北大文科学长的位置：一九一九年三月四日，北大制定文理科教务处组织法，决定从当年暑假后不再设置文理科学长职务。四月八日，蔡元培召集文理科教授会议，决定文理科教务处组织法提前实行，马寅初当选为教务长。③ 当社会上关于陈独秀被迫辞职的谣言纷起时，蔡解释说，陈虽不当文科学长，但仍是北大的人员，这只是属于北大内部机构的变动。

如果不是五四爱国运动的爆发，北京大学进一步被干涉，新文化运动进一步被破坏，是完全可能的。就在此前后，胡适、傅斯年、罗家伦等也提出了把北大迁到上海租界去办的主张。④

北京展开了新旧思潮的激战，全国各地也都受到这种斗争的影响。

---

① 《每周评论》一九一九年四月十三日。
② 《每周评论》一九一九年三月三十日。
③ 《北京大学日刊》一九一九年四月十日。
④ 沈尹默在《我和北大》一文中回忆说："'五四'运动时，胡适以'革命'为幌子，主张把北大迁到上海。有一天，我和幼渔、玄同、士远，大齐等人正在商量事情时，胡适、罗家伦、傅斯年进来说：'我们主张把北大迁到上海租界去，不受政府控制。'我们回答说：'这件事太大了，要商量。'罗家伦和傅斯年接着说：'搬上海，要选择哪些教员、哪些学生可以去，哪些不要他们去。'我们一听，这是拆伙的打算，不能同意。因为弄得不好，北大就会分裂，会垮台。于是决定在第二天早上七时开评议会讨论。开会之前，我们要沈士远去看胡适，告诉他，搬上海，我们不能同意。评议会讨论的结果是不同意迁上海。胡适就来找我，他说：'以后北大有什么事情，你负责！'我说：'当然要负责，不能拆北大的台。'当时，我的思想是，学生的态度是激烈的，教师的态度实质上应当和学生一致，但态度要稳重，才能真正维护学生运动，使政府无懈可击，不会解散北大。"见《文史资料选辑》，第六十一辑。

各地军阀和北京掌握中央政权的军阀一样,对新文化运动横加干涉,甚至有过之而无不及。一九一九年四月九日,江苏省长齐耀琳公然电令各校、各县,严禁阅读有关新思潮的刊物。电文中说:"风纪习惯,文字语言,国性所关,不容妄革。近阅坊间之出版物,间有主张破除旧有伦教,毁裂吾国固有文学,以期改造一新社会者。……若伦教文学,系一国根本问题,苟或废之,是谓无本。……青年学子,根植薄弱,骤睹新奇之说,易启淆惑之心,于操行学业前途极有关系。为特训令,……对于主张悖谬之出版物,严禁购阅,以黜邪说而端品学。"①

## 二、对于新旧思潮激战的社会评论

新旧思潮互相交锋,文化斗争和政治斗争相结合,其所起的影响,就远非以前所可比拟了。对于这次交锋,社会上反响很大,各大报刊均纷纷发表评论。现摘录其要点如下,以窥新文化运动之影响:②

(一)《晨报》:"学问独立,思想自由,为吾人类社会最有权威之两大信条。有敢蹂躏之者,吾侪认为学术界之大敌、思想界之蟊贼,必尽吾侪之力,与之奋战苦斗,以拥护之。在昔帝王专制时代,往往因个人之爱憎,滥用权力,压迫思想。然其结果,反动愈烈,卒莫之何。试问今日何时,旧派乃欲以专制手段阻遏世界潮流,多见其不知量耳!"(《警告守旧党》)

(二)《国民公报》:"现在这辈顽旧思想的人,又想借不正当的势力,来摧残新思想。思想是不可摧残的,并且经一度的摧残,便是一度的助长。""从来一种思想,决非压抑的力量所能打消。就以现在的过激主义而论,各国也没有法去压抑他。这辈顽旧思想的人,要真有卫道的热心,何不拿出正当的态度,来发挥孔子之道使人信服呢?"(《最近新旧思潮冲

---

① 《什么话》,《新青年》第六卷,第四号。
② 均见《每周评论》一九一九年四月十三日特别附录:《对于新旧思潮的舆论》。

突之杂感》)

(三)《北京新报》:"其复大学校长蔡子民之函(即林琴南复函),曰:'拚我残年极力卫道',是直欲拚却老命,以威吓新派诸子矣。顾我不知彼之所谓卫道者,卫桐城派及文选之散骈文体耶?抑卫君主专制政体之学说耶?吾诚不知其命意之所在矣。""陈胡诸君所主张之新文学,与其历次印刷物所析辨之各种学理,其认为不能满意,尽可平心静气,为论理上之研究,则真理将愈析而愈明,决不能一笔抹煞,使尽灌夫骂座之身段,是不特于新派之主张丝毫无损,而转于自身之人格上,贻世人莫大之羞,旧派之所谓卫道者固应如是耶?"(《最近之学术新潮》)

(四)《顺天时报》:"林琴南运动议员张元奇等,因此问题弹劾教育总长,并先使人示意于傅总长,[①]若不立将蔡校长撤换,弹劾案即当实行提出云云。按思想自由本为立宪国之大原则,纵使新旧不能相容,不妨以笔舌相争,以待识者之公判,今乃欲借政治的势力,以压伏反对之学派,实属骇人听闻之事也。""而且愈遏抑则愈激动,反致真理不明,感情用事,尤非学术之福。古来汉宋之争,陆王之争,其初论点,在于学术,是后乃惹起感情。是非与爱憎,界限不明,觥觥师儒,不能辞其咎也。"(《新旧思潮》《酝酿中之教育总长弹劾案》《新思想不宜遏抑》)

(五)《民治日报》:"近数日来,京城思想界陡起冲突,谣诼丛生,不可捉摸。……总之,皆是思想问题、言论问题,纵双方互相攻击,亦为思想进步所必由之途径,按诸法律,实无政府干涉之余地也。"(《新旧思想冲突平议》)

(六)《民福报》:"尝考吾国学术,莫盛于周秦,虽诸子争雄,波澜层出,而他山攻错,瑾瑜俱呈,苟非有秦皇汉武出,一厄之以焚坑,再厄之以罢黜,使物质精神,同归消极,则吾国今日学术思想之发展,宁后于欧西?当今之世,纵使再有混世魔王,如秦皇汉武其人者,居高临下,操纵群伦,而欲逆世界之潮流,束万众之心理,以专骛于陈古之一途,亦格于势而莫达。""君子不恃千万之谀颂,而畏一二有识之窃笑,甚愿二公(指林纾和

---

[①] 即教育总长傅增湘。

蔡元培)力袪成见,婉劝徒党,勿再以影射文字开衅报端,各本其经验所得者发为有系统之论著,以馈我幼稚之学界,则君子之过,有如日月之蚀而已矣。"(《林蔡评议》)

(七)北京《益世报》:"此次外间人对于大学之攻击,即新旧之争之一种。放开眼光,往大方面一看,亦不过官与民之争之一小部分而已。请问现在中国虽高揭民国之旗帜,究之民得意乎？抑官得意乎？居高位享厚禄,声势赫赫,果为民乎？抑为官乎？如到处皆为官之势力,单单有一大学欲保存民气,比如在浑浊之河流中欲保存一洼清水,其不被淤泥荡激者恐万不能也。北京大学,居于官僚社会之中心,不被旧派攻出,乃情理中必无之事,至此而方有发生,窃窃以为其不早也。"(《新旧之争》)

(八)《民国日报》:"北京为数百年龌龊官吏之薮。虽经屡次政变,而臭腐陈腐之气仍盘亘于上下。政府之人物,无一非专制头脑。征之事,显然可知。彼等以自身之私利,与公道正义绝不相容,故竭力厉行其愚民政策:必令中国数十年来仅得之世界的进步的学术思潮,完全消灭,俾人民仍还入于愚陋僿野之境,然后乃恣行其私,无所畏惧。"(《论大学教员被摈事》)

(九)《时事新报》:"凡欲革新一代之思想学术,终不免有忤逆世俗之虞。来日方长,挫折正未有艾。寄语以革新事业为己任者,勿以区区之恫喝而遂气沮也。""北京大学新派教员,屡被旧派学者之掊击。近复闻旧派某籍军人与新国会之权力,以胁迫新派文科学长陈独秀先生,有愿辞职以自由主张新学之说。不幸而陈先生果辞退,是新派之威胁已奏厥功也。思想学说之自由何在哉!"(《为驱逐大学教员争鸣不平》《大学教员无恙》《威武不能屈》)

(十)《神州日报》:"这种事体(指新近旧派对于新派的排击),依我看来,不过是新旧思潮的开始决斗。以后彼此决斗的事,尚多着呢。……我这篇东西是要全国青年明白这是新旧思想开始的决斗,以后的事还多着呢。我希望我全国青年的脑筋,要冷静,要明晰,要远大,要新鲜。不要被那般旧派的人迷惑住。"(《新旧思潮之开始决斗》)

(十一)《浙江教育周报》:"思想、言论、出版三者,为精神之生命。三大自由,为精神生命之保护物。世界文化之进步,即在于此。大学为新学术之发源,新社会之导师,当有完全之三大自由,以尽发展精神生命、发展文化之天职也。欧美各国,大学处独立之地位,不受一切干涉,惟独立故能自由,惟自由故思想、言论、出版得以发达,而学术文化,遂有进步。""今若果有因出版物而驱逐教员之事,则是束缚人类之自由,阻遏文化之进步,妨碍学术之发展,而吾人精神之生命,将从此丧失矣。""夫得三大自由则生,不得则死。得精神生命则生,不得则死。吾侪如欲尊重真理,皆不可不有此精神。""吾愿提倡革新诸君,自觉其责任之重,知旧势力之大,力与奋斗,百折不挠,具独立之志趣,有牺牲之精神,真理所在,生死以之。吾知最后之胜利,必属于革新之诸君矣!""国人承专制之积习,对于学术之度量,非常狭隘。骤见一新思想,则以为与一己所持之旧思想处于势不两立之地位,自知以思想战思想不能取胜,于是不得不假借思想以外之权力以压抑之。不知压抑愈大,则其发展愈速;权力虽强,终将为彼所降伏。一时之压抑,徒成画饼,亦何苦乎?吾愿反对新思想者,毋以思想之不能胜,而欲以权力凌人。今日之世界,权力之命运,不知尚能保持至几十年之久否乎?愿旧派之反对新思想者,一反省也。"(《北京大学暗潮之感想》)

## 三、《每周评论》的鼓动作用

国内外形势的迅速发展,特别是文化斗争和政治斗争相结合的这个特点,使每月一期而又主要刊登长篇论著的《新青年》,无法适应了。为了及时分析形势,指导运动的发展,《每周评论》应运而生。

《每周评论》是在一九一八年十二月二十二日创刊的。社址设在北京宣武门外骡马市大街米市胡同七十九号(安徽泾县会馆的房子)。刊物在每星期日出版,内容计分十二类:一、国外大事述评;二、国内大事述评;三、社论;四、文艺时评;五、随感录;六、新文艺;七、国内劳动状况;八、通信;九、评论之评论;十、读者言论;十一、新刊批评;十二、选论。

《每周评论》是陈独秀、李大钊等共同创办的。陈独秀在这个刊物上用的笔名是"只眼",大概是取意于清代赵翼的《论诗》:"只眼须凭自主张,纷纷艺苑漫雌黄;矮子看戏何曾见,都是随人说短长。"李大钊在这个刊物上用的笔名是"常""守常""明明""冥冥"等。经常在这个刊物上撰写文章的还有胡适、高一涵(涵庐)、王光祈(若愚)等人。

《每周评论》的特点是政治性强烈,陈独秀、李大钊等不断地对重大政治问题发表评论。胡适这时仍然是"不谈政治"。直至"五四"以前,他在这个刊物上发表的只是为数很少的几篇文艺性的东西。胡在后来回忆这段情况时说:"在民国六年,大家办《新青年》的时候,本有一个理想,就是二十年不谈政治,……但是不容易做得到,因为我们曾抱定不谈政治的主张,政治却逼得我们不得不去谈它。……七年,陈先生和李大钊先生因为要谈政治,另外办了一个《每周评论》,我也不曾批评它。他们向我要稿子,我记得我只送了两篇短篇小说的译稿去。"①

"五四"前夕,《每周评论》都宣传了些什么?起了些什么样的作用呢?

第一,宣传了十月革命和反映了世界革命的高潮。

李大钊在《新纪元》等几篇文章中不仅宣传了十月革命的伟大意义,而且正确地解释了十月革命和"过激主义"产生的原因,使人深思。他在《过激派的引线》一文中说:"过激主义种子,实在是因为社会上不满意的事太多才产生的。既有这个种子,那社会上的一切不平、不安稳、不公道的事体,就是他的肥料。既加了肥料,又要他不生长,那可有点办不到。所以世界政府中的顽固党,都怕过激主义,但是都在那里培植过激主义。"②

如前所述,陈独秀对十月革命由怀疑到赞赏的转变,也是在《每周评论》上反映出来的。

---

① 这是一九三二年十月十五日陈独秀被捕后,胡适于十月三十日在北京大学的一篇讲演中讲的,见陈东晓编:《陈独秀评论》,北平东亚书局一九三三年版,第五一、五二页。

② 《每周评论》第十一号,一九一九年三月二日。

一九一九年二月以后,《每周评论》对于世界革命的高潮,有了更多的反映。第十号上记载:"今年一月二十五日,俄德两国的过激派在莫斯科组织国际革命党,反对资本主义,禁止资产阶级的武装。"①第十一号上,报道了"巴哇利亚的革命"。第十六号、第十七号上,连续报道了匈牙利革命的消息,并说:"从俄国革命以后,发生了一个布尔扎维克主义,欧洲各国惊慌得了不得,深恐这种布尔扎维克主义传到他们国里来。和平会内的几个大国,曾经想了许多法子来解决这个俄国问题,免得他的传染病传过来。但是现在俄国问题还没有解决,那布尔扎维克主义早已传染到匈牙利了。"②第十八号上,《国外大事述评》栏,以《各国劳农界的势力》为题,综合报道了"俄国劳农政府的组织""匈牙利新政府中劳农的势力""巴维利亚劳农政府的宣言",指出:"自俄国布尔扎维克主义战胜后,欧洲劳农两界,忽生最大的觉悟,人人出力和资本家决斗。他们的势力,已经征服了好几国。……这种革命,在政治史上算是顶有价值的事体。"③并且指出,各资本主义国家虽然用劳动立法来缓和革命,"不过劳动界既已觉悟了,必定要要求自立政府,决不愿甘心受人家优待的,所以俄、匈、德、巴(巴维利亚)等国的劳农一个个都出来组织新政府,实行他们社会共产主义"。④

《每周评论》对东方民族解放运动的报道,也占了相当篇幅。如第十三号、第十四号,连续报道了朝鲜独立的消息。第十三号的副标题是:"民族自决的思潮,也流到远东来了!"第十四号的副标题是:"生气和杀气相冲,公理和强权苦战;且看最后那一天,到底是谁胜谁败?"这篇报道还特别揭示了朝鲜工人的罢工情况:"朝鲜人的生活权皆在日本人手里,好一点的工作皆被日本人霸占去了。劳动界渐渐不能生活,所以也趁这回独立机会,到处罢工。汉城方面人力车夫罢工了,纸烟专卖局的工人也

---

① 若愚:《国际的革命》,《每周评论》第十号,一九一九年二月二十三日。
② 《每周评论》第十六号,一九一九年四月六日。
③ 《每周评论》第十八号,一九一九年四月二十日。
④ 《每周评论》第十八号,一九一九年四月二十日。

罢工了,矿业工人现在也有几千人停止工作,汉城商店歇业的有一千多家。"①

《每周评论》关于十月革命和世界革命高潮的报道,是有意义的。中国人民,特别是革命的知识分子,正是从这些报道中,进一步接受了十月革命的影响。

第二,揭露了北洋军阀的反动统治,并号召人民起来进行斗争。

《每周评论》创刊号上,陈独秀即在《随感录》栏目内,以《两团政治》为题,指出了军阀政治和帝国主义的关系。当时,正要召开南北和会,段祺瑞为了一己之霸权,极力阻挠南北议和。徐世昌召集督军团会议,督军团即积极贯彻段祺瑞的意图。但是美英等国出面干涉,提出劝告和平的文件,于是督军团便也不得不同意和会的召开了(后来和会虽然召开,但由于帝国主义之间及他们支持下的军阀派系之间的矛盾,和会并没有结果)。陈独秀为此事发表评论说:"中国人上自大总统,下至挑粪桶,没有人不怕督军团,这是人人都知道的了。但是外交团比督军团还要厉害,列位看前几天督军团在北京何等威风,只因为外交团小小的一个劝告,都吓得各鸟兽散。什么国会的弹劾,什么总统的命令,有这样厉害吗?这就叫做'中国之两团政治'。"②

"两团政治",这是反映帝国主义和军阀关系的一个很生动的写照。

段祺瑞在日本帝国主义支持下,在第一次世界大战期间,训练所谓"参战军"。第一次世界大战结束后,他为了保存和发展自己的军阀武装,又将"参战军"改为"国防军"。其阴谋是昭然若揭的。《每周评论》不断揭露这一事实的真相。陈独秀在一篇社论中联系《中日共同防敌协定》,对此事加以评论说:"在外交上说起来,原来这国防军,就是参战军的改名。参战军想受日本兵器兵费的接济,便不得不受中日军事协定的约束。说起军事协定,国民可为寒心。这件事原来是中日两国军阀野心的结托,假参战为名,一方是打算握大陆的兵权,一方是打算做国中的霸

--------
① 《每周评论》第十四号,一九一九年三月二十三日。
② 《随感录·两团政治》,《每周评论》第一号,一九一九年十二月二十二日。

主。一个愿打,一个愿挨,所苦的就是我们四万万被卖的人民。幸而欧战停止,参战军未能扩充,两国的军阀,还没有十分如愿。然而这国防军仍然是军事协定的余毒……""这国防军因为用了中日军事协约的参战借款和兵器,所以用人行政都不大自由。所以国防督办处和经理局教练处,都不得不用许多日本人执那重要的职务。""这国防军倘不取消,在内政上在外交上都是破坏和平的危险物。和平会议的南北代表诸君,如果真想为国民谋和平幸福,就应该竭力打消这破坏和平的危险物。我也知道这件事是两国军阀的结托,力量不小。不但代表诸君不敢得罪他们,就是两国政府的当局,也都无可奈何。如此我们只有奉劝两国的军阀,看看世界大势,不要太高兴。若是定要两国的国民起来根本解决,闹到俄德两国的现状,没有你们什么好处。"①

"国民起来根本解决",是这篇文章的结论,也是它的画龙点睛之处。在此前后,陈独秀还以《除三害》为题,指出中国若不除去军阀、官僚、政客,国内政治便永无澄清之日。他并且说:"若想除这三害,第一,一般国民要有参予政治的觉悟。对于这三害,要有相当的示威运动。第二,社会中坚分子,应该挺身出头,组织有政见的有良心的依赖国民为后援的政党,来扫荡无政见的无良心的依赖特殊势力为后援的狗党。"②

陈独秀发表《除三害》后,李大钊便又接着发表了《兴三利》,指出:"同社只眼主张除三害,痛快的很。吾愿同时也能兴三利。那三利呢?开首,多多培养进取、有为、肯牺牲、负责任的少年专门而博闻的学者;其次,实行科学教育,使人人对于事物都抱着遵守科学法的态度,都是批疑之胆大而容受之心虚。最后第三,创办种种真正绝对的民本事业,成立种种真正绝对的民本制度,务令人世的确是人的人世,不再是帝王军阀的人世,不再是官僚政客的人世,不再是资本家财主的人世。"③

由于十月革命的爆发和世界革命高潮的到来,由于李大钊等人的积

---

① 只眼:《社论·我的国内和平意见》,《每周评论》第一〇号,一九一九年二月二十三日。
② 《每周评论》第五号,一九一九年一月十九日。
③ 《每周评论》第六号,一九一九年一月二十六日。

极宣传,使一部分先进分子,特别是先进青年,对民主含义的理解已开始和以前有所不同了。例如,有一个读者在一九一九年二月间便向《每周评论》投书说:"今年是一千九百十九年了。从前年俄罗斯革命以来,旧的世界,渐渐死灭;新的世界,渐渐产生。千九百十九年以后的局面,将变到怎么样,我们浅识的人,实在预想不到。不过含含忽忽知道千九百十九年以后的世界,一定和以前的世界,大大不同。我们要做千九百十九年以后的人,必不可不知道我们现在正在大漩涡之中,在大急滩之上,更不可不准备我们做千九百十九年以后的人的要素。空泛的话少说,现在且把新时代的根本思想讲一点。现在时代的根本思想,依我看起来,就是个'德谟克拉西'Democracy,……所谓社会的'德谟克拉西',就是扫除社会上贵族阶级,用一般民众,组成一个完全平等的社会团体。所谓经济的'德谟克拉西',就是废止资本主义的生产,用一般民众,造出大家是劳动者,大家作了大家用的一个平等的经济组织。"①同一个作者,不久又发表文章说:"欧洲的革命史,大概可以划分两个时期。一个是十八世纪下半期十九世纪全世纪的革命:这个时期的革命,是资产阶级(Bourgeois)对于贵族阶级的革命,是政治的革命。一个是现在和从今以后的革命:这个时期的革命,是无产阶级(Prolctariat)对于资产阶级的革命,是社会革命,是经济组织的革命。这种革命,有世界的性质;将来中国,自然也是不能免的。现在中国,恐怕也有些人,看见俄国和中欧各国的社会革命,就希望中国马上也实行社会革命起来。但是据我的想法,中国此刻第一要紧的革命,还是仿佛欧洲旧式的革命。不过起革命的,要是劳农阶级(就是工人和农民阶级),不是资产阶级。"②

第三,对于马列主义的传播和小资产阶级思潮的反映。

随着对十月革命和世界革命高潮的报道,《每周评论》对各国的政治思想和各种组织的建立,也很注意介绍。

---

① 《新时代之根本思想》,《每周评论》第八号,一九一九年二月九日。
② 《中国士大夫阶级的罪恶》,《每周评论》第二十号,一九一九年五月四日。

由于《每周评论》发表的大多是结合当前政治斗争的短文,因此它不可能像《新青年》那样发表长篇大论的宣传马克思主义的文章。但是它也摘要刊登一些名著,而且介绍的很得体,如对《共产党宣言》的介绍,便是这样。

一九一九年四月六日出版的《每周评论》,在其"名著"栏中刊登了《共产党宣言》第二章《无产者共产党人》后面属于纲领的一段。这一段的译文虽然比较生硬,但却是《共产党宣言》中极重要的一段,因为它论述了无产阶级专政的思想,原(译)文写道:"劳工革命的第一步,我们所最希望的,就是把无产阶级高举起来,放他们在统治的地位,以图 Democracy 的战争的胜利。这些无产阶级的平民,将行使他们政治上的特权,打破一切的阶级,没收中产阶级的资本,把一切的生产机关都收归政府掌管,由这些人去组织一个统治的机关,并且要增加生产的能力,愈速愈妙。""无产阶级去和中产阶级争战,因为情势所迫,不能不自行组织一种阶级。若是取革命的手段,他们便自居于统治的地位,把一切的旧生产情形,都要废除;并且要把一切阶级的反抗都消灭了;到后来,连他们自己那一阶级的特权,都一并废除。"①

这段文字之前,还有一段按语,按语指出:"这个宣言是马克思和恩格斯最先最重大的意见。他们发表的时候,是由一八四七年的十一月到一八四八年的正月,其要旨在主张阶级战争,要求各地劳工的联合,是表示新时代的文书。"②

列宁曾经指出:"只有承认阶级斗争,同时也承认无产阶级专政的人,才是马克思主义者。"③

《每周评论》如此扼要地介绍了《共产党宣言》中无产阶级专政的思想,而且文中按语又是如此鲜明,虽然只是作为"名著"的一种来客观介绍,但也可从一个侧面来看出中国先进分子的水平了。

在当时流行的各种社会主义学说中,无政府主义也是很重要的一种。

----

① 《每周评论》第一六号,一九一九年四月六日。
② 《每周评论》第一六号,一九一九年四月六日。
③ 《国家与革命》,《列宁选集》第三卷,人民出版社一九七二年版,第一九九页。

因为中国是一个小生产者众多的国家,无政府主义在"五四"前就在这个国家传播很广了。俄国十月革命爆发,许多无政府主义者认为是无政府主义的胜利。

《每周评论》撰稿人之一王光祈,是一个具有无政府主义思想的人,他在创刊上发表了一篇名为《国际社会之改造》的社论,很代表了一部分小资产阶级知识分子的主张。他说:"我的主张既是要打破国界人种的现状,扫除那资本家、军阀、贵族的威权……我所说的国际社会,是由各地方自治团体联合起来的。""比如在直隶省的地方,组织一个直隶自治团体。这个自治团体,系由我们工人自相联络,组织起来的。所有经济上一切支配,皆由我们自行纲纪,各尽所能,各取所需,毫不假手于诈欺取财的资本家与那万恶滔天的政府。我所说的工人,不管他是用脑力的、用体力的,或是直接有益于人的、或是间接有益于人的,只要他在这直隶境内工作,不问他是英国人、美国人、日本人、朝鲜人,都算是直隶自治团体的一员。那种分利而不生利的人,不管他是父母妻子,我们都是要排斥的(指着有能力的说)。"①

在这里,我们不打算全面论述无政府的主张(将在后面专章论述)。值得注意的是,这篇社论所具有的那种鼓动力量,社论的最后说:"如还要想谋世界永久的和平、人类切实的幸福,就应该动起手来,胆子不要太小了!须知道我们大多数平民的生活,是我们大多数平民可以自己改造的,并不是天生就的,亦不是贵族给我们的,千万莫要信那贵族所造的命运谣言。若是大家还是这种因循不长进的样子,这地球上真是住不得了!这二十世纪的文明永远不能产出了!"②

第四,关于劳工生活的报道。

由于中国先进分子报道十月革命是"劳工主义的胜利",并且表示要为在中国实现"劳工社会"而奋斗,因此《每周评论》创刊后,曾以大量篇幅报道和论述劳工问题。仅在"五四"以前,就刊载有下列多篇:

---

① 若愚:《社论·国际社会之改造》,《每周评论》第一号,一九一八年十二月二十二日。
② 若愚:《社论·国际社会之改造》,《每周评论》第一号,一九一八年十二月二十二日。

《劳工神圣》(选蔡元培言论,录《北京大学日刊》。第一号)

《北京之男女佣工》(第三号:《国内劳动状况》)

《修武煤厂之工头制》(第四号:《国内劳动状况》)

《北京剃头房与理发店之今昔》(第五号:《国内劳动状况》)

《北京剃头房与理发店之今昔》(续)(第六号:《国内劳动状况》)

《人力车夫问题》(第八号:《国内劳动状况》)

《劳动教育问题》(选录李大钊《晨报》上的文章,署名守常。第九号:《选录》)

《唐山煤厂的工人生活》(作者李大钊,署名明明。第十二号:《国内劳动状况》)

《山东东平县的佃户》(第十八号:《国内劳动状况》)

以上各篇,虽然数量不多,调查似乎也无甚计划,但大体可以看出《每周评论》编者们对劳工问题是比较重视的。而且有的文章,如《唐山煤厂的工人生活》,也初步地反映了中国产业工人处于自在阶级的状况,以及中国先进分子提出的改变这种状况(向自为阶级发展)的要求。正如李大钊在这篇文章中所说:"唐山煤厂的工人,约有八九千人。这样多数工人聚合的地方,竟没有一个工人组织的团体。听说有过一次同盟罢工的事情,原因却为着工厂对于一个工人罚了几角钱,一时动了公愤,才联合起来,以罢工为抵制的手段。但是他们平日既没有什么团结,这回举动,又靡有正大的要求。罢工的时候,系由工头持刀斧在门前堵守,不许进去作工。像这种没有结合的罢工,无意识的罢工,强迫的罢工,自然是没有效果了。"①

要组织工人团体,平日要团结起来,要进行有意识的自觉的罢工,这就是李大钊文章所给予中国工人的启示。

马克思主义在中国的传播,中国工人运动的进一步发展,迫切要求两者结合起来。五四运动促进了这两者的结合。

---

① 《每周评论》第十二号,一九一九年三月九日。

## 四、组织起来的各种社团

文化斗争和政治斗争相结合,要求思想界的先进分子,特别是青年学生进一步组织起来,以便在新旧思想之大激战中发挥巨大的作用。事实上,从一九一八年下半年,在各地区各学校内,已经有很多类型的社团出现了。

### (一) 学生救国会

一九一八年五月中国学生反对《中日共同防敌协定》的斗争,是五四运动的预演。从那次斗争中,学生们已经开始组织起来了。北京的一部分学生(包括北京大学和其他各校的学生)组织了一个学生团体——学生救国会(初名爱国会)。一九一八年暑假,这个团体派出代表许德珩、易克嶷为代表南下天津、济南、武汉、九江、上海等地进行联络。

北京学生代表在天津受到了热烈欢迎,因为那里的学生也已开始组织起来。他们在那里会见了马骏、郭隆真(女)、谌志笃、马千里、张传琦、张泰来(即张太雷)等人。张传琦在欢迎会上还以菜刀砍掉小指,来激励大家。①

北京学生代表又去济南、武汉、九江、南京等地,在各地会见了许多学生中的先进分子。②

北京学生代表最后到达上海。这时,上海的学生也组织起来了。七月的一天,他们在龙华体育场召开大会,欢迎并邀请北京学生代表在会上报告了学生运动情况。这次大会参加者有几千人,并有工商界各方面的

---

① 许德珩:《五四运动六十周年》,《文史资料选辑》,第六十一辑。
② 许德珩:《五四运动六十周年》,《文史资料选辑》,第六十一辑。

代表参加。①

上海妇女界的代表人物很多,并成立了上海女子联合会,宣传爱国,抵制日货。北京学生代表在这里会见了"留日归国的女学生李果、程孝福,神州女学生舒惠贞,黄兴夫人黄宗汉,女子救国会的朱剑霞,还有从天津去的刘清扬"。②

北京学生代表在上海还拜会了孙中山、廖仲恺、朱执信等人,还联系了《民国日报》的邵力子、叶楚伧,《时报》的戈公振,《申报》的史量才,江苏教育会的黄炎培,商会的虞洽卿、荣宗敬等。③

北京学生代表还派人到广州联系了非常国会的议员,也派人到湖南岳州联系了任岳州镇守使的直系将领冯玉祥。

北京学生于一九一八年九月初回到北京,由于他们积极联络的结果,学生救国会不仅几乎成为全国性的团体,而且得到各界的同情。

救国会的组织活动,受到了军阀们的干涉,北京政府教育部曾下训令给北京大学,说:"该生等此种行动实属轶出教育范围,各该校主管职员对于校内生徒等务各严切告诫……"④

一九一九年春,北大学生会成立,这个学校的救国会成员全部参加了学生会。

## (二) 国 民 社

为了便于展开活动,救国会的成员们决定成立国民社,出版《国民》杂志。杂志的经费是由救国会成员分摊的,由南北各地学生自己凑集,每人出五块大洋,凡是提供经费的人,都成为国民社的社员。此外,学生们还向同情他们的教师和社会人士进行了募捐。他们共为杂志筹化一千五百块大洋,这在当时是一个很不小的数目了。国民社在北京北池子骑河

---

① 许德珩:《五四运动六十周年》,《文史资料选辑》,第六十一辑。
② 许德珩:《五四运动六十周年》,《文史资料选辑》,第六十一辑。
③ 许德珩:《五四运动六十周年》,《文史资料选辑》,第六十一辑。
④ 《北京大学日刊》一九一八年七月二十三日。

楼路南一所房子里租了一间大房子,通信、开会、讨论问题都在这里。国民社的社员曾达一百八十多人。

《国民》原定于一九一八年内出版,但由于学生救国会管理会费的一个学生挪用了会费,不得不推迟了时间。后来,由邓康(中夏)接手管理经费,使《国民》终于出版了。①

国民社于一九一八年十月二十日正式成立,《国民》创刊号于一九一九年一月正式发行。国民社在其成立启事中说:"本杂志由学界同志组织而成,抱定左列四大宗旨:(一)增进国民人格;(二)研究学术;(三)灌输国民常识;(四)提倡国货。"②

由于宗旨所反映的是一般的爱国主义思想,所以它团结了许多不同类型的知识分子。在先后参加国民社的许多成员中,有邓康、高尚德(君宇)、黄日葵等这样一些具有初步共产主义思想的知识分子;也有许多无政府主义者;后来成为 AB(反布尔什维克)团头子的段锡朋,当时也任过国民社的评议部部长。

在国民社的早期活动中,邓康是一个起积极作用的人物。他负责《国民》中《国内外大事记》一栏的编辑事务,经常用"大錾"的笔名,对重大问题进行评述。积极关心政治,这正是国民社的一个鲜明特点。

由于中日民族矛盾的激化,《国民》针对日本帝国主义的侵略进行了抨击。在这方面,除经常的时事评述外,还有一些专文发表。如黄日葵在一卷二号(一九一九年二月一日)上发表的《东亚永久和平之基础》一文,就系统地指出了日本的侵华罪行,要求废除中日密约及日本在华的特殊地位。

国民社在其开始时虽然是一个学生团体,但它受到一些社会人士的支持。如蔡元培和《京报》主笔邵飘萍都予以帮助,他们曾出席国民社的成立大会,蔡还为《国民》创刊号写了序言。

李大钊当时是学生心目中的导师,他对国民社进行了热情的帮助和

---

① 许德珩:《回忆五四时期的邓中夏同志》,《光明日报》一九五九年四月十七日。
② 《北京大学日刊》一九一八年十二月十九日。

指导。许德珩在回忆中说:"李大钊是《国民》杂志的总顾问,我们有事都和他商量。"①

李大钊积极为《国民》撰稿,特别对日本帝国主义的侵略阴谋,进行了深刻的剖析。他在一九一九年初写的《大亚细亚主义与新亚细亚主义》一文,就是在《国民》第一卷第二号(一九一九年二月一日)上登载的。文章指出,日本侵略分子所提倡的"大亚细亚主义"是"并吞中国主义的隐语",是"大日本主义的变名"。他说:"这'大亚细亚主义'不是平和的主义,是侵略的主义;不是民族自决主义,是吞并弱小民族的帝国主义;不是亚细亚的民主主义,是日本的军国主义;不是适应世界组织的组织,乃是破坏世界组织的一个种子。"他指出,我们所说的新亚细亚主义,是"主张拿民族解放作基础,根本改造"。

一般说来,《国民》在它的政治态度上,要比它所宣布的宗旨更为激进些;其社员的实际活动,也超出了其宗旨的范围。但由于这个团体包括的分子极为广泛,所以刊物的内容也很复杂。总的来看,激进的或中间的资产阶级民主主义思想,反映得较为普遍。

《国民》在其开始("五四"以前),是用文言文写作的,甚至还登一些章炳麟、刘师培、黄侃等人的旧体散文及诗词。这种状况,在"五四"后很快就改变了。即使在"五四"前,也并不因此而抹煞《国民》的鲜明的反帝国主义的政治特点。《国民》在五四爱国运动的兴起上,起了很大的作用。它的大多数成员,在五四学生运动中都成为积极的参加者、组织者和领导者。

## (三)新 潮 社

和国民社成立的同时,北京大学文科的一部分学生,还组织了新潮社,出版有《新潮》杂志(英文名称是 Renaissance,即"文艺复兴")。

新潮社是在《新青年》的影响下创办的,其启事中宣称:"同人等集合

---

① 中国社会科学院近代史研究所藏打印材料。

同趣组成一月刊杂志,定名曰《新潮》,专以介绍西洋近代思潮,批评中国现代学术上、社会上各问题为职司。"①

新潮社的社员,是以有无投稿为标志,其组织章程规定:"本校同学投稿三次经本志登载者,得由本社约为社员";"非本校同学投稿三次经本志登载者,有社员二人以上之介绍,得由本社约为社员。"②由于有这样的规定,因此新潮社的社员为数不多,该社刚成立时只有二十一人,后来放宽尺度、陆续增加,但到一九一九年底,也只有三十七人。③

新潮社的发起人和主要负责人是傅斯年(编辑部主任编辑)、罗家伦(编辑)、徐彦之(干事部主任干事)等。他们曾得到蔡元培、陈独秀的支持,蔡、陈代表校方给他们提供经费、房屋。李大钊、鲁迅等也给他们以支持,曾经为刊物写稿。胡适一直是他们的顾问,傅斯年、罗家伦等都和胡适非常接近。

《新潮》是在一九一九年一月创刊的,它以《新青年》为榜样投入新文化运动,对《新青年》起了助威呐喊的作用。《新潮》第一卷在一年内曾重印三次,④它的影响也是不可低估的。

《新潮》的主要功绩在于:

第一,它仿效《新青年》,鼓吹"伦理革命",反对纲常名教,提倡个性解放和男女平等。

第二,它仿效《新青年》,鼓吹"文学革命"。尽管它所主张的还只是着重在文学形式方面,即提倡白话文,反对文言文,但它对新文化运动起了一定的促进作用。它是继《新青年》《每周评论》之后的又一个白话文刊物。浙江杭州第一师范学生施存统致函《新潮》说:"敝校(第一师范)近来倒有改革的气象。同学关于新文学新思想也极注意。大概看过《新青年》和《新潮》的人,没有一个不被感动;对于诸位,极其信仰。学白话

---

① 《北京大学日刊》一九一八年十二月三日。
② 《北京大学日刊》一九一八年十二月三日。
③ 《新潮社纪事》,《新潮》第二卷,第二期,一九一九年十二月。
④ 《国立北京大学概略》,一九二〇年六月。

文的人也有三分之一。"①

第三,它大量地刊载了文学创作和文学翻译作品,并由此而产生了一批小说作家。鲁迅在《中国新文学大系——小说二集序》中说:"从《新青年》上,此外也没有养成什么小说的作家。较多的倒是在《新潮》上。从一九一九年一月创刊,到次年主干者们出洋留学而消灭的两个年中,小说作者就有汪敬熙、罗家伦、杨振声、俞平伯、欧阳予倩和叶绍钧。"

《新潮》的主要错误倾向在于:

第一,当时新文化运动已经发展到必须和政治斗争相结合。但是,《新潮》并没有适应这一客观要求。《新青年》的一些主编们根据形势的发展,已另创办《每周评论》,使文化运动和政治斗争结合起来了。但是,《新潮》的编者仍然停留在《新青年》早期的水平上,孤立地强调改造思想是改造社会的起点。所谓改造思想,虽然他们对世界潮流发表过一些似是而非的意见,但归根结底,无非是在宣扬一些防止革命的资产阶级改良主义观点。

第二,它发展了新文化运动初期的偏向,坚持全盘西化,对民族文化遗产采取了彻底的虚无主义态度。傅斯年在一篇答读者的信中,竟然说:"……极端的崇外,却未尝不可。……因为中国文化后一步,所以一百件事,就有九十九件比较的不如人,于是乎中西的问题,常常变成是非的问题了。"②

从这些主要错误倾向,可以看出,《新潮》的编者们在接受着胡适的影响。所以,《新潮》以《新青年》为榜样,这句话,更准确地说,应该是:《新潮》以胡适主编的《新青年》为榜样。

正因为有以上的错误倾向,在"五四"以后,新潮社的绝大多数成员,就迅速地向右转了。

国民社和新潮社,是在"五四"前夕同时成立的,在青年学生中颇有影响的两大社团。黄日葵后来(一九二三年)对这两大社团作了如下的

---

① 《通信》,《新潮》第二卷,第二期。
② 《通信》,《新潮》第一卷,第三期,一九一九年三月一日。

评述:"五四运动之前年,除《新青年》杂志为教授所主持者不计外,学生方面,有两种大的倾向,……一种倾向是代表哲学文学一方面,另一种倾向是代表政治社会的问题方面。前者是新潮杂志社,后者是国民杂志社。新潮于思想改造、文学革命上,为新青年的助手,鼓吹不遗余力,……国民杂志社的一群,始初以反抗国际帝国主义(日本)之压迫这点爱国的政治热相结合。在杂志上可以看出他们对于政治问题、社会问题是特别注意的。他们在民国七年为军事协约问题发起中国第一次的政治示威运动,八年他们发起五四运动,并为这运动的中坚。五四运动之后,这一群的倾向越发分明了,他们显然是社会主义——尤其是布尔札维克主义的仰慕者了。……新潮社一派,隐然以胡适之先生为首领,……渐渐倾向于国故整理的运动。"[1]

## (四) 平民教育讲演团

在《国民》《新潮》创刊号不久,邓康(中夏)等又在北京大学发起组织平民教育讲演团,宗旨是:"增进平民知识,唤起平民之自觉心。"[2]

平民教育讲演团在一九一九年三月间正式成立,团员有三十九人,多为国民社和新潮社的社员。根据当年三月二十二日《北京大学日刊》登载的《平民教育讲演团广告》,这三十九人的名单是:

| 邓 康 | 许德珩 | 廖书仓 | 周长宪 | 夏镜澄 | 周炳琳 |
| 朱一鹗 | 易克嶷 | 陈云程 | 康白情 | 陈宝锷 | 黄日葵 |
| 陈兴霸 | 高 元 | 罗家伦 | 严建章 | 吴继奎 | 李秀龙 |
| 杨真江 | 张国焘 | 刘炽昌 | 刘正经 | 梁绍文 | 刘 森 |
| 林 彬 | 边振声 | 陈中立 | 尉松涛 | 袁云翔 | 丁肇青 |
| 王凌震 | 鲁士毅 | 许宝驹 | 王光祈 | 黄天俊 | 程体乾 |
| 陈泮藻 | 张燊云 | 罗运磷 | | | |

---

[1] 《在中国近代思想史演进中的北大》,《北京大学廿五周年纪念刊》一九二三年十二月十七日。

[2] 《北京大学平民教育讲演团简章》,《北京大学日刊》一九一九年三月七日。

这三十九人,是在讲演团正式成立前即加入者,以后还不断有人继续加入。

三月二十三日在马神庙理科校长室召开的讲演团成立大会上,选举的讲演团干事是:①

  总务干事:廖书仓　邓　康

  编辑干事:罗家伦　康白情

  文牍干事:周炳琳

  会计干事:易克嶷

在"五四"前,讲演团主要进行了两次较大规模的讲演活动:

一次是在东便内蟠桃宫。因为那里从四月三日至五日正举行三天庙会,讲演团便也借此机会每日午后一时至五时在此宣讲。这次宣讲的效果还不错,"是时黄沙满天,不堪张目,而其听讲者之踊跃,实出乎意料之外。惟第三日因为该庙会最终之期,故较前两日稍少"。② 这次为时三日的讲题,计有:《平民教育之意义》《如何求幸福?》《勤劳与知识》《大家都受教育》《赌博之害》《做一件事当一件事》《勤劳》《改良家庭》《公德》《念书的利益》《人生之要素》《空气》《我和大家的关系》(以上第一日);《国民常识》《什么是善?》《平民教育》《妇女教育》《家庭制度》《信用》《蟠桃宫》《迷信》《是逛庙还是来听讲呢?》《我的慈善事业》《慈善事业之批评》《什么是我?》《结果的树》《职业与息争》《家庭与社会》(以上第二日);《现在的皇帝倒霉了》《迷信》《世界的国家》《都市人民当注重工商业》《爱国》《衣食住》《国民应尽之责任》《利己与利他》《平民教育》《劝勤》(以上第三日)。

另一次是在地安门外护国寺,时间是四月二十七日,讲题计有:《互相帮助》《头彩十万元》《国家思想》《戒烟》《交友之益》《生尸》《权利》《天赋与人造》《平民》《判别事情的常识》《植物对于人生之利益》《什么是国家?》《寄生虫》《为什么女子要守节?》。③

---

① 《北京大学日刊》一九一九年三月二十六日。
② 《平民教育讲演纪事》,《北京大学日刊》一九一九年四月十一日。
③ 《北京大学日刊》〔附张〕一九一九年四月二十九日。

从以上两次的讲题内容来看,似乎还是属于一般的启蒙教育,对于当前的形势结合还不多,但是到了五四爱国运动爆发前后,情况就不同了。例如五月十一日,讲演团在东、南、西、北四城宣讲所讲演,就开出了这样一系列的题目:《青岛问题》《痛史》《朝鲜独立》《青岛交涉失败的原因》《争回青岛》《国民自决》《报告学生团的义举究竟为什么?》《中国现在的形势是怎么样?》《国民现时应持之态度》。①

讲演团在五四运动中有了很大的发展,也起了很大的作用。

## (五) 少年中国学会

一九一八年六月三十日,一个在北京新闻界活动的四川人王光祈(曾任成都《群报》和《川报》驻京记者),联合刚刚从日本留学归来的曾琦(王的中学同学)、陈淯(愚生)、雷宝菁(眉生)、张尚龄(梦九)以及周无(太玄,也是王的中学同学)等,在北京顺治门外岳云别墅集议,筹建少年中国学会。由于李大钊在新闻界、思想界的先驱地位和他享有的声望,也被邀请参与活动并被列名为七个发起人之一。

王光祈在回述少年中国学会发起过程时,曾这样写道:②

去年(一九一八年)留东同人归国,首由北京会员王光祈君提出《吾党今后进行意见书》一册,书中历叙同人今后进行,宜为一种有系统的有秩序的,并草拟学会规约大纲数十条。其时东京会员曾琦君等亦正有建设学会之计划,乃先派雷宝菁君归国接洽一切,同人意见遂归一致。曾琦君、张尚龄君亦先后由东京归国,乃有七年六月三十日岳云别墅之会议。岳云别墅者,本会成立史中最可纪念之发祥地也。到会者为:陈君淯、张君尚龄、周君无、曾君琦、雷君宝菁、王君光祈六人。会议结果,公推王君光祈为起草员。遂由王君光祈草拟规约数十条,复在岳云别墅会议修改数次,并邀同会员李君大钊商榷

---

① 《北京大学日刊》一九一九年五月十四日。
② 《本会发起之旨趣及其经过情形》,《少年中国学会会务报告》第三期,一九一九年五月一日。

一切。于是本会规约七十条全体产出。当时列名发起者,则为陈淯、张尚龄、曾琦、李大钊、周无、雷宝菁、王光祈七人也。

为什么要定名"少年中国"呢?这原是曾琦等人在日本时的设想,目的是学十九世纪建造"少年意大利""少年德意志"的"少年意大利党""少年德意志党",来建造一个"少年中国"。①

不过,王光祈对"少年中国"有个解释。看来,这个解释还是不错的,他说:"盖吾人所创造非十九世纪十八世纪之少年中国,亦非二十一世纪二十二世纪之少年中国,实为适合于二十世纪思潮之少年中国。故十九世纪之'少年意大利党''少年德意志党'所造之'少年意大利''少年德意志',在当时视为少年者,在今日吾人视之,则亦老大意大利、老大德意志而已。何则?彼所创造之意大利、德意志,固非适合于二十世纪之思潮也。同人等因个人观察之不同,故有以英美式民主主义之组织为适合于二十世纪者,亦有以俄国式社会主义之组织为适合于二十世纪者,更有以安那其式 Anarchism 之组织为适合于二十世纪者。要之吾人所欲建造之'少年中国',为进步的,非保守的;为创造的,非因袭的;在并世国家中为少年的,而非老大的也。"②

基于王的这种理解,少年中国学会的宗旨在筹备期间规定为:一、振作少年精神;二、研究真实学术;三、发展社会事业;四、转移末世风气。这几条都是很抽象的,在学会正式成立时,宗旨虽又修改为"本科学的精神,为社会的活动,以创造'少年中国'",③但仍不具体。因为,各种社会活动都是在不同的具体思想指导下进行的。

要不要确定一种主义为学会的指导思想呢?看来在筹备期间学会内部就是有争论的。一九一九年一月二十三日,上海会员在吴淞同济学校开会,乘会员周无、李璜将赴法国之际,请王光祈来沪筹商会务。王在会

---

① 张梦九(赤松子)回忆说:"少年中国的梦,是从少年意大利而来。这是曾慕韩、雷眉生、陈愚生和我在东京的构想。"《人海沧桑六十年》,台北五洲出版社一九七一年十月版,第二六页。参见李义彬:《少年中国学会内部的斗争》,《近代史研究》一九八〇年第二期。

② 《本会发起之旨趣及其经过情形》,《少年中国学会会务报告》第三期,一九一九年五月一日。

③ 《会务纪闻》,《少年中国》第一卷,第一期,一九一九年七月十五日。

上提出有无决定主义的必要时,李璜立即发言,表示:"将来吾辈究取何种手段,同人皆宜加实研究,若对于一种新学说尚未真知灼解,便附合或痛诋,则非盲从即顽固耳。故兄弟以为对于主义有决定之必要,但今日尚非其时也。"①

李璜在会上说的"新学说",即主要指马克思主义而言。他在自己写的《留别少年中国学会同人》一文中,就说得更为清楚了。他说社会主义学说"所用的手段都失于猛烈","每次都生出暴动,不知连累了多少平民。又如现在俄国的社会革命,以致彼此相杀,闹得无有人道了"。②

上海会议讨论的结果是:"现在同人研究学问,思想宜极自由,主义亦不必一致,将来大家切实研究之后,有决定之必要时,再为讨论决定。"③

看来,王光祈在少年中国学会所执行的也是蔡元培的那种兼容并包的方针,至于王本人的思想,则是倾向于无政府主义的。王在一封和会员的通信中,批评马列主义和俄国十月革命说:"俄国式社会的民本主义,是关于经济组织有所改造,比较的差强人意。但是该国列宁等所奉的马格斯之国家社会主义,采集产制度,国家权力甚大,究竟与个人自由有无妨碍,实是一个疑问。我极反对机械的个人生活,受这种劳农政府支配的国民,处处都有一种国家权力紧紧跟随,个人生活便成一种机械了。况且中国人向来主张个人主义、放任主义,不愿受国家权力的干涉,所以国家主义、国家观念在中国人的脑筋里,实视为一钱不值。我们若提倡俄国式社会的民本主义,拿国家权力来干涉个人生活,实是一件不合民情的主张。"④

按照王的主张,他的理想社会是:一、现在的经济组织,非根本推翻不可;二、现在社会上的一切虚伪和束缚,非从根本铲除不可;三、将来的组

---

① 《会务纪闻》,《少年中国学会会务报告》第一期,一九一九年三月一日。
② 《少年中国学会会务报告》第一期,一九一九年三月一日。
③ 《会务纪闻》,《少年中国学会会务报告》第一期,一九一九年三月一日。
④ 《王光祈致君左》,《少年中国学会会务报告》第四期"会员通讯",一九一九年六月一日。

织,是宜在个人自由主义之下,为一种互助的、进步的、自由的、快乐的结合。①

少年中国学会的筹备期约一年。筹备期间的职员名单是:②

  筹备处主任:王光祈
   会计:王光祈(兼)
   文牍:周　无
  临时编辑部主任:李大钊
  编译部临时编译员:魏嗣銮　宗之櫆　赵曾俦　易家钺
       沈懋德　彭　举　李劼人　袁同礼
       左学训　黄日葵　许德珩　雷宝菁
       赵世炯　郑尚廉　葛　沣　陈　淯
       李　璜　曾　琦　张尚龄　刘正江
       雷宝华　涂开舆

看来,少年中国学会从筹备开始,就包含着三种不同类型的知识分子:以李大钊为代表的具有初步共产主义思想的知识分子;以王光祈为代表的小资产阶级知识分子;以曾琦、李璜为代表的资产阶级知识分子。

少年中国学会是在一九一九年七月一日在北京回回营陈宅正式成立的。当时会员共四十二人。成立时,已建有成都分会(六月十五日成立)。此后,学会有了很大发展并在各地建立了分会(南京分会在十一月间成立。此外在湖北、湖南、山东、山西、福建、安徽、辽宁、陕西、上海、杭州、天津、广州等省市都有会员。国外,设有巴黎分会,在德国、美国、英国、日本和南洋也有它的会员)。先后参加该会的有一百多人(一九二五年底,学会因会员分化而停止活动)。③

由于李大钊的关系,北大社团中的许多骨干,都参加了少年中国学

---

① 《王光祈致君左》,《少年中国学会会务报告》第四期"会员通讯",一九一九年六月一日。
② 参见《五四时期的社团》(一),生活·读书·新知三联书店一九七九年版,第二四三页。
③ 名单参见《五四时期的社团》(一),第二四〇、二四一页。

会。如黄日葵、邓康等,都是当时的会员。先后参加该会的,还有张崧年(申甫)、杨贤江、恽代英(子毅)、张闻天、毛泽东(润之)、岛尚德(君宇)、刘云汉(天章)、刘仁静等人。

从少年中国学会的政治思想及其人员构成来看,是极其复杂的。它只能说是三部分知识分子的统一战线的组织,或者说它是一个松懈的联盟。

虽然如此,但是它既然包含了大量的先进分子,同时又由于开始时分化还不明显,因此它对五四运动仍起着一定的推动作用。

## (六) 新 民 学 会

以上所述,还都是在北京地区成立的几个著名的社团。此外,在各个省区也都有社团的出现,其中以湖南的新民学会为最著,成立的时间也最早。

学会是由长沙湖南第一师范的学生毛泽东(润之)在一九一七年秋天发起的。

毛泽东,湖南湘潭韶山冲人,他在幼年时期曾"读了六年孔夫子的书",辛亥革命后至一九一八年又在长沙湖南第一师范"读了七年资本主义的书"。

毛泽东在第一师范读书期间,思想主流是民主主义的。他对所读之书是有分析、批判的,而且是接近社会主义的。例如,他在第一师范的哲学教本上,曾写下批语说:"吾国三纲者必去,而与宗教、资本家、君主国四者,同为天下之恶魔也。"[①]

毛泽东是《新青年》的热心读者,不仅反复阅读其中的重要文章,而且积极投稿。他虽然和其他急进民主派一样,要求民主和科学,但是,他却很少那种形式主义的毛病。一九一七年暑假,他在致友人黎锦熙的信

---

① 毛泽东在第一师范学习时,杨昌济教哲学,教本用的是德国鲍尔生(F.Paulsen)著的《伦理学原理》,这是一本心物二元论的著作,全书共约十万字,毛泽东在书上写了一万二千多字的批语。

中说:"吾意即西方亦未必尽是,几多之部分应与东方思想同时改造。"

毛泽东在求学期间很注意德、智、体的全面发展。一九一七年四月,他以二十八画生的笔名,在《新青年》上发表论文《体育之研究》,①阐述了体育的目的、作用和方法,论证了德、智、体三育的关系,主张三者并重。

毛泽东在求学期间,已比较注意接近工农群众。一九一七年暑假,他利用一个多月的时间,步行近一千里,考察了长沙、宁乡、安化、益阳、沅江五个县的广大农村。同年十一月,他以第一师范学校学友会教育研究部的名义,创办了工人夜校。

"嘤其鸣矣,求其友声。"毛泽东为了征求和聚集志同道合的朋友,在一九一七年的秋天写下了大约三百字的征友启事。这个启事的首句就是"嘤鸣求友",尾署"二十八画生启事"。这个启事的大意是:"二十八画生要求和有爱国热情的青年做朋友,邀请能耐艰苦、有为祖国牺牲决心的志士和他通信联络。"信封上批着"请张贴在大家看得见的地方"。②

这个启事被张贴在长沙的几个城门口,也被登在报纸上。这样,在毛泽东的周围,便经常聚集着一些奋发有为的青年,激扬文字于爱晚亭畔,指点江山于橘子洲头。经过几个月的联络、酝酿、商讨,在南国的湘江之滨,一个著名的青年社团——新民学会便应运而生了。所以取名"新民学会",是来源于"大学之道在新民……日日新,又日新"。

一九一八年四月十四日,一个春光明媚的星期天,十三个经毛泽东约集的青年学生和青年教师在岳麓山下蔡和森(林彬)家里(溁湾寺旁的刘家台子),满怀激情地讨论和通过了毛泽东起草的会章,选举了职员。会议的参加者——肖三在他的日记中记下了这次会议的真实情况:③

  三月初四日 四月十四日(日) 晴

    新民学会今日成立,开成立会于对河溁湾寺侧刘家台子蔡君林

---

① 《新青年》第三卷,第二号。
② 周世钊:《湘江的怒吼》,《五四时期的社团》(一),第九一页。
③ 《肖三日记摘抄》,《五四时期的社团》(一),第九页。

彬寓。到会者：二兄①及余、何叔衡、陈赞周、毛润之、邹彝鼎、张昆弟、蔡林彬、邹蕴真、陈书农、周明谛(名第)、叶兆桢(以上皆第一师范同学)、罗璈阶(长郡中学毕业)诸君。未及到者：陈章甫、熊焜甫、周世钊、罗学瓒、李和笙、曾以鲁、付昌钰(现在日本东京高工)、彭道良诸君。以上皆基本会员。是日议决简章，选举职员，写会友录等事。关于本会之规律，所定者为：一不虚伪。二不懒惰。(此项余所主张加入者)三不浪费。四不赌博。五不狎妓。全章俟后录。职员：二兄被举为总干事；毛泽东、陈书农为干事。蔡君家备午饭。自上午十一时到齐，议事至下午五时后始闭会。

学会的简章规定："以砥砺品行、研究学术为宗旨。"入会的标准是：心意诚恳，人格光明，思想向上。学会成立后，湖南第一师范和其他各校的进步学生和长沙的中小学优秀的青年教师，陆续被吸收入会。到一九二〇年底，该会会员达七十余人。②

学会的经常活动是讨论学术和时事问题，会员间互相砥砺思想、品行、工作和学习。

一九一八年六月，毛泽东从第一师范毕业，他召集新民学会会员专门讨论"会友向外发展"问题。这时，十月革命虽已发生并取得胜利，但由于帝国主义和国内反动派的阻挠，中国人还不可能直接在俄国学习。恰

---

① 即肖子升。

② 根据能够查到的有确凿根据的资料，已知先后参加新民学会的会员计有：毛泽东(润之)、蔡林彬(和森)、何瞻岵(叔衡)、张昆弟(芝圃)、肖旭东(子升)、肖植蕃(子障，即肖三)、邹彝鼎(鼎承)、邹蕴真(半耕、泮清、泮芹)、叶兆桢(瑞龄)、陈绍休(赞周)、陈书农(启民)、周名第(明谛、晓三)、罗璈阶(章龙)、陈昌(章甫)、熊光楚(焜甫)、周世钊(惇元、敦元、东园)、罗学瓒(云熙、荣熙)、李维汉(和生、和笙)、曾以鲁(星煌)、付昌钰(海涛)、彭道良(则厚)、熊楚雄(瑾玎)、罗宗翰(耻迁)、张国基(颐生)、夏曦(蔓伯)、蒋竹如(集虚)、易克枿(阆灰、粤徽)、向警予(俊贤，女)、陶毅(斯咏，女)、彭璜(殷柏、荫柏)、李振翩(承德)、张怀(伯龄、百龄)、唐耀章(文甫)、沈均(均一)、李思安(钦文，女)、周敦祥(肫如，女)、魏璧(韫厂、璞完，女)、劳启荣(君展，女)、谢南岭(维新)、徐瑛(女)、刘修秩(继庄)、钟国陶(楚生)、张超(泉山)、姜慧宇(竹林、瑞瑜)、刘明俨(望成)、欧阳泽(玉生、玉山)、杨润余(女)、蔡畅(咸熙，女)、熊季光(作莹，女)、熊叔彬(作璘，女)、任培道(振予，女)、吴家瑛(德庄，女)、易礼容(润生)、陈子博、贺延祜(女)、吴毓珍(女)、谢觉哉(焕南、觉斋)、郭亮(靖笳)、李森(启汉)。见《五四时期的社团》(一)，第七、八页。

好,吴玉章和蔡元培等这时正倡导赴法勤工俭学运动。① 为了到靠近俄国和东欧的法国去了解世界革命情况,毛泽东发起了湖南青年的勤工俭学运动。

一九一八年八月十九日,毛泽东为了组织湖南青年的勤工俭学,第一次到了北京。

这时,毛泽东在第一师范学习时的老师杨昌济(字怀中,即杨开慧之父),应蔡元培的聘请,已在北大担任伦理学和伦理学史的教授,全家住在豆腐池胡同九号。②

地安门外,鼓楼东大街,道北,有一个比较宽敞的胡同,名宝钞胡同。进此胡同,一直往里走,快到北头的地方,路西又有一胡同,即豆腐池胡同。杨寓门牌,原为九号,现为十五号。当年,这个院落里,北房有两排,中排三间后排三间。杨家父女即住在中排房里,杨昌济住东间,杨开慧住西间。除北房外,还有三间南房,即一进大门靠左侧的房屋。毛泽东初到北京,和蔡和森一起,就住在这三间南房的东间里。③

毛泽东在杨家住了不久,即迁居三眼井(现名景山东胡同)吉安东夹道(现名吉安所左巷)七号(现八号)。这里院落比较狭窄,房屋比较低小,毛泽东和湖南准备赴法勤工俭学的蔡和森、罗学瓒等八个新民学会会员,就住在这个小院的北房西间,"隆然高炕,大被同眠"。八个人挤在一起,翻身时都要事先打个招呼。毛泽东在这里住了半年左右,条件虽差,但距离北大红楼很近,工作和听课,都很方便。

这时,经杨昌济教授介绍,毛泽东已在北大图书馆任助理员(月薪八

---

① 据吴玉章回忆:留法俭学会成立于一九一二年(民国元年),过去留法一个留学生每年要用一千元以上,用俭学办法,只需三四百元。第一次世界大战爆发后,法国招华工,于是发起留法勤工俭学运动(时在一九一五年)。这个办法是以半工半读求学。一九一六年,成立华法教育会,专门办理此事。

② 见《北京大学文科一览(民国七年度)》,一九一八年十二月编。

③ 当年,杨宅的院落比较宽敞,并种有花木,后来经过改建。作者于一九七九年前去访问时,看到后建的东西厢房已占据院中很大位置。不过,当年庭院东侧墙根的那棵红枣树,仍然枝繁叶茂,郁绿葱翠。参见袁世贵、宋惕冰:《毛主席第一次来北京》,《北京日报》一九七八年九月十二日。

元,和当时北大工友的工资相差无几),和李大钊共处红楼。毛泽东当年的工作地点是北大图书馆第二阅览室("日报阅览室""新闻纸阅览室"),即沙滩红楼一层西头南面的第三大间。他的具体任务是登记每日报刊和阅览人员的姓名。①

毛泽东充分利用了北大这个学习环境,他积极参加北大的哲学会、新闻学研究会,②旁听大学课程,并和新文化运动的倡导者接触。北大的老工人曾有过这样的回忆:毛泽东不爱修饰,经常穿着一件蓝布大褂,上午在图书馆管理书报,登记阅报人数;下午到李大钊办公室外边的一间会议室,坐在窗下的一张三屉桌前帮助李大钊拆看公文和信件。当时的进步学生也经常在那间会议室里开会。③

毛泽东第一次来到北京,正是马克思主义开始在中国传播的时候。李大钊论十月革命的几篇文章正陆续发表。由十月革命而引起的新思潮,正在中国汹涌澎湃,一泻万里,势不可挡。北京大学各种研究新思潮的学术团体,正纷纷成立。青年毛泽东,如饥似渴地学习、探讨各种新思潮。他除了积极做好赴法人员的准备工作外,抓紧一切时间在北大旁听、阅读,参加各种学术活动,并和老友邓中夏一起讨论中国社会问题,多次到长辛店了解工人状况。④

一九一九年三月十二日,毛泽东为送勤工俭学生出国,离开北京去上海,那里停留了二十天。他在上海期间,经常往南市斜桥湖南会馆看望候船赴法的湖南青年,并亲到码头送走了第一批去法国的新民学会会员。

同年四月中旬,毛泽东由上海回到长沙后,即向新民学会会员报告了此次北上的经过,号召他们注意和研究十月革命的经验,准备迎接革命的风暴。

---

① 参见伊云:《毛泽东同志六十年前在北京的革命活动》,《光明日报》一九七八年九月二十日。
② 《北京大学日刊》一九一九年二月二十日、三月七日。
③ 《北京大学学生运动史》(一九一九——一九四九年),北京出版社一九七九年版,第一〇页。
④ 据何长工回忆,毛泽东在一九一八年冬和一九一九年春,曾两次到达长辛店,参见《北方的红星》,第四二页。

## （七）其　他

除以上所举的几个著名社团外,在各地区及各种学校内还有很多类型的社团的建立。有的是公开活动的,有的还带有一定的秘密性质。如一九一八年学生请愿后在北京高等师范中由匡互生等人组织的同言社,就是为避开学校干涉,以练习讲演为名,为秘密准备再一次的请愿活动而成立的。① 这是一个为反对日本帝国主义侵略而成立的爱国主义组织。后来这个组织的成员逐步接受了工学主义思想,并在一九一九年五月三日成立了工学会。②

除同言社、工学会,有几个学校的少数学生还组织有共学会。这三个小组织的成员,起初都是比较倾向于无政府主义的,他们都激烈反对强权主义。在五四运动中,这三个小组织的几个成员,包括匡互生等,曾对友人委托后事,立好遗嘱,准备牺牲。

匡互生在一九二五年所写的回忆录,分析一九一八年反对《中日共同防敌协定》的斗争后成立的各小团体情况时说:"几个月内,各校学生独立自由组织和联合组织的小团体,相继成立的至少在二十以上。大家所共知的团体,如各校少数抱着爱国主义的学生所联合组织的国民杂志社和北京大学少数抱着文艺革命思想的学生所组织的新潮社,大家所不曾共知的并且我现在也不愿把他们的学校的名字宣布的团体,如某校少数抱着激烈的主张的学生所组织的同言社,工学会,和某某三个学校少数学生所组织的共学会等,都是当时比较有力的团体。并且因为前面所述的新出版物③一天多似一天,和各种事实的压迫一天紧张一天,这些团体的弹性也就跟着一天强固一天。到了民国八年四月,这些团体就不约而

---

① 参见《匡互生先生纪念集》,中国社会科学院近代史研究所藏。
② 关于工学会的情况,参见《五四时期的社团》(二)。
③ 指公开出版的《新青年》《每周评论》等和一些秘密流行着的宣扬无政府主义的出版物。关于无政府主义在中国的流行情况,本书将在下面专章论述。

同的有一个举行五七示威运动的大预备,同时并且得了全体同学加入的同意。"①

综上所述,各种社团的兴起,说明了知识界的文化运动发展到了这样一个新的阶段:文化斗争不仅和政治斗争结合起来了,而且在斗争中知识界已感到了组织起来的必要。上述各种社团的出现,实际上为五四爱国运动作了组织上的准备。

---

① 匡互生:《五四运动纪实》,《五四运动回忆录》(上),第三〇四、三〇五页。

# 第 八 章

# 幻想的破灭

——中国外交代表在巴黎和会上的失败

## 一、从克林德碑说起

走进中山公园的大门,迎面矗立着一座高大的石头牌坊,白(大理石)身蓝(琉璃瓦)顶,上面还雕刻着飞禽走兽,很是威风。这就是最早的克林德碑。这座碑,原先在东单牌楼的北边,第一次世界大战后才迁到这里,改为"公理战胜"碑;全国解放后,又改为"保卫和平"碑,郭沫若亲书的这四个金色大字,现在仍闪闪发光。

克林德碑是怎样竖起来的?又是怎样迁到中山公园的?

克林德原是德国驻华公使,他是在义和团运动高涨期间丧命的。当时的情况是:中国人民自发地展开了反帝国主义的义和团运动;而西太后(慈禧)掌权的清政府,在废存光绪皇帝的问题上,和帝国主义一度产生矛盾(西太后立大阿哥溥儁,准备庚子年登位,被驻京公使拒绝),因而利用义和团的民气,对外宣战。清政府在宣战的时候,还鼓励捕捉洋人:"果能生擒洋人一名,男则赏银五十两,女则四十两,幼则三十两。"[①]在这

---

① 《景善日记》,中国近代史资料丛刊《义和团》第一册,第七一页。

种政策下,恰巧德公使克林德坐轿往总署,经过东单北边,被企图领赏银的满洲兵丁枪杀。① 这一事件,成为帝国主义扩大侵略战争的借口。

义和团运动被镇压,清政府彻底投降帝国主义,一九〇一年,签订了屈辱的《辛丑和约》,其中的第一条,就是为克林德被杀赔礼道歉的事。《和约》写道:

> 第一款 一,大德国钦差男爵克(林德)大臣被戕害一事,前于西历本年六月初九日,即中历四月二十三日,奉谕旨钦派醇亲王载澧为头等专使大臣赴大德国大皇帝前,代表大清国大皇帝及国家惋惜之意。醇亲王已遵旨于西历本年七月十二日,即中历五月二十七日,自北京起程。

> 第一款 二,大清国国家业已声明,在遇害处所,竖立铭志之碑,与克大臣品位相配,列叙大清国大皇帝惋惜凶事之旨,书以辣丁、德、汉各文。前于西历本年七月二十二日,即中历六月初七日,经大清国钦差全权大臣文致大德国钦差全权大臣,现于遇害处所,建立牌坊一座,足满街衢,已于西历本年六月二十五日,即中历五月初十日兴工。②

根据以上条文,第一赔礼道歉,第二竖立牌坊,已经规定得相当清楚了。不过,就是在这样一款的谈判中,还相当费周折呢! 参与此事的赛金花,③在晚年的时候,曾作过一番丑表功的忆述,她说在谈判过程中,克林德夫人是执拗的,经过她的劝说,才解决了问题。她是怎样劝说的呢? 先是把罪责推到义和团身上,然后提出了建立牌坊的办法,她向克林德的老

---

① 事后,清政府把一切责任推给义和团,它在给克林德碑书写的碑文中,大捧克林德,大骂义和团,说什么:"德国使臣克林德,秉性和平,办理两国交涉诸务,尤为朕心所深信。洎本年(即一九〇〇年)五月,义和拳匪阑入京师,兵民交讧,竟至被戕陨命。"见国家档案局明清档案馆编:《义和团档案史料》下册,中华书局一九五九年版,第九一〇页。

② 《辛丑各国和约》,《中外旧约章汇编》,生活·读书·新知三联书店一九五七年版,第一〇〇三页。

③ 赛金花是北京有名的妓女,关于她的身世,柴萼所著《梵天庐丛录》卷三《庚辛记事》中,曾说:"瓦德西统帅获名妓赛金花,嬖之甚,言听计从,隐为瓦之参谋。金花故姓傅,名彩云(自云赵姓,实则姓曹),洪殿撰(钧)之妾也,随洪之西洋,艳名噪一时,归国后仍操丑业。至是为瓦所得。"参见《鲁迅全集》第六卷,第六二七、六二八页。

婆说:"你们外国替一个为国牺牲的人作纪念,都是造一个石碑,或铸一个铜象;我们中国最光荣的办法,都是竖立一个牌坊。您在中国许多年,没有看见过那些为忠孝节义的人立的牌坊么?那都是能够万古流芳、千载不朽的!我们给贵公使立一个更大的,把他一生的事迹和这次遇难的情形,用皇上的名义,全刻在上面,这就是皇上给他赔了罪了。"经过赛金花的劝说,克林德的老婆算是同意了,赛在叙述这段历史后,洋洋得意地说:"经我这样七说八说,她才点头答应了。这时我心里喜欢极了,这也算我替国家办了一件小事。听说条约里的头一项就是这事哩!"①

赛金花认为是光荣,实际是中国人的莫大耻辱,因为这是中国战败、中国的反帝运动被镇压下去的记录。中国人每当走到这座石头牌坊(当时北京人通称克林德碑为"石头牌坊")下的时候,怀念的并不是克林德,而是那些被杀害的义和团团员和广大无辜的北京市民们。

因此,当一九一八年十一月十一日,第一次世界大战结束,即德国被打败、和协约国签订休战条约的时候,这座牌坊便从克林德被杀害的地方(东单北)迁到了现在的中山公园(当时叫中央公园),牌坊的名字,也改成了"公理战胜"。

除克林德碑的搬迁和改动外,为了庆祝欧战协约国的胜利,北京政府还以参战国资格在北京举行了三日大庆(一九一八年十一月二十八日至三十日),在故宫内的太和殿前还举行了四五个小时的阅兵典礼,所有在京的北洋军都参加受检,由大总统徐世昌率领国务总理、陆军部长等官员检阅,并请各国公使等参加观礼。检阅后,又共同至中南海总统府举行宴会,绿酒红灯,轻歌曼舞,好不热闹。

其实,中国并没有一兵一卒参加欧战(只是派了些华工到欧洲去)。北京政府耀武扬威,只是借他人之光以自炫。所以,头脑比较清醒的人,对北京政府的这种虚假的光荣,并不觉得值得祝贺;对于中国虽有战胜国的虚名,但能否和战胜国处于平等的地位,挽回失去的利权,表示忧虑。因此,有人作诗对北京政府的庆祝加以讽刺说:

---

① 见刘半农初纂,商鸿逵纂就:《赛金花本事》,北京星云堂书店一九三四年版。

自家面目自家知,粉饰徒能炫一时;
漫说邻家西子色,效颦总不掩东施。

## 二、公理战胜?

除官方的庆祝外,民间也举行了庆祝。例如,当德国投降的消息传到北京的时候,京中各学校便于十一月十四至十六日,连续放假三天,庆祝胜利。"旌旗满街,电彩照耀,鼓乐喧阗,好不热闹。"[1]特别是东交民巷和天安门一带,拥挤不堪,一片欢腾。十五、十六两日,北京大学在天安门举行讲演大会。同月二十八至三十日,北京各学校又放假三天,更大规模地参加了北京各界的庆祝大会。这三天的每天下午,北京大学都在中央公园举办讲演会,讲演者不仅有教职员,而且有学生。

民间的庆祝和官方的庆祝不同。群众中的先进分子,已经把欧战的胜利和俄国十月社会主义革命的胜利联系在一起来考察了。李大钊在演说中指出:"我们这几天庆祝战胜,实在是热闹的很。可是战胜的,究竟是那一个?我们庆祝,究竟是为那个庆祝?我老老实实讲一句话,这回战胜的,不是联合国的武力,是世界人类的新精神。不是那一国的军阀或资本家的政府,是全世界的庶民。我们庆祝,不是为那一国或那一国的一部分人庆祝,是为全世界的庶民庆祝。不是为打败德国人庆祝,是为打败世界的军国主义庆祝。"接着,他又分析了这次大战真正的原因,是在于资本主义发展到帝国主义阶段的结果,"俄德等国的劳工社会,首先看破他们(指资本——帝国主义者)的野心,不惜在大战的时候,起了社会革命,防遏这资本家政府的战争"。因此,他指出这次大战,有两个结果,一个是政治的,一个是社会的,政治的结果是"民主主义战胜,就是庶民的胜

---

[1] 《克林德碑》,《新青年》第五卷,第五号。

利","社会的结果,是资本主义失败,劳工主义战胜"。①

蔡元培在天安门的演说,有两次,十五日的讲题是《黑暗与光明的消长》,十六日的讲题是《劳工神圣》。他虽然在前一讲题中宣传的是无政府主义的互助论,但在后一讲题中却赞扬了"在法国的十五万华工",并且说:"此后的世界,全是劳工的世界呵!"②

在讲演会上,有一个北大法科的学生,也赞扬了"华工"。他说:"不知一人之力,力虽小,合为群力,其力大也。如十五万之华工,当彼等在本土之时,丝毫无足轻重,且常为旧官僚派所贱视,乃赴欧也,竟致协约国获最后之胜利,于以知华工虽少,其功实不在协约国以下。"③这一段话,对华工所起的作用,估计是否恰当,另作别论,但从这里可以看到青年们开始对工人阶级和群众力量的重视。

北大校长(蔡元培)讲演《劳工神圣》,学生充分估计工人们的伟大作用。很显然,这都是十月革命影响的结果。

仁者见仁,智者见智。同样是为欧战胜利发表演说,李大钊看到的是《庶民的胜利》,劳工主义的胜利,军国主义的失败;而胡适宣扬的则是美帝国主义的胜利,吹嘘的是美国总统威尔逊的所谓和平十四条,在群众中散布对美国的幻想。

胡适在演说中说:"这一次协商国所以能大胜,全靠美国的帮助。美国所以加入战国,全是因为要寻一个'解决武力'的办法。""如今且说美大总统所主张,协商各国所同声赞成的'解决武力'的办法是什么?"即:"把各国私有的武力变成了世界公有的武力,就是变成了世界公有的国际警察队了。这便是解决武力的办法。"④

胡适在这里宣扬的"解决武力"的办法,即美国总统威尔逊于一九一八年一月八日在美国国会演说中所提出的十四条。

---

① 《庶民的胜利》,《新青年》第五卷,第五号。
② 《劳工神圣》,《新青年》第五卷,第五号。
③ 《北京大学日刊》一九一八年十二月十三日。
④ 《北京大学日刊》一九一八年十一月二十七日。

十四条,曾轰动一时。为了剖析,有必要先看一下它的原文:①

一、公开之和平条约,以公开之方法决定之。此后无论何事,不得私结国际之盟约。凡外交事项,均须开诚布公执行之,不得秘密从事。

二、领海以外,无论和平或战时,须保绝对的航海自由。但于执行国际条约时,得以国际之公意,封锁一部分或全部之公海。

三、除却各种关于经济之障碍物,使利益普及于爱和平及保障和平之各国。

四、立正确之保障,缩小武装至最低额,而足以保护国内治安为度。

五、对于殖民地之处置,须推心置腹,以绝对的公道为判断。殖民地人民之公意,当与政府之正当要求共适权衡。此种主义,各国须绝对尊重,不得丝毫假借。

(以下第六条至第十三条,系论及俄国、比利时、法国、意大利、奥匈、罗马尼亚、塞尔维亚、门地内哥罗、土耳其、波兰等国具体问题者,均从略。)

十四、确定约章,组织国际联合会(General Association of Nations),其实旨为各国交互保障其政治自由,及土地统辖权。国无大小,一律享同等之利权。

如果不被以上各条许多美丽的辞藻所迷惑,透视一下,就不难看出:
在其第一条中,虽然在形式上提出反对秘密条约的字样,但实际上是为了扩张美国霸权。因为,这一条在当时的意义,只是反对了那些没有美国参加并妨碍美国扩张计划的那些帝国主义国家间的密约。

在其第二条中,虽然提出了"航海自由"的口号,但其目的,是在于反对英国的海上霸权,以便美国取而代之。

在其第三条中,所提出的问题,是再一次宣扬"门户开放""机会均

---

① 国际关系学院编:《现代国际关系史参考资料》(一九一七——一九三二年),高等教育出版社一九五八年版,第一八七、一八八页。

等"的政策,其目的是借各国在战后精疲力竭之际,使美国控制世界市场。

在其第四条中,提出所谓缩军问题,其目的在于解除美国对手的武装。

在其第五条中,提出"公道"地解决殖民地问题的虚伪口号,而在实际上,是美国要求把其他帝国主义国家的殖民地变为自己的殖民地。

在其第十四条中,提出了国际联盟的计划,其目的是要动员国际反动派的一切力量在美国统率之下,进行反对苏维埃俄国和世界革命的活动。

威尔逊十四条的实质,时间过得愈久,暴露的也愈加清楚。但是,他在当时确实迷惑了很多人。陈独秀在《每周评论》的发刊词(一九一八年十二月)中,就认为:"美国大总统威尔逊屡次的演说,都是光明正大,可算得现在世界上第一个好人。"①

既然陈独秀都这么说,那么青年学生中受迷惑的人就更多了。十一月三十日晚,北京大学的学生举行提灯游行,竟到段祺瑞住宅门前表示祝贺。② 北京各校的学生,有不少人跑到美国使馆去高呼:"威尔逊大总统万岁!"

一九一九年一月,巴黎和会开幕,社会各界舆论中就充满了更多的幻想,报纸杂志纷纷著文庆祝,上海《民国日报》在一九一九年一月五日发表的一篇文章中,把欧战的胜利说成是"协约国及美国之大战成功",说这次巴黎和会召开时,中国可以"挽百十年国际上之失败",使中国能够"与英法美并驾齐驱"。一个作者在一篇题名为《欧战后中国所得之利益》一文中,不仅幻想在巴黎和会上中国关于废除不平等条约的提案会成功,而且预卜和会讨论范围以外,中国还能够获得许多根本利益(如"军武势力之消灭""海外移民之发展""道德基础之稳定"等)③。认为中国从此会来一个大翻身,这实在是太天真了!

梁启超当时写了《国际联盟与中国》一文,说:"今次之战,为世界之

---

① 《每周评论》第一号,一九一八年十二月二十二日。
② 《北京大学日刊》一九一八年十二月三日。
③ 《东方杂志》第十六卷,第二号,一九一九年二月。

永久平和而战也。"他认为威尔逊提出的"国际联盟"是实现"将来理想之世界大同"的"最良之手段",并说:"吾国人热望此同盟之成立,几于举国一致,此吾所敢断言也。此同盟最要之保证条件,即在限制军备。故吾谓我国为表示此热望之真诚起见,宜率先历行裁兵。盖侵略主义既为天下所共弃,此后我友邦断无复有以此加诸我。藉曰有之,而亦必有他方面之制裁,使莫能发,故此后更无国防之可言。"[1]

梁启超在这里替威尔逊的"国际联盟"大肆宣扬了一番,断言中国"举国一致""热望此同盟之成立",并认为天下从此没有侵略主义了。梁的这番和平主义的散布,毫无疑问,又加重了人民群众中原有的对帝国主义的幻想。

除了上述这种突出的和平主义论调外,当时的许多群众团体也曾经企图联合起来,向巴黎和会表示人民的愿望,给和会以影响,使其实现中国独立的要求。例如,留日学生救国团曾提议组织赴欧公诉团;国民对日外交后援会决议派代表赴欧;上海工商界的许多团体曾组织中华工商保守国际和平研究会,并联合全国商会联合会及各省商会,共同向巴黎和会提出要求。

尽管这些群众团体显示了必须以群众力量来影响和会的意愿,但是,他们对和会充满幻想,又是和上述那种论调共同的。留日学生救国团在提议组织国民赴欧公诉团的意见书中说:"兹值战局告终,和会开幕,强权失败,公理昌明。正我国人仰首伸眉,理直气壮,求公判于世界各国之会。"[2]

"公理战胜,强权失败",这简直成了当时人们的一句口头禅。陈独秀在《每周评论》发刊词中,全篇主旨就是"公理战胜强权"这一句话。克林德碑由东单移到了中央公园,上面大书的也是"公理战胜"这四个字。

公理战胜了!公理战胜了!

但是,公理果然战胜了吗?

---

[1] 《东方杂志》第十六卷,第二号,一九一九年二月。
[2] 上海《民国日报》一九一九年二月四日。

## 三、分赃会议

当第一次世界大战结束的时候,战胜的协约各国忙碌起来了。它们纷纷拟定各种瓜分世界的蓝图和许多具体方案,准备到巴黎去开"和会"。所谓和会者,分赃会之别名也。

美国这个后起的但是颇为急进的帝国主义国家,早就想和其他老牌帝国主义平分秋色并凌驾于其他国家之上,它自然不肯放过这个大好时机。它在伪善的十四条掩护之下,一方面高唱"国际联盟"以便成为战后的"盟主",来达到镇压世界革命运动和巩固帝国主义世界秩序的目的;一方面积极地排除一些和自己争夺霸权的异己势力,具体地扩大在殖民地中的侵略。

中国是美日争夺的焦点。因此,怎样排除日本在华势力,扩大自己的侵略,是美国所处心积虑的。

当第一次世界大战将要结束的时候,中国国内要求停止内战、实现和平的呼声逐步高涨起来。美国认为,必须利用中国人民的反战情绪,来打击日本的势力。一九一八年九月四日,徐世昌担任大总统。威尔逊在十月十日致徐的贺电中,便要求停止内战、南北统一,认为只有如此,中国才能在国际会议中占有地位。与此同时,美国驻华公使芮恩思和广州的美国领事分别在北京和在南方的军政府中积极活动。

企图独占中国的日本帝国主义,不肯让美国来争夺自己的霸权,但是在世界一片和平声浪中,又不能坚持中国的内战政策,于是它提出应该由英、美、法、意、日五国向南北政府提出劝告和平统一,而不是只有美国一个国家提出。日本政府这个建议是在十月二十三日提出的,得到其他国家的同意。十二月二日,北京的五国公使赴总统府,驻广州的五国领事赴军政府,提出同样的和平统一劝告,并假惺惺地说:"关于中国解决内讧之办法,五国政府无何等干涉之企图,亦不指示何等妥协之条件,或左右之意志,全由中国人士自己协定之。"①

就是上述情况下,南北实行了"停战"(北方政府的停战令是在十一月十六日发布的,南方政府的停战令是十一月二十二日发布的)。

一九一九年二月二十日,所谓南北和会正式在上海开幕。

帝国主义说"无何等干涉之企图",只能是一句骗人的鬼话。南北和会上的斗争,事实上是反映了亲美派和亲日派争夺权力的斗争。正因为美日矛盾的不可调和,南北和会也就不可能产生任何的结果。②

当国内的南北军阀、政客们为争夺权力而争吵不休的时候,国际上一个更大的分赃会议——巴黎和会正在进行着。

巴黎和会是在一九一九年一月十八日于巴黎的凡尔赛宫正式开幕的(最高会议议场在巴黎的法国外交部)。

参加巴黎和会的有美国、英国、法国、意大利、日本、中国等二十多个国家,代表共计一千多人。

参加和会的虽然有二十多个国家,但实际上,是美、英、法、意、日五个国家,特别是美、英、法三个国家,操纵着会议,和会最初成立一个"十人会议"(由美、英、法、意各国首脑和外交部长,以及日本的两个特别代表组成),后来又成立了"四人会议"(由美国总统威尔逊、英国首相劳合·乔治、法国总理克里孟梭和意大利总理奥兰多组成)和"五人会议"(由美、英、法、意四国外长和日本代表组成)。

"四人会议"是和会的决策机构,意大利的作用不如美、英、法,后来又因为本国要求未能达到而中途退出了会议,所以,实际上是美、英、法在

---

① 《东方杂志》第十六卷,第一号,第二一五、二一六页。
② 自一九一九年二月二十日南北和会开幕,至五月十四日双方代表辞职,前后不到三个月。南方提出陕西停战问题(北方认为陕西停战应除外,以便于用武力夺取陕西),取消中日军事协定、参战军、参战借款问题,北方国会为非法问题,等等,均不得解决。会议期间,安福系的代表吴鼎昌于四月八日自北京致北方总代表朱启钤(桂辛)的电中说:"昌意同人态度似应强硬,力往决裂一方做去……"徐树铮以参战处参谋长的资格,也对北方的代表发号施令,说"天无二日,国无二会"(五月十二日电),并说:"夫以交通、北洋、安福三派实力,代东海之德望,据二十四省区之大地,得桂老之明干,左右扶掖,导我辈复进以先路,稍从根本整理,何患不气吞欧亚。若五省之就范,直瞬息间事耳。何至低首下心专向流氓胯下讨生活哉!"参见叶恭绰:《一九一九年南北和议之经过及其内幕》。

那里操纵着会议。一切重大问题,皆由它们决定,其他国家只是在讨论到和其有关的问题时,才能列席。

北京政府出席巴黎和会的代表,原为陆征祥(外长,一九一八年十二月一日赴欧)、顾维钧(驻美公使)、施肇基(驻英公使)、魏宸组(驻比公使),后在美国等驻京公使的要求下,加派王正廷(原在美国,代表南方军政府)为代表,以示南北统一。陆征祥为首席代表,王正廷名列第二。①陆为历次与日本签订密约有关之人,而代表团中英美派居多,所以陆到巴黎后不久,便于二月十日提出辞呈,未准,旋又称病于三月间赴瑞士,至四月五日始返巴黎。因此,列席最高会议的经常是顾维钧、王正廷二人。

中国代表团最初向和会提出的希望条件有七:

一、废弃势力范围;

二、撤退外国军队、巡警;

三、裁撤外国邮局及有线无线电报机关;

四、撤销领事裁判权;

五、归还租借地;

六、归还租界;

七、关税自由权。

原来拟定的提案中还有"铁路统一"的项目,后因交通总长曹汝霖等人的积极反对(曹说如果实现此项,必陷入英美之阴谋),遂删除。

中国留欧学生对巴黎和会予以密切注意,并结成团体,派出代表,要求中国的外交代表必须向和会提出废除"二十一条"。在此情势下,中国代表团遂又提出请求和会取消一九一五年五月二十五日的中日协约(即"二十一条")及换文的陈述书。

但是,以上两项提案在提交到和会最高会议时,都遭到了拒绝,认为不在和会讨论之列。和会议长克里孟梭在复中国代表的函中说:"联盟共事领袖各国最高会议,充量承认此项问题之重要,但不能认为在平和会议权限以内。拟请俟万国联合会行政部能行使职权时,请其注意。"

---

① 北洋政府内务部档案(一〇〇一)三四四九。

第八章　幻想的破灭

既然两项提案均遭拒绝,那么唯一的希望就是山东问题能够顺利解决了。

一月二十七日,"五人会议"讨论德属殖民地问题,中国代表被指定列席。

在会议上,日本代表提出事先准备好的日本政府宣言书,声称胶州湾租借地以及铁路并德人在山东所有他种权利,应该无条件让与日本。日本代表并发表了一九一七年初英、法、俄、意、日五国签订的秘密谅解,即承认日本的上述要求。

中国代表对山东问题竟毫无准备,他们认为山东问题可以包括在希望条件和废除"二十一条"的提案中了,因此,当日本代表提出上述宣言后,他们感到很狼狈,只好说希望等中国代表申诉理由后,再行讨论。

第一次讨论山东问题的会,就这样结束了。

一月二十八日,又开"五人会议"。中国代表列席申诉理由,从山东的历史、地理、文化各方面说明:"胶州租借地、胶州铁路及其他一切权利,应直接交还中国。青岛完全为中国领土,当不容有丝毫损失。"[1]日本代表继起发言,说胶州湾已在事实上成为日本之领属,并说:"中日两国间,已有交换胶州湾之约,并关于铁路,亦有成约……"[2]等等。中国代表接着发言,说中日间的密约,中国系被迫而订,而且是一种临时办法,应该由和会作最后之审查解决。

中国代表发言后,第二次讨论山东问题的会便又结束了。

会后,日本政府对北京政府施加压力,日本驻京公使小幡于二月二日亲至外交部质问种种。全国舆论十分愤激,而北京政府外交部于二月十日发表的正式声明中竟说:"中日两国现正谋亲善之实现,更不应有何误解,盼望我两国代表在巴黎会议场中,勿再生何等之误会。"[3]

二月十五日,中国代表将山东问题之说帖送交和会,并附件多种,包括"二十一条"、济顺高徐铁路合同及解决山东问题换文等。

---

[1] 《六十年来中国与日本》第七卷,第二四一页。
[2] 《六十年来中国与日本》第七卷,第二四一页。
[3] 《东方杂志》第十六卷,第三号。

三月十日,日本首席代表发表关于山东问题的宣言,说:"关于胶州湾问题,对于中国并不为何等之要求,故无从谅解责问之趣旨。但关于解决此问题之根本上之基础,中日两国间业已解决。"①也就是说,日本现在享有德国在山东的各项权利,是合法的,而且由中国自行让与了,有条约为证,将来如何办理,由日本和中国直接解决,和会及其他国家无权过问。

在此以后,中国代表在会下曾经进行了若干活动,但都无效。英法等国和日本因有一九一七年的密约,是站在日本方面的。美国虽然想通过中国代表团来抵制日本,但当日本以退出和会及不参加国际联盟相威胁时,它便又向其让步了。这样,在帝国主义各大国的妥协下,中国外交的失败,已成定局了。

四月十六日,"五人会议"讨论山东问题,中国代表被禁止参加。在会议上,美国代表提出德国在中国的各项权利、利益,由和会暂收。这项提议,遭到日本代表的拒绝。日本认为:"青岛问题中日业有成约,应交日本转交。"讨论结果,"英、德、意各外部均缄默,美外部遂搁议"。②

四月十七日,和约起草会开会,美国代表又提出德国在中国的各项权利、利益交五国共管的建议,再一次遭到日本的拒绝。日本代表说:"日本在中国有特殊利益,对于中国问题由五国处置一层,不能同意。"③

四月二十二日,和会召开大会,中国代表被邀出席。在会上,威尔逊表示无能为力,并质问中国何以于一九一八年"欣然同意"和日本订约(指山东问题换文)。英首相劳合·乔治则提出两项办法,一为按照中日成约办法,一为使日本继承德国权利,由中国任择其一。所谓两项办法,实际上是一项办法,即:牺牲中国。劳合·乔治并向中国代表表示:"现为条件所拘束,殊无可如何。"法国总理克里孟梭则接着说:"英总理所

---

① 《东方杂志》第十六卷,第四号。
② 陆征祥于四月十八日给北京政府外交部的密电,《六十年来中国与日本》第七卷,第三一三页。
③ 陆征祥于四月十八日给北京政府外交部的密电,《六十年来中国与日本》第七卷,第三一三页。

言,亦即完全为我之意。"①

四月二十四日,中国代表另备说帖,分送美总统及英、法总理,提出四项办法:"一、胶州为交还中国起见,先交五国暂收;二、日本承认于对德和约签字日起一年以内实行上条之交还;三、中国重视日本因胶州军事所有费用等,愿以款项若干作为报酬,其数额由四国公决;四、胶州湾全部开作商埠,如有必需之处,亦可划一区域作为专区,任缔约国人民居住通商。"②就是这样的办法,也被拒绝了。

四月二十九日,英美法三国会议,日本代表被邀出席。三十日,续开三国会议,议定了巴黎和约关于山东问题的下列条款:③

(一)第一五六条,德国将按照一八九八年三月六日与中国所订条约及关于山东省之其他文件,所获得之一切权利所有权及特权,其中以关于胶州领土铁路矿产及海底电线为尤要,放弃以与日本。

所有在青岛至济南铁路之德国权利,其所包含支路,连同无论何种附属财产,车站工场,固定及行动机件,矿产,开矿所用之设备及材料,并一切附随之权利及特权,均为日本获得,并继续为其所有。

自青岛至上海及门青岛至烟台之德国国有海底电线,连同一切附随之权利特权及所有权,亦为日本获得,并继续为其所有,各项负担概行免除。

(二)第一五七条,在胶州领土内之德国国有动产及不动产,并关于该领土德国因直接或间接负担费用实施工程或改良而得以要求之一切权利,均为日本获得,并继续为其所有,各项负担概行免一除。

(三)第一五八条,德国应将关于胶州领土内之民政军政财政司法或其他各项档案,登记册,地图,证券及各种文件,无论存放何处,自本约实

---

① 陆征祥于四月十八日给北京政府外交部的密电,《六十年来中国与日本》第七卷,第三一五、三一六页。
② 陆征祥于四月十八日给北京政府外交部的密电,《六十年来中国与日本》第七卷,第三一七页。
③ 陆征祥于四月十八日给北京政府外交部的密电,《六十年来中国与日本》第七卷,第三一八、三一九页。

行起三个月内移交日本。

经过几个月的讨论,中国从巴黎和会中毫无所获,而日本夺取到的山东权益却被明文规定下来。试看上列三款,其规定的详尽,措辞的强硬,无一不是对中国的最大侮辱。所以,连北京政府的外交代表,也不得不承认:"此次和会条件办法,实为历史所罕见。"①

但就是这样"历史所罕见"的条约,北京政府的外交代表竟也考虑签字了。陆征祥在五月一日致其大总统、总理的密电中竟说:"有三端关系,亦不能不加熟审:一,对日关系,公约虽不签押,而日本仍可根据一九一五年约,向我直接请再订约,将举所允日本之条件,完全承认。倘彼时势仍不能不签,则较之现在公约签字,事实则一,威望更逊。二,对德关系,倘单独与德订约,则所得权利能否比公约所许为优。三,对英法美关系,此次经三国讨论数日,而结果仍然如是,在我虽属不平,而在彼亦有种种苦衷,难免不于彼我感情因此妨碍,且于日后一切亦不无多少之关系。"②

# 四、幻想的破灭

当巴黎和会开会的时候,中国各界各团体的人士都在密切地注视着它的进展。

公理不是战胜强权了么?但中国代表提出的希望条件和废除"二十一条"的要求,竟然为和会拒绝讨论,这不能不使人们产生怀疑。《每周评论》一九一九年二月二日登载的随感录中,就提出了这样的问题:"我们对于参战,简直算没有出力,如今若在和平会议席上,提出无数的要求,固然可耻。但是在各国方面,要把这个理由来拒绝中国,难道公理战胜强

---

① 陆征祥于五月一日致北京政府的密电,《六十年来中国与日本》第七卷,第三二一页。
② 陆征祥于五月一日致北京政府的密电,《六十年来中国与日本》第七卷,第三二一页。

权的解说,就是按国力强弱分配权利吗?"①

中日代表因山东问题在和会上发生争执,日本驻华公使于二月初向北京外交部施加压力。这一事件,引起中国人民的极大愤慨。全国各界各团体纷纷发表通电,表示必须抗拒日本的干涉,有的致电北京政府说:"外使到部,无理要求,务请严词拒绝,以保主权,庶达国民公意,而免贻笑友邦。"②"若日使再有恫吓行为,我工商当坚决对待之,请政府谢绝干涉,坚持到底。"③有的致电在巴黎的中国外交代表说:"青岛山东问题及废除未经正式国会通过之一切国际秘密条约,国民誓死力争,愿公等坚持到底,全国国民为公后盾。"④

这时,学生们已开始行动起来了。二月五日晚间,北京大学学生二千余人在法科开全体大会,并推出干事十余人,分头联合各校学生,电致巴黎专使,拒绝日本要求。⑤ 其他各地学生,也有类似的活动。

由于日本在和会上的蛮横,使人们对和平十四条产生了怀疑。威尔逊,这个"世界上第一个好人",在人们心目中的地位,也开始下降了。二月九日,《每周评论》登载的随感录中说:"有一班人因为孙中山好发理想的大议论,送他一个诨名,叫做孙大炮。威尔逊总统的平和意见十四条,现在也多半是不可实行的理想,我们也可以叫他做威大炮。"随感录并且根据五国垄断和会的情况,发出了这样的问题:"公理何在?"⑥

由于中日密约的宣布及威尔逊所表示的无能为力,中国各界群众一方面对帝国主义者的幻想开始破灭,同时,也更加重了对卖国贼的痛恨。四月十六日,上海民议联合会、华侨平和期成会、华侨联合会、对日外交后援会、救国会、四川同乡会、陕西同乡会等团体的代表,召开团体联合大会,其决议中便说:"段祺瑞、曹汝霖、徐树铮、陆宗舆、章宗祥、靳云鹏等

---

① 《公理战胜强权》,《每周评论》第七号,一九一九年二月二日。
② 上海《民国日报》一九一九年二月六日。
③ 上海《民国日报》一九一九年二月十五日。
④ 上海《民国日报》一九一九年二月十日。
⑤ 《每周评论》第八号,一九一九年二月九日。
⑥ 《每周评论》第八号,一九一九年二月九日。

种种卖国行为,日益加厉,为全国所不容,应请决议惩办,以除祸根。"①

与此同时,《每周评论》不断地揭露卖国贼的罪恶,并启示人们向其展开斗争。四月二十日的随感录中点了章宗祥、曹汝霖、陆宗舆等亲日派的名字,并指出:"这次章公使由日本回国,许多中国留学生,都手拿上面写着'卖国贼'三个字的旗子,送到车站。"②四月二十七日的随感录中更具体地写道:"驻日章公使回国的时候,三百多中国留学生,赶到车站,大叫卖国贼,把上面写了'卖国贼''矿山铁道尽断送外人''祸国'的白旗,雪片似的向车中掷去。"同日的随感录也具体地揭露了陆宗舆:"有人说中华汇业银行是中日合办的,有人说完全是日本的银行,我们实在弄不清楚。为了吉黑两省金矿森林借款的事,那中华汇业银行总理陆宗舆,给中华民国农商总长、财政总长的信,满纸的贵国、贵政府。这中华汇业银行到底是那国的银行,陆宗舆到底是那国的人,我们实在弄不清楚!"③

山东人民对山东问题最为关心,因此对卖国贼也最为痛恨。四月二十日,十万三千七百余群众,在济南举行国民大会,表示力争山东主权之决心。大会在致巴黎中国外交代表的电中说:"现闻我国军阀及二三奸人阴谋卖国,示意退让,东人闻之,异常愤激,本月二十日在省城开国民大会,集众十余万,金谓此说若行,是陷山东于没世不复之惨。若辈包藏祸心,多方掣肘,丧心病狂,万众同仇,东人死丧无日,急何能择,誓死力争,义不反顾。"④

四月底,威尔逊的五国共管说传到中国。对此说,虽有某些亲美派分子(如欧美同学会成员)表示赞同,但遭到广大人民群众的唾弃。如:"旅沪各省商帮因昨日(四月二十五日)报载青岛问题有由五国管理之说,引为大辱,异常愤激,群向商业公团探闻办法。"⑤全国和平联合会在四月二十六日致巴黎中国外交代表的电中则说:"青岛问题,本会曾电请由德直

---

① 上海《民国日报》一九一九年四月十八日。
② 《每周评论》第十八号。
③ 《每周评论》第十九号。
④ 蔡晓舟、杨景工:《五四》,《近代史资料》一九五五年第二期,第四六、四七页。
⑤ 上海《民国日报》一九一九年四月二十六日。

接交还,刻据报载暂归五国管理,再交中国,我国民誓不承认,务恳坚持到底。"①世界和平共进会、中华国民策进永久和平会等团体,在其电文中也说:"近闻北京政府电命对日让步,五国复有公管青岛之说。中日秘约,犹未取消,国人闻之,悲愤莫名。"②

大概由于威尔逊的和平十四条说得太漂亮和太动人了,所以当五国共管说传来的时候,有的人还幻想这不是事实,"多望该消息为不确"。③

但是,幻想究竟是幻想,事实究竟是事实。威尔逊不仅真的作过这样的建议,而且就是这个建议也为日本所拒绝,最后是在美国的妥协下,把德国在山东所有的权益,一律直接让与日本了。

当和约中山东问题的三条已经决定的消息传到中国以后,人民群众的悲愤情绪真是达到了极点。也只是在这时,人们对威尔逊的十四条、公理战胜强权等幻想,才真正是破灭了。五月四日出版的《每周评论》,指出:"上海的和会,两方都重在党派的权利,什么裁兵废督,不过说说好听做做面子,实际上他们那里办得了。巴黎的和会,各国都重在本国的权利,什么公理,什么永久和平,什么威尔逊总统十四条宣言,都成了一文不值的空话。……这两个分赃会议,与世界永久和平人类真正幸福,隔得不止十万八千里,非全世界的人民都站起来直接解决不可。"④

由"世界上第一个好人",到"威大炮",又到现在的"一文不值",说明中国知识界随着美帝国主义面目的一步步暴露,对其认识也逐步加深了。

列宁说:"一九一四——一九一八年的帝国主义战争,在一切民族和全世界被压迫阶级面前,特别清楚地揭露了资产阶级民主词句的虚伪性,在事实上表明,标榜为'西方民主'的凡尔赛条约是比德国容克和德皇的布列斯特—里托夫斯克条约更加野蛮、更加卑劣地压在弱小民族头上的暴力。国际联盟和协约国战后的全部政策到处加强先进国无产阶级和殖

---

① 上海《民国日报》一九一九年四月二十七日。
② 上海《民国日报》一九一九年四月三十日。
③ 上海《民国日报》一九一九年四月二十六日。
④ 《每周评论》第二十号。

民地附属国的一切劳动群众的革命斗争,使所谓在资本主义制度下各民族能够和平共居和一律平等的市侩的民族幻想更快地破产,从而更清楚更尖锐地揭露了这个真理。"①

对巴黎和会幻想开始破灭的时候,也正是马克思主义在中国开始传播的时候。毛泽东说:"十月革命一声炮响,给我们送来了马克思列宁主义。十月革命帮助了全世界的也帮助了中国的先进分子,用无产阶级的宇宙观作为观察国家命运的工具,重新考虑自己的问题。走俄国人的路——这就是结论。"②

就是在这种情况下,十月革命帮助中国人民提高了觉悟,使中国人民从此投入了新的战斗。

---

① 《民族和殖民地问题提纲初稿》,《列宁选集》第四卷,人民出版社一九七二年版,第二七一、二七二页。
② 《论人民民主专政》,《毛泽东选集》第四卷,人民出版社一九九一年版,第一四七一页。

# 第 九 章

# 古城在怒吼

——五四爱国运动的第一阶段

## 一、山雨欲来风满楼

北京大学学生当年从事集会活动的地点,大都在以下两处:

一处是在马神庙(现为景山东街)的西斋学生宿舍,即校本部两边不远的地方。① 这是一座很大的中式院落,在沙滩红楼建成以前,北大学生们的食、宿,主要都在这里,因此,各种消息首先在这里传播,许多活动首先在这里展开。这里可以随时看到各种海报、布告、通知等。"有人发出什么号召,就有人响应;说开会,就有人去。开会的地点,大些的会,在饭厅开的时候多,要说话的,站在板凳上就说起来。"②

另一处是在北河沿(现为东华门北大街)的法科(即后来的第三院)礼堂。③ 凡是人数比较众多的集会,特别是联合其他各校的集会,大都在这里举行。例如,巴黎和会召开期间,日本驻京公使小幡于二月二日至外交部施加压力,全国哗然。"北京学生联合会筹议抵抗,(二月)五日晚间,北

---

① 现为某机关宿舍。
② 杨晦:《五四运动与北京大学》,《五四运动回忆录》上,中国社会科学出版社一九七九年版,第二二〇页。
③ 即老的译学馆,现为某机关办公地点,原礼堂已拆除。

京大学学生在法科开全体大会,到会者二千多人,举出干事十几人,分头进行,并联合各学校的学生,电致巴黎五专使,请他们坚持前议,不要让步。"①

北京的春天,风沙扑面,使人的心情不好受;当巴黎和会外交失败的新闻传来时,使人更加烦躁不安。

噩耗终于传来,并且得到了证实。五月一日,上海《大陆报》之北京通讯说:"政府接巴黎中国代表团来电,谓关于索还胶州租借之对日外交战争,业已失败。"②五月二日,身为徐世昌顾问和总统府外交委员会委员兼事务长的林长民,也在北京《晨报》上发表文章,证实了这一噩耗。③

在此以前,当四月下旬中国外交失败的消息不断传到中国的时候,各地各界人民均已愤慨万分。四月二十日,山东人民十万余人已在济南召开国民请愿大会。当时,山东的爱国人士纷纷到北京来活动,北京的爱国人士也纷纷到山东、上海等地去活动。

五月三日,北京市民的各个阶层,包括学界、商界、政界、军界等,都举行了各种各样的集会,讨论怎样抗议山东问题的无理决定。当日下午,北京一些政界人士所组织的国民外交协会④召开全体职员会,作出下列决

---

① 《每周评论》第八号,一九一九年二月九日。

② 笞盦编:《学界风潮纪》,《五四爱国运动》上,中国社会科学出版社一九七九年版,第三七三——三七五页。

③ 一九一八年十月,徐世昌任总统,他虽被段祺瑞拥上台,但无实力,因此想拉拢各派增加自己的力量。外交部长陆征祥出国后,由次长陈箓代,陈资历、声望均不够,梁启超、林长民等建议在总统府内设外交委员会,以外交元老汪大燮为委员长。徐采纳了这一建议,并以林为委员兼事务长。林当时已是徐的顾问,他建议派梁启超出国游说,也为徐采纳了。外交委员会设在中南海内紫光阁西南角旁边的几间小房子里。四月三十日、五月一日,陆征祥自法国电告北京政府巴黎和会决议情况的电文,林均见到。因此,林在五月二日的文章《外交警报敬告国民》中说:"此噩耗,前两日仆即闻之。"外交委员会是在一九一九年五月三日自行结束的。参见叶景莘:《巴黎和会期间我国拒签和约运动见闻》,《五四运动回忆录》续,第一〇五、一〇六页。

④ 叶景莘在《巴黎和会期间我国拒签和约运动见闻》一文中说:"外交委员会成立时,我们早已感觉到政府的亲日倾向,就组织了一个国民外交协会,以备与外交委员会互相呼应。协会在熊希龄宅开成立大会,有会员几十人,以后逐渐增加至百余人,其中有不少各大学学生和几个湖南、贵州等西南各省的代表。协会会所系借用西单石虎胡同私立松坡图书馆西文部。协会成立时,推举熊希龄、汪大燮、梁启超、林长民、范源濂、蔡元培、王宠惠、严修、张謇、庄蕴宽十人为理事,并推干事六人为:总务陈介、外交叶景莘、文牍寿洙邻、法律王文豹、交际魏斯炅、庶务郑骈钦。以后因警察常去麻烦,郑不能应付,又请英文导报经理梁秋水任秘书。理事常到会的只熊、林、王三人,干事经常办事的只寿、郑、王三人。"见《五四运动回忆录》续,第一一一页。

议:"(一)五月七日在中央公园(现为中山公园)开国民大会,并分电各省各团体同日举行。(二)声明不承认二十一款,及英法意等与日本关于处分山东问题之密约。(三)如和会中不得伸我国之主张,即请政府撤回专使。(四)向英美法意各使馆申述国民之意见。"协会还发出了下面这样一个通知:"本会因山东问题,消息万分险急,特定于本月七日,即国耻纪念日,午后二时在中央公园开国民大会,讨论对付方法,届时到会,入场券由本会临时在门口分赠。"①

但,学生们已经不能等到五月七日了。就在外交协会开会的同时,北京的学生们已经在发起和筹备五月四日的示威游行了。

北大学生是从蔡元培那里得到巴黎和会失败的消息的。许德珩回忆说:"五月二日,我从蔡校长那里听到了这个晴天霹雳的消息,便约集参加在《国民杂志》社的各校学生代表,当天下午在北大西斋饭厅召开了一个紧急会议,讨论办法。高工的一位学生代表夏秀峰当场咬破手指,写血书,大家激动得眼里要冒出火来。于是发出通知,决定五月三日(星期六)晚七时在北河沿北大法科(后来的北大三院)大礼堂召开全体学生大会,并约北京十三个中等以上学校代表参加。"②

另一个当事人张国焘③也曾回忆说:"一九一九年五月二日下午七时,'国民杂志社'循例举行社务会议;参加者是原有的十多个社员,议程也只是讨论杂志的出版事务。可是到会者不约而同的谈到中国在凡

---

① 《五四爱国运动资料》,科学出版社一九七九年版,第五五〇页。
② 许德珩:《五四运动六十周年》,《五四运动回忆录》续,第五十一页。关于学生是从蔡元培那里得到巴黎和会的消息,除许德珩回忆外,尚有何思源的《回忆》,他说:"五月二日,蔡元培在北京大学饭厅召集学生班长和代表一百余人开会。他讲述了巴黎和会上帝国主义互相勾结,牺牲中国主权的情况,指出这是国家存亡的关键时刻,号召大家奋起救国。我参加了这次会,听了他的讲话,心情非常激动。"见(北京)《文史资料选编》第四辑,第六七页。
③ 张国焘(一八九七——一九七九年),字特立,江西萍乡人。一九一九年入北京大学,是五四运动中的活跃分子,一九二一年代表北京共产党小组出席"一大",成为中国共产党的领导人之一。一九三〇年,任中共驻共产国际代表。一九三一年,任鄂豫皖区领导人,并任中央工农民主政府副主席。一九三五年,红一、四方面军在长征中会合后任红军总政委,旋南下进行分裂党、分裂红军的活动。一九三七年,任陕甘宁边区政府副主席。一九三八年四月,叛逃,投靠国民党特务机关。一九四九年,逃往香港,一九六八年十二月,定居加拿大。一九七九年十二月三日,在加拿大多伦多病死,终年八十二岁。

尔赛和会受屈辱的情形,以及曹汝霖等腼颜媚日和山东及其他各地人民团体奋起救国等消息,气氛异常激昂。……这次会议以爱国责无旁贷的精神立即决定:由'国民杂志社'通告北大全体同学,于次日晚上七时在北大第三院大礼堂举行学生大会;并邀请高师、工专、农专、法专等学校派代表或热心分子参加,讨论目前应采的步骤。"①

具体情节,略有出入,但时间、发起等情况基本一致,可以作为许文的佐证。

五月三日(星期六)夜晚,本应是周末休息的时候,但北大校园内沸腾起来了。学生们已经无心再去读书,也无心再去娱乐,而是怀着一颗赤诚的心,满腔怒火地奔向北河沿法科礼堂,在讨论如何拯救自己的祖国。他们边走边议论,大骂卖国贼曹汝霖、章宗祥、陆宗舆,也埋怨自己上了美国总统威尔逊的当,有的学生很幽默地讽刺说:"威尔逊发明了一个数学公式,十四等于零。"②

也正是在这时,陈独秀为《每周评论》写下了号召人民起来"直接解决"的评论,他指出:"巴黎的和会,各国都重在本国的权利,什么公理,什么永久和平,什么威尔逊总统十四条宣言,都成了一文不值的空话。"他号召说:"我看这两个分赃会议,③与世界永久和平人类真正幸福,隔得不止十万八千里,非全世界的人民都站起来直接解决不可。若是靠着分赃会议里那几个政治家外交家,在那里关门弄鬼,定然没有好结果。"④

这是陈独秀为第二天(五月四日)出版的《每周评论》所写的文章,学生们虽然在五月三日还不能直接读到这篇文章,但是其中的思想已经在他们中间广为流传和接受。

夜幕已经降临,北河沿法科礼堂内外,挤满了来开会的学生。除北京大学一千多同学全体参加外,出席的还有十几所学校的学生代表。

---

① 张国焘:《我的回忆》第一册,第四九、五〇页。
② 杨晦:《五四运动与北大》,《五四运动回忆录》上,第二二二页。
③ 指巴黎和会和国内正在上海召开的南北和会。
④ 《每周评论》第二〇号,一九一九年五月四日。

大会推举北大法科四年级学生廖书仓为临时主席,①北大文科学生黄日葵、孟寿椿二人做记录,并推许德珩起草宣言。

有一种材料说:大会曾请北大新闻研究会的导师、著名的新闻记者邵飘萍报告巴黎和会讨论山东问题的经过和目前形势。②

在大会发言的学生有丁肇青、谢绍敏、张国焘、许德珩以及各校学生代表夏秀峰等很多人。"法科学生谢绍敏悲愤填膺,当场将中指啮破,裂断衣襟,血书'还我青岛'四字,揭之于众,这就更激励了全体学生的情绪……"③"鼓掌声、万岁声相继而起,全场顿现一种凄凉悲壮之气象。"④

大会在热烈鼓掌声中,一致作出如下决定:⑤

（一）联合各界一致力争；

（二）通电巴黎专使,坚持和约上不签字；

（三）通电全国各省市于五月七日国耻纪念日举行群众游行示威运动；

（四）定于五月四日（星期日）齐集天安门举行学界大示威。

在会上还有人提议:"留日学生可以那么对付章宗祥（案:指《每周评

---

① 此处根据许德珩回忆,见《五四运动回忆录》续,第五一页。但另有一说,当时会议主席为易克嶷,见张国焘:《我的回忆》第一册,第五〇页。

② 龚振黄编:《青岛潮》,《五四爱国运动》上,第一六七页。但在许多当事人的回忆中,没有提到邵的活动。邵飘萍（一八八四——一九二六年）,浙江金华人,清末民初的著名记者、《京报》创刊人。他在学生中很有影响。毛泽东曾回忆说:"在新闻学会里,我遇到了别的学生,……还有邵飘萍。特别是邵飘萍,对我帮助很大。他是新闻学会的讲师,是一个自由主义者,一个具有热烈理想和优良品质的人。一九二六年,他被张作霖杀害了。"埃德加·斯诺:《西行漫记》,生活·读书·新知三联书店一九七九年版,第一二七页。

③ 许德珩:《五四运动六十周年》,《五四运动回忆录》续,第五一页。当事人之一的张国焘也曾回忆了五月三日夜的这次会议,他的回忆可以为许的回忆提供一个佐证,张说:"继我上台演说的是……许德珩,他的讲话具有甚大的鼓动力量。还有同学谢绍敏的当场啮破中指,在一块白手巾上血书'还我青岛'四个大字,更激起全场的愤慨。"见《我的回忆》第一册,第五〇页。另,据许德珩的回忆,还说道:"会开得很紧张的时候,有一位十八九岁的同学刘仁静,拿出一把菜刀来要当场自杀,以激励国人。"（见《五四运动六十周年》）但刘仁静本人否认此事。

④ 蔡晓舟、杨景工:《五四》,《五四爱国运动》上,第四五三页。

⑤ 许德珩:《五四运动六十周年》,《五四运动回忆录》续,第五一页。蔡晓舟、杨景工同编:《五四》,《五四爱国运动》上,第四五三页。

论》报道章由日回国时,群众愤激用小旗子投掷章的状况),①我们为什么不可以对他们三个(曹、章、陆)来一下? 就是说,要把旗子送到他们的家里去。"②这个提议,也得到了一致的赞同。

为了筹备游行,学生们当场自动进行了热烈的捐助,银元、钞票、铜子以及手表、戒指、手巾、帽子等,都纷纷捐掷到台上来。大家的爱国热情达到了沸点。

当会议结束时,已经是深夜十一点了。

会议结束后,学生们更加忙碌地分头筹备起来。住西斋的北大同学一夜未睡,有的负责联络其他学校,有的准备宣青、电报、传单;更多的人则是准备大旗、小旗、标语等,有人热情地把床单扯作旗帜用。许德珩在回忆中写道:"我于宣言写好后把自己的白布床单撕成条幅,书写标语,一直搞到天亮。有的同学咬破手指,血书标语。那时还没有'打倒帝国主义'的口号,集会的主要目的在收回山东主权,收回青岛,反抗日本,反对列强以及惩办卖国贼和军阀官僚,所有标语大都是写着:'收回山东权利''惩办卖国贼''拒绝在巴黎和会上签字''内除国贼,外抗强权''中国是中国人的中国''废除二十一条''抵制日货'等等句子"。③

五月三日晚上,除了北京大学学生在积极准备外,有的学校,如北京高等师范,其学生社团也在秘密地活动着。五四运动的参加者、当时北京高师的学生周予同,曾经作过如下的回忆:"四月末旬,上述的秘密团体(指同言社,即工学会,倾向无政府主义)的学生们已略有活动,打算做一次示威运动。五月三日的晚上,曾开一次会议,议决用猛烈的方法惩警以前签字'二十一条'的当事者曹、陆、章。当时有一位同盟会的老同志秘

---

① 据北京《晨报》一九一九年四月十六日报道《留日学生痛斥章宗祥》的情况是:"驻日公使章宗祥已于十二日由东京起程,十四日神户乘船回国。据某方面所得东京电报谓:章临行之际,有留学生三十余人赶至中央车站,旁观者皆以为系来送行者也,乃各学生行近章前诘以莅日以来经手若干借款,订立若干条约,种种丧权辱国之事。章面红耳赤,惭不能答,遂大呼卖国贼骂之。在站送行日本人甚为惊异,经日警排解,始克成行。参事官庄景珂因此特电院请沿途保护云。"

② 杨晦:《五四运动与北京大学》,《五四运动回忆录》上,第二二三页。

③ 许德珩:《五四运动六十周年》,《五四运动回忆录》续,第五二页。

密的将章宗祥的照片交给他们……并且设法去弄手枪,但结果没有成功。他们议决带铁器、小罐火油及火柴等去,预备毁物放火。"①周在另一篇悼念匡互生(五四当日首先进入曹宅者)的文章中也说:"我们在五月三日夜里秘密召集社员(指同言社,即工学会)在操场角落的小室中开会。我们觉得同时在开会讨论这件事的,只有北京大学一个和我们同性质的小团体。当开会时,大家颇有点争辩。有些人只主张一种普遍的示威游行,有些人则主张非参加暴动不可。"②关于高师的这次会议,当时的亲历者于力(董鲁安)也曾回忆说:"五四运动最初是由北大和高师等校学生发动起来的。还记得在五四前一天的整日间,有些人是在为着翌日天安门开大会的准备事项而忙碌着:印传单、糊小旗、编口号和计划游行路线等等工作。晚间,高师操场北端的西花厅里,会集着以工学会为基干的十几个青年,秘密地宣布明日游行后,还要前往东城赵家楼胡同安福系巨子曹汝霖的住宅去示威的计划,并布置届时分给每个人应担负的任务。"③

关于高师的这次会议的情况,以北京高师数学系四年级学生匡互生说得最为详尽,匡在一九二五年写的《五四运动纪实》一书中回忆说:"在提前举行示威运动的议案议决的前后,各学校的各小团体都有一度的会议。北京高工、高师各校的全体会议,那自然是应有的文章。现在我要特别告诉读者的,就是前面所说过的那些小团体在这个时候活动的真相。五月三日那一夜,某校的工学会开全体会议,由会员提议讨论'对于中日的示威运动,本会应取何种态度?'大多数主张采用激烈的手段去对付那几个仰日本军阀的鼻息,作国内军阀的走狗,并且惯以构成南北战争以快私意的曹、陆、章,就决定次日联络各学校的激烈分子,伴大队游行至曹、章、陆等的住宅时候,实行大暴动,并一面派会员先将曹、章、陆等住宅的门牌号数调查明白,以便直接行动。于是五月四日早晨凡在各校主张激烈的分子就由这个工学会的代表实地联络的结果,暗中已心心相印

---

① 周予同:《过去的五四》,引自北大"五四"十四周年纪念特刊:《论五四》。
② 引自名诚:《匡互生先生的德行》,见《匡互生先生纪念集》(非卖品),铅印本。
③ 于力:《北京高师参加五四学生游行示威的情况》,《北方文化》第一卷,第五期,一九四六年五月一日。

了。……各校的热烈分子——二十人以内——都有相当的准备,甚至于有连身后的事都向亲密的朋友商托好了的!"①

从以上所引材料,可以清楚地看出:五月四日火烧赵家楼的行动,确实不是偶然的。

当然,也应该指出,这个秘密计划只是少数人知道,"除极少数参加核心小组的学生外,大多数学生是没料到会演出火烧赵家楼曹汝霖住宅和殴伤章宗祥等暴动事件的"。②

虽然有的学校已经在五月三日晚上筹备,但是有的学校还不知道五月四日的计划。因此,在北京大学学生的积极联络下,在五月四日的上午十时,又在法政专门学校召开了一个各校学生代表会,学生们在短促的一个半钟头内,议决了下列几件事:"(一)拍电国内外;(二)唤醒各地国人;(三)预备七日的国民大会;(四)组织北京学生对外的永久机关;(五)本日下午大家游行示威。路线由天安门经东交民巷美、英、法、意四国使馆,转入崇文门大街。"③

这次会议开得很紧急,"大家议论行事很迅速,面上都带着很愁很怒的颜色"。④ 会议后,各学校代表便迅速返校准备下午的游行去了。当年的会议参加者周予同在回忆中说:"五月四日上午,各校派出的代表,在法政专门学校举行了联合会议。到会的有数十人,我是高师的代表之一。大家讨论了游行示威的进行办法,决定散布'北京学界全体宣言',提出'外争主权,内除国贼'的政治斗争口号。那天由高师工学会代表联络到的各校激烈分子,有二十人左右,大多属于高师的工学会,高工、北大的共学会等组织。大家相约暴动,准备牺牲,有的还向亲密朋友托付后事,我和匡互生等都写了遗书。"又说:"被推担任天安门大会主席和游行总指挥的段锡朋、傅斯年,都是北大新潮社等组织的。他们一点也不知道我们

---

① 《五四爱国运动》上,第四九三页。
② 周予同:《五四和六三》,《五四运动回忆录》上,第二九九页。
③ 《每周评论》第二十一期,一九一九年五月十一日。
④ 《每周评论》第二十一期,一九一九年五月十一日。

准备用暴动手段惩罚卖国贼的秘密决议和准备。"①

## 二、天安门集合

雄伟壮阔的天安门广场,高大巍峨的天安门城楼,是那样的庄严肃穆,是那样的令人起敬。

这里,是中国人民引为自豪和永远值得纪念的地方。作为新民主主义革命开端的五四爱国运动,正是从这里起步的。

当时的天安门广场,并不像今天这样宽阔。原清朝的宗人府、吏部、户部、礼部等衙门均在这一带,天安门至正阳门的南北路上,还东西对衬着两排厚厚的红墙,天安门前的左右均有三座门挡着东西路口;两边的华表就在金水桥旁,也不像现在这样宽的距离。

虽然如此,但天安门城阁那种富有民族形式的建筑,仍然象征着祖国的庄严。天安门前槐柳的摇荡,也使人神往。加以这里场地适中(四通八达),在当时来说也还算宽敞。所以,群众聚会,多在这里进行。

一九一九年五月四日下午一时许,北京十几个学校的学生三千余人,从四面八方汇集天安门,围立在金水桥前的两个华表之下。

关于参加这次集合游行的人数,一向有三千和五千两种说法。后来回忆的人,多采用五千的说法。根据北洋政府京师警察厅档案所存京师警察总监吴炳湘的密电,其说法是:"四日,北京大学等十数学校学生二三千人,因青岛问题,在天安门前集合,拟赴各使馆争议。"②当日,京师警察厅是派有密探跟随游行队伍前进的,而且这份材料又是吴炳湘的密电,看来,"二三千人"不会是缩小之说。根据这条档案,参照各报所载,大体可以断定:游行人数三千之说是比较真实的。

---

① 周予同:《火烧赵家楼》,《人民教师的摇篮——北京师范大学》(非卖品),第七四页。
② 《五四爱国运动档案资料》,中国社会科学出版社一九八〇年版,第一八五页。

北京大学的学生是首先发起者,但他们却是最晚到达天安门的。这是因为,他们的队伍被北京政府教育部的代表(次长)和几个警察阻拦了,不准他们去参加游行。[①] 学生代表邓中夏、黄日葵等和教育部的代表展开了一段时间的辩论,最后突破阻拦,队伍才急速向天安门进发。

当北大学生队伍到达天安门的时候,在场的其他各校学生,热情地向他们欢呼。

齐集天安门的学生们,多数穿着长衫,也有的穿着黑制服,他们手里拿着各种颜色的小旗,上面写着:"取消二十一条","还我青岛","誓死力争","保我主权","勿作五分钟爱国心","争回青岛方罢休","宁为玉碎,不为瓦全","头可断,青岛不可失","中国宣告死刑了","诛卖国贼曹汝霖、章宗祥、陆宗舆","国民应当判决国贼的命运","誓死不承认军事协定",等等。有的标语是用英文或法文写的,也有的旗子上画着漫画。最引人注目的是金水桥南竖起的一面大白旗,上面书写着的一副对联:

　　卖国求荣,早知曹瞒[②]遗种碑无字
　　倾心媚外,不期章惇[③]余孽死有头

三日晚上北大学生血书"还我青岛"的那块衣襟,也悬挂在这里,很是激动人心。

学生们集合天安门的目的主要是游行示威,向"总统府"及英、美等帝国主义使馆抗议,表示国民外交的声势,除极少数的学生外,大多数学

---

① 有人曾回忆说,阻拦者是蔡元培(见张国焘:《我的回忆》,第五一页)。这显然是弄错了。一九一八年五月的那次请愿游行,蔡曾阻拦过;但这一次,他却没有。蔡本人曾明白地说过:"民国七年夏间,北京各校学生,曾为外交问题,结队游行,向总统府请愿;当北大学生出发时,我曾力阻他们,他们一定要参与;我因此引咎辞职,经慰留而罢。到八年五月四日,学生又有不签字于巴黎和约与罢免亲日派曹、陆、章的主张,仍以结队游行为表示,我也就不去阻止他们了。"见《我在北京大学的经历》,《蔡元培选集》,第二九二页。

② 曹瞒(阿瞒):即曹操,当时流行的《三国演义》及京剧中,均认为曹是一个大奸臣。这里是用来讥讽曹汝霖。

③ 章惇:原为北宋的王安石派,后为司马光视为祸国殃民的"大奸"。《辞源》(商务印书馆一九二七年版)云:"章惇,宋浦城人,字子厚,举进士。哲宗初,知枢密院,旋罢。高太后崩,惇为尚书仆射兼门下侍郎,引其党蔡京、蔡卞等,尽复熙丰之政,力排元祐党人,人民交怨。徽宗初,累贬睦州。"这里是用来讥讽章宗祥。

生是没料到会演出火烧赵家楼曹汝霖住宅和殴伤章宗祥等事件的。

学生们在天安门汇合以后,大概有一个短暂的集会。许多当事人都回忆说:"到达天安门前,在那里停了好久,有人演说,喊口号";①"在广场上开了一次群众大会,很多人发表了演说,决议举行示威游行";②"我们在天安门停了好久,向群众说明游行示威的意义,群众因之也就参加的多了,游行示威的人数因之也就增加了";③"大会决议先向各国公使馆游行示威,再向总统府请愿,要求惩办卖国贼曹汝霖、章宗祥、陆宗舆,拒绝对巴黎和约签字";④"在开会时我站在一层层的人群中间,又没有扩音器,听不完全那位似是立在方桌上演说者的话音,但大意是了解的,与各校所写的标语上的要义一样。到会的对于大会的开法没有争执,主要是要有什么样的行动,要对卖国的军阀、官僚怎样表示,怎样示威,及至先往日本使馆去的提议宣布以后,大家高叫赞同……"⑤

短暂的集会后,学生们即准备向使馆区进发。

北大国民社和新潮社的同学还为这次游行准备了两个宣言,一个是文言的,一个是白话。前者系许德珩起草,后者系罗家伦起草。

前一个宣言的全文是:⑥

呜呼国民!我最亲最爱最敬佩最有血性之同胞!我等含冤受辱,忍痛被垢于日本人之密约危条,以及朝夕企祷之山东问题。青岛归还问题,今日已由五国共管,降而为中日直接交涉之提议矣。恶耗传来,天黯无色。夫和议正开,我等之所希冀所庆祝者,岂不曰世界中有正义、有人道、有公理,归还青岛,取消中日密约、军事协定,以及其他不平等之条约,公理也,即正义也。背公理而逞强权,将我之土地由五国共管,侪我于战败国如德奥之列,非公理,非正义也。今又

---

① 杨晦:《五四运动与北京大学》,《五四运动回忆录》上,第二二四页。
② 范云:《五四那天》,《五四运动回忆录》续,第八六页。
③ 许德珩:《五四运动六十周年》,《五四运动回忆录》续,第五二页。
④ 俞劲:《对火烧赵家楼的一点回忆》,《五四运动回忆录》续,第八九页。
⑤ 王统照:《回忆北京学生五四爱国运动》,《五四运动回忆录》上,第二四七页。
⑥ 这个宣言的文字,各种记载略有不同。这里是参照下列两书而确定的:《青岛潮》(龚振黄编,一九一九年八月版)附录;蔡东藩:《民国通俗演义》第六册。

显然背弃山东问题,由我与日本直接交涉。夫日本,虎狼也,既能以一纸空文,窃掠我二十一条之美利,则我与之交涉,简言之,是断送耳,是亡青岛耳,是亡山东耳。夫山东北扼燕晋,南拱鄂宁,当京汉、津浦两路之冲,实南北之咽喉关键。山东亡,是中国亡矣!我国同胞处其大地,有此山河,岂能目睹此强暴之欺凌我,压迫我,奴隶我,牛马我,而不作万死一生之呼救乎?法之于亚鲁撒、劳连两州也,曰:'不得之,毋宁死。'意之于亚得利亚海峡之小地也,曰:'不得之,毋宁死。'朝鲜之谋独立也,曰:'不得之,毋宁死。'夫至于国家存亡、土地割裂、问题吃紧之时,而其民犹不能下一大决心,作最后之愤救者,则是二十世纪之贱种,无可语于人类者矣。我同胞有不忍于奴隶牛马之痛苦,极欲奔救之者乎?则开国民大会,露天演说,通电坚持,为今日之要着。至有甘心卖国,肆意通奸者,则最后之对付,手枪炸弹是赖矣。危机一发,幸共图之!

后一个宣言的全文是:①

北京学界全体宣言

现在日本在万国和会要求并吞青岛、管理山东一切权利,就要成功了!他们的外交大胜利了!我们的外交大失败了!山东大势一去,就是破坏中国的领土!中国的领土破坏,中国就亡了!所以我们学界今天排队到各公使馆去要求各国出来维持公理,务望全国工商各界,一律起来设法开国民大会,外争主权,内除国贼,中国存亡,就在此一举了!今与全国同胞立两个信条道:

中国的土地可以征服而不可以断送!

中国的人民可以杀戮而不可以低头!

国亡了!同胞起来呀!

当时汇集在天安门前的,除各校学生外,还有许多陆续而来的旁观者。他们多是前门外和东西长安街一带的市民,闻讯而来,看看学生们有什么举动。当他们听到学生们的讲演和看到当场散发的传单(宣言)后,

---

① 《每周评论》第二十一号,一九一九年五月十一日。

均对学生表示同情,有的人就直接参加到游行队伍中来了。

学生队伍将要开始游行的时候,曾经在沙滩阻挠北大学生出发的那位教育部代表(次长)又跟踪而来了,并询问学生集会游行的意图,学生们当即把传单送给他,并指着向他说:"区区苦衷,尽在于此,一览便知,无待赘述。"①这位代表态度非常蛮横,他在看完传单后向学生们说:"事先未通知公使馆,恐不能在使馆内通行。我承教育部命令来此,请大家从速解散,有事可推出代表办理。"同学们万众一心,拒绝了这无理的干涉,并高呼说:"我们今天的行动,教育部管不了!"(按:五月四日这一天,正好是星期天)面对着愤怒的群众,这位代表毫无办法,只好灰溜溜地走开了。

北洋政府又派来步军统领李长太和警察总监吴炳湘,先后到场干涉。李长太恶狠狠地恫吓,叫嚷:"我是承大总统的命令来的,学生队伍必须解散。"学生们没理他那一套,齐声高呼:"打倒卖国贼!"吴炳湘见势不妙,则软硬兼施,假惺惺地说:"今天天气很热,请诸位赶快回去休息吧!"

北京的五月,中午刚过不久,天气确实很热。但是,群众的爱国、救国心肠,却更热。因此,吴炳湘等的劝说,并未发生任何作用,反而被学生们申斥了几句。

国内的这些反动派,主要是怕外国人,怕引起国际纠纷。②

但是,爱国的学生们是无所畏惧的。他们在冲破反动派的阻挠后,便直奔东交民巷而去。

## 三、东交民巷受阻

东交民巷就在天安门广场的东南角上不远的地方。这是一条很宽敞

---

① 蔡晓舟、杨景工:《五四》,《五四爱国运动》上,第四五四页。
② 李长太的恫吓、阻挠均失败后,望着将要去使馆区的学生们,无可奈何地嘱咐了这样几句话:"千万必要谨慎,别引起国际交涉来了。"《山东问题之学界行动》,北京《晨报》一九一九年五月五日第二版。

的巷子,道旁矗立着各种各样的外国房屋:英式的、美式的、法式的、德式的、日式的、俄式的……;尖顶的、圆顶的……;红色的、绿色的……洋洋大观,好似一个小型的世界建筑博览会。

东交民巷原名东江米巷,附近一带是当时北京城内的行政区,在那里有许多中国的行政机构、庙宇、会馆及市民住宅。第二次鸦片战争后,各国驻北京的使节相继来华,就在此附近设立公使馆。一九〇〇年(庚子)义和团运动被镇压后,清朝政府和各帝国主义国家于一九〇一年签订了丧权辱国的《辛丑和约》(即所谓《议和大纲》),才规定了这一片地方为中国人不得随意通行的使馆区。当时《和约》规定:"各国应分自主,当驻兵队护卫使馆,并各将使馆所在境界自行防守,中国人民概不准在界内居住。"①

在《和约》签订之后,一九〇一年五月三十日,又签订了一个《北京各国使馆界址四至专章》,划定了使馆区的范围。《专章》上是这样写的:②

一、东界至崇文门十丈为止,其城门旁西首登城马道不在界内。

二、西界至兵部街为止,街西宗人府、吏部、户部、礼部四衙门均还中国,并可在衙门后建筑墙垣,不宜过高。衙门旁民房,本多毁坏,其现在尚存者,一律拆为空地。无论中国人、外国人,不得建造房屋。各使馆服役之中国人原有房屋,在界内者,另行拨给地段,令其盖房居住。

三、南界至大城根为止,其靠使馆界之城上,许各使馆派人巡查,但不得建造房屋。

四、北界至东长安街北八十迈当为止,使馆界墙在东长安街南约十五丈,自界墙外至东长安街北界线以内之房屋,均拆为空地,惟皇城不得拆动。其空地内,以后彼此均不得造屋,东长安街一带仍听车马任便行走,作为公共道路,由中国设立,查街巡捕,建造巡捕房,为该巡捕等办公之地。

---

① 《议和大纲》,《中外旧约章汇编》(一),生活·读书·新知三联书店一九五七年版,第九八一页。

② 《中外旧约章汇编》(一),第九九一、九九二页。

帝国主义者为了在上述范围内建立使馆区,拆毁了中国居民房屋一千四百座,价值约三十五万两。帝国主义者在使馆界四周筑起高厚的围墙,墙上布满炮位、枪眼;墙内设有美、法、德、英、意、日、俄等七国兵营;墙外留有空地,作为操场,标着"保卫界内,禁止穿行"的木牌。使馆界内自设警察和管理人员,不仅中国人民不能居住,就是中国的军警也不能穿行。

从此,"国中之国"形成了,中国政治舞台上的许多怪事,就是从这里导演出来的。袁世凯称帝、张勋复辟,都和这里有着密切的关系。张勋复辟失败后,就是进到这里的荷兰使馆躲藏的。

五月四日下午的学生游行队伍,由天安门出中华门①行至东交民巷的西口,即被阻于铁栅栏之外,原来反动派早已做好准备,命令所属阻挠游行队伍。"使馆界之巡捕谓须得大总统之同意始准入内游行。"②在学生的要求下,该巡捕假惺惺地说和总统府电话磋商,结果电话往返达二小时之久,仍不得要领。"虽由代表再三向英、美、法、意各国公使署交涉,因庚子条约(辛丑条约)的束缚,终没有允许通过的可能!"③

学生游行队伍既然已不可能按原定计划通过使馆区,"不得已乃举罗家伦等四人为代表谒美公使,适美公使未在,馆员某君接见谓:今日星期,恐他公使亦难晤面,诸君爱国热忱当尽情转陈于美公使,此意即能转达外交团云,遂将所递陈词收下"。④

学生们向美国公使馆的《陈词》,其全文是:⑤

---

① 中华门是正阳门(前门)内的皇城正门,原称"大清门",民国初年改称"中华门"。该门和天安门前的东西三座门,均在解放后拆除。
② 蔡晓舟、杨景工:《五四》,《五四爱国运动》上,第四五四页。
③ 匡互生:《五四运动纪实》,《五四爱国运动》上,第四九四页。
④ 蔡晓舟、杨景工:《五四》,《五四爱国运动》上,第四五四页。另据北京《晨报》一九一九年五月五日的报道是:"学生之赴东交民巷也,意在面晤英美法意四国公使,面递山东问题之意见书,请望转达各该国在巴黎之代表,冀能为吾国主张公道,乃到美使署时,美使芮恩施氏已赴西山;到法使署时,法使已往三贝子花园;意英两使亦复以星期日故,皆已出游。惟美使馆有馆员延见,将意见书接受,允俟美使回署转达,其余英法意署人员皆以公使不在署,不敢接受意见书。"
⑤ 龚振黄编:《青岛潮》,《五四爱国运动》上,第一六九页。

大美国公使阁下：吾人闻和平会议传来消息，关于吾中国与日本国际间之处置，有甚悖和平正义者，以最真挚最诚恳之意，陈辞于阁下：一九一五年五月七日二十一条中日协约，乃日本乘大战之际，以武力胁迫我政府强制而成，吾中国国民誓不承认之。青岛山东一切德国利益，乃德国以暴力夺去，而吾人之所日思取还者。具以对德宣战故，断不承认日本或其他任何国继承之。如不直接交还中国，则东亚和平与世界永久和平，均不能得确切之保证。贵国如保持民族之独立，与人类之公权，及世界和平之局而战，一九一七年一月十日协约国美国公使公牒，吾人对之表无上之钦爱与同情，吾国与贵国同胞抱同一主义而战，不得不望贵国之援助。吾人念贵国与我中国素敦睦谊，为此直率陈词，请求贵公使转达此意于本国政府，于和平会议予吾中国以同情之援助。

　　看来，这个《陈词》是学生们预先就准备好的。学生们为什么要对美国公使单独"陈词"呢？这是因为：

　　第一，五四爱国运动反对的主要目标，是日本帝国主义。而美国在争夺中国上是和日本有矛盾的。

　　第二，威尔逊的和平十四条讲得太动听了，它不仅欺骗了世界人民，也欺骗了中国人民，美国大总统简直成了正义、人道的化身，陈独秀虽然在《每周评论》上对威尔逊有所批评，但广大同学不是那么快就能醒悟过来的。

　　从使馆区的地理位置来看，美使馆和美国兵营正守着东交民巷的西口，学生游行队伍正是在离这不远的地方被阻，学生代表进入巷内面临的第一家使馆正是美国使馆。而从当时的实际情况来看，美国对学生游行队伍的态度，和其他国家（如日本）确有不同。因此，学生们对美国抱有幻想、剀切"陈词"，甚至高呼"美国万岁！""威大总统万岁！"都是不奇怪的了。《每周评论》报道当时的情况说："到了东交民巷西口，使馆界巡警不放行。先是打电话给美、英、法三国使署，他们都说很欢迎的。到西口的时节，美国兵营的军官也放行了，并且还要让我们从美兵营和美使馆的里（原文如此，疑有误——引者）经过。只有巡捕房坚不让走，大家只好在美使署前连呼'大美国万岁！威大总统万岁！大中华民国万岁！世界永久和平万岁！'四声,递上说帖。"①

被阻于东交民巷西口的三千青年学生,在烈日下整整晒了两个小时,"虽无厌倦之容,难免忿恨之态"。② 学生们深深感到："国犹未亡,自家土地已不许我通行,果至亡后,屈辱痛苦,又将何如？"学生们也意识到："使馆界之不许通过,各使之不亲见,乃事前警厅有电话知照。"③此时此景,怎能不使热血沸腾的青年学生义愤填膺、怒发冲冠呢？正如匡互生在回忆中所说："于是素不感觉外力欺压的痛苦的人们,这时也觉得愤激起来了！'大家往外交部去,大家往曹汝霖家里去！'的呼声真个响彻云霄。这时候,无论怎样怯懦的人也都变成了一些有勇气的人了！"④

大家决定改道向曹汝霖家走去。这时,"负总指挥的责任的傅斯年,虽恐发生意外,极力阻止勿去,却亦毫无效力了"。⑤ "那时担任总指挥的北大学生傅斯年,虽然极力阻止,说是怕出意外,但他那里挡得住群众运动的洪流呢？"⑥

当队伍向赵家楼进发的时候,军警戒备更加森严了,便衣特务的活动也更加频繁了。

## 四、火烧赵家楼

学生队伍向曹汝霖宅进发,其游行路线是：从东交民巷西口,转北走户部街,东行,经富贵街、东户部街、东三座门大街,跨御河桥,沿东长安街经东单牌楼,往北走米市大街进石大人胡同,穿过南小街进大羊宜宾胡

---

① 《山东问题》,《每周评论》第二十一号,一九一九年五月十一日。
② 蔡晓舟、杨景工：《五四》,《五四爱国运动》上,第四五四页。
③ 《青岛潮》,《五四爱国运动》上,第一六七、一六八页。
④ 匡互生：《五四运动纪实》,《五四爱国运动回忆录》上,第三〇七页。
⑤ 匡互生：《五四运动纪实》,《五四爱国运动回忆录》上,第三〇七页。
⑥ 周予同：《火烧赵家楼》,《人民教师的摇篮——北京师范大学》,第七四页。

同,出东口沿宝珠子胡同北行到前赵家楼胡同西口,再由此往东至曹宅。① (参看本书的"五四"游行路线图。)

学生们在向曹宅进发的时候,沿途又散发了许多传单,其中一张传单上写道:"民贼不容存,诛夷曹章陆";"泣告我同胞,患莫留心腹。"②

学生们边行进,边宣传,爱国热情,溢于言表,使沿途观看的群众非常感动。"许多人民看见掉泪,许多西洋人看见脱帽喝采,又有好些巡警也掉泪。"③

当日中午,曹汝霖、章宗祥正应徐世昌之邀在总统府参加宴会,主要是徐世昌为章宗祥洗尘,在座者尚有钱能训、陆宗舆等。当学生游行及要求惩办卖国贼的消息传来时,有人劝告曹等"暂留公府,不要出府回家",但他们没有重视这一劝告,认为赤手空拳的学生是可以对付得了的。席间,徐世昌曾对钱能训(时任总理)说:"打电话令吴总监妥速解散,不许游行。"④

下午三时许,曹、章回到了赵家楼胡同曹宅,由警察总监吴炳湘加派了二百名警察到曹宅守卫。曹、章回至曹宅后,丁士源(亲日派,陆军部航空司长)和一个名叫中江丑吉的日本新闻记者也来了。他们都认为,学生们不至于有什么暴烈行动;即使出现什么行动,也会很快被武力驱散和制止的。

四时许,游行的学生们呼声震天,以排山倒海之势,涌到了前赵家楼胡同(亦称赵家楼胡同前街)的曹宅门前。

曹宅位置于赵家楼胡同,但其建筑并非楼房(原曹宅现在已拆除)。根据曹汝霖本人之回忆,当时该宅分为东西两院,西院均系中式房屋(包括大门及门房),东院则是一排西式平房,曹住东院。⑤

---

① 参考资料:(一)北洋政府陆军部驻署宪兵排长白歧昌的报告,见《历史教学》第一卷,第六期;(二)当年北大学生,五四游行参加者李良骥对本书作者的谈话记录;(三)徐锡祺:《北京学生"五四"示威游行史事考》,见《党史研究资料》第十三期。
② 传单原件,影印见《中国青年》,一九五九年第七期。
③ 《山东问题》,《每周评论》第二十一号,一九一九年五月十一日。
④ 《曹汝霖一生之回忆》,第一五二页。
⑤ 参见《曹汝霖一生之回忆》,第一五三、一五四页。

第九章 古城在怒吼

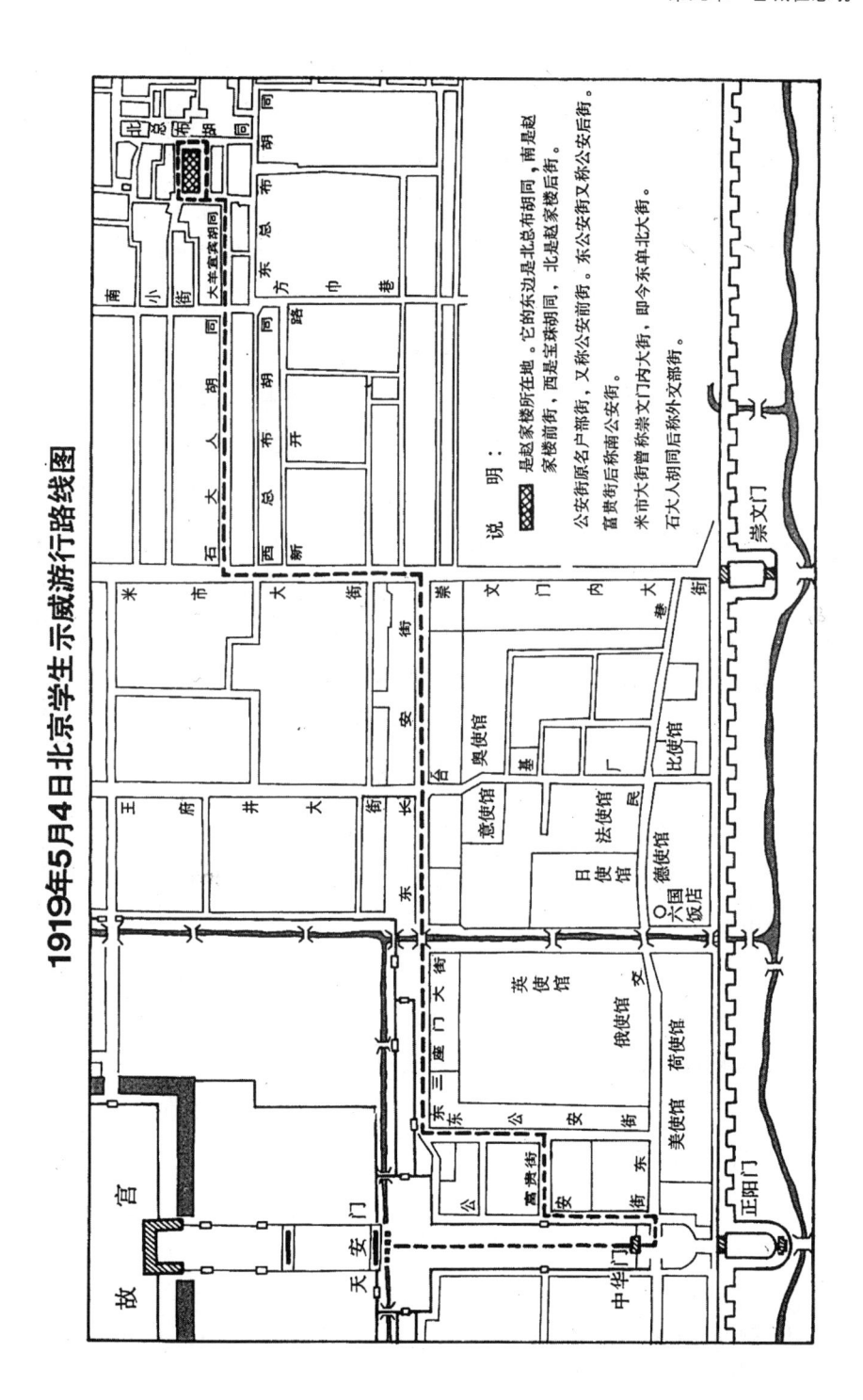

1919年5月4日北京学生示威游行路线图

说明：
▨ 是赵家楼所在地。它的东边是北总布胡同，南是赵家楼前街，西是宝珠胡同，北是赵家楼后街。
公安街原名户部街，又称公安前街。东公安街又称公安后街。
富贵街后称南公安街。
米市大街曾称崇文门内大街，即今东单北大街。
石大人胡同后称外交部街。

学生到达赵家楼胡同时,曹宅内外,警察林立,门窗紧闭。学生们高呼:"卖国贼曹汝霖快出来见我!"当学生们叩击大门时,周围警察即上前阻拦,因而双方发生争执。学生们一面和警察理喻,对其宣传爱国思想,一面绕屋而行,寻找破门之路。一些学生正在不得其门而入、准备分别退走的时候,忽然一声响亮,大门打开了。原来已经有人爬进曹宅,从里面把门打开了。一个首先冲进去的学生,回忆当时的情景说:①

> 当走到曹宅前面的时候,大多数的学生都从墙外把所持的旗帜抛入墙内,正预备着散队回校时,而那些预备牺牲的几个热烈同学,却乘着大家狂呼着的时候,早已猛力地跳上围墙上的窗洞上,把铁窗冲毁,滚入曹汝霖的住宅里去。这时曹汝霖宅内的十几个全身武装的卫兵,已被外面的呼声鼓掌声所震骇,并且受了跳进去的同学的勇猛的感动,已丧失了用武的胆量和能力,只得取下上好的利刃,退出装好的子弹,让继续跳进去的五个同学从内面把那紧闭重锁的后门(按:一说就是前门)打开!后门打开之后,如鲫如鳞的群众就一拥而入。

当学生们打进曹宅的时候,曹汝霖、章宗祥迅速躲避起来了。学生们碰上了曹的父亲和曹妾苏佩秋,并没有伤害他(她)们,而是令警察引出去了。②曹在事后给徐世昌的呈文中,说什么"生父就养京寓,半身不遂,亦被殴击",③显然是有意诬陷。曹汝霖在后来的回忆中,也不得不自打嘴巴的承认说:"对我双亲,承他们没有惊动。"④

曹汝霖、章宗祥躲到什么地方去了呢? 许多人以为曹已逃出曹宅了,有些人后来的回忆也这么说。其实,这只是一种推测之词。现场的情况是,曹和章一样都躲在曹宅里,并没有立即外逃。曹汝霖在他九十一岁的时候,尚能清晰地回忆当时的情景:⑤

---

① 匡互生:《五四运动纪实》,《近代史资料》一九五七年第二期,第一二〇页。
② 《山东问题》,《每周评论》第二十一号。
③ 《五四爱国运动》上,第四二九页。
④ 《曹汝霖一生之回忆》,第一五三页。
⑤ 《曹汝霖一生之回忆》,第一五三页。

我于仓猝间,避入一小屋(箱子间),仲和(即章宗祥)由仆引到地下锅炉房(此房小而黑)。这箱子间,一面通我妇卧室,一面通两女卧室,都有门可通。我在里面,听了砰然一大声,知道大门已撞倒了,学生蜂涌而入,只听得找曹某打他,他到那里去了。后又听得砰砰蹦蹦玻璃碎声,知道门窗玻璃都打碎了。继又听得磁器掷地声,知道客厅书房陈饰的花瓶等物件都摔地而破了。

后又打到两女卧室,两女不在室中,即将铁床的杆柱零件,拆作武器,走出了女儿卧房,转到我妇卧房。我妇正锁了房门,独坐房中,学生即将铁杆撞开房门,问我在那里。妇答,他到总统府去吃饭,不知回来没有?……我在小室,听得逼真,……我想即将破门到小屋来,岂知他们一齐乱嚷,都从窗口跳出去了,这真是奇迹。

上述这段回忆,除对学生爱国行动有些攻击、愤激之词之外,所述过程,还是可信。由此可见,说曹当时已逃出宅外,是不确的。

四时三十分,曹宅火起。① 起火的原因,有四种说法:(一)学生放的;(二)曹的家属放的(企图惊散群众);(三)电线走火;(四)曹的仆人放的(乘乱窃物,放火灭迹)。根据许多当事人的回忆,大致可以肯定,第一种说法是正确的。学生们遍寻曹汝霖不着,愤激之中,焚毁其住宅,是合乎当时的情势的。正如第一个冲进曹宅的北师大学生匡互生所说:"因为他们到处搜不出那确实被大家证明在内开会未曾逃出的曹汝霖、陆宗舆(案:陆未在曹宅)、章宗祥,只得烧了他们借以从容商量作恶的巢穴,以泄一时的忿怒。"②

放火的学生是谁呢?据一位和匡互生共同参加五四运动的目击者回忆,正是匡互生本人,他说:"学生群众走进曹宅,先要找卖国贼论理,遍找不到,匡互生遂取出预先携带的火柴,决定放火。事为段锡朋所发觉,阻止匡互生说:'我负不了责任!'匡互生毅然回答:'谁要你负责任!你

---

① 陆军部驻署宪兵排长白歧昌的报告,见《五四运动文辑》,湖北人民出版社一九五七年版,第一七三页。

② 《五四运动纪实》,《五四爱国运动》上,第四九五页。

也确实负不了责任。'结果仍旧放了火。"①另一个回忆也说道："放火的人也就是那位跳窗户开大门的某君(即指匡互生)。"②还有的回忆到火起的具体情况说："群众找不着曹汝霖更加气愤,有人在汽车房里找到一桶汽油,大家喊着'烧掉这个贼窝'。汽油泼在小火炉上,当时火就烧起来了。"③曹汝霖的回忆,也和这一情况大体相同:学生们"后到汽车房,将乘用车捣毁,取了几筒汽油,到客厅书房浇上汽油,放火燃烧"。④ 另一位放火的目击者回忆说："我行至曹家门外,看见穿着长衫的两个学生,在身边取出一只洋铁扁壶,内装煤油,低声说'放火'。然后进入四合院内北房,将地毯揭起,折叠在方桌上面,泼上煤油,便用火柴燃着,霎时浓烟冒起。我跟在他们后面,亲眼看见。大家认得他俩是北京高等师范(北京师范大学前身)的学生。"⑤

关于章宗祥被学生殴打,是在火起之前,或是在火起之后,看来有两种不同的说法：

火起之后说。如曹汝霖回忆："仲和在锅炉房,听到上面放火,即跑出来,向后门奔走,被学生包围攒打。他们见仲和穿了晨礼服,认为是我,西装撕破。有一学生,将铁杆向他后脑打了一下,仲和即倒地。……适日友中江丑吉闻讯赶到,见仲和倒在地上,他亦认识,即推开学生,将仲和连抱带拖,出了后门,藏在对面油盐店,把门而立,说日本腔的中国话,这是我的朋友,你们要打即打我,我不怕！他虽知自卫之法,亦已受铁杆打伤多处,臂背红肿,经月余才愈。"⑥白歧昌的报告中也说："至四时三十分忽见该宅火起,驻日公使章宗祥偕同日本人中江丑吉,在曹宅门前被学生殴打,负伤,由宪兵及警察极力保护,未致生有他虞。"⑦和匡互生一起参加

---

① 《五四运动纪实》,《五四爱国运动》上,第四九六页。
② 俞劲:《对火烧赵家楼的一点回忆》,《五四运动回忆录》续,第九一页。
③ 范云:《五四那天》,《五四运动回忆录》续,第八七页。
④ 《曹汝霖一生之回忆》,第一五三页。
⑤ 肖劳:《火烧赵家楼的片段回忆》,《文史资料选编》第三辑,北京出版社一九七九年版,第五八页。
⑥ 《曹汝霖一生之回忆》,第一五四页。
⑦ 《五四运动文辑》,第一七三页。

运动的那位同学,也作了大体相同的回忆:"当学生正在宅内肆意捣毁,房屋也已燃烧起来的时候,我们看见有几个警察和许多佣人围护着一个老太婆和一个年青女子慌张出来夺门而去,因为她们不是曹章陆,我们就放走了,据说这个老太婆是曹母,年青女子是曹妾李佩秋(按:应为苏佩秋)。我们又见几个警察和许多佣人围护着两个穿西装的中年男子逃出去,许多学生跟着追赶,见他们逃进一个小杂货店内,就把这二人拖出来推倒在地,用手执的小旗杆子对着当头乱打,打得一个人头破血淋,另一个人宁愿自己挨打,拚命保护他。不久大队警察赶到,一齐舞起木棍和指挥刀来驱散群众;我们也恐怕打错了人,不是卖国贼而是日本人,因而松了手。到明天报上一看知道被打得头破血淋的正是卖国贼章宗祥,而拚命保护他的是一个日本人,大家懊悔不止。"①

火起之前说。许多当事人的回忆,都提到在曹宅火起之前,学生们即痛殴了章宗祥。② 匡互生在《五四运动纪实》中也作了这样的记载:"在曹宅西院火光初现的时候以前,在曹汝霖的小老婆和父亲被大家交给在内的警察带出的时候以后,忽然在东院房间的木桶里走出一个身着西装面像日人的人,被一个同学赶上前去用一根旗杆劈头一击,那人就倒身在地佯作身死,于是动手打他的人就往后走去,而一时'曹汝霖已经被大家打死了'的喊声就传遍了内外,胆怯的学生就乘机回校避祸去了。但是一些热烈的学生们却争先恐后地去看那被打死的人,以证实当时的传言是假是真;哪里知道那佯作身死的人已乘机逃到外面一间皮蛋店里去躲藏好了,后来却被另一批搜寻曹章的人在一间皮蛋店里面的一间黑屋的床上又把曾经被打装死的人搜寻出来,大家就拉住他两只脚从那间黑暗屋里倒着拖到皮蛋店的门口,同声地问他是什么人,他总是绝对地不作声,大家耐不过,就各用那手中所持长不满尺的小旗杆向着他的面孔上乱打横敲,而那些手中没有武器的学生就只得权借皮蛋作武器向被打

---

① 《五四爱国运动》上,第四九六页。
② 例如:许德珩(《五四运动回忆录》续,第五三页)、范云(同上书,第八七页)、陈荩民(同上书,第九三页)、杨晦(《五四运动回忆录》上,第二二五页),杨振声(《五四运动回忆录》上,第二六二页)等,均持此说。

的人的头上打中了几十百把个皮蛋,于是死不作声的被打的头上只见满面的鲜血和那塞满了耳目口鼻的皮蛋汁了。不过同时却有一个真正的日本人负重伤出死力替他保护,大家因此颇怀疑那被打的人是日本人,所以不曾把他打死,因为那天到场参观的西洋人日本人实在不少,很有令人怀疑的原因哩。哪里知道他正是那一个向日本政府亲递那封有'欣然承诺'四字的换文的驻日公使,新回中国运动承认直接交涉的章宗祥!"①

以上两种说法,在时间上稍有参错,在情节上也有详有略,但大体过程还是一致的。

曹宅火起后约半小时,警察总监吴炳湘、步军统领李长太即率大批军警赶到。这时,已经将近六时了,学生已大部散走,"尚在看热闹的学生委实只有几十百把个人了,而那些攻打曹宅用力过多的人,这时多半也已经精疲力竭地跑回学校休息去了"。②"团体既散,军警乃敢逮捕学生中之徒步散归者,往往缚之去,被逮者三十二人。"③

这被捕的三十二人,其名单是:④

北京大学二十名:

熊天祉、梁彬文、李良骏、胡振飞、梁颖文、曹永、陈树声、郝祖宁、杨振声、萧济时、邱彬、江绍原、孙德中、何作霖、鲁其昌、易克嶝、许德珩、潘淑、林君损、易敬泉

高等师范八人:

向大光、陈宏勋、薛荣周、赵允测、杨荃骏、唐国英、王德润、初铭音

---

① 《五四运动回忆录》上,第三〇八、三〇九页。
② 《五四运动回忆录》上,第三〇九页。
③ 《青岛潮》,《五四爱国运动》上,第一六八页。
④ 《青岛潮》,《五四爱国运动》上,第二九三页。
关于被捕人数,许德珩在回忆中有另一种说法,即三十一个学生和一个市民。见《五四运动回忆录》续,第五四页。蔡晓舟、杨景工合编的《五四》,虽然也说被捕学生三十二名,但所属学校与《青岛潮》略有不同,其记载是:北大二十名,高师八名,法政专门二名,中国大学二名。见《五四爱国运动》上,第四五六页。

工业学校二人：

    李更新、董绍舒

中国大学一人：

    刘国干

汇文大学一人：

    张德

学生们被捕后，备受苦辛。"既到警厅，三十二人共住一房，如待贼寇，看管颇严。"①

学生被捕后，警察总监吴炳湘立即当面向曹汝霖道歉，并派车一将曹及其全家送往东交民巷的六国饭店。章宗祥也被护送到日华同仁医院。这时，消防队也已赶到曹宅，其"东院一排西式房已将烧尽了，只剩了门房及西院中国式房一小部分，随即救灭"。②

当日晚间，日本驻华公使馆人员、新闻记者以及曹的党羽、新旧交通系要人等纷纷出入于六国饭店。曹为自己的卖国罪行辩护，要求徐世昌对其负责；他还指使北京政府交通部下令各电报局禁止拍发学生的电报，但这个阴谋未能得逞，因为学生的电报已由外国电报局发出了。

同日晚，国务总理钱能训的家中，也在召开阁员的紧急会议，研究对付学生的办法。有的主张将参加此次游行的学校一律解散，有的主张将各校校长免职，有的还主张对学生大逮捕。与此同时，总统府也在准备取缔和镇压学生行动的命令，警察总监和步军统领也在筹划进一步的武装镇压。

总之，反动派慌作一团，对学生们的爱国行动恨之入骨。他们百般设法，企图将已经掀起的革命浪潮镇压下去。

但是，反动派也不是铁板一块的。总的来看，大总统徐世昌、教育总长傅增湘等一些无实权的人物，主张对学生运动不应操之过急，而要采取怀柔、软化政策。而操实权的皖系军阀段祺瑞、徐树铮、段芝贵等

---

① 《五四爱国运动》上，第二九三页。

② 《曹汝霖一生之回忆》，第一五四页。

及曹汝霖、陆宗舆等则主张对学生运动要严厉镇压，段芝贵甚至叫嚣："宁可十年不要学校，不可一日容此学风。"因此，《青岛潮》一书的作者说："被捕学生，在徐总统意，尚无成见。而段祺瑞、徐树铮及曹陆诸人，从旁耸动，不日党派阴谋，即日过激举动，拟兴大狱，处以非刑。"①"有人往访曹汝霖，曹曰：'此无他，党派问题耳。'其机关报纸又大言以鼓吹之，谓为过激派之输入，固已预备一网打尽之计矣。"②

不久以后，徐世昌将曹汝霖安顿在北海团城，将章宗祥③安置在北海北岸之静心斋（当时北海未开放），"斟酌周到，煞费苦心"，并派人送曹、章各五万元，"一为盖房，一为养伤"。④ 但是，曹汝霖等完全是听命于段祺瑞的。段慰问曹说："这次的事，他们本是对我，竟连累了你们，我很不安。"并说："你们不必辞职，看东海（指徐世昌）如何处置。"曹本来是预备辞呈的，因段"嘱不必辞，只好暂搁"。徐世昌派人送来五万元的事，曹也立即向段报告了，但段回答："还了他，我们不是可以用金钱收买的。"曹也遵嘱立即将款退回。⑤

从以上事例，可以看出，反动派的确不是铁板一块的，在他们之间，也充满着矛盾。

对于被捕的三十二名学生，如何处理呢？看来，反动的司法、宪警当局也是意见不一的。据当时的报道说："四日当学生被捕至警厅后，诸要人即在警厅中开一紧急会议。列席者有司法总长朱深、交通次长曾毓隽、大理院院长姚震、警备司令段芝贵、李统领、吴总监、宪兵陈总司令（兴亚）等，会商处置学生方法，众议不一：有主张最激烈者，立送交大理院审究主使，以为必受有何种运动，非从严惩办不可；其时有人以两种例证告吴总监，日本国务总理桂太郎被殴及民国五年公民团扰乱议院事，皆未移

---

① 《青岛潮》，《五四爱国运动》上，第二九四页。
② 《青岛潮》，《五四爱国运动》上，第一六八页。
③ 章宗祥家居天津。据当时报道说："章宗祥此次来京，住东总布胡同卫宅，原拟即日回津，但三金刚阔别重逢，自有一番酬酢，本定四日假江西会馆演剧，曹、陆作东道主，请章光临，不意事起仓卒，竟遭此大祸也。"见上海《新闻报》一九一九年五月八日。
④ 《曹汝霖一生之回忆》，第一五五页。
⑤ 《曹汝霖一生之回忆》，第一五五页。

交法庭,今兹事同一律,办法未便歧异。吴纳其说,始拘置厅内。"①

## 五、五月五日的总罢课

五月四日晚,当反动派在筹划如何镇压学生的时候,各校的学生也在召开大会,讨论的中心是如何营救被捕的学生,如何继续斗争。

蔡元培参加了北大的学生大会,对学生表示同情,并说要负责营救被捕的学生;但他劝告学生不要再继续开会,而应照常上课。学生们没有采纳停止活动、照常上课的意见,而认为应该实行罢课,并进一步组织起来。有的学生还表示,应该用集体"自首"的办法来营救被捕同学。当晚,北大学生干事会便成立了。有成百的学生纷纷参加干事会,他们分别担负起总务、文书、交际、会计、庶务、纠察、讲演等各股的事务。国民社、新潮社、平民教育讲演团、少年中国学会的成员,很多都是干事会中的积极分子。如邓中夏、黄日葵等都参加了文书股的工作。当时的文书股,负责编辑《五七》小报,是个宣传机构。

五月五日上午,北京各大专学校学生代表召开会议,决议自即日起一律罢课,并通电各方面,请其支援。学生们宣布罢课的理由说:"各校学生既痛外交之失败,复愤同学之被拘,更有何心研究学问?此罢课之第一理由也。青岛问题当以死力争,被拘同学亟宜营救,全体奔走,日无暇晷,学虽至宝,势难兼顾,此罢课之理由二也。"②

同日下午,各校的学生又在北大法科召开了全体联合大会。学生代表们传达了上午会议的情况,并报告了挽救被捕同学的办法,以及怎样坚持罢免曹、章、陆等卖国贼的要求。从会议上,学生们知道了他们的斗争不是孤立的,社会各界爱国人士都同情和支持他们的爱国要求。远处西

---

① 北京《晨报》一九一九年五月九日第三版:《学生被捕与释放经过详情》。
② 《近代史资料》一九五五年第二期,第五三页。

郊的清华学校的学生,昨日未能参加游行,今天派代表参加了大会,并当场宣布:"我校僻处西郊,(昨日)未及进城,从今日起与各校一致行动。"①学生们讨论了组织学界联合会的问题。在会上,许多学生发表了激昂慷慨的演说,并热烈地展开了捐献。还有一个学校的代表,血书"杀卖国贼"几个大字,悬挂在会场上。北京十几个学校的校长也出席了这次大会,并且组成了以蔡元培为首的校长团,准备营救被捕学生。

大会以后,北大和高师的代表共同起草了北京中等以上学校学生联合会的组织大纲,并和中等以上学校的学生代表进行了联系。

五月六日,北京中等以上学校学生联合会宣告成立。会内分评议、干事两部,评议部负责议决事项,干事部负责执行议案。评议部的评议员,由每校出二人担任;干事部则委托北大学生干事会代理。② 联合会的会址设在马神庙北大的理科。

当学生们紧张集会的时候,各校的教职员和一些社会人士也纷纷向反动政府呼吁。教育部在五日上午向各校校长下达命令,令将为首"闹事"的学生一律开除。但在当日下午在北大召开的专门以上十四校校长会议上,与会者却不以为然,他们认为不应让少数学生负责,而应释放被捕学生,如果政府不接纳此意见,全体教职员即一律罢职,也在所不惜。除教育界外,其他各界,或以团体名义,或以个人名义,也纷纷电请释放被捕学生。③ 连安福国会的议员,也有表示要弹劾政府的。

必须指出,在这些要求释放学生的人士中,有的是真正同情学生,有

---

① 五月四日晚,清华园内即传开了当日学生游行及火烧赵家楼的消息,大家都心血沸腾起来,高等科二年级学生闻一多连夜抄录岳飞的《满江红》词,贴在饭厅门口,表示收复失地的决心。五月五日,清华学生即组成了代表团,和城内各校联系,采取一致行动。参见《清华大学校史稿》,中华书局一九八一年版,第七三页。

② 当时学联会会纲中规定:有关各校全体的工作,"由本会暂行委托北京大学学生干事会执行之"。

③ 北京《晨报》一九一九年五月六日的报道《学生界事件昨闻》说:"学生被拘之事,北京各界对之皆报不平。昨日商会、农会等团体开会议决通电各省,宣告情形,并请联络一致,作山东问题之后援。又国民外交协会昨日开特别会议,举定代表往谒当局,请将学生释放云。又旅京鲁省同乡昨午后邀同山东国会议员及现在来京之山东省议会议长在英子胡同开会,亦对于此事有所讨论,议决下四项:(一)众参两院议员中派二人同山东省议会二议长谒见总统,求速释被捕学生;(二)到警厅与步军统领衙门安慰被捕学生……"

的则是怕学生再闹出更激烈的行动,局面不可收拾。如当时国会议员的质问书中,便这样提出问题:"若必将逮捕少数学生,按寻常违法治罪,则恐惹起绝大风潮而后患将不堪设想";"原情宽宥以息乱端";"为息事宁人计,必有适当措置,然后可以弥患于无形。"①

"后患将不堪设想",这确实是反动派最畏惧的。因为学生在总罢课中,而"五七"就要来临,学生们要闹出怎样的"乱子",真是"不堪设想"的。在这种形势下,反动派不得不考虑释放学生了。据报道说,警察总监曾面告徐世昌,要求"必须将学生释放。若是总统一定不放,北京的秩序如果紊乱,我可不负责任,并且我即刻辞职,请总统再另简贤能。随着又把学生如何筹划,商界如何愤激,一般公民如何激烈,在野诸政客如何不平,一样一样的说个不了。老徐一听知道要真下命令(即送法庭惩办学生),恐怕闯出别项乱子来,所以不顾曹、章的面子,当时也就答应吴氏的建议了"。②

六日晚间,吴炳湘向蔡元培等提出在实现两个条件下释放被捕学生。两个条件是:(一)明日(七日)不许学生参加群众大会;(二)各校在明日一律复课。蔡元培等完全答应了这两个条件。

在蔡元培等的劝说下,学生们于七日晨复课了。同日上午,各校遭逮捕的学生被释返校。当人们去迎接的时候,被捕的学生认为"我学生多拘一天,则国民多一次刺激,甚至我三十二人被杀,其刺激甚大,坚不肯出"。后来,"经同学再三劝慰,始各返校"。③ 蔡元培和北京大学的全体学生,在汉花园文科新校舍(即红楼)前,迎接了被捕的北大同学返校。一位目击当时情景的北大学生回忆说:"汉花园红楼北面的广场里放了五张方桌,北京大学全体学生都在广场上等候着被捕同学的归来。不知道从什么地方借来了三辆小汽车,每辆都装满了人,我在红楼门外远远望见三辆小汽车出沙滩来了,即刻回到广场上的同学队伍中,三辆车里面的被捕同学大约十二人至十四人,全体站立桌上和同学见面。情绪紧张万

---

① 《近代史资料》一九五五年第二期,第五六页。
② 上海《民国日报》一九一九年五月十日:《释放学生之经过》。
③ 上海《民国日报》一九一九年五月十七日,方豪在上海欢迎会上的报告。

分。因为太紧张了,被捕同学没有一人说话,在校同学也没有一人说话。当时大家只是热泪交流。"①

北京高师同学回校的情景,一位当时的被捕者在五四运动六十周年时回忆说:"我们北京高师被捕的学生共有八人,五月七日由警察厅派两辆车子送我们回校。刚到校门口,就被欢迎的同学和邻近的居民围住。我们一下车,就给戴上大红花,把我们一个个抬起来,高高举起,并为我们拍摄了两张照片(这两张照片,我一直珍藏到现在)。群众的爱国热情倾注在我们被捕获释者的身上。我们能获释返校,这是群众的力量,这是全国人民的胜利,使我受到深刻的教育,终生难忘。当时的情景,到今虽已整整六十年,但仍历历在目。"②

事后,同学们了解到,被捕的人在监禁中的表现,都是很不错的。他们被捕以后,先是监禁在步军统领衙门(地址在前门里公安街,当年叫户部街),三十人挤在一个极为肮脏的监房内,室内放着小便木桶,满屋臭味;第二天,他们又被绑着,用板车送到了京师警察厅,三十个人住在一个火房间里,室内仍然放着两个大尿桶,空气非常恶劣。在警察厅,同学们

---

① 孙伏园:《回忆五四当年》,《人民文学》一九五四年五月。据当时报道:"七日上午九时,被拘之学生既然释放,当由各校各备汽车往警厅荣迎,将近十点钟,一齐都到了北京大学,然后才各自回归本校。当时北京大学的学生及职教员,全体在门外迎候,彼此初一见,那一种喜欢不尽的样子,自然教我难以描写,尤有那喜欢没完,将一执手,彼此又全都大哭起来的,感慨激昂,静悄悄欲语无言的样子。……如此近了四五分钟,才由校长蔡君率领大家进去,又过了些时候,蔡校长方召集诸同学至操场训话,谓诸君今日于精神上身体上必然有些困乏,自然当略为休息,况且今日又是国耻纪念,何必就急急的上课。诸君或者疑我不谅人情,实则此次举动,我居间有无数的苦衷,所以不得不望诸君稍为原谅。"上海《民国日报》一九一九年五月十日。

② 《回忆我在五四运动的战斗行列里》,《五四运动回忆录》续,第九四页。据当时报道:"北京高等师范的向大光等八位,约十点钟乘汽车至该校大门,当由职教员及同学出外迎接者有七八百人之多。沿途相送者亦不下百余人,掌声如雷,并齐呼'爱国同学万岁''北京高等师范学校万岁''中华民国万岁!'各同学又将被拘之八人,用手托起,合撮一影,以志纪念。下午课毕,由四时起至七时,该校即全体开慰劳大会。会场在校内风雨操场,外悬'慰劳大会'四字,内悬'欢迎'二字,旁有一联云:'救国人牢薄海同胞齐顿首;攘夷筹策中华志士更雄心。'其余设备,非常整齐。开会秩序,首由音乐队奏乐,次主席报告,次同学演说,皆言辞恳切,于慰劳之余,寓一种勉励之意,尤是动人者,即'还我青岛''保我山东'及'誓不达目的死不休'等语。"上海《民国日报》,一九一九年五月十日。

一个一个地被传讯,时间长短不同,但被追问的问题是一个,即:谁是指使人。但审问者没能达到目的,因为被审问者都回答说:自己就是自己的指使人。①

敌人失败了,人民胜利了。同学们都为被捕者的释放而庆幸。

被捕的学生虽然被释放了,但五月七日这一天,却冷淡地过去了。反动政府严禁国民外交协会原定于五月七日在中央公园的国民大会的召开。

五月七日的上午,中央公园的门被封闭了。天安门左右两三里间的交通被断绝了。两千多个警察,成千上百的马队、步兵,布满在南至中华门、东西至三座门的区域内。四周汇集来开会的群众,都被驱散了。据《每周评论》报道:"在道旁和中央公园门前——十点钟以前集合——的人,还能集合演说,不久便为马队冲散。有的往先农坛,有的往商会,又都被军警解散。有的往国民外交协会,这里的会虽开成功,也因地方太小,人数太少,没有什么结果。"②

五月七日的国民大会虽然没有开成,但是学生们的爱国热情却一点没有冷却,他们的爱国活动也丝毫没有停止。例如,在五月七日的当晚,高师的学生便开会发起建立各界联合抵制日货的组织。陈荩民在回忆中说:"五月七日返校的当天晚上,我们高师学生会评议部就召集评议员开会。参加开会的评议员除我外,回忆出来的还有董鲁安(于力)、熊梦飞和匡互生三人。在这次会上,建议组织成立北京各界抵制日货联合委员会,我被选派为高师代表去参加这个会。后来,我被推选为全国各界抵制日货联合会主席,委员会内还有北大代表李光宇及女高师代表朱光玉。委员会向全国各界宣传抵制日货,即:不买日本货,不用日本货,不卖日本货。并动员中学生制作一些家常日用品如手巾、儿童衣帽等等代替日本货,送往商店销售。全国各界都支持这个运动……"③

远在西北郊的清华学生虽然未能在五月七日进城开会,但在五月

---

① 孙伏园:《回忆五四当年》,《人民文学》一九五四年五月。
② 《每周评论》第二十一号,一九一九年五月十一日。
③ 《回忆我在五四运动的战斗行列里》,《五四运动回忆录》续,第九四页。

九日于校内体育馆举行了"国耻纪念会",会上决议通电巴黎和会的中国代表,要求拒绝签字。全体同学庄严宣誓:"口血未干,丹诚难泯,言犹在耳,忠岂忘心。中华民国八年五月九日,清华学校学生,从今以后,愿牺牲生命以保护中华民国人民、土地、主权,此誓。"①会后,同学们当即在大操场上焚烧了校内的日货。②

## 六、蔡元培的出走

马克思主义认为:"任何地方发生革命震动,总是有一种社会要求为其背景。"③但是,反动的封建统治者,并不能也不愿意去认识这条真理,他们往往"把革命的发生归咎于少数煽动者的恶意"。④

由于北京大学是新文化运动的中心,又是"五四"示威游行的发动者,因此蔡元培校长就成了反动派攻击的主要目标。"于是北京学生一万五千人所为之事,乃加罪于北大之一校,北大一校之罪加之于蔡校长之一身。"⑤

在五月四日当晚的内阁紧急会议上,反动派即深责教育部门,并集中攻击北京大学和蔡元培,教育总长傅增湘曾为蔡略加解释,便遭到内阁总理钱能训的责问:"汝谓蔡鹤卿校长地位不能动摇,假若蔡死则何如?"傅因而于五月六日便提出了辞呈。⑥

上面这段消息(钱对傅的责问),曾为当时报纸纷纷登载。于是曹汝

---

① 《清华周刊》本校十周年纪念号,一九二一年四月二十八日。
② 《清华大学校史稿》,第七三页。
③ 恩格斯:《德国的革命和反革命》,《马克思恩格斯选集》第一卷,人民出版社一九七二年版,第五〇一页。
④ 恩格斯:《德国的革命和反革命》,《马克思恩格斯选集》第一卷,人民出版社一九七二年版,第五〇〇页。
⑤ 蔡晓舟、杨景工:《五四》,《五四爱国运动》上,第四六〇页。
⑥ 龚振黄:《青岛潮》,《五四爱国运动》上,第一七一页。

霖、章宗祥行将报复之说四起,有的说他们"一方面以三百万金购人刺蔡,一方面派人焚北大校舍,杀北大学生"。① 有的人还说徐树铮已经调来了军队,在景山上架起了大炮,准备轰击北京大学。这些传说,很可能都是谣言,但它并不是违反逻辑的。而且,在许多传说中,有一条确是事实,即内定要更换蔡元培的校长职务。"某派即提出马其昶为北京大学校长,已得当局同意。"②

在这种形势下,蔡元培于被捕学生获释后不久,便准备了向北京政府的辞呈。辞呈说:"元培滥膺校席以来,不称厥职,久图引退。此次大学校学生,因爱国之故,激而为骚扰之举动,元培实尸其咎。唯因当场学生被拘,不能归罪于少数,未即引咎。目下学生业经保释,各校亦已一律上课,元培不敢尸位,谨请辞职以避贤路。"③

蔡元培辞职的心情是完全可以理解的,他在后来解释这一行动时说:"被拘的虽已保释,而学生尚抱再接再厉的决心,政府亦且持不做不休的态度。都中喧传政府将明令免我职而以马其昶君任北大校长,我恐若因此增加学生对于政府的纠纷,我个人且将有运动学生保持地位的嫌疑,不可以不速去。"④

辞职是可以理解的,但秘密出走却给人留下了一个谜。蔡于五月八日下午得一紧急消息;九日晨五时半,秘密出京,行前向北大师生留下了这样一个启事:

> 我倦矣!"杀君马者道旁儿也。""民亦劳止,迄可少休。"我愿少休矣!北京大学校长之职,已正式辞去。其他向有关系之各学校各集会,自五月九日起,一切脱离关系。特此声明,惟知我者谅之。⑤

"杀君马者道旁儿",这是什么意思?学生们不能理解。五月十日,一位北大的文科教授向学生指出了这个典故的出处和含义:"'杀君马者道旁

---

① 《五四》,《五四爱国运动》上,第四六〇页。
② 《青岛潮》,《五四爱国运动》上,第一七一页。马是亲安福系的桐城派文人。
③ 《青岛潮》,《五四爱国运动》上,第一七一页。马是亲安福系的桐城派文人。
④ 《我在北京大学的经历》,《蔡元培选集》,第二九二页。
⑤ 《八年五月九日辞职出京启事》,新潮社编:《蔡孑民先生言行录》下册,一九二〇年版,第三三五页。参照《五四爱国运动资料》第四六四页,校正。

儿。'《风俗通》曰,杀君马者路旁儿也。言长吏养马肥而希出,路旁小儿观之,却惊致死。按长吏马肥,观者快之,乘者喜其言,驰驱不已,至于死。"①

蔡引用这个典故的意思,显然是在说,同学们不要再挽留我了,让我走吧,不然,我会积劳致死的。同学们虽然是爱护我,其结果反倒害了我。后来(一年以后),他解释说,引《风俗通义逸文》典故,"但取积劳致死一义,别无他意";引《诗经·民劳》两句,也只是"但取劳则可休一义"。②

当时曾有人认为:"君者指政府,马者指曹章,路旁儿指各校学生。"③这显然是一种误解。照这种解释,蔡元培把一切罪过都推到学生身上了,而这是不符合当时蔡的思想情况的。

蔡于五月九日晨,至天津;不久离津,乘津浦车南下。离津时曾和一友人谈话。从谈话中,使我们解开了蔡元培出走之谜。现将当时报道和谈话抄录如下:

  蔡孑民南下登车时,遇一天津友人,询以辞职何以如此坚决?蔡曰:"八日午后,有一平日甚有交谊而与政府接近之人又致一警告谓:君何以尚不出京?岂不闻焚烧大学、暗杀校长等消息乎?我曰:诚闻之,然我以为此等不过反对党恫吓之词,可置不理也。其人曰:不然,君不去,将大不利于学生。在政府方面,以为君一去,则学生实无能为,故此时以去君为第一义。君不闻此案已送检察厅,明日即传讯乎?彼等决定,如君不去,则将严办此等学生,以陷君于极痛心之境,终不能不去。如君早去,则彼等料学生当无能为,将表示宽大之意敷衍之,或者不复追究也。我闻此语大有理。好在辞呈早已预备,故即于是晚分头送去,而明晨速即离校,以保全此等无辜之学生。"④

---

① 《蔡孑民先生言行录》下册,第三三五、三三六页。据钱大昕纂《风俗通义逸文》(《潜研堂全书》四十五)载:"杀君马者路旁儿也。俗说长吏食重禄,刍膏丰美,马肥,希出,路旁小儿观之,却惊致死,案:长吏马肥,观者快之,乘者喜其言。(《御览》作观者快马之走骤也,骑者云云,今从《类聚》)驱驰不已,至于瘠死(《类聚》九十三,《御览》八百九十七)。"
② 《蔡孑民先生言行录》下册,第三三六、三三七页。
③ 《蔡孑民先生言行录》下册,第三三七页。
④ 天津《益世报》一九一九年五月十七日;高平叔:《蔡元培年谱》,中华书局一九八〇年版,第四九页。

这位友人的规劝,出自何意,另作别论。从蔡元培这方面说来,显然是为了保护学生才秘密出走的。看来,这点可以肯定。

可能是怕被人误解,所以在蔡出走后的第二天(五月十日),即给北大同学来信,明确地解释自己出走的原因。这封信的上款为"北京大学同学诸君鉴",下署"十日蔡元培启",信的内容是:

> 仆深信诸君,本月四日之举,纯出于爱国之热诚。仆亦国民之一,岂有不满于诸君之理?惟在校言校,为国立大学校长者,当然引咎辞职。仆所以不于五日即提出辞呈者,以有少数学生被拘警署,不得不立于校长之地位以为之尽力也。今幸承教育总长、警察总监之主持,及他校长之援助,被拘诸生,均经保释,仆所能尽之责,止于此矣。如不辞职,更待何时?至一面提出辞呈,一面出京,且不以行踪告人者,所以避挽留之虚套,而促继任者之早日发表,无他意也。北京大学之教授会,已有成效,教务处亦已组成,校长一人之去留,决无妨于校务。惟恐诸君或不见谅,以为仆之去职,有不满意于诸君之意,故特在途中,急促书此。以求谅于诸君。①

这封信,反映了蔡元培对五四运动的矛盾心情:学生行动"纯出于爱国之热诚",我是同情的;但学生的职责是读书,五月四日的行动是越轨的,我是校长,应该负责。由于对学生的同情,他积极营救被捕学生;由于认学生运动为越轨,他又"引咎辞职"。这种矛盾,生动地说明了这位资产阶级自由主义教育家的性格。

但是,蔡元培在当时是受到广大师生尊敬的。特别是他积极营救被捕学生,而且直到学生获释后,才辞职出走,更赢得广大师生的同情。

学生们坚决要求蔡元培回校,拒绝北京政府另派校长。这一斗争的意义,不仅是蔡的个人去留问题,更重要的是它坚持了学生爱国运动的正义性质,即:错了的不是学生,而是政府。

蔡元培的辞职和出走,在他个人来说,是一种消极的行动。但是,这一消极行动却取得了意想不到的社会积极效果。因为,一场爱国运动的

---

① 《五四爱国运动》上,第一七四页。

爆发,"不是少数几个人活动的结果,而是人民的要求和需要的自发的不可遏止的表现",反动派"如果企图用暴力来压制这种要求,那只能使它愈来愈强烈"。①

当九日蔡元培出走后不久,载有"杀君马者道旁儿"的那张启事,便被北大学生以油印传单的形式,在北京学生界中广为散发。各校学生纷纷召集代表会议,讨论向政府斗争的办法。北大学生,一面上书教育部并面见教育总长,要求明令挽留蔡元培并立即采取措施;一面向全国各界发出通电,要求支援。他们在通电中说:"北京大学校长蔡元培因受外界胁迫辞职他去,请一致挽留。""北京大学校长蔡元培先生辞职离京,群情惶惑,恐酿大变,务乞各界重察。"②

北大的教师们和学生站在一起。马叙伦、马寅初、李大钊、康宝忠、徐宝璜、王星拱、沈士远等,代表教职员,曾面见教育总长傅增湘,要求政府挽留蔡元培。傅答复得比较明确,但表示不能代表总统、总理。于是,教职员会作出了"如蔡不留,即一致总辞职"的决议。除教育界外,北京的许多社会团体也积极地进行了留蔡的活动。

五月十一日,北京各校教职员联合会正式成立。十二日,反动政府仍无明确表示,北京各校学生和教职员代表遂在北京大学召开联席会议,商讨继续斗争办法。学生们主张各校立即全体罢课。出席会议的某校校长,则认为须慎重考虑。最后决议,次日(十三日)向政府提出最后询问,如无满意答复,则一致罢课。

教育总长傅增湘由于不主张对学生采取严厉镇压政策,同时对蔡元培表示同情和挽留,因此也受到当权的皖系军阀和政客们的非难。"自蔡校长出京后,傅增湘竟于十一日步蔡后尘,又不知所在。教育部派佥事二人,分赴西山、天津,寻觅未得。而高等专门各校长,统向教育部具呈辞职。"③

---

① 恩格斯:《德国的革命和反革命》,《马克思恩格斯选集》第一卷,人民出版社一九七二年版,第五〇一页。
② 《五四爱国运动》上,第四六二页。
③ 《青岛潮》,《五四爱国运动》上,第一七四页。

傅增湘出走后,由次长袁希涛代理。袁在十二日、十三日连续密电上海教育会,嘱留蔡,反映了他的焦虑心情。其十二日的电中说:"九日,大学蔡校长辞职,迳行出京。直辖各校长,亦遂辞职。各校员生,纷起请留。情势急切,部已派商耆,南来挽留。涛昨见首揆,顷谒元首。均嘱部,速留蔡。倘蔡公抵沪,请先转达。"①其十三日的电中说:"蔡公是否抵沪,请先略复。北京直辖各校长,继续辞职者,因留蔡未有结果,均尚未回校任事。各校学生代表,每日开会。现状如此,深以多延时日,无法维持为虑。"②

在学生们再一次总罢课的威胁下,在社会舆论的压力下,当十三日各校教职员联合会的九名代表向政府询问的时候,政府不得不表示让步了。五月十四日,徐世昌以大总统名义下达了慰留蔡元培的命令。

命令虽已下达,犹恐为蔡所拒绝。五月十五日,袁希涛在给上海黄炎培(时任江苏省教育会副会长)的密电中说:"政府留蔡指令,已发表。直辖各校长,亦多允仍任职。蔡公已否过沪,倘对于挽留一节,遽仍表示决绝,则风潮难息。牵连教育大局,深可危虑。"③

在上述情况下,北京的一些大、专校长开始复职了。五月十六日,北京高师校长陈宝泉、工专校长洪镕、农专校长余邦正、医专校长汤尔和等联电蔡元培,劝其"万勿坚辞",电文中说:"公去留关系极大,万勿坚辞,为吾道留一生机。泉等现以时局艰难,暂出维持现状,仍视公为去留。"④

蔡元培到了上海,又由上海到杭州小住。⑤ 徐世昌的慰留令下达后,北京各校教职员联合会也曾去电通知蔡元培,并派代表赴杭面邀蔡回京。学生联合会也拟派代表偕同去杭。

蔡在得电后,即有复电到京。复电的全文是:"大总统、总理、教育总

---

① 北洋政府教育部档案:袁希涛致上海教育会沈信卿密电稿(五月十二日)。《五四爱国运动档案资料》,第二三五页。

② 北洋政府教育部档案:袁希涛致上海教育会沈信卿密电稿(五月十三日)。《五四爱国运动档案资料》,第二三五页。

③ 北洋政府教育部档案:袁希涛致黄炎培密电稿。《五四爱国运动档案资料》,第二三六页。

④ 北洋政府教育部档案:陈宝泉等挽留蔡元培密电稿。《五四爱国运动档案资料》,第二三六页。

⑤ 《蔡元培年谱》,第五〇页。

长钧鉴:奉大总统指令慰留,不胜愧悚。学生举动,踰越常轨,元培当任其咎。政府果曲谅学生爱国愚诚,宽其既往,以慰舆情,元培亦何敢不勉任维持,共图补救。谨陈下悃,伫候明示。元培。"①

蔡元培的电文,也说得很清楚。他复职即"勉任维持"的前提,是政府"曲谅爱国愚诚,宽其既往"。但软弱的徐世昌政府,在皖系军阀的操纵和压力下,却毫无诚意。他一面慰留蔡元培,也同时慰留曹、章、陆。而就在同一天内,北京政府又连续下达镇压学生运动的命令。而且,蔡元培既有复电前来,并"伫候明示",那么政府便应去电催其早日入京。而这些,都无任何表示。既然如此,蔡元培也只好"卧病故乡,未能北上"②了。因此,迟至一九一九年九月,蔡元培方才返校。③

## 七、五月十九日的总罢课

反动派是极其狡猾的。如前所述,北京政府在被迫下达挽留蔡元培的命令的同时,也一并发表了挽留曹汝霖等卖国贼的命令。特别应指出的,就在上述命令发布的同一天内,北京政府又连续下达了镇压学生运动的命令,命令要求反动军警"遇到纠众滋事不服弹压者,仍遵照前令,依法逮惩";要求各级行政机关切实约束学生"毋得干预政治",并说:"其有不率训诫,纠众滋事者,查明斥退。"④

所有这些,使学生们更加认清了反动政府的本质,从而进一步激起了他们的斗志。

五月十五日,曾经同情过蔡元培的教育总长傅增湘,也被明令免职,

---

① 北洋政府教育部档案:蔡元培复政府慰留电。《五四爱国运动档案资料》,第二三八页。
② 五月二十六日,蔡由杭州拍来的电报中语。《五四爱国运动》上,第一七五页。
③ 《蔡元培年谱》,第五一页。
④ 《五四爱国运动资料》,科学出版社一九五九年版,第一六七页。

而以次长袁希涛暂行代理部务。

五月十六日,安福系政客们在太平湖安福俱乐部总部召开会议,企图乘机垄断教育大权。他们在讨论教育总长人选时,"有人报告由该党首领与政府交涉之结果,已提出该派重要人物田应璜,①众皆欣然喜其势力从此复伸于教育界,当时并有人大呼云:自有会议以来无如今日之痛快者。田应璜长教育既决定,复决以黄云鹏或吴文瀚为次长,于是教育部之各司长及其所辖之各校校长皆有所拟议。且有北大教员胡钧者,湖北某县人,新国会开幕之始即卖身于某派,当五四事件发生后,乃首趋曹章之前慰问,并痛訾学生之无礼。北大学生闻之,力绘极秽亵之讽刺画张贴各宿舍中,见者莫不指其善餂之长舌以为笑,至是某派直欲以此人继蔡任接办北大。"②

安福系窃夺教育大权的活动,不仅激怒了广大的青年学生,而且再一次地使教师们卷入到斗争中来,他们认为这是教育界的耻辱。

五月十七、十八两日,北京中等以上学生联合会连续集议,决定自十九日起全体总罢课。各校的教职员联合会也纷纷集会,决定不承认安福系窃夺教育权之事实。

五月十八日,各校五千多学生在北大法科礼堂,召开了郭钦光追悼大会。

郭钦光,广东文昌县人,在广州就学初级师范时即积极参加反对二十一条的斗争,"与同志开国耻会于东园。登坛演说,至于呕血"。一九一六年夏毕业于师范。一九一七年,北上就学于北京大学文预科。五月四日的游行,他积极参加,"奋袂先行,见当局下逮捕学生之令,愤然大痛,呕血盈斗。至法国医院,已有不起之势"。临危之际,他犹关心国家大事,痛恨反动政府对学生之镇压,他不断叹息说:"国家濒危,政府犹以狮子搏兔之力,以压一线垂尽之民气;日政府待我留学诸君之事,不图乃见于生斯长斯之祖国,事可知矣。"③他每想到此或每讲到此,呕血就更加不

---

① 时任参议院副议长。
② 《五四》,《五四爱国运动》上,第四六三、四六四页。
③ 《青岛潮》,《五四爱国运动》上,第一八六页。

止,这样延至七日,他就赍志而殁了。享年仅二十有四。

这是在五四爱国运动中死去的第一位爱国志士,因而引起大家的沉痛哀悼。追悼大会上悬挂着北京内外各界送来的三千余幅挽联,郭的遗像两旁,书有"力争青岛,死重泰山"八个大字。到会的五千多人中,有很多妇女代表参加,北京女子师范及汇文、协和等女校均派有代表到会。大会在肃穆、沉痛的气氛中进行,许多人,包括北大学生代表、留日学生总会代表、长辛店十人团代表、妇女代表等都发表了演说。首先发表演说的是北大学生代表许德珩,他说:"今日追悼郭君,实无异追悼我们自己。因郭君未了之事业,全凭我们继行其志,做到他现在的地位,方肯罢休。"① 最后发表演说的是一位不知姓名的妇女代表,她在"演说之际,放声大哭。叩其姓名,不答"。② 演说完毕,一位姓成的同学将其所戴的最新式东洋草帽当众扯碎,以示抵制日货之决心,"于是纷纷掷帽坛前者,约数百人。群众大呼中华民国万岁"。③

对郭钦光的追悼,事实上成了一次五月十九日总罢课的动员誓师大会。

五月十九日,总罢课实现了。参加此次罢课的计有北京二万五千多学生。④ 学生们在《宣言》中说明罢课的理由时说:"夫青岛问题,学生等争集之焦点,今议已决矣,事濒败矣,卒未见政府有决心不签字之表示,而又破裂南北和议以资敌,⑤学生等之失望一也;曹汝霖、章宗祥、陆宗舆,国人皆曰可杀,乃政府不惟置舆论之掊击于不顾,而于其要求去反宠令慰留之,表彰其功德以与教育总长傅公之免职相况,外间复盛传教育全局举将翻动之说,国是前途何堪设想,学生等之失望二也;五月十四日两令,

---

① 《五四爱国运动》下,第二五六页。
② 《五四爱国运动》下,第二五六页。
③ 《五四爱国运动》下,第二五六页。
④ 据上海《民国日报》一九一九年五月二十二日第六版《北京学生实行罢课》的报道,则说:"北京专门以上各学校,十九日起已实行罢课,即清华学校和汇文大学亦一致行动。据调查所得,罢课者共有十八校,学生共三万六千人。"
⑤ 在五月十六日的安福系在太平湖召开的会议上,曾讨论南北和会问题:"首由王某报告南北代表总辞职之原因,并将院致朱总代表准其辞职之成电宣读一过,以示和会之破裂,众皆鼓掌称快,庆其主战主义之大胜利。"见《五四爱国运动》上,第四六三页。

一则以军威警备学生,防公众集合,一则禁学生干政,凡公忠爱国之天良,一切不容表见,留日学生以国事被拘,政府则置诸不理,学生等之失望三也;学生等之为学,恃有此方寸之地耳,今一朝而三失望,方寸乱矣。谨于五月十九日一律罢课,至三失望之回复为止。"①基于这样的理由,学生们致书徐世昌,提出六项要求:(一)欧会不得签字;(二)惩办国贼;(三)挽回蔡、傅,打消田长教育;(四)收回警备命令;(五)交涉留日学生被捕事;(六)维持南北和议。②

五月二十一日上午,北京大学教职员,在法科大礼堂开全体大会,一致表决:"誓不承认田应璜一流为教育总长,吴文瀚一流为教育次长,以贻教育界莫大之羞。"③他们还拟好了一个意见书,交代表偕同各校教职员联合会代表,赴国务院面见总理钱能训,声明此等决议。"而学生方面,闻又宣言向两院及政府要求取消前议;若田等冒然登台,则学生拟有以对待之云。"④

北京政府最害怕的正是学生的行动。学生的六条要求,经教职员联合会代表和政府磋商并向学生转达钱能训的答复。但是答复未能使学生满意。特别是关于"惩办国贼"的要求,钱竟说:"学生如能得其卖国证据,政府自当依法惩办;如徒凭空言,政府不能办到。"⑤这个答复,使学生尤为不满。因此,学生继续罢课。二十二日午后三时,教育次长袁希涛亲赴北京大学,召集专门以上各校校长开会,企图再向学生疏通,但官立学校校长无一到会者。下午三时半,袁同私立各校校长及警备司令部某处长,共同到学生联合会,再度规劝学生复课,但"学生仍坚持非惩办卖国贼之目的达到,决不上课"。⑥

学生们在罢课之后,大规模地展开了下列各项活动:
第一,组织讲演团。"五四"后不久,北大、高师、清华等校学生,即组

---

① 《五四爱国运动》上,第四六五页。
② 《五四爱国运动》上,第一八〇页。
③ 《五四爱国运动》上,第一七五页。
④ 《五四爱国运动》上,第一七五页。
⑤ 《五四爱国运动》上,第一八〇页。
⑥ 《五四爱国运动》上,第一八〇、一八一页。

织讲演团,分段分组展开游行讲演活动,每组十人左右,称为"十人团"。[①]原在"五四"前就已成立的北大平民教育讲演团,更加扩大和活跃。团员们的讲题也比以前更结合当前的斗争,例如他们的讲题中就包括着《青岛问题》《痛史》《团体》《朝鲜独立》《国民自决》《中国现在的形势是怎么样》《国民现时应持之态度》《国民快醒》等。[②] 不过,学生们的讲演活动,大都是利用星期天进行的,规模和影响都不够大。但是,到了十九日总罢课后,情况不同了。学生们连续地规模愈来愈大地跑到街头讲演。十九日,分道讲演的约三四百人;二十日,增至六七百人;二十一日,又增至一千多人。

学生们的讲演,受到各界各阶层人士的热烈欢迎。

例一:高师讲演团第十一队,在香厂新世界游艺场前空地讲演,"有商人王文轩者,亲自送茶水。又有边森记成衣铺主俞春泉等,大受感激,向队员云,彼自愿担任联络成衣行,实行抵制日货,并拟召集同人,开会商榷一切,希望该队员前往演讲云"。[③]

例二:高师讲演团第十六团,在天桥讲演,"有英国人表示钦佩,并以手携照相器摄影数次而去。又有工人吴珍,亲送茶数壶,讲毕始散云"。[④]

例三:北京大学讲演团第二十一组,在宣武门内大街讲演,"有北京普通工厂纺纱机专卖处处长沈德铃,当场感动,向演讲员声明,愿将其纺纱机专卖权公开,送与国人;并开明地址而去"。[⑤]

例四:北京大学讲演团第三五组,在东城一带讲演,听众不下数百人,"有老人听讲至沉痛时,辄为泪下。其初加干涉之警察,既闻演说,亦受

---

[①] 据张国焘回忆:"'救国十人团'的组织是北大事务主任李辛白先生在五四时所首先提倡的。他与蔡元培、李石曾、李大钊等友善,有革命实行家之称。他独自出资刊印十人团章程,出版《新生活周刊》,号召人民按十为单位组织起来,由十而百而千而万,迫使政府不得不尊重人民爱国要求,并致力平民生活状况的改善。这方案为学生会所接受实行。"见张国焘:《我的回忆》第一册,第五九页。

[②] 《北京大学日刊》一九一九年五月十四、二十一日。

[③] 《五四爱国运动》上,第一八三页。

[④] 《五四爱国运动》上,第一八三页。

[⑤] 《五四爱国运动》上,第一八三页。

感动,不复禁止云"。①

例五:北京大学讲演团第四组,在崇文门讲演,"被警察干涉,带去代表二人,又将传单收去。其所留二人讲演时,其西人经过点头称叹不止"。②

学生们的演说活动,没有局限在北京城内,他们派出了代表到长辛店和保定等地去讲演,并且计划沿京奉路至山海关,在车厢中及沿途各地进行讲演。③

第二,抵制日货,提倡国货。五四运动所反对的国际侵略者,主要是日本帝国主义,所以日货必然在运动排斥之列。五月十三日,北京大学的学生便将该校学生消费社储存的日货,集中于文科大操场中焚毁;接着,清华学校等也在校内采取了类似行动。五月十八日下午四时,北京许多学校的学生又将个人所有之日货,汇集先农坛进行焚毁。"既至先农坛,天忽下雨,观者仍颇踊跃,有数百余人之多。当焚毁日货时,有大学演讲团,及北京师范附属小学第二部童子军张宁全(年十四岁)、龚渤(十二岁)、卢荣祥(十五岁)三人,及公立第二小学学生卢荣福,相继演说,言辞均极动人。综计此次焚毁日货学校,有北京大学、汇文大学、第四中学、工业专门学校。其他法政专门,因天雨,改在该校校门前举行。"④

学生们的爱国行动,也迅速影响了商界。五月二十日,北京总商会开全体大会,到五十余行业,共同议决:一,各行业速开会议,宣示各商行,一律停止贩运日货,违者从重议罚;二,不用日钞;三,不阅日人在京所办报纸《顺天时报》,不在该报登广告。大会当场宣告成立国货维持会,附属于总商会,各商董均为会员。商界的这次大会,迅速在实际中产生效果。各店贩运日货者一律停止,日人所开店铺均无人问津,日货迅速跌价。各界持日钞往日本正金银行兑现者拥挤异常,各店均拒绝收用日钞。《顺天时报》的销数,则大为减少。

---

① 《五四爱国运动》上,第一八三、一八四页。
② 《五四爱国运动》上,第一八四页。
③ 《五四爱国运动》上,第一八四页。
④ 《青岛潮》,《五四爱国运动》上,第一八五页。

五月二十四日,北京学界和商界恳亲会,先在北京大学开国货维持会,到有北京师范、法文专修馆、高等师范、清华学校、汇文大学等九校。学生们也组织起来了。该会内部共分文书组、调查组、贩卖组,并拟设国货陈列所,以激发国人爱用国货之心理。

第三,发行日刊。为了扩大宣传,学生们在罢课后,拟出版《五七》《五四》两种日刊,由于经费关系,先出《五七》一种。五月二十日,《五七》日刊出版了。但是,京师警察厅却以该刊"未曾立案,违背出版律"为借口,通令禁止发行。五月二十二日,北大学生徐骥等四人前往警厅理喻,却被拘留了。二十三日,该刊不顾禁令,继续出版,警厅则派警察四出搜索,见有阅者即强行夺去,并将承印该刊之文益印刷局封闭,拘押其经理。在此情况下,《五七》日刊遂被迫停刊。五月二十四日,京师警察厅总监吴炳湘,还专为此事发布布告说:"乃近日风潮愈演愈烈散布传单之不已,进而集众演说,集众演说之不已,进而相率罢课,复有一种五七报之组织,并不呈报本厅,遽行出版,其中论调偏激,鼓煽为多,长此纷纭,地方治安,将无维持之法。"①

京师警察厅在禁止《五七》出版的同时,还决定自五月二十二日晚起,派员监视北京《晨报》《国民公报》发稿,并进行新闻检查。二十三日,《国民公报》新闻栏有空白两处,稿件被删。反动派对言论钳制之加紧,可见一斑。至于那些"妨害治安、败坏风俗""专以鼓吹社会革命、无政府同盟罢工、共产等邪说为宗旨"的"进化杂志、民声丛刊、工人宝鉴、太平等印刷品",当然也都一律查禁了。②

第四,组织护鲁义勇队。还在五月十一日,北京学生就有组织义勇队的计划。此次罢课宣言中,学生们又提出:"组成北京护鲁学生义勇队,以备我国家不时之需。"学生们在罢课后,此项计划得以实现,其中以清华学校的成绩较著:学生们在校内搭起帐棚,经常操练,学习枪法、战术,并聘有教官讲授军事学。

---

① 《公言报》一九一九年五月二十六日第三版;上海《民国日报》一九一九年五月二十八日第六版。

② 《每周评论》第二十四号,一九一九年六月一日。

## 八、中外反动派对运动的破坏

五四运动的直接目标是反对日本帝国主义及其走狗,因此,日本帝国主义就首先百般设法破坏它。

五月四日的爱国运动爆发后不久,日本驻华公使即向北京政府不断提出警告,要求取缔学生的"排日"运动。当学生在街头讲演时,在华之日本浪人则不断进行破坏活动。在东京,日本警察则以野蛮手段大捕中国学生。日本驻华军舰,则纷纷驶泊天津、吴淞、青岛、山海关各埠,并以驻京陆军示威,进行军事恫吓。因此,在北京也竟出现了这样的咄咄怪事:驻京日军一个排,持枪游行示威,至中南海总统府门前横行而过,而中国守门之陆军不仅不加阻止,反而向其行礼,而骄横之日军则"傲然不顾"。按当年中南海总统府大门前有东西两门,是一般行人不能通过的,曾揭有"车马行人,不准经过"之明白告示。因此日军的这一行动显系违法,侵犯了我国主权。而中国守军之表现,则显系媚外,反映了中外反动派之间暧昧关系。

五月十九日学生总罢课后,日本侵略者的干涉变本加厉。二十一日,日本公使向北京政府提出严厉责问的照会,要求取缔反日言论和"过激"言论。照会中说:"近来北京方面散布'胶州亡矣!山东亡矣!'等传单,传之于各省各处,实行煽动,排斥日货。此种传单及其他之檄文、宣言等,不能不认为故意曲解、谗诬中伤之行动,本使殊难默视。"照会警告说:"而贵国政府,对于此等荒唐无稽(稽)之无政府的主张,阻害友邦国交、挑拨两国国民恶感之言动,并不加以何等之取缔,本使甚为遗憾。若放任此等风潮,不仅酿成贵国内政上意外之扰乱,且引起两国国家上重大之交涉,深堪忧虑。兹特照请贵国政府,于此时深加考量,速筹适当之处置,是为至盼。"[①]

---

① 北洋政府内务部档案:《五四爱国运动档案资料》,第二〇一、二〇二页。

对于日本公使这样一个蛮横无理的照会,《每周评论》编者陈独秀曾加以评论说:"有一班好说直话的人,以为小幡公使的照会,不是对等国的口气,简直是中央政府对于地方长官申饬的命令,未免太不客气了。"①

五月二十三日,北京"东城学生演讲团复与日兵口角互殴,双方拘捕数人",日本公使"借口上述事项两次提出严重交涉"。②

英美和日本在争夺中国问题上有矛盾,在运动初期,它们的干涉并不像日本那样露骨,特别是英美等国的人民,还对运动表示了一定的同情。但是,当群众爱国运动的发展,使英美侵略者感到所有帝国主义在华的侵略和统治都受到威胁时,他们的态度就不同了。五月二十日的美国《大陆报》以《列强对华的积极外交政策》为题发表社论说:"如果中国某些行政部门不放在外国人手中,交其控制,中国就站立不稳。"又说:"中国内部各种关键性事业,均应交由外人来监督。不如此,中国是没有希望的。"五月二十一日,各国驻京公使向北京政府外交部要求"会同调查"他们的旅华侨民是否因抵货运动而受到了损失,如有损失,应予"赔偿"。到了"六三"以后,当运动的中心转到西方帝国主义的侵华基地上海时,英美侵略者的凶残面目就更赤裸裸地暴露出来了。

在帝国主义干涉,特别是日本帝国主义的干涉下,中国反动派唯命是从,按照其主子的意旨,对运动进行破坏。特别是五月十九日总罢课后,日本公使的历次责问和东城事件(二十三日)的发生,使反动派大为恐慌起来,"政府诸公群认学生之行动为妨碍邦交"。③ 于是,他们展开了大规模的镇压活动。

五月二十三日,北京政府内务部在给京师警察厅的训令中说:"近闻京师地方排日风潮,愈演愈烈,竟有制成泥偶,指作日人,陈列道路,加以种种污辱。又各学校所组织之学生演说团游行街市,所有旗帜及宣言,有指日本为敌国,日人为敌人字样。似此昌言不讳指斥日本,不惟妨害国家

---

① 只眼:《对于日使照会及段督办通电的感言》,《每周评论》第二十四号,一九一九年六月一日。
② 《时报》一九一九年五月三十日。
③ 《时报》一九一九年五月三十日。

友谊,亦且扰乱地方治安。且现闻安徽芜湖地方,并有击毁日人商店,殴打日人情事。万一京师地方亦遇有前项同一事实发生,殊非所以慎重邦交、维持治安之道。"①因此,内务部要求北京警务机构严格取缔"排日风潮"。

接着,北京的警察厅和警备司令部派出了大批军警,禁止学生们的集合、讲演。"二十四日,商学界联合会在北京大学开会,突来武装警察二百余名,包围该校,捕去学生六名。"②

五月二十五日,北京政府以大总统名义向北京地方及各省的文武官员下了一道严厉镇压爱国运动的命令,令中说:"近日京师及外省各处,辄有集众游行、演说、散布传单情事。始因青岛问题,发为激切言论。继则群言泛滥,多轶范围。而不逞之徒,复借端构煽,淆惑人心。……著责成京外该管文武长官剀切晓谕,严密稽察。如再有前项情事,务当悉力制止。其不服制止者,应即依法逮办,以遏乱萌。京师为首善之区,尤应注重。前已令饬该管长官等认真防弭,著即恪遵办理。倘奉行不力,或有疏虞,职责攸归,不能曲为宽假也。"③

同日,北京政府教育部下令各校校长会同教职员于三日内"督率"学生一律上课。

从这一天起,反动军警们对学生运动的镇压变本加厉。荷枪实弹的步兵、马队在北京的各街道上,来往穿梭;学生讲演团的旗帜被夺去,传单被撕毁,听众被驱散。

但是,学生们并没有遵令复课。五月二十八日,即三日限满之日,学生们在高师召集临时代表会,一致决议:凡罢课各校同学,自二十九日起,均将行李书籍等物收束齐整,专俟政府下解散令,即行全体出校,另谋救国。

由于反动军警的武装镇压,学生们的讲演活动不能进行了。于是,他

---

① 北洋政府内务部档案:《五四爱国运动档案资料》,第一九五、一九六页。
② 《北京中等以上学校学生公电》,《时报》一九一九年五月二十九日。
③ 北洋政府公报,一九一九年五月二十六日,第一一八八号,《五四爱国运动档案资料》,第一九七页。

们将自己的活动主要放在贩卖国货上。《每周评论》报道这种情况说："自《五七》日报封禁之后,公园市场里边,就没有卖东西的学生。过了两天,又有许多学生,手拿布袋,有的写'国货'两个字,有的写'提倡国货'四个字。每到茶桌前面,先向游人鞠躬,发一种极和蔼的话,劝人买货。所卖的货物,不外牙粉、肥皂、手巾、香水、纸烟类,也有卖《国民》杂志和《国体与青年》的。游客之中,十个人总有八个人买的,照他们说,卖出去的钱专做学校联合会费用。"①

反动派对学生除了武力镇压外,还使用了分化手段:

第一,提前放假。五月底,教育部召集各校校长会议,宣布各校自即日起停课,停课以后,即放暑假;应举行卒业各班,照常举行考试。"凡愿考者,如期与考,其余各班,一律提前放假。"②反动派企图以此达到"考者考,回者回"的愿望,使运动自然瓦解。

第二,举办文官高等考试及外交司法官考试。北京政府属下某大员在给其大总统的密电中说:"惟厉行考试,则学生有途自效,必能狂热潜消。"于是,北京政府"立下明令,令本年实行各种考试,并令铨叙局即日筹备,定九月实行"。③

北京政府的分化手段,在一部分知识分子中起了作用。当时报载:"各校暗潮又起,数日以来,争持颇烈。北京农业、法政等校,本年暑假皆有一二班卒业,卒业人数约占各校三分之一,此中分子以切身利害关系,益以父兄师友之相诏,皆极端希望如期卒业,现在罢课风潮稳定,遂向校长积极怂恿举行考试,于是遂与多数主张罢课者渐渐分携。"④

在反动派的镇压和分化下,北京的学生运动一度转入低潮,一部分学生退出了运动。但是,运动并没有也不可能消失,广大的学生仍在坚持着罢课。到六月初,由于反动派的倒行逆施,激起了学生们新的斗争高潮。

---

① 《每周评论》第二十五号,一九一九年六月八日。
② 《时报》一九一九年六月五日。
③ 《时报》一九一九年六月五日。
④ 《时报》一九一九年六月五日。

第九章　古城在怒吼

## 九、六月三日开始的大逮捕

六月一日,北京政府以大总统名义接连下了两道荒谬的命令:

一道命令是为曹、章、陆等卖国贼辩护,说什么"曹汝霖迭任外交、财政,陆宗舆、章宗祥等先后任驻日公使,各能尽维持补救之力,案牍具在,无难复按"。[①]

另一道命令是再次要求取缔爱国活动,并要求学生立即复课,说什么"在京著责成教育部,在外著责成省长及教育厅,警饬各校职员,约束诸生。即日一律上课,毋得借端旷废,致荒本业。其联合会、义勇队等项名目,尤应切实查禁。纠众滋事,扰及公安者,仍依前令办理"。[②]

爱国有罪,卖国有功,两令对照之下,使学生们气愤莫名。特别是这时北京的警备司令段芝贵和步军统领王怀庆,[③]依照其大总统的命令,竟然对贩售国货的学生也开始逮捕。这更使学生们愤怒异常。学生们决定:自三日起,恢复街头讲演。

六月三日上午,北京二十余校各派了数百学生,陆续集中在各自的预定地点,挑起讲演团的大旗,展开爱国宣传活动。这时,街头的警察比平日增加了好几倍,步兵、马队横冲直撞,驱散听众,侦缉队、保安队则纷纷逮捕学生。《每周评论》报道这天的情形说:"民国八年六月三日,就是端午节的后一日,离学生的(五四)运动刚满一个月,政府里因为学生团又上街演说,下令派军警严拿多人。这时候陡打大雷、刮大风,黑云遮天,灰尘满目,对面不见人,是何等阴惨暗淡!"[④]

当日晚,学生遭逮捕者已达一百七十余人,其中北大学生占十分之七

---

[①]　《青岛潮》,《五四爱国运动》上,第二九六页。
[②]　《青岛潮》,《五四爱国运动》上,第二九七页。
[③]　王是在五月二十一日继李长太为步军统领,他是一个更为凶残的屠夫。
[④]　只眼:《六月三日的北京》,《每周评论》第二十五号,一九一九年六月八日。

八,也有清华学校、高等师范、汇文大学等校的。这些学生,均被监禁在北大法科的"讲堂之内","校内的差役,一跑干净,自早到晚,一百多人连一口凉水也没吃着。这天天气陡变,夜间越加寒冷,当时就有几个体弱的学生,忽得重病"。①

但是,学生们并未被武装镇压所吓倒。六月四日,他们比前一日加倍出动街头讲演。"四日上午十点钟时候,各学生怀里藏着白旗,上写某校某队讲演团字样,或五六人或十几人不等,静悄悄的出去。走到行人多的地方,就从怀中摸出白旗子,大声疾呼的演说。这个时候街心的警察,比平常增加好几倍,又有穿灰衣的马队,背着枪,骑着马,四处乱跑。遇到有人讲演,不问他人多人少,放马过去,左冲右突,也不知道踏伤了几多人。把听的人冲散之后,便让游辑队保安队把演说的学生两人夹一人送到北河沿法科大学里边去监禁起来。"②四日这一天,北大法科校舍,已被反动军警团团围住,校门外边的北河沿两岸共搭了二十个帐棚(东边十个,西边十个),作为军队驻扎之地,东华门一带交通完全断绝,直到东安市场,有陆军第九师步兵一营和第十五团一团扎住,连接北河沿一带,直到法科门首都像前敌战线上的防备一般。《每周评论》描述当晚的情景说:"四日晚上天气忽然大变,大风大雷大雨,竟把一个首善的京城,闹成了黑暗的世界。尘土大起飞沙走石之中,看见多少学生,对着路上的行人演说;电光闪闪隐隐约约之中,看见二十个帐棚,把大学法科团团围住……"③

四日这一天,反动军警又拘禁学生七百余人。北河沿法科校舍已无法容下,以致马神庙理科校舍也被当作临时监狱了。

学生们在这次斗争中是勇敢的,连续两日的大逮捕,并没有挫折了他们的斗志。五日上午,学生再次上街讲演,"这天学生更加激昂,当出去的时候,各人背着行李,连牙粉牙刷面包都带了,预备去陪伴同学坐监。这天聚集大队出发,分路讲演,合计约有两千多人"。④ 同日晨,北京中等

---

① 《军警压迫中的学生运动》,《每周评论》第二十五号,一九一九年六月八日。
② 《军警压迫中的学生运动》,《每周评论》第二十五号,一九一九年六月八日。
③ 《军警压迫中的学生运动》,《每周评论》第二十五号,一九一九年六月八日。
④ 《军警压迫中的学生运动》,《每周评论》第二十五号,一九一九年六月八日。

第九章　古城在怒吼

以上学校联合会向全国各界发出《宣言》,其全文如下:①

　　各省省议会、教育会、商会、农会、工会、各学校、各报馆均鉴:学生等以内除国贼、为外争国权之资,爰有五四运动。其后事理纷纠,三失望踵至,不得已而致于罢课。寒巧二电之宣言,言之详矣。皓日以后,政府极端威压,干涉交通,摧残舆论,学生等遂坐困于北京。然以三失望未复,绝不以时迁而气馁。先日两令,其一以劝学诱学生,以法纪威学生。是固因学生之所求而未得者也,勿庸深议。其一涉于外交,直不啻为国仇示私恩,为国贼作辩护。直欲以一纸空文,掩尽天下耳目。而谓外交繁重,责在当局,则直灭弃民主国之精神,直欲任少数官吏使其包办。卖国贼曹汝霖、章宗祥、陆宗舆等之挟持于内,概可知矣。夫国贼不除,则外交之挽救无望;国权不复,则世界之永久和平难期。学生等之于国贼,人知其非有私怨。而必欲除之而后快者,非仅为国家计,亦正为正义人道计也。为国家及正义人道计者,宁肯避难。肴日(三日)以来,恢复露天讲演,被捕者一百七十八人,军警横加虐待,肴电已陈其概。豪日(四日)被捕者七百余人。今日明日,有加无已。是即明知其难而故蹈之也。学生等方当求学,惟知有真理耳。真理所在,死生以之。求仁得仁,又何怨乎;用布区区,伏维亮鉴。北京中等以上学校学生联合会叩。

愈捕愈多,捕不胜捕,学生们的斗争使反动派无能为力了。《每周评论》的记者报道六月五日的现场情况时说:"五日上午,记者打前门经过,看见三个学生,站在路旁演说,来了几个警察,身长黑面,犹如城隍庙里的阎王一般。把三个学生一人捉一个,那三个学生两手虽然被他们捉住,嘴里还说个不止,听的人不知道有多少都流下泪来。后门外边,有两队学生,一向西行,一向东行。这个地方只有十几个警察,到东边去赶人,西边又演说起来了,到西边去赶人,东边又演说起来了。闹得很久,听的人个个拍手,几个警察也就不敢动手了。"②

————
① 督盦编:《学界风潮纪》,《五四爱国运动》上,第四〇九页。
② 《每周评论》第二十五号,一九一九年六月八日。

五日这天,街头讲演的学生共分三队:

第一队:北京大学、第一中学、第四中学的学生,由东四经东单,到崇文门一带讲演;

第二队:法政专门、蒙藏专门、崇德中学的学生,由西四经西单出顺治门一带讲演;

第三队:高等师范学生,拟从前门到东西长安街一带讲演。

反动军警开始时对学生讲演滥肆破坏,"穿黄色军装的马队,迎头冲来,把几千几百听的人冲得东奔西散,老啼幼哭,叫苦连天"。① 但学生们不为威武所屈,不断冲破马队的阻挡,坚持讲演。在这种情况下,反动派没有办法,只好改变方针;只赶听众,不捉学生。因此,"三队学生竟能沿街游行,手拿国旗,大叫爱国,不过有许多军队跟随罢了"。②《每周评论》的记者报道说:"记者午后时打东长安街经过,看见第一中学的讲演队正在树荫之下演说,突来坐脚踏车的警察三四人,把听者一齐赶开,至于演说的学生他就不过问了。"③

这时,反动派大约已经知道上海三罢的消息了。他们怕风潮愈闹愈大,所以不敢再拘捕学生了。实际上,他们也无法再行拘捕,因为已经无地收容了。反动派虽已不再拘捕,但是学生们的余怒仍未平息,因为他们的近千的战友们仍陷囹圄之中。因此两千多学生齐奔北河沿北大法科拘留所,要求军警将他们一同拘捕,军警们当然不敢也无法再拘留学生。在争执不下的时候,校园内被禁的学生知道了这一情况,他们的情绪更加激动,也更加愤怒。他们纷纷登上法科大楼,伸向临外楼窗"扬旗怒号"。校内校外情绪交织在一起,使人更加激奋。

学生们的斗争,不是孤立的。他们受到工人劳动者的同情和支持。例如,五月十一日,便有"旅居北京之山东劳团,……在彰仪门外开一大会(以城内开会巡警干涉故),与会者有十万人之多,……要求山东交

---

① 《军警压迫中的学生运动》,《每周评论》第二十五号,一九一九年六月八日。
② 《军警压迫中的学生运动》,《每周评论》第二十五号,一九一九年六月八日。
③ 《军警压迫中的学生运动》,《每周评论》第二十五号,一九一九年六月八日。

涉万勿签字"。其"爱国热度,较之上等社会尤为激烈"。① 又如,六月五日在北大法科拘留所,军警撤除后,"有劳动社会如某路车中之茶房等,皆以团体名义馈赠馒首数千,或面包若干磅,以表感激学生为国宣劳之意"。②

被捕的男同学还受到狱外的女同学的广泛支持。"六三"大逮捕后,北京十五个女校联合会在石驸马大街女子师范学校开会议决列队到总统府请愿。六月四日午后一时,十五校女生,各穿学校制服,齐集天安门内,然后奔赴中南海总统府。《每周评论》记者报道说:"记者午后三时到中央公园门首,看见女学生约有千人排队向总统府而去。虽然大风吹土,对面不能见人,步武却一点不乱。拿枪带剑的警察,到处跟随,一步不让。到了新华门首,被总统府卫队拦住,遂举出代表钱中慧、吴学恒、陶斌、赵翠菊四人,进府求见。徐世昌不见,随叫陈子厚秘书代见。女学生说明要求四件事:(一)大学不能作为监狱;(二)不可拿待土匪的法子来待高尚的学生;(三)以后不得再叫军警干涉爱国学生的演说;(四)对于学生只能诰诫,不能虐待。"《每周评论》还报道说:"女学生现在也组织讲演团,预备到处演说;他们所办的周刊,也出过好几期了。"③

学生们的斗争还受到各校教职员的同情和支持。"六三"大逮捕后,各校教职员连日开会,一面推举代表请愿,一面通电全国,抗议大学教育的尊严为军警所破坏。北京专门以上学校教职员联合会在四日的通电中说:"等学生于匪徒,以校舍为囹圄,蹂躏教育,破坏司法,国家前途,何堪设想!"④各校长在给国务院的呈文中也说:"学校为国家永久作育人才之地,非政府随意执行刑法之地。"⑤

学生们的斗争,得到各界各团体的同情和支持。"六三"大逮捕后,去北大法科理科拘留所慰问学生者络绎不绝,仅六月六日一天,就有国民

---

① 《申报》,一九一九年五月十六日。
② 《五四》,《五四爱国运动》上,第四七一页。
③ 《军警压迫中的学生运动》,《每周评论》第二十五号,一九一九年六月八日。
④ 《军警压迫中的学生运动》,《每周评论》第二十五号,一九一九年六月八日。
⑤ 《军警压迫中的学生运动》,《每周评论》第二十五号,一九一九年六月八日。

外交协会、女学生联合会、留日学生代表团、北京教育会、和平联合会、红十字会、商界各界代表等。①

学生们的斗争和反动军警的大逮捕,使北京的商界大为恐慌。据《顺天时报》报道说:"段芝贵前在军警会议席上,极力主张以严厉的办法对待学生,故令警察厅施行拘捕。不料学生拘捕未尽,而市面秩序,反形恐慌。更兼商民睹此军警戒严及学生愈闹愈厉之景况,以为大乱在即,遂向各兑换所兑取天津、张家口中交钞票现款。于是金融界又受影响。"②

在上述种种情形下,特别是"六三"以后上海三罢消息传来后,使北京政府不得不向学生让步了,曾主张大量拘捕学生的警备司令段芝贵也不得不"引咎辞职"了。

北京政府对学生的让步,主要是变换一下手法而已。六月五日,在商议对付学生办法的会议上,官员们主要是害怕"一味的捉拿,越捉越多,恐怕要惹出别省的反响,不如拿平和方法对待为是"。③ 什么样的"平和方法"呢?官员们议定了两种办法:(一)更换大学校长,让蔡元培辞职,叫胡仁源继任;(二)更换教育次长,让袁希涛辞职,叫傅岳棻继任,暂行代理总长的职务,并责成傅氏同各校校长接洽,商议善后的办法。当日晚八时,官员又在钱能训家中开会,商定对学生不采取极端严厉和极端放任主义。第一步办法,仍从叫学生上课着手,对于各学校根本问题绝不动摇。④

六月五日这一天,学生虽未遭逮捕,包围北大校舍的军警也撤走了。但是,学生们深知:斗争并没有结束。因为他们的斗争目标还没有实现,而且学生们认为自己并不是可以被人随意侮辱的。因此,当军警撤围以后,被拘的学生们并没有离去。他们自己组织警备队维持秩序,还反拘了七个警察,留了两个帐棚,作为人证、物证。他们还派出代表到警察厅索取被捕近千学生的伙食费和卧具。《每周评论》报道六月五日晚间的情

---

① 北京《晨报》一九一九年六月七日第三版:《昨日北京大学之所见》。
② 《每周评论》第二十五号,一九一九年六月八日。
③ 《每周评论》第二十五号,一九一九年六月八日。
④ 《每周评论》第二十五号,一九一九年六月八日。

形说:"记者晚间六时到大学法科去看看,二十个帐棚已经撤掉,学生仍在校内。校门由清华童子军背枪守卫,不准外人进去,大家在里面商议办法。开会之后,议决两条办法:(一)暂不出校,并举出纠察员数人维持秩序;(二)向政府要求集会、言论、出版自由,不受限制。如这一条要求办不到,宁肯饿死监狱中,决意不回本校。"①次日(六日),学生们以北京中等以上各学校学生会联合会名义向全国各界发出通电说:"肴(三)豪(四)两日,共计捕去讲演学生七百余人。歌(五)日出发讲演者,共计五千余人,政府未施逮捕,仅以军警驱逐听众。歌日午后防守被拘学生之军警,忽然全数撤去。然政府自为儿戏,而学生等无端被拘,决不能自行散去,致陷逃法之咎。故被拘者仍在北京大学法理两科,保持拘留时原状,以俟正当解决。惟此次军警蹂躏教育,破坏司法,侵犯人权,蔑弃人道,种种不法行为,皆政府纵使之。武人之跋扈日恣,国家之运命自蹙,长此优容,何以为国。学生等一面质问政府有以处置军警,一面仍应亟筹应付国仇国贼之道,谨此述闻。北京中等以上各学校学生联合会叩麻。"②

北京政府这时免去了代理部务的教育部次长袁希涛,而以傅岳棻继之。傅声称愿作调解人,并宣扬说今后学生事件由教育部直接交涉,军警不得过问。但与此同时,北京政府却令胡仁源署北京大学校长。这当然引起教育界和学生界的极大不满,认为政府留蔡毫无诚意。六月六日,教育部派代表(参议)陆某等四人往北河沿法科劝在禁诸生回校,不得要领而回。七日,大总统徐世昌又特派参议曾某偕教育部专门、普通两司长前往道歉,表示政府"处置失宜",劝诸生"回校休养"。③ 曾等去后,学生召开临时联合会,一致认为:"政府对待学生毫无诚意,或以武力胁,或以小惠诱,如欲示诚意,须自罢免曹章陆始,曹章陆不予罢免,决不甘休,议决现仍暂不出拘留所,以示要求罢免曹章陆之决心。"④到了六月八日,学生

---

① 《每周评论》第二十五号,一九一九年六月八日。
② 《每周评论》第二十五号,一九一九年六月八日。
③ 上海《时报》一九一九年六月十日。
④ 上海《时报》一九一九年六月十日。

们为主动出击,"效申包胥七日之哭,不杀国贼,誓不返校",①方才由各校派代表十人至法科欢迎被拘各生返校。八日晚,各校开会议决,自十日起,全京中等以上学校(女校亦加入)同往总统府门前痛哭,并通知各带行李以资露宿。但到十日晨,总统府秘书忽来电话,说学生之要求(即罢免卖国贼)已达。这样,学生们才暂时取消了这次的行动。

从上所述,可以知道,"六三"(包括六月四日)被逮捕的北京近千学生,是一直坚持到最后,实践了自己的诺言的。他们的斗争是英勇的,他们的精神是可贵的,他们赢得了社会人士的广泛同情和支持。

---

① 《五四爱国运动》上,第四七一页。

# 第 十 章

# 震撼黄浦滩

——五四爱国运动进入第二阶段

## 一、上海三罢斗争的实现

五四爱国运动(从五月四日运动的爆发到六月二十八日巴黎和约的拒签),以"六三"为界限,大致可以分为两个阶段,第二阶段通常被称为"六三"运动。

所谓"六三"运动,是指由六月三日北京学生遭逮捕而触发的全国响应、支援的运动,而以六月五日上海三罢斗争的实现为标志。

五四爱国运动发展到它的第二阶段,呈现出以下的特点:

一、运动的中心,由北京移到了上海;

二、运动的主力,由学生变为工人。

一个美国新闻记者,在观察运动发展的情况时,曾这样说:"在战争结束后来到上海的新时代中,苦力崛起而为这个新时代的最重要的特征";"上海的新兴无产阶级转入行动。急进和爱国的学生找到了最有力的同盟者。"[①]看来,这个观察并没有错。

---

① [美]霍塞:《出卖的上海滩》,商务印书馆一九六二年版,第一〇二、一〇四页。

上海,这个被外国资本家称为"冒险家的乐园"的城市,在第一次世界大战期间,由于民族工商业的发展,而使工人阶级的队伍进一步壮大了。

据约略统计,"五四"前后,上海的产业工人(包括纺织、印刷、缫丝、织袜、香烟、眼镜、自来水、电器、兵工、造纸、火柴、机器、碾米、玻璃、糖果、自来火等各业工人),将近二十万人;交通运输工人(包括铁路、转运公司、电车、码头、邮政、人力车、马车、汽车等各业工人),达十万余人;手工业工人(包括成衣、理发、榨油、制鞋、铁、木、漆、猪鬃、园艺、钮扣等各业工人)和店员,达二十多万人。①

以上三项统计,共计五十万人。当时上海全市人口不过一百万人(一说一百五十万人)。这就是说,上海工人几乎占了全市人口的一半。

由于民族工商业的发展,民族资产阶级也成长起来了。一九一九年三月三日,上海商业公团联合会成立,当时参加者有上海各业四十四个公团;不久,增加到五十三个公团,旋又增至六十三个公团。② 这些公团中,虽不免有买办资本家在内,但从联合会的政治主张及在运动中的表现来看,其总的倾向,是反映了民族资产阶级的利益和要求的(当时所说的商业公团,是既包含商业资产阶级,也包含工业资产阶级的)。

上海也是一个文化发达的城市。当时,上海中等以上学校的学生有两万人(北京是两万五千人)。上海学生和北京学生一样,都是"首先觉悟的成分"。③

在以上各种社会力量的基础上,加以上海又是一个交通发达、消息灵通的近代城市,因此当北京的五四运动爆发时,上海各阶层人民立起响应,密切配合,而且在某些方面(如提倡国货、反对日货),运动的规模超过了北京。

---

① 参看《五四运动在上海史料选辑》(以下简称《选辑》),上海人民出版社一九六〇年版,第一一——三页。
② 公团,有的是同业公会组织,如五金公会;有的是工商业者的同乡会组织,如宁波旅沪同乡会;也有的是某种特定的社团,如中华工商研究会、中华国货维持会等。
③ 《五四运动》,《毛泽东选集》第二卷,人民出版社一九九一年版,第五五九页。

## 第十章 震撼黄浦滩

五月五日,上海复旦公学①的学生就听到了北京学生五月四日游行的消息。这一消息,是由当时兼任复旦国文教师的邵力子传递的。邵是上海《民国日报》的总编辑,他在五月五日夜里看到北京发来的有关学生示威游行的新闻电讯后,即赶来复旦作报告。一位当年复旦公学中学部②三年级的学生,回忆当时的情景说:③

北京发生这一伟大运动(指五月四日的游行)的第二天夜里十二点钟左右,学校里的大钟忽然敲起乱钟来了,而且敲个不停。全校同学在睡梦中惊醒过来,大家都莫名其妙。有些同学担心是厨房失火,急忙跑出房门,可是不久又跑回来了。同学问他们究属为了什么事敲乱钟?他们说:"中文老师邵力子先生在那里敲钟,他叫我们来唤你们去饭厅集中,他有重要消息报告。"同学们就马上赶去饭厅,见邵老师正同大学部高年级同学谈话。我们许多同学就坐的坐、立的立,等候听邵老师报告重要消息。过了几分钟,邵老师就站在一只凳子上讲话了。他的报告很长,讲了差不多三小时。不仅报告了北京传来的学生运动的种种消息,而且从中日马关条约讲起,……

同学们听完了邵老师的报告,极为愤怒,主张马上积极响应。接着大学部同学何葆仁站上凳子讲话,主张推举代表,一等天亮就去各大学和规模较大的中学联络,采取一致行动。另一位大学部同学朱承洵④建议,在日帝国主义提出二十一条不平等条约的那天,

---

① 复旦公学的创办人是马相伯。马是一位爱国的天主教徒,原是震旦大学院的创办人(该院创办于一九〇三年,首届学生共二十名),因从事爱国主义教育和革新政治的活动,被外国传教士排挤出校(一九〇五年),同学二十人也随马离校。在社会舆论的支持下,马相伯在徐家汇李公祠内创办了复旦公学,聘请中国籍人士为教师,一切行政由中国籍人士管理。参见顾长声:《传教士与近代中国》,上海人民出版社一九八一年版,第三六四页。
② 当时复旦公学分大学部和中学部,两部均在一起,学生合计不满四百人。
③ 张廷灏:《参加五四运动的回忆》,上海《文史资料选辑》,一九七九年第五辑,第二八、二九页。
④ 朱承洵是当时复旦学生自治会主席,他曾回忆说:"五四运动那一年,我廿三岁,正在上海复旦大学读文学系三年级,我的学名叫朱承洵(成信),担任复旦学生自治会主席。我的同乡邵力子先生,当时在上海《民国日报》任主编,同时在我们复旦兼国文课,他对我的教益很深。记得那是五月六日的早晨,他拿了报纸,急急然地到徐家汇李公祠我们学校来,临时盼咐我召开了学生大会,先读了报上刚刊登的五月四日北京学生为了反对巴黎和约,在天安门广场集会,

— 281 —

就是五月七日,在老西门公共体育场召开以学生群众为基本队伍的国民大会,会后开始游行示威。何、朱两位同学的主张,得到全场同学的拍手赞成,接着推举了代表二十八人去各校联络,其他同学仍留校照常上课。

五月七日这一天,北京的大会虽未开成,但上海学生等各界人民却举行了两万人参加的国民大会并示威游行,江苏省教育会副会长黄炎培等相继演说,"演辞均极激昂"。《英文沪报》报道说:"今日(七日)午后,男女华人及学生二万人,各携申讨卖国贼之旗帜,与其师长群集本埠西门外公共体育场开会,抗议青岛之丧失、中国官场之卖国及北京学生之被捕。主席者为黄任之君,当有数人起而演说,并通过决议案数条,电达巴黎中国代表;继乃决定全体同赴德国总会,吁请南北代表团救国。行时秩序颇为整齐,直至法租界,当与法界官吏磋商后准其通行。旋以天气酷热,且为时已晏,乃决定仅派代表赴和会(案:指在上海召开的南北和会),惟仍有大多数学生集于德国总会之外。印捕荷枪梭巡以防扰乱秩序,实则秩序甚整,正无须印捕为之维持也。"②事后,据目睹这次游行的老年人说,他们在上海住了近五十年,是第一次看到这样的场面。

五月九日,为当年袁世凯承认"二十一条"的国耻纪念日,上海的许多学校停课一天,许多工商业团体停业一天,许多戏馆、游艺场也均停止演出一天,以表示对于国耻之纪念。有的商号还以拒售日货的行动,表示爱国的决心,如:"沪城大小东门内各商号门前皆大书特书,声明'本号自今日起始终不售日货'等字样。"③

五月十一日,上海学联成立(复旦大学部学生何葆仁任会长);十二日,国民大会上海事务所成立。这些团体密切注视着北京运动的发展并恳切希望全国各界人民进一步组织起来,"期用切实方法,挽救危亡"。

由于上海的社会力量比较雄厚、地位比较重要,所以北京学生和许多

---

并且游行示威,火烧赵家楼,痛打卖国贼的专电报道,然后慷慨激昂地说:'北京的学生,有这样的爱国思想和行动,难道我们上海的学生会没有吗?!……'"

② 《时事新报》一九一九年五月八日。
③ 《新闻报》一九一九年五月十日。

地区学生的代表,以及留日学生的代表,在五四运动爆发后,都先后来到了这里。

北京学联成立后不久,就决定派代表到南方各地去扩大宣传。当时,黄日葵、许德珩等曾沿津浦线,到了天津、南京、上海等地。黄等在天津和张太来(即张太雷)等进行了交谈,商讨了如何一致行动的问题。五月下旬,当京、津学生的代表和上海学生代表赴广东等地进行联系的时候,京、津学生的又一批代表来到了上海。① 与此同时,南京、杭州的学生代表也相继来到了上海。

由于京、津等地学生代表的到来,使北京等地五四运动的发展情况及经验,在上海学生中得到了交流,因而进一步推动了上海运动的发展。

五月二十六日,上海学生二万人,举行总罢课,并举行宣誓典礼,誓文是:"民国八年五月二十六日上海男女各校学生二万余人谨在中华民国国旗之下宣誓曰:吾人期合全国国民之能力,挽救危亡,死生以之,义不返顾,谨誓。"宣誓毕,学生们还在市内游行,"全队共五十二校,约二万五千人,首尾经过,约二时之久。步伐整齐,精神严肃,绝无凌乱之状。夹道观者,无不为之兴感"。②

五月三十一日,一个天色阴沉的日子,上海男女学生一万多人,在西门外体育场召开了追悼北京学生郭钦光的大会,校旗林立,灵幡飞舞,会场中设烈士遗像,环以花圈,两旁分布军乐队。全场气氛,既庄严肃穆,又表现出"人定胜天"的决心。北大学生许德珩(即五月四日被捕者)在大

---

① 据一九一九年五月十五日上海《民国日报》发表的京津学生来沪代表名单是:方豪(北京大学)、王秉乾(北京国立法政)、祁大鹏(北京中国大学)、肖镇湘(北京高等工业)、张明纲(北京高等师范)、刘深恩(北京汇文大学),以上北京学生代表六人。袁祥和(天津南开学校)、杨兴夏(天津高等工业),以上天津代表二人。陆梅增(北京清华学校)、李序辉(北京高等警官学校),以上北京学校特派代表。廖方新、凌炳、邹卫等(由日本来)。

据一九一九年五月二十九日、六月一日《申报》,六月三日《新闻报》的报道,到沪的北京学生代表续有段锡朋、杨健等人。

张国焘在回忆中也说:"北京学生联合会曾先后派出几批代表,分向各地进行组织全国学联的活动。北京学生代表许德珩、黄日葵等人最先到达上海。段锡朋等也在全国学联成立之前赶到。"见《我的回忆》第一册,第六〇页。

② 《申报》一九一九年五月二十七日。

会上发表演说,激昂沉痛。大意是:"人皆有死。为什么要追悼郭君呢?就因为他的牺牲精神和坚强毅力,为我们树立了榜样。我们也应该用此精神和毅力,去达到郭君争取的取消密约、收回青岛、惩办国贼的目的。如果我们达不到这个目的,郭君地下有知,就要为我们追悼了。"①

同时,在大会上发表演说的还有天津、南京等地的学生代表和留日学生代表。会后,整队游行至南市,学生们举着校旗和挽联,沿途唱歌曲和呼口号,声威甚壮。有的挽联上,写着这样的警句:②

君去矣,甘将热血红青岛;
吾来也,不许狂奴撼泰山。
杀身成仁,豪气横吞沧海日;
前呼后应,哭声寒咽浦江潮。

上海追悼郭钦光的大会,事实上成为上海学生投入六三运动的一次动员大会。

六月一日、二日,京、津、宁、沪及留日学生代表,一面进行全国学联的筹备工作,一面联络各界和学生采取一致行动。他们认为:"对于商界,吾人应负唤醒之责";"吾人须有坚决的远大的进行方法,并宜联络各界,使有同等的决心。"③

但是,上海商界由于考虑到营业的利润,没有立即同意学生的罢市要求。六月三日,上海学联代表和北京学生代表,赴上海县商会动员罢市,无结果而回。同日,学联代表和京、津、杭各地代表赴总商会接洽,得到的答复,竟是:"对于示威运动,似非大国民所宜有。"④

六月四日,传来了北京学生连日被大批逮捕的消息。天津学联的来电中说:"望电各省县学生各界火速营救。"(北京的消息被封锁了,因此由天津学联发来电报。)

上海学联接到天津的来电,当日立即行动起来,向各省各界发出呼吁

---

① 《申报》一九一九年六月一日。
② 《申报》一九一九年六月一日。
③ 《新闻报》一九一九年六月三日。
④ 《申报》一九一九年六月四日。

的电文,指出:"政府摧残士气,惨无人道,一至于此!同属国民,宁忍坐视?务乞主持公理,速起援救,性命呼吸,刻不容缓。"①

四日下午,学生们纷纷出现在上海的街头。他们手持载有天津学联电报的传单,不顾反动军警的镇压,到处宣传,并按户动员各商号自五号起一律罢市。在遭到店主的拒绝后,他们不惜以"沿街跪求"的办法,进行哀告。

上海工人非常集中,他们也没有任何丧失私有财产的顾虑。因此,当罢市消息传来的时候,许多工厂的工人,并没有被学生动员和哀求,便自动罢工了。

五日上午,日本内外棉第三、第四、第五纱厂的工人首先罢工;接着,日华纱厂、上海纱厂的工人相继罢工。同一天内,实行罢工的还有商务印书馆、中华书局的工人及码头工人;沪宁、杭甬两路部分工人也开始了罢工。

在学生们的要求和广大店员的支持下,各商号迫于形势,也不得不在五日上午陆续罢市了。"至十二时,华租各界大小商店,已无一开门者,所余者仅外人所设之洋行耳。"②

这一罢市的范围,是极其广泛的。各个娱乐场所均停止售票,理发店外也贴上了"国事如此,无心整容,请君不必光顾"的标语。③

和罢市的同时,不但大中学生坚持罢课,而且全上海的高等小学,以至国民小学,亦一律罢课。学生们出动在街头上,组织游行、演说和维持秩序。

综合以上情况,就是说,从六月五日开始,上海的三罢斗争实现了。

五日下午,上海各界代表在宁波路卡尔登西饭店举行联席会议,成立了上海商、学、工、报各界联合会(实际上,工界代表没有参加这次会议)。北京、天津等处的学生代表,也参加了这次会议。会议由上海学联会长何葆仁任临时主席。

---

① 上海《民国日报》一九一九年六月五日。
② 《新闻报》一九一九年六月六日。
③ 《申报》一九一九年六月六日。

在会议上,讨论了运动的目标问题。有人提出三项:一、惩办国贼;二、争取人民自由;三、释放被捕学生。有人提出五项:一、力阻和约签字;二、取消中日密约;三、惩办卖国贼;四、取消逮捕学生命令;五、争取人民自由。讨论的结果,会议认为目标应集中在惩办卖国贼上,并表示:此目标不达,即不应该开市。

在讨论中,学界、教育界、报界的代表比较坚决。

北京学生代表在会上介绍了北京学生斗争的经验和决心,许德珩还提出了"国民自决"的口号,他说:"'国民自决'四字,吾人心目中所恒有,望政府惩卖国贼,恐不可得也。"①

上海教育界代表黄炎培(任之),在会上提出主张:以"不办卖国贼不开门"八个字印刷数千份,遍贴各商店之门。又说:"吾人办事,亦须如学校中之有课程。今日功课,须发表中西文宣言;其西文者宜送登西报。明日功课,开会亦其一端,罢市不停,须每日开大会也。"②

上海《民国日报》的代表叶楚伧在会上说:"吾人最大武器,即为罢市二字。设一二日后上海各商号或受压力,或不一致而令罢市之举渐归消灭,则今日此举反为多事。故今日所当问者非他,即明日开门不开门耳。"③

商界代表表现得比较软弱、被动,他们强调"镇定工夫、和平手段","切勿以暴动而误对内为对外"。不过,在大势所趋下,他们也同意了不惩卖国贼不开市的主张。

在这次会议后,各商号大都贴出揭帖,上书"忍痛停业,冀救被捕学生。不除国贼,誓不开市"④等字样。以上海商、学、工、报联合会的名义,在六月五日发出的通电中,也指出:"此间工商界全体,于本日起一律辍业,与学界一致进行。卖国贼存在一日,商学工界即辍业一日,誓不

---

① 《申报》一九一九年六月六日。
② 《申报》一九一九年六月六日。
③ 《申报》一九一九年六月六日。
④ 北洋政府内务部档案:《任士铿报告商界罢市正副会长辞职致王扬滨密电》(一九一九年六月六日)。

反顾。"①

从六月六日起,工人罢工不断扩大。六日,华商电车公司、法商电车公司、求新机器厂、锐利机器厂、英商祥生铁厂等各处工人罢工。七日,沪宁杭甬铁路总机厂、英商别发印书房、兴发荣机器造船厂、信通织布厂、闸北手工业等工人罢工。八日,日商内外棉各厂(除前述之第三、四、五厂外,还有七、八、九厂)、同济学校工厂、华界自来水厂等处工人罢工。九日,英商耶松公司老船坞、瑞熔机器造船厂、江南船坞、各轮船公司、日商纱厂码头、叉袋角日本纱厂、上海电器公司、英美烟草公司及附属印刷厂、浦东美孚和亚细亚两火油栈等各处工人、水手,及全市司机、清洁工人,实行罢工。

六月十日,上海工人的罢工进入最高潮。在这一天,沪宁、沪杭铁路工人全体罢工了,轮船水手罢工扩大了(不仅水手、生火工人全体登岸,连船主雇用之管事、厨司、西崽等也纷纷离轮),各马车行的工人也罢工了。这就是说,上海市外市内、海上陆上,交通均已断绝了。同一天内,上海电话公司的接线生和工人,也参加了罢工。此外,电灯工人、卷烟工人、火柴工人、榨油工人、外商洋行的中国职工,都相继罢工。

在此期间,学界、商界继续罢课、罢市。

六月十一日,三罢仍在坚持。直到曹、章、陆等卖国贼被罢免的消息证实后,各界才胜利开市。

在上海三罢斗争中,出现有许多种传单,现略举几种如下:②

## (一) 同胞呀,快起来罢! 再不起来没有时候了!

> 京中军警拘捕学生的恶剧,诸君晓得么? 非但脚链手铐,连饭都不把他们吃。同胞呀! 你们想想看,就是做强盗,也没有这种的刑罚,何况我们国民呢? 我们的政府,既然如此对待我们做国民的,应当大家起来,共讨国贼才是,愿同胞快点起来,救国万众一心。

---

① 《申报》一九一九年六月六日。
② 北洋政府内务部档案:《徐国梁报告查获外间传单致王扬滨代电》(一九一九年六月七日)。

## （二）警　　告

北政府,目无国民,倒行逆施,酿成众怒。我同胞,惟有停止赋税,各出捐款,以助南军。或自结团体,诛戮国贼,协力对外。生死存亡,在此一举,四万万人,勿再自馁。

无党派公民泣血警告

## （三）劝告吾最亲爱之军人警察

吾最亲爱之军人警察,皆是吾中华民国的好百姓,何苦去帮助日本,反来摧残吾中华民国之爱国学生。况军警两界大半出身山东,祖宗血地被入侵占,良心上应有何种痛苦。尚望急起挽救,与学生商民取一致行动,万勿借口长官命令,忘却国民义务,虐待爱国学生。

上海绅商学界忠告

## （四）

顷阅县商会通告,不胜痛感今日之会,乃众商之公意,会长之召集。今被勒令停止,试思商民不能于商会开会,于何处开会？抑尚有何日开会？况集会自由,载在民国约法,何能以武力压迫停止？民权至此剥削尽矣。呜呼！北京政府,以日本待朝鲜之法待学生;乃上海官厅,以政府待学生之法待商民。北京学生全体罢课,上海商民应有如何感想！

上海商民泣告

# 二、学生走在运动的先头

从上海三罢斗争的全过程来看,可以清楚地说明:上海学生出现在爱国运动的先头,而商人的罢市则是由上海学生和京、津各地的学生代表联合发动起来的。有的报纸还作了这样详细的描述:"学界之热心爱国者,于前日即本月四日星夜分队向城内外并租界等处大小各商号内,跪地泣求商界一律罢市,营救学生。一面又到处分发传单及当众演说,至晚间钟鸣十一下时,各学生尚未走散,仍在大小东门、中华路一带当众演说。"[1]

从五日罢市的第一天开始,各校学生即在街头进行宣传讲演和维持罢市秩序。当日虽遭反动军警捕去一百三十二人,但"学生神色不变,慨然随行。未被捕者仍继续演讲,舌敝唇焦,不畏强暴,爱国热忱,令人起敬"。[2]

不仅大中学生坚持斗争,"自晨至晚奔走呼号",即全市小学生于罢课后,亦在教员的率领下,手执"誓杀国贼,唤醒国魂"的旗帜举行示威游行,而且同反动军警展开了英勇的搏斗。

六月九日,反动的上海护军使下令强迫开市,军警大批出动。

当学生们闻知反动派迫令开市的消息后,深恐商界在压力下屈服,于是纷纷集队出动,动员商界坚持罢市,并表示为了坚持此举,不畏军警的任何迫害,而且行动必须一致。例如复旦的学生在出动前,共同集议说:"吾人此去,无人不抱一必死之心;吾人尤须注意者,即宁可死,不可作无秩序之举动。兵警设有以刀枪伤吾同学者,诸君请勿顾视,仍缓步前进,当另由校役抬送医院。同学中有一人被捕者,当全体肃然随之。捕者为警察,全体即入警厅;捕者为兵士,全体即入护军使署。既抵该所,有所诘问,当取同一之回答,其答语即'国贼未除,不容不毅力坚持'。"[3]

学生们不仅这样讲了,而且也确实这样做了。六月九日这一天,学生又被捕一百多人。当时报载:"华、租界顷刻捕获学生有一百余人之多,均押送护军使署。一时学生闻此警耗,悲愤欲狂,皆愿与被捕学生同受谴责,即相率自投护军使署请罪,其数约有二千余人,皆徒步而往。"[4]

---

[1] 《时事新报》一九一九年六月六日。
[2] 《新闻报》一九一九年六月六日。
[3] 《民国日报》一九一九年六月十日。
[4] 《新闻报》一九一九年六月十日。

学生的动员和督促,是商界罢市能够坚持的一个重要因素。有的商店在军警胁迫下已经开门了,而在学生的动员和督促下,又再次关门。有的店主对学生们说:"吾等自有良心,君等于此酷日之下,步行数十里,大声疾呼,不避危险,吾等亦何忍坐视?"①

综上所述,可以看出,上海学生和北京及其他地区的学生一样,确实是"起了某种先锋队的作用"。②

上海是个经济,文化比较发达,交通比较便利和消息比较灵通的城市。因此,这里的知识分子也较早地接受了新思潮的影响。

十月革命的第三天,上海《民国日报》等便报道了克伦斯基政府被推翻的消息,此后各大报纸都连续报道了十月革命和世界各国革命高涨的消息。一九一八年和一九一九年上半年,谈论社会主义学说的报刊一天天增多,《新青年》《每周评论》也能够及时地送到上海读者手中。所有这些,对上海的青年知识分子都产生了强烈的影响。

上海学联所写的《学生联合会日刊》发刊辞中说:"自从北京有了五四运动以后,中国的前途就放了一线光明,学生界渐渐看清了他的地位,明白了他的责任,知道中华民国是国民公有的,不是一二人所私有的。"又说:"中国的报纸,往往没有一定的宗旨,今年拥护官僚,明年可以赞成民党;昨天讲大权政治,今天可以主张社会主义,使得人不晓得他究竟是官僚,还是民党;是普鲁士主义的拥护人,述是马克思的私淑弟子。学生联合会的日刊,却自始至终有一贯的主张,决不让今日之我与过去之我挑战。"③

在这里,发刊词并没有标明它"一贯的主张"是什么。但从它把"官僚""大权政治""普鲁士主义"和"民党""社会主义""马克思"对立起来而论这一点来看,很显然它倾向的不是前者,而是后者。

---

① 《民国日报》一九一九年六月十日。
② 《青年运动的方向》,《毛泽东选集》第二卷,人民出版社一九九一年版,第五六五页。
③ 《民国日报》一九一九年六月五日。

## 三、资产阶级的两面性

中国资产阶级有买办资产阶级和民族资产阶级之分。

上海全市性的资产阶级团体有上海总商会和上海商业公团联合会之分。前者为买办资产阶级所控制,后者主要反映民族资产阶级的利益和要求。①

北京的五四运动爆发后,商业公团联合会很快投入运动,特别是对抵制日货、提倡国货方面有着积极的表现;而总商会则反映着帝国主义利益,对运动一直起着破坏作用。

五月九日,上海总商会发出臭名昭著的佳电,对爱国运动进行歪曲、诋毁,说什么"凡我国民深知国步维艰,当静以处事"。并主张:"遴派资格声望足以胜任大使者,任命日使,克日起程前往,坚持欧战平定交还清国一语,径与日廷磋商交还手续";"应将此项议案提出大会,由中国派员与日本直接交涉。"②

中日直接交涉,这正是日本帝国主义所希望的;而民国成立已届八载,电文中仍称"交还清国",更属荒唐至极。因此,这一电文发表后,受到各界人民的严厉斥责。

在反对总商会佳电的斗争中,商业公团联合会采取了严正的态度,它认为佳电所提出之主张,"是我全国人民所誓死坚拒而日本所求之不得

---

① 除上海总商会和上海商业公团联合会外,在"六三"以后,由于学生的发动和组织,还成立了一个马路联合会。许德珩在一篇回忆中说:"上海有个马路联合会,那是学联搞起来的……"罗家伦在一九二〇年五月发表的《一年来我们学生运动的成功失败和将来应取的方针》一文中说:"马路联合会是由本街本路的商人联络拢来的。而各马路联络会的制度,尤见灵活,尤易实行。比如上海有商店的马路共五十二条,每条马路的商人联合拢来,就成了五十二个马路联合会,再成立了一个总会。现在不能不推为上海商界最有实力的机关。"《新潮》第二卷,第四号,第八四九页。

② 《民国日报》一九一九年五月十日。

者",因此,它声明:"上海总商会佳电,主张青岛与日本直接交涉,本公团极端否认,……"①

在全国舆论的指责下,总商会理屈词穷,其会长朱葆三不得不提出辞职,其副会长沈联芳亦避往浙江。

上海著名买办虞洽卿,当时是总商会的议董,也是商业公团联合会的干事。在朱葆三、沈联芳辞职后,虞洽卿主持总商会的议董会议,竟领衔挽留朱、沈,并为其罪责辩护。虞洽卿是一个媚外老手,声名狼藉已久。"早在一九〇五年为了英国副领事韦德门在会审公廨诬指黎黄氏贩卖人口而酿成的大闹公堂案,引起当时公共租界商店的罢市,虞洽卿就跟了当时的上海道袁树勋,挨户向各商店劝导开市,甚至打躬作揖,企图获得帝国主义者的青睐,充当工部局的中国董事。可是他尽管很卖力,仍然没有达到目的,只由工部局总董恩纳生送了他一只金表,说:'租界闹事,承我公大力维持,得以转危为安。'虞洽卿后来对人家谈起这件事,还引以为荣。"②虞洽卿既然是这样一个人,现在又领衔挽留朱、沈并为他们的罪责辩护,当然受到商界同人的严正指责。经过反对总商会和虞洽卿等的斗争,有力地促进了民族资产阶级的爱国积极性。

三罢斗争的实现,对民族资产阶级来说,是一件了不起的大事,因为这在中国历史上是空前的。

在三罢斗争中,民族资产阶级,特别是一些中小店主,有着许多良好的表现。

他们同外国侵略者进行过斗争。例如,罢市实现后,租界工部局进行破坏,连日贴出这样的布告:"不可再有排外及强迫煽惑等性质之旗帜与招贴,违者罚办。"工部局还派出大批包探、马巡,并借用电车公司修接电线之汽车,纷纷出动,强迫除去商家之旗帜和招贴。但是,帝国主义分子并没有达到目的,有些商家载有"抵制日货""坚持雪耻"等字样的旗帜虽然被暂时除去,但"所除去之一切其他招贴,除者自除,贴者自贴","西人

---

① 《时事新报》一九一九年五月十一日。
② 严谔声:《五四运动中上海商界的一些动态》,上海《文史资料选辑》一九七九年第五辑,第三六页。

既去,门又已紧闭"。有的商店在外国巡捕去后,立即贴出反抗的标语,上书:"爱国自由,不受干涉";"你会撕,我会贴";"我心已决,越扯越贴";"你扯我贴,越扯越多。"①

他们也同封建军阀进行过斗争。例如,罢市实现后,反动军阀即强迫开市,并派出大批军警勒令实行。但是,反动军阀的这些措施也没有达到目的。试看六月七日的报载:"城内今晨有武装军士约八百人赴西门强迫商家开市,各商语以我等死生与学生共之,军队与刀枪威胁无效。"②

六月七日下午,上海各界联合会开会,商、学两界旁听者近两千人。当在会的群众得知上海反动的军、政、警等官僚拟勾结买办散发传单"劝告"商家开市时,情绪十分愤激,纷纷发表斥责的演说,许多在场的商家大呼:"吾等罢市三日,学校罢课多时,政府对于国民所一致要求之惩办卖国贼,置若罔闻。今日欲以空言希望开市、上课,试问吾人牺牲财产,学生不顾生命,究为何来?于国何补?……开市、上课只须目的达到,今日政府下令将卖国贼曹、章、陆、徐诸人先交法庭惩办,吾等明日即开市、上课矣。何用他人干涉!"③

六月九日,上海"道尹、警察厅长……亦秉承护军使钧旨,驾乘汽车,亲至南市里街、大小东门一带挨户押令开市,有不遵者,即由所随军警代为将门取下,并在该地徘徊片刻,监视其营业。然有人入店买物,商人皆以无货可卖对,虽开仍与不开无异。迨军警去,则一律重复将门闭矣"。④

以上种种,都说明了民族资产阶级在三罢斗争中表现了一定的积极性。

但是,当我们评价这种积极性时,还必须估计到以下几种情况。

第一,他们的罢市带有被迫性,是在一定的压力下实现的。学生的要求和监督,是他们的外部压力;店员的要求和监督,是他们的内部压力。关于学生情况,已如上述。关于店员情况,试看下述各例。

---

① 《新闻报》一九一九年六月七日。
② 《时事新报》一九一九年六月七日。
③ 《时事新报》一九一九年六月八日。
④ 《新闻报》一九一九年六月十日。

六月七日,虞洽卿在淞沪护军使召开的一次阻止三罢斗争的会议上说:"此次罢市,店东均不愿意,由各伙友怜惜学生之一念耳,事如有转圜地步,无有不从命也。"①这一段话,除抹杀了中小商人的积极性外,所谈店员情况是符合当时实情的。事实上,参加这次会议的另一个成员也曾指出:"铺主经理不赞成,而多数之店伙学生为义愤所激,促成此举。"②

店员是商界爱国运动的骨干。还在三罢以前,店员即积极投入运动。例如:"南市等处街道路口,概高揭白色竹布横联,……此种白竹布横联或旗帜,皆由商界行号伙友学徒,从每日点心、月规等费,积省钱文,赡买书悬,以尽热心爱国之本志。"③

罢市开始后,店员积极坚持。他们和帝国主义、封建军阀进行了英勇的斗争,并对勒令开市的反动军警进行怒斥,虽被拘捕,"而被拘者均欣然自至捕房,并不畏惧,……"④

店员们还向软弱、动摇的资本家们进行了坚决的斗争。例如,先施、永安百货公司资方和帝国主义分子相勾结,本拟于六月七日复市,结果,"由于两公司只有不到百分之三十的职工回来供职",而复市不成。又如,"某某等号经理,迫令伙友开排门数扇,照常营业,稍补损失。各伙以情愿在闭市期内扣除薪水、贴除伙食等词答复。该经理后令学徒将门紧闭,向外一笑而去"。⑤ 再如,某店店员曾破指血书"学生一日不放,本店一日不开"十二个大字,贴于门前,表示坚持罢市的决心。

没有这些坚决而积极的广大店员,商界罢市的坚持,是不可想象的。

第二,民族资产阶级虽然参加了反帝国主义和反封建军阀的斗争,但是这种斗争是很不彻底的。在罢市实现后,他们极力强调运动只是"对内"而非"对外",他们也同意买办分子的"先与捕房接洽"和"请万国商团……出而维持秩序"的反动主张,他们说:"只望同胞能守秩序,绝无暴动,自然

---

① 《申报》一九一九年六月八日。
② 《新闻报》一九一九年六月八日。
③ 《时事新报》一九一九年五月二十八日。
④ 《新闻报》一九一九年六月八日。
⑤ 《新闻报》一九一九年六月九日。

不怕非法干涉云。"①他们还向"各友邦"正式发表宣言说:"此次举动纯系爱国热诚,对内有所要求,秩序井然,并无丝毫暴动行为。凡我旅华各友邦诸君,与我商界平日感情素洽,惟希主持公道,弗生误会,是为至幸。"②

民族资产阶级有着依靠英美各国来反对日本的幻想,他们在向巴黎和会呼吁的电文中,即说:"请求我亲爱友邦主张人道公义,勿使日本肆其野心。"因此他们怕运动涉及了英美"各友邦",也怕"友邦"误会,因此他们再三再四地进行解释,百般设法地限制运动的范围。

其实,对于日本帝国主义,他们也是有所畏惧的。在六月七日的会议上,反动军阀上海护军使要求不要使用"抵制日货"字样,商业公团的代表也就顺从地说:"至于抵制日货字面不妥,有关条约,吾人此后当依从军使之谕,改用提倡国货等字样。"③

对于军阀政府,他们并不敢于彻底反对。他们承认自己一贯的态度是软弱的。说:"商界对于政府,敢怒而不敢言。"而这次被迫参加了反卖国贼的活动,他们又认为应该"派代表赴北京,为最后之请愿,而我辈以镇定工夫、和平手段为保中华民国坚持到底可耳"。④

"镇定工夫""和平手段",民族资产阶级就是这样一种比较软弱的态度。

在运动中,还有一种借机发国难财的奸商,如有的曾贩运日货而把日货冒充国货来出售。除奸商外,就是一般的工商业者,也绞尽脑汁,想方设法,使自己的利润不受影响。例如:"那时,有一种'威古龙丸'(记不起是那家药房的出品)就大登广告来'敬告热血男儿'说什么血不热则志不奋,血不足则热不能久,能爱国者须求热血之充分,则热血者须求补血之妙药。威古龙丸补血之第一灵丹也,爱国志士,盍一试之。"⑤要靠灵丹妙

---

① 《申报》一九一九年六月六日。
② 《申报》一九一九年六月七日。
③ 《新闻报》一九一九年六月八日。
④ 《申报》一九一九年六月六日。
⑤ 严谔声:《五四运动中上海商界的一些动态》,上海《文史资料选辑》,一九七九年第五辑。

药来维持斗争的持久,这实在是对爱国志士的侮辱。在这里所反映的已不是资产阶级的软弱性,而是赤裸裸的投机性了。

第三,民族资产阶级虽然同意罢市了,但是他们坚决反对罢工。他们不断地说什么"工界如是罢市,危险万状","罢工如果实现,实非常危险",等等。

因此,资本家极力阻止罢工。六月七日,纺织业资本家穆藕初在卢永祥召集的会议上说:"查上海人民号称百万,而劳动工人居百分之十二(案:实际不止此数),纱厂工人占最多数,一闻商界罢市,各工人亦有罢工之议。湘玥以工界罢工最为危险,遂邀各纱厂开紧急会议,竭力遏止,……"①

但是,工人们并没有遵从资本家的意旨,而是陆续实现了全市性的大罢工。这是很使资本家恼火的。在一些资本家看来,由日资开办的一些工厂实行罢工,还情有可原;由中国人开办的工厂则绝不应罢工。他们甚至提出"工战"(意思是说用加紧生产、发展工业的办法来抵制帝国主义)的口号,对工人们进行欺骗,企图把工人们的热情引导到增加生产,以便利他们赚取更多的利润。

当然,资本家的这些如意算盘,并没有能够实现。

第四,资产阶级在罢市后不久,即随时准备开市。因为旷日持久,对他们的利润剥削究竟是有影响的。有一个商人在事后曾经说:"我们前次罢市真不值得,罢了七天,损失了两千多万,仅仅罢免了曹、陆、章。"②因此,在罢市期间,商店开市者,时有所闻;偷卖日货和进行投机倒把者,更不是个别现象。六月九日,反动政府及总商会"劝导"开市,"各银行、各钱庄经理,均已首肯",一部分商店代表也主张"早日开市"。但是由于店员、职员、学生和广大中小工商业者的坚持,这项阴谋仍然未能实现。

综上所述,可以清楚地看出:民族资产阶级在三罢斗争中既有积极的一面,也有消极的一面。毛泽东说:"一方面——参加革命的可能性,又

---

① 《新闻报》一九一九年六月八日。
② 罗家伦:《一年来我们学生运动底成功失败和将来应取的方针》,《新潮》第二卷,第四号,第八四九页。

一方面——对革命敌人的妥协性,这就是中国资产阶级'一身而二任焉'的两面性。"①这种两面性,在三罢斗争中,是表现得十分清楚的。

民族资产阶级既然是这样矛盾的两面性格,很显然,它既不能担任中国革命的领导责任,也不是中国革命中的主力军。

## 四、工人阶级的决定作用

上海工人阶级在三罢斗争中的罢工人数,尚无精确的统计,邓中夏在《中国职工运动简史》一书中估计,"大概有六七万人"。根据上海工人约有五十万之众(产业工人二十万),及三罢的全市性规模来看,"六七万人"怕只是就产业工人而讲,如果把手工业工人、市政工人和店员计算在内,实际人数当会大大超过"六七万人"。

由于工人阶级身受三重压迫和集中的特点,他们在运动中表现得特别英勇和顽强,和资产阶级具有迥然不同的态度,所起的作用也是学生不能相比的。

第一,工人们在罢工斗争中,表现了高度的自觉的爱国主义精神。

还在"六三"以前,工人们即积极地自动地投入到爱国运动中。特别是在抵制日货运动中,工人们有着杰出的表现。例如,"某印刷所工人宣言,不愿以日本纸加之机器,如主任有所强迫,宁全体罢工"。②再如,浦东沿浦一带码头工人,"全体一致表决,凡遇日本船只抵埠,不为起货;并分发传单,劝导各码头劳动界切实进行。各码头继续实行者日多,……"③又如,虹口吴淞路一带,"黄包车夫,齐结团体。凡遇某国人雇坐车辆,概不拖拉,以表爱国热忱一致之意"。连资产阶级的报纸对这种现

---

① 《新民主主义论》,《毛泽东选集》第二卷,人民出版社一九九一年版,第六七四页。
② 《民国日报》一九一九年五月二十八日。
③ 《民国日报》一九一九年五月二十七日。

象也不得不称道说:"此等苦力穷民,亦知大义,殊属可敬。"①

六月四日,学生们动员罢市的时候,他们并没有动员工人罢工,更没有像向商店主那样的"沿街跪求"。六月五日的上海各界联合会议,实际上并没有工人代表也没有什么工界代表参加。甚至有些部门的工人,如电车工人、电话局接线生、外国人的佣工等开始罢工的时候,一些学生代表还曾经进行过劝阻。

因此,工人们的罢工是自己搞起来的,"从事鼓动的人并不是学生,而是出现于工人之中"。② 许多工人在罢工时,都一再声明行动出于自愿,他们说:"我们都是穷人,但我们绝对不要我们的国家变成朝鲜第二,那里的一片景象是惨不忍睹的。我们当前所进行的运动,乃是世界史上一件最为惊人的运动。这是一个全民的运动,不是任何武力所能压制得了的。"③

关于工人罢工出于自动,从许多老工人的回忆中也可以得到证实。例如朱宝庭在回忆当时海员罢工的情况时说:"这次海员参加五四运动,是中国海员工人的第一次罢工,罢工海船达数十只,工人有五千余,罢工时间四昼夜。在罢工过程中,虽组织较差,然工友的情绪高涨,精神不屈,始终出于自动自愿,实开中国海员运动的光明新纪元。"④

工人们罢工后,展开各种爱国活动,发文告,散传单,举行声势浩大的游行示威。他们在罢工期间,不但得不到工资,而且为了推动运动的发展,捐献出自己的血汗钱。例如,求新机器厂,"前日(六日)午后,诸工人游行街市,表示热忱。且见街上悬挂白旗横额,风雨飘摇,易于损坏,未能垂诸久远,爰特捐集巨资,在机厂街口建造铁木牌楼一座,高六丈,宽五丈,上题四大字曰'毋忘国耻',每字三尺,……"⑤

第二,工人们于罢工斗争中在一定程度上打破了行会帮口观念,实行同盟性罢工。

---

① 《时报》一九一九年五月十五日。
② 《字林西报》一九一九年六月十一日。
③ 《字林西报》一九一九年六月十一日。
④ 《五四运动回忆录》,中华书局一九五九年版,第一一四页。
⑤ 《申报》一九一九年六月八日。

由于中国封建社会的长期性,小农业与家庭手工相结合的自然经济形态的长期存在,因而在中国手工业者中普遍存在着和长期保留着行会、帮口的封建性组织。外国资本主义的侵入,开始分解了中国的自然经济,大量的破产农民和手工业者流入城市。很自然的,一些行会、帮口的组织形式被带到早期的工人队伍和工人运动中来。直到五四运动,工人队伍中仍然受着这种组织形式的严重影响,例如上海工人中便有安徽帮、宁波帮、湖北帮,等等。

行会、帮口不但不是阶级的组织,反而,它被业主和反动派利用来对工人阶级进行分化和破坏。被这种封建组织所灌输的非阶级意识和狭隘的地域观念,极不利于工人阶级的统一行动和统一斗争。

但是,在上海工人的"六三"以后的大罢工中,这种行会、帮口的狭隘观念被空前地突破了。工人们纷纷联合起来,为着统一的斗争目标,举行同盟罢工。

工人们在罢工前即打破了帮口观念,纷纷聚议,同盟罢工。例如,"南市华商电车公司卖票、开车人等前日(五日)在西门某茶馆集议罢工后,昨日(六日)遂将各路电车一律停开,……"[1]再如,"英美香烟厂内有数部分男女工亦于昨日(六日)午后在厂门首聚议,拟同盟罢工,……其他如日商华章造纸厂、日华纱厂等各工人,并沿浦各码头苦力工人正在纷纷集议"。[2] 又如,上海"水木工人有本帮、宁绍帮、苏帮之分。此次风潮发生之后,该工人等激于义愤,久欲与学商两界一致行动,经该业董等极力抚慰,暂且有待。至昨日(十日)起,该董等无法劝阻,遂一律罢工"。[3]

工人们在罢工斗争中,还打破了行业、地区观念。行业和行业之间,地区和地区之间,互相联系,实行联合罢工。例如,上海耶松公司老船坞和瑞熔机器造船厂一千工人罢工后,举行大会,"曾决议劝告工部局电灯厂工人和他们采取一致行动"。[4] 再如,慎昌洋行的电器工人在罢工以

---

[1] 《申报》一九一九年六月七日。
[2] 《申报》一九一九年六月七日。
[3] 《新闻报》一九一九年六月十一日。
[4] 《字林西报》一九一九年六月十日。

后,还去礼查饭店,和那里的电器工人商讨,希望他们也实行罢工。① 又如,沪宁和沪杭甬两路工人的罢工,"系由沪宁铁路机厂各工人发起,在吴淞厂内提议,全体签名赞成,然后知照上海、南京与闸口机厂,征求同意,即经该两厂工人一致签名赞成,始于八号发表意见"。②

工人们在罢工后,还有着统一领导的要求。例如,码头工人们,希望"与工人的领袖在上海举行一次联席会议"。③

第三,工人们在罢工斗争中表现了反对帝国主义、反对封建军阀的坚决性和彻底性。

工人们的罢工受到日本帝国主义者的阻挠和破坏。工人们对日本侵略者进行了坚决的斗争。例如,日商纱厂的一万五千工人曾以革命的暴力对付反革命的暴力,打破日本资本家的生产秩序,突破租界巡捕的干涉,"将牢固加锁之门户破坏",形成声势浩大的大罢工。再如,日本资本家开办的兴发荣机器造船厂工人在决定罢工后,并表示:"自后誓不入某国人工厂作工。"④

工人们的斗争还受到英美等帝国主义的阻挠和破坏。当这些西方侵略者开办的工厂内发生罢工时,他们"竭力劝留""一再劝谕""再三挽劝",并"谕令工头四出劝导"。但这些卑鄙的企图,在工人们的坚决斗争下,皆成泡影。当帝国主义分子在市上进行破坏活动时,也受到了工人们的有力回击,试看这样一条记载:"昨日(七日)下午五时许,有西捕借乘电车公司修理电线之有梯汽车,雇中国苦力在虹口收取各家所悬表示布旗,为一般劳动界将该汽车毁坏。"⑤六月十日,沪东工人计划举行万人大示威,并表示"不管租界当局怎样看法,他们一定要行经租界"。帝国主义的武装警察、万国商团等,虽然"携带机关枪迅速地准时到达肇事地

---

① 《时报》一九一九年六月十日。
② 《时报》一九一九年六月十日。
③ 《大陆报》一九一九年六月六日。
④ 《新闻报》一九一九年六月九日。
⑤ 《新闻报》一九一九年六月八日。

点",但是,"游行的人仍然化整为零,分头游行,……"①

对于封建军阀政府,工人们也表现了誓不两立的态度。他们要求"格政府之心,救灭亡之祸";②对于卖国贼,不仅要求"斥退",而且要求"永不起用"。③

第四,工人们向资产阶级的妥协性进行了坚决的斗争。

商界的罢市是经过学生和店员对店主的内外压力而实现的。工界的罢工也是经过工人们和资本家的坚决斗争而实现的。例如,钢铁机业万余工人,在六月八日开会,"群情愤激,主张罢工,众心坚决,不可遏止"。资本家们企图"设法开导",阻止这一罢工,并提出"静候三日",进行欺骗。但是,工人们并没有接受这一"开导",也没有"静候三日",而是在次日(九日)立即实现了罢工。

对于买办资本家破坏罢工的企图,工人们更是坚决地进行了斗争。六月十日,海员工人和各轮船公司买办在四明公所开会,讨论停驶问题,三北公司的买办虞洽卿,认为"航务紧要,令已装货者照常开出"。虞的话尚未说完,即遭到群众的怒斥:"谁人说开驶者?打,打!"结果,"经各买办竭力劝慰,暗令虞君从后门而出(长衫已扯坏),场内始行肃静"。④最后,在海员工人的坚持斗争下,不得不做出"一律停开"的决定。

六月九日,上海总商会发出通告,要求各商店于十日开市。这一破坏活动,受到工人们的严厉斥责。工人们在六月十日指出:"乃近闻北京派来奸细,运动开市,假令成为事实,置我工界于不顾。工界同人现已公同决议,即令商界答应开市,工界同胞决不因此终止,誓当再接再厉,继续罢工。"⑤

当资本家对阻止罢工无能为力的时候,还企图通过学生来影响工人。例如,沪宁铁路工人大罢工的时候,路局的资本家便和学生联合会联系,请求协助,结果,"学联派来代表面晤工人",学联代表虽然秉承资本家的

① 《字林西报》一九一九年六月十一日。
② 《新闻报》一九一九年六月七日。
③ 《新闻报》一九一九年六月十二日。
④ 《时报》一九一九年六月十一日。
⑤ 《时报》一九一九年六月十一日。

意旨,"善于辞令",但却遭到工人们的抗议,一个工人向学联代表严厉斥责道:"诸位学生是爱国的,你们想一想,难道我们工人就不是爱国的吗?诸位学生宣告罢课已经这么久,你们现在还要求我们推迟我们罢工的日期吗?"①

第五,工人阶级独立地登上了政治舞台,并且在运动中起了决定性的作用。

从以上所述,可以清楚地看出,工人阶级的罢工斗争,既不是资产阶级的指使,也不是学生们的请求,而是自己独立地发动起来的。一个运动的目睹者曾经比较公正地指出:"对于工人来说,这些年轻的学生,不论要他们来发动一次罢工,或是把罢工的举动停止下来,他们的影响总不会过大的。这些工人一般都具有他们自己单纯而强烈的意见,很难用劝告、威胁或其他方法,使其改变过来的。"②

关于工人阶级在运动中的作用。淞沪护军使卢永祥和沪海道尹沈宝昌在六月八日给北京政府的急电中,曾惊恐地说:"此次沪上风潮始由学生罢课,继由商人罢市,近且将有劳动工人同盟罢工。……星星之火,可以燎原,失此不图,将成大乱,……上海为东南第一商埠,全国视线所及,内地商埠无不视上海为转移。"③全国视线以上海为转移,这一点,反动派并没有讲错,正是上海三罢斗争的实现推动了全国许多地区三罢的实现,特别是上海的工人斗争影响到全国许多地区工人斗争的开展,以至处在北京附近的天津,也有几十万劳动者在酝酿罢工。这些事实迫使北京政府感到了统治的极不稳定,因此才不得不对人民做出让步,罢免了曹、章、陆等卖国贼。

对于工人阶级在运动中的作用,学生们在开始时是认识不清的,以致他们对某些工人的罢工还进行"劝阻"。但是,随着运动的开展,事实教育了他们,使他们愈来愈感到工人阶级在运动中的伟大作用。当六月十二日上海人民宣告胜利开市时,学生们不得不打出了"感谢工界"的旗

---

① 《字林西报》一九一九年六月十二日。
② 《字林西报》一九一九年六月十二日。
③ 《新闻报》一九一九年六月十日。

帜,上海学联在告同胞书中也不得不承认:"学生罢课半月,政府不惟不理,且对待日益严厉。乃商界罢市不及一日,而北京被捕之学生释;工界罢工不及五日,而曹、章、陆去。"①

工人阶级在上海三罢斗争中以独立的姿态登上政治舞台,并在运动中起了决定性的作用。但是,也必须指出,这时在工人中仍然没有马克思主义的统一组织,当时出现的一些所谓工界团体,如中华工业协会、②中华工会、③中华工党、④中华工界联合会、⑤等等,仍然是属于资产阶级性质的,它们在工人中并没有什么大的影响。

当然,这种状况是不会继续很久的。中国工人运动的发展,马克思主义在中国的传播,迫切地要求两者结合起来,中国工人阶级的统一的马克思主义组织,会很快出现的。

## 五、中外反动派对运动的破坏

五四运动发展到"六三"以后,使一切中外反动派深为惊恐,而当他

---

① 《民国日报》一九一九年六月十三日。

② 中华工业协会成立于一九一九年二月,是由一些国民党人组织的,理事长冯自由,代理理事长曹亚伯。五四运动后,该会主张提倡国货,抵制日货,但反对采取"武力"。"六三"大罢工后,它一再强调"万勿暴动"。其对外政策,倾向英美。

③ 中华工会在"五四"前即筹备发起,五月下旬,集工界各业代表数十人开筹备会;六月底开第二次大会,通过章程,并发表宣言。发起人主要是旅法归国华工代表陈国梁和湖南省议员陈家鼐等。该会成立后,前者任总务科长,后者任会长。该会宗旨标榜为:联络工界感情、谋工人福利、发展工业、振兴国货等。

④ 中华工党最早成立于一九一二年,一九一六、一九一七年再度出现。一九一六年十一月九日出版的《民国日报》载有其总部宣言。《民国日报》还接连刊载了中华工党章程(十一月十日),工党支部规约(十一月十三日)及工党各项活动消息,均可看出其资产阶级性质。"五四"以后,中华工党曾发布传单,一般地参加了运动。"六三"以后,该党的职员曾和一部分工人代表发表宣言,提出比较激烈的主张,倾向于无政府工团主义。

⑤ 中华工界联合会成立较晚,正式发起在一九一九年七月下旬,目的是想组织所谓"工人的公共团体",但在拟定的章程中却要求工人"绝对戒绝一切政治上的行动",而只进行联络感情、增进知识、改善生活等活动。

们把这一运动和世界革命潮流、布尔什维主义的宣传联系在一起考虑的时候,就更加坐卧不安。日本侵略者向北洋政府警告说:"过激派利用时机,施其毒计,……前次朝鲜暴动,亦系彼等暗中嗾使。中国秩序未固,益以学生正在蛮动,实为过激派肆毒之良好机会。现上海该派本有强固机关与民党孙洪伊等亦极接近,风潮如不早息,该派势力将播及军界,彼时中国大局必陷于无可收拾之情况。"① 上海英美公共租界工部局警务处在一九一九年六月份的报告中则说:"本年五月间发生的一个案件,揭露出一个企图在中国散播布尔什维主义思想的计划。已有的材料表明在工人阶级中间尚无任何有组织的运动在进行;但是已经发现在学生中间布尔什维主义的宣传正在散播,各校已委任了布尔什维克书籍的经销人。"

在这里,帝国主义分子对运动作了种种估计,估计不尽相同,但有一点是一致的,即:十月革命必然和已经对中国的革命运动产生了巨大的影响,如果中国革命仿照俄国的"过激派"行动起来,其危险是不堪设想的。

因此,当五四运动的中心由北京转移到上海,主力由学生变为工人以后,帝国主义者便百般设法地加紧扑灭这个运动。他们认为这个运动将是又一个"庚子之祸"。

上海三罢斗争实现后,帝国主义分子立即行动起来了,巡捕、万国商团、水兵等各种武装一起开动,"往来弹压"。驻上海的各国领事团,"将英美两国驻沪陆海军,调集分布各要道,实力巡防"。② 他们对中国人民滥肆拘捕、凶殴以至屠杀。为了扑灭运动,他们还纷纷调集和加派军舰来华,日本的军舰来了,英国的"蜜蜂"号也来了,法国的"窦碧依·窦当"号和"台斯德累"号也都来了。

帝国主义分子除了直接干涉外,还假手北洋军阀来扑灭运动。六月上旬,北京各国公使不断向北洋政府"诘问",上海各国领事也不断到交涉公署进行"交涉",他们要求中国反动派从速镇压三罢斗争。

北洋政府当然是唯命是从的。

---

① 驻日代办庄景珂一九一九年六月十一日给北洋政府报告的电文。北洋政府督办参战事务处档案(一〇一六)六〇。

② 上海《民国日报》一九一九年六月十日。

如前所述,还在五月底,北洋政府即下令各地加紧镇压爱国的人民,"其不服制止者应即依法逮办,以遏乱萌"。六月初,它再次要求各地严厉镇压运动,并特别指出要镇压工人的同盟罢工,"随事查缉,依法严惩"。①

上海三罢斗争实现后,淞沪护军使卢永祥、淞沪警察厅长徐国梁、沪海道尹沈宝昌等反动首脑,纷纷利用各种手段,对运动进行破坏。他们叫嚣"上海已发生二次义和团",对爱国的人民进行殴打、拘禁和屠杀;他们怕运动的影响扩大,加紧戒严和封锁,破坏一切爱国的宣传品,并严密查禁上海的往来邮电;他们还惧于"民情愤激",采取软硬兼施的手段,不断对人民进行欺骗;他们还勾结帝国主义者,并通过大买办从群众联合组织内部进行破坏运动。

除上海外,各地军阀也采取了类似的破坏爱国运动的反动措施。

但是,中外反动派的一切破坏活动,都对人民群众爱国运动无能为力,而一切卑鄙的镇压措施,都成了火上加油,使运动发展得更加猛烈,更为广泛。中国人民坚定的不可侮的态度,使一切中外反动派都处于非常尴尬的地位,最后,连他们的生计也成为问题了。这样,人民群众的压力就迫使他们不得不做出一定的让步。

---

① 《时报》一九一九年六月十一日。

# 第十一章

# 星 火 燎 原

——五四爱国运动在全国各地

## 一、综　　述

自五月四日北京学生运动爆发后，各地学生纷起响应，使这一运动迅速普及全国。

据不完全统计，在五月四日至六月三日期间，响应北京学生运动的地区，有：天津、保定、唐山（以上河北）、南京、苏州、松江、江都、通城、镇江、常州、太仓、无锡、南通、扬州、吴江、徐州、淮安、清江浦、常熟、宿迁、如皋、浦镇、泗阳、海州、泰州、海安、嘉定、沛县（以上江苏）、杭州、吴兴、嘉兴、绍兴、宁波、宁海、湖州、台州、乍浦（以上浙江）、福州、厦门、漳州、汀州、泉州（以上福建）、广州、肇庆、梅县（以上广东）、济南、烟台、济宁、泰安、兖州、益都、蓬莱、曹州、沂州、掖县（以上山东）、开封、彰德（以上河南）、安庆、芜湖、合肥、寿县、六安、当涂（以上安徽）、南昌、九江、临川、吉安（以上江西）、汉口、汉阳、武昌、宜昌、沙市、武穴（以上湖北）、长沙、宝庆（以上湖南）、南宁（广西）、太原（山西）、西安（陕西）、成都、重庆、绥定、叙州（以上四川）、昆明（云南）、沈阳（奉天）、长春、吉林（以上吉林）、龙江（黑龙江）、贵阳（贵州）等。

# "五四"爱国运动形势图（1919年5月-6月）

上述地区仅根据若干文字记载,当然是极不完全的,实际上远不止此数。特别是上海三罢斗争实现后,爱国斗争更加形成燎原的大火。如山东省,据调查,前后便有三十多个城市卷入到斗争中来。

运动既然如此广泛,那就不仅有广大的学生、工人、工商业者、市民的参加,而且也必然波及一些乡、镇地区的农民群众。例如在山东省的胶济铁路沿线驻扎着很多日本侵略军,沿线的农民因身受其害,有切肤之痛,就采取各种方法进行反抗,如阻止对日军粮食和蔬菜的供应等。五月二十四日,益都召开有一万多人的国民大会,除中、小学生及城关市民外,也有四乡农民参加,各界演说激昂,许多老农痛哭失声。① 再如,在卖国贼陆宗舆的家乡——海宁县峡石镇的人民曾举行国民大会,并发出通电说:"青岛问题,交涉失败,推原祸始,良由陆宗舆等秘结条约,甘心卖国所致。义情激愤,已于元日特开国民大会,到者万余人。公决以后不认陆宗舆为海宁人,以为卖国者戒。"②

运动也波及了军队士兵。如山东第五师士兵,自闻外交失败,"惊惶非常",遂派代表会议数次,议决三条:"(一)通告全国同胞,以表示军人等热忱;(二)将来国家对外,无论如何,均抱铁血为目的;(三)全师目兵誓不用日货,遇有购日货者,随时劝阻云云。"③该师一万零八十名士兵,他们在敬告全国同胞的通电中说:"窃自我国外交失败,举国愤恨。查失败之本源,皆由曹汝霖、章宗祥、陆宗舆、徐树铮等四国贼盗卖,妇孺咸知。国民皆欲得该卖国贼等,啖其肉而寝其皮。前次北京大学诸爱国学生等,击章贼之骨,焚曹贼之巢,军人等不胜欢跃钦佩。惜斯时未将该卖国贼等同时杀决,永清国祚,以快天下。惟闻沪宁各界,首倡抵制日货,旋各省亦同对响应。足见我同胞心尤未死,国尚未亡。但我辈军人,以服从为天职,虽抱有爱国热忱,未敢越轨妄动。且才学疏浅,殊少良策。惟仰各界

---

① 山东师范大学政治系刘家宾同志提供的资料;又见《申报》一九一九年六月二日报导益都大会情况:"四乡父老子弟源源而来者亦复不少。"
② 《五四爱国运动》上,第二七三页。
③ 《五四爱国运动》上,第二六三页。

诸君速筹鸿谋,挽救危局,军人等惟以铁血为诸君后盾。"①

这一通电最初载于五月二十一日的上海《新闻报》。五月二十三日,北京《益世报》将此电转载,引起反动派大为恐慌。当日,该报即被禁止发行。次日,报馆以"煽惑军队,鼓荡风潮"罪被封闭,主笔被逮捕,后判刑一年;发行、印刷二人也被判拘禁二月。

由于运动声势的浩大,也影响到统治阶级内部亲英美派和亲日派的分化,如直系军阀、时任第三师师长的吴佩孚,便和皖系军阀有着不同的态度。吴在六月九日致北京政府大总统电中说:"士为四民之首,士气即民气也。此次外交失败,学生开会力争,全国一致,不约而同。民心民气,概同想见。我政府当轴诸公,对于我大总统五月二十五日命令,不注重剀切晓谕,而趋重逮捕。窃恐操之过急,对于直言之学子,未免轻重倒颠措施,殊非我大总统维持时局之本心也。且防民之口,甚于防川。川壅而溃,其伤实多。征诸历史,不寒而栗。即如辛亥革命争路风潮,尤可为最近之殷鉴。夫天下兴亡,匹夫有责,况学生乎。古之以学生言时事者,汉则有刘陶,②宋则有陈东,③载在史册,后世传为美谈。当此外交失败之秋,顾忌者慑于威而不敢言,偏私者阿其好而不肯言。铜驼荆棘,④坐视沦胥。大好河山,任人宰割。稍有人心,谁无义愤。彼莘莘学子,激于爱国热忱,而奔走呼号,前仆后继,以草击钟,以卵投石,既非争权利热中,又非为结党要誉。其心可悯,其志可嘉,其情更可有原。……如必谓民气可抑,众口可缄,窃恐众怒难犯,专欲难成。大狱之兴,定招大乱。其祸当不止于罢学、罢市已也。"⑤

---

① 《五四爱国运动》上,第二六四页;上海《新闻报》一九一九年五月二十一日。
② 刘陶,东汉桓帝时太学生,屡上书言,批评时政。名士出身的鲠直派官僚朱穆因得罪宦官,被汉桓帝逮捕下狱。刘陶为首的太学生数千人到宫门外上书诉冤,斥责宦官"竟为虎狼,噬食小民"。后来,刘被宦官陷害而死。
③ 陈东,北宋徽宗时太学生,曾上书请诛蔡京等人。金兵迫开封,又屡次上书。钦宗罢李纲,对金求和。陈率太学生并京城居民十余万人伏阙上书,要求抵抗。高宗时,被召往南京(今商丘),又三次上书,斥主和派,请重用李纲,被帝所杀。
④ 《晋书·索靖传》:"靖有先识远量,知天下将乱,指洛阳宫门铜驼,叹曰:'会见汝在荆棘中耳!'"后因以"铜驼荆棘"形容亡国后残破的景象。
⑤ 北洋政府内务部档案,《五四爱国运动档案资料》,第三五一、三五二页。

这一篇同情学生的文字,洋洋洒洒,写得实在不错。吴佩孚为什么能采取这种态度呢?就因为这时直系军阀还没有控制中央政权,从帝国主义后台来说,他是企图从英、美方面找寻支柱的,因此直系军阀和皖系军阀等亲日派卖国贼是有矛盾的。五四爱国运动既然如此高涨,吴佩孚正好借用民气来反对他的政敌。而等到一九二〇年直皖战争以后,直系军阀控制中央政权的时候,那就又是另外一种情况和姿态了(如镇压二七大罢工时,便不讲什么民气不民气了)。

五四爱国运动燃起的火炬,不仅遍布祖国大地,而且也使海外赤子极为振奋。据不完全统计,当时在日本、法国、海参崴、南洋、北美洲、南美洲等许多有华侨的地区,都有表示,积极响应和支持五四爱国运动。

留日学生因有切肤之痛,又加消息比较灵通,因此行动较早。还在四月十一日,驻日公使章宗祥于当夜离东京返国时,即由中国留学生多人赶往车站,"大叫卖国贼,把上面写了'卖国贼''矿山铁道尽断送外人''祸国'的白旗,雪片似的向车中掷去"。[①] 五月四日,留日学生救国团分电南北两政府,称:"山东青岛系我生死,日使强争由中日解决,国命危在旦夕。乞电专使严拒签字。决裂宁勿屈,生等誓死为后盾。"又通电全国力争山东:"并望各省召集国民大会讨论办法,电告政府始终坚持。"五月七日,东京中国留学生在获悉巴黎和会中国外交失败消息后,拟开大会议商对策,但日本当局百般破坏,先是不准日本各公共场所租借会场,后又勾结中国驻日代办不准在中国使馆开会。因此,留日中国学生不得不赴各国驻日使馆递交呼吁书,要求主持公道。留学生队伍在行进途中,却被日本警察、步兵、马队冲散。学生们不屈不挠,被冲散后,再度集结,终将呼吁书分别送至各使馆,并坚持再至中国使馆开会。但行进途中,学生队伍又遭日本警察破坏。国旗被侮辱,学生被殴击。当场被击伤者有彭湃等二十九人。日警还将彭湃等三十六人捕去,施以毒打,直至八日午后六时始放出二十余人。此事传到国内,激起全中国学生及各界人民的极大愤怒,纷纷要求北京政府向日本政府提出严重抗议,留日学生也派代表回国

---

[①] 《每周评论》一九一九年四月二十七日。

呼吁。留日学生的爱国运动和国内学生运动交融在一起,互相推进,更加激起了五四爱国运动的高涨。

除留日学生外,在南洋、欧洲、美洲各地的华侨学生及团体,也展开了各种声援五四运动的活动。五月二十七日,南洋雪兰莪二十四校华校学生在致上海华侨学生会的电中说:"誓杀曹、章及其余国贼,取消密约,提倡国货,万众一心,坚持到底。"①五月二十八日,旧金山中国国际同盟研究会在致广东军政府及上海各报馆的公电中说:"请全国一致反对日本山东问题之要求,并除卖国贼。"②

五月六日,南方的唐绍仪、朱启钤曾分别致电徐世昌、钱能训,要求释放被捕学生。在唐致徐的电文中曾有这样几句话:"欲罪人民之以武犯禁,必先惩官吏之以文卖国。执事若不能以天下之心为心,分别泾渭,严行黜陟,更于学生示威之举措置有所失当,星星之火,必且燎原。窃为此惧,不敢不告。幸熟裁之。"

这几句话,说得是不错的。北京政府一再措置失当,六月三日竟又对学生施行如此大规模的逮捕,犹如火上加油。那么,星星之火,也就必然形成燎原的大火了。

以下,我们重点介绍几个地区的情况。

## 二、山　　东

山东是义和团运动的发祥地之一,这里的人民有着英勇的反帝斗争的传统。而山东问题又是五四运动的直接导火线,因此山东人民对这次运动的反应最为敏感,响应最为积极。正如当时报纸所说:"此事因山东而起,故山东人极表感激歉疚之忱。鲁人某君曰,各地学生为鲁事入狱,

---

① 《五四爱国运动》上,第四七六页。
② 《五四爱国运动》上,第二九二页。

鲁人再不为之后援,何以为人类?"①

基于这种具体情况,因此山东的运动就呈现出以下的特点:(一)发动较早;(二)响应的地区和阶层较为广泛;(三)直接和侵略者展开面对面的斗争;(四)运动延续的时间较长。

(一)发动较早。

实际上,还在北京的"五四"爱国游行以前,山东人民即已动起来了。一九一九年四月初,山东省教育会、工会、农会、商会等联合致电出席巴黎和会的中国专使,指出:"此事关系中国存亡,务望力主取消(亡国条约),毋令千载一时之机,败坏于一二宵人之手。"②四月中旬,山东各界推派代表孔祥柯(前省议会议长)、许宗祥前往欧洲,直接向中国专使及巴黎和会请愿。"二君临行,颇抱坚决志愿,非达到废约目的不回"。③

四月二十日,山东各界十万余人在济南演武厅召开国民请愿大会,要求收回主权。大会在致巴黎的中国三专使陆(征祥)、顾(维钧)、王(正廷)的电中说:"现闻我国军阀及二三奸人阴谋卖国,示意退让,东人闻之,异常愤激。本月(四月)二十日在省城开国民大会,集众十余万,佥谓此说若行,是陷山东于没世不复之惨。若辈包藏祸心,多方掣肘,丧心病狂,万众同仇。东人死丧无日,急何能择,誓死抗争,义不反顾。"④这次国民大会后,山东人民又向北京派出了常驻的请愿代表。

五月二日,济南三千多搬运工人在北岗子举行收回青岛讲演大会,群情激愤,人力车工人赵强东在会上说:"我生在这里,长在这里,我就是这里的主人翁,我们的领土如果有一尺一寸的损失,这都是我们的奇耻。"⑤

除劳动人民外,各界群众都利用各种时机,积极展开争回主权的活

---

① 《申报》一九一九年五月八日。
② 《晨报》一九一九年四月六日。
③ 《晨报》一九一九年四月十八日。孔祥柯等二人,于四月十六日由上海乘船启程。山东是全国唯一向巴黎直接派出请愿代表的省份。
④ 《晨报》一九一九年四月二十七日。
⑤ 《中国工运史料》一九五八年第一期。

动。五月二日,鲁籍国会议员提出质问山东问题之动议,要求外交部次长作答。① 同日下午,山东两代表面晤外部陈次长,质询外交近况。② 五月三日,众议院山东议员,提出了查办卖国大吏案。同日下午,山东两代表又偕同国会山东议员及山东旅京商界、学界代表赴国务院面见总理钱能训质问山东问题。③

从以上情况看,山东人民的活动是走在北京五四爱国运动前面的。它和在日本的中国留学生的爱国活动相互辉映,成为五四爱国运动的前奏,对北京和各地的爱国学生都是有启发意义的。正如一九一九年出版的一本《五四》所说:"自四月中旬有济南国民与东京学界之两举动,其悲愤之精神早借'以太'而传遍于北京之社会。于是京、沪、鲁间皆有人络绎往来,商议此事之对付方法,大抵共同之目的不外外争青岛、内惩国贼而已。故其时北京之市民、政界、商人、学生以及少数军人皆有种种秘密之结合以策进行……"④

(二)响应的地区和阶层,较为广泛。

北京的五四爱国运动爆发后,山东人民的响应比较早,据当时运动的参加者回忆说:"五月五日早晨,济南市各学校知道北京'五四'运动的消息后,立刻响应,纷纷组织学生会,选出学生会长率领学生,集中西门大街,分赴商埠、城郊,进行讲演,抵制日货,不坐日本人霸占的胶济路火车等等。"⑤

五月七日,在济南的山东各界代表于省议会召开了国耻纪念大会。(关于这次会议参加人数,各种记载不一,大会通电中说到有六十多团体三万多人,《青岛潮》一书亦说:"凡赴会者多被禁阻,然到者尚三万余人。"上海《新申报》五月十一日报道:"到会者不下数万人。"但有的回忆者却说只有六七百人。据当时文字记载,回忆疑有误。)据当时的参加者

---

① 北京《益世报》一九一九年五月三日。
② 北京《益世报》《晨报》《公言报》一九一九年五月四日。
③ 北京《益世报》一九一九年五月四日。
④ 《五四爱国运动》上,第四五二——四五三页。
⑤ 张景文口述:《回忆山东学生参加五四运动的概况》,山东省《文史资料选辑》第五辑。

回忆会议中的情景时说:"会上各界人士纷纷发言,力主收回青岛及山东路矿权利等,有报界人士余吟笙者,大骂政府,并号召到会者各速回家联络市民人等,组织小刀会,……到会的绅学各界一致起立鼓掌赞成。另有张兴三破指血书'良心救国'四个大字,血书留影,迄今视之,犹可令人感奋!"①

北京学生五月十九日总罢课后,济南中等学校以上各校也从五月二十三日②起一律罢课,并经常召集会议,举行游行、散发传单、抵制日货等活动。③ 在此期间,山东的留日学生代表,在济南向学生们报告了东京发生的中国学生受辱事件,更加激起了大家的爱国热情。

济南商界罢市,开始于六月十日。"是日早,政府闻有罢市者,由城外调入陆军数百,并派警察荷枪分巡,以资弹压。劝商家照常交易,已有开门者。突有学生数十人,搥胸痛哭,沿街号呼,至芙蓉街,周行一过,商家遂轰然一齐上门。军警林立,亦熟视而无可如何。"④

济南商界罢市曾发表宣言书,要求:(一)惩办卖国贼曹陆章,并没收其财产,以偿外债;(二)拒绝青岛签字,并废除"二十一条"及高徐、顺济等密约。⑤ 此宣言发表后,各界在省议会开各界联合会,筹商维持办法。"有商界诸人(约有两万三千余),同声应云,吾等已情愿罢市,以作后盾。"⑥看来,济南商界罢市的行动,也是比较积极的。据当时运动参加者回忆:这一行动"得到了多数中小商号的欢迎和响应,尤其上海等外埠在济南所设立的分公司,如广生行、泰康食品公司等,态度更为积极"。⑦ 这

---

① 李澄之口述:《回忆五四运动在济南》,《山东省志资料》一九五九年第二期。
② 许多书籍和回忆录中,均说学生罢课在五月二十四日,这里根据山东中学全体学生致北京大总统电报,订为二十三日。电文中说:"学生皆痛心沦胥,爰于五月二十三日起,全体罢课。"见《申报》一九一九年六月三日。
③ 李澄之口述:《回忆五四运动在济南》,《山东省志资料》一九五九年第二期。
④ 《旅济随笔》(一九一九年六月十日日记),《五四运动在山东资料选辑》,第三八八页。又见北京《公言报》一九一九年六月十四日;上海《时报》一九一九年六月十二日、十五日、十六日。
⑤ 《申报》一九一九年六月十四日。
⑥ 《申报》一九一九年六月十四日。
⑦ 李澄之口述:《回忆五四运动在济南》,《山东省志资料》一九五九年第二期。

一罢市行动,延续的时间也是比较久的。"济南当局虽于十三日时复令军警强制开市,但效果寥寥,只城外商埠部分商家开市而已。到十四日时,城内银行、大钱庄已开市,然而其余商号仍然坚持着罢市的斗争。"①

除济南外,山东省内其他地区也发生了较多响应五四运动的爱国活动。有人初步统计,发生这种活动的县城有三十个左右。

除山东地区外,在外省居住的山东籍人士也很多,他们在运动中表现得也很积极。例如,在北京的山东籍劳动人民就很多,一些老北京人都了解,山东人在北京的职业有三多:掏粪工人多,推车卖水工人多,开饭馆的多(其中虽包含一部分小业主甚至资本家,但劳动者还是居多数)。这些旅居北京的山东籍劳动者,对五四运动反应特别强烈。五月十一日,他们聚集了数万人在彰仪门外旷野之处开一大会(因巡警干涉,不准在城内开会),要求山东交涉万勿签字。据当时报道说,他们的"爱国热度,较之上等社会尤为激烈"。②

关于山东人在北京的活动,《每周评论》也加以报道说:"山东人在北京的尤其活跃,所筹划的对外对内方法非常之多。各地方响应的每天数十起。"③

山东爱国运动的广泛性,还表现在广大的农民群众也投入到运动中来了。因为,既然三十多个县城都卷入运动,而胶济铁路又横贯山东,这就不能不使广大的爱国乡民有所表示。除上述的益都大会的情况外,还可以举出以下事例:

其一,当济南学生罢课、展开示威游行和抵制日货的宣传时,"北园农民也积极参加了这个伟大的爱国运动。有的农村妇女,拿出了自己的积蓄,交给学生作为爱国商行的基金"。④ 北园农民还禁阻向日人卖粮。

其二,北园数千农民积极展开了抵制日人及少数"奸民"在胶济路上非法勒索的斗争,其原委是:"日人将胶济路中间过道派人守之,有过者

---

① 李澄之口述:《回忆五四运动在济南》,《山东省志资料》一九五九年第二期。
② 《申报》一九一九年五月十六日。
③ 《每周评论》第二十一号,一九一九年五月十一日。
④ 李绪基、曹振乐:《五四在山东》,《山东省志资料》一九五九年第二期。

人纳铜元三枚,车辆纳铜元十枚,方准通过。因人不坐火车,多由黄台桥上船,故设此以为抵制。城北北园一带村民数千人,聚省署前,要求严重交涉,取消苛例,经当道极力劝谕始散。"①

其三,七月十七日,益都车站日军逮捕省立十中学生马忠怀,四乡农民极为愤怒,纷纷带着干粮涌入城内,和各界群众四五千人包围县署,进行营救。这一斗争,坚持了四天四夜,后来,终于把被捕学生营救出来,取得了胜利。②

类似以上事例,在山东民间尚流传着很多,这里就不一一列举了。

运动的广泛性,还表现在把社会上的各个阶层都卷进来了。

山东商界的罢市,和上海有着某种共同点,但也有其特点(因为日本控制的胶济路就在这里),例如:"各银行与日本银行断绝来往,各商家有日货者悉收庄不售,不由胶济路运货,以故胶济站上旅客之少为向来所未有。西关某布店因购东洋布一千七百件,为同业查出,大受诟辱。商埠某钱号因买正金银行票为众查出,几为众殴。商会会长张肇铨、宫毅及穆伯仁,因不赞成学生举动被人驱逐,将其会长取消,其他类此者不一而足。"③

运动广泛性,还表现在议员的积极态度上。例如,五月三日,众议院山东议员谢鸿涛、沙明远等提出查办卖国大吏案,说:"本员代表民意,嫉恶如仇。庆父不除,鲁难未已。用是依据约法第十九条第十项,提出兹案,请即咨请大总统速行下令,将交通总长曹汝霖、币制局总裁陆宗舆、驻日公使章宗祥等褫职,交法庭严讯办理。"④再如,对于五月四日学生被捕事件,"鲁籍议员及鲁省议会两议长等,开会决定见总统求释各生,并赴警厅向各生慰问。且于两院提案否认二十一条及顺济、高徐之约。如外交失败,或对学生失其平,则以弹劾继之"。⑤

---

① 《旅济随笔》(一九一九年七月二日日记),《五四运动在山东资料选辑》,第三九三页。
② 刘家宾同志提供的调查资料。
③ 《旅济随笔》(一九一九年五月二十九日日记),《五四运动在山东资料选辑》,第三八七页。
④ 《上海罢市救亡史》,《五四爱国运动资料》,科学出版社一九五九年版,第五五一页。
⑤ 《申报》一九一九年五月八日。

(三)直接和侵略者展开面对面的斗争。

山东,是侵略者铁蹄遍布之省,因此人民群众的爱国行动,就不能不面对着和侵略者的直接斗争。例如,济南召开五七国耻纪念大会时,便有日人数名乔装中国人企图混入会场,经查出未果。当晚九时许,日守备队荷枪在商埠沿街巡逻,并要求济南当局"警惕"。① 再如,各界展开抵制日货运动后,曾遭到日本侵略者的直接干涉。"日人因抵制日货,其领事提出抗议:中国如不能自行制止,伊将代为取缔并欲自由行动,当局闻之大恐";"闻即墨县有日本浪人数千到乡间滋扰,并由大连输入胡匪,贷给枪械。"②所有这些不仅不能阻止运动的高涨,反而更加激起人民群众的斗志。一九一九年六月初,杨家庄、刘家井、霞侣市等村爱国民众组织的"爱国十人团"曾协同学生在铁路沿线阻绝日军收购粮食,因而引起和日军士兵的直接冲突,霞侣市村民李继寿、刘砚田因援救学生而被捕并遭刑讯。北园、大杨庄、刘家井、黄台、霞侣市等各村民众,为援救李继寿等,热烈集会,并派代表到济南城内和学联共谋营救。手执红旗的千余民众,曾将日领事馆团团包围。山东省署被迫派出交涉员和日方交涉,并以"无法保证贵馆(指日领事馆)安全"相警告。在中国广大群众的压力下,日方恐激成大变,遂不得不将李继寿、刘砚田放出。③

七月一日,齐鲁大学学生王志谦在商埠纬五路调查粮食也被日人捕去,因而又引起各界民众的一场声势浩大的营救斗争,逼迫省长、道尹等出面与日领署直接交涉。经过"全体公民辛苦一夜","非见学生不散",结果使日方不得不把被捕学生从日宪兵营中放出。④

(四)运动延续的时间较长。

山东问题贯彻五四爱国运动的始终,山东人民的斗争也贯彻运动的始终。在巴黎和会拒签和约后,八月份还发生了声势浩大、影响全国的反

---

① 李澄之口述:《回忆五四运动在济南》,《山东省志资料》一九五九年第二期。
② 《旅济随笔》(一九一九年五月二十九日日记),《五四运动在山东资料选辑》,第三八七页。
③ 李继寿口述:《五四运动时爱国志士李继寿先生回忆录》,《山东省志资料》一九五九年第二期。
④ 《济南日人捕去学生交涉始末记》,上海《时报》一九一九年七月七日。

对马良暴行的斗争。十月份,有联合各省代表在京的请愿斗争。十二月份,有因济南学联被查封而引起的全市各校的罢课风潮。一九二〇年一月份,有济南全体教职员为声援被捕学生而宣布的"同盟罢工"斗争。可以说,直到一九二二年青岛和胶济路矿主权的收回,爱国斗争就始终未停止过。关于马良暴行和反对马良的斗争等情况,将在后面专述。

山东人民的爱国运动,取得了重大成果。一方面,它对北京和全国的运动是有力的声援。另一方面,它对侵略者,也是一个直接的沉重的打击。例如,由于抵制日货的展开,使日本进口货物大减,一九一九年日本轮船驶烟台达二五六只,一九二〇年降到一四〇只,而一九二一年则只有十二只。① 再如,由于日货进口大减,"青岛日本厂商所制的纱、布、火柴多转销大连等地。日本股票价格大落,经营日货的商家多数歇业,据青岛取引所发表:一年间,仅在该所失败的华商在一千万元以上"。② 又如,由于爱国群众宁肯步行,也不乘坐日本侵略者占领下的胶济路火车,爱国商人也拒绝使用火车运货,"致使日本人霸占的火车跑空有数月之久"。③

在山东的五四运动中,涌现出许多先进分子,如王烬美、邓恩铭便是其中的杰出代表。

王烬美当时在一师预科学习,被推为一师北园分校的代表,领导北园分校的同学参加运动。他曾亲赴街头讲演,揭露侵略者的强盗行为,怒斥反动派的卖国罪行。他的悲愤激昂的演说,使群众深为感动。这年夏天,他回到自己的家乡——山东省莒县北杏村(现属诸城县枳沟公社),又把革命的火种播到了偏僻的山村。他在农村组织十人团,成立反日会,反对卖国条约。他还带人守在去青岛的大路上,亲自盘查日货和阻止资敌的农畜产品进入青岛。他多次去农村集市讲演,并利用《长江歌》的旧调,填写爱国新词,教给群众演唱:

看看看,滔天大祸,飞来到身边。日本强盗,似狼贪,硬立民政

---

① 《五四运动在山东资料选集》,第二八三页。
② 张公制、邵次明、杜星北:《关于山东学生五四运动的回忆》,《山东省志资料》一九五九年第二期。
③ 张景文口述:《回忆山东学生参加五四运动的概况》,山东省《文史资料选辑》第五辑。

官,此耻不能甘。山东又要似朝鲜,嗟我祖国,攘我主权,破我好河山。

听听听,山东父老,同胞愤怒声。送我代表赴北京,质问大总统!反对卖国念一条,保护我山东。堂堂中华,炎黄裔胄,主权最神圣。①

邓恩铭是省立一中的学生,五四运动爆发后,他被选为一中学生自治会的负责人兼出版部长。五月七日,他带领一中同学参加国耻纪念大会。学生罢课后,他带领学生到商埠动员罢市,劝说抵制日货。在紧张的斗争中,他不断奔走于学联和一中自治会之间,传达、联系,进行指挥。

在斗争中,邓恩铭结识了王烬美。对王在莒县乡间的活动,邓很钦佩。

山东五四运动中的进步青年在后来(一九一九年十一月二十一日)成立了一个研究新思潮的团体——"励新学会",并出版了《励新》半月刊,王烬美和邓恩铭都是其中发起人。

王烬美、邓恩铭不久成为马克思主义者,并作为山东省的代表参加了中国共产党的第一次全国代表大会。

## 三、天　津

天津是北方最大的工商业城市,又地处京畿,位置非常重要,如山东一失,势必影响这个重要城市的安危。正如天津的一位爱国人士所言:"查青岛为山东咽喉,而山东毗连安徽、河南、江苏、直隶等省。若山东一去,而黄河以北皆随之而去。"②

覆巢之下,岂有完卵。因此,深感国亡无日的天津人民,在五四运动中表现了极大的爱国热忱,其广度和深度,都有着许多特点。

---

① 陈锡德、吕伟俊、刘培卿、李肇年:《王烬美》,《中共党史人物传》第一卷,第十一页。
② 天津《大公报》一九一九年五月十三日。

(一)成为各地爱国运动联络的枢纽。

由于天津地处京畿,而又是南北交通必经之路。因此,它很自然地形成了一个各地运动联络的枢纽。五月七日,天津中等以上各校学生代表选举临时学联时,即有北京清华学校代表到会演说,"报告北京实在情形"。① 五月九日下午,又有北京、山东各校代表五十余人到津联络。② 五月十三日,北京、天津两地学生二千余人,计划自津登车赴济,天津站"站长向学生等接洽云,车上不能容纳,须另开专车"。③

蔡元培从五月九日自京出走,也是先到天津的。在天津,蔡向北大学生发出了解释自己出走原因的信。五月十日(星期六)午后四时,天津临时学联代表前往北京联络,向北京学联干事表示此行目的:(一)追还青岛;(二)严惩卖国贼;(三)如政府惩办被捕学生,则全体自首;(四)如蔡校长不经政府明令挽留复任,则全体自行解散。④

五月中旬以后,天津学联曾多次派出代表和北京学联代表一齐南下至南京、上海等地联络,并和上海代表一起到杭州等地联络。

山东代表曾多次到天津联络。特别是后来的山东马良屠杀事件出现后,主要是天津代表和山东代表一起到北京联合进行请愿斗争的。

北京,不仅学生代表多次到津进行联络,就是工人和各界代表也曾到天津进行联络。如长辛店各界救国联合会的负责人便曾在六月九日前来天津,请求支援长辛店工人及各界的三罢斗争。由于联络结果圆满,得到天津各界的大力支持,长辛店才确定计划在六月十日实行罢工。⑤

大量事实说明,天津各界人民的爱国活动在全国五四爱国运动中是起了联络、枢纽作用的。

---

① 天津《益世报》一九一九年五月十日。
② 天津《益世报》一九一九年五月十一日。
③ 天津《益世报》一九一九年五月十四日。
④ 天津《益世报》一九一九年五月十六日。
⑤ "五四"当年长辛店救国联合会会长盛成先生的回忆:盛于一九一九年六月九日上午去天津,接受天津各界援助罢工的爱国捐款,下午回到长辛店,当地工人即酝酿罢工。(据首都博物馆梁旭毅同志访问记录材料)

## 第十一章 星火燎原

(二)运动的普及范围比较广泛、深入。

五四运动在北京爆发后,第二天即在天津各报上刊登消息和报道。天津学生闻讯,立即沸腾起来,各校纷纷致电北京大学,并集会游行,表示坚决声援。

天津学界的大、中学校,不仅行动较早,而且小学校也很快有所反映。例如,五月十三日,天津公私立男女二百一十处小学校一千零七名职员和一万六千五百一十二名小学生,便同天津县劝学所,教育会联名致北京政府电说:"青岛问题,国人共愤。就中真象,传信传疑。设非公诸国人,恐各界激于爱国热诚,易出轨范。拟请速将欧会解决此案始末,究有如何挽救之方,据实公布以告国人。杞忧迫切,谨电驰陈。"①再如,北斜村民立六十学校教员李润吾曾致天津《益世报》一函,讲到该校小学生的爱国热情和行动,也是很感人的。函中说:"敝人暇时,辄与数龄小学生讲说此次中国交涉失败之种种源起,各生闻之莫不磨拳擦掌,愤气填胸;及说至抵制日货一节,竟有数学生将所用之色盒、铅笔当时捣毁抛弃,并对众发誓以后绝不复购日货。于是全校和之,谓我辈虽系小儿,我校虽在乡僻,然能立志作去,将来全国小学皆如我校之不用日货,其影响亦不为小云。愿我天津各小学界师生均矢志不购日货,以促彼日人之觉悟,以保我大好之河山,则于国家存亡亦未必无小补。鄙人抱愚公移山之志,急不择言,望贵报有以提倡之,则国家幸甚云。"②自此以后,类似的小学生抵制日货、焚毁日货的活动,不断出现。③

天津也是工人阶级比较集中的地区。这里的工人劳动者,也较早地表现了自己的爱国热忱。请看新闻记者偶然听来的一段对话:④

时间:一九一九年五月八日。

地点:天津东马路某元宵铺。

对话者:身着短衣之苦力二人。

---

① 天津《益世报》一九一九年五月十五日。
② 天津《益世报》一九一九年五月二十日。
③ 参见天津《益世报》一九一九年五月二十二日、二十七日等记载。
④ 天津《益世报》一九一九年五月九日。

— 321 —

甲曰：老二，汝知日本强占我山东乎？

乙曰：何为不知此事，我辈决不能甘心。

甲曰：闻北京已发起抵制日货，据我看，天津亦应仿行。

乙曰：此法极好，我不买他的货，他不能强逼叫我买。

甲曰：老二，咱二人立志，谁买一个钱的日本货，不算人类。

乙立时拍掌曰：赞成，赞成。

新闻记者听了这样一段工人的对话，不觉叹息说："夫安得我中国人尽如此甲、乙之两个苦力哉！"

第二天，天津《益世报》还专门就此事发表了评论，文中说："爱国心人之所同具也，不以贫富贵贱而判等差，然以记者冷眼观察，其富贵程度越高，其爱国心亦越薄弱，而极贫极贱之人，其爱国心反极真诚、极热烈，此种现象在我国几成一种普通之公例矣。""即以昨在元宵铺内所闻甲乙之言，即可证明贩夫走卒其爱国程度实高于大人先生，而其人格之完美，亦有非大人先生所敢比拟者。吾不知何年、月、日彼一班有权有势者，乃能以贩夫走卒之心为心也，然而国家亡矣。"[1]

特别应当指出的是，不仅小学生、工人表现出极大的爱国热忱，影响所及，就是家庭妇女也有所表示。在当时天津各界印发的许多传单中，有一种题名《一得之愚》的传单，落款是："李孟氏典衣刊布"，就是说一位并不富裕的家庭妇女，依靠典当衣服换来的钱，印制的这种传单。传单的大意是：山东的青岛行将归于日本了，国家眼看就要灭亡了。我们如要像朝鲜那样，变成亡国的人，真叫人伤心落泪。怎样才能免难呢？只有"维持国货、国家发达，子孙可以享福"，传单的最后，呼吁说："最亲最爱可敬可畏之同胞乎！大难将临，以上的话都是免难的法子，千万莫忘，千万莫忘，并希见了这个传单之后阅毕就交给别人去看。"[2]

一个家庭妇女，能够"典衣刊布"这样一个爱国传单，可见运动的广泛和深入了。

---

[1] 天津《益世报》一九一九年五月九日。
[2] 天津市《周恩来同志青年时代在天津革命活动纪念馆》藏件。

（三）各界爱国组织成立较早，也较健全，对推动全国运动的发展起了很大作用。

五四爱国运动是一个自发的群众运动，但又不完全是一个自发的运动。人无头不走，鸟无头不飞。运动自有其发生的时代背景，而当运动一旦爆发，随着运动的不断发展，各种相应的群众组织也就不断出现而逐步形成领导的核心。

还在五月七日，天津中等以上各校学生代表就聚会，选举了天津学生临时联合会的职员。计选正会长一人（张鉴暄）；副会长一人（马骏）；干事六人（谌志笃等）；交际八人，文牍六人；会计二人。这虽然是个临时学联，但组织还是比较健全的（北京学联是由北大学生会代行职权的）。五月十四日，天津学生联合会又在直隶水产学校内召开了正式成立大会。选出谌志笃（高工）任正会长，马骏（南开）任副会长，并选出文书科主任、调查科主任、交际科主任、讲演科主任、会计科主任、庶务科主任等，并宣布评议员由各校推出一人担任。联合会《简章》规定："凡天津中等以上学校学生皆得为本会会员。毕业生经本会认可，得为本会特别会员。"还规定："每年于五月七日开全体大会一次。"

天津妇女界也组织起来的比较早。

北洋直隶第一女子师范学生郭隆真、邓文淑（邓颖超）等在得知北京五四运动爆发后，在五月五日即召开全校同学紧急会议，筹划如何响应，该校校友刘清扬也赶来参加。"会议决定联络中西女中、普育女中、贞淑、高等女校等校同学联合筹组'天津女界爱国同志会'。在筹备期间，就以实际行动参加了爱国的斗争。"①

五月二十五日，女界爱国同志会在江苏会馆（东马路乐善好施牌楼内私立第一小学附近）召开成立大会，公推刘清扬为会长，李毅韬（省师附小教员）为副会长，郭隆真、邓文淑等为评议委员。② 女界爱国同志会《简章》规定："本会以提倡国货并唤起女界之爱国心为宗旨。"其会员资

---

① 马惠卿：《五四运动在天津》，《五四爱国运动》上，第五五一页。
② 马惠卿：《五四运动在天津》，《五四爱国运动》上，第五五一页。

格是:"一、凡女学校之学生及教职员志愿入会者;二、凡外界赞成本会宗旨,由会员二人以上之介绍,经职员部认可者。"①

天津妇女界在五四运动中比较活跃,组织起来的也比较早,因此,在运动中涌现出来许多妇女领袖和积极分子,如刘清扬、邓颖超、郭隆真、许广平(在直隶第一师范学校主编《女师周刊》者)等,都是当时的活跃人物。

六月十八日,天津各界联合会在天津总商会内召开成立大会,到有天津绅、商、学、报各界代表六十一人。会议选出卞月庭(商会会长)为会长,马千里(学界代表、南开中学教员)、刘俊卿(报界代表)为副会长,并选出孟震侯(报界代表)为评议部主任,韩致祥(麟符)、王厚斋、聂醒吾、时子周、刘清扬、杜小琴等为干事(商界暂空),选出谌志笃(学联会长)为总务部主任,李秋岩、马仲三、李毅韬、王醉生、陈宝禾、李颂臣等为干事(商界暂空)。②卞月庭虽被推为会长,但他坚辞不就,虽"挽留数次,均未邀允许",因此实际会长职务,系由马千里担任。③

各界联合会的宗旨是:④

——拥护公理,发展民权;

——提醒国民爱国思想;

——督促实业,主务各机关兴办实业,振兴国货;

——关于内政外交随时觉查,负陈请建议政府之责。

参加各界联合会的单位极为普遍,计包括工人、学生、妇女、教育界、新闻界、工商界、士绅、宗教界等三十个团体,有一百七十多个单位。⑤

天津各界联合会,是在全国成立最早的一个。由于它的成立并派出代表四出联络,才有各省联合会及后来(十一月)的全国联合会的成立。南下代表韩致祥(麟符)在天津各界联合会评议部九月上旬的一次会议

---

① 《天津女界爱国同志会简章》,《五四运动在天津》(历史资料选辑),第三八页。
② 马惠卿:《五四运动在天津》,《五四爱国运动》上,第五五一页。
③ 天津《益世报》一九一九年六月二十四日。
④ 《天津各界联合会章程》,天津《大公报》一九一九年六月二十日。
⑤ 马惠卿:《五四运动在天津》,《五四爱国运动》上,第五五一页。

上报告说:"此次奉派南下,出发各省,除郑州、芜湖、开封三处联合会尚未成立,须俟成立后方派代表来津,约十日内即可见诸实行。汉口压制力甚大,其他各省各埠均异常顺利。且各地对于天津方面之举动,尤为赞同一致。其已成立各界联合会者如下:石家庄、太原、汉口、南昌、九江、安庆、杭州、南京、镇江。其尚在组织中者如下:开封、芜湖、上海、郑州。"①

从上述报告可以看出,天津各界联合会在推动全国各地各界联合会的成立上,是起了重大作用的。

除学生联合会、女界爱国同志会、各界联合会外,天津各界还不断有些自发的爱国组织出现,如公教救国团、公教女子救国团、救国十人团、法租界苦力联合会、抵制日货委员会等,都是很著名的。

到了九月间,学界先进分子的组织——觉悟社成立,就更使天津的运动有了对敌作战的"大本营",有了"引导社会的先锋"(觉悟社成立情况,见本书第十三章)。

(四)天津运动延续的时间,也是比较长的。

五月二十三日天津中等以上学校罢课;六月九日天津各界四万余人(一说两万余人)②在公园召开公民大会;六月十日天津商界第一次罢市,十二日第二次罢市。在罢免曹、章、陆和拒签和约的斗争告一段落后,天津各界人民仍有为"马良祸鲁"事件及进京请愿所展开的斗争;为庆祝"双十节"和反迫害所展开的斗争;为声援福建人民和抵制日货所展开的斗争。直到一九二〇年,仍有规模及影响均较大的反对"九一念九"惨杀和要求释放被捕代表的斗争。

因此五四爱国运动在天津延续的时间是比较长的。

在天津的五四运动中,涌现出许多先进分子,周恩来便是其中杰出的代表。

周恩来曾在天津南开学校学习了整整四年的时间(一九一三年六月至一九一七年六月)。他在学习期间是德、智、体全面发展的典范。毕业

---

① 《五四爱国运动档案资料》,第五八二页。
② 天津《益世报》一九一九年六月十日;天津《大公报》一九一九年六月十日。

后,浮槎东渡。行前,写下了那首气壮山河、脍炙人口的"大江歌罢掉头东"的著名诗篇。

在日本的一年半时间(一九一七年九月至一九一九年四月,其间曾于一九一八年七月回国一次),开始接触马列主义。一九一八年四月三日,他在写给留美的南开同学冯文潜的信中说:"甚盼时有以示我,新思潮尤所切望。"这种情况,也正如他本人后来所说:"我去日本不久,刚好十月革命就发生了。我回到中国不久,就爆发了一九一九年五月四日的'五四运动'。正是从十月革命到五四运动这段时间,我在日本。关于十月革命的介绍,我在日本报纸上看到一些。那时叫'过激党',把红军叫'赤军'。"[1]

一九一九年四月,即"五四"前夕,周恩来由日本回到了天津。[2] 当时南开大学负责人严范孙(校董)、张伯苓(校长),打算拉徐世昌、黎元洪、曹汝霖、李纯等为校董,依靠他们的钱来办学。这一行径,受到周恩来的严厉批判。周在五月二十一日写给留日南开同学会的信中说:"南开是个团体。团体要做的事情,是为'新',倘要接近卖国贼,从着他抢政府里的钱、人民的钱,实在是羞耻极了,哪能谈到为社会的事。"[3]

上述事实,说明周恩来回国后立即投入到反对曹汝霖等卖国贼的斗争。

这时,周恩来在南开已无学籍(南开学校大学部,即南开大学是在九月开学的),但并不妨碍他参加各种活动。五月十七日,"敬业乐群会"在南开礼堂召开茶话会,周恩来应邀参加并表演了游戏。[4] 六月初,周恩来即参加了天津学联的活动,并和谌志笃等一起,赴商会会见卞月庭等人,

---

[1] 一九七一年一月二十九日晚,周恩来和后藤钾二的谈话。
[2] 据一九一九年四月三十日南开《校风》第一二三期载:"毕业同学周恩来君前由日本回津,闻有考清华或北京大学之意云。"
[3] 北京市政协文史资料委员会办公室:《周恩来同志是什么时候从日本归国的》,《文史资料选编》第八辑,第五一六页。
[4] 南开《校风》第一二六期载:"上星期六(五月十七日)晚,'敬业乐群会'在礼堂开茶话大会,会资铜元六枚,到会者颇多云。"又说:"周恩来参加并表演游戏。"

讨论成立各界联合会事宜。①

七月七日,南开学校救国团举行奋兴大会,号召学生"再接再厉,牺牲一切,日日奋兴"。会后,南开留日代表特在食堂开茶话会,慰问在校同学。周恩来参加了这一会议,并首先致词,表示对国内同学的爱国行动"钦佩无量",并指出"有恒心、有胆力方能成功"(《南开日刊》,一九一九年七月八日第二版)。

七月二十一日,由周恩来主编的《天津学生联合会报》(以下简称《会报》)出版。

《会报》系日报,每日对开一大张,从创刊日起,至同年九月二十二日被迫暂时停刊(共出六十二号)。十月七日复刊号,由日报改为三日刊,每星期二、六发刊一次,每次出版一张半。②《会报》受到广大读者的欢迎,一般印几千份,最多时日销两万多份。③《会报》的重要价值是:

第一,宣传了十月革命引起的新思潮,号召中国人民觉悟起来。周恩来在《发刊旨趣》中指出:"日本的米骚风潮,朝鲜的独立运动,这都是受世界新思潮的波动,……我们学生感受这种潮流,实在是不能不有个觉悟。"④因此,"介绍现在最新思潮于社会",⑤成为《会报》的一个重要内容。

第二,提倡改造旧社会和改造自己思想相结合。周恩来为《会报》创刊号写了《革心、革新》的社论,提出在改造旧社会的同时,改造自己的思想。这对坚持和发展当时的革命运动,起了很好的作用。周恩来在编辑《会报》的过程中,亲自参加印刷工人的劳动,向工人们学习,并向他们宣传革命道理。他在《会报》的文章中,号召广大青年,"应该去做真正的群

---

① 当时在座的天津商会秘书夏琴西,在回忆录中曾叙述了周恩来和卞月庭等商谈的情况。见《文史资料选编》,第七页。又据六月三十日《南开日刊》第二十三号报道:天津学联代表马骏从上海写信说:"前者此间大概情形已见与周恩来、高连科君函。"说明周恩来在当时天津学联中已担负相当的工作。
② 《本报继续出版的布告》,《天津学生联合会报》一九一九年十月七日。
③ 邓颖超:《五四运动的回忆》,《五四运动回忆录》上,第七一页。
④ 《南开日刊》第三十五号,一九一九年七月十日。
⑤ 《南开日刊》第三十五号,一九一九年七月十日。

众运动",以达到"与劳动阶级的接近"。①

第三,提出组织起来,图根本的改造。八月九日的《会报》,曾以《讨安福派的办法》为题,发表专文说:"天天打电报,发宣言书,上请愿书,骂安福派",是打不倒安福派的。"'捉贼同贼窝里人讲话'一定不能达到目的","我们所恃的是群众运动","群众运动的发动力,第一是学生应当鼓动各种分子快快成立各种组织,各种工会、同业公会,尤其要紧;第二是男女学生天天出外演讲内政外交的黑暗,国人当求根本的改造;第三是公民大会,应当看着时机聚会,好让国人对于国事知道真相"。

第四,《会报》对联络京津等地的斗争,组织和推动全国群众运动的发展,起了很大的作用,特别是在八月间反对山东军阀马良的斗争中。(详见本书第十三章)

## 四、武　　汉

武汉是我国四大城市(京、津、沪、汉)之一,由汉口、武昌、汉阳三镇组成。其中最大的汉口(武昌约十万人口,汉阳约五万人口,汉口则在百万人左右),是我国内地著名的工商业中心,上海各大商号在汉口多有分号,上海总号一动则汉口分号亦多有响应。武汉也是文化比较发达的地区,教会学校也不少,消息比较灵通。汉口又是外国租界林立的地区,人民身受外国侵略者压迫、歧视之苦,民族感情也较易激发。因此,当北京五四运动消息传来的时候,武汉的学生及各界人民的爱国热情也迅速迸发出来,而形成声势浩大的群众运动。

武汉的运动,除与北京、上海、山东、天津等地的运动有着共同的地方,如召开大会、游行示威、散发传单、街头讲演、抵制日货等活动外,还有着为其他各地初期运动所未有的现象,即它在一开始就遭到了封建军阀

---

① 《敬告日本来华学生》,《天津学生联合会报》,一九一九年八月九日。

的残酷镇压,并造成骇人听闻的"六一"大惨案。

武汉是在五月六日得知北京学生五四游行消息的。① 五月九日,武昌各校学生代表集议,向北京学界拍电声援。十七日,武汉学生联合会开成立大会于中华大学。十八日,各校学生三千余人齐集阅马场并游行。二十日,武昌文华大学等教会学校联合游行。二十一日,武汉学联派代表前往武昌总商会等处磋商提倡国货办法。二十六日,武汉学联在汉口某校欢迎京、津代表,商讨一致行动及组织全国学联事。

湖北督军王占元等对学生运动采取严厉镇压政策,自五月七日起即颁布戒严令,五月十日又严令各校校长负责禁止学生干涉国事,并令警务处责成各处署长、械警严密查禁。于是,武汉三镇便面临着极其恐怖的形势:"凡军探、警探各奉命令,几于全部出发,皆着便服,分布该管区之旅栈、茶楼、酒肆及公共屋宇,探刺有无妄谈国事、造谣煽惑、聚众集会之举。至各学校除重嘱各校长遵照前议办法,取缔请假、劝慰安心功课、禁止结队出游、检查出入邮件外,昨日起由省署指令省视学,并派社会专门两股六员,担任分途视察各校情形,以辅各校长之不逮。"②

但是,武汉学生并未被军阀们的高压政策所屈服:"(五月)三十一日下午四点钟,武汉中等以上各学校代表在某大学大开会议,群情激昂。公决自六月一号实行罢课,并分配地点分担演讲。每校各出一组(十人),如被军警逮捕,赓续补派,至全体捕尽无可再派为止,并一体宣誓不达目的决不上课。"③

于是,六月一日的大惨案出现了。当学生们走出校门的时候,均被预伏之军警所阻击。学生被捕、被殴、被枪伤、被刀伤者,不计其数。这种惨无人道的大镇压,一直持续到六月三日。据事后调查,受伤学生的部分名单及情况是:④

---

① 一九一九年五月六日《汉口新闻报》载:"汉口中华通讯社五月五日北京电:昨下午京校学生游行,对山东问题要求各使馆维持,过曹汝霖宅,冲突致曹西院,于章宗祥被殴至受伤。"
② 《汉口新闻报》一九一九年五月十四日。
③ 《汉口新闻报》一九一九年六月二日。
④ 《大汉报》一九一九年六月十六日。

(一)高等师范　陈开泰上腿刺伤甚重。"刺刀由左腿而穿透右腿,至每次换药必须先服醉剂而后敷药,死而复苏者已五次矣!"①

(二)中华大学　吴序宾遍身受伤,腹部最重,呕血便血不止。刘世昌遍体受伤,膀上尤重,当时不省人事。胡钟灿脑部受伤最重,立即晕倒。杨理恒右手膀断折。张宜端遍身受伤膀上尤重。张上超头部及左手受刺刀戳伤。汤济川腰部及腿部受伤。蔡家让背部受伤。李鸿儒背部受伤。鲁斌腿部及喉部受伤。叶涣若臂部受伤。

(三)湖南中学　汪有山头部受伤。张范东臀部受伤当即吐血。蔡炳遍身受伤腰部最甚,吐血升余立即晕倒。丁文安轻受微伤。

以上,共计十六人。

军阀王占元在杀伤学生后,还假慈悲地向学生慰问,但遭到学生们的严正抵制。如王曾送受伤者陈开泰同学五十元医药费,陈回答说:"承惠医药费万不能受,谨以璧还,士各有志,勿相强也,专此敬谢……"②

武汉学生在爱国运动中不仅有大批受伤者,而且有殉难者。试看以下二例。

(一)李鸿儒:字亚卿,二十四岁,河南人。武昌中华大学学生,在"六一"惨案中被反动军警击伤者。"六一"后,反动派勒令各校提前放假,强迫学生返籍。李乘舟抵南阳襄河距其家乡约六十里之处时,忽闻讹传"鄂省同仁医院所住中华大学受伤同学胡宗灿(陕西人),伤重受死",李愤激之余,乘人不顾,投河身死。其绝命书中说:"鄙人救国无状,徒存所耻,尚望学界同人,各抱爱国之忱,誓达目的为止。"③

(二)吴用霖:湖北黄梅人,系第一师范学生,因在抱冰堂畔游行演讲,为军警所殴,罢课返里后悲愤填膺,竟一病不起而死。④

武汉学生界和各界爱国人士对李、吴二位同学之死表示了极大的悲愤。他们又闻北京亦有郭钦光(北大学生)、周瑞琦(北大毕业生)、徐日

---

① 《汉口新闻报》一九一九年七月十二日。
② 《汉口新闻报》一九一九年七月十二日。
③ 《汉口新闻报》一九一九年六月十八日。
④ 《新申报》一九一九年六月二十七日。

哲(清华学生)之死,因此他们在七月三日以武汉十八团体联合会名义召开了一个五烈士追悼会。武昌律师公会副会长施洋莅临大会宣读祭文并发表演说。其祭文是:

> 呜呼!胡天地之无知兮,今君等以偕亡。彼跳梁小丑兮,犹横暴以泼猖。岂忠鲠之诤言兮,于斯者而不能容。乃卖国之奸人兮,且负势而称雄。抱耿耿之孤忠兮,遽殉身以莫逞。苟死而有知兮,既赍志而能瞑。愧吾曹之碌碌兮,终因人而成事。愿涉长途兮,必继君之英志。叹物极而必反兮,喋血以指仁川。得奸人而寸磔兮,应含笑于九泉。既名传于史册兮,将植五人之碑碣峣峣。苟魂魄之归来兮,尚不弃而麇旟。尚飨。①

施洋读祭文时,"泪随声堕,继则咽不成声,与祭者亦均呼咷痛哭,声振全场"。②

施洋读祭文后,又发表演讲,大意说:"殉国五学生此次牺牲性命,价值较之黄兴、蔡锷为高尚。黄蔡两君对内关系,五君捐躯对外关系,所谓外患亟于内讧,诸君因追悼而来,五君未达之志,尚望同人继续进行,以竟全功。"③

这次追悼大会,开得极为隆重,影响也极为广泛,形成一次爱国运动的宣传和动员。当时的报道说:"汉口市面挨户悬挂追悼殉国学生白旗,门首并有张贴哀告学生吊唁学生纸条者。更有一般黄陂道士邓金甫等,邀集同业数十人,设坛在五常街后首,建醮超度,所有一切费用悉由道教同仁捐助。早晨锣鼓喧天,布置颇形热闹,红男绿女前往观看者,极形一种悲天悯人态度。"④

武汉商界在运动中也表现了一定的积极性。汉口是在六月十日展开始罢市的。罢市原因,纯系一般商人爱国热忱所致,其中又可分为三种情况:"本埠各大商号由申分来者,顷接申号来信请汉号照申办理,此其一;

---

① 《汉口新闻报》一九一九年七月四日。
② 《汉口新闻报》一九一九年七月四日。
③ 《汉口新闻报》一九一九年七月四日。
④ 《汉口新闻报》一九一九年七月四日。

本埠商店店伙群起向店东要求停业,各自外出不事,此其二;店东自行主张罢市,允许各店伙外出并贴种种字样于店门首,以表示其因国事而停业,此其三。"①

武昌是在汉口罢市后第三日(十二日)方才罢市的。但罢市商人所表现出的爱国热忱仍是很可贵的。他们在罢市宣言中说:"北京学生因爱国而被捕,武汉学生因爱国而被杀,贼国者荣,爱国者辱,倒行逆施,一至于此。我商民若不急起直追力图挽救,任其为所欲为,亡国之痛固所同受,而首当其冲者,则在商民。况武汉水陆交通日人垂涎已久,汉冶萍早已任其掌握,则首受其害者尤在武汉。是以我武昌之国民不惜牺牲营业,不忘后患,与汉、沪、津、宁、杭、厦、芜、浔各处取一致行动,已于己未五月十五日(阳历十二日)一律罢市,以促政府反省而利交通进行……"②他们要求反动当局交出杀伤学生之凶手及指使人,交"法庭治罪";他们要求"嗣后任命警务处长须得武汉两总商会同意,任命署长须得所管辖区域内商民同意",他们提出的条件,"如不承认则不开市并实行不纳税主义"。③

除学生罢课、商人罢市外,工人罢工和酝酿罢工事件也接连不断。如汉口,"以填土为生之土夫共约万余人",曾于六月九日"一律停工"。④人力车夫(人力车原名东洋车,系日本货)六七千人亦酝酿罢工。⑤ 至于佣日之华工则纷纷与日本行店脱离关系。⑥

在武汉的群众爱国运动中,涌现出大批先进分子。恽代英、林育南、施洋等便是其中杰出的代表。

恽代英原是武昌中华大学文科中国哲学门的学生(一九一三年考入),一九一七年十月曾发起组织以群策群力、自助助人为宗旨的进步社团"互助社",次年四月又组织了"仁社"。

---

① 《大汉报》一九一九年六月十一日。
② 《大汉报》一九一九年六月十四日。
③ 《大汉报》一九一九年六月十四日。
④ 《汉口新闻报》一九一九年六月十日。
⑤ 《汉口新闻报》一九一九年六月十三日。
⑥ 《汉口新闻报》一九一九年七月七日。

## 第十一章　星火燎原

"五四"前夕,恽代英任中华大学中学部主任。当巴黎和会外交失败消息传来后,"互助社"号召全市人民纪念国耻,他在五月五日写下了《四年五月七日》的传单。传单中说:"有血性的黄帝子孙,你不应该忘记四年五月七日之事。现在又是五月七日了。那在四十八点钟内,强迫我承认二十一条协约的日本人,现在又在欧洲和会里,强夺我们的青岛,强夺我们的山东,要我们四万万人的中华民国做他们的奴隶牛马。你若是个人,你还要把钱供献给他们,把盗贼认做你的父母吗?我亲爱的父老兄弟们,我总信你不至于无人性到这一步田地。"①

五月七日,恽代英收到北京友人叙述京中五月四日游行示威情况的来信,②当即将此信交林育南张贴在校中的揭示栏上,以激起全校师生的爱国热情。武汉学联成立前后,他积极为武汉学生草拟《宣言书》、致全国各界通电、《学联建设意见书》等文件。六月一日武汉学生实行总罢课,他在当日的日记中写道:"今日为罢课讲演之第一日,即湖北学生与官厅宣战之第一日也。同学越墙外出,高二三丈,一跃而下,亦勇矣!"③六月二日,他为学联起草了《武昌学生最后之宣言》《学生联合会报告军警蹂躏书》,六月十日至十二日,武汉商人罢市,他积极投入这一斗争中去,"为拟罢市目的与办法",④还起草了《为什么要罢市?》的传单,并亲至汉口、武昌街头散发。恽代英在和友人的通信中说:"代英以为学生平日研究政局真象,并以其真象告知一般社会,这是应该而要紧的事。"他在分析五四运动的必然性时指出:"若令之武人政客,逆时势行事,国人虽欲不动,必迫于世界潮流而不能不动。窃恐其一动而不可制也。"⑤

---

① 恽代英一九一九年五月六日日记,《恽代英日记》,中共中央党校出版社一九八一年版,第五三六页。
② 恽代英一九一九年五月七日日记:"晓峰(即黄绍谷。时在北京大学读书。这封信是寄给魏以新的)来信,叙京校学生示威及各界骚动事。读之泣下。卖国贼万死不足以蔽其辜。"见《恽代英日记》,第五三七页。
③ 《恽代英日记》,第五五二页。
④ 恽代英一九一九年六月十日日记,《恽代英日记》,第五五七页。
⑤ 《恽代英来鸿去燕录》,北京出版社一九八一年版,第五五、五六页。

林育南,武昌中华大学中学部学生,互助社成员,恽代英发起之各项活动,林多参与其事(如印发《四年五月七日》传单事)。恽代英接北京友人关于五四运动信,即由林育南贴在中华大学门口"揭示栏"内,并因此和校监余家菊展开一场斗争。林本人后来回忆说:"在五四运动发生的第三日——五月七日——我住武昌中华大学附属中学,接着北京友人的信,报告'五四'的情形,并请求我们响应,作一致行动。当时我把这封信贴在揭示处以布告同学,余家菊先生以'校监'的资格和权威,干涉禁止,我和他再三交涉,但最后他竟用强力把这封信扯掉了。他的理由是'怕官厅干涉,于学校和他的地位有危险!'然而余先生的权威,竟胜不过'时代的潮流'、'群众心理'的大力,'五四'运动终于普遍全国……"[1]武汉学联成立后,林被选为学联负责人之一,在武汉各大中学进行联络活动,积极领导和组织了"六一"罢课斗争。在汉口、武昌罢市的日子里,林每日都到市面了解情况,掌握动态,研究如何斗争。[2]

全国学联在上海成立(六月十六日)后,要求武汉学联补派两名代表,林育南即为其中之一。林积极投入全国学联工作,并参加草拟了《武汉学生联合会意见书》。[3]

林育南是恽代英的学生和亲密战友,深为恽所赏识和推崇。恽在一九一九年九月二十七日的日记中讲到朝鲜亡国的历史时写道:"我因此想到中国,若欲不亡,应该靠谁呢?……这千斤担我们既能够挑,亦应该挑。只有湘浦(林育南笔名)同我看得一样清楚。"[4]

后来(一九二〇年初),恽代英、林育南等在武昌横街成立了利群书社,作为传播新文化和试验共同生活的基地。

施洋是湖北私立法政专门学校法律科的毕业生(一九一七年),他从一九一九年春开始任律师。五四运动爆发后,他以武汉律师公会副会长

---

[1] 林育南:《五四运动与余家菊》,《中国青年》第八〇期,一九二五年五月十六日。
[2] 参看恽代英一九一九年六月十二、十三、十四日日记,《恽代英日记》,第五五七、五五八页。
[3] 《意见书》连载于《汉口新闻报》一九一九年七月十五日——二十三日。
[4] 《恽代英日记》,第六三四页。

的名义召开律师公会紧急会议,积极投入运动。"六一"惨案发生后,他一面指导学联将受伤学生送法院检验,一面召开律师公会会议,提出援救学生议案,呈请法院提起公诉。在追悼五烈士大会上,他不仅"泪随声堕""咽不成声"地宣读了祭文,还沉痛地发表了激动人心的演说。在罢市斗争中,他也积极奔走,联络各界,鼓动商界罢市。七月十二日,武汉各界代表筹备组织湖北各界联合会,他被推为筹备员(共十二人)之一,并被推为筹备起草员(共四人)之一,联合会章程、宣言、通电、传单等文件,多出于他手。八月十八日,湖北各界联合会正式成立,施洋又被推选为副会长和赴京请愿代表团团长。此后,他奔走于京、津、沪、宁和武汉之间,积极从事全国性的斗争。十一月十日,在上海成立全国各界联合会时,他被选为该会评议部的部长。施洋不仅是武汉各界公认的领袖,也成了全国各界爱国运动的著名领导人之一。

## 五、长　　沙

长沙位于我国腹地,交通不如京、津、沪、汉那样便利,消息也比较闭塞,加以反动军阀之严格封锁,"所有北京发出之电报新闻,尽被张敬尧完全扣留,丝毫不许登载",因此大规模的学生罢课及群众运动出现是比较晚的。"七日学界举行游街,各学生不过手执白旗,书'誓必争回青岛'数字,卒被军警强行解散。民气因此积郁不伸。"[①]

但是,这里的群众基础是较好的,在先进青年中又有着新民学会的社团组织。加以毛泽东在四月间由上海回到长沙后即号召会员们研究俄国十月革命的经验,注意京、沪等地学生的动态,准备迎接革命的风暴。因此,这里的运动一经兴起,便迅速发展,并转化为很有成效的驱张(敬尧)运动(曾被称为"湖南的五四运动")。而这一特点,则是其他各省所不具

---

① 《湘省政闻》,《湖南》第一卷,第二期。

备的。

五月中旬,北京学生联合会代表邓中夏等到达湖南,①向毛泽东等介绍了北京学生的斗争情况,并商讨如何组织湖南学联的问题。在邓中夏、毛泽东等的积极推动下,在新民学会会员的积极努力下,湖南学生联合会终于在五月二十八日成立了。② 在校学生商专代表、新民学会会员彭璜③被推为会长。长郡中学和第一师范代表被推作评议部、执行部主席,他们也都是新民学会会员。其他各校代表也多是新民学会会员或与新民学会会员有联系的进步青年。学联会会址设在落星田湖南商业专门学校内。毛泽东则住在修业学校内,两者相距很近,他经常到学联来研究工作,有时他就住在商业专门学校内。④

六月二日,湖南学生联合会开全体学生代表大会,计到会有公立法政、达材法政、第一师范、长沙师范等共二十校的学生代表。大会议决全省学校学生自三日起一律罢课。⑤

六月三日,长沙各校一律罢课。学生们在《罢课宣言》中说:"京师学界倡正义于先,津沪群英树声援于后;内之振我民气,外之挫彼敌锋,共矢贞忠,以示天下。……夫学生之求学,以卫国也,国既不存,学于何有! 我湖南学生出于良心之感发,鉴于时势之要求,决议自六月三日起,全体罢课,力行救国之职责,誓为外交之后盾。"⑥

长沙男校学生罢课后,女校学生也不甘落后,她们也在六月五日开始罢课了。六月六日的长沙《大公报》报道说:"顷闻周南女校及省立第一

---

① 湖南省哲学社会科学研究所:《领导中国革命的伟大起点》,《历史研究》一九七八年第三期。

② 湖南学联正式成立日期,一说为六月三日(回忆录)。但根据当时的湖南《大公报》,湖南学联章程是在一九一九年五月二十九日、三十日在该报第六版刊登的。因此,这里取五月二十八日说。

③ 彭璜,湖南湘乡人,毛泽东的好友,新民学会会员,在此后的驱张运动中,是去上海的驱张代表团主持人和《天问》周刊的创办人,一九二二年病逝。

④ 参见周世钊:《湘江的怒吼》;张国基:《回忆五四运动前后的毛泽东同志》,《五四运动回忆录》续,第三〇四页。

⑤ 长沙《大公报》一九一九年六月三日、四日。

⑥ 长沙《大公报》一九一九年六月三日、四日。

女校学生,以近日省垣各男校学生纷纷罢课,独女校未闻有罢课之举,遂开会议决自昨日始两校全体(师范部)罢课,另派代表向湖南学生联合会会议进行办法,务期一致进行。又闻自治女校学生亦拟罢课,奈各教职员不许,谓本校系乙种女子职校,罢课各校均系中等以上学校,本校无罢课资格云云。各女生闻之亦莫可如何,只得痛哭。现已议决一律誓不买日本货,劝各姑婶姊妹购用国货,以表微忱。"

学生们罢课后纷纷进行宣传讲演、调查日货、编印各种刊物等活动。如长沙第一中学学生组织有交际、调查、演讲、编辑各部,"演讲团告成者已有八九团之多。每日分往城区内外宣讲。调查部先从校内入手,然后为校外之调查。所有校内日货经调查后,逐一加盖戳记,以后倘发生未盖戳者,即行没收充公。"①

学生们还展开了编演新剧的活动,并收到了良好的效果。如麓山工校上演的《青岛风云》②、高等工业学校上演的《亡国鉴》③都很感人。

学生们在斗争中感到组织十人团是个好办法。省立第一女子师范乐群会十人团在通告妇女界维持国货的文中便介绍了组织十人团的经验:"所有条例参照北京联合会十人团办法,分十人为一团,每团举代表一人,负一团纠察劝导之责。积若干团为一总团,推一代表谓之总代表,负全体完全责任。互相劝戒,犯者有惩。"④

十人团原是为禁绝日货、提倡国货而组织的,但它逐渐地就变为学生爱国活动的基层组织了。如长沙某师范学校学生组织救国十人团计十二个,"外则发挥演说,内则实行检查"。⑤ 长沙第一中学救国十人团的第一团,则在宣言中说:"由一团而十团,十团而百团,百团而千万团,合全国

---

① 长沙《大公报》一九一九年六月七日。
② 《青岛风云》共分九幕:曹州教案;中德交涉;日德战争;中日交涉;烈士投水;欧洲和会;京校风潮;学生受辱;追悼郭生。演员由学生担任,"现身说法,意气极为激昂"。见长沙《大公报》一九一九年六月十一日。
③ 《亡国鉴》是演朝鲜的事,共分十幕,包括朝鲜内乱、清兵平乱、东学党祸、伊藤开府及韩人受虐、校长就义等。"情致逼真,演到沉痛之处,歌泣失声。"见长沙《大公报》一九一九年六月二十四日。
④ 长沙《大公报》一九一九年六月三日。
⑤ 长沙《大公报》一九一九年六月三日。

之无数小团,而成为一最大之团,同心一德,力御雠仇,则会稽之耻固不难雪也!"①

学生们在斗争中表现了高度的爱国热情。试看减食救国一例:"湘雅医学学生此次对于外交失败,愤慨异常,团体亦极坚固。日前屡次开会讨论正当对付方法,最初组织救国十人团,继则分组演讲。并议决从七月一日起,每月减膳费洋六角,暂作储蓄金,备充公用。端午节假,该校例具嘉肴款待学生,此次全体要求免去,拨归学生会储蓄,似此减食救国,殊属罕闻。"②

女学生也不甘落后。例如:"周南女校罢课后,各女生遂仿各男校办法,组织演讲、调查、交际、编辑各部,分股办事,无稍懈怠。惟其讲演方法与男校稍异,每日由演讲部轮派四五人,往各公馆,对各太太奶奶小姐,将某国如何虐待我国及抵制某货提倡国货种种情形,仔细讲演,并劝平日所用之装饰品,均须改购国货,俾其货无销行之余地。调查部亦派人分往各公馆,调查妇女所用某货逐件记载,送交本校编辑部印刷成帖,分送各校,俾资遵守。"③

小学生们虽然没有像中等以上学校学生那样采取罢课行动,但他们所表达的爱国热情,是很感人的。例如长沙县立第一高等小学校,于六月十六日整队游行、贩卖国货,"第一队为音乐队,奏国货歌","第二队为童子军,具尚武之精神","第三队则为贩卖队,其货如牙粉、人丹、信纸、毛巾等类,极其充足,购者甚伙,一时应接不暇"。这样一支井然有序的小学生爱国队伍,使"各界观者,莫不欢欣鼓舞,赞叹不止"。④

小学生的爱国行动,也波及他们的每一家庭。例如:"北正街廖万盛土果摊之子,年仅九岁许,肄业某国民学校。昨(六月二十五日)下午四时放学归来,忽将摊上所摆仁丹、洋火及其父母所用洋磁盆、牙粉等,凡属日货,一律掀掷于地,用脚踢毁。其父母气极,而怒将其扭住痛责,其子遂

---

① 长沙《大公报》一九一九年六月四日。
② 长沙《大公报》一九一九年六月五日。
③ 长沙《大公报》一九一九年六月十二日。
④ 长沙《大公报》一九一九年六月十七日。

骂父母为凉血动物卖国奴不已。其父母因其愈骂故愈打,而其子见其愈打遂愈骂。正在纠纷未下之时,适某中学校游行演讲学生等前来见悉,当大赞其子之爱国热忱,并贺其父母得此佳儿为门楣幸;并有一学生取出光洋二元给廖,作为赔偿损失费,劝令善视其子,勿再责打,并请以后不得再代卖日货。廖夫妇大为感动,除洋元力拒不收外,并承认此后永不再进日货。学生等乃嘉奖一番而去。"①

学生们的爱国行动也影响到各界各阶层。还在五月二十八日,就有湖南省议会、教育会、商会和农会等单位,联合发起成立了湖南省国货维持会。不过这个会开始时,并无群众基础,而且实权为奸商所掌握,使国货维持会实际上成了日货维持会。直到学联参加进去后,才迫使该会上层不敢包庇奸商,并不得不依靠学生力量进行爱国活动。"国货维持会派出很多学生到各商店去,一方面宣传爱国反帝,一方面检查日货,查出日货就封存起来。可是有些奸商阳奉阴违,暗中仍在贩卖日货。为了惩一儆百,国货维持会、学生联合会、绸布业分会联合举行示威游行,把全部查获的日货由游行队伍扛着经过热闹市区,送到又一村教育会前面的广场,堆集一块,淋上煤油,放火烧了。"②

国货维持会还组织各县宣讲团到各县宣讲。至六月十九日,已出发者计有三十余团,所到地区包括华容、攸县、茶陵、武冈、湘阴、绥宁、宝庆、新宁、南县、东安、永兴、衡山、平江、耒阳、衡阳、临湘、新化、湘潭、湘乡、蓝山、宁乡、沅江、益阳、常德、岳州、鄳县、会同、靖县、城步、桃源等县。③

在各界人民已经初步发动起来,救国十人团亦纷纷成立的基础上,各界联合会成立的时机也已成熟了。七月九日,学生联合会邀请各界代表在落星田商业专门学校召开各界联合会。计到有各界、各业、各校代表共

---

① 长沙《大公报》一九一九年六月二十六日。
② 张国基:《回忆五四运动前后的毛泽东同志》,《五四运动回忆录》续,第三○四页。这次焚毁日货的行动,发生在七月七日。七月八日出版的长沙《大公报》,曾详细报道了这次焚货游街大会的详细情况,并刊登了国货维持会的这样一张布告:"太平街培德厚号代庄浏阳益丰布店,不遵国货维持会规章,私运非国货到浏阳销售,经调查员查获,照章处理。该号恃强狡辩,一味狡滑,公议将该号所办之货二十匹,凭众烧毁,特此布告。"
③ 长沙《大公报》一九一九年六月十九日。

六十余人。学联会长彭璜任会议主席,他在会上作报告说:"现在我国前途危险已达极端,我们是处于极危险之地位,欲求从速挽回,诞登彼岸,非与各界联络一气,共策进行不可。至学生此次所抱之决心,专在除去障碍物,推翻武人政治,排斥官僚派及阴谋家,切拟组织各界联合会,造成真正平民团体。此项团体已经组织成立者,则为北京、天津、上海、汉口、南京等处。我湖南亦宜与之采同一态度,从速组织该项团体,以为各省之后援。"①

湖南学联为了进一步发动和组织群众,指导运动的发展,决定出版一种像北京的《每周评论》那样的定期刊物。经过短时间的筹划,《湘江评论》于一九一九年七月十四日诞生了。这一刊物虽以学联会刊问世,但其中文章大部为毛泽东个人所写。刊物共出五期,另有《临时增刊》第一号一张,第五号未及发行即被军阀全部没收。《湘江评论》的重要价值是:

第一,歌颂了俄国十月革命所掀起的世界革命大风暴,号召中国人民向十月革命学习,指出:这种潮流,任是什么力量,不能阻住,任何什么人物,不能不受他的软化。② 这种浩浩荡荡的新思潮,已奔腾澎湃于中国,顺他的生,逆他的死。③《湘江评论》明确表示:本报以宣传最新思潮为主旨。④

第二,矛头直指侵略中国和损害中国主权的帝国主义,直指封建军阀和以孔学为中心的封建伦理道德,提出了六不怕的思想:天不要怕,鬼不要怕,死人不要怕,官僚不要怕,军阀不要怕,资本家不要怕。⑤ 并且预言了帝国主义强权的失败:不要重看了现在和会高视阔步的伟大先生们,他们不能旰食的日子快要到哩! 他们总有一天会要头痛!⑥

第三,总结了世界革命(包括法国的革命和俄国的革命)、中国革命

---

① 长沙《大公报》一九一九年七月十日。
② 《创刊宣言》,《湘江评论》第一号,一九一九年七月十四日。
③ 《创刊宣言》,《湘江评论》第一号,一九一九年七月十四日。
④ 《本报启事》,《湘江评论》第一号。
⑤ 《创刊宣言》,《湘江评论》第一号,一九一九年七月十四日。
⑥ 《评论》,《湘江评论》第二号,一九一九年七月二十一日。

(包括辛亥革命和五四运动)的经验,指出民众大联合是取得革命胜利的根本方法:什么力量最强?民众联合的力量最强;国家坏到了极处,人类苦到了极处,社会黑暗到了极处。补救的方法,改造的方法,……根本的一个方法,就是民众的大联合。①

第四,揭示出革命和反革命斗争的规律:压迫愈深,反抗愈大,蓄之既久,其发必速。②

《湘江评论》虽在长沙创办,但影响及于全国。创刊号两千份,出版当日即售一空,不得不很快又重印两千份。从第二号起,就改印五千份了。除湖南外,北京、上海、成都、武汉、广州,都有很多读者。北京的《每周评论》曾对《湘江评论》加以评介说:"《湘江评论》长处是在议论的一方面。《湘江评论》第二、三、四期的《民众的大联合》一篇大文章,眼光很远大,议论也很痛快,确是现今的重要文字。还有湘江大事述评一栏,记载湖南的新运动,使我们发生无限乐观。武人统治之下,能产出我们这样的一个好兄弟,真是我们意外的欢喜。"③除《每周评论》外,还有一些报刊也对《湘江评论》作过推荐。成都、北京、上海的一些报刊,还将《民众的大联合》全文转载。

到一九一九年十二月,湖南人民的反日爱国运动发展为驱逐军阀张敬尧出湘的运动,并且很快达到了目的。驱张运动被称为"湖南的五四运动",其取得成功的原因是:

第一,军阀张敬尧的统治恶贯满盈,使湖南人民再也不能忍受下去。

张敬尧属于北洋军阀的皖系,是段祺瑞的忠实走狗。他的部队是在一九一八年三月和直系军阀吴佩孚联合进踞湖南的(为了进攻南方的湘桂联军)。张被段祺瑞任命为湖南督军兼省长。张部进驻湖南后,烧杀淫掠,搜刮民财,使当地人民恨之入骨,称其为张毒。张有兄弟四人,即敬尧、敬舜、敬禹、敬汤。民间流传的一首歌谣中说:"堂堂乎张,尧、舜、禹、汤,一、二、三、四,虎、豹、豺、狼。"

---

① 《民众的大联合》,《湘江评论》第二号。
② 《民众的大联合》(三),《湘江评论》第四号,一九一九年八月四日。
③ 《介绍新出版物》,《每周评论》第三十六期,一九一九年八月二十四日。

张敬尧对于教育事业极尽摧残,对于学生运动更是极尽镇压。钳制舆论,解散学联(七月),甚至上海派来的群众代表也被其派人暗杀了:"八年(一九一九年)七月,上海国民大会代表吴灿煌,工业协会代表程鹏,拟在湘发起国民大会,以鼓舞民气。张氏佯表同情,阴遣军警黑夜闯入船山学校,将程吴二代表刺死。事后仅以一纸悬赏缉拿凶手之空文,希图掩饰全国人之耳目。"①

因此,湖南学生对张敬尧更加恨之入骨。学联在十一月间再建后,除继续反日爱国运动外,也即展开了反张黑暗统治的斗争。十二月二日,学联发动各界再次举行焚毁日货大会,群众竟遭辱打和驱散。于是各校于十二月六日开始了总罢课,并展开了声势浩大的驱张运动。

第二,张敬尧在统治阶级内部也显得十分孤立。

由于直皖两系的矛盾,特别是由于段祺瑞任命张敬尧为湖南督军兼省长,使颇具战功的直系将领吴佩孚和冯玉祥等很为不满。这时,吴佩孚师驻军衡阳,为张敬尧保卫长沙的南大门,监视着驻在郴州一带的湘军谭延闿、赵恒惕等。冯玉祥当时只是一个旅长,他驻常德,为张敬尧守西门,以拒桂军。因此,当驱张运动展开时,统治阶级内部也起着分化。不仅湖南的一些上层分子参加到运动中来,就连直军的吴佩孚、冯玉祥和湘军的谭延闿等,也想利用人民群众的声势从事倒张。因此,张敬尧是十分孤立的。吴佩孚、冯玉祥已先后于一九一八年六月和八月在衡阳和常德,与南军划界停战。

第三,造成民众大联合的声势,推动军阀内部的斗争,达到驱张的目的。

驱张运动不仅在长沙各界民众中造成极大的声势,而且组织了驱张代表团到各地去扩大影响,造成民众的大联合,并利用军阀内部矛盾,对张敬尧施以军事上的压力。当时湖南学生界联合教育界及其他各界人士组织了许多驱张代表团,分赴北京、衡阳、郴州、常德、上海、广州等处从事

---

① 《蒸阳请愿录》,第二〇页。引见湖南省哲学社会科学研究所现代史研究室:《五四时期湖南人民革命斗争史料选编》,湖南人民出版社一九七九年版,第一八五页。

请愿、联络活动。前往北京的主持人是毛泽东,前往上海的主持人是彭璜,前往衡阳的主持人是何叔衡。柳直荀等则留守长沙,主持通讯联络。各代表团是在一九一九年底和一九二〇年初出发的,取得了良好的效果。

一九二〇年三月,吴佩孚部自衡阳撤防北上。报载:"吴子玉氏愤北廷卖国,痛诋无效,早有跃跃欲动之势,近更受湘民请愿驱张,于是吊民伐罪之念益决。顾以军饷无着,碍难发动。数月以来,与西南结合,由军府助饷六十万元,决先撤防武汉,以为威胁。"

北军撤防,湘军跟进。张敬尧不得不于六月十一日退出长沙走岳州,六月二十六日再自岳州退出湘境。

驱张运动的胜利,虽然没有能够从根本上改变军阀统治的局面(跟进长沙的是赵恒惕部),但是作为"湖南五四运动"的具体目标——驱张敬尧出湖南,算是达到了。

# 第十二章

# 人民的胜利

## ——从罢免卖国贼到拒签和约

## 一、卖国贼的被罢免

北京青年在五月四日点燃的革命火把,迅速传到全国各地,使星星之火成为燎原之势。全国青年和人民群众怒发冲冠、热血沸腾。"时日曷丧,予及汝偕亡";"民不畏死,奈何以死畏之"。在强大的人民群众运动面前,反动派无论施行怎样的镇压手段,都无能为力了。

在各地区的斗争中,以上海、北京、天津等地对反动派的威胁最大。

在各阶层人民的斗争中,以直接参加生产的工人劳动者,对反动派的威胁最大。

还在"六三"上海三罢后不久,淞沪护军使卢永祥和沪海道尹沈宝昌于六月八日给北京政府的急电中即说:"此次沪上风潮始由学生罢课,继由商人罢市,近且将有劳动工人同盟罢工。……星星之火,可以燎原,失此不图,将成大乱,……上海为东南第一商埠,全国视线所及,内地商埠无不视上海为转移。"[①]

---

[①] 《新闻报》一九一九年六月十日。

上海地区的三罢斗争,推动了全国许多地区三罢的实现。而全国斗争的开展,又推动了五四运动发源地——北京斗争的深入。

六月七日,北京总商会在给北京政府的呈文中,讲到北京地区的情况时说:"水能载舟,亦能覆舟,民气之奋兴,诚未可遏塞而致使溃决。侧闻罢学罢市,各省已有逐渐响应之虑,京师彼此激刺,亦暗有浮动情形。"①

关于北京"暗有浮动"的情况,到六月十日就更加严重了。

六月十日这一天,北京学生团体决定:"身背卧具往公府请愿:一、惩卖国贼;二、青岛不签字;三、不承认胡仁源为大学校长。如不允,即卧以待命,非允后不散。"②

六月十日这一天,北京各团体代表面见徐世昌,"陈述险象,恐生大变,乞纳民意,以息风潮"。③

在这里,我们应该特别提到北京工人的斗争。以长辛店的铁路工人为例。一些老工人回忆当时的情景说:"六月三日以后,卖国政府逮捕学生,上海工人大罢工。消息传到了长辛店,我们厂里工人再也不能沉默了。本来这些天大伙早就没心干活,这时几个工人骨干和学生们商量了一下,就决定举行示威游行。一天中午,史文彬和陈励茂、张珍领着很多工人到大街艺员养成所的门口去集合,陶善琮也领着艺员养成所的学生出来了,大家上了大街……""于是在长辛店大街上开始了第一次工人的游行,队伍里边也有几个工头,史文彬和陶善琮两人在前头领头,有一百来个工人,艺员养成所和车务见习所的学生排着整齐的队伍,走在后面。""这次游行开了头,以后就游上了劲,三天两头尽游行,晚上还搞过一回'提灯会',也是个示威游行。"④

据当年长辛店救国联合会会长盛成的回忆,盛于一九一九年六月九日上午去天津,接受天津各界援助罢工的爱国捐款,下午回到长辛店,当

---

① 《申报》一九一九年六月十二日。
② 《申报》一九一九年六月十二日。
③ 《申报》一九一九年六月十二日。
④ 长辛店机车车辆工厂厂史编委会编:《北方的红星》,作家出版社一九六一年版,第四九、五〇页。当时长辛店工人共八百余人。

地工人即酝酿罢工。当时任长辛店铁路工厂副厂长的刘家骥,①系曹汝霖的女婿,他在得知工人即将罢工的消息后,即在电话中告知曹汝霖,曹得知此消息后更加胆颤心惊,感到不去职是不行了。②

本来,全国"三罢"实现,特别是上海工人大罢工后,北京政府已有妥协之势,七日已释放被捕学生,九日有了免国贼职的表示。六月十日,北京政府开始下达处理国贼的命令,但是当日上午仅仅发布了一条准免曹汝霖本职的命令,这当然不足以平民愤。新闻界报道北京学界在当日的活动说:"上午,各学校学生拟齐赴公府,谒见总统,要求惩办曹章陆诸人。当由警察厅(告)各学校,谓免曹之命,上午准颁下,请即从缓。各学生遂即准备下午再行出发,准曹令既下,章陆并无下文。乃由学生联合会曾举出代表六人,赴国务院、教育部两处,请见总理及傅次长。结果当局告以章陆免职令立时可下,学生代表立即退出。"③在各界群众的愤怒抗议下,北京政府才又不得不在当日午后发布了一条准免陆宗舆本职的命令。

从上可以看出,北京政府的让步,并不是心甘情愿的,它是采取了一种敷衍塞责的态度,走一步,看一步,适可而止。

对付这种老奸巨猾的态度,只有坚决斗争。十日下午,天津总商会拍给北京政府一封急电,其中说:"本日仅准曹汝霖辞职,似此可以谢国人乎?……查栖息于津埠之劳动者数十万众,现已发生不稳之象,倘迁延不决,演成实事,其危厄之局,痛苦有过于罢市者。"④

天津总商会的急电,使北洋政府极为震惊。因天津近在咫尺,如果那里的几十万工人大罢工,将直接威胁北京,使其反动中央呈动摇之势。在这种"危厄之局"的逼迫下,北京政府才又发布了准免章宗祥本职的命令。⑤

---

① 另据一九二二年出版的《京汉铁路职员录》记载,刘在一九二二年时是工程师。
② 据首都博物馆梁旭毅同志访问记录材料。
③ 上海《时报》一九一九年六月十三日。
④ 《晨报》一九一九年六月十三日。
⑤ 《公言报》一九一九年六月十一日报道,罢免曹、陆、章的时间是:"交通总长曹汝霖准免本职命令昨日上午十一时即先发布,币制局总裁陆宗舆辞职照准令因手续上关系昨日下午七时方由印铸局发出,至驻日公使章宗祥至昨晚始行发出云。"

在最后一次命令下达后,北京政府以十分恐惧的心情,急忙将以上三种命令带往天津,"提示大众,劝其开市"。① 这时,已经是六月十日的深夜了。

曹、章、陆的被免职,是人民斗争的结果,是群众运动的伟大胜利。消息传出后,全国各地群众都为之一快。陆宗舆的家乡海宁县,还召开了公民大会,议决为卖国贼竖石立碑,使之遗臭万年。"当场由众踊跃输金、饬匠赶办,已于前日制造就,竖立邑庙前及北门外海塘镇、海塔下等三处。碑约五尺余长,真书'卖国贼陆宗舆'六大字,左右两边并刊民国八年六月海宁公团立,一时观者人山人海,途为之塞云。"②

曹汝霖、章宗祥、陆宗舆等卖国贼被罢免,五四爱国运动的直接目标,算是达到了一个。但是,山东问题仍然没有解决,反动军阀们仍然盘踞要津。因此,斗争并没有结束。

## 二、《北京市民宣言》和陈独秀被捕

曹、章、陆的被罢免,就反动统治者来说,不过是缓冲之计。就在曹汝霖等被罢免的前后,段祺瑞、徐世昌都曾亲自至曹的寓所看望,慰勉有嘉。③

"庆父不死,鲁难未已。"皖系军阀仍然掌握着中央政权,那些步军统领、警察总监们仍然在北京城耀武扬威,镇压群众,使许多问题得不到根本解决。

因此,学生们的导师、中国思想界的先驱们,如陈独秀、李大钊等,便进一步提出了对北京政权予以"根本之改造"的问题,在陈独秀起草的

---

① 《晨报》一九一九年六月十一日。
② 北洋政府内务部档案:《内务部查办浙江海宁县人民竖立"卖国贼陆宗舆"石碑咨文》(一九一九年七月二十三日)。
③ 见《曹汝霖一生之回忆》,第一五五页。曹这时被安置在北海团城居住;章宗祥出院后,被安置在北海北隅之静心斋居住。

《北京市民宣言》中是这样说的：

> 中国民族乃酷爱和平之民族，今虽备受内外不可忍受之压迫，仍本斯旨，对于政府提出最后最低之要求如左：一，对日外交，不抛弃山东省经济上之权利，并取消民国四年七年两次密约。二，免徐树铮、曹汝霖、陆宗舆、章宗祥、段芝贵、王怀庆六人官职，并驱逐出京。三，取消步军统领及警备司令两机关。四，北京保安队改由市民组织。五，市民须有绝对集会、言论自由权。我市民仍希望和平方法达此目的，倘政府不顾和平，不完全听从市民之希望，我等学生商人劳工军人等，惟有直接行动，以图根本之改造。特此宣告，敬求内外士女谅解斯旨。①

这个宣言虽然还存在着一定的幻想，"希望和平方法达此目的"，但它最后也提出了"直接行动以图根本之改造"的目标，指出了运动的方向。这在当时，还是难能可贵的。

《北京市民宣言》由五四运动中的先进分子于六月十一日到前门外等繁华街道、场所去散发。②《新青年》的主要撰稿人，如陈独秀、李大钊、高一涵等都亲自参加了这次散发活动。陈独秀、高一函等，是到"新世界"游艺场散发的。李大钊等则是到城南游艺园散发的。③

"新世界"游艺场，坐落在前门外珠市口西，香厂路和万明路的交接处。④ 这座游艺场是一位广东商人仿照上海的"大世界"游艺场建造的。

---

① 影印原件。

② 罗章龙答笔者问。又据高一涵回忆说：陈独秀"起草了《北京市民宣言》，大约有十几条。交由胡适，把它译成英文。在夏天的夜里，我同陈独秀一道，到嵩祝寺旁边一个小印刷所去印刷这个《北京市民宣言》。因为这个印刷所是为北大印讲义的，夜里只有两个印刷工人在所内，工人们警惕性很高，把宣言印成后，又将底稿和废纸一概烧得干干净净。我们印完时，已入深夜一点多钟"。见高一涵：《李大钊同志护送陈独秀出险》，《文史资料选辑》第六十一辑，第六一页。

③ 《李大钊传》，人民出版社一九七九年版，第六六页。城南游艺园在今友谊医院一带。又据高一涵回忆说："陈独秀约我们四个人（即王星拱——北大理科教授、程演生——北大预科教授、邓初——内务部佥事）到香厂附近一个四川菜馆子浣花春去晚餐。餐后，陈独秀、邓初和我三人上新世界去散发传单。王星拱、程演生往城南游艺园去散发传单。"见高一涵：《李大钊同志护送陈独秀出险》，《文史资料选辑》第六十一辑。第六二页。

④ 原为宣武区香厂路小学分校，房屋已被拆除。

主楼共四层,①有剧场、电影场、曲艺场、餐馆、茶楼、商店等;在夏季,三、四层上还有屋顶花园。② 陈独秀于六月十一日晚散发《北京市民宣言》,就是在这里的屋顶花园上。

陈独秀散发传单,被反动派的暗探当场逮捕。高一涵回忆陈独秀被捕情景时说:"我同陈独秀、邓初三人到新世界,见戏场、书场、台球场内,皆有电灯照耀,如同白日,不好散发传单。陈独秀同我两人只得上新世界的屋顶花园,那里没有游人,也无电灯。这时刚看到下一层露台上正在放映露天电影,我们就趁此机会,把传单从上面撒下去。那知道,我们正在向下撒传单时,屋顶花园的阴暗角落里走出一个人来,向陈独秀要传单看,陈独秀实在天真、幼稚,就从衣袋里摸出一张传单给那个人,那个人一看,马上就说:'就是这个。'即刻叫埋伏在屋顶花园暗地里的一伙暗探,把陈独秀抓住。我乘着这个机会,急走到屋顶花园的天桥上,探子大叫:'那里还有一个!'我就在此一刹那间,把手中拿的传单抛了,赶快走下去,杂在戏园的观众中,并脱去长衫,丢掉草帽,躲藏起来。转眼看到邓初一人,还在对过台球场内,把传单一张一张地放在茶桌上。我小声告诉他,说:'独秀已被捕。'他还说:'不要开玩笑罢!'正说间,遥见陈独秀已被探子们捉下楼来。陈独秀怕我们不知道他被捕,故意大呼大跳起来,说:'暗无天日,竟敢无故捕人!'"③为此,《新青年》编辑部(即陈独秀住宅)当晚也遭到了搜查。④ 陈独秀被捕监禁了近三个月,李大钊也因此出京到昌黎五峰山躲避了一个时期。陈被释放时,李也已回到北京。在李的帮助下,陈走上海。

思想是无法禁锢的。反动派虽然能够逮捕和监禁散发传单的人,但

---

① 四层之上,还有三层宝塔式的建筑,一九七六年为了防震已拆除。
② 见《晨钟报》一九一八年六月十九日广告。
③ 高一涵:《李大钊同志护送陈独秀出险》,《文史资料选辑》第六十一辑,第六二——六三页。
④ 据当时的报道说:"晚间十二时,有军警百余人,荷枪实弹,兜围北河沿箭杆胡同陈氏住宅,破门而入,陈氏眷属均从梦中惊起,当被搜检持去信札多件。"见上海《民国日报》一九一九年六月十八日第六版。但据警察总监吴炳湘发布之布告,声言:"所派陈宅检察人数不过八九人,提署人员仅十余人,……"见上海《时报》一九一九年六月十七日。

是传单上所宣传的思想却不胫而走。反动派的暴力,只能激起爱国群众的更大愤怒。全国校友会联合会在致徐世昌要求释放陈独秀的电中说:"陈独秀被捕,士林惊骇。持论是否偏激,国人自有公评,不得横加摧残,防民之口,其可得乎?"①北京学生在给警察厅的公函中,指出捕人加罪之举,只能"激动全国学界再起波澜"。② 上海工业协会的通电中,指出:"大乱之机,将从此始。"③许多抗议通电,称这次捕人事件为兴文字狱。章士钊在给北京某要人的电中说:"讵可忽兴文网,重激众怒。"④"试观古今中外,每当文网最盛之秋,正其国运衰歇之候,以明末为殷鉴,可为寒心。今日谣诼繁兴,清流危惧,乃迭有此罪及文人之举,是真国家不祥之象,天下大乱之基也。"⑤

对于陈独秀被捕的原因,李达曾发表《陈独秀与新思想》一文,加以分析说:"陈独秀先生是什么人? 大家都晓得是一个'鼓吹新思想'的书生。北京政府逮捕他是怎么缘故? 因为他是'鼓吹新思想'的缘故。'鼓吹新思想'的书生,北京政府何以要捕他呢? 因为现在的北京政府,是顽固守旧的政府、卖国的政府。陈先生是一个极端反对顽固守旧思想的急先锋,并且还用文字反对政府卖国的行为。他的文字,很有价值,很能够把一般青年由朦胧里提醒觉悟起来。北京政府为了这样,卖国的举动不大方便。所以,忌到这位'鼓吹新思想'的陈先生,想把'莫须有'的事随便戴在陈先生的头上,说是在他家里发见过激派的书籍印刷物。这事并不是真的。要把陈先生做个标本,来恐吓许多鼓吹新思想的一般人。"⑥

广大群众是不会因为反动派的捕禁而沉默下去的。就在曹、章、陆等卖国贼被罢免后不久,一场声势浩大的拒签和约运动,又紧接而起了。

---

① 上海《民国日报》一九一九年六月十五日第十版:《校友会联合会开会纪》。
② 《湘江评论》创刊号。
③ 《湘江评论》创刊号。
④ 《湘江评论》创刊号。
⑤ 上海《民国日报》一九一九年六月二十三日第六版,又见北京《晨报》一九一九年六月二十六日第六版。
⑥ 上海《民国日报》一九一九年六月二十四日《觉悟》。

## 三、中华民国学生联合会的成立

根据运动的发展,各地的学生们感到有进一步组织起来的必要了。

还在六月一日,京、津、宁、沪及留日学生代表即在上海环球中国学生会召集全国学联的筹备会,"议决名称为中华民国学生联合会,并发电各地联合会,请于两星期内各派代表二人来沪,商订章程及办法,再开成立大会"。①

六月十二日,上海人民庆祝三罢斗争的胜利,示威游行,并行开市。

同日,在上海的全国学联筹备会召开常会,"多数以为此次要求,一为外争外交,一为内惩国贼。今外交既未脱离悲观境界,国贼亦止于准免本职,揆诸最初之希望,百未一达"。筹备会在致各省各团体的通电中,指出:"如曹、陆、章辈,实繁有徒,若段祺瑞、徐树铮实为元恶,倘不除恶务尽,虽有华盛顿莫与维新,陈东等之伏阙上书宁有济耶?"②

六月十六日下午二时,全国学联成立大会在上海大东旅馆六楼召开,计到有北京、上海、留日学界、天津、武昌、南京、杭州、济南、嘉兴、松江、崇明、南通、九江、保定、吉林、安徽、宁波、河南、唐山、苏州、扬州等各地代表共五十余人。③

---

① 上海《民国日报》一九一九年六月二日。
② 《时报》一九一九年六月十三日。
③ 根据当时报纸发表的名单是:北京段锡朋、陈宝锷、许德珩、黄日葵、黄炳蔚、罗国烺、罗发组、张伯谦;上海何葆仁、陈伦会、恽震、瞿宣颖、舒志侠(女)、程孝福(女)、陆匀绚(女)、高时侠;日本留学界廖方新、王之桢、凌炳、邹卫、刘振群、盛世才;天津张阳光;武昌蒋元龙、潘德芬;南京郎宝鎏、曹公瑾、吴邦杰;杭州连瑞琦、黄维时、陈中岳、曹烈;济南崔书馨、卓景泰;嘉兴吴乃燮、葛敬庚;松江陈熹、王同福、汤爻、庄居正;崇明王欧、施英;南通罗元恺、潘润夫;九江邓毅;保定吴震寰;吉林吴仁华;安徽常万元、汤志光;宁波张其昀、丁福成;河南李仁荣、李九朝;唐山周易;苏州尤敦信、周承澍;扬州孔庆洙。见《申报》一九一九年六月十七日。但根据许多当事人的回忆,此名单尚不够准确和完整,特别是没有包括会议后来到上海的各地参加全国学联的代表。

除各地学生代表外,参加大会的还有许多来宾,计有教育界人士蒋梦麟、黄任之(炎培)等二十余人;商界人士十余人;工界人士六人;报界人士戈公振等十余人。还有个别外宾,如教会学校的教职员等,也来参加。

许多学生代表和来宾都在这个成立大会上发表了演说,表明了各自的态度。

北京学生代表许德珩在会上强调:"我辈宜去虚荣心而牢守坚忍心。"①

上海学生代表何葆仁说:"中国社会不良,卖国贼必不能止绝。故本会以改良社会、正人心、敦风俗为主旨,当与中华民国终始。"②

教育界代表黄任之强调:"无论何种团体,融洽一致最难,内部一有猜疑,对外即无能力。"③

教育界演说的另一代表蒋梦麟,则宣扬英美的影响,他说:"杜威博士曾劝我辈尝以英文论著送英法美诸国,引动友邦对我中国学生表同情。"又说:"中国学商工各界之活跃,实美国之新感想新精神有以玉成。"④

商界两代表演说,"以任劳与修德两端相勖";工界两代表演说,则希望工界能像学界举行"公开联合大会"。⑤ 报界代表发表演说时也说:"商则应去贵族商会而别成一平民商会,此上海人士之公言也;工则处此万国劳动同盟说盛行时代,我国更应急起直追,俾不至以地位悬殊而见屏于世界各国之劳动界。甚望商工两界亦能早自设备,如我学界之联合开大会耳。"⑥

六月十八日,全国学联召开选举职员会。北京学生代表段锡朋当选为正会长,上海代表何葆仁当选为副会长,北京学生代表陈宝锷当选为评议长。干事长则照章由会址所在地(上海)的学生会评议部选出。

---

① 《申报》一九一九年六月十七日。
② 《申报》一九一九年六月十七日。
③ 《申报》一九一九年六月十七日。
④ 《申报》一九一九年六月十七日。
⑤ 《申报》一九一九年六月十七日。
⑥ 《申报》一九一九年六月十七日。

全国学联成立后,立即号召和组织各地学生,投入拒签和约运动。

## 四、拒签和约运动

工人们在罢免卖国贼的斗争中起了重大作用。他们在拒签和约运动中,继续表现得非常坚决和英勇。他们认为,三罢斗争的目的,不能止于罢免三个卖国贼,"若卖国首领未诛,卖国条约未废,亡国之祸终难幸免"。有的工人大声疾呼:"徐世昌去职难成事实,签字势在必行。签字而山东亡,山东亡而全国随之,亡国大难迫于眉睫,吾同胞忍坐视家国之亡而甘心作奴隶乎!"①

由于五月四日以来人民群众表示的巨大威力,使巴黎和会的中国代表和北京政府对签字问题都不能不有所考虑。但是,北京政府考虑的结果,却认为签字比不签字好:"若竟拒绝签字,不惟有负各国调停之苦心,抑且不啻自绝于国际联盟之保障,各国将来更难过问。"②

北京政府的可耻态度,再一次激起了群众爱国运动的高潮。

由于和约直接牵涉山东问题,因此山东人民在拒签和约运动中特别积极。六月十八日,山东各界联合会决定派出请愿团进京,"不达目的终不返籍,倘政府仍是敷衍,则农人亦将罢耕,以表一致"。③

六月十九日,山东请愿团八十余人到京,代表的团体计有:(一)山东省议会;(二)山东教育会;(三)学生联合会;(四)山东总商会;(五)济南商埠商会;(六)农会等。

六月二十日,山东八十多位代表持以下三条件,向总统府请愿:一、拒

---

① 上海《民国日报》一九一九年六月二十三日。
② 北京政府外交部编:《巴黎会议关于胶澳问题交涉纪要》(一九一九年七月二十二日)。北洋政府内务部档案(一〇〇一)三六六二。
③ 《申报》一九一九年六月二十三日。关于农民参加运动的材料,在山东省长沈铭昌一九一九年七月二日致北京政府的电文中,曾说有数千农民在山东省长公署门前请求拒签和约。参看北洋政府陆军部档案(一〇一一)一八八。

绝和约签字；二、废除高徐、顺济铁路草约；三、惩办国贼。但是，徐世昌拒绝接见，代表们受到卫兵、军警的种种阻挠。反动派的卑鄙措施，更加激怒了充满爱国义愤的各界人民，代表们齐声大呼说："山东之存亡，即吾辈之生死关头，今日如不得见总统要求以相当之保证，则誓死于此，亦不归寓。"①有的报道，还作了这样的描述："各代表无法，只得跪在门外，放声号哭。时适下大雨，一小时后，各代表尽陷于水污泥淖之中，痛哭失声，闻者悱恻。"②在代表们的坚决要求，并"继续伫立数小时之久"的情况下，北京政府不得不答应了"接见"，但是须"改定日期，限定人数"。

六月二十一日，山东全体代表到国务院，并推举五人面见代理国务总理龚心湛（总理钱能训已于六月十三日辞职），提出前述三条件。二十三日，山东代表推举六人面见徐世昌，详细诉说了日本侵略者在山东的暴行，坚决要求实现三条件，并说："起程之际，我东民父老昆季姊妹环跪车站，泣不成声，嘱代表等，请求不遂，不得生还。"③二十五日，山东代表六人再至国务院见龚心湛，要求拒绝签字之保证。

山东代表的请愿活动，使北京及各地人民再一次行动起来。

六月二十七日，北京各界举行联合请愿，参加的团体计有：（一）山东代表请愿团；（二）北京中等以上学校学生联合会代表请愿团；（三）京师总商会代表；（四）留日学生代表，报界代表，基督教代表，陕西学生联合会代表等。各界代表达数百人。同日，天津各界联合会也派了十位代表（包括女界同志会代表二人）到京，参加了联合请愿的活动。

联合请愿的代表们，推举了十人（一说十一人），面见徐世昌。但徐又拒绝，只派了一个教育部的次长接见。反动派这种敷衍的态度，当然不能满足群众的要求，学生和各界代表们守候在门前坚持不散。直到六月二十八日，徐世昌才被迫接见了十位代表。但是，徐的答复仍然含混，"各代表出新华门报告。在外之各代表，则多认为答复不切实，颇不满意"。④

---

① 《时事新报》一九一九年六月二十三日。
② 《国民公报》，《五四运动在上海史料选辑》，第四六二页。
③ 《申报》一九一九年六月二十七日。
④ 《上海罢市救亡史》，《五四爱国运动资料》，第六一〇页。

## 第十二章 人民的胜利

当山东、北京各界代表联合行动的时候,上海各界人民也积极配合。

六月二十一日,全国学生联合会和上海各界各团体集议,表示一致反对和约签字,除发表对内对外宣言,各团体还向和会的中国代表拍发了要求不签字的电报,电文中说:"如或违背民意,不保留青岛及山东主权而签德约者,当与曹、章、陆同论。"①

六月二十七日,全国学联和上海各界人士以签约时间将届,纷纷集于沪西公共体育场,召开了拒签和约的万人大会。各地的学生代表和上海各界代表纷纷发表演说,并以上海学商工报各界大会名义致巴黎的代表:"务请抵死坚持,否则国人必有以待公等。"大会还向全国发出通电,号召速开国民大会。七月一日(这时,巴黎中国代表拒签和约的消息,尚未传来),上海各界闻听和约签字,于是又召开了有十余万人参加的国民大会,示威游行,学生们和各界代表愤激地提出了各项拒约救亡的主张,一位工界代表在大会上说:"救国必须从根本解决,就是要推翻卖国政府。因卖国政府一天存在,他可以在外交上、内政上活动订约借款,压迫国民,为所欲为。故国民必须另起炉灶,组织新政府。"②

除山东、北京、上海外,其他许多地区也都展开了各种形式的拒签和约的斗争。在巴黎的中国代表就曾收到团体或个人拍发的七千通拒签和约的电报。③

巴黎的中国代表们,不仅受到国内群众爱国运动的巨大压力,还受到中国留法工人④和学生的直接牵制。

六月二十八日,为巴黎和约签字之日。中国代表住所为工人和学生所包围,因此被迫不能赴会签字。这一过程,以下两种记载都可说明。

《时事新报》七月六日载:"据说二十八日那一天,各专使的寓所满被

---

① 《新闻报》一九一九年六月二十五日。
② 《时事新报》一九一九年七月二日。
③ 《每周评论》一九一九年七月六日。
④ 留法工人是从一九一六年开始被招募去的。一九二二年四月二十六日法国国防部长致美国劳工统计局的备忘录,提出下列细节:华北华工三一四〇九人,华南华工四〇二四人;上海的技工一〇六六人;香港技工四四二人;总共三六九四一人。参见陈翰笙主编:《华工出国史料》第四辑,中华书局一九八一年版,第八九页。

— 355 —

侨法的中国工人和学生围住了,不准专使出门,扬言如果出门,当扑杀之。吾们(指工人学生)已预备了:每一个专使的命用三个人的命去偿他。这预备偿命的人已开了名单,不管要出门的专使是被谁打死的,这预备偿命的人总去偿命。因此专使不敢出门,二十八日未曾列席,这与官电的报告都说二十八日专使没有出席,是很近似的。"

《民国日报》七月七日载:"至德代表莅法之日,我国旅法华工万余人纷纷集议,向各专使请求拒绝签字。翌日(即全约签字之日),旅法华工集合至三万余人,奔走呼吁,其结果则我国专使声明山东不保留,和约不签字云。又据其使馆之消息,尚谓华工曾经将专使寓所包围,以致专使等不能赴会签字云云。"

以上两种记载,细节虽略有出入,但大体相同,代表被迫不能赴会签字,是一致的。证之陆征祥等在给北京政府的密电中也说"详审商榷,不得已当时不往签字",①群众给予代表团以压力的说法基本可信。

中国代表团在拒绝签字后,还发表了一个宣言,其中写道:"与其承认违悖正义公道之第一百五十六、七、八三条款,莫如不签字。中国全权之此举,实出于不得已,惟于联合国团结上有所损失,殊觉遗憾。"②

不管这些代表们怎么"遗憾"吧,和约总算是拒签了。这是中国外交史上的空前事件,也是一切侵侮、轻视中国的帝国主义者,所万万没有想到的。

# 五、人民群众是历史的主人

从五月四日北京学生运动的爆发,经过六月五日三罢斗争的实现,到

---

① 北洋政府内务部档案:《巴黎会议关于胶澳问题交涉纪要》之第三部分《对德和约中国专使拒绝签字之情形》。顾维钧在回忆中也讲到了群众给予代表团的压力情况,参见《顾维钧回忆录》(一),中华书局一九八三年五月版,第二〇七页。

② 《六十年来中国与日本》第七卷,第三六七页。

六月十日曹、章、陆的被免职,再到六月二十八日和约的拒绝签字,作为五四爱国运动来说,是可以告一段落了。

当然,斗争仍然没有结束,中国反帝反封建的任务并没有完成。但是,作为五四爱国运动的直接目标来说,即拒绝签约,挽救山东于危亡,却不能不说取得了伟大的胜利。

这场史无前例的群众运动,告诉了我们一些什么呢?

第一,人民群众是历史的主人。五月四日的游行示威,学生们提出了打倒曹、章、陆等卖国贼的口号。反动派虽然对学生施行了逮捕、监禁等各种暴力手段,但终于制止不住强大的群众革命洪流,而被迫罢免了三个卖国贼。正如毛泽东在《民众的大联合》中指出:"陆荣廷的子弹,永世打不到曹汝霖等一般奸人;我们起而一呼,奸人就要站起身来发抖,就要舍命的飞跑。"[1]《巴黎和约》是世界上几个最大的帝国主义国家起草制定的,过去,中国的卖国政府,对这类条约,是从来不敢置一言的。但在群众的压力下,中国代表竟然拒绝在《和约》上签字,这在历史上确实是空前的,为一切帝国主义者所震惊。没有强大的群众革命洪流,这也是做不到的。实践充分证明了:"人民,只有人民,才是创造世界历史的动力。"[2]

通过实践斗争,人民群众的觉悟大为提高,感到了自己解放自己的真理。李大钊在七月十三日出版的《每周评论》中指出:"真正的解放,不是央求人家'网开三面',把我们解放出来。是要靠自己的力量,抗拒冲决,使他们不得不任我们自己解放自己。不是仰赖那权威的恩典,给我们把头上的铁锁解开,是要靠自己的努力,把他打破,从那黑暗的牢狱中,打出一道光明来。"[3]

第二,在运动期间,北洋陆军第三师师长吴佩孚在给北洋政府大总统徐世昌的电中说:"防民之口,甚于防川,川壅而溃,其伤实多。"[4]吴佩孚是倾向英美派的直系军阀,和亲日派的皖系军阀是有矛盾的,他向徐世昌

---

[1] 《湘江评论》第二号,一九一九年七月二十一日。
[2] 《论联合政府》,《毛泽东选集》第三卷,人民出版社一九九一年版,第一〇三一页。
[3] 《真正的解放》,《李大钊选集》,第二二六页。
[4] 中国第二历史档案馆藏:〔北洋政府内务部档案(一〇〇一)三四四〇〕。

发此电文,当然有自己的目的,但是,"防民之口,甚于防川",这几句话是说得不错的。北京总商会六月七日在给北洋政府的呈文中说:"水能载舟,亦能覆舟,民气之奋发,诚未可遏塞而致使溃决。"这几句话说得也是不错的。反动派企图用刺刀、皮鞭、监禁,来封住人民的嘴巴,其结果是,捕一人而千百万群众起,压一地而全国运动兴。革命洪流冲决堤口滚滚而来,使反动派面临灭顶之灾。

第三,镇压群众运动的人绝没有好下场。五四运动的历史事实,充分证明了这一点;以后的无数次的历史事实也都充分证明了这一点。试看,曾经镇压过群众运动的军阀们,后来又如何了呢?

# 第十三章
# 对鲁案、闽案的声援
## ——五四爱国运动的延续

## 一、马良最无良

从北京五月四日的学生游行,到六月二十八日巴黎和约的拒绝签字,运动是可以告一段落了。七月二十二日,全国学生联合会发表终止罢课宣言:"一俟秋高气爽,各校循例开学。"①但是斗争远远没有结束,随着各地惨案的不断发生,群众运动又不断掀起高潮。一九一九年下半年内,影响较大的有山东惨案(八月)和福建惨案(十一月)以及全国各界对这两次案件的声援。

山东是皖系(军阀)和安福系(政客)控制的地盘,山东督军张树元、二师师长兼济南镇守使马良,都是段祺瑞的心腹大将。八月间,安福系的屈映光又接任山东省长,据当时报载:"安福为媚日起见,拟将鲁省各官缺尽揽归该派所有。据最近消息,屈映光已允将该省各现任知事一律更动,悉以曾经留学日本人员代之,以便于对日亲善,据说此即安福许屈为

---

① 《时报》一九一九年七月二十三日。

鲁省长之一条件。"①

济南市有一家《昌言报》,是安福系的喉舌。五四运动爆发后,除日本办的《济南日报》为日鼓吹外,济南的其他报纸(如《大东日报》《民政日报》《齐鲁日报》等)都对群众爱国运动表示鼓励和支援。唯独《昌言报》唱反调,对运动加以攻击,骂学生是"狂热",并主张军政当局对学潮应予武力镇压。《昌言报》的反动言论,激怒了爱国群众。七月十八日上午九时,济南学、商、工、农以及市民共约千余人,在省议会召开各界联合救国大会。会后,群众齐奔《昌言报》馆,将其主编、经理等一一缚住,背插亡命旗,上书"昌言报馆卖国贼×××",游街示众,最后送至省长公署、审判厅请求依法处理。不过,当日下午四时,审判厅即将他们取保释放了。

《昌言报》事件,触怒了反动派。七月二十二日,山东督军张树元,以学生强据省议会开会、驱逐议员和群众结队捣毁《昌言报》为借口,特专电北京政府请颁布戒严令,说什么"遵照戒严令,取缔一切,并派兵驻护省议会,……倘再有聚众扰乱,肆行无忌者,应请准按照戒严法随时办理",②等等。二十五日,北京军阀竟无理宣布济南戒严,并委任济南镇守使、第二师师长马良为戒严司令。

杀人不眨眼的刽子手、丧尽天良的马良,上任之后,立即派兵捣毁山东回民外交后援会,捕去会长马云亭及爱国积极分子朱春祥、朱春涛三人。

马云亭是济南正觉寺街保安堂药铺坐堂先生,朱春祥是清真寺北大寺理事,朱春涛是春祥的胞弟。他们三人都是回民,被捕后受刑很重,并在八月五日都被枪杀。他们在赴刑场的途中曾大声疾呼:"我三人此次纯系爱国举动,提倡国货,抵制外货,犯何法律?竟将我枪毙,实为我民国富强前途大有阻碍。"③当时沿途观众,听到他们的讲话,都报以热烈鼓

---

① 上海《民国日报》一九一九年八月二十三日。
② 北洋政府陆军部档案:《张树元镇压人民爱国运动无故请求戒严致总统等电》(一九一九年七月二十二日)。
③ 《时报》一九一九年八月十日。

掌,表示同情和支持。这三人被捕时,曾有回民马某,前去探监,也被拘留,并曾陪决,事后因此精神失常。马良还亲自率领拳术队到西关回民聚居区巡查,发现回民骂他的标语或漫画时,即乱劈乱砍。

马良在杀害马云亭等三人后,还洋洋得意地说:"我是回人,先从自己开始,杀几个回人给大家看看!"

接着,马良又到各学校召集学生训话,大言不惭地说:"我是拥段(祺瑞)的,段先生参战有功,谁若反段,就是我的对头。"他还说:"谁反对我,就逮捕谁。国家大事用不着你们管……不好好念书,这是造反……"当他讲到这里的时候,便有学生纷纷起来反驳:"我们是受良心的驱使!""是中国人就应该爱国,试问爱国有罪吗?"马良被问得恼羞成怒,立即命令大刀队,痛殴质问的学生,①结果引起全体学生的反抗。

## 二、北京的请愿斗争

马良的滔天罪行,不仅激起山东学生和各界爱国人士的仇恨,也引起了全国人民的公愤。还在八月四日,全国学生联合会就致电国务院,要求取消山东戒严令,电中说:"山东无故宣布戒严令,借端蹂躏人权,压抑民气。……请立饬山东撤销戒严令,并对于该省长官颠顸之举,即予查办,以维人权,而伸国纪。"②

由于天津爱国运动不断高涨,而且又接近山东,所以山东的爱国斗争首先得到那里的声援。为了要求取消戒严令和惩办马良,山东学生及各界代表,联络天津各界代表郭隆真等人,去北京请愿。他们到北京后,又联络了那里的学生代表和唐山、良乡、山海关等地的在京代表,于八月二

---

① 马良痛殴学生的情况,除回忆材料外,参见《时报》一九一九年八月十日的报道:《鲁学生联合会之请愿》。

② 《时报》一九一九年八月八日。

十三日至总统府请愿,①要求取消戒严令,撤换马良并治以应得之罪。但是,徐世昌不仅拒不接见,反而调动大批军警将请愿代表多人②拘入警厅。

捕去一人,激起千人。

第一批山东代表捕进去,第二批请愿代表又来了。这批请愿代表,积极展开宣传活动,到处散发传单,揭露马良暴行。传单有多种,文字简短有力,北京街道的行人,在看到这些传单后,都非常撼动。有一张传单诉述请愿代表被捕,全文是:

取消山东戒严令!

惩办马良!

这两件事,是北京、天津、济南、唐山等处的代表向总统请愿的。总统不但不见,反把代表等一帮囚在警厅里!一帮困在新华门前。

啊!只许卖国的官吏横行,不许小百姓爱国!

大家快起来想法吧!③

还有一张传单,揭发马良和反动政府的罪行,全文是:

请愿!请愿!要大家发点天良!救山东同胞!救自己!

山东镇守使马良,原是武人,不能尽他的天职,护卫国家,反倒干涉行政、司法、外交,现在甚至恃借其势卖国,妄杀无辜,殴辱学生,禁止国民提倡国货,竟公然说道日本卖给他军械,是他的恩人,中国要和日本合并等等荒谬极了的话。这样看来,政府不但不惩戒于他,还要信重他,用戒严令箝制人民的口,又拘留这一次的请愿代表,这不是政府竟想叫山东人民无声无息的做日本奴隶么?

---

① 北洋政府内务部档案:《王光宇关于山东请愿代表被捕又有学生来新华门请愿的报告》(一九一九年八月二十七日);又见《天津学生联合会报》:《天津女代表痛哭陈词于上海》(一九一九年九月十三日)。

② 这次被捕人数,各种记载不一。北京《公言报》八月二十四日的记载是男二十八人,女六人;《东方杂志》第十六卷第十号的记载是二十余人;北京《国民公报》八月二十五日的记载是三十八人。

③ 北洋政府步军统领衙门档案:《王光宇关于山东请愿代表被捕又有学生来新华门请愿的报告》(一九一九年八月二十七日)。

## 第十三章 对鲁案、闽案的声援

诸位呀！时急矣！事迫矣！大家快起来，求政府中人发点天良吧！①

反动政府是不会自动发"天良"的，只有靠人民群众坚持不懈的斗争。

天津学生联合会和女界爱国同志会，是估计了这次请愿的艰巨性的，并作了代表可能被捕的准备。当北京请愿代表被捕的消息传到天津的时候，周恩来向学联的干部指出：这正是继续加强爱国运动的时机，用不着惊慌紧张，依照计划进行就是了。被捕，只要经得起考验，不算什么！但营救他们，是我们的责任！周恩来又在天津学生报社联合会召开的临时会议上，报告了请愿的经过，并指出：当前应把注意力集中到请愿斗争上来，必须进一步唤起民众，联合斗争……

当《天津学生联合会报》关于京津请愿代表被捕的《号外》出现在天津街头的时候，全市沸腾起来了，群众愤怒声讨卖国政府，上千人要求参加赴京请愿斗争。八月二十五日，天津组成了几百人的队伍，分批赴京。二十六日，北京、天津两地学生共三四千人，向总统府进发。同日，以"北京天津济南山海关唐山芦台烟台等处各界联合会"名义散发的传单中说：

政府压迫人民，吾们各界的代表，用最后的手段，把牺牲的精神，要求政府的觉悟。吾们第一次的代表三十八人，已经拘在警厅。今日早晨，吾们第二起代表，又向新华门进发。可是政府压迫的方法更高明了，竟把新华门做拘留所。吾们各界的代表，只许出不许进口，并且吾们的女代表连大小便都不许，你想这等的压迫是人还能忍得住吗？吾们第三起的代表，去赴第一、第二起代表的难。简单的说几句话，报告大众知道，要求吾北京市民的同情。吾们全体负这责任，誓以最后的牺牲，唤起政府已死的良心。②

---

① 北洋政府步军统领衙门档案：《王光宇关于山东请愿代表被捕又有学生来新华门请愿的报告》（一九一九年八月二十七日）。

② 北洋政府督办边防（参战）军训事宜处档案：《陈兴亚关于京津等处代表在新华门请愿情形的报告附爱国传单》（一九一九年八月二十六日）。

## 三、天安门风波

京、津等地学生代表二十六日在新华门前的请愿并没有达到目的,二十七日又等了一天,也没有达到目的。虽然有总统府的顾问和国务院的秘书出来接谈过,但他们只是强调请愿手续不合,总统不予接见,让把请愿书交他们代递。代表们虽和他们数度辩论,但犹如对驴弹琴,说不通。二十七日当晚,学生们听说总统不走大门而走后门了,于是大家决定第二天(二十八日)分兵三路:一路仍在新华门,一路到西辕门,另一路到国务院。

十八日早十时,北京各校代表一千余人和天津等地代表汇合后,即分头出发。队伍一边前进,一边高呼:"惩办卖国贼!""惩办马良!""解除山东戒严!""抵制日货!""收回青岛!""取消二十一条!"代表们气宇轩昂,口号声回荡红墙,沿途市民蜂拥而至,报以同情;军警们则林立两列,监视、恐吓。代表们还沿途讲演,说明这次请愿的经过和要求,激励北京市民发扬爱国精神,共同奋斗。

但是,各路代表不仅仍然没有达到目的,却招来了反动军警不少。军警接踵而至,荷枪实弹,其势汹汹,如临大敌,企图劫持学生代表。

下午四点多钟,各路队伍又回到了新华门,但是这里的代表已经被反动军警欺骗、驱赶到天安门内了。① 于是三路的代表们又到天安门去汇合。②

---

① 据反动派八月二十八日的情报中说:"今早十二时在新华门见军警向各代表宣言,总统令大家齐赴天安门,自有相当办法,该代表等允许男代表二百余人,女代表十余人,由军警押赴天安门内,当由军警将门把住,不准出入。"见北洋政府步军统领衙门档案:《王光宇关于新华门请愿代表被军警骗到天安门内不准出入的报告》。

② 据反动派的情报说法是:"官兵辅助警察厅,先后将西苑门、福华门、国务院前新华门等处各代表并各校学生全行逮捕,护送至天安门内。"北洋政府步军统领衙门档案:《富连瑞关于津、京各界联合会代表为取消山东戒严令并惩办马良请愿被镇压经过的报告》(一九一九年八月二十九日)。

## 第十三章　对鲁案、闽案的声援

代表们在天安门内仍然坚持斗争。他们发现被欺骗以后,即作了长期斗争的准备,并公开演说宣布:"我们大家既等许久不见宣布,他们就算诓骗我们了,我们又受他们愚弄了。为此,我们当想一个长久的法子。我们现住天安门,现改为天安村,尤宜组织宣讲股在外演说,交际股接待外宾,编辑股录事登报,汤调股服侍病人,游行股传达信息,另有总务股,直辖各股,以维持秩序。"这个演说的意见,得到一致鼓掌赞成。①

夜幕降临以后,丧心病狂的反动派,指挥军警手持长枪刺刀,向代表们横扫乱打。结果,许多代表被打伤,有的代表被逮捕。一名叫郭友三的唐山代表,因受伤过重,回去后不久便逝去了。接着,反动派又千方百计逮捕了这次请愿斗争中的指挥者之一,天津代表马骏。

由于天津代表在这次请愿斗争中起了主要作用,而天津学联副会长马骏又在这次请愿中起了指挥作用,所以反动军警指名要逮捕马骏。代表们为了掩护马骏,曾和他掉换了服装。九点多钟,劳累而又饥饿的代表们,在天安门内静静地坐着,反动军警们拿着灯挨个在人们的脸上晃来晃去,也未能找出要找的人来。据反动派写的现场报告中说:"先由警察士兵等齐捕马骏,马骏即挤入人丛中不出,学生有持木棒者即行乱殴警察,警察亦还击,在天安门内循环三周,亦未拿获马骏。"②

一小时后,反动军警搬来了大汽灯,把天安门内照得如同白昼。深夜十二点钟后,大汽灯还在不断地增加着。代表们一个一个地被架出大门口,详细盘查,结果马骏被捕了。问到马骏的时候,他毫不隐讳地说:"我是马骏!"反动军警立即逮捕了他。

但是,反动派的逮捕并未能压服群众。八月三十日,学生们仍然在北京街头发表演说和散布传单。前门外一带的演说者当众表示:"他(指反动派)押一个,我有十个,他杀十个,我有一百个,我们是不怕他的。"③

---

① 前揭北洋政府步军统领衙门档案:《王光宇关于新华门请愿代表被军警骗到天安门内不准出入的报告》。
② 北洋政府步军统领衙门档案:《杨华俊等关于在天安门逮捕学生代表马骏强行解散请愿队伍经过的报告》(一九一九年八月)。
③ 北洋政府步军统领衙门档案:《王光宇关于北京学生因军警拘捕马骏等开会研究对待办法并上街演说的报告》(一九一九年八月三十日)。

为了推动请愿斗争的顺利发展,营救全体被捕代表,周恩来亲自到了北京,他一方面鼓舞大家的斗志,一方面领导大家积极开展营救活动。周恩来等学生代表们动员了几千学生,分别包围了北京、天津的警察厅。在广大群众的爱国运动压力下,在各界人士(如南开学校校长张伯苓等)的营救、保释下,反动政府不得不在八月三十日释放了被捕的全部代表。

被捕代表回津后,受到热烈欢迎。"各界往车站欢迎者,途为之塞,游行街市,直拥商会开欢迎会。"①

## 四、觉悟社的诞生

一九一九年九月二日,从北京到天津的火车飞驰着,车中坐着周恩来、郭隆真和被释放的天津代表们。他们一面从列车的窗口瞭望着祖国的大地,一面在思索着和谈论着如何拯救这被帝国主义、封建军阀的铁蹄所蹂躏的破碎河山。当谈到今后如何活动时,郭隆真认为天津学生联合会女界爱国同志会应该更紧密的合作,成为天津爱国运动的核心。另一位女界爱国同志会的代表则提出,女界爱国同志会应该加入天津学生联合会,以壮大学联的阵容。周恩来除同意以上的意见外,还进一步提出了两点建议:第一,除了把两个组织合并外,还要把这两个组织中的骨干分子结合在一起,另组一个强有力的核心小组来推动各项斗争和工作;第二,由两会各推若干人办一个刊物,来指导运动的方向,并向广大爱国同胞宣传我们的主张。周恩来的这个建议,得到了全体代表的一致赞同。

一九一九年九月十六日,觉悟社这个核心组织在天津草厂庵学联会内诞生了。男女社员各半,男社员有周恩来等十人,女社员有郭隆真等十

---

① 北洋政府内务部档案:《天津警察厅检送"天津学生联合会报号外"致内务部呈文》(一九一九年八月三十一日)。

人。十个男社员中,有七个是南开中学和南开大学①的学生,一个高等工业学校的学生,一个第一师范的学生,一个北洋大学的学生,他们或是学联会的正副会长,或是《会报》的主编,或是学生运动中的骨干。十个女社员,都是女子师范的毕业生和学生,也都是女界同志会的负责人或骨干。邓文淑(邓颖超)是年龄最小的社员,当时是学联的讲演部长。

周恩来是学生运动的领袖。在筹办中,天津学联和女界同志会的负责人,便都推周为觉悟社的领导人,但他谦虚地不肯担任,表示应该平等的轮流负责。可是,每次开会,社员们都推他为主席,虽然总要经过一番推让,但推让的结果,最后大家还是异口同声地说:"还是翔宇②来吧!"

由周恩来提议,觉悟社的成立大会上,通过了一个方案,其要点是:

(一)用白话文,出一种不定期的小册子;

(二)本"革心""革新"的精神,以"自觉""自决"为主;

(三)这个小册子定名为《觉悟》,主办这个小册子的团体就叫"觉悟社";

(四)内容:甲、通过共同研究发表主张,乙、批评社会生活,丙、介绍名人言论,丁、灌输世界新思潮。

"觉悟社"成立后,通过了许多创造性的决议,如:

决议规定组织机构采取委员制,把社内工作分成几类,大家分工负责。

决议规定新社员的入社,必须有社员三人以上的介绍,经全体社员同意。还通过了女社员的这一提议:发展社员时必须男女各一,以保持社内男女平等的人数。十月二十一日和十二月二十一日两次通过的新社员,都是一男一女,就是根据这一决议实行的。后来因为请求入社和社员介绍的新社员多起来了,又改用一种"社友"的办法。一九二〇年一月,第

---

① 一九一九年九月,南开学校设立大学班,自此才分称南开大学和南开中学。据南开大学《历届学生毕业册》,注明周恩来于"民国八年九月入学",注册号为六十二号。当时第一期学员共九十六人,凡南开中学毕业后升入大学者,不用考试。

② 周恩来,字翔宇。

一批通过了"社友"十人,也是男女各半,黄正品①就是当时通过的"社友"之一。

决议规定"社员用抽签办法决定代表个人的号数,代替各人对外的姓名"。抽签的方法是用五十个号码,各人抽一个,再用这个号码的谐音取一个别名,用以通信或作笔名。邓文淑抽的是一号,因此,她别名"逸豪";周恩来抽的是五号,因此,他别名"伍豪"。

在第一次的会议上,周恩来还提议邀请北京的进步学者,如李大钊等,到天津讲演,灌输新思潮。这项提议,得到大家的一致赞同。

九月二十一日,即觉悟社成立后的第五天,李大钊被邀请到天津来作学术讲演,并被邀请到觉悟社谈话。在觉悟社,李大钊看到这些年轻有为的男女青年,共处一堂,议论国家大事,感到非常高兴。他认为,这是中国历史上的创举。"五四"当时,还是男女分校的,北京大学的学生到女高师去发动,还要和女校代表各坐会客室的两头,由学监坐在中间加以监视,②因为孔夫子说过"男女有别,授受不亲"么!现在觉悟社的青年们,却以行动把孔夫子的封建教条粉碎了,这如何不使人振奋呢?李大钊对觉悟社的活动,如办刊物等,都非常赞许。李回到北京后将天津的情形加以介绍,北京的学生们都非常羡慕。

李大钊到觉悟社谈话,他那朴素、慈祥、谦虚而亲切的态度,给社员们留下深刻的印象。他走后,社员们朗诵了他在《新青年》上发表的几篇文章,特别是《庶民的胜利》《布尔什维主义的胜利》《战后的妇人问题》《我的马克思主义观》等,受到了很好的马克思主义教育。

李大钊在和"觉悟社"的谈话中,特别强调了男女平等的问题,主张应把女子当成"人"看待。女社员们听了,非常感兴趣。有几个女社员,

---

① 黄正品,即黄爱,当时在天津高工读书,曾参加天津各界联合会代表团到北京的第四次请愿,在北京警察厅被拘禁了四十天,表现很好。后任湖南劳工会书记,一九二二年一月十七日,在长沙纱厂工人罢工运动中,被军阀赵恒惕杀害。

② 据许德珩谈话记录:"我记得当时去和女师联络的情况,当时学生代表到女高师去运动她们。在会客室里,男女宾主各坐(有三间大的)房里两头,中间坐着女师的学监,当场监视,谈话声大违犯学校规则,声音小了又听不见,结果没联络成功。"见中国社会科学院近代史研究所藏打印材料。

长期反对把女性第三人称写成"她",而主张用"伊"来代替。

除李大钊外,钱玄同、刘半农等,也到过天津来讲演,也曾到觉悟社来谈话。他们有的是被邀请来的;有的则是在听说天津男女学生合室办公后,特别来参观的。

一九二〇年一月,《觉悟》第一期出版了,封面题字上刊印着醒目的五角星,说明马克思主义的光辉照亮了他们前进的道路,促起了他们的觉悟。

在这本大三十二开、一百余页的杂志中,《觉悟》和《觉悟的宣言》是两篇纲领性的文字,都为周恩来所写。《觉悟的宣言》指出:"我们中国自从去岁受欧战媾和的影响,一般稍具普通常识的人,也随着生了一种很深刻的'觉悟';凡是不合于现代进化的军国主义,资产阶级,党阀,官僚,男女不平等界限,顽固思想,旧道德、旧伦常……全认为应该铲除应该改革的。"①

周恩来在一九一九年四月所写的《游日本京都圆山公园》《四次游圆山公园》《雨中岚山——日本京都》《雨后岚山》等几首新诗,也都登在《觉悟》第一期上。

> 潇潇雨,雾蒙浓;
> 一线阳光穿云出,愈见姣妍。
> 人间的万象真理,愈求愈模胡;
> ——模胡中偶然见着一点光明,
> 真愈觉姣妍。②
>
> 登高远望,
> 青山渺渺,
> 被遮掩的白云如带;
> 十数电光,射出那渺茫黑暗的城市。

---

① 《觉悟》第一期。
② 《雨中岚山——日本京都》(一九一九年四月五日)。

此刻岛民心理,仿佛从情景中呼出:

元老、军阀、党阀、资本家,……

从此后"将何所恃"?①

这些明快、清新而又寓意深刻的字句,读来十分感人。

总之,天津觉悟社的成立和它出版的《觉悟》,在北京及全国各地引起了很大反响。当时的北京《晨报》,对觉悟社加以评论说:天津的许多青年学生团体,"由纯粹的分子来结合而具有特别色彩的,确是微乎其微了,记者敢对诸君说,天津只有一个这种的团体,可以说是天津的小明星","这团体就是'觉悟社',该社产生了三个月,会员是天津学界中最优秀、纯洁、奋斗、觉悟的青年结合的小团体","他们抱了时时觉悟、刻刻觉悟的决心,所以叫觉悟社"。②

## 五、十月的斗争

八月下旬北京"总统府"前的请愿斗争,没能达到目的,山东人民很不甘心。九月下旬,山东学、教、农、商各界又在酝酿晋京请愿。当时返国的华工(第一次世界大战期间赴欧的华工,山东人居多数)也积极参加活动,这引起了反动当局的极大恐惧。反动政府三令五申,使华工一律回原籍,并派人暗中破坏、阻挠各界代表的再次晋京请愿。但是,有志者事竟成。代表们终于通过各种渠道和天津等地取得了联系。

觉悟社成立后仅两天,就迎接了山东来的一个秘密代表团。代表团共六个人,他们都是济南、青岛、烟台等地爱国团体推选出来的。他们要求天津各界联合会邀集各省区代表到北京为山东问题再来一次大请愿。为此,天津学联电请上海全国学联出名约集,并派出代表和山东代表一同

---

① 《雨后岚山》(一九一九年四月五日)。
② 《现在的天津》,北京《晨报》一九一九年十一月二十五日。

到了上海。在他们的提议下,上海全国学联邀集各团体代表开了一个联席会议,大家约定号召全国各地派代表到天津集合,讨论行动计划。

九月二十日,各地代表在天津集合,除湖北代表施洋等二人因故未能赶到外,计到有上海、南京、天津、烟台、青岛、济南、蓬莱、黄县、河南、长辛店、通县等地的代表共三十一人。九月下旬的三个夜间(均在十二时以后),这些代表们在天津法租界一个教堂的地下室内先后开了三次秘密会议,讨论了晋京请愿的内容和具体步骤。

九月三十日,北京东城米市大街的青年会内,发生了一场争论。原来,各地代表进京后,想约请北京学生共同行动,因此邀请了北京学联代表在这里开会。可是,这时把持北京学联的负责人是张国焘,他在会上公开表示请愿不会有什么结果,主张北京学联不参加这一活动,并具体地说,北大、清华都不参加。因此,各地代表和他展开了争论,其中争论最激烈的是黄正品(黄爱)。张国焘说:"学生无盾。"黄正品慷慨陈词,据理以驳,并拍着自己的脑袋说,担保天津全体学生誓作后盾。结果,这次会议不欢而散。由于张国焘的破坏,北京学生没有能参加这次斗争,上海学联的一位代表也宣告退出了。①

十月一日上午八时,各地的三十一位代表②在中央公园集合后,即向新华门总统府进发。于是,又一次的请愿活动开始了。③ 这次请愿的五项要求是:(一)山东主权未恢复之前,不得补签德约,及与日本直接交涉;(二)取消二十一条件及军事协定,高徐、顺济、满、蒙四路条约,胶济

---

① 关于这次会议的地点,据当时与会者张静庐回忆,是在米市大街青年会内(见《五四运动回忆录》,第六〇页);但据另一与会者冯复光的回忆,是在沙滩马神庙,待考。

② 根据请愿代表宣言书所签署的名单,计:上海各界联合会代表三人;南京各界联合会代表一人;济南各界联合会代表三人;蓬莱国民联合会代表一人;蓬莱学生联合会代表一人;黄县学生联合会代表二人;山东学界联合会代表一人;河南各界联合会代表二人;豫西各界联合会代表一人;豫西学生联合会代表二人;天津各界联合会代表八人;宝坻县各界联合会代表一人;长辛店救国十人团代表二人;通县学生联合会代表二人;山东女学生联合会代表一人。见北洋政府内务部档案。

③ 这次请愿活动,天津代表称为第四次进京请愿:第一次是一九一九年六月二十七日(拒签和约);第二次是八月二十三日(声援山东,惩办马良);第三次是八月二十八日(要求惩办马良和释放被捕代表)。但就全国来说,这次请愿活动亦可称为第三次。即六月、八月、十月,各一次。

路换文与各种密约,以保主权;(三)要求外交公开,及言论、集会、出版之完全自由;(四)解散安福俱乐部,以清乱源;(五)惩办马良、张树元,并取消山东戒严令。①

当时的新华门(总统府)外,还有一道铁制的栅栏,里边设有全副武装的卫队防守。当代表们从东辕门进入铁栏以后,东西辕门就被立即关上了。这时,周恩来率领的一队学生,也从天津赶来了(天津的请愿代表是郭隆真等),他们被阻在铁栏的外边。里边请愿的代表在传达处一直等到下午三时,才走出一个名叫曾彝进的参议,敷衍塞责,传出:"大总统谕:政务殷繁,不暇接见,如有文书,尽可交收发呈递,劝令散归。"②这一传谕当然遭到代表们的拒绝。这位头顶已秃、戴着深度近视眼镜的曾参议,进出往复三次,都被代表们顶回去了。

当代表们准备冲进去的时候,总统府的大门忽然关闭了。反动派的恶劣态度,使代表们气愤已极,天津代表郭隆真站立在新华门前东边的石狮子上大声呐喊:"徐世昌为什么不见我们?"一呼百应,此起彼伏,铁栏外围观的人群报以热烈的掌声。八点钟左右,正当代表们已经感到饥饿的时候,周恩来率领的天津学生送来了面包点心,增强了代表们的斗志。

夜里十点左右,警察们开始捕人了。警察头子一声令下:"抓起来!"马路上的电灯也突然熄灭了。黑暗中,反动军警如狼似虎地拥上来,把代表们压缩在一个狭小的圈子里,然后几个警察架着一个代表,奔向警察厅、宪兵司令部、侦缉队等处而去。代表们沿途高呼:"惩办马良!""反对日本强占山东!""拒绝直接交涉!"

反动派很想找出代表中的为首之人。但当警察总监吴炳湘正式开堂分别提审代表,讯问"这次请愿,是谁主使?"时,代表们都斩钉截铁地说:"爱国出自本心,并非由于别人主使!"众口一词,吴炳湘毫无办法,只好拍桌乱骂。

---

① 请愿代表宣言书。见北洋政府内务部档案:《京师警察厅关于各省赴京请愿代表被捕的呈文》(一九一九年十月四日)。

② 请愿代表宣言书。见北洋政府内务部档案:《京师警察厅关于各省赴京请愿代表被捕的呈文》(一九一九年十月四日)。

## 第十三章　对鲁案、闽案的声援

代表们在狱中受着非人的待遇。如关押黄正品等九人的侦缉队(在天桥鹞儿胡同)"囚房,看去很像一座座阴森森的地狱,里面又黑又臭,脏不可言"。当时被捕的代表回忆说:侦缉队"队长姓马,绰号活阎罗,是一个杀人不眨眼的刽子手。过去多少爱国的同胞,就曾在他的手里丧失了自己的生命。他对我们很坏,态度也最凶恶。我们九人被关在一间小屋内,裤带和一些重要的衣物都被搜走。每逢我们疲倦得想睡的时候,他就来提讯我们,先后提讯了两次。在讯问时,有一个同志顶撞了他几句,他就立刻下令把他单独关在另一间小屋内,而且还戴上了脚镣手铐,以后也就不再提讯"。①

代表们被捕后,周恩来立即和北京学联商量,如何营救代表。大家决定于双十节(十月十日是辛亥武昌起义日,民国成立后订为国庆节)举行一次较大规模的示威。这次示威,除提出一般救国口号外,把释放请愿代表作为一项特殊的要求。

周恩来回天津后,即领导学联立即开始双十节示威游行的准备工作。

十月十日上午,天津西南城角南开学校的大操场上,聚集了约五万群众,举行庆祝双十节大会,参加者不仅有大、中各校的学生,还有各界的群众,有许多胡须皓白的老人也不畏恐吓前来参加。

大会开始,首由天津各界联合会负责人致词,然后由天津学联的四位讲演员分别讲演,说明当时国内的形势和朝鲜亡国后的惨状,号召大家起来展开爱国斗争。讲演人声泪俱下,慷慨激昂,听讲人掩面而泣,全场无不动容,情绪极为高涨。

会后准备游行,但这时,会场四周已被天津警察厅长杨以德(外号杨梆子)派来的大批军警团团围住。

示威群众愤怒地冲出重围,喊着爱国口号,直奔金汤桥口,包围了警察厅,纷纷厉声质问:"为什么不准人民庆祝国庆?""为什么用军警围困我们?""杨梆子,你出来!"结果,杨以德不敢出来和群众见面。有的市民还借来打更用的木梆子,一面喊一面敲,倾泄对杨以德的愤恨。

---

① 张静庐:《五四期间北京第三次请愿活动的回忆》。

群众还推出代表十人去省公署向省长请愿，抗议杨以德用军警包围游行队伍，殴打学生（学生十余人受伤），要求惩办杨以德。省长拒不见面，只派了一个代表出见。

十月十三日，天津学生联合会（包括女界爱国同志会）发出短期停课宣言（由周恩来用白话文起草）。宣言质问杨以德：国庆是举国同庆的节日，为什么不准开会庆祝？警察厅是保护地方治安的，为什么竟殴打刺伤男女学生？宣言要求惩办杨以德，并说明议决短期停课，表示决心。

在这次斗争中，觉悟社的社员在周恩来的领导下担当了各项具体工作。有几个社员，还集体编写了一个传单，从一个旁观者的角度，描写了双十节这一天杨以德是怎样破坏共和的。传单上署名"李宁二"，即"列宁第二"的意思。因为社员们不久以前听了李大钊的讲演，读了他的文章，对列宁无限崇敬，"李宁二"也就是表示要做列宁的学生。

北京被捕的代表们，十月十日这一天也在狱中实行集体绝食，表示抗议。

迫于形势，反动派不得不于十一月初释放了被捕的各地代表。北京学联迎出了代表们，并在中法大学开了一个盛大的欢迎会，还集体拍照留念。不久，代表们回到天津，又受到天津各界联合会的开会欢迎，并由天津各界联合会送返各地。

## 六、全国各界联合会的成立

人民群众从实际斗争中感到联合起来的必要。特别是青年学生和知识分子很敏感地意识到这个问题。罢免曹章陆是联合斗争的结果，拒签和约也是联合斗争的结果。青年学生虽然起了某种先锋作用，但单独依靠他们，没有各界人民群众的联合斗争，也是不可能取得结果的。因此，一些先进分子在斗争中便提出了"民众大联合"的问题，如毛泽东在《湘江评论》上便以此为题提出了各界联合的问题，先有各界的许多小联合,"进为一个大的联合,由许多大的联合,进为一个最大的联合"。①

一九一九年十二月二十八日,李大钊在《新生活》第十九期上以孤松的笔名发表《大联合》一文,也明确指出:"'五四''六三'以来全国学生已成了一个大联合";"盼望全国的教职员,也组织一个大联合";"全国各种职业各种团体,都有小组织,都有大联合。"李大钊的这些思想是和毛泽东的"民众大联合"思想一致的,所见略同。他们的思想代表了当时五四群众爱国运动的发展趋势。

从实践上看,最早发动这种联合的是天津各界联合会。天津各界联合会是在六月十八日成立的,它在各地成立的各界联合会中是较早的一个。它在成立后,不仅积极组织代表进京请愿、从事拒签和约运动,而且连续派出代表到各地联络,推动各地各界联合会的建立,如韩致祥(麟符)曾被派赴外地活动数月。经联络各地各界人士的努力结果,到九月份,"其已成立各界联合会者如下:石家庄、太原、汉口、南昌、九江、安庆、杭州、南京、镇江。其尚在组织中者如下:开封、芜湖、上海、郑州。"②同年九月中旬,又派出刘清扬等三人到上海,和上海各界联合会发起筹备全国各界联合会,鼓吹建立全国各界联合会的重要性。③当时前来上海参加筹备工作的还有湖北代表施洋等人。

六月间在上海成立的全国学联,对全国各界联合会的建立起了促进作用,它和全国各界联合会筹备会一起,曾先后派许德珩、施洋等,分赴南京、杭州、江西、湖南、武汉等地,依靠各地学联,促进了那里的各界联合会的建立。

到十一月中旬,各地建立的各界联合会组织已达五十多个。

十一月十日,全国各界联合会成立大会在上海四川路青年会举行。到有十几个省的各界联合会的代表,共数十人。

刘清扬主持了大会,她在致词中指出全国各界联合会的宗旨是:

---

① 《湘江评论》第三号。
② 《内务部关于侦查解散各界联合会代电稿》,《五四爱国运动档案资料》,第五八二页。
③ 上海《申报》一九一九年九月二十七日。

"(一)救国家于水火;(二)促国民自治精神;(三)救世界人民保守永久之和平。"①

孙中山的代表和章太炎也曾到会祝贺和发表演说,他们的讲话虽然指出了人民团结和行动一致的重要性,但是他们强调恢复国会和"护法"是"挽救国家危亡的关键"。②

其他代表在祝词中也都强调了全国各界联合会的重要作用,有的还指出"不可将工界看得太轻",正是"因有中国三十万华工在外做工",③中国政府才得以派出代表出席巴黎和会。

施洋当时是湖北代表,又是筹备员,他在筹备全国各界联合会的过程中,建树很多。该会的"组织纲领,函电宣言,以及劝告全国农工商学界文字,亦多出自伯高之手"。④ 由施洋起草,为大会一致通过的《全国各界联合会成立宣言》中指出:"今之世界,端在多数国民之自决,决非少数人所能支配。故群众自动,已成世界人类图存之定义。"宣言回顾了"数月以来,国之群众运动,风起云涌,虽受种种压迫,不少顾却;大义当前,决不退让",从而指出:"人类之精神贵团结,不取涣散,而尤赖有正当之组织。"全国各界联合会就是根据这一精神而建立的,它的性质,"纯为平民之组织","一洗从前崇拜首领之旧习,以力谋公众之幸福,不受少数人之操纵。合各界为一体,以觉悟人群为主旨"。⑤

大会产生之联合会机构,分评议、执行二部。施洋、刘清扬等都在其中任职。施洋被选为第一届评议部主任,不久(十二月九日),又被选为常任委员(常任委员共九人),负责日常会务工作,他的"热忱毅力,夙所共佩"。⑥

全国各界联合会成立后,大力开展宣传和组织活动,有力地推动了各地爱国运动的延续和发展,被反动派视为"内地屡次发生风潮"的

---

① 上海《时报》一九一九年十一月十一日。
② 《全国各界联合会成立》,上海《时报》一九一九年十一月十一日。
③ 《全国各界联合会成立》,上海《时报》一九一九年十一月十一日。
④ 《施伯高传》,参看《中共党史人物传》第一卷,第八六页。伯高,是施洋的字。
⑤ 上海《时报》一九一九年十一月十一日。
⑥ 参看《中共党史人物传》第一卷《施洋传》。

"根据地"。① 直至一九二〇年五月六日,它在京沪反动当局和法国使、领馆的密谋下,才被查封。

全国各界联合会的领导机构和筹建人员中,虽有许多思想界的先进分子参加,但其性质仍然是一个爱国主义的群众组织。从其宗旨、宣言和活动来看,还看不到受有多少马克思主义的影响。但是,这个组织的建立却反映了当时群众爱国运动的一种总趋势,即由各地的自发斗争进一步组织起来。特别是反映了群众觉悟的进一步提高,"大联合"的思想深入人心。人民群众是历史的主人,当他们一旦在马克思主义指导下时,就将发挥出无穷无尽的力量,无敌于天下,什么帝国主义、军阀,都不在话下。

## 七、对闽案的声援

鲁案未平,闽案又起。

在十九世纪末的"割地狂潮"中,福建已被日本帝国主义视为自己的势力范围。第一次世界大战期间,日本侵略者乘机扩大势力,更不许福建有任何反抗行动之发生。

一九一九年十一月间,福州学生为提倡国货和抵制日货,常到各商店进行调查,并有时焚毁日货。但驻福州的日本居留民团,竟一于十一月十六日午后六时,集众数十人,持械寻衅,故意与学生发生冲突,结果击伤学生七人,击毙一人,并伤市民多人,造成震动全国的"福州惨案"。驻福州的日本侵略当局,不唯不对凶手严加惩治以谢罪,反而电请本国政府借口保护日侨派舰来闽,进行讹诈。为此,福州学联向全国各地的各界联合会及学生联合会发电求援,电文说:"……衅由彼开,损失均在我国,……只

---

① 《卢永祥等关于与法领交涉解散上海学联总会及全国各界联合会有关文件》,《五四爱国运动档案资料》,第五九三页。

论强权,不问是非,军阀卖国政府昧心隐忍,与之交涉处处让步。虽因外交暗弱,究竟由于亲日关系造成失败,不能彻底坚强抗争,反而摧抑民气。请各省各地爱国团体团结起来一致反抗,……一定使日本政府对其居留民行凶暴行加以严惩,并负法律上责任……"

闽案发生后,全国各界联合会于当日便接到福建学联的急电。因此,联合会自十一月十七日起,便连日急电各地团体、报馆,请一致声援。二十三日,它又为闽案向各地发出通告,呼吁:"速开国民大会,举办游行演讲,警告全国父老,使知吾国危亡已在眉睫,迅与日人断绝国民交易,厉行抵制日货,决不供给日本一切米粮煤铁及各种原料。"全国学生联合会也于十二月一日就闽案电各地学联,要求"每日多派学生游行演说,痛陈日人并吞吾国之野心,此次在闽之横暴,唤起国人一致力抗";"对于日货须特别加意抵制";将各地一致赞同之解决闽案八条件急电北京政府外交部,促其与日本政府严重交涉。

闽案消息传到北京,引起学生们的极大愤慨。十一月二十九日,北京学生约五千余人,齐集天安门,分为三十队[①]游行示威。这次游行,在人数上,是比较多的。在组织上,学生们也积累了更多的经验,有负责发布新闻招待记者的,有负责救护的;还组织人专门负责侦察日本侵略者和反动军警的动静。游行队伍沿途散发了一百多种传单,并高呼"头可断,血可流,福州不可失""力救福建""抵制日货"等口号。旅京福建学生联合会在《泣告全国同胞书》中说:"今青岛何如者?吾福建又如此矣!福建之被蹂躏,原闽人意料所及,故虽死亦心甘。特不抵抗以死,实贻我同胞羞,遂不能不奋斗。奋斗矣,又恐力弱致败为同胞累,遂不得不求助。凡

---

① 第一队清华学校;第二队北京学生联合会;第三队旅京福建联合会;第四队中国大学福建校友联合会;第五队女子师范;第六队朝阳大学;第七队俄文专修馆;第八队中国大学;第九队燕京大学;第十队财政补习所;第十一队新华商业学校;第十二队全国学生联合会;第十三队公立第四中学;第十四队医学专门;第十五队法文专科;第十六队高等师范;第十七队高等附属中学;第十八队工业专门;第十九队第三中学;第二十队豫章学校;第二十一队商业学校;第二十二队法政学校;第二十三队北京大学;第二十四队体育学校;第二十五队畿辅学校;第二十六队邮电学校;第二十七队农商学校;第二十八队汇文学校;第二十九队中央大学;第三十队民国大学。见北洋政府步军统领衙门档案:《王光宇关于北京学商各界因闽案集会游行情况的报告》。

所以为自卫计者,请共努力行之,我闽人愿尽死以活同胞也。"①联合会还提出了"抵货十人团"的办法:

一、宗旨:不买日货,不卖日货,不用日币,不接济日本原料和粮食;

二、组织:十人一团,举一个代表,负连带责任;

三、责任:团员及自己家庭绝对实行本团宗旨。每人并须劝导十家实行本团宗旨;

四、报告:各团进行结果,报知各地学生或其他团体,由学生会或其他团体公布之。②

十二月七日,学生们又联合北京爱国商人在天安门召开国民大会,提出强硬抗议,要求撤换日本驻福州的领事,要求日本惩凶、道歉,并要求收回领事裁判权。大会还决定北京各商店一律不卖日本货,并由北京大学等二十多个团体,组织"抵制日货委员会",有计划地进行斗争。关于十二月七日的这次天安门大会,人数空前,影响很大。中美通信社的报道是:"是日不期而(与)会者共有七十六团体,人数共达十万,于斯可观民气之盛。"③当日,"各界所发传单,计有五六种之多,所携小旗上书'众志成城''福州问题严重抗议''山东问题反对直接交涉''打破强权''时日曷丧''准备宣战'等等字样"。④

天津各界联合会及学生联合会接到福州学联的来电后,立刻在十一月三十日召开了紧急会议,决定召开国民大会,以抗议日本在福州的暴行。同时复电福州学联,表示慰问和支援;并电北京政府,促其对福州事件向日本提出严重交涉。

---

① 北洋政府京畿卫戍司令部档案:《旅京福建学生联合会关于闽案发表泣告同胞书等文件》。
② 北洋政府京畿卫戍司令部档案:《旅京福建学生联合会关于闽案发表泣告同胞书等文件》。
③ 北洋政府内务部档案:《中美通信社关于北京学商各界在天安门开国民大会情况的报导》(一九一九年十二月七日)。
④ 北洋政府内务部档案:《中美通信社关于北京学商各界在天安门开国民大会情况的报导》(一九一九年十二月七日)。

十二月二十日，天津国民大会在南开操场举行。即有各团体的代表和演讲员轮流在五个讲台上演讲，详述福州惨案经过，听者无不义愤填膺。下午两点正式宣布开会后，又有各团体相继讲演，并通过了致北京政府和复福州学联的通电。会后，当场焚烧了自"五四"半年多以来因违约而被没收的日货。"在场焚烧日货约有十余车，内有肥皂盒、脸盆、手巾、东洋钟等"。① 焚烧日货后，开始了声势浩大的示威游行，队伍达数万人，②包括学生、工人、商界、报界、宗教界、教育界等一百七十多个团体，其中有三十多个学校的学生（包括小学生）和商会的八十多个行业的公会，还有一部分码头搬运工人、人力车工人、油漆泥瓦工人等。游行队伍各举旗帜，高呼口号，情绪之激昂和热烈，为"五四"以来所仅有。各马路商店，亦都休息半日，在门前备好茶点，欢迎并慰劳游行队伍。

天津国民大会曾散发一《宣言书》，其中写道："五四运动以来，吾津设各界联合会为全国倡，诸君子惨淡经营，奔走尽瘁，半载有余，而沪上全国各界联合会始告成立。天下事，有志竟成，精神所注，金石为开，此已足见吾国民程度之猛进非常矣。今则于全国各界联合会成立之后，又值闽事发生，各省纷纷开国民大会，吾津人士，亦义愤填膺，起而为外交后盾，则国民自决之进步，固吾中华民国之大幸也。"宣言在提出"力争闽案""严防直接交涉""抵制日货"三项宗旨之后，号召说："救闽也，救鲁也，救国也，皆自救之计也。自救之效果，皆须由自救之宗旨而取得之。嗟呼！吾国有卖国贼盘踞于中，有日人窥伺于外，又有凉血动物出没于社会，国亡无日，可为寒心。吾数千万同胞，如其愿亡国、亡身，自处于奴隶牛马之列，则亦已矣！否则，则各发天良，各争义愤，视闽事、鲁事如己事，一致对外，而不容恶政府之通敌以误国，庶几吾黄帝神明之遗胄，或可绵延而勿绝也。死生存亡，视此一举，惟请诸同胞，亟起而图之。"③

---

① 北洋政府内务部档案：《杨以德关于天津各界开国民大会情形致内务总长密虽》（一九一九年十二月二十日）。
② 一说："到会者约万余人，连旁观者共同计算不下数万。"见北洋政府内务部档案：《周鸿熙关于赴津调查天津各界召开国民大会情形的报告》（一九一九年十二月）。
③ 北洋政府内务部档案：《天津国民大会宣言书》。

## 第十三章 对鲁案、闽案的声援

"福建惨案"消息传到山东后,山东各界即在十二月三日召开大会,表示对闽案声援。接着山东学联发出通知,号召各地学生来省于十二月二十五日开联合大会,并拟召开全省国民大会,以声援福州学生,加强闽案交涉。但济南反动当局竟于二十三日将学联取消。学生要求恢复未准,遂于二十四日一律罢课,并拟游行示威。反动当局命军警包围各校,阻止学生外出。学生奋不顾身,冲出重围,被军警殴伤多人。

济南学生在要求恢复学联的同时,又提出在新年放假期间联合演唱新戏进行募捐的要求,但这项活动又遭反动军警的破坏,学生被打伤多人。这一事件,引起各校教职员的极大愤怒,宣布自一月二日起停职罢教。最后,反动当局迫于形势,不得不予肇事人员以处分,给学生损失以一定赔偿。教师、学生遂于一月十九日复课。不久,寒假已到,运动受到一定影响。

上海距离福建较近,消息也较灵通,声援活动也进行得较早。十一月二十三日,在西门外公共体育场,举行了有三万人参加的上海各界大会,并邀请了福建代表报告"福州惨案"经过。大会从下午二时开至六时,最后决议提出八项要求,要北京外交部迅即交涉、坚持,其电文如下:①

> 北京外交部鉴:福州日侨击毙我国学生,并伤商民军警,彼国政府反派军舰前往。此间各界异常愤激,特于本日在公共体育场开大会,到者三万余人,公决应向日本政府要求八条:(一)更换驻闽日领;(二)由日本政府谢罪;(三)慰恤死伤者;(四)惩办犯罪日人;(五)保证此后日商不得携带武器;(六)惩罚驻闽日领署警察长;(七)撤销日本领事裁判权;(八)限日本军舰军队离闽。即乞尊重民意,迅即提出交涉,始终坚持,誓达目的,慎勿故示弱点以辱国召祸也。上海各界大会叩。漾(23日)。

十二月二日,上海学生会评议部还作出了如下的决议:"(一)福建交涉实中国存亡之关键,唤醒国民,激励民气,决非一日之游行演讲足以蒇事,故议决通告各分会,自本月三号起停课四日,全体出发演讲,散发传

---

① 上海《民国日报》一九一九年十一月二十四日。

单,及要求各路商店填写永不进日货之志愿书。(二)各分会宜于停课期内,从速组织国民军,其办法宜仿照童子军,编列号目队数,设一总司令主持一切。"①

除北京、天津、济南、上海外,全国各省许多地区,如南京、松江、长沙、苏州、杭州、开封、广州、嘉兴、南昌、如皋、武汉、九江、长辛店、南通、镇江、昆明等地都展开了声援闽案的活动。所以,这一运动的声势也是浩大的,成为五四爱国运动的殿军一战。十二月十七日,全国各界联合会在致各地各团体的电中,提出三项"自卫之方":"一,以演说、游行、传单等促全国人之觉悟;二,积极抵制日货,不供给日本米粮煤铁及种种原料,以促日人之反省;三,赶办学生军、商团、民团,以厚人民实力。"联合会号召各地"一致进行,以收众志成城之效"。从这个电文来看,经过五四爱国运动锻炼的人民群众,觉悟又有了很大提高,已提出"赶办学生军、商团、民团,以厚人民实力"的要求了。

声援闽案的斗争后,爱国运动还在持续发展,如反对山东问题由中日直接交涉、②声援天津学生反对反动派镇压、逮捕学生等运动,也是很有声势的。但作为全国性的五四爱国运动来说,到一九二〇年,已是尾声了。

---

① 北洋政府内务部档案:《京师警察厅关于上海学生联合会因福建事件开会情形致内务总长的报告》(一九一九年十二月六日)。
② 在全国人民的坚决反对下,北京政府终于在一九二〇年五月二十二日向日本政府发出了复牒不得不表示:"因对德和约并未签字,全国人民对于本问题态度激昂,本国政府不容率尔答复。"

# 第十四章
# 新文化运动的新发展
——马克思主义在中国的传播

五四运动是一个爱国运动,又是一个文化运动。如车之两轮,相辅而行。文化运动为爱国运动作了思想准备,爱国运动又推进了文化运动的发展。

"五四"前的新文化运动,被称为启蒙运动;"五四"后的新文化运动,却增添了新的内容,即:马克思主义在中国的传播并逐步在思想领域内占据着主导地位。

## 一、马克思学说在中国的最早出现

马克思主义是在十九世纪四十年代形成的,马克思和恩格斯合著的《共产党宣言》的发表(一八四八年),是一显明的标志。[①]

《共产党宣言》发表后的第三年,中国农民曾经掀起太平天国运动,

---

[①] 列宁在《马克思学说的历史命运》一文中说:"马克思最初提出这个学说,是在一八四四年。马克思恩格斯合著的于一八四八年问世的《共产党宣言》,已对这个学说作了完整的、系统的、至今仍然是最好的阐述。"《列宁选集》第二卷,人民出版社一九七二年版,第四三七页。

提出过废除私有财产的宏伟蓝图——《天朝田亩制度》,但是,农民绝对平均的乌托邦和科学共产主义并无任何的联系。马克思和恩格斯对鸦片战争、太平天国发表的许多言论,当时的中国人也一无所知。

早期改良主义者严复虽然在论文《原强》中提到过欧洲的"均贫富之党"①,也曾在译述的《天演论》中提到过"均富"说,②但他既未提到马克思、恩格斯,也未提到过他们的著作。

就目前查到的报刊、文献来看,马克思的名字最早在中文报刊上出现,应是一八九九年,即出现在当年广学会主办的《万国公报》上登载的一篇名为《大同学》的文章中。这篇文章是英国进化论者颉德的著作《社会的进化》前四章的译文,由李提摩太节译、蔡尔康撰文,曾在《万国公报》上连载。此后不久(同年),即出了全书的单行本。

一八九九年二月(旧历己亥正月)出版的《万国公报》第一二一期所载《大同学》第一章中即出现了马克思的名字:"其以百工领袖著名者,英人马克思也。马克思之言曰:纠股办事之人,其权笼罩五洲,实过于君相之范围一国。吾侪若不早为之所,任其蔓延日广,诚恐遍地球之财币,必将尽入其手。"这是马克思的名字最早在中文报刊上出现。文中显然把马克思的国籍弄错了。但这是可以理解的。因为马克思自一八四九年亡命伦敦后,一直在伦敦从事写作和实际斗争,逝世后也葬在伦敦,因此作者把他误为英人。

---

① 《原强》中在讲到西洋贫富不均的情况时说:"夫贫富不均如此,是以国财虽雄而民风不竞,作奸犯科,流离颠沛之民,乃与贫国相若,而于是均贫富之党兴,毁君臣之议起矣。"《中国近代思想史参考资料简编》,生活·读书·新知三联书店一九五七年版,第四五一页。

② 见《天演论·导言十一》。严复译述的文字是这样说的:"夫蜂之为群也,审而观之,乃真有合于古井田经国之规,而为近世以均富言治者之极则也(复案:古之井田与今之均富以天演之理及计学公例论之,乃古无此事,今不可行之制,故赫氏于此意含滑稽)以均富言治者曰,财之不均,乱之本也。一群之民,宜通力而合作,然必事各其所视,养各给其所欲,平均齐一,无有分殊,为上者职在察贰廉空,使得各分廪,而莫或并兼焉,则太平见矣。——此其道蜂道也。"这段文字,在《天演论》的原本——《进化论与伦理学》里是这样讲的:"社会组织不是人类所独有的。像蜜蜂和蚂蚁所组成的其他社会组织,也是由于在生存斗争中能够得到通力合作的好处而出现的。它们的社会组织和人类社会的相似点和差异,同样对我们很有启发。在蜂群组成的社会中实现了'各尽所能,按需分配'这种共产主义格言的理想。"见《进化论与伦理学》,科学出版社一九七一年版,第一七页。

第十四章　新文化运动的新发展

一八九九年四月(旧历己亥三月)出版的《万国公报》第一二三期所载《大同学》第三章中又出现了马克思的名字:"今世之争,恐将有更甚于古者,此非凭空揣测之词也。试稽近代学派,有讲求安民新学之一家,如德国之马客偲,主于资本者也。""马客偲"即马克思的又一译名;"主于资本者也",即指《资本论》而言。接着,在同一年内出版的《大同学》单行本,除介绍马克思外,也提到了恩格斯的名字。

广学会是基督教在一八八七年于上海设立的出版机构,初名"同文书会",一八九四年改称"广学会"。创办人英国传教士韦廉臣于一八九〇年死去后,该会即由英国传教士李提摩太主持。在维新运动期间,该会出版了不少介绍西学的书刊,对中国有一定影响。广学会发行最广的是《万国公报》(一八九八年达三万八千四百份),当时光绪皇帝也阅读该报。①

《万国公报》在宣传基督教救世教义的同时,介绍流行于西方的各种社会主义学说以为其补充。它当然无意于传播马克思主义,但是在介绍中却也不免夹杂译出了一些有关马克思的片言只语,从而成了中文报刊上谈论马克思及其学说的最早记载。

一九〇二年,梁启超在《新民丛报》上所写的《进化论革命者颉德之学说》一文,附带提到过马克思,译文作"麦喀士",②不过很简略,而且带有批评的口吻(转引了颉德对马克思的一些评述)。一九〇三年,梁在《二十世纪之巨灵托拉斯》一文中又提道:"麦喀士,社会主义之鼻祖,德国人,著述甚多。"③但对马克思学说,并未介绍。

一九〇四年二月十四日(光绪二十九年十二月二十九日)出版的《新民丛报》第四十六、四十七、四十八期合刊本上,发表有梁启超所写的《中国之社会主义》一文,其中说:

　　社会主义者,近百年来世界之特产物也。綦括其最要之义,不过曰土地归公、资本归公,专以劳力为百物价值之源泉。麦喀士曰:现

--------

①　顾长声:《传教士与近代中国》,上海人民出版社一九八一年版,第一六二页。光绪还向广学会订购了八十九种书籍,可见广学会影响之广。
②　《饮冰室合集》文集之十二,上海中华书局版,文集第五册,第七九页。
③　《饮冰室合集》文集之二十二,上海中华书局版。

今之经济社会,实少数人掠夺多数人之土地而组成之者也。……①

以上,是资产阶级改良派的文章中涉及马克思学说的情况。

一九〇三年二月十六日出版的《译书汇编》(第二年第十一期),曾刊有马君武写的一篇《社会主义与进化论比较》(附社会党巨子所著书记),在提到马克思时曾说:"马克司者,以唯物论解历史学之人也。马氏尝谓阶级竞争为历史之钥。"在文末"马克司所著书"中,曾提到《英国工人阶级状况》(系恩格斯著)、《哲学的贫困》、《共产党宣言》、《政治经济学批判》、《资本论》。

与此差不多同时,一些日文版的讲社会主义的书籍,也被翻译、介绍到中国来。如一九〇三年六月日本出版的幸德秋水的《社会主义神髓》一书,是在东方较早介绍马克思主义理论的书籍。这本书在日本出版后的三个月——一九〇三年九月,即被译成中文传入中国(由《浙江潮》杂志社出版)。

一九〇五年,朱执信在《民报》第二号上发表了《德意志社会革命家小传》,介绍马克思、恩格斯(译文作"马尔克""嫣及尔")的生平,及《共产党宣言》(译文作《共产主义宣言》)的要点和"十条纲领",并对《资本论》作了评述。② 这是中国历史上第一次对马克思和恩格斯的生平及其学说内容所作的较多的介绍,尽管朱文对马克思主义还有很多误解,但它还是很有贡献的。而且朱文还指出马克思学说和空想社会主义不同:"前乎马尔克,言社会主义而攻击资本者亦大有人。然能言其害之所由来,与谋所以去之之道何自者,盖未有闻也。故空言无所裨。其既也,资

---

① 此文曾收录《自由书》,载入《饮冰室合集》专集第二册。有人曾根据《自由书》的序言断定此文发表于一八九九年(光绪二十五年)(见《北京晚报》一九八〇年六月二十九日第三版)。但细读《饮冰室合集》,发现这种断定是弄错了。《合集》虽收录有《自由书》,而且《书》的序言中也注有"己亥(即一八九九年——引者案)七月一日"的字样,但是,《书》中所收文章并非皆是一八九九年所作,许多都在其以后,有文中所举许多史实为证,例如有的文章中提到了李鸿章的死,而李死是在一九〇一年,因此文章只能写在此以后,而绝不会在此以前的一八九九年。经查对,《中国之社会主义》一文,见《新民丛报》第四十六、四十七、四十八期合刊本,光绪二十九年十二月二十九日出版,换算成西历,应是一九〇四年二月十四日。

② 参见《朱执信集》,中华书局一九七九年版,第八——三十二页。

本家因讪笑之,以为乌托邦固空想,未可得蕲至也。是亦社会革命家自为计未审之过也。夫马尔克之为《共产主义宣言》也,异于是。"①这也是难能可贵的。同年,朱执信又在《民报》第五号上发表《论社会革命与政治革命并行》一文,说社会主义"自马尔克以来,学说皆变,渐趋实行,世称科学的社会主义"。

当然,朱执信也无意在中国实行科学社会主义。恰恰相反,他是从避免西方的"社会革命"发生,在中国举"社会革命"和"政治革命","毕其功于一役"这一愿望出发的。因此,他也不可能成为马克思主义的真正传播者。

一九一二年十月十四日至十六日,孙中山在上海应中国社会党本部之请,以《社会主义之派别及其批评》为题,连续发表三天演说,其中称赞马克思"研究资本问题垂三十年之久,著为《资本论》一书,发阐真理,不遗余力,而无条理之学说,遂成为有系统之学理。研究社会主义者,咸知所本,不复专迎合一般粗浅激烈之言论矣。"②

以上,是资产阶级革命派的文章和言论中涉及马克思学说的情况。

此外,还有一些片断的资料,如:一九〇三年在东京的《浙江潮》第二期曾发表有署名大我的文章,介绍"新社会之主义",也提到马克思(译作"埋蛤司")和"万国劳动党";一九〇七年,在东京出版的无政府主义刊物《天义报》,也多次提到马克思和恩格斯,其第十五期(一九〇八年)上还刊登了恩格斯一八八八年为英文版《共产党宣言》所写序言的译文,该刊(一九〇八年)第十六至十九期上译载了《共产党宣言》的第一章《资产者与无产者》。

一九一一年,投机政客江亢虎组织的社会主义研究会和中国社会党,③

---

① 《朱执信集》,第十一页。
② 上海《民立报》一九一二年十月十五、十六、十八、十九、二十一、二十三日。
③ 中国社会党是一九一一年十一月五日在上海成立的,发起人是江亢虎。江曾任北洋编译局的总办,几次去日本和欧洲游历,在那里接触了各种社会主义流派,特别是受到无政府主义和修正主义思潮的影响。一九一一年八月,江在上海组织社会主义研究会,以研究学术为名,反对暴力革命。武昌起义后不久,即在这个学说基础上成立中国社会党。这个党和各国社会党有一定联系。一九一三秋被解散。此后,虽曾几次复党,延喘到一九四五年,但在社会上已没有多大影响。江本人于一九四〇年三月曾出任汪伪"国民政府"考试院的副院长。

也提到过马克思、恩格斯及其学说。如江亢虎在《社会主义学说》一文中曾说:"各国社会主义学者,鉴于将来社会革命之祸,汲汲提倡马克斯之学说,主张分配平均,求根本和平之解决,以免激烈派之实行均产主义,而肇攘夺变乱之祸。"中国社会党绍兴支部的刊物《新世界》(一九一二年),也曾刊登过《社会主义从空想到科学的发展》一书的译述。

但是,中国社会党主张"废除世袭遗产制度",鼓吹普及教育,还主张推行亨利·乔治的"专征地税"说,认为这样就可消灭社会上的不平等。因此,他们所鼓吹的并非社会主义,而是资产阶级改良主义、无政府主义、空想社会主义、第二国际修正主义,包括中国的孔孟之道在内的大杂烩。刘师复在《民声》第六号上曾写《孙逸仙江亢虎之社会主义》一文,指出他们的主张和纲领,均为社会政策,而非社会主义,并指出孙的学说"尚不失为宗旨一贯",而江亢虎则"忽而推崇共产主义,忽而排斥共产主义;忽而以集产主义为共产主义,忽而以遗产归公为共产之真精神。颠倒瞀乱尤难究诘"。又说江"模棱两可,饰说欺人"。刘师复所说江亢虎的特点,确系实情。因此在这样一个政客及其党徒口中"译述"的马克思、恩格斯学说,是不值得重视的。

综合以上资料,我们可以得出两点结论:第一,中国资产阶级报刊虽然在很早以前就涉及了马克思学说的一鳞半爪,但由于他们的立场和政治需要,并不能准确地介绍它,甚至加以歪曲和批评,因此很难把这些一鳞半爪看作马克思主义在中国的传播。第二,马克思、恩格斯的名字在中国出现是比较早的。毛泽东在《论人民民主专政》中所说的"在十月革命以前,中国人不但不知道列宁、斯大林,也不知道马克思、恩格斯",只是一个形象的说法,意思是说马克思列宁主义在十月革命前并没有能在中国传播开来,绝不是说中国人里面没有知道马克思、恩格斯的。因为毛泽东本人在一九四五年四月二十一日所作的报告中便曾讲到"以前有人如梁启超、朱执信,也曾提过一下马克思主义。"[①]

那么,这里就必须回答这样一个问题:既然马克思的名字和他的

---

[①] 毛泽东:《"七大"工作方针》,人民出版社一九八一年版,第五页。

学说在中国出现如此早,而马克思主义为什么没有能在中国传播开来?

这里面不外三点原因:一、国内的阶级基础问题;二、封建主义思想的禁锢问题;三、国际共产主义运动的指导思想问题。在这里主要阐述一下第三个问题。

在国际共产主义运动中,自恩格斯逝世后,第二国际的领袖们糟蹋了马克思主义。他们阉割了马克思主义的革命原则和革命精神;特别是他们把殖民地附属国的革命运动排斥在国际共产主义运动之外,他们把民族问题限制在"文明"民族的狭隘圈子内,看不见欧洲之外的世界,因此他们不能把宗主国的无产阶级革命运动和殖民地附属国的民族解放运动当作一个有机的整体;列宁说亚洲是"极大的世界风暴的新泉源",[①]他们却拚命赞美"社会和平",说在帝国主义的"民主制度"下可以避免风暴。德国强占了中国的胶州湾,他们竟站在沙文主义立场上,为帝国主义的殖民行径进行辩解。伯恩施坦公然说:"社会民主党在原则上不能反对取得胶州湾","取得胶州湾并不是德国外交政策上最不好的行为",还说什么:"只要租借胶州湾过去和现在都只是为了使德国在中国的将来利益获得保障,那么社会民主党也就可以赞成这种做法,而不会使自己的原则遭到丝毫的损失。"[②]

还可以举一个孙中山遭到冷遇的例子。

孙中山从一八九六年第一次旅欧时起,就研究过在欧洲流行甚广的各种社会主义思潮。据近年从国外得知的新材料,孙中山还曾申请参加第二国际。一九七六年,美国康奈尔大学出版的马丁·白纳尔副教授著《一九〇七年以前的中国社会主义》(Martin Bernal, *Chinese Socialism to 1907*)一书载:一九〇五年春,孙中山第二次旅欧期间,到布鲁塞尔,访问第二国际执行局,自称是中国的社会主义者,并介绍了他的驱逐鞑虏、土地公有等斗争目标,认为中国可以比西欧更早地进入社会主义。他请求

---

① 《马克思学说的历史命运》,《列宁选集》第二卷,人民出版社一九七二年版,第四三九页。
② 伯恩施坦:《社会主义的前提和社会民主党的任务》第四章,第四节。

第二国际执行局"接纳他的党为成员",①但第二国际对殖民地斗争冷淡,并没接受孙的请求。

第二国际对殖民地问题的沙文主义态度,极大地阻碍了马克思主义在全世界,特别是在东方和中国的传播。

## 二、马克思主义在中国的传播

俄国十月社会主义革命的爆发,使世界形势和国际共产主义运动发生了一个根本的变化,它以实际行动证明了第二国际的破产和马克思主义的胜利。因此,十月革命开辟了马克思主义传播的广阔道路。

李大钊在一九一九年出版的《新青年》第六卷第五号上写道:

> 自俄国革命以来,"马克思主义"几有风靡世界的势子。德、奥、匈诸国的社会革命相继而起,也都是奉"马克思主义"为正宗。……我们对于"马克思主义"的研究,虽然极其贫弱;而自一九一八年马克思诞生百年纪念以来,各国学者研究他的兴味复活……我们把这些零碎的资料,稍加整理,乘本志出"马克思研究号"的机会,把他转介绍于读者……②

这一段话,清楚地说明了:由于十月革命的爆发,才使全世界对马克思主义另眼看待,因而在十月革命后的一年中,马克思主义得到了广泛的介绍和传播;在这种介绍和传播中,中国人才知道了马克思主义。当然,在帝国主义对苏维埃国家武装干涉和封锁的情况下,中国人阅读的马克思主义书籍,倒不一定来自俄国。但是,不论直接或间接,却都是由于十月革命的结果。因此,毛泽东说:"十月革命一声炮响,给我们送来了马

---

① 参见 M.白纳尔:《孙中山访问第二国际书记处》,《近代史资料》一九七九年第三期,第一——三页。
② 《我的马克思主义观》,《新青年》第六卷,第五号。

克思列宁主义。"①

十月革命有着伟大的世界意义,但它在各个国家中发生的影响并不是相同的,这主要是由于各国国内条件不同。

当时,中国接受马克思主义的条件是:

第一,中国是帝国主义争夺的中心地区,它是帝国主义在东方矛盾的焦点,又是革命和反革命斗争的焦点。

中国人民有着英勇的反帝国主义斗争的传统。从外国强盗入侵中国的第一天起,中国人民就进行着不屈不挠的斗争。三元里人民以原始农具和敌人搏斗;义和团壮士以血肉之躯抵挡敌人枪炮;太平天国沉重地打击了外国侵略者;辛亥革命就其实质说来,是"革帝国主义的命"。

第一次世界大战期间,由于民族危机的严重,中国人民的反帝斗争不断出现高潮,反对二十一条的斗争,反对《中日共同防敌协定》的斗争,一个接着一个,连续不断。

要革命,就需要革命的学说;要反帝,就需要反帝的武器。马克思主义正是这样一种学说和武器。在马克思主义传入中国以前,"即从一八四〇年的鸦片战争到一九一九年的五四运动的前夜,共计七十多年中,中国人没有什么思想武器可以抗御帝国主义。旧的顽固的封建主义的思想武器打了败仗了,抵不住,宣告破产了。不得已,中国人被迫从帝国主义的老家即西方资产阶级革命时代的武器库中学来了进化论、天赋人权论和资产阶级共和国等项思想武器和政治方案,组织过政党,举行过革命,以为可以外御列强,内建民国。但是这些东西也和封建主义的思想武器一样,软弱得很,又是抵不住,败阵下来,宣告破产了"。②

就是在这种情况下,中国人民遇到了十月革命,知道了马克思主义,又经过了五四爱国运动。中国人民立即接受这种革命和反帝的理论并展开学习它的热潮。

中国人民是革命的人民,有着反帝国主义的优良传统,这是马克思主

---

① 《论人民民主专政》,《毛泽东选集》第四卷,人民出版社一九九一年版,第一四七一页。
② 《唯心历史观的破产》,《毛泽东选集》第四卷,人民出版社一九九一年版,第一五一四页。

义在中国能够传播的一个最重要的条件。如果不革命,不反帝,那也就根本用不着马克思主义了。

第二,中国在第一次世界大战期间形成一支壮大了的工人阶级队伍,并在五四爱国运动中显示了自己的力量。

战斗的工人阶级,迫切需要马克思主义的指导。这是马克思主义所以能够在中国传播的又一重要条件。

第三,在接受马克思主义以前,中国思想界就展开了一场激烈的反封建文化的斗争。

"立"和"破",是分不开的,不破不立,不塞不流,不止不行。"五四"前夕的启蒙运动对封建文化是经过了一个大"破"的过程的。那时所"立"的虽然还主要是资产阶级的新文化,但是经过了这个"破"的过程,在客观上却极有利于马克思主义的传播。正如列宁所说:"在某种意义上说来,资产阶级革命对无产阶级要比对资产阶级更加有利。"①

以上,就是马克思主义所以能够在中国迅速传播的三个客观条件。

马克思主义在中国,主要是通过李大钊等这样一批思想界的前驱,而传播开来的。

李大钊在一九一八年所写的几篇关于十月革命的著名论文(《法俄革命比较观》《庶民的胜利》《布尔什维主义的胜利》),虽然对马克思主义学说的内容还没有进行系统的介绍,而且文字热情洋溢,从其内容来看也有些不够恰当的地方,但它们却在相当程度上表达了和传播了马克思主义的若干观点,应该看作马克思主义在中国传播的开始。

一九一九年初,在李大钊所发表的一批文章中,对马克思主义观点有着比较深刻的阐述。例如,他发表的《大亚细主义和新亚细主义》一文,指出日本侵略者所提出的"大亚细亚主义"是"并吞中国主义的隐语",是"大日本主义的变名",并说:"这'大亚细亚主义'不是平和的主义,是侵略的主义;不是民族自决主义,是吞并弱小民族的帝国主义。"②在这里,

---

① 《社会民主党在民主革命中的两个策略》,《列宁选集》第一卷,人民出版社一九七二年版,第五四一页。

② 《李大钊选集》,第一二七页。

明确地提出了民族自决,反对帝国主义,应该说,在此之前,还没有人用马克思主义观点这样阐述问题。

同年五月,《新青年》出版了由李大钊主编的"马克思研究号"。① 他在这一期发表了《我的马克思主义观》。这是一篇两万多字的长文,曾连载两期。文章对马克思主义的三个组成部分——唯物史观、政治经济学和科学社会主义,都有所阐明,并指出这三个部分,"都有不可分割的关系,而阶级竞争恰如一条金线,把这三大原理从根本上联络起来"。② 如果说,李在一九一八年的几篇论十月革命的文章,还只是传播了马克思主义的若干观点的话,那么《我的马克思主义观》就是开始系统的宣传马克思主义的标志了。

从"马克思研究号"后,《新青年》曾连续发表介绍马克思主义、社会主义革命以及中国工人状况的文章。

著名的国民社出版的《国民》杂志,在"五四"前除了登载过李大钊的《大亚细亚主义与新亚细亚主义》外,并没有发表过专门研究和介绍马克思主义的文章,但在"五四"后这类文章增多起来了。例如二卷一号(一九一九年十一月)登载有《马克思和恩格斯共产党宣言》(第一章)和《鲍尔锡维克主义底研究》的译文,二卷二、三号连载有《马克思的历史的唯物主义》的译文,二卷四号载有《苏维埃俄国底经济组织》《苏维埃俄国底新农制度》等文。

一九一九年十月十二日,《国民》杂志社召开了周年纪念大会。李大钊在会上用马克思主义观点分析了五四运动,指出:"此次'五四运动',系排斥'大亚细亚主义',即排斥侵略主义,非有深仇于日本人也。斯世有以强权压迫公理者,无论是日本人非日本人,吾人均应排斥之! 故鄙意以为此番运动仅认为爱国运动,尚非恰当,实人类解放运动之一部分也。"③接着,他又在《国民》二卷一号上发表《再论新亚细亚主义》一文,

---

① 这一号为第六卷第五号,刊首标明为一九一九年五月,由于出版拖期,实际出版日期晚于五月(在九月),但有些文章的写成却早于五月。
② 《李大钊选集》,第一七七页。
③ 《李大钊选集》,第二五五页。

阐述了亚洲各弱小民族团结起来反对帝国主义的重要性,并指出民族解放运动和资本主义国家的人民革命运动两大潮流汇合起来,必将冲决帝国主义的统治,他说:"不要震于日本的军国主义、资本主义的势力,轻视弱小民族和那军国主义、资本主义下的民众势力。世界上的军国主义、资本主义,都像唐山煤矿坑上的建筑物一样,他的外形尽管华美崇闳,他的基础,已经被下面的工人挖空了,一旦陷落,轰然一声,归于乌有。我们应该在那威势煊赫的中间,看出真理的威权,因而发生一种勇气与确信,敢与他搏战,信他必可摧拉。"①

除《新青年》《每周评论》《国民》外,许多报纸的副刊也从不同的角度大量登载介绍和研究马克思主义的文章。

《晨报》副刊是一九一九年二月七日在李大钊的帮助下实现改组的。改组的第一天,就登载了李的论文:《战后之世界潮流——有血的社会革命与无血的社会革命》。论文指出:"在这回世界大战的烈焰中间,突然由俄国冲出了一派滚滚的潮流,……这种社会革命的潮流,虽然发轫于德、俄,蔓延于中欧,将来必至弥漫于世界。"②

一九一九年五月一日,《晨报》副刊出版了"劳动节纪念"专号,这是中国报纸纪念"五一"的开始。李大钊在这个专号上发表了《五一节杂感》,预祝马克思主义在中国的胜利,他说:"听说俄京莫斯科的去年今日,格外热闹,格外欢喜。因为那日正是马克思的纪念碑除幕的日子。我们中国今年今日注意这纪念日的还少。可是明年以后的今日,或者有些不同了,或者大不同了。"③

在马克思诞生一百零一周年纪念日(一九一九年五月五日)的时候,李大钊不但在《新青年》上办了一个"马克思研究"号,并且也帮助《晨报》副刊开辟了一个"马克思研究"专栏。从五月五日到十一月十一日止,在六个多月的时间里,这个专栏共发了五篇论著,其中包括:马克思的《劳动与资本》;考茨基的《马氏资本论释义》;河上肇的《马克思唯物史

---

① 《李大钊选集》,第二八一页。
② 《李大钊选集》,第一三五页。
③ 《李大钊选集》,第一七一页。

观》等。

除专栏外,《晨报》副刊还用一定篇幅发表了一些革命领袖(马克思、列宁、李卜克内西等)的传记和介绍国际共产主义运动情况的文章。一九一九年八月七日至十一日,副刊以《新共产党宣言》为题发表了《第三国际第一次代表大会的宣言》。

新文化运动在"五四"后有一个猛烈的发展,宣传新文化的刊物在一个不太长的时间内迅速增加,最高达到数百种之多。在这些新刊物中,许多都受到十月革命和马克思主义传播的影响,因此在这些刊物中,不断出现关于十月革命、社会主义、工人运动等方面的言论。

从以上所述,可以看出,李大钊在传播马克思主义中起了重大作用(以上所举,还仅限于他在一九一九年内所写的一些文章或所做的工作,至于他在一九二〇年及其以后,还写了更大量的宣传马克思主义的文章,这里就不一一列举了)。

但是,像李大钊这样的知识分子,在当时并不是唯一无二的。如杨匏安、李达、李汉俊等,都比较早地介绍过马克思主义。

杨匏安是五四时期在华南地区最早的马克思主义传播者。他也是在日本游学期间(一九一五——一九一六年)接触西方各种流派的新学说和社会主义新思潮的。"五四"前夕,他在广州任中学教员兼《广东中华新报》的记者。《中华新报》①也曾较早地比较客观地报道过一系列有关十月革命的消息,认为:"露西亚(俄国)之有李宁(列宁),而历史上顿增一种异彩。"②又说列宁等"主张之共产主义,最得平民劳动者之欢心"。③

杨匏安在《广东中华新报》上写了许多宣传马克思主义的文章。他在一九一九年十月间发表的《社会主义》一文,介绍了欧文、圣西门、傅立叶、普鲁东和马克思等各家的社会主义学说,而赞扬《资本论》"为社会主义圣典"。杨当时在《世界学说》专栏发了四十多篇译述文章,其中《马克

---

① 《广东中华新报》是属于政学系的报纸,在当时广州是一家规模较大、影响较广的报纸。
② 《呜呼!李宁》,《广东中华新报》一九一八年九月十四日。
③ 《李年(列宁)胜利之原因》,《广东中华新报》一九一七年十二月二十八日。

斯主义》一篇曾连载十九天次(从一九一九年十一月十一日至十二月四日),其中对马克思主义产生的历史及马克思学说的各个组成部分(唯物史观、阶级斗争、剩余价值)都有详尽的介绍。杨在这篇文章的最后断言:"马氏之言验矣!今日欧美诸国已悟布尔塞维克之不能以武力扫除矣!"

《马克斯主义》可以说是《我的马克思主义观》的姊妹篇,两者发表的时间也相差无几。从这里,我们可以看出,马克思主义的传播,不仅在新文化运动发源地的北京,就是南部中国,也是很有影响的。

李达也是较早接受和宣传马克思主义的日本留学生。他在留日期间(一九一三至一九一八年),原是学理科的,曾经幻想走"实业救国"的道路。十月革命使他改变了方向,在一九一八年五月反对《中日共同防敌协定》的斗争中,他成为积极的组织者,是留日学生回国请愿救国团的带头人。这次运动后,他重返日本,放弃理科学习,全力钻研马克思主义,在一年多的时间里读了大量马列著作,翻译了《唯物史观解说》《社会问题总览》《马克思经济学说》等书,在国内出版,比较系统地介绍了马克思主义的三个组成部分。[①] 当五四爱国运动发展到"六三"的时候,他撰写了《什么叫社会主义?》《社会主义的目的》等文,在国内报刊发表。《什么叫社会主义?》一文介绍了社会主义和共产主义的不同、社会主义和无政府主义的不同。[②]《社会主义的目的》一文,则分析了社会主义产生的原因,和法兰西革命的不同,指出:"社会主义确是要改掉十九世纪的文明弊病,是一帖对症的良药。"[③]

李达在一九二〇年夏回国后,继续进行传播马克思主义的工作,在和研究系分子关于社会主义的论战中起了重大作用,并主编《共产党》月刊,成为中国共产党的发起人之一。

李汉俊也是较早接受和宣传马克思主义的日本留学生之一。李在日本上学期间(一九〇二至一九一八年)原是"最爱数学"的人,后在东京帝

---

[①] 李大钊在一九二〇年三月发起的马克思主义研究会,曾把李达译的《马克思经济学说》列为阅读文献之一。
[②] 上海《民国日报》一九一九年六月十八日。(载副刊《觉悟》,署名鹤)
[③] 上海《民国日报》一九一九年六月十九日。(载副刊《觉悟》,署名鹤)

国大学工科学习时,转而研究马克思主义。

李汉俊通晓日、德、英、法四国文字。他在一九一八年底回国时,带回了大量英、德、日等国文字的马克思主义书刊。他以极大的精力,从事翻译和写作,宣传马克思主义。据不完全统计,从一九一九年到一九二一年中国共产党成立前,他在《新青年》、上海《星期评论》、上海《民国日报》副刊《觉悟》、《妇女评论》、《建设》、《劳动界》、《共产党》等刊物上发表了六十多篇译文和文章(笔名是人杰、汉俊、汗、海镜、海晶、先进、厂晶等)。陈望道翻译的《共产党宣言》,也经过了他和陈独秀的校对。[1] 李达在翻译《唯物史观》时,也曾得到李汉俊的帮助。[2] 董必武曾回忆说:"当时社会上有无政府主义、社会主义、日本的合作运动等等,各种主义在头脑里打仗。李汉俊来了,把头绪理出来了,说要搞俄国的马克思主义。"[3]

除上述李大钊、杨匏安、李达、李汉俊等这些日本留学生,比较早地传播马克思主义外,有些青年学生也较早地受到马克思主义的影响并积极宣传这一学说。如年仅十九岁的南京河海水利工程专门学校的学生张闻天,在一九一九年八月十九至二十一日出版的《南京学生联合会日刊》上发表《社会问题》一文,文末就节录了《共产党宣言》第二章中的十条纲领。[4]

此外,在当时资产阶级革命党人及研究系所办的一些报刊上,也发表了大量的介绍或研究马克思学说的文章。

从报纸来说,上海的《民国日报》(这是国民党主办的)副刊《觉悟》、《时事新报》(这是研究系主办的)副刊《学灯》,和北京的《晨报》副刊、《京报》副刊,为当时著名的四大副刊。这四大副刊,除《京报》副刊以登载文学作品为主外,其他三大副刊都大量登载讨论社会主义、社会改造问题以及介绍欧美各国社会主义政党及其学说的译文。

---

[1] 玄庐:《答人问〈共产党宣言〉底发行所》,上海《民国日报》副刊《觉悟》,一九二○年五月三十日。

[2] 上海中共一大纪念馆藏,该书一九二一年上海中华书局版的《译者附言》。

[3] 《董必武谈中国共产党第一次全国代表大会和湖北共产主义小组》(一九七一年八月四日),见《一大前后》(二),人民出版社一九八○年版,第三六九、三七○页。

[4] 《社会问题》一文,是《张闻天文集》编辑组在搜集材料过程中,在南京大学图书馆和中国第二历史档案馆协助下找到的。

从刊物来说，国民党于一九一九年八月创办的《建设》①杂志和研究系于同年九月创办的《解放与改造》杂志，也都刊登了不少介绍和研究马克思学说的文章。据约略统计，《建设》从创刊到一九二〇年四月，发表的有关这方面的文章（包括译文），约有二十余篇。《解放与改造》刊登的这类文章虽不及《建设》多，但在全国期刊中也显得很突出。

在《建设》上谈马克思学说的主要是戴季陶和胡汉民。戴主要研究劳动问题和经济学说，《建设》上除发表他的关于从经济上的原因来说明社会现象与政治问题的长篇论文外，还连载了他从日文转译的考茨基的《资本论解说》（即《马克思主义经济学说》）的全文。胡汉民则专门研究唯物史观并用它来解释中国历史和哲学史的一些问题。

戴季陶、胡汉民等国民党人研究马克思学说，但并不信仰马克思主义，因为他们从根本上反对阶级斗争学说。他们谈论社会主义，是从预防社会革命出发的。举政治革命和社会革命"毕其功于一役"，就是他们的指导思想。

戴季陶主编《星期评论》，②大谈劳工运动，因而在孙中山和戴季陶之间发生过一次谈话。这次谈话，充分反映了上述的指导思想。谈话记录如下：③

问（中山先生）："你这几天研究什么东西。《星期评论》里面，我觉得有一篇《国际同盟和劳动问题》（案：此文发表在第二号上，系戴所作），是不是你的。你也留心这个问题么？"

答（季陶）："不错。这劳动问题，中国人差不多向来没有注意到这个地方。一则是中国的工业没有什么发达，社会阶级没有十分彰著；二则由于中国人对于政治问题、社会问题本来没有近代的知识，历年来政治上纷争太厉害了，所以这种实在的民生问题，更是没有人

---

① 《建设》系孙中山在上海指派朱执信、廖仲恺等所创办，社员最初有五人，除朱、廖外，还有戴季陶、胡汉民、汪精卫，后来吴稚晖、李石曾、林云陔等也在该刊写了不少文章。该刊以宣传三民主义为主，自创刊号（一九一九年八月一日）起，即连载《实业计划》的中译稿。

② 《星期评论》为周刊，从一九一九年六月八日创刊，一九二〇年六月六日停刊，共出五十三期。这个刊物以研究和介绍社会主义、劳动运动而著名，主编是戴季陶和沈玄庐。

③ 《与戴季陶社会问题之谈话》（民国八年六月二十二日孙公在上海住宅），《中山全书》（四），上海中山书局一九二八年版，第一——四页。

顾及;三则由于那些工人本身多数为不曾受过教育,几十人中找不出一个识字的来,所以他们阶级的自觉是一点也没有的;四则由于那些经营工业的资本家,对于近代社会思想的潮流,一点知识都没有,即使有一两个懂得一点的,他们也巴不得没有这种思想运动发生。因为这种原故,中国注意这个问题的人真少极了。不过就上海地方说,工人的人数有三四十万,而且罢工的事件也常常发生。当几天罢市风潮的时候,同时就引起来大罢工的事实。幸而北京政府免曹、陆、章的命令下来了。如果再迟一二天,恐怕会变了全市总同盟罢工的景象。当时上海有知识的人,差不多没有一个人不焦心,大家想法子劝告工界的人不要罢工。为什么呢?就是因为这许多无组织、无教育、无训练又没有准备的罢工,不但是一个极大的危险,而且于工人本身也是不利的。但就这次的现象看来,工人直接参加政治社会运动的事,已经开了幕。如果有知识有学问的人不来研究这个问题,就思想上知识上来领导他们,将来渐渐地趋向到不合理不合时的一方去,实在是很危险的。所以我受了罢市风潮的感动,觉得用温和的社会思想来指导社会上的多数人,是一桩很要紧的事。"

问:(中山先生):"你是想要直接去指导他们呢?还是站在研究的批评的地位做社会思想上的指导工夫呢?"

答(季陶):"我的目的还是属于后者。……"

问答至此,中山先生又道:

"你这个意思很好。我们改革中国的主义,是三民主义。三民主义的精神,就是要建设一个极和平、极自由、极平等的国家,不但在政治上要谋民权的平等,而且在社会上要谋经济的平等。这样做去,方才可以免除种种阶级冲突、阶级竞争的苦恼。……"

以上这段对话,是很有代表性的。以孙中山为首的资产阶级革命派,在五四运动中既看到了群众的威力,"可知结合者即强也",[1]但又害怕工

---

[1] 《救国之急务》(一九一九年十月十八日,孙中山在上海寰球中国学生会的演说),《孙中山选集》上卷,第四二七页。

— 399 —

人阶级的剧烈行动,超过了自己所允许的范围。他们既向往社会主义,希望有一个大同世界,但又极力拒绝和反对马克思主义所主张的阶级斗争。这种两面性,很典型地反映了中国民族资产阶级的愿望和要求。

虽然指导思想不同,但他们既然标榜学理研究,那么他们在自己的报刊上也就不能不报道一些马克思学说的内容(特别是在译文方面)。这样,也就在客观上有利于马克思主义在中国的传播。

至于研究系介绍和研究马克思学说的目的,则和资产阶级革命派又有区别。张东荪在一九一九年初就研究过防范"过激主义"的方法,他在《时事新报》上公开写文说:"对于过激主义之侵入,拒之乎?抑迎之乎?此不特英、日之问题,乃各国所共同之问题也。据吾所见,压抑之法必属无效,盖抑之犹激之也,是火上加油,益其燃耳。然则奈何?曰,当采纳其主义中之含有至理者,先行改良社会组织,使人民于经济上得相安,于心理上得其平,然后对于过激之谬说,提起正确之舆论以宰制之,则其势必渐杀也。"①因此,《时事新报》一方面刊登介绍马克思学说的文章,却又不断刊登诬蔑十月革命后的苏俄的文章(而这些在资产阶级革命派的报刊上,却是没有的)。

研究系成员既然是这样的目的,因此,当一九二〇年马克思主义在广泛传播并日益和中国工人运动相结合的时候,他们便急不可耐地挑起了和马克思主义者的论战。关于论战的情况,将在后面有关的章节中详述。

到一九二〇年,陈望道翻译的《共产党宣言》的第一个中文全译本,也在上海出版了。②

---

① 《世界公同之一问题》,《时事新报》一九一九年一月十五日。
② 关于陈译《共产党宣言》的出版月份,说法不一,含混的说法是"一九二〇年春",具体的说法,有的说"四月出版",有的说"五月出版",许多人的著作多从"四月"说。现根据伍仕豪同志的考证,初版本应是"一九二〇年八月出版"。参见伍仕豪:《陈望道翻译的〈共产党宣言〉初版时间略考》,载《党史资料丛刊》一九八一年第一辑,上海人民出版社。

除上海出的陈译本外,大概北京也有人翻译《共产党宣言》,罗章龙在回忆北京大学马克思学说研究会的翻译工作时说:"后来翻了一二十本书,有的出版,有的没有出版。《共产党宣言》就印出一种本子来,是从德文中翻译出的一种本子,当时没有请书局印,所以流行不广。"又说:"到一九二〇年毛主席到北京时,大概已经翻出个稿子来了,用油印印了个本子。"一九七八年九月四日,《罗章龙在中国革命历史博物馆革命史座谈会上的发言》。

## 第十四章 新文化运动的新发展

同年出版的马、恩著作,还有《资本论自叙》(马克思)、《科学的社会主义》(恩格斯著《社会主义从空想到科学的发展》的后半部分)等。①

列宁的著作,在一九二〇年也开始流行了,散见各报刊的计有:《民族自决》②《过渡时代的经济》③《俄罗斯的新问题》④《旧制更新》⑤《全俄经济委员会第三次大会蓝宁之演说》⑥等。

和著作流行的同时,马克思列宁主义在高等学校中也扩大和巩固了自己的讲坛。一九二〇年底,李大钊指出:"晚近以来,高等教育机关里的史学教授,几无人不被唯物史观的影响,而热心创造一种社会的新生。"⑦

马克思主义等新思想不仅在中国知识界流行,而且也影响到其他社会阶层,甚至影响到反动派的军队中去了。一九一九年六月二十三日,北洋政府内务部给陆军部的信中说:"准陕西督军电称,陕省近日邮件中忽发见一种印刷品署名兵士须知,系真理社刊行,其中词意不外提倡共产及无政府主义,并详述法国式革命与俄国式革命之区分……"⑧

马克思主义的广泛传播,引起了反动派的极大恐慌。北洋政府连续下令查禁"过激主义"的刊物。《每周评论》被查禁了,《湘江评论》被查禁了,许多宣传无政府主义的刊物和书籍也被查禁了。一九二〇年初,北洋政府通令查禁的刊物达八十三种之多。⑨

真理是封锁不住的。不管反动派怎样三令五申,一禁再禁,马克思主义犹如日月经天、江河行地,不断地在中国传播着。

---

① 张静庐辑注:《中国出版史料补编》,中华书局一九五七年版,第四四二、四四三页。
② 摘译俄共(布)第八次代表大会上关于党纲的报告,载《新青年》月刊第八卷,第三期。
③ 译自一九一九年《苏维埃俄罗斯》周刊,即《无产阶级专政时代的经济和政治》,载《新青年》第八卷,第四期。
④ 一九二〇年俄共(布)第九次代表大会上的演说,载《共产党》月刊第一期。
⑤ 即《从破坏历来的旧制度创造新制度》,载《曙光》月刊第一卷,第六期。
⑥ 译自《苏维埃俄罗斯》,载《曙光》第二卷,第一期。
⑦ 《唯物史观在现代史学上的价值》,《李大钊选集》,第三三九页。
⑧ 北洋政府内务部档案(一〇〇一)三二二七。
⑨ 北洋政府内务部档案(一〇〇一)三四八三。

## 三、新文化运动的新发展

"五四"前的新文化运动,其"新"是指资产阶级的新文化,即"法兰西文明",是针对封建主义的旧文化而言的。"五四"后的新文化运动,虽然仍包含着原来说的资产阶级新文化(它对封建文化而言,仍是新的),但它在新文化运动中已经不占主导(即"盟长")的地位了。因为经过第一次世界大战,特别是十月革命的胜利,人们已经看到了这种"新文化"的弊病,已经不感觉到其"新",而对其失望了。一九一九年十二月一日,《新青年》杂志发表《新青年宣言》说:"我们相信世界上的军国主义(即帝国主义)和金力主义(即资本主义),已经造了无穷罪恶,现在是应该抛弃的了。"①这个《宣言》是新青年社"全体社员的公共意见",应该说很有代表性的。事实也确是这样,在"五四"以后的《新青年》及其他宣传新文化的报刊上,像"五四"前那样热烈鼓吹"法兰西文明"的文章,已经大为减少了。

"五四"后的新文化运动,其"新"主要是指无产阶级的新文化,即社会主义、马克思主义。虽然帝国主义时代的一些资产阶级唯心主义思想,也一度被当作新文化介绍到中国来,但不像马克思主义的传播那样如日方升,光采耀人。

马克思主义在中国传播后,使中国人民的政治思想发生了怎样的变化呢?

第一,马克思主义在中国传播以后,使中国人民的反帝斗争进入了一个新阶段。使中国人民对于帝国主义的认识由感性认识阶段上升到理性认识阶段。

中国人民在接受马克思主义以前,虽然长期地进行了反对帝国主义

---

① 《新青年》第七卷,第一期。

## 第十四章 新文化运动的新发展

的斗争,但对帝国主义并没有本质的了解,下层劳动人民只是从感性上认识到"洋鬼子"的可恶,上层的知识分子则"学西方",但不了解"为什么先生老是侵略学生呢?"①

从十月革命和马克思主义传入中国之后,中国人民开始认识到帝国主义的本质。例如,李大钊分析第一次世界大战和十月革命的原因时说:"原来这回战争的真因,乃在资本主义的发展。国家的界限以内,不能涵容他的生产力,所以资本家的政府想靠着大战,把国家界限打破,拿自己的国家做中心,建一世界的大帝国,成一个经济组织,为自己国内资本家一阶级谋利益。俄、德等国的劳工社会,首先看破他们的野心,不惜在大战的时候,起了社会革命,防遏这资本家政府的战争。"②又说:布尔什维克"他们的战争,是阶级战争,是合世界无产庶民对于世界资本家的战争。战争固为他们所反对,但是他们也不恐怕战争"。③

一九一九年元旦,李大钊在《大亚细亚主义与新亚细亚主义》一文中,明确地提出了民族自决和帝国主义的概念,应该说,在此以前,中国还没有人用马克思主义观点这样地阐述问题。

上述情况,有力地说明了这样一个科学论断:"中国人民对于帝国主义的认识……第一阶段是表面的感性的认识阶段,表现在太平天国运动和义和团运动等笼统的排外主义的斗争上。第二阶段才进到理性的认识阶段,看出了帝国主义内部和外部的各种矛盾,并看出了帝国主义联合中国买办阶级和封建阶级以压榨中国人民大众的实质,这种认识是从一九一九年五四运动前后才开始的。"④

第二,马克思主义传入中国以后,使中国的旧民主主义性质的文化革命变为新民主主义性质的文化革命。

什么是新民主主义的文化?"所谓新民主主义的文化,就是人民大众反帝反封建的文化;……这种文化,只能由无产阶级的文化思想即共产

---

① 《论人民民主专政》,《毛泽东选集》第四卷,人民出版社一九九一年版,第一四七〇页。
② 《庶民的胜利》,《李大钊选集》,第一一〇页。
③ 《布尔什维主义的胜利》,《李大钊选集》,第一一四页。
④ 《实践论》,《毛泽东选集》第一卷,人民出版社一九九一年版,第二八九页。

主义思想去领导,任何别的阶级的文化思想都是不能领导了的。"①

显然,新民主主义的文化革命,只能是在马克思主义传入中国以后才形成的。

如大家所知,"五四"以前兴起的文化运动,进化论是它的主导思想,不能深刻地认识帝国主义的本质,不能辩证地了解"弱肉""强食"二者之间的关系,因此这个运动的矛头主要指向封建主义,而没有指向帝国主义。

但是,马克思主义传入中国以后,不同了,它使前期的文化运动增加了反帝国主义的新内容。

如大家所知,"五四"以前兴起的文化运动,长期地和政治斗争相脱离,《新青年》主编执行着"批评时政,非其旨也"②的方针,因此这个运动只是在知识界的思想领域内兜圈子,并没有显现出巨大的威力。

但是,一九一七年十月革命以后,中国的新文化运动和政治斗争结合起来了,一九一八年十二月《每周评论》的创办,是一个显明的标志;一九一八年底和一九一九年初,要求社会改造的各种社团的出现,是又一个显明的标志。

正由于文化斗争和政治斗争相结合,才引起了封建军阀和封建文人的恐慌,因而出现了一九一九年初的新旧思潮的大激战。

文化运动和政治运动相汇合,造成了强大的五四运动,真正出现了"人民大众反帝反封建的文化"。

第三,马克思主义传入中国后,使中国人民把自己的命运和世界人民的命运联系起来考察,认识到中国革命是世界革命的一部分。

在"五四"前夕,李大钊的一些关于十月革命的论文中,已开始认识到这一点,他说:"从今以后,生产制度起一种绝大的变动,劳工阶级要联合他们全世界的同胞,作一个合理的生产者的结合,去打破国界,打倒全世界资本的阶级。……这个新纪元是世界革命的新纪元,是人类觉醒的

---

① 《新民主主义论》,《毛泽东选集》第二卷,人民出版社一九九一年版,第六九八页。
② 《通信》,《青年》第一卷,第一号。

新纪元。我们在这黑暗的中国,死寂的北京,也仿佛分得那曙光的一线,好比在沉沉深夜中得一个小小的明星,照见新人生的道路。"①

一九一九年夏,毛泽东在《湘江评论》上也生动地指出了十月革命、世界革命和五四运动之间的联系。②

一九一九年十月十二日,李大钊在《国民》杂志周年纪念会上,明确地向五四运动的参加者指出:"此番运动仅认为爱国运动,尚非恰当,实人类解放运动之一部分也。"③

把中国革命和世界革命联系起来,并认为是它的一部分,这是中国人民政治思想的一大飞跃。而没有马克思主义在中国的传播,这是不可能形成的。

---

① 《新纪元》,《李大钊选集》,第一二一页。
② 参见《民众的大联合》(三),《湘江评论》第四号,一九一九年八月四日。
③ 《李大钊选集》,第二五五页。

# 第十五章

# 问题和主义之争

## ——马克思主义和反马克思主义的第一次论战

## 一、什么是实验主义？

马克思主义在中国的传播,并不是一帆风顺的。和在其他国家一样,它的每一步进展,都经过了严重的斗争。正如列宁所说:"马克思的学说直接为教育和组织现代社会的先进阶级服务,指出这一阶级的任务,并且证明当前的制度由于经济的发展必然要被新的制度所代替,因此这一学说在其生命的途程中每走一步都得经过战斗,这就不足为奇了。"[①]

在政治上,近代中国是东方许多矛盾的焦点;在文化思想上,也反映了这样的特点。马克思主义不但要同帝国主义者和封建主义者的各种造谣诬蔑作战,而更重要的,还要同抗拒马克思主义传播的各种资产阶级反动思潮作战,首先就是要和当时正在流行的实验主义作战。

什么是实验主义?

实验主义(Experimentalism),原名实用主义(Pragmatism),有的译为

---

[①] 《马克思主义和修正主义》,《列宁选集》第二卷,人民出版社一九七二年版,第一页。

实际主义。实验主义是胡适加给各派实用主义的一个总类名。[1]

实用主义和达尔文的进化论有密切的关系。十九世纪的七十年代,有一个名叫莱特(Chauncy Wright,一八三〇——一八七五年)的美国人在美国康桥(Cambridge)组织了一个玄学会,他自称要把达尔文的学说和一般的哲学研究连贯起来。实用主义的创始人皮耳士(C.S.Peirce,一八三九——一九一四年)和詹姆士(William James,一八四二——一九一〇年)都是这个玄学会的会员。[2]

在哲学上最初使用实用主义这个名词的是皮耳士。一八七三年,皮耳士写了一篇名为《科学逻辑的举例》的文章,全文分为六章,第二章是论《如何能使我们的意思明白》。后来一八七七年,这篇文章略有修改,发表在美国的《科学通俗月刊》上,这是实用主义的第一次发表。

皮尔士以一个科学家自居,他说:"你对一个科学实验家无论讲什么,他总以为你的意思是说某种实验法若实行时定有某种效果,若不如此,你说的话他就不懂得了。"因此,他认为:"一个观念的意义,完全在那观念在人生行为上所发生的效果。凡试验不出什么效果来的东西,必定不能影响人生行为。所以我们如果能完全求出承认某种观念时有那么些效果,不承认他时又有那么些效果,如此我们就是这个观念的完全意义了。除掉这些效果之外,更无别种意义。"[3]

总之,效果决定一切,其他都是废话。

皮尔士的文章最初发表后,并没有引起人们的注意。直到二十年后,经过另一个美国人詹姆士的宣扬,才传播开来。

一八九八年,詹姆士在美国加利福尼亚大学的哲学讲演中重新提出实用主义,并由此开始在美国形成一个"实用主义运动"。一九〇七年,詹姆士出版了《实用主义》一书。这样,在二十世纪之初,实用主义作为一个哲学流派便形成了。

詹姆士发展了皮耳士的实用主义,充分反映了帝国主义时代资产阶

---

[1] 参看胡适的《实验主义》,《胡适文存》(二),亚东图书馆一九二一年版,第四一〇页。
[2] 参看胡适的《五十年来之世界哲学》,《胡适文存》(二),第二二二页。
[3] 胡适:《五十年来之世界哲学》,《胡适文存》(二),第二四六、二四七页。

级哲学和科学认识的决裂,显现出资产阶级思想体系向非理性的转化。詹姆士认为:"一个观念(意思)就像一张支票,上面写明可支若干效果;如果这个自然银行见了这张支票即刻如数兑现,那支票便是真的,——那观念便是真的。"①这是多么露骨的市侩哲学!詹姆士认为:"依实验主义的道理看来,如果'上帝'那个假设有满意的功用(此所谓"满意"乃广义的),那假设便是真的。"他说:"上帝的观念,……在实际上至少有一点胜过旁的观念的地方:这个观念许给我们一种理想的宇宙,永久保存,不致毁灭。……世界有个上帝在里面作主,我们便觉得一切悲剧都不过是暂时的,都不过是局部的,一切灾难毁坏都不是绝对没有翻身的。"他又说:"……我们照宗教经验的证据看来,也很可相信比人类更高的神力是实有的,并且这些神力也朝着人类理想中的方向努力拯救这个世界。"②这是多么露骨的反科学的宗教哲学。他还说:"你自己个人经验给了你一个上帝以后,上帝的名词,至少给你休息日的利益。"③这也就是说,既然有了礼拜日可以休息的利益,那么,就应该相信上帝是真的。俗语说得好:"有奶便是娘。"请看实用主义者堕落到怎样的地步!

继詹姆士而起的是又一个美国人杜威(一八五九——一九五二年)。

杜威最初曾信仰黑格尔主义,但不久即转而信仰实用主义,并在工具主义的幌子下维护和发展实用主义。

杜威写过很多书,他的哲学的基本观念是:"经验即是生活,生活即是应付环境";"知识、思想是应付环境的工具。"

杜威虽然抛弃了詹姆士的露骨的宗教神秘主义的结论,但却全部保留了实用主义的主观唯心主义的理论和方法,并用伪科学的词句来掩饰它们。杜威所说的"经验",和贝克莱主义、马赫主义一样,是把客观实在和唯心地理解的经验混为一谈。杜威的工具主义否认客观事物发展的规律性,认为世界是混乱的,只有人的意识才能整顿它。工具主义者和其他一切实用主义者一样,认为凡是在当时条件下有用的东西就是真理。列

---

① 胡适:《实验主义》,《胡适文存》(二),第四三一页。
② 胡适:《实验主义》,《胡适文存》(二),第四三六、四三七页。
③ 《实用主义》第一回,商务印书馆一九三〇年万有文库版,第七六页。

宁在批判这种主观唯心主义时写道:"把真理看做认识的工具,这就是在实际上已经转到不可知论方面,也就是离开唯物主义。在这一点上,以及在一切根本点上,实用主义者、马赫主义者、经验一元论者都是一丘之貉。"①

实用主义,反映了资产阶级的实利主义,它流行于十九世纪末和二十世纪初的帝国主义阶段,不是偶然的。

它否认客观真理和人类社会发展的规律,帝国主义者恰好用它来反对马克思主义,阻碍社会主义和共产主义的前途,以拯救帝国主义的末日。

它认为能够提供利益和符合需要的便是真理,帝国主义者恰好用它来为自己在全世界的侵略和剥削制造理论根据。

它否认事物的根本变革,而只主张一点一滴地进化和改良。反对革命,这正是帝国主义者所需要的。

因此,在二十世纪初的帝国主义世界中,实用主义成了一种时髦的哲学,美国的詹姆士、杜威先后成了实用主义学派的首脑。

## 二、杜威的来华

杜威不仅是一个"大哲学家",而且是一个"大教育家",胡适曾替他吹嘘,说他是"教师的教师"。这个"大教育家"认为"哲学就是广义的教育学说",因此,他的教育学说以实用主义为根据,说什么"教育即是生活","教育即是继续不断的重新组织经验",等等。总之,他认为教育乃是社会进化和改良的根本方法,而反对社会的革命改造。

一八九四年,杜威任芝加哥大学哲学系主任,同时和他的第一个妻子

---

① 《给尼·叶·维洛诺夫》,《列宁全集》第三十四卷,人民出版社一九五九年版,第四三一页。

合办实验学校,提倡所谓新的教育。一九〇四年,他转任为哥伦比亚大学哲学系主任。一九一九年初,他到日本东京帝国大学讲学,并写了《哲学的改造》一书。杜威的教育哲学,影响很大,美国的学校,从幼儿园、小学直到大学,以及世界上许多国家都受其影响。

由于杜威在当时是如此著名的"大哲学家""大教育家",再加上胡适的吹嘘,所以,在五四运动前夕,中国的一些教育团体,如江苏省教育会、北京大学、北京大学行知学会等,便联合请他到中国来讲学。

一九一九年四月三十日,杜威携着他的妻子和次女到达了上海,胡适、蒋梦麟、陶行知等人都去迎接。五月三日,胡适在给蔡元培的信中说:"杜威博士夫妇于三十日(四月)午到上海。蒋、陶与我三人,在码头接他们,送入沧州别墅居住。昨晚上我在教育会讲演实验主义大旨,以为他明日讲演的导言。今天(三日)明天(四日)他有两讲演,五日他去杭州游玩,蒋梦麟陪去。……在杭约住四五日,只有一次讲演,回上海后,住一二日即往南京,在彼约有两星期勾留,大约三星期后,即来北京。"①

杜威在中国讲学原计划为几个月,后来据说他对中国发生了"好感",一直住到一九二一年七月十一日才离去。(又连续到苏俄、土耳其、墨西哥等地。)

杜威在中国住了两年零两个月,到过奉天、直隶、山西、山东、江苏、江西、湖北、湖南、浙江、福建、广东等十一个省。他在北京进行的五种长期讲演录:《杜威五大讲演》,在他未离开中国以前,就已出了十版。至于在各地出版的许多小讲演录,就更多了。胡适曾洋洋得意地说:"我们可以说,自从中国与西洋文化接触以来,没有一个外国学者在中国思想界的影响有杜威先生这样大的。"他还大言不惭地宣称:"我们还可以说,在最近的将来几十年中,也未必有别个西洋学者在中国的影响可以比杜威先生还大的。"②

杜威在中国都讲了些什么呢? 根据他的"五大讲演"(《社会哲学与

---

① 《北京大学日刊》一九一年五月八日。胡适在这封信中说,杜威到上海是四月三十日。根据杜威的讲演录是五月一日,参看《杜威五大讲演》,第二五六页。

② 《杜威先生与中国》,《胡适文存》(二),第五三三页。

政治哲学》《教育哲学》《思想之派别》《现代的三个哲学家》《伦理讲演纪略》)来看:

第一,大肆宣扬实用主义和社会改良主义。

杜威说:"人类的生活,不是完全推翻可以解决的,也不是完全保守可以解决的。人类的责任,是在某种时间,某种环境,去寻出某种解决方法来,就是随时随地去找出具体的方法来应付具体的问题。这便是第三者的哲学。"①又说:"旧式的社会哲学,只是两极端,一是对于社会下总攻击,一是对于社会下总辩护。现在我们讲的第三派哲学,不是总攻击,也不是总辩护,是要进步,……是东一块西一块零零碎碎的进步,是零买的不是批发的。""现在世界上无论何处,都在那里高谈再造世界,改造社会。但是要再造改造的,都是零的,不是整的,如学校、实业家庭、经济、思想、政治,都是一件件的,不是整块的。所以进化是零买来的。"因此他对听讲的人号召说:"学生呵!你们以各人的知识一点一点的去改革,……"②

把实用主义标榜为不偏不倚的哲学,以此为指导去进行一点一滴的改良,去"补救修正现社会现政治",以"免掉革命的危险"。这就是杜威所讲的哲学要点。

如前所述,实用主义根本不是什么不偏不倚的第三派哲学,而是彻头彻尾的主观唯心主义。这一点,杜威有时表露得也比较清楚。他说:"不是先有知识思想精神的变迁,决不会有工业的革命。……知识思想精神的生活,是社会生活的重要基础。"③"倘有人问我用什么方法可以使社会将来有条理秩序的进化;我的答案是利用正当的有功效的舆论机关。"④

实用主义认为对自己有利的就是真理,无利的就不是真理,反映了资产阶级的市侩主义,是一种典型的商人哲学。这一点,杜威讲得非常露骨,他说:"耶稣《新约书》里有个寓言,很可以拿来证明这个道理:有一个

---

① 《杜威五大讲演》,晨报社一九二〇年版,第七页。
② 《杜威五大讲演》,第一四页。
③ 《杜威五大讲演》,第一一〇页。
④ 《杜威五大讲演》,第一一五页。

主人，把许多钱分给三个仆人，自己出门去了。第一个仆人拿了主人的钱去做生利的事业，赚了一倍；第二个赚了好几倍；第三个恐怕钱弄坏了，故尽力地把它保存起来，不敢动它。过了几年，主人回来算账，知道这事，遂赏了一二两个人而罚了第三人。因为他把主人所给他的钱不曾发生一点效果的缘故。"①

杜威还介绍了"现代的三个哲学家"（詹姆士，柏格森，罗素），替詹姆士吹捧了一番，说"他的著作的影响和效果，现在正是发展的时候"。② 并且通过介绍詹姆士，又把实用主义的真理论宣扬了一通。他说："詹姆士……反对绝对派主张'真理是一个'的哲学。他在这篇'人类之盲目性'中有一段说：算了吧，没有一个人能知道真理的全体的。……不要妄想推诸万世而皆准的真理。"③"詹姆士以为……理想本身，可以随意提出来，没有把握；待适用到实际上去，然后有真不真的区别。"④"詹姆士不承认知识是抄本是画像，而承认他是一种工具，象不象都不要紧。一切概念思想等等理想的系统，只能说，这个比那个是否格外有用，格外能够达到目的；不能说这个是否比那个格外相象。因为这是应用的东西。譬如刀，我们只能看他能割不能割，能利用不能利用，不能以他象不象一把刀定他真假的价值。"⑤

反映论是唯物主义的灵魂，列宁说："从现代唯物主义即马克思主义的观点来看，我们的知识向客观的、绝对的真理接近的界限是受历史条件制约的，但是这个真理的存在是无条件的，我们向它的接近也是无条件的。图画的轮廓是受历史条件制约的，而这幅图画描绘客观地存在着的模特儿，这是无条件的。"⑥

主观意识是客观存在的反映，主客观必须相一致。但是，实用主义者

---

① 《杜威五大讲演》，第一五九页。
② 《杜威五大讲演》，第三四三页。
③ 《杜威五大讲演》，第三四五页。
④ 《杜威五大讲演》，第三五四页。
⑤ 《杜威五大讲演》，第三五六页。
⑥ 《唯物主义和经验批判主义》，《列宁选集》第二卷，人民出版社一九七二年版，第一三五页。

却认为主客观可以不一致,可以不"相象",而依一时的效用来判断意识的真理性,显而易见,这是一种十足的主观唯心主义。

第二,大肆反对马克思主义和社会革命。

由于资本主义在世界许多国家已充分暴露其矛盾,并由此产生了一系列的社会革命问题,而在占世界六分之一土地的俄国境内,又成功地实行了社会主义革命,因此一切帝国主义的御用学者,都在百般设法地预防和反对社会革命,特别是攻击马克思列宁主义的学说。

杜威在《社会哲学与政治哲学》这篇讲演里,露骨地向马克思主义进攻,竟然说:"十九世纪下半,直至欧战,是马克思学说盛行的时代。欧战终了以后,人心对于马克思的学说,渐起厌倦的现象,复有回到从前道德派或伦理派的社会主义的趋势。"①

这当然是颠倒黑白的胡说。如大家所知,正是十月革命的胜利,证明了马克思列宁主义关于无产阶级革命和无产阶级专政的正确性,证明了第二国际改良主义的破产,因而马克思列宁主义在十月革命后得到广泛的传播,为许多国家所接受,如李大钊在《我的马克思主义观》一文中所说:"几有风靡世界的势子。"

杜威所以这样颠倒黑白的胡说,其目的就是要劝告中国人不要信奉马克思主义。

杜威还煞有介事地举出了两点理由,为他的造谣立论。他说:"欧战以后,大家对他(指马克思)的学说,多有怀疑厌倦不信仰的趋势。其原因,(一)他所谓一方愈富,一方愈贫,与历史事实完全相反。事实上劳动社会后来也渐渐提高。大战的影响,劳动阶级,且得益不少,工资也因此提高了。(二)他的科学的推算,以为社会主义实现最早的国家,一定是经济制度最完备的国家。他以为理想社会的实现,一定在英、美、德、法等国,不料事实上竟在经济制度极不完备的俄国。"②

杜威的这两点论据,也是完全站不住脚的:(一)在资本主义国家中,

---

① 《杜威五大讲演》,第六〇页。
② 《杜威五大讲演》,第六二页。

一些被收买的工人贵族阶层可能"得益不少",但是广大的工人阶级却日益贫困化。特别是在资本主义发展到帝国主义阶段后,殖民地附属国和宗主国的矛盾,帝国主义之间的矛盾等,都日益尖锐化。这些矛盾和各资本主义国家的劳资矛盾交织在一起,必然促起社会革命和民族解放运动的高涨。而马克思主义所以能"风靡世界",也正在于此。(二)杜威对于马克思主义完全无知,他根本不懂得列宁怎样发展了马克思主义,怎样根据帝国主义阶段资本主义发展不平衡的规律,而得出了一国和数国在帝国主义链条薄弱的地方可以首先突破而取得社会主义革命胜利的结论。杜威不仅不懂得这个结论,而且无视和抹杀了伟大的十月社会主义革命怎样用事实证明了这个结论。

因此,杜威说的大家对马克思主义"都有不信仰的趋势",完全是一种主观的臆想。

为了阻止中国人民信仰马克思主义,杜威在他的讲演中向中国听众三番五次地劝告说:"中国现在,本有许多公所。当此过渡的时代,小的经济生活过渡到工厂的经济生活,与欧洲有不同的地方,应该保存公所的那一部分好处,怎样提倡本业中的社交,对于本业的自尊,以及怎样教育训练必须的技术,这都是现在中国的学者应当研究的事业。"①"怎样利用现有的各业公所制度,保存它的好处。一方发展各业的共同生活,一方又以各业的基础,做个政治组织的单位。也许将来的政治,不由个人投票选举,而由各业的公所投票选举。中国既有公所,不妨对于这个问题,自己加以研究。这不但是为中国自己,简直是为世界政治学说上加一条贡献。"②

杜威对中国以雇主为主体的行会制度很感兴趣,对以资本家为主体的同业公会很感兴趣,他认为这种制度可以调和劳资矛盾,可以阻止工人自己的团体出现,可以预防社会革命,因此他要求中国人研究、提倡。他还认为可以用资本家操纵的各业公所,来代替个人选举,对全国的政治生

---

① 《杜威五大讲演》,第六四页。
② 《杜威五大讲演》,第六五页。

活进行控制。他并且认为把这种制度研究好了,可以在全世界推广。杜威真是异想天开了。

反对马克思主义,反对社会革命,这个披着学者外衣的"大教育家""大哲学家",其政治目的是暴露得何等明显呵!

第三,大肆宣扬西方资产阶级民主和美国的世界主义。

杜威在他的讲演中对西方的"自由、平等、博爱"作了一番宣扬,并把英、法、美各国作了一番比较。当然,他最称道的是美国。他在一篇《美国之民治的发展》的专门讲演中说:"美国不但是没有贫富阶级,就是男女之间也是没有区别的。"①

美国没有贫富阶级,这当然是胡说。杜威自知这种说法不能掩人耳目,所以他在另一处又说:"近来虽然渐渐发生贫富的阶级,但是实际上仍是平等。"②

杜威认为美国的"民主"在西方世界是最好的。他说:"这种平等的机会并不像英国的自由,全是消极的;乃是积极的意思,是注重人民的个性的意思,是让他们各自发展可能性的意思。各人自由发展各人的才能,要怎么做便怎么做,能做到什么田地就做到什么田地,这才叫做平等的机会。"③

自由发展,要怎么做就怎么做,而且能做到什么地步就做到什么地步。这就是说他们有发财致富的自由,毫无限制地剥削他人的自由,毫无限制地歧视和压迫黑人的自由,……而这一切,杜威美其名曰:"真的好的个人主义。"④

美帝国主义要把这种"民主"推行到全世界,在全世界建立起美国的霸权。当时威尔逊提出组织国际联盟,来推行美国的世界主义。杜威这位御用学者,在中国的讲演中,也就亦步亦趋地替威尔逊的主张大肆宣扬,他说:"国际的无政府是根本要不得的,大家应该想救济方法,把国内

---

① 《每周评论》第二十六号,一九一九年六月十五日。
② 《每周评论》第二十六号,一九一九年六月十五日。
③ 《美国之民治的发展》,《每周评论》第二十六号,一九一九年六月十五日。
④ 《美国之民治的发展》,《每周评论》第二十六号,一九一九年六月十五日。

的法治制度,推到国际,造成一种国际的负责任的组织。""……近几年来威尔逊总统这些人提倡国际联盟,各国也很热心的帮助。这个新提议是想把从前无政府的变为有政府;司法、立法、行政,都有具体的办法;从前自己作主的制度打破,攻守同盟的协约或联盟也打破,公认立法、司法、行政的机关……"①

杜威在中国大肆宣扬美国的"民主"和世界主义的目的,是要求中国实行美国化。他在一篇《教育哲学》的讲演中说:"东方所得的西洋文化,好处不如坏处,益处不如害处,道德经济各方面已经起了纷乱的现象。但这万万不能再用长城去抵拒他的了。所以现在唯一的救济方法,便是开着门把西洋文明的精采灌输进来,使新输入的真文明抵抗从前所受的害处及危险,养成一班新的积极的人才。"②

杜威在这里所说的"西洋文明的精采",就是美国的实用主义,他所要培养的"新的积极的人才",就是像胡适那样的符合美帝国主义所需要的"人才"。

杜威认为中国留学生只向美国学习自然科学是不够的,还必须学习美国的"人生观"。他说:"……中国的确尚不希望知道科学的真意义是什么。初时以为科学只在技术方面,不过电机、汽机、开矿、造路等方法而已。前几年看见清华派送留美的学生,百分之八十须学机械工程等科,只有百分之二十可以学旁的科目。这也可以看出中国对于西洋文化的态度了。这种技术方面的学科,固然重要,但尤其重要的,在乎受新科学精神的影响,造出新的人生观。"③

杜威在这里所说的"新科学精神",就是实用主义的精神;所说的"新的人生观",就是唯利是图的商人哲学——实用主义的人生观。

第四,大肆宣扬教育万能,反对五四运动。

杜威中一个实用主义的"大教育家",认为用教育可以改造社会,改造一切,从而以此来反对马克思主义的社会革命学说。他在《社会哲学

---

① 《社会哲学与政治哲学》,《杜威五大讲演》,第一〇五、一〇六页。
② 《社会哲学与政治哲学》,《杜威五大讲演》,第一六三页。
③ 《社会哲学与政治哲学》,《杜威五大讲演》,第一八四页。

与政治哲学》这篇讲演中说:"民治便是教育,便是继续不断的教育,出了学校,在民治社会中服务,处处都得着训练,与在学校里一样。个人的见解逐渐推到全社会,全世界,结果教育收功之日,即全世界共同利害的见解成立之日,岂但一国一社会的幸福而已。"①

杜威在中国宣扬这种社会改良学说的时候,正是五四运动发生和发展的时候。中国革命的实际给了杜威的谎言以极大的讽刺。杜威因此对五四运动极端仇视并进行直接的攻击。他说:"我到中国是五月初一,正与中国学生运动同时,所以脑子背后时时有一个学生运动的影子。讲演中虽然不是处处说到,但却处处想到。"接着他便指出这个运动的"几点短处",说它是"偶然的""感情的""消极的"。② 他还以指责的口吻,向中国学生"教导"说:"不要把感情能力用在偶然的消极的事故上,白白糟蹋。这才是有意识的运动,才可以把中国逐渐革新。西洋有句话,'罗马不是一天造成的'。所以问题是很复杂。语言文字普及教育,使人人受其益处。经济方面更复杂了,要有计划发展天然富源,免致贫富不均,闹出阶级战争的惨状,蹈欧美的覆辙。这全赖诸君受高等教育的去做有恒的事业才是。"③

杜威说他在讲演中对五四运动没有"处处说到",其实他对五四运动的坏话是说了不少的。像上面提到的这种指责和"教导",在其各种讲演中并不鲜见。例如他在《伦理讲演纪略》中,说:"五四以来,学生很难专心读书,大半因为外交紧急,也因为学生感情用事。教育上受了莫大的损失,要是长此不改,损失恐怕还要大,教育一定要瓦解了。"④又说:"爱国是一事,排外又是一事。……我奉劝诸君,不必感情用事,徒然排外,要有更远大的目的,就是发展社会精神,或博爱精神,博爱,是民主制度的要素。"⑤

---

① 《杜威五大讲演》,第一二四页。
② 《杜威五大讲演》,第二五六页。
③ 《杜威五大讲演》,第二五六、二五七页。
④ 《杜威五大讲演》,第四七〇页。
⑤ 《杜威五大讲演》,第四七一页。

博爱,改良,不要阶级斗争,屈服于外国侵略者的压力,这就是杜威这位"大教育家"向中国人进行的"教导"。革命是最好的试金石。在五四运动这样一个伟大的革命洪流面前,杜威的政治观点是很清楚的。

以上,是杜威在中国两年多讲演的几个主要内容,当然不是它的全部。但就从这些内容中,我们已可看出这位美国学者在中国散播了多少谬论。这些谬论不仅成为胡适派反对马克思主义和反对中国革命的根据,而且影响了相当一部分资产阶级知识分子。

## 三、胡适的挑战

胡适在一九一五年由康奈尔大学转入哥伦比亚大学,从那时开始,他便成了杜威的得意门生、实用主义的忠实信徒。他说:"我在一九一五年的暑假中,发愤尽读杜威先生的著作,做有详细的英文提要,……从此以后,实验主义成了我的生活和思想的一个向导,成了我自己的哲学基础。……其实,我写《先秦名学史》《中国哲学史》都是受那一派思想的指导。我的文学革命主张也是实验主义的一种表现。《尝试集》的题名就是一个证据。"①

后来,胡适在《介绍我自己的思想》一文中谈到杜威对他的影响时又说:"我的思想受两个人的影响最大:一个是赫胥黎,一个是杜威先生。赫胥黎教我怎样怀疑,教我不信任一切没有充分证据的东西。杜威先生教我怎样思想,教我处处顾到当前的问题,教我把一切学说理想都看作待证的假设,教我处处顾到思想的结果。"②

胡适把杜威看得至高无上,杜威也把胡适看作实用主义在中国最好的推广人。杜威还要求运用实用主义去了解国际形势,以便为美国的世

---

① 胡适:《藏晖室札记》自序,《胡适留学日记》第一册,商务印书馆一九四七年版,序文第五、六页。

② 《胡适论学近著》第一集,商务印书馆一九三五年版,第六三〇页。

界主义服务。胡适归国前,杜威曾就此和他进行过一番谈话。一九一七年五月三十日,胡适的日记这样记载着:"昨往见杜威先生辞行。先生言其关心于国际政局之问题乃过于他事。嘱适有关于远东时局之言论,若寄彼处,当代为觅善地发表之。"①

胡适回国以后,虽然没有立刻直接谈实用主义,但是正如他自己所说,不论搞哲学史也好,或者搞文学也好,都是在贯彻实用主义:"我谈白话文也只是实行我的实验主义。"②

胡适回国没有立刻直接宣扬实用主义,在当时的一个重要原因,是在于十月革命还没有爆发,马克思主义还没有在中国传播。就是说,实用主义在中国还没有遇见它的直接对头。

到一九一八、一九一九年之际,情况不同了。十月革命在中国愈来愈广泛地显示了它的影响,马克思主义在中国开始传播了。这种情况,使实用主义的信徒们恐慌了。因此,这时一方面是杜威在华的到处讲演,另一方面是胡适亦步亦趋地替杜威到处吹嘘。

杜威在中国开讲以前,先由胡适等人对实用主义进行介绍。例如发表在《新青年》第六卷第四号上的《实验主义》一文,便是胡适的一篇讲演稿。③

在《实验主义》这篇讲演里,胡适对实用主义形成的历史,对皮耳士、詹姆士,特别是对杜威的思想,作了详尽的介绍,声称实用主义是"现今欧美很有势力的一派哲学"。特别应指出的是,胡在这篇讲演里,对实用主义的实在论、真理论、方法论进行了一些发挥和"通俗"的解说。通过胡适的解释,使我们更好地认清了实用主义是个什么东西。

第一,关于实用主义的实在论。胡适说:"总而言之,实在是我们自己改造过的实在。这个实在里面含有无数人造的分子。实在是一个很服

---

① 《胡适留学日记》第四册,第一一四四页。
② 《我的歧路》,《胡适文存》(三),第九九页。
③ 《新青年》第六卷第四号,刊物标明出版期为一九一九年四月十五日,但实际出版期为一九一九年七月。《胡适文存》收集的《实验主义》,文末注明为"民国八年春间演稿,七月一日改定稿"。

从的女孩子,他百依百顺的由我们替他涂抹起来,装扮起来。'实在好比一块大理石到了我们手里,由我们雕成什么像。'"又说:"一样的满天星斗,在诗人的眼里和在天文学者的眼里,便有种种不同的关系。一样的两件事,你只见得时间的先后,我却见得因果的关系。一样的一篇演说,你觉得这人声调高低得宜,我觉得这人论理完密。一百个大钱,你可以摆成两座五十的,也可以摆成四座二十五的,也可以摆成十座十个的。"①

在这里,经过胡适的举例,已经最清楚不过地说明了实用主义者所说的"实在"就是经验,利用这些经验,便可以创造出各种各样的"事物"和各种各样的"宇宙"。

马克思主义者认为实在就是客观存在,就是物质。感觉和经验是客观存在的反映。实用主义者却把经验和实在混为一谈,并认为经验可以任意创造"实在",因此这是一种十足的主观唯心主义。

第二,关于实用主义的真理论。胡适说:"真理原来是人造的,是为了人造的,是人造出来供人用的,是因为他们大有用处所以才给他们'真理'的美名的。我们所谓真理,原不过是人的一种工具,真理和我手里这张纸,这条粉笔,这块黑板,这把茶壶,是一样的东西:都是我们的工具。"②"世间没有纯粹的理性,也没有纯粹的知识思想。理性是离不了意志和兴趣的;知识思想是应用的,是用来满足人的意志兴趣的。"③

否认客观真理,真理不过是应用的工具,胡适在这里讲得也很明白。他还举了一个例子说:"昨天下午北京大学哲学教授会审查学生送来的哲学研究会讲演题目。内中有一个题目是:'人类未曾运思以前,一切哲理有无物观的存在?'这种问题,依实验主义看起来,简直是废话。为什么呢?因为无论我们承认未有思想以前已有哲理或没有哲理,于人生实际上有何分别?"④

"人类未曾运思以前,一切哲理有无物观的存在?"这个问题提得很

---

① 《胡适文存》(二),第四四〇页。
② 《胡适文存》(二),第四三五页。
③ 《胡适文存》(二),第四二八页。
④ 《胡适文存》(二),第四二〇页。

好,它的实际意思是在说:除了人的主观世界外,有没有客观世界的存在?但胡适回答得也很干脆,认为这是废话,实际的意思是在说:没有人的主观世界,哪里来的客观世界。

第三,关于实用主义的方法论。胡适介绍杜威分析思想的方法分为五步:"(一)疑难的境地;(二)指定疑难之点究竟在什么地方;(三)假定种种解决疑难的方法;(四)把每种假定所涵的结果,一一想出来,看那一个假定能够解决这个困难;(五)证实这种解决使人信用;或证明这种谬误,使人不信用。"①

胡适曾把这种方法概括为"大胆的假设和小心的求证",并说:"杜威一系的哲学家论思想的作用,最注意假设。"他还反复地解释这种方法说:"律例(指某种科学定理)原不过是人造的假设用来解释事物现象的,解释的满意,就是真的;解释的不满人意,便不是真的,便该寻别种假设来代他了。"②又说:"实验主义绝不承认我们所谓'真理'就是永远不变的天理;他只承认一切'真理'都是应用的假设;假设的真不真,全靠他能不能发生他所应该发生的效果。"③

马克思主义者并不一般地反对假设,问题在于是站在唯物主义立场的科学假设,还是站在唯心主义立场的主观臆造。实用主义者的假设是后者而不是前者,这从外国实用主义者和胡适派后来研究社会问题和历史问题的许多事实都可以证明。

实用主义者的"求证""实验",也不是科学的试验,而是一种主观唯心主义的想象,解释得使资产阶级及其代理人满意的就是真理,反之就不是真理。

所以,实用主义者的方法论是和它的实在论、真理论不可分割的。但是,胡适却大肆宣扬杜威哲学着重在方法论,并说什么这是"科学试验室的态度",还吹嘘这是哲学中的革命。事实上,他在向人们宣告:哲学领域中并不存在唯物主义和唯心主义的斗争,而只是一个方法问题。

---

① 《胡适文存》(二),第四五四页。
② 《胡适文存》(二),第四一二页。
③ 《胡适文存》(二),第四一四页。

杜威和胡适,师徒二人,一唱一和,在中国各地散播实用主义,影响很大,以至于被称为思想界先驱的陈独秀也认为实验主义是一种科学方法。

但是,不管杜威和胡适怎样宣讲,但真理是愈辩愈明的。随着群众革命运动的兴起和发展,马克思主义日益被更多的先进分子所接受。

就是在这个时候,胡适挑起了对马克思主义、对革命的进攻。这一点,胡适在后来也说得很清楚。他在一九二二年所写的《我的歧路》一文中说:"一九一九年六月中,独秀被捕,我接办《每周评论》,方才有不能不谈政治的感觉。那时……国内的'新'分子闭口不谈具体的政治问题,却高谈什么无政府主义与马克思主义。我看不过了,忍不住了,——因为我是一个实验主义的信徒,——于是发愤要想谈政治。我在《每周评论》第三十一号里提出我的政论导言,叫做《多研究些问题,少谈些主义》。"①一九三〇年,胡适在《介绍我自己的思想》一文中再一次供认:"当时承五四、六三之后国内正倾向于谈主义,我预料到这个趋势的危险,故发表《多研究些问题,少谈些主义》。"②

胡适在一九一九年七月发表的《多研究些问题,少谈些主义》这篇"政论导言"中,都讲了些什么呢?

第一,反对马克思主义在中国的传播。

他具体地发挥了杜威的工具论,说"学理是我们研究问题的一种工具",要求"把一切'主义'摆在脑背后,做参考资料,不要挂在嘴上做招牌,不要叫一知半解的人拾了这些半生不熟的主义去做口头禅"。③

奇怪得很,胡适在这里反对谈主义,但他自己却大谈实验主义,他所说的"挂在嘴上做招牌""做口头禅"却正是他自己和他的老师杜威的写照。

醉翁之意不在酒,胡适并不是一般地反对谈主义,而只是反对谈马克思主义。

---

① 《胡适文存》(三),第九六、九七页。
② 《胡适论学近著》第一集,商务印书馆一九三五年版。
③ 《每周评论》第三十一号,一九一九年七月二十日。

## 第十五章 问题和主义之争

为了这个目的,他以讽刺的口吻说:"高谈主义,不研究问题的人,只是畏难求易,只是懒。"①又说:"空谈好听的'主义',是极容易的事,是阿猫阿狗都能做的事,是鹦鹉和留声机器都能做的事。"②

当时安福系的政客王揖唐曾发表过一篇骗人的主张民生主义的演说,北京《公言报》《新民国报》《新民报》(都是安福系的报纸)和日文的《新支那报》都大为吹捧。于是,胡适抓住了这个例子,把马克思主义者和安福系政客相提并论,并恶毒地说:"你和我和王揖唐都可自称社会主义家,都可用这一个抽象名词来骗人。"③

第二,主张一点一滴的改良,反对革命。

根据以上的诬词,胡适向谈马克思主义的人"奉劝"说:"请你们多提出一些问题,少谈一些纸上的主义。""请你们多多研究这个问题如何解决,那个问题如何解决,不要高谈这种主义如何新奇,那种主义如何奥妙。"④

应该研究些什么问题呢?胡适列举了一些,其中包括人力车夫的生计问题、卖淫问题、大总统的权限问题、加入国际联盟问题,等等,他认为这都是"火烧眉毛紧急问题"。

他认为不去研究这些具体问题,而高谈社会主义,去求"根本解决",这便是"自欺欺人的梦话,这是中国思想界破产的铁证,这是中国社会改良的死刑宣告"。⑤

反对"根本解决",反对革命,在现存社会的基础上进行一些改良,这就是胡适将实用主义在中国政治问题上的具体运用。

应该指出,胡适虽然列举了一些具体问题,但他自己也并没有去研究这些问题(研究了,他也不可能解决这些问题)。胡适这样吵吵嚷嚷,其根本目的就在于反对马克思主义在中国的传播。

---

① 《每周评论》第三十一号,一九一九年七月二十日。
② 《每周评论》第三十一号,一九一九年七月二十日。
③ 《每周评论》第三十一号,一九一九年七月二十日。
④ 《每周评论》第三十一号,一九一九年七月二十日。
⑤ 《每周评论》第三十一号,一九一九年七月二十日。

## 四、李大钊的反击

列宁在谈到马克思主义发展的历史时写道:"资产阶级的科学和哲学就没有什么可以说的,官方教授按官方规定讲授科学和哲学是为了愚弄那些出身于有产阶级的青年,为了'训练'他们去反对内外敌人。这种科学对马克思主义连听都不愿听,就宣布马克思主义已经被驳倒,已经被消灭。无论是借驳斥社会主义来猎取名利的青年学者,或者是死抱住各种陈腐'体系'的遗教不放的龙钟老朽,都是同样尽心竭力地攻击马克思。马克思主义的发展、马克思主义思想在工人阶级中的传播和巩固,必然使资产阶级对马克思主义的这种攻击更加频繁,更加剧烈,但是马克思主义每次被官方的科学'消灭'之后,反而愈加巩固,愈加坚强,愈加生气勃勃了。"[1]

实用主义正是这种列宁所说的"资产阶级的科学和哲学",而杜威和胡适正是宣扬这种"科学和哲学"的"官方教授"。杜威和胡适对马克思主义进行恶毒的攻击和诽谤,他们认为马克思主义还未在中国生根的情况下,经过轻轻一击,就可以宣布它"已经被驳倒""已经被消灭"了。当然,事物的发展永远和主观唯心主义所想象的相反,马克思主义在战斗中成长,经过和实用主义在中国的第一次交锋,马克思主义不但不是被"消灭","反而愈加巩固,愈加坚强,愈加生气勃勃了"。

胡适的《多研究些问题,少谈些主义》是一种极其轻妄的谬论,即使并非信仰马克思主义的人,也能看出其立论的破绽,因此很快就有人表示了不同意见,如当时属于研究系的蓝知非(即蓝公武)就在《国民公报》上发表了一篇《问题与主义》(胡适把这篇文章略加删节,登录在八月三日出版的《每周评论》第三十三号上)。

---

[1] 《马克思主义和修正主义》,《列宁选集》第二卷,人民出版社一九七二年版,第一页。

第十五章　问题和主义之争

　　蓝文虽然一般地指出了胡文"有些因噎废食的毛病",但没有而且也不可能打中胡适的要害——反对马克思主义。研究系所以反对胡文,只是在于谈不谈主义这一点上,因为研究系这时也正在"研究"各种主义。

　　陈独秀被捕,李大钊准备出走,胡适控制了《每周评论》的领导权并使之变质。(《每周评论》从二十六期——六月十五日以后,大量刊载《杜威演讲录》和宣扬实用主义,虽然也介绍过俄国的新宪法、土地法、婚姻制度和在文章中运用一些新名词,但是反映政治斗争的文章和比较尖锐的政治评论被取消了,刊物已经失去了它的革命性和战斗性。)①这种情况,是李大钊所不满的。当李出京的时候,他又读到了胡适的《多研究些问题,少谈些主义》,就更为不满。因此他认为必须进行公开反击,作为"对社会的告白"。②

　　一九一九年七、八月之际,李大钊在昌黎五峰③写了《再论问题与主义》一文,寄交胡适,胡不得不把它登在《每周评论》第三十五号上(八月十七日)。这篇文章,和胡适的《多研究些问题,少谈些主义》针锋相对,鲜明地阐述了以下四个问题:

　　第一,关于"主义"和"问题"的关系。

　　李大钊指出"问题"和"主义"有不可分离的关系,解决"问题"离不开"主义","因为一个社会问题的解决,必须靠着社会上多数人共同的运动。那么我们要想解决一个问题,应该设法使它成了社会上多数人共同的问题。要想使一个社会问题成了社会上多数人共同的问题,应该使这社会上可以共同解决这个那个社会问题的多数人,先有一个共同趋向的理想、主义,……"

---

①　据高一涵回忆,陈独秀被捕后,胡适不敢在家里居住,才搬到东交民巷附近的北京饭店躲藏起来,并极力辩白自己并不是"过激派"。因此,在胡适操纵下,《每周评论》立即改变了方向。高还回忆说:"那时我同胡适同住在南池子缎库后身八号,我们所办的《每周评论》,就是以这个地方为通信处。"见《文史资料选辑》,第六十一辑。

②　《再论问题与主义》,《每周评论》第三十五号,一九一九年八月十七日。

③　冀东昌黎县境五峰山,是一个风景宜人的地方,高高山峦,淙淙流泉,山上有韩文公(愈)祠,是一个幽静所在。李大钊在北京大学工作期间,每届假期(特别是暑假),总要在这里住上一些时日,读书作文,效果均佳。一九一九年的七月底八月初,暑期又到,而这时陈独秀又被捕去不久,《新青年》其他同人也多被盯梢,所以李大钊设法离京,到五峰山暂住。

因此,"我们的社会运动,一方面固然要研究实际的问题,一方面也要宣传理想的主义。这是交相为用的,这是并行不悖的。""不论高揭什么主义,只要你肯竭力向实际运动的方面努力去做,都是对的,都是有效果的。"

他指出:"大凡一个主义,都有理想与实用两面。例如民主主义的理想,不论在那一国,大致都很相同。把这个理想适用到实际的政治上去,那就因时、因所、因事的性质情形,有些不同。社会主义,亦复如是。……一个社会主义者为使他的主义在世界上发生一些影响,必须要研究怎么可以把他的理想尽量应用于环绕着他的实境。所以现代的社会主义包含着许多把他的精神变作实际的形式使合于现在需要的企图。这可以证明主义的本性,原有适应实际的可能性,不过被专事空谈的人用了,就变成空的罢了。那么,先生(指胡适)所说主义的危险,只怕不是主义的本身带来的,是空谈它的人给它的。"

第二,关于假冒牌号的危险。

大凡一种学说流行的时候,必然有一些投机者、骗子手以及它的敌人进行伪装,鱼目混珠,混淆视听。李大钊以生动的事例说:"王麻子的刀剪,得了群众的赞许,就有旺麻子等来混他的招牌,王正大的茶叶得了群众的照顾,就有汪正大等来混他的招牌。今日社会主义的名辞,很在社会上流行,就有安福派的社会主义,跟着发现。这种假冒招牌的现象,讨厌诚然讨厌,危险诚然危险,淆乱真实也诚然淆乱真实。"

但是,对待这种现象怎么办呢?胡适的目的是利用这种现象使马克思主义者不谈社会主义。李大钊驳斥了这种谬论,他指出:"新开荒的时候,有些杂草毒草,夹杂在善良的谷物花草里长出,也是当然应有的现象。王麻子不能因为旺麻子等也来卖刀剪,就闭了他的剪铺。王正大不能因为汪正大等也来贩茶叶,就歇了他的茶庄。开荒的人,不能因为长了杂草毒草,就并善良的谷物花草一齐都收拾了。我们又何能因为安福派也来讲社会主义,就停止了我们正义的宣传?因为有了假冒牌号的人,我们愈发应该一面宣传我们的主义,一面就种种问题研究实用的方法,好去本着主义作实际的运动,免得阿猫、阿狗、鹦鹉、留声机来混我们骗大家。"

第三,所谓过激主义。

李大钊公开表明自己是一个拥护布尔什维克的人,他说:"仲甫先生(陈独秀)和先生(指胡适)等的思想运动、文学运动,据日本《日日新闻》的批评,且说是支那民主主义的正统思想。一方要与旧式的顽迷思想奋战,一方要防遏俄国布尔什维主义的潮流。我可以自白,我是喜欢谈谈布尔什维主义的。"

李大钊认为:"布尔什维主义的流行,实在是世界文化上的一大变动。我们应该研究他,介绍他,把他的实象,昭布在人类社会,不可一味听信人家为他们造的谣言,就拿凶暴残忍的话抹煞他们的一切。"

关于"过激主义"一词,李大钊指出这是帝国主义分子对布尔什维克的诬蔑,他说:"在我们这盲目的社会,他们那里知道 Bolshevism 是什么东西,这个名词怎么解释?不过因为迷信资本主义、军国主义的日本人把他译作过激主义,他们看'过激'这两个字很带着些危险,所以顺手拿来,乱给人戴。"

反动派不仅把布尔什维克叫做过激派,而且把一切谈新思想、谈社会改革的人,都加上"过激"的头衔。过激主义,是"邪说异端""洪水猛兽"的同义语。李大钊指出,一个真正的社会革新者要认定自己的主义,从事实际运动,根本不要去理会这些胡言乱语。

第四,必须"根本解决"。

李大钊指出:对于"没有组织没有生机的社会","必须有一个根本解决,才有把一个一个的具体问题都解决了的希望"。他以俄国革命为例说:"就以俄国而论,罗曼诺夫家没有颠覆,经济组织没有改造以前,一切问题,丝毫不能解决,今则全部解决了。"

在这个问题上,李大钊阐述了马克思主义的根本原理,指出:"依马克思的唯物史观,社会上法律、政治、伦理等精神的构造,都是表面的构造。他的下面,有经济的构造作他们一切的基础。经济组织一有变动,他们都跟着变动。换一句话说,就是经济问题的解决,是根本解决。经济问题一旦解决,什么政治问题、法律问题、家族制度问题、女子解放问题、工人解放问题,都可以解决。"

怎样使经济组织变动呢？李大钊指出必须展开阶级斗争，必须进行革命，他说："专取这唯物史观（又称历史的唯物主义）的第一说，只信这经济的变动是必然的，是不能免的，而于他的第二说，就是阶级竞争说，了不注意，丝毫不去用这个学理作工具，为工人联合的实际运动，那经济的革命，恐怕永远不能实现，……有许多马克思派的社会主义者（指第二国际的社会改良主义者），很吃了这个观念的亏。天天只是在群众里传布那集产制必然的降临的福音，结果除去等着集产制必然的成熟以外，一点的预备也没有作，这实在是现在各国社会党遭了很大危机的主要原因。我们应该承认遇着时机，因着情形，或须取一个根本解决的方法，而在根本解决以前，还需有相当的准备活动才是。"

李大钊在这里不仅有力地回击了胡适的反对革命的谬论，而且也指斥了第二国际的社会改良学说，这在当时，是难能可贵的。

## 五、意义和影响

李大钊的《再论问题与主义》发表后，胡适又在《每周评论》上连续发表了《三论问题与主义》（八月二十四日）、《四论问题与主义》（八月三十一日），极力为自己的观点辩护，诬称李文中的一些观点"是一种不负责任的主义论"，[①]还说一切主义"只可认作一些假设的见解"。[②] 胡适在这些辩护的文章中，再一次宣扬阶级调和，直接向马克思主义进攻，他说："阶级战争说指出有产阶级与无产阶级不能并立的理由，在社会主义运动史与工党发展史上固然极重要。但是这种学说，太偏向申明'阶级的自觉心'一方面，无形之中养成一种阶级的仇视心，不但使劳动者认定资本家为不能并立的仇敌，并且使许多资本家也觉劳动者真是一种敌人。

---

[①] 《三论问题与主义》，《每周评论》第三十六号，一九一九年八月二十四日。
[②] 《三论问题与主义》，《每周评论》第三十六号，一九一九年八月二十四日。

这种仇视心的结果,使社会上本来应该互助而且可以互助的两种大势力,成为两座对垒的敌营,使许多建设的救济方法成为不可能,使历史上演出许多本不须有的惨剧。"①

问题和主义的争论正在进行的时候,《每周评论》在八月底被北洋政府封闭了。

问题和主义的论战,是马克思主义和反马克思主义在中国的第一个回合的斗争,它初步显示了马克思主义的锐不可当。

这次论战标志着新文化运动内部的开始分化。

一九一九年十二月,胡适在《新青年》上又发表《新思潮的意义》一文,企图把新文化运动限制在"研究问题,输入学理,整理国故,再造文明"的范围内,继续宣扬他的一点一滴的改良主义,并再一次地对马克思主义进行诬蔑,他说:"悬空介绍一种专家学说,如'赢余价值论'之类,除了少数专门学者之外,决不会发生什么影响";"十篇'赢余价值论'不如一点研究的兴趣。"②

但是,所有这一切诬蔑都阻挡不住真理的传播。胡适在马克思主义面前,不过是螳臂挡车而已。

一九二〇年一月,李大钊在《新青年》上发表《由经济上解释中国近代思想变动的原因》一文,指出:"新思想是应经济的新状态、社会的新要求发生的,不是几个青年凭空造出来的。"③他分析了孔子主义产生的社会根源及其对当前社会的危害之后,指出:"中国的劳动运动,也是打破孔子阶级主义的运动。孔派的学说,对于劳动阶级,总是把他们放在被治者的地位,作治者阶级的牺牲。'无君子莫治野人,无野人莫养君子。''劳心者治人,劳力者治于人。'这些话,可以代表孔门贱视劳工的心理。现代的经济组织,促起劳工阶级的自觉,应合社会的新要求,就发生了'劳工神圣'的新伦理,这也是新经济组织上必然发生的构造。"他在结论中说:"中国今日在世界经济上,实立于将为世界的无产阶级的地位。我

---

① 《四论问题与主义》,《每周评论》第三十七号,一九一九年八月三十一日。
② 《新青年》第七卷,第一号,一九一九年十二月一日。
③ 《新青年》第七卷,第二号。

们应该研究如何使世界的生产手段和生产机关同中国劳工发生关系。"

李大钊的《由经济上解释中国近代思想变动的原因》和胡适的《新思潮的意义》,显示了历史唯物主义和历史唯心主义的鲜明对立,实际上,它成为问题和主义之争的继续。

问题和主义之争,不仅表现在李大钊和胡适两人的论战上,而且影响到整个新文化界。继李、胡的论战之后,许多社团内部都在展开类似性质的讨论,并以这个讨论——即要不要马克思主义为契机,而发生了新文化社团的大分化。

一些社团的大部分成员坚决地向左转,在讨论中站在李大钊的一方。

有的社团,如新潮社,它的大部分成员则明显地向右转。"五四"以前,新潮社就是受胡适影响较多的一个社团;"五四"以后,它几乎成了一个完全胡适派的团体,宣扬实用主义,大肆攻击学生运动,成员纷纷留学欧美。

复杂的是少年中国学会和国民社。由于少年中国学会更有代表性(说明统一战线的分化),而且国民社的成员也有很多就是少年中国学会的成员,所以这里我们以分析少年中国学会为主。

《少年中国学会》自一九一八年筹备和一九一九年七月一日正式成立以来,会员有很大发展。一九一九年六月十五日,成立成都分会;十一月一日,成立南京分会。至一九二〇年七月一日,会员已达七十余人。[①]

少年中国学会在筹备期间,便包括着三类不同的知识分子——具有初步共产主义思想的知识分子、小资产阶级(主要是无政府主义者)知识分子、资产阶级(主要是国家主义者)知识分子。三类知识分子在创造"少年中国"这样一个抽象的宗旨下,处在一个学会中。因此,当问题和主义之争展开之后,即牵扯到学会要不要主义和要什么主义的问题时,便引起明显的分化。这从一九一九年下半年各地少年中国学会会员的通信中可以得到有力的证明。

由于北京会员中有很多具有初步共产主义思想的知识分子,而李大

---

[①] 《少年中国学会周年纪念册》,第五页。

钊又是公开宣传马克思主义并和胡适展开论战的第一人,因此引起右翼分子的不满。上海会员(以左舜生为首)在给北京会员的通信中便提出"多研究'学理',少叙述主义"①的问题,并说"发表文字,宜取绝端慎重态度",以免被"横加摧残,甚或危及生命",还说什么"为叙述他人之主义而见残,殊不值也"。②

北京会员在复信中虽然同意《少年中国月刊》发表言论应该慎重的意见,但在实际上却否定了右翼分子以学会来限制马克思主义者的活动的企图,他们指出:"倘有会员对于政治兴味极浓,急欲登台一试;或对于社会组织有所不满,急欲从事社会革命。本会同人对于上述两种会员,无论其成功失败,均不过问。"③

此外,有的地方的会员也指出了:"学理主义,并非截然两事。""故主义但当问其是不是,不当限制其多少。学理之研究,亦当切实有用于人生,不当与主义悬绝。"④

到了后来一九二一年七月少年中国学会的南京大会,要不要主义的争论就更集中的表现出来。⑤ 邓中夏、高君宇、黄日葵、沈泽民等共产主义者坚持学会必须接受马克思主义并坚决走革命的道路,曾琦、李璜、左舜生等右翼分子则在不谈主义、不从事政治活动的幌子下,反对学会接受马克思主义,而实际上坚持了所谓国家主义的道路。一些处于中间状态的小资产阶级和资产阶级知识分子则仍迷恋于所谓学术研究,认为不从事政治活动的人可以不确定主义,有的则认为可以不急于确定主义,慢慢研究后才说。

这就是说,在问题和主义之争的影响下,在马克思主义日益广泛而深入的传播下,少年中国学会已由逐渐分化而走向正式分裂。一九二五年底,学会停止活动。

---

① 《少年中国学会周年纪念册》,第四二页。
② 《少年中国学会周年纪念册》,第四一页。
③ 《少年中国学会周年纪念册》,第四二页。
④ 《少年中国学会周年纪念册》,第四二、四三页。
⑤ 参看《南京大会纪略》,《少年中国》第三卷,第二号。

除以上几个著名的社团外,其他一些社团和谈论新文化的刊物,在问题和主义之争后,也大都有过类似的讨论或者明确了自己的方向。因为杜威、胡适等周游全国、到处宣讲,而马克思主义也风靡各地势不可当,两种旗帜是如此鲜明,一切谈论新文化的人是不可能没有他们的倾向的。

综上所述,我们可以得出以下几点结论:

第一,胡适和李大钊的问题和主义之争,是马克思主义和反马克思主义在中国的第一次论战。这次论战的实质是:中国需要的是马克思主义,还是实用主义?中国问题的解决是社会革命,还是社会改良?

第二,这次论战的范围和意义是深远的,绝不能只从胡适和李大钊两个人,《多研究些问题,少谈些主义》和《再论问题与主义》两篇文章的狭窄角度上去理解。事实上,这个讨论,范围很广,延续很久。例如,方志敏、袁玉冰等于江西组织的改造社及其创办的《新江西》月刊,在一九二三年还有过问题和主义的讨论。

第三,这次论战是以马克思主义的胜利和反马克思主义的失败而告终的。马克思主义的广泛传播及其和中国工人运动的结合,中国共产党的成立和中国革命的开展,是最有力的说明。

第四,我们说马克思主义在这次论战中的胜利和反马克思主义在这次论战中的失败,并不意味着一切问题的解决。这次论战,事实上只回答了要不要马克思主义,要不要革命这样的根本问题。而对实用主义的实在论、真理论、方法论,当时的马克思主义者并没有进行批判,甚至是认识不清的。这一工作,只是在中国革命胜利和中华人民共和国成立后,才可能比较有系统的进行。

# 第十六章

# 空想社会主义的破产

## ——昙花一现的工读互助团

## 一、"隔着纱窗看晓雾"

当一九一九年底、一九二〇年初,五四爱国运动已届尾声的时候,思想界关于"社会改造"的讨论显得热烈起来,而且不少人从事身体力行的实践。

李大钊在和胡适的论战中,即提出了"根本解决"的问题。这个问题是提得很好的,它反映了五四爱国运动的发展趋势和要求。

道理十分明白,五四爱国运动如果仅仅完成了罢免曹、章、陆和拒签和约这些具体的直接目标,而没有更远大的目标,还谈不上取得了彻底的胜利。只要反动军阀们仍然掌握着中央政权,这些取得的成果随时都可能丧失,赤手空拳的学生们仍然会遭到镇压和屠杀。鲁案、闽案的连续发生,不就是证明么!日本侵略者在一九二〇年又向反动政府提出直接交涉山东问题,不也是证明么!

因此,在五四爱国运动的过程中,不少有识之士就提出了从根本上推翻军阀政府的问题。例如:

陈独秀、李大钊等在六月十一日散发的《北京市民宣言》即提出：如果反动政府不答应《宣言》中提出的要求，"我等一学生、商人、劳工、军人等，惟有直接行动，以图根本之改造"。①

上海工界代表在七月一日上海召开的国民大会上提出："救国必须从根本解决，就是要推翻卖国政府。因卖国政府一天存在，他可以在外交上、内政上活动订约借款，压迫国民，为所欲为。故国民必须另起炉灶，组织新政府。"②

周恩来在八月六日为《天津学生联合会报》写的《黑暗势力》（署名飞飞）一文中提出："推倒安福派，推倒安福派所倚仗首领，推倒安福派所凭借的军阀，推倒安福派所请来的外力。"③

恽代英在七月一日也为湖北学生界写下了《大家起来推翻安福系》的文字。④

而到了一九一九年底、一九二〇年初，谋社会根本之改造的呼声就愈来愈高了。

旧社会应该改造，新社会应该建立，但这新的应该是什么样的呢？可就众说纷纭，莫衷一是了。

如前章所述，大家对资本主义，这时已不像"五四"以前那样的向往了。而社会主义，却成了时髦的"福音"。但什么是社会主义呢？大家都没有科学的了解，也没有一定的标准。根据当时的资料来看，除科学社会主义外，以下各种学说都是被当作社会主义流派介绍到中国的：施蒂纳、蒲鲁东、巴枯宁、克鲁泡特金的各种无政府主义；武者小路实笃的新村主义；欧文等人的合作主义；托尔斯太的泛劳动主义；基尔特社会主义；伯恩斯坦、考茨基的议会主义；等等。除大量外来的社会主义学说外，还有人在鼓吹一种中国"古已有之"的社会主义。国民党中有不少人，将中国古代的大同思想与社会主义联系起来，孙中山、胡汉民等均有类似

---

① 影印原件。
② 《时事新报》一九一九年七月二日。
③ 《天津学生联合会报》一九一九年八月六日。
④ 《恽代英日记》一九一九年七月一日。

思想,如胡在《建设》第一卷第一期上曾写了一篇《孟子与社会主义》。

在当时谈论社会主义的人,也是各色各样的,除了一些思想界的先驱和青年学生外,研究系也在"研究"社会主义,安福系的著名政客王揖唐也在谈论社会主义。广东军阀陈炯明当时在闽南办的《闽星》杂志上也在大谈社会主义,说:"社会主义是现时和将来的人类共同的思想。"①又称:"世界大革命是决不可免的。"②

学说流派,五花八门;传播中人,各色各样。这真使初出茅庐的青年人陷入迷阵,不知所向了。这种情况,正如瞿秋白所说:"社会主义的讨论,常常引起我们无限的兴味。然而究竟如俄国十九世纪四十年代的青年思想似的,模糊影响,隔着纱窗看晓雾,社会主义流派,社会主义意义都是纷乱,不十分清晰的。正如久壅的水闸,一旦开放,旁流杂出,虽是喷沫鸣溅,究不曾定出流的方向。其时一般的社会思想大半都是如此。"③

"隔着纱窗看晓雾",模模糊糊,朦朦胧胧,用这句话来形容当时青年对社会主义的了解,实在是再贴切不过了。

社会主义从空想发展为科学,在欧洲曾经过了几个世纪的漫长岁月(从十六世纪初期空想社会主义开始登上历史舞台到十九世纪四十年代马克思主义创立)。列宁在讲到俄国人找寻科学社会主义的过程时说:"在上一世纪四十年代至九十年代这大约半个世纪期间,俄国进步的思想界,处在空前野蛮和反动的沙皇制度的压迫之下,曾如饥如渴地寻求正确的革命理论,孜孜不倦地、密切地注视着欧美在这方面的每一种'最新成就'。俄国在半个世纪期间真正经历了闻所未闻的痛苦和牺牲,以空前未有的革命的英雄气概、难以置信的毅力和舍身忘我的精神,从事寻求、学习和实验,它经过失望,经过检验,参照欧洲经验,终于找到了马克思主义这个唯一正确的革命理论。"④

---

① 《强权的斗争终局阶级的斗争开始了》,《闽星》第一卷第五号,一九一九年十二月十五日。
② 《红潮滚过大西洋了》,《闽星》第二卷第八号,一九二〇年一月二十六日。
③ 《饿乡纪程》,《瞿秋白文集》第一集,人民文学出版社一九五三年版,第二三、二四页。
④ 《共产主义运动中的"左派"幼稚病》,《列宁选集》第四卷,人民出版社一九七二年版,第一八二页。

有了欧洲经验,有了俄国经验,特别是有了十月革命对中国革命的巨大影响,中国人民找寻马克思列宁主义,当然不须几个世纪或"半个世纪"那样的漫长岁月了。但是,认识运动的规律:实践,认识,再实践,再认识,却是不可违反的。中国人找寻科学社会主义,不能违反这条规律;中国人分辨是否合乎中国国情的真假马克思主义,也不能违反这条规律。

## 二、一副美妙的共产主义"蓝图"

在当时的各种新思潮中,对青年知识分子影响较大的,除科学社会主义外,要数以下几种。

### (一)互 助 论

互助论为克鲁泡特金所创造,是无政府主义学说中的一种。克鲁泡特金接受了社会进化论的方法,即用生物发展的自然规律来解释社会现象。但他不同意"物竞天择"[1],而"发现"了一个新规律,即互助规律。他认为互助是生物界以及人类社会发展的普遍规律。他并且宣称自己是一个共产主义的无政府主义者,认为人类通过互助即可进入"各尽其能,各取所需"的共产主义社会。他的一本有名的著作是《互助:一个进化的要素》。

互助论在中国影响很广,早在辛亥革命时期,以孙中山为代表的资产阶级革命派就曾接触到互助论,并把它介绍到中国,作为天演论的一个补充。一九一九年一月成立的进化社(由民声社、实社、群社、平社几个无政府主义小团体合并而成)及其出版的《进化》月刊(一九一九年一月二

---

[1] 克鲁泡特金认为:"竞争既不是动物界间之规则,也不是人们间之规则。"见周佛海译:《互助论》,《万有文库》版第一册,第八五页。

十日创刊),则主要是宣扬克鲁泡特金的互助论的。《进化》虽然只存在了几个月,但所宣扬的互助论的影响还是很广的。

互助论影响之广,从恽代英、李大钊等先进分子的早期思想状况也可以看出。恽在一九一七年十月八日于武昌创立的进步社团,就是以互助社命名的:"定名互助社,取克鲁泡特金新进化论的意义。"①一九一九年九月九日,恽在给王光祈的信中写道:"从实告诉你,我信安那其主义已经七年了,我自信懂得安那其的真理,而且曾经细心的研究。……我信只要一个人有了自由、平等、博爱、互助、劳动的精神,他自然有日会懂得安那其的。……我信只要自己将自由、平等、博爱、劳动、互助的真理,一一实践起来,勉强自己莫勉强人家,自然人家要感动的,自然社会要改变的。"②

当时的思想界还不可能把马克思主义和无政府主义严格区别开来,就是最先进的李大钊,也是把互助论当作社会主义思想的一种来接受的。例如,一九一九年七月,他在《阶级竞争与互助》一文中写道:"一切形式的社会主义的根萌,都纯粹是伦理的。协合与友谊,就是人类社会生活的普遍法则。……我们试一翻 Kropotkin 的《互助论》(Mutual Aid),必可晓得'由人类以至禽兽都有他的生存权,依协和与友谊的精神构成社会本身的法则'的道理。我们在生物学上寻出来许多证据。自虫鸟牲畜乃至人类,都是以互助而进化的,不是依战争而进化的。"③在《再论问题与主义》一文中,李大钊也曾指出:社会主义,"他那互助友谊的精神,不论是科学派、空想派,都拿他来作基础"。④

在马克思主义和无政府主义展开论战以前,特别是在一九二〇年以前,中国思想界还不能将两者严格的区别,是普遍的现象。李大钊尚且受有克鲁泡特金《互助论》的影响,其他可想而知。就是到一九二一年,也

---

① 《互助社的第一年》。《互助》第一期,一九二〇年十月。参见《五四时期的社团》(一),第一一八页。
② 《恽代英日记》,第六二四页。
③ 《每周评论》第二十九号,一九一九年七月六日。
④ 《每周评论》第三十五号,一九一九年八月十七日。

仍有人把马克思和克鲁泡特金混为一谈,例如无锡"五七团"[1]创办的《五七》月刊上,便有人说:"布尔什维克主义是兼有马克思、克鲁泡特金、托尔斯泰三人的主义。"[2]也有的认为,布尔什维主义是主张不要国家的。[3]

## (二) 工 读 主 义

"五四"前在中国宣传工读主义的刊物是一九一八年三月创刊、由吴稚晖主编的《劳动》月刊(从三月至七月,共出五期)。该刊创刊号就选载了《留美工读会纪略》《在美之工读见闻》,同时也发表了吴稚晖的《论旅欧俭学之情形及移家就学之生活》。接着,该刊陆续发表的还有《工读主义与教育普及》(第三号)、《工读主义进行之希望》、《为盛倡职业教育者进一筹》(第四号)、《留法勤工俭学会》、《勤工俭学传序》(第五号)等。从这些文章内容来看,大部分讲的还是如何通过工读解决学费以及如何普及教育问题,只有个别文章是把工读主义作为一种社会理想来宣传的,如《工读主义进行之希望》一文写道:"将来社会进化,达至如何地步,虽不可得知。工与学合为一途,工人即学者,学者亦工人,造成'各尽所能,各取所需'之正当社会,有可预料。"[4]

工读主义虽然提出很早,但当时影响并不很大。只是到李大钊宣传十月革命的几篇文章,指出今后社会都要成为劳工社会、人人皆应成为劳工之后,特别是通过"五四""六三"中国工人阶级表现了自己的伟力之后,这个问题才被人们重视起来,知识分子重视劳动、要求自己也成为劳工的呼声,才愈来愈高了。有的说:"我想我这拿笔在白纸上写黑字的人,够不上叫劳工。我不敢说违心话,我还是穿着长衫在,我的手不是很

---

[1] "五七团"是无锡一些具有爱国主义思想的店员在一九一九年五月七日所组织的一个团体。
[2] 《瑞麟复峻霄》,《五七》第三期,一九二一年一月二十日。
[3] 《杜革非君来信》,《五七》第三期,一九二一年一月二十日。
[4] 凌霜:《工读主义进行之希望》,《劳动》第四号,一九一八年六月二十日。

硬的,我的手掌上并没有长起很厚的皮,所以我不是一个劳工。"①有的说:"念书人是什么东西,还不是'四体不勤,五谷不分',无用而又不安生的一种社会的蠢民吗? ……号称是受了高等教育的人了,但是请问回到家里扛得起锄,拿得起斧子、凿子,擎得起算盘的可有几个人?"②

话虽说得过了一些,但是知识分子看到自己的弱点,一种恨铁不成钢的激情,还是可以理解的。因此,有的青年就焦急地说:"我很惭愧,我现在还不是一个工人!"③

由于对劳动如此重视,因此托尔斯太的泛劳动主义也被青年们所赞赏,甚至也把它当作社会主义学说的一种。王光祈称颂托尔斯太说:"脱尔斯太每年三季作工,一季到莫斯科经营出版事业,印成许多小册,拿到农民间散布……这位脱先生的力量真不小呀! 我们中国的少年,要改造'少年中国',只有与农民打成一气。"④

工读主义在进步青年中的影响是相当广泛的。天津觉悟社在其刊物《觉悟》第一期,发表一篇题为《工读主义》长达二万余字的文章,对工读主义的理论、主张以及实行的办法,都作了系统的、具体的论述。觉悟社还曾多次开会讨论、研究工读主义。⑤

工读主义对战后兴起的赴欧勤工俭学运动也是有很大影响的。周恩来当年曾写道:"迨欧战既停,国内青年受新思潮之鼓荡,求知识之心大盛,复耳濡目染于'工读'之名词,耸动于'劳工神圣'之思,奋起作海外勤工俭学之行者因以大增。"⑥"方青年学生在国内受'工读'潮流之鼓荡,奋然远行。"⑦

---

① 光佛:《谁是劳工? 谁是智识阶级?》,《民国日报》副刊《觉悟》,一九一九年十月八日。
② 《教育的错误》,《平民教育》第九号,一九一九年十二月六日。
③ 施存统复轶千:《通讯》,《民国日报》副刊《觉悟》,一九二〇年四月十六日。
④ 《致夏汝诚先生书》,《少年中国》第一卷第二期,一九一九年八月十五日。
⑤ 《五四时期的社团》(二),第三一〇、三一一页。
⑥ 周恩来:《留法勤工俭学之大波澜》,《赴法勤工俭学运动史料》(一),北京出版社一九八〇年版,第五页。
⑦ 周恩来:《留法勤工俭学之大波澜》,《赴法勤工俭学运动史料》(一),北京出版社一九八〇年版,第一一页。

## （三）新村主义

新村主义为日本的武者小路实笃（一八八五——一九七六年）所创。一九一〇年时，武者小路即在东京发刊《白桦》杂志，鼓吹这种理想。辛亥前后，江亢虎曾在中国提倡过"新村主义"，[1]不过那时没有人理会。直至十月革命前后，影响才渐渐扩大，形成一种新思潮。新村主义提倡"人的生活"，它认为："对于这将来的时代，不先预备，必然要起革命。怕惧革命的人，除了努力使人渐渐实行人的生活以外，别无他法。"[2]人的生活是怎样呢？"是说各人先尽了人生必要的劳动的义务，再将其余的时间，做个人自己的事。"

武者小路的抱负很大，他想将自己的新村推广到全世界。他说："这样的制度，先是分国的行了，我还梦想将来有全人类实行的一日。一切的人在自己国语之外，都能说世界语；无论到了何处，只要劳动，或是执有劳动义务期满的证据，便不要金钱，可以生活；可以随意旅行，随意游览，随意学习。这样世界，只要人类再进一步，没有不能办到的事。一个人到了无论那里，都有同一的义务，同一的权利。先是以人类的资格而生活，更以个人的资格而生活；先在世上为了生存而劳动，更为发展自己天赋的才能而生存。……我望将来有这一个时代，各人须尽对于人类的义务，又能享个人的自由。"[3]

新村主义者是如何实践的呢？一九一八年十二月，他们在九州的日向地方买了四十余亩土地，建筑了三所房屋，二十二个人在那里建设了第一座新村。他们的日常生活是怎样的呢？据他们在东京发行的《新村》月刊报道："看大家在那里劳动，真是快事。……每日值饭的人五时先起，其余的六时起来，吃过饭，七时到田里去，至五时止。十一时是午饭，

---

[1] 参见《江亢虎文存》初编、续编。

[2] 武者小路实笃：《新村的生活》。引自周作人：《日本的新村》，《新青年》第六卷，第三号。

[3] 武者小路实笃：《新村的生活》。

下午二时半吃点心,都是值饭的人送去。劳动倦了的时候,可做轻便的工作。到五时,洗了农具归家,晚上可以自由,只要不妨碍别人的读书,十时以后息灯。"

一九一九年三月,周作人在《新青年》上发表《日本的新村》一文,不仅详细地介绍了新村主义的理论和实践,而且将它和其他学说作一比较,他说:"近来日本的新村运动,是世界上一件很可注意的事。从来梦想 Utopia(乌托邦)的人,虽然不少,但未尝着手实行;英国诗人 Coleridge 等所发起的'大同社会'(Pantisocracy)也因为没有资本,无形中消灭了。俄国,托尔斯太的躬耕,是实行泛劳动主义了;但他专重'手的工作',排斥'脑的工作';又提倡极端的利他,没杀了对于自己的责任;所以不能说是十分圆满。新村运动,却更进一步,主张泛劳动,提倡协力的共同生活,一方面尽了对于人类的义务,一方面也尽各人对于个人自己的义务;赞美协力,又赞美个性;发展共同的精神,又发展自由的精神。实在是一种切实可行的理想,中正普遍的人生的福音。"①

周作人不仅在《新青年》上撰文介绍新村主义,而且在一九一九年暑假亲自到日本九州日向地方的新村去参观了数日。归来后,他不仅继续撰文介绍(如在一九一九年十月出版的《新潮》二卷一期上发表《游日本新村记》),而且到处宣讲(如一九一九年十一月八日在天津学术讲演会讲《新村的精神》)。他认为"这思想的根据,并不由于经济学上的某种学说,所以并不属于某派社会主义;只是从良心的自觉上发出的主张,他的影响,也在精神上道德上为最重大"。②

日本的这第一座新村,结果如何,不得而知。但从周作人介绍该村的经费状况来看,似乎也没有存在多久。③

武者小路实笃的新村主义,在中国是颇有影响的。新村的田园诗一般的生活,似乎创造了一种无政府、无剥削、无强权、无压迫、没有脑力和

---

① 《新青年》第六卷,第三号。
② 《新村的精神》,《新青年》第七卷,第二号。
③ 周在《新村的精神》中介绍说:"新村的经费现在每月须金三百五十圆,还有临时特别费不在内;这许多费用大半依赖会员的捐助,似乎不能持久。"《新青年》第七卷,第二号。

体力劳动对立的一种新生活。恽代英说:"新村运动是应该的,因为这样可以制造出共存互助社会的雏形。"①中国青年当时对新村主义展开了热烈的宣传和实践活动。

毛泽东在一九一八年春,和蔡和森、张昆弟等寄居岳麓山半学斋时,就一度有过"新村"的设想。一九一九年春他自北京归来后,再次提出这个设想并草拟了计划书,还把这计划书中的《学生之工作》一章发表在《湖南教育》月刊一卷二号上,他说:"我数年来梦想新社会生活,而没有办法。七年(即一九一八年)春季,想邀数朋友在省城对岸岳麓山设工读同志会,从事半耕半读,因他们多不能久在湖南,我亦有北京之游,事无成议。今春回湘,再发生这种想象,乃有在岳麓山建设新村的计议。"

湖北的恽代英、林育南等也很向往新村,而且有很具体的设想。恽代英在一九一九年十一月一日的日记中写道:"我与香浦(即林育南)谈,都很赞成将来组织新村。我们预备在乡村中建造简单的生活,所以需费不多。村内完全废止金钱,没有私产,各尽所能,各取所需。举一人做会计,专管对外金钱出入的事,举一人做买办,专办向外处购买或出售各事。村内衣服都要一致,能男女都一致更妙。会食在一个地方。设图书室,工作厂。对内如有女子儿童的教育事业,应该很注意,因为是新村全体幸福所托。对外鼓吹文化,改造环境的事业,亦很要注意。我想,我们新村的生活,可以农业为根本,兼种果木,兼营畜牧。这样做去,必然安闲而愉快。"②

从上可以看出,新村主义影响之广。

互助论、工读主义、泛劳动主义、新村主义,这是五四时期很为流行的新思潮,而以新村主义因为形式具体最易为人模仿和称道,除毛泽东、恽代英等在两湖宣传和设计新村外,当时一些进步报刊上都或多或少地发表过讨论新村的文章,有的还连续发表讨论新村的专号(如一九二〇年出版的《批评》第四号、第五号、第六号)。李大钊也写过这方面的文章。

---

① 恽代英:《论社会主义》,《少年中国》第二卷,第五期,一九二〇年十一月一五日。
② 《恽代英日记》,第六五二、六五三页。

第十六章 空想社会主义的破产

但是,实现新村有两大问题:第一,办新村必须有土地,非地主不能组织新村;第二,当时宣传新村的知识分子都在城市,他们对农村生活都不熟悉,也不适应。因此,周作人虽然在北京设立了"新村支部"(一九二〇年二月),但也只是做了一些纸上谈兵的工作。①

少年中国学会执行部主任王光祈,把以上各种新思潮,加以糅合和提炼,而创造了一种"中国式……主义。"②这种主义,我们可以名之曰:中国式的空想社会主义。这种主义最初也是想在农村搞"菜园"生活的,和新村的设想差不多,不过增加了读书、译书的时间,构成比较完整的"半工半读"而已。王的想法是:

一、菜园设置。"我们先在乡下租个菜园,这个菜园距离城市不要太远,亦不要太近,大约四五里路为最宜。这个菜园不要太大,亦不要太小,只要够我们十余人种植罢了。菜园中间建筑十余间房子,用中国式的建筑法,分楼上楼下两层。楼上作我们的书房、阅报室、办公室、会客室、藏书室、游戏室等等;楼下作我们卧室、饭厅等等。园子西南角上建筑一个厨房。东北角上建筑一个厕所。房子后身砌上一个球场。园子周围挖下一条小溪,溪边遍植柳树,柳树旁边就是竹篱,竹篱里头就是我们的菜园了。"

二、每日工读时间:"(一)种菜两钟;(二)读书三钟;(三)翻译书籍三钟;其余钟点均作为游戏、阅报时间。"翻译书籍的目的是:"因为读书、种菜都是偏于个人的;如今要想对于社会稍稍尽力,因有多译书籍,介绍欧化,以革新一般人的思想。我们(指少年中国学会)会员大概都懂外国文字,此事很易办理,所译书籍除去纸张印刷费用外,所赚的红利,以一半作为译者的津贴,以一半作为共同生活的用费。"

三、附设机耕。"附设一个平民学校,附近农家子弟均可以到学校读书,不纳学费";"每逢星期,还要聚集他们开一个演说大会";

---

① 参见《新村北京支部启事》,《新青年》第七卷,第四期,一九二〇年三月一日。
② 王光祈说:"这种主张如果没有适当的名词,就叫他为中国式……主义。"见《王光祈致君左》,《少年中国学会会务报告》第四期,一九一九年六月一日。

"还要开演幻灯,或购置留音机器一架,使他们大家快活呀!"

王光祈就是想通过这样一种美妙的菜园子生活来达到改造中国的目的。他说:"我们在乡间半工半读,身体是强壮的,脑筋是清楚的,是不受衣、食、住三位先生牵制的,天真烂漫的农夫是与我们极表示亲爱的;我们纯洁青年与纯洁农夫打成一气,要想改造中国是很容易的。"[①]

王光祈设计的这个菜园子生活,可以说是工读互助主义,也可以说是一种典型的中国式的空想社会主义。但空想究竟不能成为现实,由于上面所说的那样种种原因(如没有土地和知识分子不熟悉农村等等),王光祈不得不很快把这种菜园子"新生活"移植到城市来实行,从而又创造了一种"城市中的新生活"。

## 三、工读互助团的实践和失败

一九一九年十二月四日,王光祈在北京《晨报》上发表了《城市中的新生活》一文,开头便说:"数月以前我与左舜生君讨论小组织新生活问题,注重乡村间的新生活,今天我所提倡的是城市中的新生活。"

王光祈把这种城市"新生活"的小组织定名为工读互助团,并认为:"这种组织比'新村'容易办到。因为'新村'需要土地,而且我们现在生活的根据又在城市,所以这种主张比较切实可行,更为需要。"他还说:"这种组织除北京先行着手外,将来在天津、南京、上海、武汉、广州各处都要设法推行。我很愿意费些时间专奔走此事。"

工读互助团的倡议,受到思想、教育界的广泛支持,列名为募款发起人的,包括顾兆熊、李大钊、蔡元培、陈独秀、胡适、周作人、高一涵、张崧年、徐彦之、罗家伦、王光祈等,达十七人之多,"其中最出力的,当首推陈

---

[①] 《讨论小组织问题》:《与左舜生书》,《少年中国》第一卷,第二期,一九一九年八月十五日。

独秀先生"。① 由于有这些名人的支持,所以工读互助团拟议中的开办费一千元,很快就募齐了。② 不到半月工夫,工读互助团就正式开张了。

发起人虽然很多,但是大家对宗旨的思想认识,却很不一致。例如:

胡适是按欧美各国穷学生的半工半读生活,来认识工读互助团的,根本不承认这是一种"新生活"。他说:"我很诚恳的希望我的朋友们不要借'工读主义'来提倡新生活、新组织。工读主义只不过是靠自己的工作去换一点教育经费,是一件极平常的事,——美国至少有几万人做这事——算不得什么'了不得'的新生活。"③

蔡元培也是从法国的勤工俭学的模式来认识工读互助团,他曾提议改"工读"为"工学",但未被采纳。

当然,这些都不符合创办人的本意。王光祈在《工读互助团》一文中,开宗名义就点出其宗旨:"工读互助团是新社会的胎儿,是实行我们理想的第一步。……若是工读互助团果然成功,逐渐推广,我们'各尽所能,各取所需'的理想渐渐实现,那么,这次'工读互助团'的运动,便可以叫做'平和的经济革命'。"④

工读互助团《简章》,所贯彻的原则,王光祈作了说明:

第一,公有制。"工作所得必须归团员公有。团体的盈虚利害,便是团员的盈虚利害,团员的痛苦幸福,便是团体的痛苦幸福,因为团员是团体的一部分。"⑤他们认为:"社会一切罪恶都由私产制度发生,要免除这种罪恶,惟有打破私产制度,实行共产。"⑥

第二,各尽所能。互助团具体的规定了工作(营业)项目,并规定了

---

① 王光祈:《工读互助团》,《少年中国》第一卷,第七期,一九二〇年一月十五日。
② 这些发起人大都捐了款,据《新青年》第七卷第三期所载:《北京工读互助团消息》,陈独秀捐洋三十元,胡适捐二十元,李大钊捐十元。原计划捐款一千元,实募得现洋一〇四元,票洋二五四元。
③ 胡适:《工读主义试行的观察》,《新青年》第七卷,第五期,一九二〇年四月一日。
④ 《少年中国》第一卷,第七期。
⑤ 《少年中国》第一卷,第七期。
⑥ 存统:《"工读互助团"底实验和教训》,《星期评论·劳动纪念号》第七张,一九二〇年五月一日。

每日工、读时间,开始规定每日工作四小时(以后有所延长)。在规定的工作时间内,各人要尽其所能,因此,"工作以时间为标准,不以工作结果为标准。譬如甲只要两点钟便可织一匹布,乙需要四点钟始可织一匹布,但是甲仍然应该作四点钟的工,以尽其所能。"①因此,要提倡互助:"我们既主张互助,自应强者帮助弱者,智者帮助愚者。将来办理久了,已养成互助习惯,即简章中所谓'每日每人必须工作四小时'的规定都应该取消,纯由团员本互助的精神以尽其所能罢了。"②

第三,各取所需。《简章》中规定团员的权利是:"团员生活必需之衣食住,由团体供给";"团员所需之教育费、医药费、书籍费,由团体供给,惟书籍系归团体公有。"王光祈解释说:"现在团体对于团员所供给的各种费用,尚略有限制。将来办理久了,已养成互助习惯,便可由团员自由取用,以实行'各取所需'的原则。"③

通过贯彻以上各项原则,工读互助团的理想社会是:

  人人作工,人人读书,各尽所能,各取所需。

因此,王光祈指出,他们以后的"新生活"便是:

  日出而作,日入而息,凿井而饮,耕田而食,帝力——政府——于我何有哉!④

工读互助团既然是"新社会胎儿",那么胎儿是要长大的,因此,"用工读互助团去改造社会,改造社会的结果,就是一个顶大的工读互助团——工读互助的社会"。⑤

北京组织工读互助团的消息传出以后,使广大的先进青年为之向往。有数百人报名参加。有的外地青年,如杭州的俞秀松、施存统、周伯棣、傅

---

① 王光祈:《工读互助团》,《少年中国》第一卷,第七期。

② 王光祈:《工读互助团》,《少年中国》第一卷,第七期。

③ 王光祈:《工读互助团》,《少年中国》第一卷,第七期。团员们在贯彻这一原则中,"曾经把团员的衣服都集中起来,分类放置,只要谁爱穿,谁就可以自由捡来穿"。见傅彬然:《五四前后》,《五四运动回忆录》下,中国社会科学出版社一九七九年版,第七五○页。

④ 王光祈:《工读互助团》,《少年中国》第一卷,第七期。相传上古时有一老人击壤而唱此歌,名《击壤歌》。原歌词的最后一句是:"帝力于我何有哉!"

⑤ 存统:《"工读互助团"底实验和教训》,《星期评论·劳动纪念号》第七张,一九二○年五月一日。

彬然等人曾专程赶来北京参加。① 这样,工读互助团很快就在一九一九年底正式成立了。② 成立之初,共分三组:

第一组设在北京大学附近(骑河楼斗鸡坑七号),团员共十三人,除上述杭州来的人外,还有北京的何孟雄等人。经营的项目主要有:

1. 食堂:设在北京大学第二斋对门,定名为"俭洁食堂"。

2. 电影:利用晚上时间,每星期在女高师演一次,在北大第二院演两次,在高师演两次。

3. 洗衣:每日约洗六十件。

第二组设在北京工业专门学校、法文专修馆、北京师范学校三校附近(西城翠花街北狗尾巴胡同五号),团员共十一人。经营的项目主要有:

1. 消费公社:名称为北京平民消费公社,设在法文专修馆的大门西边,最初只贩卖书报,后又增设文具、化妆、日用、食物等类。

2. 小工艺品的生产:如洗发剂、润面膏等。

3. 厨房:包法文专修馆的伙食。

4. 洗衣局:定洗左近寄宿舍的衣服。

第三组原计划设在女子高等师范附近,后来租定东安门北河沿十七号(椅子胡同东口),③进行筹备,聚集团员有十余人,全是妇女,所以又名"女子工读互助团",经营的项目主要有织袜、缝纫、刺绣几类。这个组的发起较早,正式成立较晚,中间可能有一个筹备、试验阶段。《晨报》一九二〇年三月二十四日的报道说:"这组自从一月二十边间在各报上登了招团员的新闻以来,到现在已有两个月了,还没有正式成立。"其正式成

---

① 俞秀松是背着家庭从杭州出走的。他到北京参加工读互助团后在给其父母等写的家信中说:"我来的目的是:实验我底思想生活,想传播到全人类,使他们共同来享受这甘美、快乐、博爱、互助、自由……的新生活才算完事!"(一九二〇年三月四日,俞秀松家信,手抄件。)

② 在工读互助团成立前,一九一九年十月,邓中夏等曾在东皇城根达教胡同四号租房,组织曦园公寓(意思是住在这里的人要蓬勃有朝气,像晨曦一样),建立"新生活"。不过,曦园的性质和工读互助团不同,它只是提倡共同生活(自己做饭,洗衣、打扫院落)和共同学习,集体购置和阅读新书报等,并没有工读互助团的那些营业项目,因此它不是一个经济组织,也没有提出改造社会的问题。

③ 《五四时期的社团》(二),第三九七、三九九页。

立时间约在四月初,施存统在四月十日写的《工读互助团底实验和教训》一文中说:"至于第三组,完全由女子组织,经济也主张独立,现在还开办不多时,……"

第四组于一九二〇年二月四日成立,主要是法文专修馆的一些学生因赴法勤工俭学稍有困难,于是将国外工读变为国内工读。该组设在东城松公府夹道八号,原为十人,后有一人赴法。主要经营食品(售元宵、醪酒及川制腌肉、香肠)、杂货(贩卖学校用具及日常用品)等。

除北京外,武昌、上海、南京、天津、广州、扬州等地也先后成立或筹备成立工读互助团。例如,恽代英于一九一九年十二月在武昌便有"试办近乎各尽所能各取所需的团体,看机会以尽力于工读互助主义,尽能力为社会兴办各项有益事业"①的设想。利群书社便是在工读互助团"城市中的新生活"的直接影响下成立的,它在一九二〇年一月发表的《共同生活的社会服务》的宣言中指出:盼望"有一个实验各尽所能、各取所需的生活机会";"有一个推行工学互助主义的好根基";"有一个为社会兴办各项有益事业的大本营"。② 后来,恽代英在复王光祈的信中,也明确地说:"利群书社是工读互助团性质相近的东西。"③

此外,毛泽东在第二次来北京时,于一九二〇年二月曾参观过女子工读互助团,④一部分湖南旅沪学生在上海组织工读互助团时,⑤他要在长沙的新民学会会员,也组织类似团体。例如,他在一九二〇年三月十四日

---

① 《恽代英日记》,第六七八页。
② 《互助》第一期,一九二〇年十月,参见《五四时期的社团》(一),生活·读书·新知三联书店一九七九年版,第一三三页。
③ 《恽代英复王光祈》,《少年中国》第二卷第十二期"会员通讯",一九二一年六月十五日。北京工读互助团成立后,王光祈曾写信给恽代英:"盼望武昌有个同样的事业。"见《五四时期的社团》(一),第一二六页。
④ 一九二〇年二月,毛泽东给陶毅的信中说:"今日到女子工读团,稻田新来了四人,该团连前共八人,湖南占六人,其余一韩人一苏人,觉得很有趣味!"见《新民学会资料》,人民出版社版一九八〇年版,第六二页。
⑤ 一九二〇年二月二十七日,上海工读互助团筹备会在全国各界联合会召开,由彭璜报告开会宗旨。列名发起人者计有陈独秀、王光祈、汪孟邹、左舜生、康白情、张国焘、刘清扬、毛泽东、彭璜、肖子璋等二十六人。载《时事新报》一九二〇年二月二十九日;《申报》一九二〇年三月五日。参见《赴法勤工俭学运动史料》,北京出版社一九八〇年版,第三一四、三一七页。

自北京给周世钊的信中说:"我想我们在长沙要创造一种新的生活,可以邀合同志,租一所房子,办一个自修大学(这个名字是胡适之先生造的)。我们在这个大学里实行共产的生活。我想我们两人如果决行,何叔衡和邹泮清或者也会加入。这种组织,也可以叫做'工读互助'。"①

但是,北京工读互助团好景不长,办了一阵就发生危机,首先是经济危机,其次是人心涣散。

先看经济情况。

1. 食堂:"事少人多、入不敷出","每日亏本二元"②,"连这八个人(指在食堂做工的)的饭都没得吃!"③

2. 电影:收入很不一定。开始在女高师演了三次,承同学好意照顾,"才不至于赔本"。但到后来就不行了,"加以一连好几天生意冷落,不得已只得停止了!"④

3. 洗衣:"办了二个多星期,仅仅收入七十几枚铜子"。"开工那几天,专门洗自己的衣服。等到去收外面的衣服,一连收了三四天,还不到二十件衣服。……斋夫收来的衣服,暗地里仍旧送原来的洗衣局去洗。"⑤

由于经济上赔累,所以筹募来的款子,很快也就用光了。俞秀松于一九二〇年三月在一封通信中说:"我们这个团,现在生活非常难以维持,因为现在社会制度的下面,想拿半天劳工所得的工资,万难维持全天的生活费。"⑥

再说人心涣散。

本来发起人的认识就不一致,团员们来自各方,思想也很不一致。所

---

① 《新民学会资料》,第六四、六五页。
② 王光祈:《为什么不能实行工读互助主义?》,《新青年》第七卷,第五期,一九二〇年四月一日。
③ 存统:《"工读互助团"底实验和教训》,《星期评论·劳动纪念号》第一七张,一九二〇年五月一日。
④ 存统:《"工读互助团"底实验和教训》,《星期评论·劳动纪念号》第一七张,一九二〇年五月一日。
⑤ 存统:《"工读互助团"底实验和教训》,《星期评论·劳动纪念号》第一七张,一九二〇年五月一日。
⑥ 俞秀松致裹世伯的信,手抄件。

以,每一问题发生,必有很激烈的辩论。以第一组为例,"讨论共产问题,主张不合,自愿退团者五人;后来讨论家庭问题,退团者也有一人"。①

有些很激进的分子,抱着一种很美好的理想:"凡是理想社会所当做的事情,我们可以试验的都试验起来,做一个理想社会的模型,得一个改造社会的方针。"②但是,在步骤和方法上,他们却是脱离群众的,因而也是行不通的。

例如他们认为"家庭制度是万恶之源,非打破不可,脱离是打破之先声";"我们既然实行共产,当然没有金钱供给家庭,而家庭的供给,我们当然也不再领受,所以经济上已经和家庭无发生关系的必要"。③ 这是说脱离家庭。

再如,他们认为"家庭一脱离,婚姻已失其根据的所在,所以对于从前已婚的或订约未婚的,一概主张和对方脱离关系,离婚的离婚,解约的解约"。④ 这是说脱离婚姻。

又如,他们认为"现在的学校是资本阶级的私产。校长教员是资本家的雇员。一般学生是资本家的子弟。……因此我们主张和学校脱离关系"。⑤ 这是说脱离学校。

脱离家庭、脱离婚姻、脱离学校,都躲进工读互助团这个美妙的"世外桃源"过共产生活,而且是"男女共同生活",这能够行得通吗?恽代英的利群书社曾企图变通脱离婚姻的办法,"将同人有妻室的酌量搬到此处,租个大屋,住居一处"。⑥ 但结果呢?如恽代英在《未来之梦》中所说:"这件事我们在上半年便曾大大努力一番,可惜垂成而败。"⑦

由于经济的压迫和人心的涣散,使"大家对于这个团体都没有十分

---

① 存统:《"工读互助团"底实验和教训》,《星期评论・劳动纪念号》第一七张,一九二〇年五月一日。
② 存统:《"工读互助团"底实验和教训》。
③ 存统:《"工读互助团"底实验和教训》。
④ 存统:《"工读互助团"底实验和教训》。
⑤ 存统:《"工读互助团"底实验和教训》。
⑥ 《共同生活的社会服务》,《互助》第一期,一九二〇年十月。
⑦ 《共同生活的社会服务》,《互助》第一期,一九二〇年十月。

感情,除出一二人以外,都不愿去维持他"。① 三月二十三日,第一组开了一个会:"议决各人自由另找工作,工读互助团的主张,从根本上推翻!"② 第一组解散后第二组也跟着解散。大概,第三、四组还继续维持了几个月,因为《北京大学日刊》一九二〇年九月十六日、十月十六日还分别登过三、四组出售自造毛巾、袜子和代做衣服的广告。但似乎没有多久,也就销声匿迹了。

至于其他各地的工读互助团,到一九二〇年下半年也都已进入尾声,有的则还在筹备期间便无下文了,如上海工读互助团、③广东女子工读团等都是这样。一部分留沪湖南青年组织的"沪滨工读互助团",原以为"在经济会枢的上海,经济方面或较容易",不致遭到北京第一二组那样的厄运的,但在办了六个月之后,也不得不在一九二一年二月发表《解散宣言》了。宣言中说:该团"共计团员十四人,为时六个月。这六个月中,极见得团体发展一步,经济紧急一步;团体存在一天,经济困难一天。由经济紧急而经济困难,由经济困难而经济穷绝,以至于团体不得不解散"。④

## 四、空想必须代之以科学

恩格斯在分析空想社会主义时曾指出:"不成熟的理论,是和不成熟

---

① 存统:《"工读互助团"底实验和教训》。
② 存统:《"工读互助团"底实验和教训》。
③ 一九二〇年六月七日,毛泽东在上海致黎锦熙(邵西)的信中说:"工读团殊无把握,决将发起者停止,另立自修学社半工半读,……"(见解放军政治学院编:《中共党史参考资料》第一册,第五〇一页。)后人的回忆、讲话、文章中,有的还多次提到上海互助团。如肖劲光说:"到上海后,我和弼时同志一起参加了毛泽东同志等二十六人在上海发起的工读互助团。工读互助团的一个机关所在地就在俄文班楼上,刘少奇同志是我们这个组织的负责人之一。"(见全国政协编:《革命史资料》第三辑第六页。)王若飞在《关于大革命时期的中国共产党》一文中也说:"在上海陈独秀、李达、陈望道、俞秀松成立了工读互助社。"(见《近代史研究》一九八一年第一期,第四十一页。)从时间上来推断,所有这些材料说到的上海互助团,看来都是毛泽东所说的工读互助团停止后,"另立自修学社半工半读"的性质。
④ 《呜呼工读互助团宣言解散》,《时事新报》一九二一年二月三日。

的资本主义生产状况、不成熟的阶级状况相适应的。"①

欧洲十八世纪的空想社会主义,曾被马克思、恩格斯称为"普遍的禁欲主义和粗陋的平均主义"。② 这是和当时生产力和资本主义生产关系尚未充分发展、小生产者还占很大比重的情况相适应的。十九世纪初期的空想社会主义,如圣西门、傅立叶、欧文等人的体系,也"是在无产阶级和资产阶级之间的斗争还不发展的最初时期出现的"。③

平均主义在我国也是很盛行的,历代农民起义多以"平等""均富"相号召,近代的洪秀全不仅提出"有田同耕,有饭同食,有衣同穿,有钱同使,无处不均匀,无人不饱暖",而且描绘了一个详尽周密的绝对平均乌托邦的蓝图。这也是和我国小生产者长期以来占优势的状况相适应的。

中国资本主义生产,虽然在第一次世界大战期间有了进一步的发展,但是,"无产阶级和资产阶级之间的斗争还不发展",因此空想社会主义的出现,也是毫不奇怪的。

恩格斯在批评空想社会主义时曾说:"解决社会问题的办法还隐藏在不发达的经济关系中,所以只有从头脑中产生出来。社会所表现出来的只是弊病;消除这些弊病是思维着的理性的任务。于是就需要发明一套新的更完善的社会制度,并且通过宣传,可能时通过典型示范,把它从外面强加于社会。"④

中国的空想社会主义,也正是这样。一批知识分子为了消除社会所表现出来的弊病,在头脑中产生了一种工读互助的社会理想,并企图以工读互助团作典型示范,以此推广到全社会去。他们的设想异常美妙,他们的计划也订得详尽周密,不仅工读时间规定得很具体,而且营业项目连浆糊、墨水都想到了,团员的供给是连配眼镜、洗面水、皮鞋油等都包括在内的。但是,也正如恩格斯所说:"这种新的社会制度是一开始就注定要成

---

① 《社会主义从空想到科学的发展》,《马克思恩格斯选集》第三卷,人民出版社一九七二年版,第四〇九页。
② 《共产党宣言》,《马克思恩格斯选集》第一卷,人民出版社一九七二年版,第二八一页。
③ 《共产党宣言》,《马克思恩格斯选集》第一卷,第二八一页。
④ 《社会主义从空想到科学的发展》,《马克思恩格斯选集》第三卷,第四〇九页。

为空想的,它愈是制定得详尽周密,就愈是要陷入纯粹的幻想。"①

不吃一堑,不长一智。空想社会主义在中国破产是件大好事,它促使广大的先进知识分子勇敢地、而且理智地向科学社会主义跨进了一步。

一九二〇年上半年工读互助团的实践,证明了:

第一,和平的渐进的方法必须代之以急进的激烈的方法,谋社会整体的改造。工读互助团运动在当时是被称为"平和的经济革命"②的,实践证明,这种"革命"是行不通的。从杭州跑来北京参加互助团第一组的成员施存统,在三个月的试验失败后致友人的信中说:"我从此觉悟:要拿工读互助团为改造社会的手段,是不可能的;要想于社会未改造以前试验新生活,是不可能的;要想用和平的渐进的方法去改造社会的一部分,也是一样地不可能的。那么要怎么样呢?就是:改造社会要用急进的激烈的方法,钻进社会里去,从根本上谋全体的改造。"③

第二,实用主义是行不通的。从某种意义上说,工读互助团改造社会的道路和方法,也是实用主义的。通过一个一个小团体的改造,再联合起来成为社会的改造,尽管每一个小团体内部是施行激进的"各尽所能、各取所需"的改造的,但从社会的整体来看,它仍然是"一点一滴"的改造,一个一个问题的解决。

实用主义虽然在和马克思主义的论战中没有取胜,但它的影响是不可低估的。就在当时的思想界的先驱者的言行中,也到处可以看到它的影响。因此,许多具有初步共产主义思想的知识分子,都赞助或同情工读互助运动,不是偶然的。至于胡适等也列为发起人之一,就更不奇怪了。

但是,工读互助团的试验结果,证明实用主义那种"一点一滴"的改良方法,是行不通的。施存统在一九二〇年四月写的《"工读互助团"底实验和教训》一文中总结了两大教训:"(一)要改造社会,须从根本上谋全体的改造,枝枝节节的一部分的改造是不中用的。(二)社会没有根本改造以前,不能试验新生活;不论工读互助团和新村。"他说:"既然免不

---

① 《社会主义从空想到科学的发展》,《马克思恩格斯选集》第三卷,第四〇九页。
② 王光祈:《工读互助团》,《少年中国》第一卷,第七期,一九二〇年一月十五日。
③ 《存统复哲民》,上海《民国日报》副刊《觉悟》一九二〇年四月十一日。

掉现实社会的支配,当然要发生许多试验新生活的障碍。如果要免除这些试验新生活的障碍,惟有把这些障碍根本打翻。要打翻这些障碍,惟有合全人类同起革命之一法。"①

稍后不久,陈独秀在和张东荪的论战中,也指出:"在全社会底一种经济组织、生产制度未推翻以前,一个人或一团体决没有单独改造底余地。试问福利耶以来的新村运动,像北京工读互助团及恽君的《未来之梦》等类,是否真是痴人说梦?"②

第三,空想必须代之以科学。通过这次试验的失败,使大量的先进分子急速地迈向科学社会主义。

施存统说:"我们试验共产失败,只是受经济的压迫,不能自己生产、自己消费的缘故。这是无可如何的。我们并不因此怀疑共产主义。我们因此更信共产主义,晓得现在社会的经济组织非根本改革不可。"③

陈独秀认为,对社会主义各种流派,"我们应该择定一派,若派别不分明,只是一个浑朴的趋向,这种趋向会趋向到资本主义去;若觉得各派都好,自以为兼容并包,这种胸无定见,无信仰的人也不配谈什么主义"。④

择定什么样的社会主义派别呢?通过一段实践,先进分子们认识到必须以科学社会主义代替空想社会主义。一九二〇年十一月,陈独秀在一篇《通信》中说:"我以为在社会底进化上,物质的自然趋向底势力很大,留心改造社会底人万万不可漠视这种客观的趋向,万万不能够妄想拿主观的理想来自由改造;因为有机体的复杂社会不是一个面粉团子能够让我们自由改造的,近代空想的社会主义和科学的社会主义之重要的区别就在此一点。"⑤这里说的"物质的自然趋向"即指客观规律而言,科学社会主义是尊重这个规律的,而空想社会主义则是违反这个规律的。

---

① 《星期评论·劳动纪念号》第七张,一九二〇年五月一日。
② 《关于社会主义的讨论》,《新青年》第八卷,第四号,第二三页。
③ 《"工读互助团"底实验和教训》,《星期评论·劳动纪念号》第七张,一九二〇年五月一日。
④ 《社会主义批评》,《新青年》第九卷,第三号,一九二一年七月一日。
⑤ 《通信》,《新青年》第八卷,第三号,一九二〇年十一月。

## 第十六章 空想社会主义的破产

从工读互助团失败以后，大批的具有初步共产主义思想的知识分子，迅即积极研究和信仰科学社会主义，而文化思想界的统一战线也由此而更加分化了。如在少年中国学会内部，曾经创办利群书社的恽代英，进一步接受唯物史观，在科学社会主义的道路上昂首前进；[1]曾经列名《共同生活的社会服务》宣言的余家菊，则和曾琦、左舜生、李璜等国家主义分子，在反革命的道路上迅跑；而作为工读互助团的主要发起人的王光祈，则在一九二〇年跑到德国留学去了，他在德国虽然仍关心国内的工读互助运动，[2]但不久就走上了"音乐救国"的道路，用西洋方法整理中国古代的礼乐去了。[3]

---

[1] 恽代英在《为少年中国学会同人进一解》一文中说："我们应研究唯物史观的道理，唤起被经济生活压迫得最厉害的群众，并唤起最能对他们表同情的人，使他们联合起来，向掠夺阶级战斗。"《少年中国》第三卷，第十一期，一九二二年六月一日。

[2] 一九二〇年十二月十日，王光祈曾自德国佛郎克寄信给恽代英，讨论工读互助团问题。见《少年中国》第二卷第十一期《会员通讯》，一九二一年五月十五日。

[3] 他认为如此做去，可以"唤起中华民族的根本思想，完成我们的民族文化复兴运动"。一九二四年，王在一首诗中写道："处世治心惟礼乐，中华立族旧文明，而今举世方酣睡，独上昆仑发巨声。"见《醒狮》周报第四号，一九二四年十一月一日。

# 第十七章

# 对科学社会主义的追求

——马克思主义哺育了一代青年

## 一、南 陈 北 李

一九二〇年二月,严冬尚未过去。北京的政治气候,和这严寒的冬天一样,使人窒息。

在旧历年关的一个日子里,一辆骡车躲过反动军警的耳目,混出北京朝阳门(齐化门),急向天津驰去。

骡车上坐着的,除赶车夫外,有两位客人,一位坐在车里,一位跨坐在外面的车辕上。在车里的那位,约莫四十上下年纪,戴一顶毡帽,身穿一件似是厨师穿用的背心,上面沾满闪闪发亮的油迹。这位乘客在骡车里面盘腿静坐,沉默不语。坐在车外的这位,约莫三十上下,身穿长袍,商人打扮,手持一册厚厚的账本,本子上的红纸题签,十分醒目。看来像是一位讨账先生,他虽然不时左右观望,但却显得十分镇定。

坐在车里的不是别人,正是被称为"五四运动时期的总司令"陈独秀,[①]

---

[①] 毛泽东在一九四五年四月二十一日《"七大"工作方针》的报告中说:"关于陈独秀这个人,我们今天可以讲一讲,他是有过功劳的。他是五四运动时期的总司令,整个运动实际上是他领导的。他与周围的一群人,如李大钊同志等,是起了大作用的。"

而坐在车外商人打扮的正是著名的中国最早的马克思主义者李大钊。

陈独秀因在一九一九年六月十一日散发《北京市民宣言》而被捕,在狱中待了八十三天后,始获释放。

陈出狱时,他手创的《每周评论》已被封闭了。但是继起的宣传新思潮的刊物,却如雨后春笋,蓬勃生长。启蒙思想家们的辛勤劳动已经开花结果,正如李大钊在《欢迎独秀出狱》的诗中所说:"我们现在有了很多的化身,同时奋起:好像花草的种子,被风吹散在遍地。"①

这种情况,当然给陈独秀以很大的教育。

经过五四运动锻炼的一代青年,觉悟有了很大提高。李大钊在《欢迎独秀出狱》的诗中说:②

> 你今出狱了,
> 　　我们很欢喜!
> 有许多的好青年,
> 　　已经实行了你那句言语:
> "出了研究室便入监狱,
> 　　出了监狱便入研究室。"
> 他们都入了监狱,
> 　　监狱便成了研究室;
> 你便久住在监狱里,
> 　　也不须愁着孤寂没有伴侣。

这种情况,当然也给陈独秀以很大教育。

总之,出狱后的陈独秀,不是退缩落后了,而是更加前进了。一九二〇年二月,陈独秀去武汉讲学,③他在以《社会改造的方法与信仰》为题的

---

① 《新青年》第六卷,第六号,一九一九年十一月一日。
② 《新青年》第六卷,第六号,一九一九年十一月一日。
③ 据《时事新报》一九二〇年二月二日报道:陈独秀这次去武汉讲学,是由上海搭火车去南京,然后换轮船至汉口的。但据《国民新报》一九二〇年二月七日报道:"陈独秀先生系于二号由沪乘大通轮起行,四号下午抵汉。"至于陈是为什么到上海的,据一九二〇年二月二日的《时事新报》报道说:"广州军政府拟本税及盐税条款,开办西南大学,屡志摄端。确悉汪精卫、章行严二君由粤来沪,陈独秀之由北京来沪俱与此事有莫大关系。"陈在武汉的活动是:二月五

一次讲演中提出改造社会的三种方法："（一）打破阶级的制度，实行平民社会主义，人人不要有虚荣心；（二）打破继承的制度，实行共同劳动工作，不使无产业的苦，有产业的安享；（三）打破遗产制度，不使田地归私人传留享有，应归为社会的共产，不种田地的人，不应该享有田地权利。"①

从以上讲演内容来看，陈这时已具有初步的共产主义思想了。陈独秀在武汉讲学深受学生联合会和各界听众的欢迎，"卓识谠论，倾动人群"，②但反动当局却深为恐惧，"湖北官吏对于陈氏主张之主义，大为惊骇，令其休止演讲，速去武汉"。③陈独秀"深愤湖北当局者压迫言论之自由"，当即于二月七日晚，乘车北上返京。④

天下乌鸦一般黑，陈独秀既然被湖北反动派驱逐出境，那么在北京也就很难立足了，因为湖北反动官员肯定要向他们的北京上司报告（而且，国内报纸也都登了陈在武汉活动的消息和讲演的要点），何况陈独秀又曾是被捕过三个月的"旧犯"呢！当陈被取保释放时，反动政府仍对他加以管制，规定不能自由行动，有行动须得到政府批准。现在陈如是到处宣讲，哪里容得！

为了避免陈独秀再次被捕，李大钊掩护陈独秀到天津，⑤"即购买外

---

日在文华大学校讲演，六日参加文华大学毕业典礼并演说，七日上午在高师讲演，七日下午出席堤口下段保安会的欢迎会并演说，七日晚上即由汉口乘车北上返京。参见《国民新报》一九二〇年二月七日、八日、九日、十二日、十三日各报；又见《汉口新闻报》一九二〇年二月九日、十日各报。又据高一涵回忆，此次陈去武汉讲学，是应湖北省教育厅长的邀请。

① 《国民新报》一九二〇年二月七日，参见《五四运动在武汉史料选辑》，湖北人民出版社一九八一年版，第二七七页。
② 《国民新报》一九二〇年二月七日。
③ 《汉口新闻报》一九二〇年二月九日。
④ 《汉口新闻报》一九二〇年二月十日。
⑤ 许多研究李大钊的传记作者都说一九二〇年一月李大钊掩护陈独秀出京，但根据《汉口新闻报》，陈是二月七日晚由汉口返回北京的。因此，李、陈出京只能是在二月七日以后，而不可能在一月。参见一九二〇年二月十日《汉口新闻报》："七日，陈独秀出席堤口下段保安会讨论会，会散后，时已七点钟，陈君茶点后随即往大智门乘车北上矣。"关于李、陈出京情况，参见高一涵：《李大钊同志护送陈独秀出险》，载《文史资料选辑》第六十一辑。一说李和陈先到乐亭县大黑坨村李的家中住了几天，然后再到天津。待考。

国船票,让陈独秀坐船前往上海"。①

工读互助团的试验失败,表明了空想社会主义的破产。这一情况,使科学社会主义得以迅速的传播。

一九二〇年三月,李大钊和邓中夏、高君宇(尚德)等在北京大学秘密发起了一个马克思学说研究会。② 这个研究会直到一九二一年才公开。据罗章龙回忆说:"北京马克思学说研究会成立以后,设立了一个翻译室,下设英文、德文与法文三组。我们这个组有七八人是学习德文的,我们曾译了《共产党宣言》。毛主席一九二〇年到北京时,大概已有一个《共产党宣言》的油印本子了。"③

李大钊是青年人的良师益友,在他的影响下,许多先进青年不仅在五四时期成为具有初步共产主义思想的知识分子,而且很快地成长为马克思主义者。

同年四月,李大钊接待了共产国际派来的最初使者。共产国际是从海参崴方面知道中国的五四运动爆发消息的,它极力想找到这个运动的领导人物,但这在一九一九年内还没有可能,因为那时苏俄,特别是远东,还在帝国主义干涉包围之中;只有到一九二〇年这种干涉、包围被击败、中俄边界交通被打开后,上述愿望才得实现。正因如此,一九二〇年三月,共产国际的代表威金斯基来到中国,四月份到达北京。同行者,还有他的夫人库兹涅佐娃及翻译杨明斋。他们到达北京以后,通过北京大学俄籍教师柏烈伟和伊凤阁的介绍,受到了李大钊的热情接待。李大钊为他们举行了欢迎会、演讲会、座谈会等活动。恰好这时(四月),苏俄的第一次对华宣言(《俄罗斯苏维埃联邦社会主义共和国政府对中国人民和中国南北政府的宣言》),在中国报纸上全文发表,因此人们对北方邻邦的使者表示了特殊的兴趣。李达回忆说,威金斯基"到了北京以后,首先访问了以李大钊同志为首的许多进步人士,举行过几次座谈会,许多小资产阶级和资产阶级的知识分子也参加了。因为苏俄政府第一次对中国的

---

① 高一涵:《李大钊同志护送陈独秀出险》。
② 《回忆"五四"运动和北京大学马克思学说研究会》,《文史资料选辑》,第六十一辑。
③ 《回忆"五四"运动和北京大学马克思学说研究会》,《文史资料选辑》,第六十一辑。

宣言(即废除帝俄政府与中国所订的不平等条约)刚才传到了中国,中国很多社会团体都表示热烈的欢迎,所以一听到苏联(俄)人来到了北京,大家对他感到特别高兴。威金斯基在几次座谈会上,报告了苏联(俄)十月革命以后的实际情况及其对外政策。当时李大钊同志等对于这位好朋友,很诚实的和他交换意见,至于那些小资产阶级和资产阶级知识分子,只带着好奇心,参加了一两次座谈,以后和他也疏远了……"①

经过李大钊的推荐和介绍,威金斯基到上海去找陈独秀,随同去的有翻译杨明斋等人。

陈独秀到上海后,住在法租界环龙路渔阳里二号,继续主编《新青年》杂志,宣传社会主义和研究劳工问题,威金斯基的到来,使他很高兴。

经过陈独秀的介绍,威金斯基又和《星期评论》、上海《民国日报》副刊《觉悟》、《时事新报》等报刊的一些头面人物(经常在报刊上谈论社会主义的)建立了联系,并和他们开了多次的座谈会。

上海的座谈会也和北京的座谈会一样,开始时人还较多,②但当问题讨论逐步深入,特别是讨论到根据马克思列宁主义学说组建无产阶级政党时,一些人就退缩了。如:张东荪参加过一次酝酿建党的座谈会就退出了,戴季陶也借口不能和孙中山的国民党断绝关系而退出了,一些无政府主义者也很快退出了。

但是,陈独秀这时是比较积极的。他在这个时期花费了很大精力研究社会主义和劳工运动,从而成为一个拥护马克思主义的人。从他以下的几种言论,可以充分证明:

(一)一九二〇年五月,陈独秀以《劳动者底觉悟》为题,在上海船务、栈房工界联合会发表演说,解释了劳动创造世界的道理,并指出:"世界劳动者的觉悟,计分二步:第一步觉悟是要求待遇改良,第二步觉悟是要

---

① 《中国共产党的发起和第一次、第二次代表大会经过的回忆》,《"一大"前后》(二),第六、七页。
② 根据一些当事人的回忆,曾参加过这种座谈会的,计有十几人。其中有马克思主义的拥护者,也有一些口称社会主义而实际反马克思主义的人,还有一些是信仰无政府主义的人。这后两种人很快就退出了。由于座谈会曾召开多次,而内容又以讨论社会主义为主,因此有的回忆者把座谈会这种形式当作了"马克思主义研究会"。

求管理权。"①他要求中国的工人运动进行第一步和准备第二步。

（二）和上述演说的同一月,陈独秀在《答知耻》的通信中,宣传了剩余价值学说。一位化名"知耻"的读者,站在资产阶级的立场,认为:"工人缺乏知识,非注重工人教育,则减少工作时间,增加工资,适足以资其为恶。"②因此这位读者要求减少工时必以强迫施行工人教育为条件,增加工资必以强迫工人储蓄为条件。陈独秀在回答中,予以反诘道:"社会上有钱不做工的人很多,因何理由要强迫穷人非增加教育时间不能减少工作时间呢？工人劳力所生产的价值,远在他们每日所得的工资以上；这工资以上的剩余价值,都被资本家抢去,叫做'红利'分配了；所以工人所得工资就是能够衣食饱暖,就是衣服楚楚,而被抢的权利,仍然是绝大的损失,终久是要大声叫冤的；因何理由必须强迫工人储蓄才能增加工资呢？浪费时间及金钱与否,是工人自己利害所关,不劳他人强迫；若资本家借口教育、储蓄问题来阻止减时加资,实在是笑话。"③

（三）一九二〇年初,上海资本家穆藕初办理的厚生纱厂到湖南招收女工,简章规定每日工作十二小时,工资只给八元左右,因而引起长沙舆论界的纷纷指责,穆藕初并起而进行辩护。陈独秀把双方的言论综合登在一九二〇年五月一日出版的《新青年》上,并在自己的意见中指出:"大家要晓得二十世纪的劳动运动,已经是要求管理权的时代,不是要求待遇时代了。无论待遇如何改良,终不是自由的主人地位；劳动者要求资本家待遇改良,和人民要求君主施行仁政是同样的劳而无功,徒然失了身分。"在中国,由于资本主义不发达,陈独秀说:"去劳动者要求管理权时代还远,眼前的待遇问题,还是不能放松的。"因此他认为也还有和穆藕初讨论劳动问题的必要。接着他便指出了资本家高度的剥削,并驳斥了资本家借口按"工作能力之大小,与责任心之有无"而限制工人工资的谎言。他说:"'工值'是什么？是工人每日劳力结果的生产额在市面上的价值,不是资本家任意定的三角两角。三角两角以外的剩余工值,都被资

---

① 《新青年》第七卷第六号；又见《独秀文存》（二）,卷一,第四五〇页。
② 《独秀文存》（四）,卷三,第二一五页。
③ 《新青年》第七卷第六号；又见《独秀文存》（四）,卷三,第二一六、二一七页。

本家股东用红利的名义抢夺去了,工人丝毫分不着;工值抢了去,反过脸来还要审问被抢者的工作能力之大小与责任心之有无,这实在是清平世界里不可赦的罪恶!"①

(四)一九二〇年九月,陈独秀在反对无政府主义的斗争中表达了赞成无产阶级专政的思想,他在《谈政治》一文中说:"我们应该要问:强权何以可恶?我以为强权所以可恶,是因为有人拿他来拥护强者、无道者,压迫弱者与正义。若是倒转过来,拿他来救护弱者与正义,排除强者与无道,就不见得可恶了。"他还举俄国十月革命为例说:"此时俄罗斯若以克鲁泡特金的自由组织代替了列宁的劳动专政,马上不但资产阶级要恢复势力,连帝政复兴也必不免。"②他在文中还十分明确地宣扬了马克思主义关于无产阶级专政的学说:"马格斯曾说过:劳动者和资产阶级战斗的时候;迫于情势,自己不能不组成一个阶级,而且不能不用革命的手段去占领权力阶级的地位,用那权力去破坏旧的方法;但是同时阶级对抗的理由和一切阶级本身,也是应该扫除的;因此劳动阶级本身的权势也是要去掉的(见《共产党宣言》第二章之末)。"③

从陈独秀以上的言行来看,他这时已是一个马克思主义的拥护者了。

当然,陈独秀的政治思想是很庞杂的,旧的东西很多,即使在宣传社会主义的时候,也还发表了很多不正确的言论。问题还在于他在接受马克思主义学说后,并没有对旧的观念进行彻底的扬弃和改造,因而在以后的实践中不断地犯有这样那样的错误,甚至犯了招致第一次国内革命战争失败的那样严重的错误。但所有这一切,并不能否定陈在"五四"和建党时期的功绩。

一九二〇年夏,上海共产党组织基本形成,由陈独秀任书记。④ 上海

---

① 《上海厚生纱厂湖南女工问题》,《新青年》第七卷,第六号。
② 《新青年》第八卷,第一号。又见《独秀文存》(三),卷一,第五四六、五四九页。
③ 《谈政治》,《新青年》第八卷,第一号。
④ 关于上海党组织的建立,因为有一个酝酿、座谈到建立的过程,所以在有关人员的回忆中,在时间、人数等问题上都是互有参错、很不一致的。而且在最初的发起人中,有许多人先后离开了上海,有的去了日本,有的去了法国,有的去了广州,有的去了武汉。因此到一九二一年七月,在上海的党组织成员只有李汉俊、俞秀松、陈望道、李达、邵力子、沈雁冰、李启汉、杨明斋等。

## 第十七章 对科学社会主义的追求

党组织一成立就叫共产党,随后创立的秘密刊物也叫《共产党》(月刊)。

李大钊一方面和陈独秀加强联系推动上海共产党组织的建立,同时自己在北京也积极扩大马克思主义的宣传和从事建党活动。

李大钊这时非常注意知识分子和工农群众、社会实际相结合的问题。还在一九一九年二月,他就在《晨报》上发表文章,强调:"要想把现代的新文明,从根底输到社会里面,非把知识阶级与劳工阶级打成一气不可。我甚望我们中国的青年认清这个道理。"①一九二〇年一月,随着五四运动的发展情况,他又发表《知识阶级的胜利》一文,强调指出:"'五四'以后,知识阶级的运动层出不已。到了现在,知识阶级的胜利已经渐渐证实了。我们很盼望知识阶级作民众的先驱,民众作知识阶级的后盾。知识阶级的意义,就是一部分忠于民众作民众运动的先驱者。"②

在工读互助团失败和北大马克思学说研究会成立后,李大钊又加强了对青年们关于科学社会主义的宣传教育工作。

一九二〇年七月,李大钊受聘为北京大学教授,在本科政治学系和史地系任教,并曾在经济学系兼授过《现代政治》课程。③ 他在史学系担任的课程,有《唯物史观研究》④等。以后,他还在各系及其他各校开设了多种课程。

李大钊在授课中以及他这一时期发表的许多论文中,都大力地宣传了科学社会主义。他在《由经济上解释中国近代思想变动的原因》一文中说:"凡一时代,经济上若发生了变动,思想上也必发生变动。换句话说,就是经济的变动是思想变动的重要原因";"新思想是应经济的新状态、社会的新要求发生的,不是几个青年凭空造出来的。"⑤他在《唯物史

---

① 《青年与农村》,《李大钊选集》,第一四六页。
② 《李大钊选集》,第三〇八页。
③ 在此之前,李只任北大图书馆主任,并不任教授。一九二〇年七月八日,始由北大评议会通过聘为教授,七月二十三日由北大文牍课正式发出聘书。参见王世儒:《李大钊同志受聘教授及所开课程考实》,《北京大学学报》一九八一年第四期。
④ 《北京大学日刊》一九二〇年十月一日载《注册部通告》:"李大钊先生担任史学系唯物史观研究,自来周始授。"
⑤ 《新青年》第七卷,第二号,一九二〇年一月一日。

观在现代史学上的价值》一文中说:"我们要晓得一切过去的历史,都是靠我们本身具有的人力创造出来的,不是哪个伟人圣人给我们造的,亦不是上帝赐予我们,将来的历史亦还是如此,现在已是我们世界的平民的时代了,我们应该自觉我们的势力,赶快联合起来,应我们生活上的需要创造一种世界的平民的新历史。"①

由于李大钊等的积极宣讲,使"高等教育机关里的史学教授,几乎无人不被唯物史观的影响,而热心创造一种社会的新生"。②

作为中国第一位马克思主义者的李大钊,成为很受欢迎的老师,受到青年学生的衷心爱戴。

一九二〇年十月,以李大钊为首的北京共产党小组成立。③

北京共产党小组不仅在北京地区活动,还负有指导整个北方革命活动的使命,例如曾派人到郑州、天津、唐山、济南等地去指导工人运动和建立各种革命组织。

总之,长江以南主要是陈独秀在那里指导进行建党活动;而长江以北则主要是李大钊在指导从事建党活动。在当时,就有"南陈北李"之誉。

## 二、青年毛泽东和周恩来

"五四"当年,陈独秀四十岁,李大钊三十岁,毛泽东二十六岁,周恩来二十一岁。陈、李,特别是李,和毛、周相比,虽然稍长而不多,但从社会地位和思想影响来看,他们却是两代人,而不是同辈人。正如毛泽东后来

---

① 《新青年》第八卷,第四号。
② 《李大钊选集》,第三三九页。
③ 北京小组开始时只有三人:李大钊、张申府、张国焘。张申府去法国后,又吸收了黄凌霜、陈德荣、袁明熊、张伯根、华林、王竟林等六名无政府主义者加入,成为八名。不久,又发展了刘仁静、罗章龙。十一月间无政府主义者退出,小组又陆续发展了多人。到一九二一年七月,其成员计有:李大钊、张国焘、邓中夏、罗章龙、刘仁静、高君宇、何孟雄、缪伯英、范鸿劼、朱务善、李骏、张太雷等人。

谈到陈、李时所说："我们是他们那一代的学生。"①

毛泽东在五四时期曾两次来北京。第一次来北京，即在"五四"前夕被杨昌济推荐到北大图书馆当助理员的时候，他曾经受到李大钊等人的熏陶，不过从现有材料来看，那时他接受的主要还是对俄国十月革命的认识，至于马克思学说内容的本身似乎还未接触，而且当时很流行的无政府主义，对他还有相当影响，如他自己所说："我读了一些无政府主义的小册子，很受影响。……在那个时候，我赞同许多无政府主义的主张。"②

但在一九一九年底毛泽东第二次来北京的时候，情况不同了。

毛泽东这次是率一个驱张代表团来京的，他没有像初来北京时那样，住在豆腐池胡同九号杨昌济的家中，③而是住在一座寺院中。

走过北海公园的前门，进入北长街北口不远的地方，路东，有一个红漆大门（当年门牌是九十九号，现在门牌是二十二号），里面是寺院式的建筑。这就是北京城里有名的福佑寺（喇嘛庙），也就是毛泽东第二次来北京居住、读书和办公的地方。

"千树万树梨花开"。北海公园的冬景，曾经引起第一次来京的毛泽东的惊叹和赞美。但这次来北京，他却无心去欣赏这些了。他和同去的代表们，不顾寒风积雪，每天走大街、串小巷，联络在京的湖南学生、湖南议员和湖南名人、绅士，争取他们对驱张运动的支持。

毛泽东特别注意和青年们的接触。当时，北京有一个湖南青年的团体——辅社④，如邓中夏等都在其中。一九二〇年一月十八日，毛泽东和

---

① 《"七大"工作方针》，第一〇、一一页。
② [美]埃德加·斯诺：《西行漫记》，生活·读书·新知三联书店一九七九年版，第一二八页。
③ 杨这时已重病在身，移居西山卧佛寺疗养。一九二〇年一月十七日，杨不幸病故，享年四十九岁，毛泽东等曾陪其子女杨开智、杨开慧守灵。一月二十五日设祭后，杨开智、杨开慧扶杨昌济灵柩回长沙，安葬在板仓故里。（见《北京日报》一九八二年一月十七日。）同年，毛泽东和杨开慧结婚。（见《西行漫记》，第一三一页。）
④ 据罗章龙回忆说："辅社是以湖南长沙第一联合中学学生为基础，和新民学会同时存在的学生组织。这个组织有一些政治思想的表现，即爱国主义。我在湖南加入了辅社，是负责人之一，我同时又是新民学会的会员。一九一八年暑假，我跟毛主席和新民学会的一些会员到北京以后，辅社便以湖南人为基础，吸收了一些外省籍的同学参加，把活动的中心放在北大。辅社没有公开。"见《"一大"前后》（二），第一八六页。

这些青年友人们在陶然亭进行了一次聚会,并摄影留念。

为了扩大驱张宣传,毛泽东在北京创办了一个平民通讯社,社址就在北长街福佑寺内,办公就在香案上。白天,他在外面奔波;晚上,编印各种通讯稿件,分发各报馆。严冬的深夜,在一盏小油灯下,他伏在香案上,不知疲倦地工作着。

马克思主义的经典著作陆续在中国介绍,苏俄对华宣言也在中国报刊上披露了。所有这些,都给青年毛泽东以很大的影响。毛泽东的友人回忆当时的情景说:"为了扩大驱张宣传,组织革命力量,毛泽东在领导驱张运动的同时,在北京创办了以揭露张敬尧的罪恶、进行社会主义宣传为宗旨的'平民通讯社'。社址在当时北长街福佑寺内,由旁门出入。毛主席在这里工作的条件是很艰苦的。'办公室',设在正殿里,办公桌系以一个长条香案代替,案上右边放着马克思主义经典著作和各种有关宣传社会主义思想的小册子及报刊。一九二〇年一月四日下午,我到通讯社拜晤毛主席时,在桌上发现一本毛主席研读过的《共产党宣言》,①毛主席还指示我精读这本书。"②

毛泽东以一个急进民主派的青年,从一九一八年开始接受俄国十月革命的影响,成为一个拥护十月革命的具有初步共产主义思想的知识分子,而到一九二〇年夏天,他的政治思想又发展到一个新的阶段。他本人在回忆自己的思想发展过程时曾说:"我第二次到北京期间,读了许多关于俄国情况的书。我热心地搜寻那时候能找到的为数不多的用中文写的共产主义书籍。……我一旦接受了马克思主义是对历史的正确解释以后,我对马克思主义的信仰就没有动摇过。……到了一九二〇年夏天,在理论上,而且在某种程度的行动上,我已成为一个马克思主义者了,而且

---

① 据考证,陈望道的《共产党宣言》全译本,初版在一九二〇年八月,再版在九月。(参见伍仕豪:《陈望道翻译的〈共产党宣言〉初版时间略考》,载《党史资料丛刊》一九八一年第一辑;任武雄、陈绍康:《〈共产党宣言〉陈译本时间补证》,载《党史资料丛刊》一九八一年第三辑。)因此,这里讲的毛泽东研读过的《共产党宣言》,可能是另一种稿本,也可能是当时报刊上的节译本。罗章龙回忆说:"毛主席一九二〇年到北京时,大概已有了一个《共产党宣言》的油印本子了。"

② 黎锦熙:《在峥嵘岁月中的伟大革命实践》,《光明日报》一九七七年九月十四日。

从此我也认为自己是一个马克思主义者了。"①

一九二〇年四月十一日,毛泽东离开北京,②到上海居住了两个多月。在此期间,展开了三项活动:

第一,用"湖南改造促进会"的名义,进行联络活动,继续驱张斗争;指导驱张刊物《天问》的编辑出版,并亲为这个刊物撰写有关"湖南人民自决"的文章。

第二,五月八日,组织在上海准备去法勤工俭学的新民学会会员,在半淞园(今半淞园路)召开了一次送别会。但这次会议对学会活动方法、会员条件、入会手续等作了详尽的讨论。结果,"这日的送别会,完全变成一个讨论会了。天晚,继之以灯。但各人还觉得有许多话没有说完。中午在雨中拍照。近览淞江半水,绿草碧波,望之不尽"。③

第三,和上海的共产党组织建立了联系。毛泽东在上海曾访问了霞飞路渔阳里(今淮海中路成都路口)内的外国语学社——上海党组织设置的公开机关,④还会见了陈独秀。毛泽东说:"在那里我再次看见了陈独秀。我第一次同他见面是在北京,那时我在国立北京大学。他对我的影响也许超过其他任何人。"⑤

一九二〇年六月,张敬尧退出湖南。七月,毛泽东由上海返回湖南,即大力从事马克思主义宣传和建立共产主义组织的活动。

当青年毛泽东成长为马克思主义者的时候,比他年轻五岁的周恩来也在积极学习和宣传马克思主义。

一九二〇年一月二十九日,在觉悟社领导的一次向省署示威请愿的斗争中,周恩来和其他同学一齐被捕了。直至七月十七日,才被释放。他在被捕期间写下的《警厅拘留记》和《检厅日录》,成为中国历史上的珍贵

---

① [美]埃德加·斯诺:《西行漫记》,第一三一页。
② 《少年中国》第一卷,第十一期。
③ 《新民学会会务报告》(第一号),《新民学会资料》,人民出版社一九八〇年版,第九页。
④ 上海市文物保管委员会:《忆往昔峥嵘岁月稠》,《文汇报》一九七七年九月十四日。
⑤ [美]埃德加·斯诺:《西行漫记》,第一三〇页。

文献。特别令人称道的,是《检厅日录》的下列记载:

  五月十四日 晚上会议,……内容是:(一)议决讲演全世界工业革命史,讲完后,由周恩来介绍马克思学说。

  五月二十八日 晚间全体会,……先开讲演会,周恩来讲马克思学说,历史上经济组织的变迁同马克思传记。

  五月三十一日 晚上全体会,讲演会仍由周恩来讲马克思学说,唯物史观。

  六月二日 晚上聚会,演讲仍由周恩来讲马克思学说,唯物史观的总论同阶级竞争史。

  六月四日 晚间聚会,……先开讲演会,仍由周恩来讲马克思主义——经济论中的余工余值说。

  六月七日 晚上会议,……先开讲演会,周恩来续讲马克思主义的学说——经济论中的资本论同资产集中说。今天马氏学说已讲完了。①

不是在一般场合,而是在反动派的狱中;不是零碎地,而是系统地宣传和讲解马克思主义,可见他对马克思学说已经开始信仰了。

一九二〇年底周恩来到法国后,钻研和比较了各种学说,就更加坚定的信仰马克思列宁主义。他在欧洲读过的一本名为《卡尔·马克思的生平与教导》(英文版)的书上,用铅笔对马克思下面的几句话画了着重线:②

  无论是发现现代社会中有阶级存在或发现各阶级间的斗争,都不是我的功劳。……我的新贡献就是证明了下列几点:(1)阶级的存在仅仅同生产发展的一定历史阶段相联系;(2)阶级斗争必然要导致无产阶级专政;(3)这个专政不过是达到消灭一切阶级和进入无阶级社会的过渡。

这说明,他已经掌握了马克思主义的精髓。一九二一年一月三十日,

---

① 《检厅日录》,第二四、三九、四〇、四一、四二、四三页。
② 周恩来读过的这本书,现存中国历史博物馆。

他在巴黎写给他表兄陈式周的一封亲笔信里说:"若在吾国则积弊既深,似非效法俄式之革命,不易收改革之效。"①鲜明地提出了中国革命要走十月革命的道路。

他在欧洲和觉悟社社员的通信中,也明确地表达了自己对共产主义的坚强信念,并郑重声明:"当信共产主义的原理和阶级革命与无产阶级专政两大原则,而实行的手段则当因时制宜。"②他还以《誓词》的形式表示:"我认定的主义一定是不变了,并且很坚决地要为他宣传奔走。"③

## 三、瞩目无产者

由于十月革命影响的扩大和马克思主义在中国的传播,由于中国工人阶级在"六三"运动中的表现和所起的作用,各界人民对工人阶级非常重视,"劳工神圣"成了风行一时的口号;工人阶级的阶级意识也在日益加强。

一九二〇年五月一日,中国工人和学生比较广泛地纪念"五一"劳动节。上海和北京的纪念规模,都是相当大的。唐山的纪念活动,也有一定的规模。

这是中国人民在中国第一次隆重纪念"五一"劳动节。④

上海各工人团体,从四月十日就开始筹备了,在"五一"节前夕,即发表了纪念宣言。这一行动,引起了反动政府的严重注意。五月一日,军警森严,阻止纪念大会的召开。由于工人们的英勇斗争,虽经数次迁移场

---

① 亲笔信影印件,见《光明日报》一九八二年七月六日。
② 周恩来:《西欧的"赤"况》,写于一九二二年三月,载于一九二三年四月十五日天津《新民意报》副刊《觉邮》第二期。
③ 《伍的誓词》,《觉邮》第二期。
④ 一九一八年"五一"劳动节,仅在无政府主义者主编的《劳动》月刊(上海)上看到一篇介绍性的文章;一九一九年"五一"劳动节,也只是在北京《晨报》副刊上出过一个专号,李大钊发表过《"五一"节杂感》。当时注意这个纪念日的人很少。

所,但大会终于开成了。在这次纪念大会上,宣传了"劳工神圣"及今后工人应该为改善自己的生活而斗争。①

《新青年》在五一劳动节前一个月(七卷五号,四月一日出版),即发出《特别预告》说:"每年五月一日,是一八八四年美国芝加角大会议决工作八小时底运动胜利纪念日;后来每逢此日,欧美各国底劳动界,常有盛大的纪念运动。本志次号出版期刚逢到这个盛节,所以决定发行《劳动节纪念号》,当作我们'游惰神圣'的民族一声警钟!"《新青年》在五月一日出版的七卷六号,即"劳动节纪念号",李大钊发表了《"五一"运动史》,陈独秀发表了《劳动者底觉悟》《上海厚生纱厂湖南女工问题》。蔡元培、孙中山都为该号题了字,蔡元培的题字是"劳工神圣",孙中山的题字是"天下为公"。除名人题字外,还约了十三位工人题字,共题字内容有"不劳动者口中之道德神圣皆伪也"(先施公司大菜间王澄波)、"不劳动者之衣食住等均属盗窃赃物"(怡和纱厂工人刘光典)、"人的生活与快乐惟劳动界合有之"(恒丰纱厂打包间工人李善让)、"促人类安全之幸福各食其力而已"(新怡和纱厂打包间工人严鉴堂)、"黜逐强权,劳动自治"(植树工人刘朗山)等。此外,该号还发表了各国的劳工运动情况的介绍及国内北京、上海、天津、南京、唐山、山西、江苏、长沙、芜湖、无锡等地工人劳动状况的调查。许多调查报告,是由具有初步共产主义思想的知识分子写成的。这反映了知识分子和工人阶级的开始结合,因为知识分子如果不深入工人群众,这些调查报告是写不出来的。例如,《唐山劳动状况》这篇调查报告,便是由邓培提供了大量素材的。所以报告的结尾说:"制造厂方面的报告大半由邓君来的。"

李大钊的《"五一"运动史》,主要介绍了这个节日的由来和各国纪念的情况,他指出:"这个运动,是因为政府屡次扬言改善劳工条件而不实行起来的。民众知道,希望不诚实的政府是绝望的事,要想达到目的,非靠自己努力不可,乃决定排去一切向人请愿的行动,对于资本家取直接行

---

① 上海《申报》一九二〇年四月二十日、二十四日、二十七日、二十九日;天津《大公报》一九二〇年五月一日、五日。

动,以图收予定的效果。所以'五一'纪念日,是由民众势力的协同团体涌现出来的。"①他在介绍了各国工人运动状况之后,于结论中写道:"我们今年的'五一'纪念日,对于中国的劳工同胞,并不敢存若何的奢望,只要他们认今年的'五一'纪念日作一个觉醒的日期。"②

除《新青年》外,国内许多报刊,如北京《晨报》、天津《大公报》、上海《民国日报》《时报》《申报》等都报道了各地庆祝情况和发表纪念文章。《觉悟》《星期评论》《新社会》《北京大学学生周刊》等重要刊物,都出版了劳动节纪念专号。上海《新妇女》、苏州《妇女评论》等刊物,也发表了纪念文章和有关工人情况的调查报告。

经过"五一"劳动节的纪念和宣传,扩大了工人运动的影响,促进了革命知识分子和劳动群众的结合。当时北京的舆论界说:"五四运动以后,新文化的潮流滚滚而来,'劳工神圣'的声浪也就一天高似一天,到了今年,北京人士虽然感想不尽相同,但几乎没有一个人不晓得有劳动节的。单看这一点,中国这一年的进步不能算不快。"③

"五一"当天,北京大学一部分学生和工友一起,在二院大讲堂举行了纪念大会,李大钊和学生代表都讲了话。④ 何孟雄等八位同学,还雇了两辆汽车,到处散发《五月一日北京劳工宣言》(共散发数千张)。邓中夏等几位同学,也在当天赶到长辛店铁路工厂,对工人进行讲演,并散发《宣言》。这个《宣言》的全文是:

> 我们亲爱的劳工朋友们!今天是五月一日,是美国工党同盟罢工争得"每天八小时"的纪念日,全球的工人到了这一天,都是相率罢工,举行示威运动。但是我国的工人,还有很多不知道今天是什么日子。所以我们来告诉各位:自从今天起,有工大家做,有饭大家吃,凡不做工而吃饭的官僚、政客、资本家、牧师、僧尼、道士、盗贼、乞丐、娼妓、游民,一律驱逐,不准他们留在我们的社会里来剥削我们。所

---

① 《李大钊选集》,第三一一页。
② 《李大钊选集》,第三二五页。
③ 《劳动节的北京》,《民国日报》一九二〇年五月一日。
④ 天津《大公报》一九二〇年五月二日。

以我们大家都要联络起来,把所有一切的土地、田园、工厂、机器、物资,通通取回到我们手里,这时候谁还敢来压制我们呢?我们劳工的朋友啊!快快起来,休业一天,大大的庆祝一下!

五月一日万岁!劳工万岁!①

从《宣言》内容来看,水平并不高,但显然是出自知识分子之手。如李大钊所说:"中国人的'五一'运动,仍然不是劳工阶级的运动,只是三五文人的运动,不是街市上的群众运动,只是纸面上的笔墨运动。"②

也还必须指出,就是在这种"笔墨运动"中,所宣传的内容也并不全都是正确的。因为,当时的具有初步共产主义思想的知识分子中,受无政府主义思想的影响很为严重。如高君宇在《北京大学学生月刊》劳动纪念号上发表的《五月一日与今后的世界》一文,虽然提出了"要把一切生产机关从资本阶级收归,按照自由共有的大义,建设新的经济组织",并指出"破坏政权"是达到这一目的的手段,但是高却主张"反对一切政府",不赞成无产阶级专政。

尽管如此,却不能不说,到一九二〇年五月前后,五四运动已发展到了一个新的阶段,即知识分子和工人阶级两股力量相结合的阶段。如这时邓中夏在北京的活动,便是这种结合开始的典范。当时和邓中夏朝夕相处的北大同学,回忆邓中夏的活动说:"那时,在邓中夏领导下有些同学经常在长辛店和南口铁路工人中工作。工人的生活很艰苦,邓中夏与工人同住、同吃,过得很自然。他是湖南宜章人,口音与长辛店、南口的同志相差很远,然而他却能突破语言上的障碍,与他们谈笑自若。我曾亲眼见他在车辆修理厂中活动,与工人同志打成一片,工人同志很主动地接近他,在他和他们之间,殆已结成了深厚的友谊。"③

邓中夏领导的平民教育讲演团,这时发生了很大变化。原来讲演团

---

① 这个宣言当时并未在报刊上登载。各报的消息只是说:在五一节各地散发的宣传品中,"以北大劳动纪念会所印之《五月一日北京势工宣言》最为激烈"。解放后,这个《宣言》才在北洋军阀政府档案里找到它的全文。参见《北京大学学生运动史》,北京出版社一九七九年版,第四二页。
② 《李大钊选集》,第三二四页。
③ 杨东莼:《关于五四运动和邓中夏同志几点回忆》,《五四运动回忆录》,第二三七页。

活动的范围仅限于市区,对象是"平民"(即城市贫民、小资产阶级和商人)。一九二〇年三月,讲演团接受邓中夏的建议,决定今后"除城市讲演外,并注重乡村讲演、工场讲演"。①

一九二〇年四月三日到八日,北京大学放春假,平民教育讲演团利用这个假日,举行了第一次的"乡村讲演":第一组以丰台为中心,到丰台、七里庄、大井村;第二组到长辛店和赵辛店;第三组到通州农村。讲演团到村后,先放留声机吸引群众,然后讲演。由于农村分散,听众虽不够广泛,但短短几天累计仍有九百余人。

邓中夏的思想在一九二〇年下半年和一九二一年上半年产生了巨大的飞跃,确立了对马克思主义的坚定信仰。一九二〇年秋天,他为革命工作而奔走于长沙、武汉之间,五日内两渡洞庭湖,写下了下面这首感人的诗篇:

莽莽洞庭湖,五日两飞渡。雪浪拍长空,阴森疑鬼怒。
问今为何世?豺虎满道路。禽猕歼除之,我行适我索。
莽莽洞庭湖,五日两飞渡。秋水含落晖,彩霞如赤炷。
问将为何世?共产均贫富。惨淡经营之,我行适我素。②

上阕写对当道"豺虎"——帝国主义和反动军阀的统治的愤恨和推翻他们的坚定信念,下阕写对共产主义社会的向往和实现它的坚定信念。"诗言志,歌咏言",这首充满豪情的诗歌,反映邓中夏的思想达到了一定的高度。

## 四、到民间去!

一九二〇年八月十六日,正是北京的盛夏季节,陶然亭依然是那样幽

---

① 《北京大学日刊》一九二〇年三月十六日。
② 此诗见于邓中夏所写的《贡献于新诗人之前》一文中,载一九二三年十二月出版的《中国青年》第一〇期。在这首诗前,有"忆三年前过洞庭有一诗,其辞云:莽莽洞庭湖……"。又诗中说"秋水含落晖",由此可以推知诗成当在一九二〇年秋。在这首诗后,尚有"此诗虽极幼稚,然而当时颇有朋辈为之感动,亦因我当时投身实际活动的原故"等语。

静。天空,骄阳似火;亭畔,树茂蝉鸣;亭中,一群热心改造社会的先进青年,正在讨论着国家大事。

这次会议,是由天津的觉悟社发起的。原来,在觉悟社八月初召开的年会上,周恩来总结了一年多来青年学生和全国各界救国运动的经验教训,提出:唯有把五四运动以后在全国各地风起云涌的大小进步团体联合起来,采取共同行动,才能挽救中国于危亡,进一步创造新的联合。并且指出:当时的团体虽多,但形形色色,思想复杂,必须加以改造,使之趋于一致,才能团结起来向着这个目标奋斗。

根据这个精神,周恩来等十一位社员来到北京,找到李大钊商谈,计划和北京的一些社团,共同举行一次座谈会。李非常赞助这个计划,并开了一个可以参加座谈会的名单:少年中国学会、工读互助团、曙光社等。觉悟社请李主持这个会议,李表示谦让,认为仍以觉悟社主持为宜。

八月十六日上午九时,这个座谈会在陶然亭实现了。除觉悟社的十一人外,北京有二十多人参加。觉悟社的刘清扬主持会议,邓文淑(颖超)[1]介绍了觉悟社的组织和一年来活动的经过,周恩来作了长篇发言,把觉悟社在天津年会上议论的几点关于"改造联合"的意义作了说明。接着,各团体相继发言。最后,由李大钊发表了总结性的意见。他在发言中,除对觉悟社发起这次座谈会表示感谢外,指出:各团体有标明主义之必要,"盖主义不明,对内既不足以齐一全体之心志,对外尤不足与人为联合之行动"。[2]

基于上述精神,座谈会决定由各团体各推代表三人,于十八日下午一时假北京大学通信图书馆开筹备会,筹商办法。

筹备会按计划准时召开了,议决名称,为"改造联合",并推少年中国学会的代表拟出草案,然后由各团体通过。

自这次筹备会后,又开过多次会议。有的是在北京大学通信图书馆

---

[1] 一九二〇年九月十五日出版的《少年中国》第二卷,第三期第五十七页的记载,误植为"朱文淑"。

[2] 《少年中国学会消息》,《少年中国》第二卷,第三期。

举行的,有的是在中央公园来今雨轩举行的。少年中国学会的代表是李大钊等三人;觉悟社的代表,是在京的会员轮流出席。

几次会议,通过的《改造联合宣言》和《改造联合约章》,全文如下:

## 改造联合宣言

我们集合在"改造"赤旗下的青年同志,认今日的人类必须基于相爱互助的精神,组织一个打破一切界限的联合:在这个联合里,各分子的生活,必须是自由的,平等的,勤劳而愉快的。要想实现这种大同世界——人类大联合的生活,不可不先有自由人民按他们的职业结合的小组织作基础。我们为渴望以上的各种自由组织,一个个的实现出来,不能不奔走相告,高呼着:"到民间去!"

可是我们于"到民间去"以前,我们自己不能不先组织起来;我们若是没有组织,天天只是你我喊着几个新名词,互相传诵;喊到几时,也还是没有效果。我们青年同志间组织成的小团体,算来也不甚少;可惜都是各不相谋的! 有些目的同,企望同,只是因为没有通过声气,不能共同活动;或者因为势力孤单,只成个空组织,并未曾有些实在的活动。这样做去,种种改造的运动,终于空谈梦想罢了! 就使有点势力,也必事倍功半,是最不经济的。

我们试想我们素相闻知的团体,既然没有一个不感单微,孤独,不经济的苦痛;那不相闻的,还不知更有多少! 他们感到这种苦痛,也必与我们等。我们这次联合,实在不是这样一个空组织,是要组织起来去切切实实的做点事。换句话说,就是我们不是为有这样一个组织而组织,是为有此可以做许多实在的事而组织。我们的联合,不止是这几个团体的联合;凡是我们的同志团体,我们都希望联成一气。在一个联合里的各团体,所悬的理想,固然不无稍有远近的差别;但我们相信社会若是已经到了一种机运,可以实现我们的最高理想,那悬较近理想的团体,绝不固执他们最初的理想;反之,社会实状还没有达到可以实现我们最高理想的机运,苟能进行一步,也是好的,因为这都是我们达到最高理想的过程。况且联合的团体愈多,我们的共同目的愈加简单;我们向此目的的实行力愈加集中;我们共同努力的效果,或者可以愈加实在,我们达到最高理想的距程,也就近了一程。这就是我们组织"改造联一"的理由。①

### 改造联合约章

第一条　本联合结合各地革新团体,本分工互助的精神,以实行社会改造。

第二条　本联合定下列各项为即须举行之事业,得于各地设各种委员会分理之。(如社会调查委员)

一、宣传事业之联络;

二、社会实况之调查;

三、平民教育之普及;

四、农工组织之运动;

五、妇女独立之促进;

各种委员会之组织由联合各地会员自定之。

第三条　凡各种革新团体赞成本联合宗旨及事业者,经一会员之介绍,全体会员之通过,皆得加入为会员……

第四条　会员欲退出联合,须声明理由。

第五条　会员如有不合本联合宗旨之言动,本联合得由会员全体之通过,请其出会。

第六条　会员遭遇外来妨碍存续之危险时,有相维持之义务。②

《宣言》和《约章》经各团体代表会议通过后,觉悟社留京的社员即和其他团体一起,在李大钊领导下,从事劳工、妇女、青年等各种运动。

以上种种情况表明:五四运动发展到一九二〇年夏季,到达了这样一个阶段:从各地运动中涌现出来的先进分子和先进团体,已经有了迅速组

---

① 《少年中国》第二卷,第五期,一九二〇年十一月十五日。
② 《少年中国》第二卷,第五期,一九二〇年十一月十五日。

织起来的迫切要求。

由这次陶然亭会议所发起的"改造联合",不仅要求组织起来,而且喊出了"到民间去!"的口号,这是完全正确的,它反映了运动发展的必然趋势。

第一,北京工读互助团第一组这时已经完全失败。实践证明,关起门来建立世外桃源是不行的,不可能通过它来改造社会。而社会得不到根本改造,也不可能试验新生活。而要社会得到改造,就必须投入社会中去,因此互助团第一组的成员在失败之后,就提出了"青年朋友啊!我们要改造社会,我们还须投向资本家底下的生产机关去!"①

第二,科学社会主义已经在中国传播,李大钊说"有标明主义之必要",指的就是这种主义。而工人运动这时也已兴起,迫切需要和科学社会主义相结合。而促成两者结合,又必须有先进的知识分子从中起桥梁作用。因此,"到民间去!"这一口号的提出,在当时是很有现实意义的。

第三,知识分子虽然有着许多优点,也曾在五四运动中起着某种先锋作用。但是,他们也有着许多本身不易克服的弱点。这些弱点只有深入工农群众,深入实践斗争中去,才可能逐步得到克服。因此,就知识分子的改造来说,"到民间去!"这一口号的提出,也是很有意义的。

因此,在一九二〇年,特别是在一九二〇年下半年,一批先进的知识分子兴起了到民间去,到工农群众中去,进行社会调查,从事实际运动的热潮。

向社会做调查,从事对实际运动的了解,探索解救中国的道路,不仅包括国内方面,而且包括国际方面。正如毛泽东在给新民学会会员的通信中所说:"我们同志应该散于世界各处去考察,天涯海角都要去人……"②

---

① 存统:《"工读互助团"底实验和教训》,《星期评论·劳动纪念号》第七张,一一九二〇年五月一日。
② 《毛泽东给陶毅的信》,《新民学会会员通信集》第一集。

## 五、到法国去！

出国去，

走东海、南海、红海、地中海，

一处处的浪卷涛涌，

奔腾浩瀚，

送你到那自由故乡的法兰西海岸。

这几句话摘自周恩来于一九二〇年六月八日在天津地方检察厅看守所中所作的一首送别诗。[①] 几个月以后，即同年的十一月七日，周本人也按这条路线去那早已向往的法国了。

留法勤工俭学可以追溯到一九一二年，[②] 但形成运动却是一九一九年，到一九二〇年则出现这个运动的高潮。

根据约略统计，一九一九、一九二〇两年内，赴法勤工俭学人数达一千六百人左右。其中以湖南、四川两省人数为多，各达三百余人左右。许多知名人士都是在这一时期去法的。例如：蔡和森举家赴法（包括蔡畅、向警予和五十四岁的老母葛健豪），一时传为美谈。著名的老教育家徐特立，时已四十三岁，仍到法国去做工，更为人们所崇敬。

一千六百余人同时留学法国，这在中国历史上是空前的。辛亥革命前后，中国的留学生大多是去日本。五四爱国运动后，去英美的开始多了起来，如北京大学曾经接受资本家穆藕初十多万元的捐助，经过胡适的策划，选派了段锡朋、罗家伦、康白情、周炳琳、汪敬熙五个学生留美，被当时

---

[①] 周恩来被捕后，天津第一女子师范学生李愚如曾往探望，并告以即将赴法，周即作诗相送。原题《别李愚如并示述弟》，全文见《周恩来青年时代诗选》，人民文学出版社一九七八年版。

[②] 一九一二年初，李石曾、吴玉章、吴稚晖、张继等人曾在北京发起组织"留法俭学会"，鼓励人们以低廉的费用去法留学。第一次世界大战期间，大批"参战华工"赴法，李石曾于一九一五年六月专门成立了勤工俭学会。一九一六年三月，又在巴黎成立了华法教育会。

教育界讥为"五大臣出洋"。各省也都仿效北大这种办法,利用庚子赔款为基金,选派学生到欧美留学。"如山东省的留英美学生,就是由于胡适的关系,选派北大的傅斯年、杨振声、何思源、徐彦之、赵太侔等人出国的。其他各省也大都以此种关系选派留学生"。①

去法国的一时增加到这么多人,就其经济原因来说,当然是由于一可"俭学",②二可"勤工",不必像去英美留学那样花很多的钱,也不必有学历的限制(去法勤工俭学者,以中学生为最多)。但更为深刻的原因,还是由于十月革命爆发所形成的世界革命潮流的影响所造成的。中国青年要从这种新时代的潮流中找到改革自己国家的道路。这一点,以吴玉章在欢送勤工俭学出国的演说中讲得最为明确。他说:"此次世界大战而后,政治社会革新之声,遍于全球。我们国人亦知顺此潮流,研究改革。"③又说:"我们何以提倡留学法国?因为法国是欧洲文明中心世界,学术发明,多由法国,……俄国革命进步最快,是因为俄国有新党主政,俄国党人,无不曾历法国。吾人欲察其发动之源,亦不可不一往考查。"④

去法国是为了考查和学习"进步最快"的俄国革命,这里说得是再明白不过了。

因此,留法勤工俭学运动和一九二〇年初国内兴起的工读互助团运动,在现象上看虽有某些相似,如同是亦工亦读,但是从本质上看,却是截然不同的。

第一,工读互助团的成员是在自己独立经营的小社会中,即世外桃源中,建设一个无剥削的"各尽所能,各取所需"的乌托邦。这个小团体是脱离社会而独立的,因此它不可能深刻认识资本主义的残酷剥削和阶级

---

① 许德珩:《五四运动六十年》,《五四运动回忆录》续,第六四——六五页。
② 蔡和森及其母在法国蒙达尼地方住的均是中等学校。蔡在一九二〇年五月自法国写的家信中说:"我们的学膳费极其便宜,三个月的预备,每人只费四百佛郎。现在中国的一块袁头洋,在巴黎中法实业银行可兑得二十个佛郎,故我们在学校内每人每月只费得六块多钱(洗衣等费都在内)。"长沙《大公报》一九二〇年五月十三日。
③ 《送留法勤工俭学会学生之演说》,《晨报》一九一九年四月十日。
④ 《吴玉章君在四川留法预备学校之演说》,《民国日报》副刊《觉悟》一九二〇年一月七日。

斗争。勤工俭学生却是深入到法国这个资本主义大社会中,而且深入到最底层——工人群众中去从事生产活动。因此,两者所受的教育是不同的,只有后者才最能深刻认识资本主义的本质。勤工俭学生王若飞在圣夏门的工厂做工后不久,就在自己日记中写道:"资本家有政府作后盾,并且依靠金钱的邪恶力量,因此他们想怎么干就怎么干。"并说:"现在的政府是资本家的政府,法律是偏袒资本家的!"①陈毅旅法两年(一九一九年十月至一九二一年十月),感到"欧洲资本界是罪恶的渊薮"。他说:"法国的工厂生活,是寄在资本制度的下面,不容工学者有发展的余地,尝感着一种迫我同化的压力。"②勤工俭学生凡是在资本家工厂中参加过生产劳动的,都逐步认识到资本主义剥削的残酷性,有的说:"这种魔鬼式的掠夺,比杀人放火打劫的强盗还要利害些啊!"③

第二,工读互助团的指导思想是一种空想社会主义,而留法的勤工俭学生中先进分子追求的却是科学社会主义。许多具有初步共产主义思想的知识分子在到法国以后都成为坚定的马克思主义者,如周恩来、蔡和森等,便是杰出的代表。

蔡和森是一九一九年底偕全家去法的,他于一九二〇年初到法国后刻苦学习法语,十分重视马克思主义的理论学习和各国革命经验的探讨。在短时间内,他不仅收集了许多马克思主义和各国革命运动的书籍,而且选其重要者"猛看猛译"。当时留法的中国青年所能读到的《共产党宣言》《社会主义从空想到科学的发展》《国家与革命》《无产阶级革命与叛徒考茨基》《共产主义运动中的"左派"幼稚病》等著作和一些宣传十月革命的小册子,就是蔡和森从法文翻译过来的。

由于蔡和森对于马克思经典著作的刻苦学习和对各国革命实际运动的了解,使他对马克思主义树立了坚定的信仰。

一九二〇年五月二十八日,蔡和森和向警予在蒙达尼结婚,他们的结

---

① 《圣夏门勤工日记》。
② 《我两年来旅法勤工俭学的实感》,《晨报》一九二一年八月十七日——十九日。
③ 培真:《我作工的感想》,《时事新报》一九二〇年十二月二十八日。

婚照片就是肩并肩地坐着共同捧着一本打开的《资本论》在阅读。① 从这个生活小情节,也可以说明他们共同生活的基础是信仰科学社会主义。

由于对科学社会主义有了深邃的了解,才能提出可贵的改造中国的计划。一九二〇年八月十三日,蔡和森在给毛泽东的信中指出:"社会主义真为改造现世界对症之方,中国也不能外此。""其方法在无产阶级专政,以政权来改建社会经济制度。"他在信中,批判了无政府主义的错误,同时提出了建立无产阶级政党的重要性:"我以为先要组织党——共产党。因为他是革命运动的发动者,宣传者,先锋队,作战部,以中国现在的情形看来,须先组织它,然后工团,合作社,才能发生有力的组织。革命运动,劳动运动,才有神经中枢。"蔡和森还十分强调这个党的"国际色彩",即它应该是国际主义的,而不应该是狭隘的民族主义的,用他的话说就是"万国一致的阶级色彩"。② 一九二〇年九月十六日,蔡和森在给毛泽东的第二封信中,又十分强调了党的理论基础——唯物史观的重要性。他指出"马克思的唯物史观显然为无产阶级的思想",并说唯物史观"由马克思寻找出来,这真是思想史上一桩大喜事!"在宣扬唯物史观的同时,蔡和森还结合当时情况批判了国际上的修正主义和国内的张东荪等人的反动的唯心主义。在这封信中,蔡和森还根据列宁的建党思想,提出了在中国建立党组织的具体步骤,并再次强调了要做到无政府的地步,必须经过俄国革命所用的方法,即无产阶级专政的方法。他说:"无产阶级专政乃是一个惟一无二的方法,舍此无方法。试问政权不在手,怎样去改造社会?"③

毛泽东接到蔡和森的信后十分高兴。对于第一封信,他在给蔡和森和在法的新民学会会友的信中说:"于和森的主张,表示深切的赞同。"④ 对于蔡和森的第二封信,他在复信中说:"唯物史观是吾党哲学的根据!" "你这一封信见地极当,我没有一个字不赞成。党一层陈仲甫先生已在

---

① 刘昂:《回忆五四前后的向警予同志》,《五四运动回忆录》上,第四九八页。
② 《蔡林彬给毛泽东》(一九二〇年八月十三日),《新民学会会员通信集》第三集。
③ 《蔡林彬给毛泽东》(一九二〇年九月十六日),《新民学会会员通信集》第三集。
④ 《毛泽东给肖旭东蔡林彬并在法诸会友》(一九二〇年十二月一日),《新民学会会员通信集》第三集。

进行组织。出版物一层上海出的《共产党》,你处谅可得到,颇不愧'旗帜鲜明'四字(宣言即仲甫所为)。"①

一九二一年二月十一日,蔡和森在蒙达尼给陈独秀写信,宣布自己"为极端马克思派,极力主张唯物史观,阶级战争,无产阶级专政"。对于无政府主义、工团主义、基尔特社会主义等"一律排斥批评,不留余地"。②

上述表明:以蔡和森为代表的留法勤工俭学的一批具有初步共产主义思想的知识分子,已经找到了科学的社会主义,并具有了卓越的建立无产阶级政党的思想。他们已成为马克思主义者。

留法勤工俭学运动在一九二一年发生了新的转折。因为,"来者愈多,分配愈难,尤其不妙的,大战以后欧洲经济界变动太厉害。失业停工之事,自一九二○年秋初起,法本国工人都不得下台。自然这些初到的外国人,言语也不尽通,技能又大都缺乏,势必欲求工作而不能,于是勤工俭学生之命运,异常困蹇"。③因此在一九二○年底到法的一千六百多勤工俭学生中,"已经作工的不到总数之四分之一",而"近来冬季失掉工作的又几乎有作工数四分之一"。④

受着失学、失业威胁的勤工俭学生在一九二一年内发动了三次大的斗争:二八运动、⑤反对中法秘密大借款的斗争⑥和进占里昂中法大学的求学运动。⑦三次斗争,提高了勤工俭学生特别是其中的先进分子的觉

---

① 《毛泽东给蔡和森》(一九二一年一月二十一日),《新民学会会员通信集》第三集。
② 《马克思学说与中国无产阶级》(蔡和森—致独秀),《新青年》第九卷,第四期。
③ 天光(肖子暲):《遣回勤工俭学生之真相》,《时事新报》一九二二年二月十二日。
④ 赵世炎等:《留法俭学生对华法教育会之要求》(一九二○年十二月三十一日),《晨报》一九二一年三月十三日。
⑤ 一九二一年二月二十八日(华法教育会发给勤工俭学生维持费的最后一天),四百多名勤工俭学生到巴黎中国使馆,要求驻法公使陈箓向北京政府转达争取生存权和求学权的要求。
⑥ 此次中法秘密借款额为五万万法郎,于七月二十五日签字草约,"借款条件以全国印花税验契税作抵押;以滇渝铁路建筑权、全国实业购料权作交换"。在此前后,留法诸华人团体闻讯即奋起反对,并曾在六月三十日、八月十三日两次召开拒款大会。经过旅法各界人士的坚决斗争,此项秘密借款终于流产。参看天津《益世报》一九二一年八—十月间的各项有关报道。
⑦ 一九二○年九月十七日留法勤工俭学学生代表大会在巴黎举行,通过了"以开放里昂(中法)大学为唯一目标"的决定,要求允许勤工俭学学生无条件入学,提出"誓死争回里大"的口号。

悟,但是在最后一次斗争中,一百零四名勤工俭学生被押送回国了,其中包括有蔡和森、陈毅、罗学瓒、张昆弟、李立三等人。这批学生于十月十三日被押送至马赛,第二日即乘船返国。船到香港时,蔡和森、罗学瓒、张昆弟、李立三等二十七人离船登岸赴穗,陈毅等七十七人于十一月二十三日午后五时抵沪。陈毅在《归国杂诗》中写道:

  从印度洋到太平洋,
  恍惚做了几重恶梦,
  豺狼吃着我们的弟兄,
  醒来头觉深痛,
  气愤填膺了,
  骂亡奴自己断送!

当轮船已过崇明岛驶向吴淞口的时候,陈毅满怀激情地写道:

  船儿呀! 快快移动,
  我要看乡国,
  他是否别时的旧容!

又说:

  快看,快看!
  西北的半天已红,
  愿这只火把,
  温热了你全身的冷冻。①

中国革命在十月革命这只火把的照耀下很快就掀起了高潮,这批从法国被逐回来的青年中的先进分子,立即投入到火热的革命斗争中去,并在斗争中加入了国内的共产党或青年团组织。

留在法国的许多先进分子,也在不久(一九二二年)成立了"旅欧中国少年共产党"(旋改为"旅欧中国共产主义青年团")和"中国共产党旅

---

① 原载《燕风》半月刊第七期,一九二五年四月一日。引见陈漱渝:《关于陈毅同志的〈归国杂诗〉》,《南开大学学报》一九七九年第一期。

欧支部"。① 其主要领导人有周恩来、赵世炎等。②

当时,在留法的人士中,是很复杂的,并不是所有人都在这里找到了科学的社会主义。

如少年中国学会的曾琦、李璜等人在这里坚持国家主义的道路,并纠集一批右翼分子,于一九二三年十二月二日建立了中国青年党,成为马克思主义的死敌。

再如,曾是少年中国学会发起人之一,又是工读互助团主要发起人的王光祈,在到法国后不久,即走到"音乐救国"的道路上去了。

## 六、到俄国去！

"近水楼台先得月,向阳花木易为春"。

中国人想了解和学习十月革命的经验,为什么不直接到近邻的俄国

---

① 根据张申府、刘清扬回忆,在一九二一年初就有一个五个人的党小组。如张申府在回忆中说:"到了法国,我与刘清扬成了夫妻,当时就介绍刘清扬入了党。接着我和刘清扬又介绍周总理入党。我向他讲了国内党组织的情况。时间是一九二一年二、三月,阴历年已过了。不久赵世炎到了法国,他是在上海由陈独秀介绍入党的。接着,陈公培也到法国来了,他也是在国内由陈独秀介绍入党的。于是我和周总理、刘清扬、赵世炎、陈公培成立了小组。没有正式名称。成立后报告了陈独秀。"见《一大前后》(二),第二二三页。

② 曾在旅欧少年共产党成立时担任组织工作的李维汉回忆说:"周恩来、赵世炎是中共旅欧组织的创立者。我回国后(按:李于一九二二年下半年回国)不久,恩来和世炎等在法国、比利时和德国分别建立了党的支部,后联合成立中国共产党旅欧总支部。恩来在一九二四年回国以前,一直领导旅欧总支部的工作。这期间,党员和团员都有不少发展,许多团员加入了党。我们党的老一辈党员中,已经去世或牺牲的朱德、李富春、王若飞、陈延年、陈乔年、刘伯坚、张伯简、林蔚、郭隆真、余立亚、熊雄、熊锐、孙炳文、穆青、欧阳钦、李林、李慰农、王人达、任理、萧朴生、袁子贞、马志远、谌道煜、陈彭年、李大章、邢西萍、陈微明、谢唯进、何以端、史逸、林修杰、高风、李季达、陈声煜、冉钧、黄士韬、杨志华、帅本立、范一、傅汝霖、戴坤宗、钟汝梅、吴平地、周贡植,以及现在还在工作的邓小平、聂荣臻、蔡畅、傅钟、何长工、李卓然、江泽民、刘鼎同志等,都是在旅欧支部参加党的(这是一个初步查明的很不完全的名单,还可能有错误,待以后查实改正)。"见《回忆新民学会》,《新民学会资料》,人民出版社一九八〇年版,第四八七、四八八页。

去,反而要到远在欧洲的法国去呢?

还有,在第一次世界大战前到法国去的人,都是走陆路,途经俄国,虽要换车多次,但快车十二日(慢车十五日)即可到达巴黎。而现在走海道,途经东海、南海、红海、地中海至马赛,再乘火车至巴黎,却要四十天左右。舍近而求远,这又是为什么呢?

这是因为:俄国十月革命所产生的苏维埃政权,在最初几年是并不稳固的。帝国主义联合起来对它进行武装干涉,企图把这个新生婴儿扼杀在摇篮中。帝国主义者把希望寄托在沙皇海军上将高尔察克身上。高尔察克白匪军驻在西伯利亚,驻在鄂木斯克城。高尔察克被宣布为"俄国最高执政者",俄国所有一切反革命势力都受他的节制。在帝国主义的帮助下,高尔察克竟建成了一支三十万人的军队。一九一九年初,英、美、日等国的约二十万人的军队,也和高尔察克一起出动了。

在这种情况下,中俄之间的交通被断绝了。中国到欧洲去的交通当然也被断绝了。就是苏维埃政权的真实消息,也难得传到中国来。因此中国人不可能到俄国去,也不可能通过俄国到法国去。

但是,到一九一九年底,形势发生了重大变化。高尔察克的白匪军,被红军全部击溃,高尔察克本人被擒并被判决枪毙。这支凶恶的白匪军彻底完蛋了。

一九二〇年一月十六日,在协约国最高委员会会议上,帝国主义侵略者也不得不通过了解除对苏俄的封锁和将军队撤出西伯利亚的决议。

为了避免和日本作战,苏维埃政府决定在远东成立一个"缓冲性"的共和国。一九二〇年三月二十八日,贝加尔湖沿岸居民制宪会议开幕。四月六日,它向世界各国政府宣布成立独立、民主的远东共和国。一九二一年一月,远东共和国制宪会议举行选举,经过这次选举,在赤塔成立了由布尔什维克领导的政府。

苏俄形势的好转,特别是远东形势的好转,使中俄交通得到改善,使两国人民的交往得以加强了。

就是在苏俄红军粉碎高尔察克的进攻,乘胜进至西伯利亚的时候,一九一九年七月二十五日,苏维埃政府发布了《告中国人民和南北政府宣言》,声明俄国人民极愿援助中国人民,愿与中国订立平等的新约,取消帝俄时代的一切特权,放弃庚子赔款,并望中国人民立即派出代表进行谈判。《宣言》指出:"如果中国人民愿意像俄国人民一样成为自由的人民,以免陷入协约国在凡尔赛所准备好的那种要使中国成为朝鲜第二或印度第二的厄运,那么他们就应当了解,他们在争取自由的斗争中唯一的同盟者和兄弟,就是俄国工人、农民和红军。"《宣言》还着重说明:"我们自从一九一七年十月革命之后,所继续不断以通告中国人民的,常常被欧美、日本等国的人,隐秘起来,不给中国人民晓得;所以现在希望中国人民,格外注意我们的话!"①

这一宣言虽仍然遭到帝国主义者的阻挠,但终于在一九二〇年的三月间传到中国来了。当时中国各大报纸都登载了这个宣言的全文。

北京政府对这个宣言采取了冷淡的态度,但中国人民却以无比的欢悦,来迎接它,庆贺它。全国三十一个社会团体都纷纷发出诚恳感谢的复文。

全国各界联合会的复文中说:"吾人前此,以中外报章传闻复杂,无从悉俄国之真相。今读俄国通牒,一种正谊人道之主张流露言表。凡世界各国人民中之宝爱正谊人道者,当无不表示赞同。吾人更信中国人民除一部分顽朽之官僚武人政客外,皆愿与俄国人民携手。"②

中华劳动公会在致苏维埃政府的复文说:"你们全俄底农民工人和红卫兵,是世界上最可亲爱的人类。中华全体平民,都钦佩你们创造底势力和牺牲的精神,我们劳动界尤其欢欣鼓舞,愿与你全俄底农民工人红卫兵提携,立在那人道正义底旗帜下面,一齐努力,铲除那特殊的阶级,实现那世界的大同。"③

北京学生曾经集会讨论了苏维埃政府宣言,他们认为:"劳农政府既有退还既得中国权利之意,实与吾国国际上有莫大幸福,且其愿退还者,均系吾人前此力争而不能得之事项,值兹日本野心勃勃,阴谋层出之时,

---

① 原译文见《新青年》第七卷第六号附录第三页,此处系根据《人民日报》的重译。
② 《新青年》第七卷,第六号。
③ 《新青年》第七卷,第六号。

而劳农政府竟有如是之义举,诚于世界和平有莫大利益……"①因此,学生们一方面致电苏维埃政府,表示感谢之意;另一方面,又订出办法,督促北京政府速依民意和苏维埃政府建立友好的外交关系。

中国报界联合会也曾召开特别会议,讨论苏维埃政府对华宣言,而且是"逐条研究,为时甚久"。讨论的结果,他们向苏维埃政府发出如下的复文:"我们接俄国劳农政府很公正而有力的通牒,无任欢喜。我们谨代表中国底舆论,对于俄罗斯社会主义联邦苏域共和国人民,表示最诚恳的谢意。"②

就是在这样的形势下,中国先进分子的注意力又从西方的法国逐步转移到东方的俄国,产生了直接到俄国去的愿望。这时仍在北京的湖南青年毛泽东,就曾和他的导师李大钊共同讨论了赴俄勤工俭学的事。一九二〇年二月,毛泽东给新民学会会员陶毅(斯咏)的信中写道:"彭璜君和我,都不想往法,安顿往俄。何叔衡想留法,我劝他不必留法,不如留俄。"他拟进行一个时期的准备,"然后组一留俄队,赴俄勤工俭学。"又说:"至于女子赴俄,并无障碍,逆料俄罗斯的女同志,必会特别欢迎。'女子留俄勤工俭学会',继女子'留法勤工俭学会'而起,也并不是不可能的事。这桩事(留俄),我正和李大钊君等商量。"③

一九二〇年三月十四日,毛泽东在给周世钊的信中又说:"我觉得俄国是世界第一个文明国,我想两三年后,我们要组织一个游俄队。"④

在湖南的新民学会会员接到毛泽东的信后,积极响应。"前学生联合会长彭璜君等,乃有'留俄勤工俭学团'之发起。"⑤一九二〇年八月,彭璜接见长沙《大公报》记者,除指出一些赴俄勤工俭学的具体措施外,还发表评论说:"审此则比赴法俭学,尤为容易。俄国地寒,足以锻炼身体。俄人深沉的文学及平等思想的哲学,为欧洲各国所不及。现各国新闻记

---

① 《申报》一九二〇年四月九日。
② 《新青年》第七卷,第六号。
③ 《新民学会会员通信集》第一集。
④ 《新民学会会员通信集》第一集。
⑤ 《发起留俄勤工俭学》,长沙《大公报》一九二〇年八月二十二日。

者、学子、商人纷纷入俄,作考察调查之计。吾国诚有大批学生前去,即使俭学不足,继以勤工,终不难达到求学目的。且赴法要四十天,赴俄只要半个月,乃至二十天,旅途难易,又可概见。"当记者问及动身日期时,彭璜回答说:"在九月。"并说:"甚愿得到同志十人以上,作吾湘留俄运动之先锋队。"①

同年八月二十二日,俄罗斯研究会在长沙成立,发起人之一何叔衡在会上宣读简章,指出该会会务有三:②

一、研究有得后,发行俄罗斯丛刊;

二、派人赴俄实地调查;

三、提倡留俄勤工俭学。

俄罗斯研究会在推选主持人员时,何叔衡、毛泽东、彭璜等曾被指定为筹备员,从事筹备。③

长沙《大公报》曾连续发表专文对这个研究会进行介绍。彭璜在一篇《感言》中说:"无论俄国的革命有好有歹,总是适应二十世纪的潮流才发生的,是不可根本避免的,是应当研究调查的。我们要记得清楚的,就是二十世纪的'新潮',首先产生了一个'新俄罗斯',不是'新俄罗斯'产生了二十世纪的'新潮',不要以俄罗斯的革命为偶然发生的一件事。"又说:"你要觉到现在的政治经济社会的万恶,方才知道俄罗斯怎么起了革命,方才知道怎么应当研究俄罗斯,方才会研究俄罗斯到精微处。"④

这个研究会派出的第一批留俄学生,大约不足十人,仅有任弼时、肖劲光等六人,⑤他们是在一九二〇年暑假通过长沙俄罗斯研究会介绍,由长沙坐船去上海的,先在外国语学社学习俄语。上海社会主义青年团成

---

① 《发起留俄勤工俭学》,长沙《大公报》一九二〇年八月二十二日。
② 《俄罗斯研究会成立》,长沙《大公报》一九二〇年八月二十三日。
③ 《俄罗斯研究会成立》,长沙《大公报》一九二〇年八月二十三日。
④ 荫柏:《对于发起俄罗斯研究会的感言》,长沙《大公报》一九二〇年八月二七、二八、二九、三〇日。
⑤ 肖劲光:《回忆参加旅俄支部前后的一些情况》,《党史资料丛刊》一九八一年第一辑,第一二〇、一二一页。

立时,湖南青年刘少奇①和任弼时、肖劲光等立即加入,并同于一九二一年夏天赴俄。肖劲光在回忆中说:"一九二一年夏天,我和刘少奇、任弼时、任作民等一起去俄国学习,任作民是任弼时的叔伯兄弟,……我们到莫斯科以后进东方大学中国班学习。这所学校于一九二一年夏天正式开学,……与我同期入校的有刘少奇、任弼时、罗觉(亦农)、胡士廉、廖化平、卜士奇、任岳、任作民等,还有彭述之、谢文锦、华林。"②另据华林回忆说:"一九二一年四月,我们报名到苏俄去,我是第一批去的。这一批是冒了险去的,走的海路,坐的是涌兴轮。这一批同去的有十二个人,我记得有韩慕涛(即庄文恭)、彭述之、罗亦农、任作民、何今亮(即汪寿华)、卜士畸,还有个湖南人名字记不起了。……第二批人数较多,刘少奇就是这一批来的。"③

和俄罗斯研究会举办留俄勤工俭学的差不多同时,中国先进的知识分子之一——瞿秋白也于一九二〇年秋前往莫斯科。④

瞿秋白是以北京《晨报》通讯员的名义去苏俄的。他说他去俄国的目的是"担一分中国再生时代思想发展的责任"。当时俄国国内战争还没有完全停止,经济十分困难,一般人还称俄国为"饿乡",但是瞿秋白说:"俄国怎样没有吃,没有穿,……饥、寒……暂且不管,……他始终是世界第一个社会革命的国家,世界革命的中心点,东西文化的接触地。"⑤

瞿秋白是乘着俄国革命后的第一次中俄通车前去的,一路上经过了许多困苦。但是,任何困苦也阻挡不住这个青年人到达"世界革命的中心点"的虔诚。

瞿秋白到俄国后,受到了苏维埃政府的欢迎。在俄国,他进行了考察,写了许多通讯,把苏维埃国家的真实情况报道给中国人民。他以亲身

---

① 刘少奇是通过长沙船山学校校长贺民范的介绍到上海外国语学社学习的。
② 肖劲光:《回忆参加旅俄支部前后的一些情况》。
③ 华林:《渔阳里六号和赴俄学习的情况》,《党史资料丛刊》一九八〇年第一辑,第四四、四五页。
④ 瞿秋白于一九二〇年十月十六日自北京启程,一九二一年一月二十五日抵莫斯科。
⑤ 《瞿秋白文集》第一卷,人民文学出版社一九五三年版,第二七页。

经历写下了颇有时代特色的《饿乡纪程》《赤都心史》两本通讯集和许多篇专题报道,以饱满的热情歌颂了十月革命和客观地介绍了苏维埃俄罗斯各方面的情况。在俄国,他还刻苦地比较系统地学习和研究了马克思列宁主义理论。不久,他便由一个具有初步共产主义思想的知识分子迅速成长成为一个马克思主义者,①并且见到了中国人民伟大的朋友和导师列宁。②

瞿秋白在俄期间,担任东方大学"中国班"的教学和翻译工作,③为培养中国的马克思主义者做出了贡献。

随着苏俄国际情况的好转,此后不久,在法国勤工俭学的中国学生,也有不少人被旅欧党、团组织选送到莫斯科东方大学来学习。④

---

① 据瞿秋白所写《多余的话》附录《记忆中的日期》所载:"一九二一年一月,方抵莫斯科;五月,张太雷抵莫,介绍入共产党;九月,任东大翻译始正式入党。"见《党史资料丛刊》一九八〇年第四辑,第一九九页。

② 《瞿秋白文集》第一卷,第二七页。

③ 据《记忆中的日期》,瞿秋白自己说曾"任东大翻译",但据有的研究瞿秋白传记的作者说:"'中国班'唯一的助教兼译员是瞿秋白。"见阮园:《瞿秋白入党的时间》,《党史资料丛刊》一九八〇年第四辑,第一九七页。

④ 据不完全统计,一九二三年三月,赵世炎、王若飞、陈延年、陈乔年、余立亚、高风、陈九鼎、王凌汉、郑超麟、袁庆云、王圭、熊雄等十二人前往莫斯科。同年十一月,刘伯坚、尹宽等前往。一九二四年九、十月间去莫斯科的有:聂荣臻、蔡畅、穆青、付烈、饶来杰、陈家珍、彭树敏等二十余人,同年底又有李富春等人。一九二六年一月七日,动身赴俄的有:邓小平、付钟、李卓然等二十人。参见张允候、殷叙彝、李峻晨:《留法勤工俭学运动》(一),上海人民出版社一九八〇年版,"前言"第五六、五七页。

# 第十八章

# 社会主义辩论

——马克思主义和反马克思主义的第二次论战

## 一、研究系研究什么？

由于十月革命影响的扩大，苏俄对华宣言的公开发表，使中国文化思想界在一九二〇年下半年谈论社会主义的人愈来愈多了。但是，不同的人是以不同的心理来谈论社会主义的。正如《共产党宣言》所指出的那样，有各种各样的社会主义：封建的社会主义，资产阶级的社会主义，小资产阶级的社会主义，等等。《共产党宣言》讲的是欧洲情况，但中国既然面临着共产主义运动的兴起，而且阶级关系处在复杂的变化中，因此也有着产生各种"社会主义"的基础。事实上，"五四"前后，欧洲的各种伪社会主义在中国都有着它的翻版、杂拌或影响。

泥沙俱下，鱼龙混杂，连孙中山也感叹："社会主义有五十七种，不知那一种是真的。"

但是，由于空想社会主义在中国的破产和科学社会主义在中国的传播，中国先进分子对真伪社会主义的辨识能力已经大为提高了。因此，当研究系分子以伪社会主义学说来抵制马克思主义在中国传播的时候，便不能不在中国思想界展开了一场关于社会主义的大辩论。

研究系的前身是进步党。进步党是在民国初年为了对付国会中占居多数的国民党而在袁世凯的赞助下,合并几个小党派而成立的,名义上的理事长是黎元洪,但实际掌握权力的是理事梁启超、汤化龙和秘书长林长民等。

袁世凯死后,旧国会恢复开会,进步党即取消党名,其中一部分人改组为宪法讨论会、宪法研究会两个团体。以后鉴于国民党议员组织了宪法商榷会,为了进行抵制,梁启超、汤化龙又将上述两团体合并,称为宪法研究会。这样,进步党便成为历史名词,梁、汤等进步党人即被称为研究系。

一九一七年张勋复辟事件后,段祺瑞任国务总理时,研究系分子由于援段有功一度入阁。但安福国会成立后,由于和安福系的矛盾,研究系又失势,在国会中当选议员者仅二十余人。此后研究系分子即以"研究"为名,纷纷出国考察。梁启超本人也于一九一八年冬出国欧游。留在国内的张东荪等人则从事所谓学术研究。

由于十月革命的震动和马克思主义在中国的传播,研究系分子在《晨报》《时事新报》,一方面"顺乎潮流"地大谈社会主义,一方面即在研究防遏布尔什维主义的办法。

一九一九年九月,研究系分子创办了《解放与改造》半月刊(从一九二〇年九月第三卷起更名《改造》),主要撰稿人有张东荪等(张是《解放与改造》的主编,梁启超欧游回国后任《改造》的主编)。这个刊物的主要内容,就在于研究如何用伪社会主义学说抵制真社会主义学说。

对于世界革命的形势,研究系分子是感到了的,他们惊呼说:"今天的世界不是以前的世界了,以前的世界早已过去了。"[①]"这次大战(指第一次世界大战)把第二种文明(指资本主义文明)的破罅一齐暴露了:就是国家主义与资本主义已到了末日,不可再维持下去。"[②]

---

① 《宣言》,《解放与改造》第一卷,第一号。
② 《第三种文明》,《解放与改造》第一卷,第一号。

第十八章 社会主义辩论

在这种形势下,怎么办呢?拥护马克思主义么?但这不适合研究系分子的胃口,他们寻找的是一种符合自己阶级需要的"社会主义"。因此,在《解放与改造》这个杂志上,除了为"思想研究之助",不得不介绍一些俄国革命情况和列宁的著作①外,连篇累牍称道的是各种反马克思主义的社会主义流派及各色各样的资产阶级反动学说。

社会主义是无产阶级的革命学说,但是《解放与改造》却极力否认它的阶级性,而宣扬它的全民性,说它是"全人类反对现在状态的一个共通趋向"。②并且说:"阶级的运动是反乎社会主义的;社会主义的运动当是为全社会的。"③

马克思主义是主张无产阶级专政的学说,但是《解放与改造》极力攻击阶级斗争,宣扬阶级调和。张东荪在《改造要全体谐和》一文中说:"社会主义是连带的,缺了甲,乙便不能生存;缺了乙,甲也不能生存;……所以我们要改造社会,必定预定一个全体谐和的计划。若是只注目在一部分,将来必定有自相矛盾。"④

社会主义的理论基础是辩证唯物主义和历史唯物主义,但是《解放与改造》极力攻击唯物史观,宣扬唯心史观,认为"唯物史观在社会主义的理论中并不是主要的部分",并说经济基础和上层建筑"都有互为因果的关系,究竟孰先孰后,也难以论定"。⑤

综上所述,我们可以看出,研究系分子宣扬的是一种反马克思主义的伪社会主义学说。他们虽然也口称马克思和列宁,但这只能有一种解释,即如列宁所说的那样:"马克思主义在理论上的胜利,逼得它的敌人装扮成马克思主义者,历史的辩证法就是如此。"⑥

---

① 张君劢公开说明译载这些只是"思想研究"之助,并非"对症求药"。参看《解放与改造》第一卷,第六号所载《俄罗斯苏维埃联邦共和国宪法全文》的附录。
② 东荪:《我们为什么要讲社会主义》,《解放与改造》第一卷,第七号,一九一九年十二月。
③ 公展:《社会主义的误解》,《解放与改造》第二卷,第二号,一九二〇年一月。
④ 《解放与改造》第二卷,第五号,一九二〇年三月。
⑤ 公展:《社会主义的误解》,《解放与改造》第二卷,第二号,一九二〇年一月。
⑥ 《马克思学说的历史命运》,《列宁选集》第二卷,人民出版社一九七二年版,第四三九页。

— 493 —

## 二、罗素的来华

一九二○年三月,梁启超欧游回国,并在国内创办讲学社,聘请外国学者来华讲演。

同年九月,由讲学社和北京大学联合聘请的英国学者罗素到达中国。

罗素是一个著名的唯心主义哲学家,他的哲学是和马赫主义极为接近的一种主观唯心主义。在社会学方面,罗素极力反对阶级斗争,宣扬劳资调和,主张基尔特社会主义(一种社会改良学说)。在国际方面,他极力推行西方的世界主义,是"世界国家"的鼓吹者。罗素到中国以前,曾去过苏俄,对十月革命和苏维埃政权非常不满。

罗素从一九二○年九月到中国讲演,到一九二一年七月作临别讲演。前后十个月,他在中国跑了很多地方。杜威有"五大讲演",罗素也有"五大讲演"(从一九二○年十一月到一九二一年七月,《时事新报》《晨报》《东方杂志》上刊登的罗素的讲演或文章,计有:《布尔什维克与世界政治》《教育之效用》《物的分析》《社会结构学》《社会主义》《中国人到自由之路》等)。

罗素讲演的主要内容是:

第一,反对十月革命,宣扬帝国主义的世界主义。

罗素说:"俄国鲍尔塞维克,因为做个开路者的原故,不免作出许多谬误的事体来,尤以反对农民的手段为甚。……当我在俄国的时候,我对鲍尔塞维克,他们将其方法和目的,介绍到西方国家去的那种尝试,极其关心。但是我相信这是完全无用的尝试。"[①]

罗素企图用资产阶级的世界主义,来抵制无产阶级的国际主义。他

---

[①] 《罗素五大讲演:社会结构学》,北京大学新知书社一九二一年版,附录(一),第十一页。

说:"我对于国家的理想,将来必有一个最大的帝国出来做压制的事情,然后才能现出最平等的共和国;或者有许多联邦,共组成一个大国。"①

第二,反对阶级斗争,宣扬和平长入社会主义。

罗素说:"至于共产主义所希望的,比方说在实业已经发达的社会里头,如英国美国,总没有太激烈的革命,就可办得到。因为只要成年的人,每日都做四五点钟的工,便都有很好的生活,不必定要中央集权起来监督他们,他们原来是很有知识的。那么这国底实业已经发达了,若向共产方面进行,自然可免阶级间底战争,必能成功。"②

为了反对阶级斗争,罗素极力以实业制度来抹杀共产主义和资本主义的区别。他说:"骂资本制度怎么样坏,这并不是资本制度的坏,乃是实业制度的流弊;说共产制度怎么好,这也不是共产制度的好,乃是实业制度的好。"③又说:"资本主义与共产主义虽然相反,可是也有相同的地方,也有同一的趋向,因为同属于实业主义。"④

第三,宣扬中国实业不发达,因而没有阶级差别和阶级斗争。

罗素说:"现在中国社会大部分还没有达到实业制度的时代;中西之不同,也是有无实业制度之差别。"⑤"在一个国家里面,实业不发达,普通小工人、地主、商人,在经济上立足的机会,相差不很远,这种情形,在中国现在形式,很觉相近。"⑥

在这种实业不发达的国度里,罗素认为没有阶级压迫,多数人都希望维持现状。他说:"在这种社会中间,多数人不赞成废除私产制度,因为他们觉得现在的状态,并没有十分害处,以为废掉它也想不出什么好的制度来代替。并且在这种状态中间,也不必替贫穷的人担忧,因为只要一个人自己能努力的向上,终有得着衣食住的机会。富人也没有很大的压力来压制千千万万的穷人。……现在实业既不发达,没有大实业家,则一个

---

① 《罗素五大讲演:社会结构学》,附录(一),第十五页。
② 《罗素五大讲演:社会结构学》,附录(一),第十六页。
③ 《罗素五大讲演:社会结构学》,附录(一),第十六、十七页。
④ 《罗素五大讲演:社会结构学》,附录(一),第十九页。
⑤ 《罗素五大讲演:社会结构学》,第二〇页。
⑥ 《罗素五大讲演:社会结构学》,第四五、四六页。

人只要稍微有些本钱,就可以买田地,营独立生活,用不着别人来养活他,别人自然也无从侵犯他,压制他。"①

中国社会既然如此美满,中国穷苦人民还要进行什么阶级斗争,这实在是大逆不道的事,因此罗素向中国人民反复"教导"并予以恐吓说:"现今所急需要的,是道德的进步;人们一定当讲恕道,学容忍,不然,全世人人吃苦,人人受罪,一切的文明便从此要灭亡了。"②

讲恕道,学容忍,如果向压迫者和剥削者进行斗争,便要负上毁灭文明的罪名。这种攻击,是很恶毒的。

罗素又说:"今日的世界,最危险的两件事体,就是(一)爱国主义,与(二)阶级战争。"③在这里,除了反对阶级斗争,又加上了反对爱国主义。这是因为中国人民正在进行反帝国主义斗争的缘故。

第四,宣扬中国的当务之急是发展实业,兴办教育。

罗素虽然是一个基尔特社会主义者,并且宣扬基尔特社会主义"可以免掉欧洲资本制度之弊害及俄国不幸运命之事",④但是他并不要求在中国立即实行基尔特社会主义,因为在他看来,中国还缺乏实业。他说:"无政府共产主义,工团主义和基尔特社会主义,都是为已发达的实业设想,都是为实业主义的习性设想。他们只适用于实业已发达的国家,而不适用于实业未发达的国家。所以在一个实业未发达的国家,不能以他们作倾向社会主义的第一步。"⑤

因此,中国首先是发展实业。怎样发展实业呢?罗素认为非借用外国资本不可,他说:"一个国家在他的实业制度初发达的时候,经济方面都是由少数压制多数的;除非借用外国的资本,便不能免却这个弊病。"⑥

关于兴办教育,罗素宣扬的是改良主义的教育万能说,而对五四爱国运动加以诋毁。他说:"根本的永久的解决方法,自然惟教育是赖。但

---

① 《罗素五大讲演:社会结构学》,第四六页。
② 《罗素五大讲演:社会结构学》,第七九、八〇页。
③ 《罗素五大讲演:社会结构学》,第七九页。
④ 罗素:《社会主义》,《时事新报》副刊《学灯》一九二一年二月二十二日。
⑤ 《罗素五大讲演:社会结构学》,第十二页。
⑥ 《罗素五大讲演:社会结构学》,第十二页。

'教育'是个略有几分含糊的字,名副其实的教育,决不是在如现时教职员罢课所表示的政治状态之下,所可求得的。"①

## 三、张东荪等人的挑战

罗素的讲演受到了研究系分子的喝彩,他们认为从罗素那里找到了反对马克思主义的有力武器。于是他们配合罗素的讲演,鹦鹉学舌地发动了对马克思主义的进攻。

斗争首先由张东荪挑起。

张和吴稚晖、杨端六、李石岑等,在一九二〇年十月间曾陪罗素到湖南讲演。他从湖南回到上海后,在十一月六日的《时事新报》上发表了一篇《由内地旅行而得之又一教训》,将罗素的调子加以重弹和发挥,公开向马克思主义宣战。接着,他又发表文章,要"大家须切记罗素先生给我们的忠告",并说:"罗素先生的人格,我觉得真可佩服到百二十分了。"②十二月间,他又在《改造》杂志上发表了《现在与将来》一文,比较系统地阐述了反对社会主义的谬论。一九二一年,梁启超也在《改造》杂志上发表《复张东荪书论社会主义运动》,对张的言论加以支持和发挥。

与此相配合,其他研究系分子也发表了一些攻击社会主义的言论。例如,一九二〇年十一月出版的《东方杂志》所刊载的研究系分子所写的《和罗素先生的谈话》,就说罗素"酷好自由","最不满意于鲍尔希维克"阶级专政;称道他基尔特社会主义的"调和精神"。③

张东荪、梁启超等研究系分子反社会主义的言论,其主要内容是:

第一,他们一方面虚伪地承认"资本主义必倒,社会主义必兴",另一

---

① 《罗素五大讲演:社会结构学》,附录(一),《中国人到自由之路》,第五页。
② 《大家须切记罗素先生给我们的忠告》,《新青年》第八卷,第四号,一九二〇年十二月。
③ 杨端六:《和罗素先生的谈话》,《东方杂志》第十七卷,第二十二号,一九二〇年十一月。

方面却又认为中国的出路是资本主义(即发展实业),而不是社会主义。张东荪以中国人大多数都未得着"人的生活"为借口,攻击社会主义说:"我们苟不把大多数人使他得着人的生活,而空谈主义必定是无结果。或则我们也可以说有一个主义,就是使中国人从来未过过人的生活的都得着人的生活,而不是欧美现成的什么社会主义,什么国家主义,什么无政府主义,什么多数派主义等等,我以我们的努力当在另一个地方。"①

研究系分子所"努力"的"另一个地方",就是所谓发展实业。依靠谁来发展实业呢?他们寄希望于绅商阶级。他们认为在帝国主义的"扶持"和保障下,中国绅商阶级能够打倒军阀。张东荪说:"中国的实业,不论中国自己开发与否,外国总是要求大开发而特开发的;不过外国势力一来,中国自己的企业亦必乘势而蜂起。到那时,外国的势力便不啻给中国财阀以保障和后盾,则末路的军阀便无法相抗了。我预料新银行团必成,铁路统一必成,这便是外国势力助中国实业家以打军阀。"②他们还认为军阀的一部分或大部分,都可以"蜕化为财阀"。

第二,他们极力歪曲中国社会的阶级关系,主张阶级调和,反对阶级斗争。他们认为,中国工人的痛苦,是得不到工作,而在得到工作后,所受的痛苦,也不是来自资本家,而是来自工头,中国工人倒可以从资本家那里得到某些好处。因此,他们认为不应过于责备资本家。张东荪说:"现在人只听工人一方面的话,自然是只看到工人的苦痛;若问一问彼资本家,必亦有一大篇话未尝不是句句实情,从现行制度下亦不能十二分苛责资本家,因为从井救人总不是人的常性。"③为了缓和和防止阶级斗争,张东荪提倡"温情主义",主张在工厂设补习学校,实行分红制度,疾病保险,发给养老金,等等。梁启超也说,可以唤起资本家的"觉悟"使其顾及劳动者的利益,他说这是"对于资本家采矫正态度",以便"在现行经济制度之下,徐图健实的发展"。④ 他们还给工会工作规定了"方针"和划定了

---

① 《由内地旅行而得之又一教训》,《新青年》第八卷,第四号,一九二〇年十二月。
② 《现在与将来》,《改造》第三卷,第四号,一九二〇年十二月。
③ 《现在与将来》,《改造》第三卷,第四号,一九二〇年十二月。
④ 《复张东荪书论社会主义运动》,《改造》第三卷,第六号,一九二一年二月。

工作的范围。《解放与改造》上有一篇《说工会》的文章说:"工会是消极的,但求改善工人们社会的和经济的地位境遇,不是积极的排斥雇主阶级。换一句说,就是工会是在现经济和现社会制度下面,谋工人们的利益,不是推翻现经济和现社会制度的组织,希图重新改造。"①

对于农村阶级关系,他们也极力歪曲,认为中国农村落后和破产的根本原因,不在于地主阶级对农民阶级的剥削,而在于天灾人祸。他们为地主阶级辩护说:"中国向例地主与佃户多是平分收入,甚至于佃户得六成地主得四,所以农民对于所受地主的痛苦,没有十分深刻的印象。即使废了地主,农人生活虽有变化然未必甚大。"②因此,他们反对农村革命,而主张在保持地主所有制的基础上进行一些改良,例如搞合作运动、地方自治、普及教育等。他们认为农村团体的组织,"可就原有乡董、村正与联庄会,稍稍改变"。这就是说,地主阶级的统治不能动摇,但须稍稍改变,加以装扮,使其略具资本主义的色彩。

第三,他们极力反对马克思主义在中国的传播,特别反对中国工人阶级政党的成立。梁启超说社会主义运动不能在中国兴起,"其总原因在于无劳动阶级"。③ 张东荪说:中国"除了交通埠头因为有少数工厂才有工人以外,简直是没有。况且他们要发生阶级意识还不知要经过多少次经验的教训,在他们的阶级意识未生以前,这种未自觉的劳动者又少,直不能有何势力。"④对于广大的农民群众,他们则诬为"大抵蠢然一物,较原始人所差无几"。既然工人农民都是这样一种状况,那么便不会有"劳农革命"的发生,如果硬要宣传社会主义,"一听便可入几分"的只有"兵与寄生阶级之贫困者",但是,这样必然会发生破坏性的"伪劳农革命"。张东荪说:"真正的劳农主义决不会发生,而伪的劳农革命恐怕难免。至于伪劳农革命发生,不过在已过的许多内乱上再添一个内乱罢了。"⑤

---

① 虞裳:《说工会》,《解放与改造》第一卷,第二号,一九一九年九月。
② 《现在与将来》,《改造》第三卷,第四号,一九二〇年十二月。
③ 《复张东荪书论社会主义运动》,《改造》第三卷,第六号,一九二一年二月。
④ 《现在与将来》,《改造》第三卷,第四号,一九二〇年十二月。
⑤ 《现在与将来》,《改造》第三卷,第四号,一九二〇年十二月。

一九二〇年内,各地共产主义组织已经相继出现,而且在筹备中国共产党的正式建立。在这种情况下,研究系分子极力反对马克思主义政党的出现。张东荪说:"党是代表那个阶级的,若他背后没有阶级必不成立。中国现在离劳动阶级的完成与自觉尚早。"①

这帮研究系政客,在"研究"了一阵社会主义之后,所得的结论是:"最好是从容的彻底研究,不必急于确定";"所以我们只能干文化教育与协社等事业,而于主义的详细内容则须研究后再确定。"②这也就是说,马克思主义不可在中国传播,中国工人阶级政党不能在中国成立。

# 四、社会主义辩论

研究系政客们的论调,造成在社会主义宣传上的一定混乱,对马克思主义在中国的传播,危害极大。《新青年》的一篇文章指出:"现在一班自命为稳健派的新顽固党……他们不独是'不要社会主义',反要'提倡资本主义去发达中国的实业'。他们这种似是而非的论调,虽不足以欺有识的人,然一班老顽固见了,必定欢天喜地,把它登在报纸上,借以骗钱,和南洋兄弟烟草公司把'罗素博士之名言'登在报上骗钱一样;一班脑筋简单的青年见了,必定为它所惑,对于社会主义不肯加以研究;就是一班欢迎社会主义的青年见了,也未必不呈一种徘徊歧路和裹足不前的状态。"③

在这种情况下,对于研究系政客们的论调,必须予以反击。

因此,当张东荪的《由内地旅行而得之又一教训》刚一发表,在新文化界立即遭到反击,《民国日报》副刊《觉悟》上,连续发表了《评张东荪君

---

① 《现在与将来》,《改造》第三卷,第四号,一九二〇年十二月。
② 《现在与将来》,《改造》第三卷,第四号,一九二〇年十二月。
③ 《社会主义与中国》,《新青年》第八卷,第六号,一九二一年四月。

底"又一教训"》①、《再评张东荪君底"又一教训"》②等文。上海《正报》记者也写了《人的生活》一文,对张东荪的言论进行批评。这时,陈独秀正在广东,他曾连续给罗素和张东荪写过公开信,批驳其言论。在此期间,张东荪等也连续写公开信,对反对他们的人进行辩驳。

于是,陈独秀将以上各种言论汇集起来,在《新青年》第八卷第四号(一九二〇年十二月)上,开辟了一个《关于社会主义的讨论》专栏。这样,辩论便展开了。

当辩论展开的时候,卷进这个斗争的人就愈来愈多了。各地共产主义小组成员在《新青年》和《共产党》等刊物上发表了许多文章,对张、梁等人的言论,进行比较系统的批判。例如,在上海的李达发表有《社会革命的商榷》③和《讨论社会主义并质梁任公》。④ 在北京的李大钊发表有《中国的社会主义与世界的资本主义》,⑤何孟雄(梦雄)发表有《发展中国的实业究竟要采用什么方法?》,⑥在法国的蔡和森,也发表了《马克思学说与中国无产阶级》(一九二一年二月给陈独秀的信)。⑦ 此外,《民国日报》的《觉悟》,也继续发表文章,参加论战。

这场辩论,持续了一年多,拥护社会主义的人针对研究系政客们的论调,作了如下的驳斥:

第一,发展实业,增加社会财富,这是对的。问题在于如何发展实业,走社会主义的道路,还是走资本主义的老路?很显然,研究系分子主张的是后者。但,这在今天是行不通的。陈独秀在给罗素的信中说:"资本主义虽然在欧洲、美洲、日本也能够发达教育及工业,同时却把欧美、日本之社会弄成贪鄙、欺诈、刻薄、没有良心了;而且过去的大战争及将来的经济的大革命都是资本主义之产物,这是人人都知道的。幸而我们中国此时

---

① 一九二〇年十一月七日,作者望道。
② 一九二〇年十一月八日,作者力子。
③ 《共产党》第二号,一九二〇年十二月。
④ 《新青年》第九卷,第一号,一九二一年五月。
⑤ 《评论之评论》第一卷,第二号,一九二一年三月。
⑥ 《曙光》第二卷,第二号,一九二一年三月。
⑦ 《新青年》第九卷,第四号,一九二一年八月。

才创造教育、工业,在资本制度还未发达的时候,正好用社会主义来发展教育及工业,免得走欧美、日本底错路。"①李大钊在给费觉天(研究系分子)的信中,也指出:"中国人民在世界经济上的地位,已立在这劳工运动日盛一日的风潮中,想行保护资本家的制度,无论理所不可,抑且势所不能。"又说:"今日在中国想发展实业,非由纯粹生产者组织政府,以铲除国内的掠夺阶级,抵抗此世界的资本主义,依社会主义的组织经营实业不可。"②李达在《讨论社会主义并质梁任公》一文中则指出:"资本主义的生产组织,是无政府无秩序的状态;社会主义生产组织是有秩序有政府的状态。"因此,"将来社会的经济组织必归着于社会主义"。③

研究系分子认为可以依靠帝国主义帮助中国发展实业,这完全是胡说。梁启超企图发展中国的资本主义来和外国资本主义相竞争,也完全是一种妄想。《质梁任公》一文说:"我们有件事应当注意的,就是资本主义的背面,存有军国主义。若美,若英,若法,若德,都是资本主义最发达的国家,也是军国主义最强盛的国家。欧美姑且不说,就说新具工业国的日本,日本的工业发达的路径,不皆是海陆军助长而成的吗?中国是万国的商场,是各资本国经济竞争的焦点,是万国大战争的战场,各资本国在中国培植的经济势力,早已根深蒂固,牢不可破。当着产业万分幼稚的时代又伏在各国政治的、经济的重重势力之下的中国,要想发展资本主义和资本国的经济战争,恐怕要糟到极点了。"④何孟雄也指出:"外国资本家在我国政治上处处占利益,交通输送他们都得到优越地位,本国的资本家处处反形劣于他们,照此说起来,怎么可以和他们竞争。"⑤他说:"要使中国的民族得到自由、平等,那么,非把资本国(指帝国主义)打倒是永无希望。"⑥

第二,研究系分子歪曲中国社会阶级关系和反对社会革命的论调,是

---

① 《独秀致罗素先生的信》,《新青年》第八卷,第四号,一九二〇年十二月。
② 《中国的社会主义与世界的资本主义》,《李大钊选集》,第三五六、三五七页。
③ 《新青年》第九卷,第一号,一九二一年五月。
④ 《新青年》第九卷,第一号,一九二一年五月。
⑤ 《发展中国的实业究竟要采用什么方法》,《曙光》第二卷,第二号,一九二一年三月。
⑥ 《发展中国的实业究竟要采用什么方法》,《曙光》第二卷,第二号,一九二一年三月。

极其荒谬的。反驳者列举许多事实,指斥了这种谬论。张东荪曾说,要使中国多数人得着人的生活,只有振兴实业。反驳者指出用资本主义开发的实业,并没有使多数人得着人的生活:"比如开滦煤矿,京奉铁道,总算是北方物质上的大工事,不但北方多数人未曾因开滦煤矿、京奉铁道减少生活的苦痛,而且矿坑烧死工人几百名,铁桥压死工人几百名,假使没有开滦煤矿、京奉铁道,这几百工人或者还不至一齐惨死;可见只知开发物质文明,却不用有益于多数人的主义在开发,即令各省都开矿筑路,也不能使多数人得着人的生活。现今官僚的豪华,武人的纵恣,绅士土豪的骄奢淫佚,多数人所以得不着人的生活,都是吃了他们的亏。假如再听他们包办实业,是富者愈富,贫者愈贫,官僚、武人、绅士、土豪的幸福越发增加,多数人的幸福越发无望,多数人除了充官僚、武人、绅士、土豪的奴隶牛马外,别无生活门径,恐怕还有求为奴隶牛马而不得的。中国官僚、武人与绅士、土豪互相结托的资本主义,比各国纯粹资本家的资本主义还要厉害。人的生活得不着,到底仍然免不了社会革命。"①

张东荪还闭着眼睛瞎说中国资本家可怜,"中国无坐食利息之股东",等等。陈独秀诘问道:"请先生去问问招商局,开滦矿务局,大生、恒丰、厚生、德大等纱厂,商务印书馆,他们的股票是否都归经理人所有?""先生说中国资本家可怜,请问死在开滦矿洞的几百人可怜不可怜?"②

研究系分子提倡"温情主义"的改良,梁启超还说什么唤起资本家的"觉悟",采"矫正态度"。《质梁任公》一文针对着这种论调说:"资本家若果能有著明深切之觉悟,他们一定能觉悟到他们的最后命运,就是他们终于不能存在而必须让给社会主义的世界。若是没有觉悟,他们一定唯利是图。他们宽待劳动者,无非是免得受罢工的损失,而可以安稳的扩张资本势力,换句话说,即是使劳动者安于奴隶状态而不思反抗。"③

关于农村阶级关系,《共产党》月刊的一篇文章,指出了租佃剥削关系的不合理,并且说广大农民"每届凶荒,他们之中冻死的饿死的何止数

---

① 《正报记者爱世先生"人的生活"》,《新青年》第八卷,第四号,一九二〇年十二月。
② 《独秀复东荪先生底信》,《新青年》第八卷,第四号,一九二〇年十二月。
③ 《新青年》第九卷,第一号,一九二一年五月。

千百万"。① 因此,农村阶级矛盾是尖锐的。研究系分子怎样花言巧语,也掩盖不了客观的现实。

第三,研究系分子借口中国产业落后,没有"真正的劳动者",而反对社会主义运动和成立中国共产党。反驳者根据事实,对这种歪曲进行了揭穿。反驳者指出:"中国工业的发达虽不如欧美、日本,……中国无产阶级所受的悲惨,比欧美、日本的无产阶级所受的更甚。"②

由于帝国主义的侵略和中国资本主义的发展,中国已有大批的产业工人,和由于小农业及手工业经济破产而出现的大批失业劳动者。研究系分子说中国没有"真正的劳动者",这不是事实。陈独秀问张东荪说:"请问中国若无劳动者,先生吃的米、穿的衣、住的房屋、乘的车船,是何人做出来的？先生所办的报,是何人排印出来的？"③《质梁任公》一文也指出:"就中国说,是国际资本阶级和中国劳动阶级的对峙。中国是劳动过剩,不能说没有劳动阶级,只不过没有组织罢了。""若依梁任公说,中国若是没有劳动阶级,当然就没有资本阶级了。"④

中国革命的兴起,是客观的必然。蔡和森在《马克思学说与中国无产阶级》的通信里指出:"社会革命的标准在客观的事实,而不在主观的理想,在无产阶级经济生活被压迫被剥削的程度之深浅,及阶级觉悟的程度之深浅。"⑤

随着中国工人阶级革命运动的兴起,中国工人阶级的组织也必然会产生。而且只有工人阶级和劳动人民组织起来,才能使中国有出路。陈独秀在给张东荪的信中说:"中国劳动者没有组织,没有阶级的觉悟,不能做阶级的争斗来抵抗资本家,所以生活极苦而工价极贱,造成外国资本家群来掠夺的好机会；他们始而是经济的掠夺,接着就是政治的掠夺,渐渐就快做中国的主人翁了。……这种状态,除了中国劳动者联合起来,组

---

① 《告中国的农民》,《共产党》第三号,一九二一年四月。
② 《讨论社会主义并质梁任公》,《新青年》第九卷,第一号,一九二一年五月。
③ 《独秀复东荪先生底信》,《新青年》第八卷,第四号,一九二〇年十二月。
④ 《讨论社会主义并质梁任公》,《新青年》第九卷,第一号,一九二一年五月。
⑤ 《新青年》第九卷,第四号,一九二一年八月。

织革命团体,改变生产制度,是无法挽救的。……只有劳动团体能够达到中国独立之目的。"①

## 五、意义和影响

从上述辩论中的一些主要情况来看,当时拥护社会主义的人,还是很不成熟的。他们还不能很好地把社会主义和中国的具体情况结合起来,对共产主义运动在中国开展的步骤和方法未能科学地阐明,对新民主主义革命和社会主义革命的关系缺乏辩证的分析。

但是,所有这些,都掩盖不了辩论的重大意义。因为研究系分子所提出的问题是:中国要不要坚持社会主义道路?要不要进行革命?要不要建立工人阶级的革命组织?而在这些重要问题上,拥护社会主义的人都坚持了正确观点,而使研究系分子以失败而告终。

罗素来华的时候,研究系分子是兴高采烈、趾高气扬的。他们的报刊极尽吹嘘之能事。中国思想界对罗素其人也不甚了解,只是杜威说他是现代世界三大哲学家之一(与詹姆士、柏格森并称),才引起人们的注意。《新青年》八卷二号(一九二〇年十月)的前六篇,都是罗素作品的译文和介绍罗素的文章;八卷三号(十一月)的前六篇,也都是这样的文章。《北京大学日刊》则连篇累牍地登载罗素的演说。其他许多报刊,也是吹捧不已。

一九二〇年十月十五日,上海《民国日报》副刊《觉悟》上,登载了一篇《我对于罗素的希望》,其中说:"我们因为对于杜威博士失望了,便不能不寄希望于罗素博士。"

但是,罗素的演说,同样使人失望。陈独秀写信给罗素,叫他公开纠正自己的言论,陈独秀说:"近来中国有些资本家的政党的机关报,屡次

---

① 《独秀复东荪先生底信》,《新青年》第八卷,第四号,一九二〇年十二月。

称赞你的主张:中国第一宜讲教育,第二宜开发实业,不必提倡'社会主义',我们不知道这话真是你说的,还是别人弄错了呢?我想这件事关系中国改造之方针,很重要,倘是别人弄错了,你最好是声明一下,免得贻误中国人,并免得进步的中国人对你失望。"①

随着社会主义辩论的展开,研究系分子节节败退,罗素的名声也显著下降。到了一九二一年七月,罗素便从中国溜走了。

罗素走了以后,研究系分子更加旗鼓不振。他们理屈词穷,不得不求告于连张东荪也感到"吾辈子孙能否见之,尚属问题"②的基尔特社会主义。

从一九二一年九月起,《时事新报》副刊《学灯》开辟了"社会主义研究栏",③专门宣传基尔特社会主义。

基尔特(Guild),即行会、同业组合、协会的意思,它是包括着雇主、资本家在内的一种组织。基尔特社会主义,就是一种主张劳资合作的改良主义学说。杜威、罗素都提到过这个学说,张东荪也宣扬过这个学说。但是,他们在宣称这是"最好的社会主义"的同时,都说过并不完全适合中国的条件。罗素曾明白地说:"它们(指基尔特社会主义等)只适用于实业已发达的国家,而不适用于实业未发达的国家。"④

但是,研究系分子在社会主义辩论失败后,却大谈起基尔特社会主义来了。其目的很明显,不外是鱼目混珠,再次发起对马克思主义的进攻罢了。

当研究系分子大谈基尔特社会主义的时候,《新青年》《先驱》等刊物连续发表文章,予以痛斥。有的文章说:"在中国主张基尔特社会主义的人,就是存心要想主张资本主义而不敢明目张胆主张资本主义的懦人。不然就是自欺欺人的伪善者。"⑤有的文章说:"你们主张资本主义就主张

---

① 《独秀致罗素先生底信》,《新青年》第八卷,第四号,一九二〇年十二月。
② 《再答颂华兄》,《时事新报》,一九二〇年十一月二十一日。
③ 这一专栏,在九月十六日又变为"社会主义研究"副刊。
④ 《罗素五大讲演:社会结构学》,第十二页。
⑤ 《读新凯先生共产主义与基尔特社会主义》,《新青年》第九卷,第六号,一九二二年七月。

资本主义好了,又何必带上基尔特社会主义的假面具呢?骨子里主张资本主义,而又没有那么大的勇气,如此暗娼式的行为,可怜亦复可恨。"①

研究系分子的面目被再一次揭穿之后,他们就赤裸裸地打起反苏、反共的旗帜,公开进行反革命勾当去了。

这次社会主义辩论,前后虽然进行了一年多,但主要是在一九二一年七月以前进行的。这次辩论,对中国共产党的成立和中国革命的开展,都起了促进作用。

这次辩论,不仅在全国性的报刊上展开,而且也在一些进步团体中展开过。如在留法的新民学会会员中就曾进行过讨论。毛泽东也用通信的方法参加了这次讨论。他在给蔡和森等人的一次复信中,曾经批评了一九二〇年十月间罗素在长沙的演说,说他的理论"事实上做不到"。罗素在演说中主张:"用教育方法使有产阶级觉悟,可不至要妨碍自由,兴起战争,革命流血。"毛泽东指出,现在资本家握着政权也握着教育权,"要资本家信共产主义,是不可能的事",因为"历史上凡是专制主义者,或帝国主义者,或军国主义者,非等到人家来推倒,决没有自己肯收场的"。因此,他说:"我看俄国式的革命,是无可如何的山穷水尽诸路皆走不通了的一个变计。并不是有更好的方法弃而不采,单要采这个恐怖的方法。"改良主义既然走不通,只好采取马克思主义,即俄国式的方法,因此,毛泽东说:"我觉得俄国的革命,和各国急进派共产党人数日见其多,组织日见其密,只是自然的结果。"②

---

① 《评中国的基尔特社会主义》,《先驱》第三号,一九二二年二月五日。
② 一九二〇年十二月一日,毛泽东复蔡和森等在法诸会友的信。《新民学会会员通信集》第三集。

# 第十九章
# 反对无政府主义
——马克思主义和反马克思主义的第三次论战

在前面分析工读互助团的思想来源时,曾对无政府主义在中国的影响略加阐述。工读互助团的失败促进了科学社会主义在中国的迅速传播,但是无政府主义并没有销声匿迹。相反,在中国共产党成立前后,由于无产阶级专政思想在中国先进分子中逐渐确立,无政府主义的对抗性反而更加强烈起来。这种对抗,不仅表现在社会上,而且表现在共产主义组织内部;不仅表现在国内,而且表现在国外(如留法勤工俭学学生中)。正如刘少奇在一篇纪念五四运动的文章中所指出:"在起初各派社会主义的思想中,无政府主义是占着优势的。马克思主义的拥护者到处都与无政府主义的拥护者争论着,斗争着。马克思主义直至在各方面克服无政府主义以后,并与中国的工人运动、人民反帝运动结合以后,才成为中国政治生活中一个雄伟的力量。并在以后,马克思主义永远在中国新文化运动中占着主要的地位。"①

无政府主义思想为什么能够在中国政治思想史上占据优势,而马克思主义又是如何克服这种思想的,我们有必要结合国际共产主义运动中的情况,加以系统的考察。

---
① "五四运动的二十年"纪念文专辑,《中国青年》第二期,一九三九年五月。

## 一、什么是无政府主义?

无政府主义是一种小资产阶级的社会政治思潮,是资本主义社会矛盾发展的产物。小生产者被资本主义剥削制度弄到绝望的地步,而又没有无产阶级的斗争理论和方法,因此产生一种立即废除一切国家的幻想。列宁指出:"马克思主义者在理论上完全认定,并且欧洲一切革命和革命运动的经验也充分证实:小私有者,即小业主(这一类型的社会阶层在欧洲许多国家中都十分普遍地大量存在着),由于在资本主义制度下经常受到压迫,生活往往急剧地、迅速地恶化,以至于破产,所以容易转向极端的革命性,而不能表现出坚韧性、组织性、纪律性和坚定性。被资本主义摧残得'发狂'的小资产者,也和无政府主义一样,都是一切资本主义国家所固有的一种社会现象。"①

无政府主义反对一切专政,因而也反对无产阶级专政,它和马克思主义相敌对。列宁在指明马克思主义和无政府主义的区别时写道:"马克思主义者与无政府主义者之间的区别是在于:(1)马克思主义者的目的是完全消灭国家,但他们认为,只有在社会主义革命把阶级消灭之后,在导向国家消亡的社会主义建立起来之后,这个目的才能实现;无政府主义者则希望在一天之内完全消灭国家,他们不懂得实现这个目的的条件。(2)马克思主义者认为无产阶级在夺得政权之后,必须彻底破坏旧的国家机器,用新的由武装工人组织组成的公社式的国家机器来代替它;无政府主义者主张破坏国家机器,但是,他们完全没有弄清楚无产阶级应当用什么去代替它以及怎样运用革命政权;无政府主义者甚至否认革命无产阶级运用国家政权,否认无产阶级的革命专政。(3)马克思主义者主张

---

① 《共产主义运动中的"左派"幼稚病》,《列宁选集》第四卷,人民出版社一九七二年版,第一八八、一八九页。

利用现代国家准备无产阶级进行革命;无政府主义者则否认这一点。"①

因此,马克思主义产生后,曾经和无政府主义进行了长期的斗争。列宁在一九〇五年所写的《小资产阶级的社会主义和无产阶级的社会主义》一文中说:"在欧洲,在各种社会主义学说中间,马克思主义现在已经取得了完全的统治,而争取实现社会主义制度的斗争,几乎完全是社会民主党领导的工人阶级的斗争。但是以马克思主义学说为基础的无产阶级社会主义的这个完全的统治,并不是一下子就巩固起来的,而只是在同一切落后的学说如小资产阶级社会主义、无政府主义等等作了长期斗争以后,才巩固起来的。大约三十年以前,马克思主义就是在德国也还没有取得统治地位,当时在德国占优势的,老实说,是介于小资产阶级社会主义和无产阶级社会主义之间的过渡的、混合的、折衷的见解。而在罗曼语各国,如法国、西班牙、比利时,在先进工人中最流行的学说,是显然代表小资产者的观点而不是代表无产者的观点的蒲鲁东主义、布朗基主义、无政府主义。"②他又在一九〇八年所写的《马克思主义和修正主义》一文中说:"马克思主义在它存在的头半个世纪中(从十九世纪四十年代起)一直在同那些与它根本敌对的理论进行斗争。在四十年代前半期,马克思和恩格斯清算了站在哲学唯心主义立场上的激进青年黑格尔派。四十年代末,在经济理论方面进行了反对蒲鲁东主义的斗争。五十年代完成了这个斗争:批判了在狂风暴雨的一八四八年显露过头角的党派和学说。在六十年代,斗争从一般的理论方面转移到更接近于直接工人运动的方面:在第一国际中清除了巴枯宁主义。在七十年代初,蒲鲁东主义眷米尔柏格在德国出了一个短时期的风头;在七十年代末,实证论者杜林也暂时显露过头角。但是他们两人对无产阶级的影响都已经微不足道了。马克思主义已经无条件地战胜了工人运动中的其他一切思想体系。"③

由此看来,了解一下国际共产主义运动中的无政府主义者以及马克思主义者和他们进行斗争的历史,是十分必要的。

---

① 《国家与革命》,《列宁选集》第三卷,人民出版社一九七二年版,第二六九页。
② 《列宁选集》第一卷,人民出版社一九七二年版,第六三七页。
③ 《列宁选集》第二卷,人民出版社一九七二年版,第一、二页。

第十九章　反对无政府主义

无政府主义的前辈,应该提到的是英国人霍德文和德国人施蒂纳。

霍德文(一七五六——一八三六年)的无政府主义思想反映十八世纪末英国小资产阶级的痛苦心情,他在自己的著作中要求个人绝对自由,废弃国家、法律和政治制度。①

施蒂纳(一八〇六——一八五六年),原名卡斯巴尔·施米特,青年黑格尔分子,施蒂纳是其笔名。他在一八四五年出版一本名为《唯一的东西及其财产》的书,认为在社会上起主要作用的就是个人;为了个人的自由,要反对现存世界上的一切。他说:将来的社会不应该是共产主义的,而应该是独立的、自由的手工业者的联盟。

霍德文、施蒂纳虽然很早就有了无政府主义的观点和主张,但无政府主义作为一种社会政治思潮是从十九世纪开始的。被称为无政府主义"始祖"②的并不是英国人霍德文和德国人施蒂纳,而是法国人蒲鲁东。

蒲鲁东(一八〇九——一八六五年)的无政府主义思想建立在小资产阶级的反科学的经济观点的基础上。他认为价值是流通范围内产生的,因此他设想一种建立"无息信贷"的"人民银行"的方案,在他看来,依靠"人民银行"就能在资产阶级制度范围内调整工人间劳动产品的交换和消灭人剥削人的现象。小生产者根据等价原则进行交换,是他的"理想",因此这种"理想"被称为"互助主义",或"互惠制度"。他认为通过这种互助合作,不但能消灭资本主义,而且能消灭国家。

蒲鲁东的上述"理想",曾表现在一八四六年他写的《贫困的哲学》一书中。一八四七年,马克思针对此书,写了《哲学的贫困》,对蒲鲁东的"理想"及其哲学基础——黑格尔的唯心论,进行了集中的批判,深刻地阐明了无产阶级阶级斗争的历史作用和任务。后来(一八六五年)马克思在综合评述蒲鲁东时指出:"他的观点的理论基础产生于对资产阶级'政治经济学'中的基本要素即商品对货币的关系的误解,而实际的上层建筑不过是更老得多和制定得更好得多的方案的翻版而已。……想

---

① 一七九三年,霍德文写了《政治的正义之研讨》一书,提出了这样的主张。
② 斯大林:《无政府主义还是社会主义》,《斯大林全集》第一卷,人民出版社一九五三年版,第二八〇页。

把生息资本看做资本的主要形式,并且想把信贷制度的特殊应用和利息的表面上的废除变为社会改造的基础,这就完全是小市民的幻想了。"①

从其经济观点出发,蒲鲁东必然导致反对阶级斗争,在一八四八年法国革命时期,他竟要工人们向雇主"伸出手来"。

蒲鲁东从无政府主义立场出发,虽然也否定国家,但他却又向拿破仑第三的政府讨好,企望在拿破仑主义政体的协助下,实现自己的计划。

一八四八年六月巴黎工人起义被镇压后,蒲鲁东主义者特别活跃起来。一八六四年第一国际成立后,蒲鲁东主义在法国和比利时的支部里曾长期占优势。马克思领导的第一国际的各次大会,曾对蒲鲁东分子进行了坚决斗争。

继蒲鲁东而起的是俄国人巴枯宁。

巴枯宁(一八一四——一八七六年)出身于俄国贵族,因参加反对沙皇的斗争,长期被逐放和逃亡在外。其无政府主义观点大体是在六十年代形成的。

巴枯宁是蒲鲁东的学生和朋友,他继承和发展了蒲鲁东的无政府主义学说。他放弃了通过互助合作逐渐消灭国家的观点,而主张用暴动去摧毁国家机器。他认为工会应面向最后的暴动,然后成为生产的基本组织,巴枯宁在实际上成为无政府工团主义的创始人。

巴枯宁主义和马克思主义的根本分歧在于:

第一,巴枯宁否认和拒绝一切日常的政治斗争,而只承认二十四小时内毁灭国家的斗争。在他看来,只有国家毁灭了,其他问题也就自然解决了。恩格斯指出:"巴枯宁有一种独特的理论——蒲鲁东主义和共产主义的混合物,其中最主要的东西就是:他认为应当消除的主要祸害不是资本,就是说,不是由于社会发展而产生的资本家与雇佣工人的阶级对立,而是国家。……巴枯宁却硬说国家创造了资本,资本家只是由于国家的恩赐才拥有自己的资本。因此,既然国家是主要祸害,那就必需首先废除

---

① 《论蒲鲁东》,《马克思恩格斯选集》第二卷,人民出版社一九七二年版,第一四六页。

国家,那时资本就会自行完蛋。"①

第二,巴枯宁反对一切形式的国家,也反对无产阶级革命后必须有一个过渡时期,因此他极力反对无产阶级专政。他认为工人的经济解放是国家消灭的直接结果,因此一切"政治运动""社会革命"都应归结为"国家的破坏"。而无产阶级专政是不符合他的"共产主义原理"的。

第三,巴枯宁否认组织、纪律,否认建立无产阶级政党的必要性。他歌颂"独立地发生在人民中间的无政府主义的社会革命",把革命当作"随意行动",而反对有计划和强有力的领导、组织和纪律。在他看来,权威是应该一律打倒的东西。恩格斯在批评巴枯宁主义的空想时写道:"在这个社会中,首先是不存在任何权威,因为权威=国家=绝对的祸害。(没有一个做最后决定的意志,没有统一的领导,人们究竟怎样开动工厂,管理铁路,驾驶轮船,这一点他们当然没有告诉我们。)多数对少数的权威也将终止。每一个人、每一个乡镇,都是自治的;但是,一个哪怕只由两个人组成的社会,如果每个人都不放弃一些自治权,又怎么可能存在,——关于这一点巴枯宁又闭口不谈。"②

巴枯宁主义反映了一种小资产阶级的空想,它在一些小生产者占优势的国家中得到传播,意大利、西班牙、瑞士、俄国都有着它的影响。

第一国际成立后不久,巴枯宁加入"国际"。但是,从一八六七年起,巴枯宁主义者就打算用最卑鄙的手段夺取国际的领导权,并在一八六八年组成自己的宗派主义的国际社会主义民主同盟(这是无政府主义者的第一个固定组织)。在马克思领导下,第一国际展开了对他们的斗争,经过五年,终于在一八七二年九月海牙代表大会上把他们逐出国际。

一八七二至一八七七年,巴枯宁主义者自己组成无政府主义国际,并在此期间,于意大利等地进行了一些盲动的起义。这些起义都失败了。巴枯宁本人也于一八七六年死去。

继巴枯宁而起的是克鲁泡特金。

---

① 《恩格斯致泰·库诺》,《马克思恩格斯选集》第四卷,人民出版社一九七二年版,第四〇〇页。

② 《恩格斯致泰·库诺》,《马克思恩格斯选集》第四卷,第四〇一页。

克鲁泡特金(一八四二——一九二一年),出身于俄国贵族,一八七二年在瑞士加入了"国际"的巴枯宁派。他在俄国和法国坐过几年牢,最后死在苏俄。

如果说巴枯宁的特点在于行动,而克鲁泡特金的特点就在于研究理论和进行宣传,这和他最活跃的时候正处于资本主义比较稳定的时期的特点是分不开的。

克鲁泡特金除了继承巴枯宁的衣钵外,其特点是创造了互助论,《互助:一个进化的要素》是其有名的一本著作。克鲁泡特金接受了社会进化论的方法,即用生物发展的自然规律来解释社会现象。但他并不同意"物竞天择",而"发现"了一个新规律,即互助规律。他认为互助是生物界以及人类社会发展的普遍规律。他并且宣称自己是一个共产主义的无政府主义者,认为人类通过互助即可进入"各尽其能、各取所需"的共产主义社会。

综上所述,我们可以看出,无政府主义者虽然有着许多共同点,如废除国家、反对专政,要求绝对自由,等等,但是也各有其不同的特点,大致可分为这样三类:(一)无政府个人主义,如施蒂纳,蒲鲁东;(二)无政府工团主义,如巴枯宁;(三)无政府共产主义,如克鲁泡特金。

当资本主义发展到帝国主义阶段,由于垄断资本的加强和中小资产阶级的被排挤、被兼并,无政府主义着一时活跃起来。这种情况,和第二国际陷入修正主义的泥坑也是分不开的。当恩格斯在世的时候,第二国际曾斥责和反对过无政府主义,并把潜入国际的无政府主义者开除出去。当恩格斯逝世(一八九五年)后,无政府主义者便利用工人群众对第二国际修正主义的不满大肆活动起来,并且在部分工人中产生了一定的影响。所以列宁说:"无政府主义往往是对工人运动中机会主义罪过的一种惩罚。这两种畸形东西是互相补充的。"①

第一次世界大战暴露了无政府主义者的丑恶面貌。许多无政府主义

---

① 《共产主义运动中的"左派"幼稚病》,《列宁选集》第四卷,人民出版社一九七二年版,第一八九页。

者都采取了护国主义、沙文主义的立场,站在本国资产阶级政府一方,成为帝国主义的帮凶。列宁指出:"全世界最有名的一些无政府主义者,由于在当前战争中宣传社会沙文主义(照普列汉诺夫和考茨基那样),和机会主义者同样地使自己蒙受耻辱。"①

俄国十月革命的胜利,使无政府主义遭到彻底的破产。俄国无政府主义者完全分崩离析,资本主义国家受过无政府主义影响的工人,迅速转变到拥护十月革命的道路上来。

但是,在十月革命后的一段时期内,无政府主义在落后国家中仍然有着一定的影响。因此,列宁领导的共产国际仍然把反对无政府主义当作自己的一项任务。一九二〇年七月,列宁在他写的《关于共产国际第二次代表大会的基本任务的提纲》中指出:"战后在全世界,无政府主义者在对待无产阶级专政和苏维埃政权的态度方面已经发生了深刻的思想上的分化。无产阶级分子过去往往因为对第二国际政党的机会主义和改良主义的完全合理的憎恨,而拥护无政府主义,现在很明显,他们对这些原则已经有了正确的认识,而且他们愈熟悉俄国、芬兰、匈牙利、拉脱维亚、波兰、德国的经验,这种认识就传播得愈广泛。""大会认为全体同志都有责任全力帮助广大的无产阶级群众从无政府主义转到第三国际方面来。大会指出,衡量真正的共产党的工作成功与否的标志之一应该是:它在多大程度上能把不是知识分子、不是小资产阶级分子,而是广大的无产阶级分子从无政府主义方面争取到自己这方面来。"②

综上所述,我们可以知道:

第一,无政府主义是和马克思主义相敌对的一种小资产阶级社会思潮,它在国际共产主义运动中造成很大的危害。因此,马克思主义者从第一国际建立起便和无政府主义者进行了不调和的斗争。

第二,无政府主义最易于在小生产者占优势的国家中流行。但是,马克思主义者只要认清其危害并与其进行坚持不懈的斗争,无政府主义成

---

① 《社会主义与战争》,《列宁选集》第二卷,人民出版社一九七二年版,第六八二页。
② 《列宁选集》第四卷,第三〇六、三〇七页。

不了什么气候并必然以失败而告终。俄国十月社会主义革命的胜利,就是一个有力的证明。

## 二、无政府主义在中国的流行

马克思主义在中国传播并在思想领域内取得优势以前,无政府主义在中国是相当流行的。这是因为:

第一,中国是一个小生产者占优势的国家,有着无政府主义传播的土壤。

第二,在帝国主义和封建主义加紧压迫和剥削下,小生产者陷于破产的境地;特别是民族危机的加深,使得相当数量的小资产阶级知识分子以至一部分资产阶级知识分子感到政治上的绝望,因而产生愤激的情绪。这些都为无政府主义传播提供了有利条件。

第三,第二国际的机会主义者把马克思主义糟蹋了,他们把殖民地附属国的民族解放运动排斥于国际共产主义运动之外,这样,马克思主义虽然诞生已久,但长期不能在中国传播开来,因此中国人民没有掌握抵制无政府主义的强大武器。

中国人开始介绍无政府主义,大致是在俄国一九〇五年革命前后。当时资产阶级革命派的《民报》、资产阶级改良派的《新民丛报》以及商务印书馆的《东方杂志》,都经常报道无政府主义的情况。例如,《东方杂志》在一九〇五年五月出版的第二卷第二号上,便登载过《论俄国立宪之风潮及无政府党主义》;《民报》介绍的就更多了,第二号上登过苏菲亚的照片,第九号上登过《无政府主义与社会主义》的论文和《俄国虚无党轰炸首相——司多吕平之真相》的照片,第十一号上登过托尔斯太的照片,第十六号登过《巴枯宁传》,第十一号和第十七号上登过《虚无党小史》;等等。

但是,这些宣传还是比较混乱的(例如上面所指的虚无党并非就是无政府主义的党,其中有的主要是指民粹派),而且介绍无政府主义的人也并不是说他就是这种主义的信仰者。

中国人正式宣扬和拥护无政府主义的刊物和团体,是在一九○七年出现的。在这一年中,刘师培(光汉)和他的妻子何震等在日本创办《天义报》(半月刊),李石曾、吴稚晖等在法国创办《新世纪》(周报)。这两种刊物都明确信仰和宣扬无政府主义,反对一切强权,主张绝对自由,提出要"倾覆政府",还提出"三纲革命""男女平等""毁家庭""反对宗教"等口号和主张。例如,《天义报》上的一篇文章便举出了这样十一条纲领:"一曰废尽天下帝王大统领;二曰废尽天下中央官吏及地方官吏;三曰废尽天下世袭爵位之人;四曰废尽天下之议员及公共团体之执行员;五曰废尽天下资本家及有财产之人;六曰废尽天下之兵丁警察;七曰革尽天下压制妇女之男子;八曰革尽天下甘受压制之男女;九曰废尽迷信宗教书;十曰废尽天下不合公理之书籍报章;十一曰废尽天下现行之法律。"①在这样"废尽""革尽"之后,无政府主义者要建立的"新社会"是:"一曰不设政府;二曰废尽银币及钞币;三曰人人劳动;四曰人人衣食居处均一律。"②

同年内,刘师培、张继等在日本组织"社会主义讲习会",成立时有会员九十余人,宣称:"吾辈之意,惟欲于满洲政府颠覆后即行无政府,决不欲于排满后另立新政府也。"③讲习会在一九○八年出版有《衡报》,专门宣传无政府主义。

这些中国早期的无政府主义者,对施蒂纳、蒲鲁东、巴枯宁、克鲁泡特金的学说都有所宣扬。但他们主要信仰的是巴枯宁无政府主义。《天义报》上的《破坏社会论》等种种文章,便经常以巴枯宁的话为经典。何震在"社会主义讲习会"第一次大会上的演说则宣扬:"无政府主义不仅恃空言也,尤重实行。现世界无政府党以俄国为最盛,俄国无政府党其进步分三时期,一为言论时代,二为运动时代,三为暗杀时代。今中国欲实行

---

① 去非子:《破坏社会论》,《天义报》第一卷,一九○七年六月。
② 去非子:《破坏社会论》,《天义报》第一卷,一九○七年六月。
③ 《社会主义讲习会第一次开会记事》,《天义报》第六卷,一九○七年九月。

无政府,各于以上三事均宜同时并做,即使同志无多,亦可依个人意志而行以实行暗杀。盖今日欲行无政府革命,必以暗杀为首务也。"①

中国的无政府主义者信仰巴枯宁,但他们并没有什么确切的理论体系。他们还从老庄的虚无思想去看巴枯宁,例如《天义报》上有一篇文章,就把巴枯宁和明朝的李卓吾等量齐观,说:"西欧有巴枯宁,中国亦有巴枯宁,且生于西欧巴枯宁数百载前,其人惟何?即明温陵李卓吾先生是也。"②《天义报》第五卷还把老子像刊在卷首,并称其为"中国无政府主义发明家"。

辛亥革命后,无政府主义开始在国内传播开来,其著名的传播者是刘师复。

刘师复(思复)(一八八四——一九一五年),广东香山(今中山)县人,一九〇四年留学日本,次年参加同盟会。他在日本时曾向俄国无政府主义者学习制造炸药。一九〇七年,刘在广州谋炸水师提督李准未遂,被监禁。一九〇九年被释后往香港组织暗杀团,号召推翻强权,实际上奉行无政府主义。此后,他和同盟会即无关系。关于这一转变,他自己曾说:"……入狱两年余,经种种刺激及研究,而余之思想一变。出狱后组织暗杀团,章程为余所起草,以'反抗强权'为宗旨,取单纯破坏之手段。自是之后,余虽未尝标揭无政府之主张,然自确信为反抗强权之革命党,而非复政治之革命党,且此后皆独立运动,与同盟会亦几无关系矣。"③

一九一二年,刘师复等人在广州组织"心社"和"晦鸣学舍"。

"心社"组织本绝对自由原则,据说是"各凭良心以相结合",其宗旨是:"破除现社会之伪道德、恶制度,而以吾人良心上之新道德代之。"④

什么是"良心上之新道德"呢?这从"心社"的戒约上即可看出,其中有十二条:(1)不食肉;(2)不饮酒;(3)不吸烟;(4)不用仆役;(5)不乘轿及人力车;(6)不婚姻;(7)不称族姓;(8)不作官吏;(9)不作议员;(10)

---

① 《社会主义讲习会第一次开会记事》,《天义报》第六卷,一九〇七年九月。
② 《李卓吾先生学说》,《天义报》第一卷。
③ 《驳江亢虎》,《师复文存》,革新书局一九二七年版,第二二五、二二六页。
④ 《师复文存》,第一四四页。

不入政党;(11)不作海陆军人;(12)不奉宗教。

从这些戒约中,可以看到"心社"受有托尔斯太的影响。刘本人也曾说:"'心社'戒约中的素食主义是根据托尔斯太所提倡的素食主义精神来订出来的。"①

"晦鸣学舍"也是"皆行动自由,不受指挥",它和"心社"的区别点是:心社是对内的,学舍是对外的。学舍标榜社会革命,其纲要有八条:(1)反军国主义;(2)共产主义;(3)工团主义;(4)反家族主义;(5)反宗教主义;(6)语言统一;(7)素食主义;(8)万国大同。②

晦鸣学舍成立后,积极展开无政府主义的宣传工作。例如,他们重印巴黎出版的《新世纪丛书》;选录《新世纪周报》上的文章编成《无政府主义粹言》《无政府主义名著丛刊》等;还印行了一些介绍无政府主义和反对军备主义的小册子等。

一九一三年八月,刘师复创办《晦鸣录》,作为学舍的机关刊物,七日一期,仅出二期,即被龙济光查封,从第三期起在澳门出版,并改名《民声》。以后又迁至上海出版,至一九一六年共出二十九期。(一九二一年又在广州复刊,出至三十四期,又停顿。)

《民声》的内容主要是提倡无政府主义,译刊无政府主义者的论述,介绍中国的外国的无政府主义者的活动和世界工人罢工的情况等。撰稿人除刘师复外,还有郑彼岸、黄文山(即黄凌霜)、黄尊生、区声白、许论博、梁冰弦、林君复等。

《民声》在国内、香港以及南洋华侨中,都有流传。《民声》社和外国的无政府主义者也有较广泛的联系。例如,法国无政府主义者的机关报——《新世纪》(法文)的编辑格拉佛,就寄过一批克鲁泡特金等人的书籍给《民声》社;《民声》社也将《民声》寄给各国的无政府主义者,有些国家的无政府主义者在自己的刊物上对《民声》进行评介,有的还为《民声》撰写稿件。

---

① 秋雪:《回忆刘师复和"心社"活动》,《广州文史资料》第五辑,第三六页。
② 钟炎:《我所知的无政府主义者活动片断》,《广州文史资料》第五辑,第十八页。

一九一四年，刘师复在上海非常活跃。这一年的五月间，他创办了无政府共产主义同志社。在这个组织的影响下，广州、南京、常熟等地都出现有类似的组织。刘师复还在工人中积极展开活动，例如，"他在广州首创理发工会和茶居工会。相传理发工会当时有基金十万元"。①

无政府共产主义同志社曾发表《宣言书》，"主张灭除资本制度，改造共产社会，且不用政府统治者也。质言之，即求经济上及政治上之绝对自由也"。又说："'无政府'以反对强权为要义，故现社会凡含有强权性质之恶制度，吾党一切排斥之扫除之，本自由平等博爱之真精神，以达于吾人理想之无地主，无资本家，无首领，无官吏，无代表，无家长，无军队，无监狱，无警察，无裁判所，无法律，无宗教，无婚姻制度之社会。斯时也，社会上惟有自由，惟有互助之大义，惟有工作之幸乐。"②

由此看来，刘师复等人所主张的一套，基本上是克鲁泡特金的无政府共产主义的翻版。刘本人也公开宣称："克鲁泡特金，吾党中泰斗。"③又说："克氏学说，实不愧为吾党之经典。"④

在工人运动中，刘师复实行的是无政府工团主义的一套，他认为工人组织"不可含丝毫的政治意味"，工人斗争应限于"要求增加工价及减短工作时间"的经济罢工，他说："不恃政治而惟恃自己实力以灭除贫富阶级，是即用革命手段以反抗资本制度也。"⑤

无政府共产主义，无政府工团主义，再加上托尔斯太的泛劳动主义，这就是刘师复等人的无政府主义思想的基本内容。

既然"不恃政治"，反对一切政府，所以刘师复等人对孙中山的"二次革命"、反袁运动，都不予以支持，因为这些"皆不过是政治问题，与社会主义无关"。⑥他说："不言锄强权则已，苟言锄强权，则当易讨袁之帜为

---

① 邓中夏：《中国职工运动简史》，山东新华书店一九四九年版，第五页。
② 《无政府共产主义同志社宣言书》，《师复文存》，第五三、五四页。
③ 《驳江亢虎》，《师复文存》，第二三七页。
④ 《克鲁泡特金之为人及其言论》，《民声》第八号，一九一四年五月二日。
⑤ 《上海漆业罢工风潮感言》，《师复文存》，第八四页。
⑥ 《政治之战斗》，《师复文存》，第六五、六六页。

讨政府,凡有政府,吾皆讨之。袁世凯虽去,继袁世凯者吾亦讨之。"①

一九一五年三月,刘师复因病逝去。刘的同道继承他的衣钵,继续扩大无政府主义的宣传。据《民声》所载,仅一九一六年四月到十一月,《民声》社即"先后发出《民声》各期共一万册,《平民之钟》五百三十四册,《无政府浅说》五百三十四册,《总同盟罢工》②七百册,《军人之宝筏》五百册,《无政府主义》七百册"。③

除民声社外,无政府主义者又组织了许多新的小团体和出版了一些新的刊物。如一九一六年南京无吾、凤真等人组织了群社,出版了《人群》杂志;一九一七年,北京太侔、震瀛、竞成、超海等人组织了实社,出版了《自由录》;一九一八年,山西剑平、克水等人组织了平社,出版了《太平》杂志。

这些小团体中,北京的实社最强,它是由北京大学的信仰无政府主义的学生组成的。实社出版的《自由录》(创刊于一九一七年七月,不定期刊),宣传和介绍无政府主义也比较系统、典型,其主要撰稿人有黄凌霜、区声白、李震瀛、华林等人。

黄凌霜在《"自由录"发刊词——弁言》中写道:"吾人既感于现社会之不平等,……思有以变革之:于政治上则蕲无政府之组织;于经济上则主张共产之真理,……虽然,无政府至美也,共产至善也,欲成就之,盖未可以旦夕几也。吾人于是不能不先将无政府共产主义之观念,灌输于一般平民之脑海中,以促其自觉。灌输之方术,有激烈焉,有温和焉。前者以炸弹、手枪,而为荆轲、苏菲亚之行动;后者以教育、言论,劝其感化,求大多数之同智同德。二者初似不相侔,实则并行而不相背。斯篇之作,窃欲于后者稍稍尽力焉耳矣。"④

这一段话,把无政府主义者的目的和手段都讲得很清楚了。关于无

---

① 《答英白书》,《师复文存》,第一六六页。
② 张继译,白话文小册子,原在东京出版。《民声》社曾多次再版,以后并将该书和《两个工人谈话》,并印为《工人宝鉴》。
③ 《民声》第二十九期,一九一六年十一月二十八日。
④ 《自由录》第一集,一九一七年七月。

政府主义者所要求的绝对自由,不需要什么党纲的约束,《自由录》上讲得也很清楚:"至谓制定党纲,则以为无此必要。……以一二人之意见,强多数人之服从,非无政府党所应为也。……有个人发表之意见,即书报、演说等是也,有公共发表之意见,即本大会讨论之结果,用无政府党大会名义所发表之宣言书是也。二者皆自由言论,更无所谓党纲也。"①

除以上各小团体及其所出版的刊物外,一九一八年三月,吴稚晖等还在上海出版了《劳动》杂志,宣传无政府工团主义。

由于无政府小团体没有严密组织,也无统一领导,自由结合,自由解散,随起随灭,因此,在一九一八年,民声社、实社、群社、平社相继瓦解,其刊物也分别停刊。

一九一九年一月,上述四个社为了整顿力量、扩大宣传,合并成立进化社,并出版《进化》月刊(一九一九年一月二十日创刊)。

进化社继承着刘师复的衣钵,该社特别启事中明确地说:"今去先生(指刘师复)赍志不瞑之期已有五周岁矣,而'进化'适联合民声社、群社、实社、平社诸团体,以公布于世,盖思所以继先生之志而致来日之希望也。"②

进化社宣扬的主要是克鲁泡特金的互助论,认为"互助"是"进化"的要素,提倡"各尽所能、各取所需"的"互助"生活。

《进化》虽然存在只有几个月,但其思想影响很广。由于广大的小资产阶级知识分子最初还分不清马克思主义和无政府主义的区别,无政府主义者还把十月革命说成是无政府主义的胜利,蔡元培等也宣扬第一次世界大战的胜利是克鲁泡特金互助论的胜利,因此无政府主义在知识界的散播面是很广的。"五四"前夕的北京,除北京大学有无政府主义团体外,其他高等学校也都有类似的团体,如高师的同言社、工学会及几个学校共同组织的共学会,开始都是倾向于无政府主义的。③

"五四"后,无政府主义继续流行,宣扬它的各种小团体虽然是随起

---

① 太侔:《复了僧君》,《自由录》第一集,一九一七年七月。
② 《进化》第一卷,第二期,一九一九年二月二十日。
③ 参看《近代史资料》一九五七年第二期,第一一七页。

随灭,但仍然不断出现。据统计,五四时期专门宣扬无政府主义的刊物和书籍达七十多种,可见其影响的广泛。

## 三、黄凌霜、区声白等无政府主义者的挑战

当俄国十月社会主义革命的消息最初传到中国来的时候,中国人民对它发出同情和欢呼,但是人们一时还不能认清它的深刻性质,更不懂得马克思主义和无政府主义的原则分歧。由于无政府主义曾在中国流行,因此不少的人认为十月革命的胜利就是无政府主义的胜利。

中国的无政府主义者最初就是这样认识的。例如,他们办的《劳动》杂志在一九一八年四月间便对十月革命表示赞扬,有一篇介绍列宁的文章说:"现在我们中国的毗邻俄国,已经光明正大的做起贫富一班齐的社会革命来了。社会革命四个字,人人以为可怕,其实不过是世界的自然趋势。现在社会不善的原因,以后处处皆要发现的,毫不稀奇。"①另一篇讲俄国革命的文章又说:"世界惊人的欧战已打了好几年,俄罗斯惊人的革命也闹得轰天震地。世界人士,莫不瞩目关心,打听他的消息,研究他的结果。做官做宦的,恐怕他们乱子闹大了,把自己的利禄势位,也保不住;大地主大富翁,又恐怕他们乱子闹大了,共产世界,一旦实行,把自己欺诈剥夺所得的私产,化为乌有;所以都是栗栗危惧,然又大势所趋,莫可如何。只有那些不幸的劳动家,天天盼望他们的革命,早早成功,早早普及,好大众共享平等的幸福,同过自由的日子。所以俄罗斯来的电报,是格外得人注意,过激党传的消息,格外得人欢迎。"②

但是,随着十月革命影响的扩大和马克思主义在中国的传播,无政府主义者感到十月革命的胜利和他们的无政府主义并不是一回事,因此,他

---

① 持平:《俄罗斯社会革命之先锋李宁事略》,《劳动》第一卷,第二号,一九一八年四月二十日。

② 一纯:《俄国过激派施行之政略》,《劳动》第一卷,第二号,一九一八年四月二十日。

们继承着无政府主义的传统,立即向十月革命和马克思主义展开了进攻。例如,一九一九年二月,《进化》月刊登载了一篇题为《论俄国过激党》的译文,译者便在按语中对十月革命进行恶毒的谩骂:"今所以译此文者,本不过为辨明俄国过激党,既非马克斯派之社会党,亦非其他含有政治臭味的革命党,更非无政府党;究其行为,直可名之曰一杀人放火的强盗。"①

中国无政府主义者在向马克思主义进攻中,黄凌霜是一个积极的挑战者。

黄凌霜,本名黄文山,北京大学学生,刘师复的忠实继承者,北京大学无政府主义团体中的骨干分子,经常发表宣扬无政府主义的文字。

一九一九年二月,黄在《进化》月刊上发表的《评"新潮杂志"所谓今日世界之新潮》一文,便歪曲和攻击了马克思主义。他把马克思主义说成是"集产主义",而把无政府主义说成是"共产主义",宣扬:"马克斯的集产主义,现在已不为多数社会党所信仰。近来万国社会党所取决的,实为共产主义。"②并且说:"现在集产主义以衣食房屋之类可以私有,是明明尚有个人财产,根本上已背乎社会主义的定义。况且同一房屋牛马的圈厩,既为公有,人居的房舍,则为私有,于理论上也说不上去。"③

无政府主义者对于社会主义一窍不通,只能浅薄地抓住废除私有财产这一条向马克思主义进攻。当然,这是有他们的阶级根源的,小生产者的绝对平均主义思想,支配着他们要求立即实现各取所需,而反对各尽所能、按劳分配的社会主义原则。黄凌霜在上文中说:"集产者主张按各人的劳动多寡,来给他的报酬,那末强有力的将享最高的幸福,能力微弱的将至不能生活,能力薄弱的缘故,或关乎生理,却非人懒惰的罪,而结果不幸如此,还说什么幸福呢?所以我极端反对马克斯的集产社会主义。"④

一九一九年五月,黄凌霜又在《新青年》第六卷第五号发表《马克思

---

① 《进化》第一卷,第二号,一九一九年二月二十日。
② 《进化》第一卷,第二号,一九一九年二月二十日。
③ 《进化》第一卷,第二号,一九一九年二月二十日。
④ 《进化》第一卷,第二号,一九一九年二月二十日。

学说的批评》一文,对马克思主义进行系统的攻击,他并且明确地说:"作者批评马氏的学说,对于他的经济论和唯物史观,以德人 E.Bernstein 的批评为根据;对于政策论的批评,以俄人 Z.Kropotkin 的批评为根据。"①

黄文说:"马氏经济论最缺点的地方,还在他的记载,有尽不确的地方。"黄还抹杀马克思经济学说的伟大意义,说马克思不过是重复别人的观念,说什么有的在蒲鲁东的书里都屡次讲到了。

黄文说:"马氏所用的方法,还不出黑格尔的辩证法之外。他虽然说过若是要这个方法合于理性,必要将他转过来,搁在一个唯物的根据之上;但是他自己却不能处处依着这个范围立论。"黄还诬蔑说:"马氏不过把辩证的事业,代了前人辩证的观念罢了。空想会弄坏了科学,马氏恐怕不能自辞其咎吧。"

关于唯物史观,黄文虽然不得不承认这是马克思的"最大的创造,为学问界开一新纪元",但是他又抹杀其意义,和进化论混为一谈,说:"马氏在他的历史的哲学序中,说明社会机体进化的原理,和达氏(指达尔文)所发明的生物机体进化的论据,很是相近。"

关于"政策论",即无产阶级专政的国家学说,这是无政府主义者攻击的中心。黄文说:"无政府党人以为国家的组织,从历史上观之,无非建立私权,保护少数特殊幸福的机关。现在教育,国教,和保护领土种种大权,都在政府掌握之中。若更举土地,矿山,铁道,银行,保险,等等给了他,谁保国家的专制,不较现在还要利害。我们的首领,谁保他们不变了拿破仑、袁世凯呢?且社会主义,不应当压制个人的自由。社会民主党的政府(指苏维埃),又要设立什么工兵农兵,这不是压制个人的表征吗?"接着,他攻击了各尽所能、按劳分配的社会主义原则,并提出无政府主义的主张说:"无政府共产党想将国家的组织改变,由平民自己建立各种团体会社,如办教育就有教育会,办农业就有农业会,等等。由单纯以趋于复杂,以办理社会所应需的事,去除一切强权,而以各个人能享平等幸福为主。他们所主张的劳动原则,就是'各尽所能'四个大字。他们所主张

---

① 《新青年》第六卷,第五号。

的分配原则,就是'各取所需'四个大字。无政府党和马克思派争论的焦点,就在这个了。"

据上所述,可以看出,黄凌霜的《马克思学说的批评》一文,是无政府主义者对马克思主义的一篇比较全面、系统的挑战书。

可是,这个挑战并没有立即遭到反击,这是因为:

第一,当时中国的马克思主义者还为数不多,水平也不够高,对无政府主义的危害性估计不足,而广大的小资产阶级知识分子从其本能上说是比较倾向于无政府主义的。

第二,当时仅有的马克思主义者在遭到实用主义的进攻,他们必须首先进行和资产阶级改良主义者的论战。

无政府主义在没有遭到抵制和反击的情况下,"五四"以后,继续泛滥。

从一九一九年下半年至一九二〇年,新创办的无政府主义刊物有《奋斗》《北大》《学生周刊》《社会运动》(以上北京),《自由》《革命》(以上上海),《民风》(广州),《闽星》(福建漳州),《革命潮》(山西),《半月刊》(四川)等。此外,许多宣传无政府主义的小册子也纷纷出版,例如,一九二〇年在广州就出版有《真理丛刊》(集录无政府主义的学说)、《无政府主义讨论集》(集录刘师复和别人讨论的文章)等;一九二一年《民声》在广州复刊,并出版了第一至第二十九期的合刊本。此外,在当时流行的一些进步报刊上,也都不断地登载有谈论无政府主义的文章。

随着无政府主义思想的泛滥,一些无政府主义小团体也增多起来。例如,一九二〇年初,北京大学中有奋斗社的出现;长沙第一师范有明社的出现;成都有均社的出现,等等。在工人运动中,也有无政府主义团体的出现。一九二〇年十一月长沙的"湖南劳工会"(由黄爱、庞人铨所组织,出版有《劳工周刊》),就受有无政府主义的影响。

此外,在各地刚刚成立的共产主义组织中,也包含一些信仰无政府主义的人,这些人也不断散播无政府主义思想。例如,广州小组出版的工人刊物《劳动者》中,便不断出现有宣传无政府工团主义的文章。

一九二一年初,各地无政府主义分子加强联系,其中的骨干来往于京、沪、汉、粤等地之间,他们计议召开大会,发布宣言书,展开进一步的活动。①

马克思主义和无政府主义不能共处,斗争是不可避免的。

一九二〇年二月出版的《奋斗》第二号,公开发表以《我们反对"布尔扎维克"》为题的论文,向马克思主义进攻。

一九二〇年五、六月间,在上海《民国日报》副刊《觉悟》上展开了一场"强国应否提倡"的辩论,指出了无政府主义抽象反对强权的错误,解释了"强权卫公理"的道理。不过,这个辩论主要是在"通讯"栏进行的,影响并不太大,也没有得出明确的结论。②

一九二〇年九月,陈独秀在《新青年》上发表《谈政治》一文,明确地以无产阶级专政思想,批评了无政府主义。

一九二〇年十一月,《共产党》月刊出版。这个月刊的第一号至第五号,在其具有社论性质的"短言"栏中,都对无政府主义进行了批判。其他的一些论文,如《社会革命底商榷》(第二号)、《无政府主义的解剖》(第四号)、《我们为什么主张共产主义》(第四号)、《夺取政权》(第五号)、《我们要怎么样干社会革命?》(第五号)等,也都批评了无政府主义。

一九二〇年底,陈独秀在广州继续批评无政府主义,有一次,他在法政学校讲演的时候,无政府主义者区声白也在听讲。区听讲后,立即寄信给陈,表示异议,陈作了答复,区再写信,陈又作答,如此往复达三次之多。为此,陈在《新青年》第九卷第四号上开辟了《讨论无政府主义》一栏,把这些信件予以公开披载。

与此同时,《民国日报》副刊《觉悟》也发表了一些关于无政府主义的通信。③

这样,在中国共产党成立前后,就形成了一次关于无政府主义的辩论。

---

① 中国第二历史档案馆藏:北洋政府步军统领衙门档案(一〇二三)五七。
② 参看上海《民国日报》一九二〇年五月二十三日、二十五日、二十八日;六月二日、五日、九日。
③ 《民国日报》一九二一年五月十八日、七月十五日、七月三十一日。

## 四、反对无政府主义

在关于无政府主义的辩论中,各地共产主义组织的成员和拥护社会主义的人,在以下几个问题上对无政府主义者的挑战进行了有力的反击。

第一,关于无产阶级专政的国家学说。

如前所述,黄凌霜在《马克思学说的批评》一文中抽象地反对一切国家,攻击无产阶级专政,说苏维埃政府"设立什么工兵农兵",是"压制个人的表征"。一九二〇年二月《奋斗》第二号上的《我们反对"布尔扎维克"》这篇文章就说得更加明确:"我们不承认资本家的强权,我们不承认政治家的强权,我们一样不承认劳动者的强权。"① 因此,无政府主义者骂布尔什维克是"独裁",是"专制"。② 他们认为社会革命后不需要无产阶级专政,因为资产阶级没有复辟的可能,他们说:"社会革命成功了以后,当然要把资产阶级所私有的财产归之于公,那么资产阶级也变作无产阶级了,还怎样谋复辟呢?资产阶级的势力都是金钱给予他们的,一旦金钱没有了,他们那里再有势力来复辟?"③

针对以上论点,反驳者指出不可抽象地反对一切强权,他们说:"我们应该要问:强权何以可恶?我以为强权所以可恶,是因为有人拿他来拥护强者无道者,压迫弱者与正义。若是倒转过来,拿他来救护弱者与正义,排除强者与无道,就不见得可恶了。"④

因此,反对资产阶级的强权是对的,而反对无产阶级的强权就不对了,因为要消灭资产阶级强权造成的不平和痛苦,"只有被压迫的生产的

---

① A.D.(易家钺):《我们反对"布尔扎维克"》,《奋斗》旬刊第二号,一九二〇年二月二十四日。
② A.F.:《为什么反对布尔雪维克》,《奋斗》第八、九号,一九二〇年四月三十日。
③ 《国家、政治、法律》(郑贤宗和陈独秀的通信),《新青年》第八卷,第三号。
④ 《谈政治》,《新青年》第八卷,第一号。

劳动阶级自己造成强力,自己在站在国家地位,利用政治、法律等机关,把那压迫的资产阶级完全征服,然后才可望将财产私有、工银劳动等制度废去,将这过于不平等的经济状况除去"。①

无产阶级强权,即无产阶级专政,并不是最后目的,而是要借此最后消灭阶级和消灭专政。反驳者指出:"我们的最终目的,也是没有国家的。不过我们在阶级没有消灭以前,却极力主张要国家,而且是主张要强有力的无产阶级专政的国家的。阶级一天一天趋于消灭,国家也就一天一天失其效用。我们的目的,并不是要拿国家建树无产阶级的特权,是要拿国家来撤废一切阶级的。"②

为了消灭一切专政,必须建立无产阶级专政,看来是矛盾的,但它却是辩证的统一。无政府主义者说,不建立无产阶级专政,资产阶级也不会复辟。这是完全错误的,反驳者指出:"从革命发生起,一直到私有财产实际归公,必然要经过长久的岁月;从私有财产在制度上消灭,一直到私有财产在人心上消灭,又必然要经过长久的岁月;在这长久的岁月间,无论何时都有发生阴谋使资本制度死灰复燃甚至于恢复帝制的可能,我们不可把社会改造看得太简单,太容易了。"③他们还举例说:"此时俄罗斯若以克鲁泡特金的自由组织代替了列宁的劳动专政,马上不但资产阶级要恢复势力,连帝政复兴也必不免。"④

因此,"要把有产阶级势力连根铲尽,非一时的暴动所能成功的,至少非有比较长期的压制不可,而要实行比较长期的压制,非把政权夺到无产阶级的手上不可"。⑤"在此时期内若有人主张把政权及自由给资产阶级,便是杀害劳动阶级;若是劳动阶级肯把政权及自由给资产阶级,便是劳动阶级自杀。"⑥

因此,反驳者说:"我们共产主义者,主张推翻有产阶级的国家之后,

---

① 《谈政治》,《新青年》第八卷,第一号。
② 《我们要怎么样干社会革命?》,《共产党》第五号。
③ 《国家、政治、法律》,《新青年》第八卷,第三号。
④ 《谈政治》,《新青年》第八卷,第一号。
⑤ 《夺取政权》,《共产党》第五号。
⑥ 《短言》,《共产党》第三号。

一定要建设无产阶级的国家;否则,革命就不能完成,共产主义就不能实现。"①

第二,关于自由问题。

和反对无产阶级专政相联系,无政府主义者要求绝对自由。

在民主基础上的集中,在集中指导下的民主,这是马克思列宁主义的民主集中制。但是无政府主义者却反对任何集中,反对任何组织纪律,反对少数服从多数。区声白说:"无政府主义的社会,是自由组织的,人人都可自由加入,自由退出,所以每逢办一件事,都要得人人同意。如果在一个团体之内,有两派的意见,赞成的就可执行,反对的就可退出,赞成的既不能强迫反对的一定做去,反对的也不能阻碍赞成的执行,这岂不是自由吗?"②在此之前,黄凌霜则公开宣称:"无政府主义以个人为万能,因而为极端自由主义,所以,无政府主义乃是个人主义的好朋友。"③

针对以上论点,反驳者指出这种主张是行不通的:"我们的社会乃由许多生产团体结合而成,一团体内各人有各人的意见,人人同意已不易得;一社会内各团体有各团体的意见,人人同意更是绝对没有的事;一团体内意见不同的分子还可以说自由退出,我不知道一社会内意见不同的分子或一团体,有何方法可以自由退出?"他们说:"联合无论大小,都要有一部分人牺牲自己的意见,才能够维持得比较的长久一点;若常常固执个人或小团体的绝对自由,自由退出,自由加入,东挪西变,仍是一堆散沙,这种散沙的现象,至少也不适宜于大规模的生产事业。"④他们指出:"现代工业发达,一个工厂往往有数千数万人;而无政府主义要保护人人绝对自由,不许少数压多数,也不许多数压少数,九十九人赞成,一人反对,也不能执行,试问数千数万人的工厂,事事怎可以人人同意,如不同意,岂不糟极了么? 而且个人或小团体绝对自由,则生产额可以随意增减,有时社会需要多而生产少,有时需要少而生产多,因为没有统一机关

---

① 《我们要怎么样干社会革命?》,《共产党》第五号。
② 《讨论无政府主义》,《新青年》第九卷,第四号。
③ 《讨论无政府主义》,《新青年》第九卷,第四号。
④ 《评〈新潮〉杂志所谓今日世界之新潮》,《进化》第二号,一九一九年二月。

## 第十九章 反对无政府主义

用强制力去干涉调节,自然会发生生产过剩或不足的弊端。"①

无政府主义在这种反对集中、要求绝对自由的论调,不仅不能打倒资产阶级,而且给资产阶级破坏工人运动以很好的条件。当时的反驳者指出:"劳动团体的权力不集中,想和资产阶级对抗尚且不能,慢说是推翻资产阶级了,因为权力不集中,各团体自由自治起来,不但势力散漫不雄厚,并且要中资产阶级离间利用和各个击破的毒计。"②

绝对自由,一切为了个人,这是和社会主义的民主集中制截然对立的。正如列宁所说:"无政府主义者的世界观是改头换面的资产阶级世界观。他们的个人主义理论,他们的个人主义理想是与社会主义直接对立的。"③也正如斯大林所说:"无政府主义以个人为基础,认为解放个人是解放群众、解放集体的主要条件。在无政府主义看来,个人没有解放以前,群众的解放是不可能的,因此它的口号是'一切为了个人'。而马克思主义则以群众为基础,认为解放群众是解放个人的主要条件。这就是说,在马克思主义看来,群众没有解放以前,个人的解放是不可能的,因此它的口号是'一切为了群众'。"④

第三,关于生产和分配的原则。

基于个人主义的绝对自由观,无政府主义者在生产和分配问题上的主张也是极其荒唐的。

在生产上,他们反对集中,反对有计划的生产,主张"将一切生产机关,委诸自由人的自由联合管理";他们攻击苏维埃政权的土地、工厂国有化政策,认为:"小资本家——个人——没有完全打消,大资本家——国家——反而完全成立。"⑤

在分配上,他们以小资产阶级的绝对平均主义观点来攻击社会主义

---

① 《社会主义批评》,《新青年》第九卷,第三号。
② 《讨论无政府主义》,《新青年》第九卷,第四号。
③ 《社会主义和无政府主义》,《列宁全集》第十卷,人民出版社一九五八年版,第五三页。
④ 《无政府主义还是社会主义?》,《斯大林全集》第一卷,人民出版社一九五三年版,第二七三页。
⑤ 《我们反对"布尔扎维克"》,《奋斗》第二号。

各尽所能,按劳分配的原则,他们以不切实际的空想,要求在产品还不十分丰富的阶段就实行按需分配。如果没有做到按需分配,这种革命就是不彻底,不平等,他们攻击布尔什维克建立的苏维埃政权说:"假使他在实行社会革命以后,把社会产物通通归到社会公有,然后各尽所能,各取所需,那末这种更好的自由结合,就是我们很希望的理想社会了。……我反对布尔扎维克的理由,不因他的革命,却因他那不彻底的革命,须知不彻底的革命,和'改良'相同。"①

无政府主义者的"左"的言词,可以一时激动人心,但却没有科学的基础。

针对上述论点,反驳者指出:"无政府主义的生产组织,有一种最大的缺点,即是不能使生产力保持均平。要使各地方各职业的生产力保持均平,无论如何,非倚赖中央的权力不可。"②他们诘问道:"无政府主义者用这种没有强制力的自由联合来应付最复杂的近代经济问题,试问怎么能够使中国的农业工业成为社会化?怎么能够调节生产只使不至过剩或不足?怎么能够制裁各生产团体使不至互相冲突?怎么能够转变手工业为机器工业?怎么能够统一管理全国交通机关?"③当然,所有这些问题都不是无政府主义者所能够回答的。

反驳者也指出了无政府主义者在分配问题上的错误主张,他们说,各尽所能、按需分配的理想,"非待世界的产业发达到极境的时候,不能办到。譬如今日行了社会革命明日组织新社会,而新社会都是继承旧社会的生产力继续发展的,这生产力是有一定的限制的,生产力既有限制,生产物当然也有限制了,以这有限制的生产,听各人消费的自由得其平等,是绝对办不到的。若果社会的生产力发达到无限制的程度,生产物十分丰富,取之不尽,用之不竭,这'各取所需'的分配原则是很可实行的。只是在生产力未发达的地方与生产力未发达的时期内,若用这种分配制度,

---

① 《讨论通信》,《奋斗》第八、九号合刊,一九二〇年四月。
② 《社会革命的商榷》,《共产党》第二号。
③ 《社会主义批评》,《新青年》第九卷,第三号。

社会的经济的秩序就要弄糟了。"①

## 五、意义和影响

各地共产主义组织成员在《新青年》《共产党》等报刊上给无政府主义者的公开反击,持续了一年多的时间。

这个反击,宣传了无产阶级专政的国家学说,强调了革命团体的组织纪律性,解释了社会主义的生产、分配原则,从而初步地划清了马克思主义和无政府主义的界限,因此,这个反击有很大的功绩。

但是,在这个反击中的许多论点,也有缺点和错误。

有缺点,就是说,这个反击还不彻底,反击者只是就无政府主义者提出的一些具体问题进行讨论和批评,而没有对无政府主义的世界观加以本质的揭露,如列宁所说:"无政府主义是改头换面的资产阶级个人主义。个人主义是无政府主义整个世界观的基础。"②

有错误,就是说,这个反击中也有一些非马克思主义或反马克思主义的观点。例如,有的反击者把科学的共产主义高级阶段和"无政府共产主义"混同起来,因而说无政府主义"原则是对的",只是方法不对头。再如,为了反对无政府主义,说明不可抽象地反对集中权力,而要分清什么阶级的权力和使用这种权力达到什么样的目的,这当然都是对的,但是有人为了强调集中,竟把集中权力和群众意志截然对立起来,陈独秀在一篇随感中竟然说:"中国人民简直是一盘散沙,一堆蠢物。"③他在答区声白书中又说:"群众心理都是盲目的,无论怎样大的科学家,一旦置身群众,

---

① 《社会革命的商榷》,《共产党》第二号。
② 《无政府主义和社会主义》,《列宁选集》第一卷,人民出版社一九七二年版,第二一八页。
③ 《卑之无甚高论》,《新青年》第九卷,第三号,一九二一年七月。

便失了理性,……"①从这一观点出发,他竟认为"有史以来革命成功的,无一不是少数人压服了多数人",并且说俄国十月革命也是少数人的运动,而中国如果有"一万万献身社会革命运动",那也是"一万万人压服三万万人"的运动。有的人还说:"所谓无产阶级专政,起初只是少数人专政;这是不能讳而且也不必讳的。大家想想看,多数无自觉无训练无组织的无产者,怎么样就可以叫佢们来专政呢?叫佢们来专政,共产主义岂不是要糟了么!"②很显然,这些言论都是错误的,因为它没有正确的解释民主和集中的关系,并对无产阶级专政进行了歪曲。

虽然有着以上的缺点和错误,但是这次对无政府主义的反击,功绩仍然是主要的。

反对无政府主义的斗争不仅在报刊上公开进行,而且在共产主义小组和许多社团内部及知识界中也热烈地讨论着。例如,新民学会会员在讨论"改造中国与世界"的问题时,有人主张用无政府主义,蔡和森、毛泽东等则认为必须用马克思主义。一九二〇年八月十三日蔡和森给毛泽东的信中说:"我以为现世界不能行无政府主义,因为现世界显然有两个对抗的阶级存在,打倒有产阶级的迪克推多,非以无产阶级的迪克推多压不住反动,俄国就是个明证。所以我对于中国将来的改造,以为完全适用社会主义的原理和方法。"③毛泽东于一九二〇年十二月一日给蔡和森等的信中也说:"对于绝对的自由主义、无政府的主义,以及德谟克拉西主义,依我现在的看法,都认为理论上说得好听,事实上是做不到的。"④

马克思主义和无政府主义的斗争,在法国的中国留学生中也激烈地进行着。一些无政府主义者在巴黎办有《工余》月刊(一九二二年一月十五日创办),在勤工俭学学生和华工中,散布无政府主义。周恩来、赵世炎等则通过《少年》月刊(一九二二年八月一日创办),与之斗争。周恩来指出:"无政府主义在中国已有了十年以上的历史,他利用中国人的惰性

---

① 《讨论无政府主义》,《新青年》第九卷,第四号,一九二一年八月。
② 《我们要怎么样干社会革命?》,《共产党》第五号,一九二一年六月。
③ 《新民学会会员通信集》第三集。
④ 《新民学会会员通信集》第三集。

和容忍,竟与些思想堕落者结成了不解之缘。他们都自命为提倡科学的人,其实他们只会高谈那空想的艺术,高谈几个'真''善''美'的名词,论到实在的开发实业的方法,恐怕除掉毁坏大规模生产、反对集中制度外,竟无什么具体主张。"①

经过和无政府主义的斗争,大量的先进知识分子分清了马克思主义和无政府主义的区别,从而坚决地走上拥护马克思主义的道路。有的原来相信无政府主义的人,也开始放弃原来的信仰,逐步走上马克思主义的道路,许多著名的共产主义者都经过这样的转变。

经过这次斗争,在工人群众中也开始肃清无政府主义的影响。例如,原来受有无政府主义影响的黄爱、庞人铨及他们领导的"湖南劳工会",在毛泽东的积极教育下,被争取过来,一九二一年底,黄、庞都参加了社会主义青年团。

经过这次斗争,坚持错误道路的少数无政府主义者更加反动,混入各地共产主义组织的这类分子则被清洗出去。

经过这次斗争,马克思主义树立了自己的优势,促成了中国马克思主义政党——中国共产党的成立。

在中国共产党成立后,一小撮无政府主义者虽然仍旧兴风作浪,成立各种小团体,出版各种刊物,公开反苏、反共、反孙中山、反国共合作,但是并没有成什么气候,小团体旋起旋灭(有的十天八天就"烟消云散"),刊物则旋出旋停("出一期算一期,并不计及下期能不能出")。因此,无政府主义者的影响愈来愈小了,连他们自己也感觉到:"近来的学生不比五四前的学生容易鼓吹了。"②

当中国人民大革命的高潮到来时,无政府主义在中国就更加没落了。

---

① 伍豪:《共产主义与中国》,《少年》第二号,一九二二年九月一日。
② 《怎样去宣传主义》,《学汇》第一九四期,一九二三年五月十三日。

# 第二十章
# 五四运动和妇女解放

## 一、近代妇女的觉醒

恩格斯在《社会主义从空想到科学的发展》一书中指出:傅立叶"巧妙地批判了两性关系的资产阶级形式和妇女在资产阶级社会中的地位。他第一个表明了这样的思想:在任何社会中,妇女解放的程度是衡量普遍解放的天然尺度"。①

马克思也曾明确指出:"每个了解一点历史的人也都知道,没有妇女的酵素就不可能有伟大的社会变革,社会的进步可以用女性(丑的也包括在内)的社会地位来精确地衡量。"②

在中国几千年的宗法社会里,广大妇女受着封建政权、族权、神权、夫权的残酷压迫,置身于万丈深渊的最底层。千百年来,她们渴望社会变革和妇女解放,对历史上的农民斗争寄予同情和支持。特别是近代,则有更多的妇女直接参加了反对外国侵略者和反对封建统治者的斗争。太平天

---

① 《马克思恩格斯选集》第三卷,人民出版社一九七二年版,第四一一、四一二页。
② 《马克思致路·库格曼》,《马克思恩格斯全集》第三十二卷,人民出版社一九七四年版,第五七一页。

国运动中,"男将女将尽持刀,同心放胆同杀妖",出现了一批能文善武的女兵、女将、女官。义和团运动时,民间妇女组织起红灯照(幼女团)、黑灯照(老妇团)、蓝灯照(妇人团)、青灯照(孀妇团),"妇女不梳头,砍去洋人头;妇女不裹足,杀尽洋人笑呵呵",表现了充分的政治斗争热情。

妇女解放是资产阶级民主革命的重要内容。

但是,先天不足的中国资产阶级是软弱的。

资产阶级改良派曾经提倡兴办女学,想以开办女子教育,达到"振二千年之颓风,拯二兆人之吁命"。① 梁启超在一八九七年(光绪二十三年)所拟的《倡设女学堂启》中,就把美国、日本的强盛,归于女权的兴起和女学的创办,"夫男女平权,美国斯盛。女学布濩,日本以强。兴国智民,靡不始此"。② 但是改良派的主张是极不彻底的。他们不想触动封建专制制度的本质,政治上如此,教育上也是如此。梁启超在他所拟的《女学堂试办略章》中,竟规定其"立学大意"是"学堂之设,悉遵吾儒圣教,堂中亦供奉至圣先师神位"。③ 这个《略章》还规定了堂规四条,其第一条是:"凡堂中执事,上自教习提调,下至服役人等,一切皆用妇人。严别内外,自堂门以内,永远不准男子闯入,其司事人所居在门外,别辟一院,不得与堂内毗连。其外董事等或有商榷,亦只得在外院集议。"④根据这条堂规,不仍然是男女有别、授受不亲么?特别是在这个《略章》中还说:"凡真正苦节之女,即非醴泉芝草,亦宜破格栽培,勖以专认师范一门,秉贞母之赋畀,先觉觉后觉,或冀形端表正,防微杜渐,其庶几乎!"⑤这不仍然是提倡培养大大小小的贞妇烈女么?

戊戌变法失败后,清政府在二十世纪之初举办"新政",开始办理女子小学堂,但其《学部奏定女子小学堂章程》(一九〇七)中,不仅规定了"女子小学堂与男子小学堂分别设立不得混合",而且在其"教育总要"中

---

① 舒新城编:《中国近代教育史资料》下册,人民教育出版社一九六一年版,第七九八页。
② 舒新城编:《中国近代教育史资料》下册,第七九八页。
③ 舒新城编:《中国近代教育史资料》下册,第七九八页。
④ 舒新城编:《中国近代教育史资料》下册,第七九九、八〇〇页。
⑤ 舒新城编:《中国近代教育史资料》下册,第八〇〇页。

说:"中国女德,历代崇重,今教育女儿,首当注重于此,总期不悖中国懿嬺之礼教,不染末俗放纵之僻习。"①

资产阶级革命派比资产阶级改良派前进了一步,在妇女解放方面,他们曾进行了大量的宣传启蒙工作。从一九〇二年到辛亥革命的十年间,出现了一批以妇女为对象的妇女报刊,约有二十种之多。② 其中不少是提倡女学和女权,并把这方面的宣传和民族民主革命的宣传结合起来。如柳亚子(署名亚卢)在《女子世界》第九期上发表的《哀女界》一文,便是很有代表性的。③

苍天何事太朦胧,一任伤心不管依;
粉面黛眉成傀儡,画楼雕阁是牢笼。
并刀夜映肤如雪,翠被朝看泪染红;
姊妹同胞二万万,江山正好夕阳中。

柳亚子于哀痛之余,积极提倡恢复女权。他指出:"廿纪风尘,盘涡东下,漫漫长夜,渐露光明。女权女权之声,始发现于中国人之耳膜,女界怪杰方发愤兴起以图之,而同胞志士亦袪负心之辱,深同病之怜,著书立说,鼓吹一世,欲恢复私权,渐近而开参预政治之幕。"

特别可贵的是,革命派号召把妇女解放和当前的反清斗争结合起来:"巾帼须眉相将携手以上二十世纪之舞台,而演驱除异族、光复河山、推倒旧政府建设新中国之活剧,而公等亦得享自由独立之幸福以去。"

还在同盟会成立前(一九〇三年),日本留学生组成义勇队(学生军),展开拒俄运动时,便有许多女学生参加。当时曹汝霖是留学生会馆的干事,他不同意组织义勇队,但是他的妹妹曹汝锦却和许多女留学生一起加入了赤十字社,决心随同义勇队北征。一九〇五年,中国同盟会在东京成立后,陆续吸收了一批女会员,像秋瑾、陈撷芬、何香凝、林宗素、唐群英、蔡

---

① 舒新城编:《中国近代教育史资料》下册,第八〇一页。
② 参见方汉奇:《中国近代报刊史》下,山西人民出版社一九八一年版,第五六〇、五六一页。
③ 《女子世界》,一九〇四年一月创刊于上海,到一九〇六年停刊,断断续续共出十八期,是辛亥革命时期历史最长的一家妇女报刊。《哀女界》一文,参见《辛亥革命前十年间时论选集》第一卷下册,生活·读书·新知三联书店一九六〇年版,第九三三——九三七页。

惠、方君瑛、吴木兰、曾醒、郑毓秀、赵连城等,后来都成为有名的人物。

在资产阶级革命派中,秋瑾是一位杰出的妇女领袖。她在日本留学期间,"每大集会,……必抠衣登坛,多所陈说,其词淋漓悲壮激切,荡人心魂,与闻之者鲜不感动愧赧而继之以泣也"。① 一九〇六年冬,她于上海创办《中国女报》,并在发刊辞中发出号召说:"吾今欲结二万万大团体于一致,通全国女界声息于朝夕,为女界之总机关,使我女子生机活泼,精神奋飞,绝尘而奔,以速进大光明世界。"②在《中国女报》第二期上,补刊的《创办中国女报之草章及意旨广告》,就将组织"女界之总机关"的意图,说得更为清楚了:"以开通风气,提倡女学,联感情,结团体,并为他日创设中国妇人协会之基础为宗旨。"③秋瑾不愧为中国妇女界的领袖,郭沫若评论秋瑾"不仅为民族解放运动,并为妇女解放运动,树立了一个先觉者的典型"。④

秋瑾还是一位才华横溢的爱国诗人:

　　瓜分惨祸依眉睫,呼告徒劳费齿牙。
　　祖国陆沉人有责,天涯飘泊我无家。⑤

　　扫尽胡氛安社稷,由来男女要平权。
　　人权天赋原无别,男女还须一例担。⑥

　　漫云女子不英雄,万里乘风独向东。
　　诗思一帆海空阔,梦魂三岛月玲珑。
　　铜驼已陷悲回首,汗马终惭未有功。
　　如许伤心家国恨,那堪客里度春风?⑦

---

① 陈去病:《鉴湖女侠秋瑾传》,《秋瑾集》,上海古籍出版社一九七九年版,第二页。
② 《中国女报发刊辞》,《秋瑾集》,第一三页。
③ 《秋瑾集》,第一〇页。
④ 《秋瑾史迹》序言,参见《秋瑾集》,第五页。
⑤ 《感时》,《秋瑾集》,第八四页。
⑥ 《弹词》,《秋瑾集》,第一三〇页。
⑦ 《日人石井君索和即用原韵》,《秋瑾集》,第八三页。

这些结合反帝、反清革命运动来谈女权的诗篇,充满了爱国主义和争取妇女解放的革命激情,深深地打动了读者的心。

秋瑾是冲破封建家庭束缚的实践者,她的诗文中也充满了痛斥买卖婚姻、纲常名教、封建家庭的思想,鼓励妇女挣脱这些牢笼。她写的弹词《精卫石》(未完稿),便是用现身说法,通过文艺形式表达了这种反封建的意志。总之,资产阶级革命派关于妇女解放的思想,比资产阶级改良派是大大地前进一步了。

武昌起义的风暴席卷神州大地,在反清群众斗争的推动下,武汉、上海、浙江、广东等地的妇女,纷纷组织女子军,要求参战。仅上海一地,就有"女民国军""女子北伐队""女子军事团""同盟女子经武练习队""女子北伐光复军""女子后援会北伐军救济队""女子劝捐会"等团体的出现。

这些女子军事组织也都确立了推翻清朝统治、拯救中华民族、建立共和政府的革命目标。上海女子军事团的宗旨写道:"本团以驱攘残恶、救助同胞为宗旨。"[1]女子北伐队的宣言指出:"天道好还,物极必反,人心思汉,有志竟成。专制达于极点,满清之气运告终;共和程度既济,汉族之河山当复。"[2]

南京临时政府成立后,一部分参加资产阶级革命的妇女,掀起了女子参政热潮,成立起"女子参政同志会""女子尚武会""女子同盟会""女国民会"(以上团体后来联合组成"女子参政同盟会")及"中华女子竞进会""女子共和会""神州女界协济会"等组织,要求实现"男女平权","女子参政"。"女子参政同盟会"的唐群英等上书孙中山和参议院,说:"兹幸神州光复,专制变为共和,政治革命既举于前,社会革命将起于后,欲弭社会革命之惨剧,必先求社会之平等,欲求社会之平等,必先求男女之平权,欲求男女之平权,非先与女子以参政权不可。"[3]

资产阶级革命派通过政权也采取了一些有利于妇女解放的措施。例

---

[1] 《民立报》一九一一年十一月十九日。
[2] 《时报》一九一二年一月十六日。
[3] 《时报》一九一二年二月二十日。

如,孙中山令内务部通饬各省劝禁缠足,成绩便很显著。在此以前,改良派虽也提倡天足并曾在许多地方设禁缠足会,但像临时政府这样,自上而下全国规模的禁止缠足,却是从来没有过的事。

再如,在学校教育中,南京临时政府教育部公布的章程规定,小学可以男女同校。此后,各种独立的女子学校,包括私立的女子学校也更多的出现了。辛亥革命前后,外国教会也办起了一些女子高等学校。有人约略统计,到五四运动前夕,全国各类学校已有女生十八万人。[①] 虽然大多数学生在学校中仍受着帝国主义奴化教育和封建主义传统教育,但在不同程度上也受到一些科学和文化知识的教育,这就为进一步接受新文化、新思想创造了某些条件。

但是,中国妇女从辛亥革命中所获得的权利,仍是很有限的。《临时约法》不仅没有明确规定男女平等的政治权利,而根据其《参议院法》,则公开剥夺了妇女的被选举权。[②] 临时大总统孙中山在《致女界共和协进社批》中也只是说:"女子将来之有参政权,盖事所必至。"又说:"女子应否有参政权,定于何年实行,国会能否准女界设旁听席,皆当决诸公论,候咨送参议院决可也。"[③]

袁世凯窃国和复辟封建专制后,勒令解散了各种妇女团体,女权运动就此而消沉,封建政权、族权、神权、夫权像四条绳索紧勒在妇女的脖子

---

① 从鸦片战争后,到"五四"前,中国女学的兴办,大致可分为三个阶段:

(一)外国列强侵入中国后,除进行政治、军事,经济的侵略外,更注重精神侵略方面的活动,由宗教事业而推广到"慈善"事业和文化事业。一八四四年在宁波出现的第一所女子学校,便是由外国人创办的。"英国东方女子教育协进会会员,传教士爱尔德赛(Miss Aldersay)在宁波创办女塾。课程内容有圣经、国文、算术等,并学习缝纫、刺绣。这是近代外人在华设立最早的教会女学。"见《中国近代教育大事记》,上海人民出版社一九八一年版,第四页。

(二)戊戌变法前后,特别是二十世纪初,也出现了中国人自办女学的热潮。一八九七年,经元善在上海筹办经正女学(又称经氏女学),这是中国人自办的最早一所女学。见朱有瓛、钱曼倩:《经正女学是我国自办的最早女学堂》,载《上海师范大学学报》一九八〇年第一期;碧瑶:《略谈女子中国教育史》,载一九三六年《妇女生活》第三卷,第七号。

(三)辛亥革命前后,即如文中所述。

② 《参议院法》第二章第五条规定:"中华民国之男子,年龄满二十五岁以上者,得为参议员。"《临时政府公报》第五十五号。

③ 《临时政府公报》第九号。

上,而且是愈拉愈紧。

## 二、拆掉贞节牌坊

袁世凯窃国以后复辟帝制,接着是张勋复辟、段祺瑞上台。这些封建军阀们在提倡尊孔读经的同时,大加表彰贞妇烈女,因此,在连篇累牍的报刊文字中,便出现了许多伤天害理的咄咄怪事。试看以下数例:

(一)北京《中华新报》载海宁朱尔迈的《会葬唐烈妇记》,写唐烈妇之死:"唐烈妇之死,所阅灰永、钱卤、投河,雉经者五,前后绝食者三;又益云以砒霜,则其亲试乎杀人之方者凡九。自除夕上溯其夫亡之夕,凡九十有八日。夫以九死之惨毒,又历九十八日之长,非所称百挫千折有进而无退者乎?"①

这里表彰的是贞妇。一个有夫之妇,在丈夫死亡后的九十八日内,自尽九次,最后才得以殉葬。

(二)同上文又写"俞氏女守节"事:"女年十九,受海盐张氏聘,未于归,夫夭,女即绝食七日;家人劝之力,始进糜曰,'吾即生,必至张氏,宁服丧三年,然后归报地下。'"②

这里表彰的是烈女。一个未婚之女,在没见面的未婚夫死之后也要绝食寻死。就是暂时不死,也要到夫家服丧三年,然后再死。表彰者说还不如成全她,让她早死了呢!"俞氏女果能死于绝食七日之内,岂不甚幸?"

(三)和上述两事发生的差不多同时,上海报上又登出"陈烈女殉夫"事:"陈烈女名宛珍,绍兴县人,三世居上海。年十七,字王远甫之子菁士,菁士于本年三月二十三日病死,年十八岁。陈女闻死耗,即沐浴更衣,

---

① 《新青年》第五卷,第一号,第五页。
② 《新青年》第五卷,第一号,第五页。

潜自仰药。其家人觉察,仓皇施救,已无及。女迺泫然曰:'儿志早决。生虽未获见夫,殁或相从地下……'言讫,遂死,死时距其未婚夫之死仅三时而已。"①

这里表彰的是一位真正的"烈女",未婚夫死后三小时即以身殉,不必像前面说的那位俞氏女再等三年了。

既然是真正的烈女,便要受到官府的褒扬。因此,上海县知事除给陈烈女先进了一块"贞烈可风"的匾额外,马上呈文江苏省长请求"按例褒扬"。

根据当时的《褒扬条例》,第一条第二款便是"妇女烈节贞操可以风世者",应该褒扬,其《施行细则》是:②

> 第二条:《褒扬条例》第一条第二款所称之"节"妇,其守节年限自三十岁以前守节至五十岁以后者。但年未五十而身故,其守节已及六年者同。
> 
> 第三条:同条款所称之"烈"妇"烈"女,凡遇强暴不从致死或羞忿自尽,及夫亡殉节者属之。
> 
> 第四条:同条款所称之"贞"女,守贞年限与节妇同。其在夫家守贞身故,及未符年例而身故者,亦属之。

以上各条是说:三十岁以下的寡妇不可再嫁;未婚女子如遇未婚夫已亡,亦不可再嫁;凡受侮辱之妇女,均应置于死地,已嫁之妇女应该以自杀殉夫;未嫁之女也应该以自杀殉未婚之夫。

听来,实在令人毛骨悚然。然而,这就是当时旧中国的活生生的现实。在这种道德规范下,不知有多少妇女的青春被埋葬在到处林立的贞节牌坊之下。

妇女解放是社会解放的天然尺度。中国妇女的极度痛苦,反映了中国社会极深极顽固的封建性。资产阶级民主运动既然以保障人权为职志,便不能不对这种摧残妇女的现象加以有力的鞭斥。

---

① 上海绍兴同乡会所出征文启,《新青年》第五卷,第一号,第八页。
② 《新青年》第五卷,第一号,第九页。

陈独秀在《新青年》创办之日,便将妇女解放的问题提了出来。他在《敬告青年》中说:"自人权平等之说兴,奴隶之名,非血气所忍受。世称近世欧洲历史为'解放历史'——破坏君权,求政治之解放也;否认教权,求宗教之解放也;均产说兴,求经济之解放也;女子参政运动,求男权之解放也。"①接着,他在《一九一六年》一文中,又直接抨击了三纲之说,指出:"夫为妻纲,则妻子于夫为附属品,而无独立自主之人格矣。"他号召:"自负为一九一六年之男女青年,其各奋斗以脱离此附属品之地位,以恢复独立自主之人格!"②

李大钊是中国最早的马克思主义者,也是首先把中国妇女解放运动和国际妇女解放运动及工人运动联系起来考察的人。他在一九一八年七月发表的文章中就指出:俄国"由极端之专制主义,依猛烈之革命,一跃而为社会民主矣;……本国内之工人与女子,其政治上社会上之地位亦日益加高"。③ 他在一九一九年二月发表的《战后之妇人问题》中,又指出:"我以为妇人问题彻底解决的方法,一方面要合妇人全体的力量,去打破那男子专断的社会制度;一方面还要合世界无产阶级妇人的力量,去打破那有产阶级(包括男女)专断的社会制度。"④

妇女占了半边天。妇女不解放,用李大钊的话说,就是"半身不遂",他说:"我很盼望我们中国不要长有这'半身不遂'的社会。我很盼望不要因为世界上有我们中国,就让这新世纪的世界文明仍然是'半身不遂'的文明。"⑤

鲁迅对吃人的礼教是深恶痛绝的,他怀着深沉的愤激心情,以他那犀利的笔锋,对所谓"表彰节烈"加以有力的拆穿。他在一九一八年七月写的《我之节烈观》⑥中尖锐地提出了两个问题:

"一问节烈是否道德?"他说:"道德这事,必须普遍,人人应做,人人

---

① 《青年》第一卷第一号。
② 《新青年》第一卷,第五号。
③ 《Pan……ism 之失败与 Democracy 之胜利》,《李大钊选集》,第一〇七页。
④ 《李大钊选集》,第一四五页。
⑤ 《李大钊选集》,第一四五页。
⑥ 《新青年》第五卷,第八号,一九一八年八月十五日。

能行,又于自他两利,才有存在的价值。现在所谓节烈,不特除开男子,绝不相干;就是女子,也不能全体都遇着这名誉的机会。所以决不能认为道德,当作法式。"

"二问多妻主义的男子,有无表彰节烈的资格?"他说:"既然平等,男女便都有一律应守的契约。男子决不能将自己不守的事,向女子特别要求。若是买卖欺骗贡献的婚姻,则要求生时的贞操,尚且毫无理由。何况多妻主义的男子,来表彰女子的节烈。"

因此,"表彰节烈"是在"女应守节男子却可多妻的社会里"造成的而且"日见精密苛酷"的"畸形道德"。而那种"女子死了丈夫,便守着,或者死掉;遇了强暴,便死掉;将这类人物,称赞一通,世道人心便好,中国便得救了"的理论,则是一种反动的杀人理论。

鲁迅认为应该给那些死于节烈的女人开一追悼大会,并且要除去昏迷和强暴,使未来的人们受到幸福。他说:

我们追悼了过去的人,还要发愿:要自己和别人,都纯洁聪明勇猛向上。要除去虚伪的脸谱。要除去世上害己害人的昏迷和强暴。

我们追悼了过去的人,还要发愿:要除去于人生毫无意义的苦痛。要除去制造并赏玩别人苦痛的昏迷和强暴。

我们还要发愿:要人类都受正当的幸福。

除以上所述者外,一些参加新文化运动的资产阶级知识分子,也根据欧美各国的情况和人道主义观点对中国妇女问题进行了评论。例如:

《新青年》第四卷第一号发表了陶履恭所写的《女子问题》一文。这篇文章在介绍了欧美各国的妇女问题后指出:"今日之世界,乃交通频繁之世界,经济、职业、思想之发展,无不遍布于全球,成为世界的潮流。现于欧洲今日之社会者,明日即将现于吾族之社会。今日欧美之女子问题,必将速见临于此邦,无俟疑惑。至于预俟其来,谋解决之方,则责艰任重,匪一人任,要在今日之青年,而尤在今日之青年女子。"

《新青年》第四卷第五号登了日本女作家(批评家)与谢野晶子作(周作人译)的一篇《贞操论》。胡适读了后,也联系中国的事例和《褒扬条例》,写了一篇《贞操问题》登在《新青年》第五卷第一号上。胡适认为中

— 545 —

国法律关于贞操问题的规定都没有成立的理由,他说:"以近世人道主义的眼光看来,褒扬烈妇烈女杀身殉夫,都是野蛮残忍的法律,这种法律,在今日没有存在的地位。"

## 三、打破"授受不亲"

《新青年》虽然对表彰贞妇烈女进行了有力的抨击,但是它的读者的数量和所起的影响,还是有限的。广大妇女,包括在校的女学生,所受的仍然是三纲五常、三从四德的教育。有的女学校在《修身》课上讲的仍然是《烈女传》,宣扬女人的手被男人碰一下就得斩断等等的奇谈怪论。[①]"男女授受不亲""女子无才便是德"等旧观念,紧紧地束缚着妇女,使她们的身心得不到解放。

一九一九年五四运动前夕,北京大学学生曾经到北京女高师联络,准备男女同学共同游行,但由于学校当局的阻挠和封建礼教的束缚,五月四日的当日游行,没有妇女参加。许德珩在回忆当时的情况时说:"五四前夕,为了串连女同学一起参加五四运动,我和另外几位男同学去女子高等师范学校,在一间很大的屋子里,两个女学生代表接待我们,还有一个女学监。我们坐在这一头,女同学都坐在那一头,中间坐着女学监。房间大,距离远,说话声音小了听不清,大了又不礼貌,好多话还要请中间的女学监传达才行。这就是当时男女学生间的情况。"[②]八十二岁高龄、当年女高师的学生孔文振老人也回忆说:"当时的女高师简直是一所禁锢学生们思想和行动的监狱。学生平时不准出校门,星期天放学回家还得用一个小本子分别由学校、家长签署离校、到家时间。……我校学生没有参加五月四日当天的游行,因为在这之前,北大派两位学生来与我校学生联

---

[①] 王一知:《五四时代的一个女中》,《五四运动回忆录》上,第五一八页。
[②] 《五四运动与体育——五四前夕访许德珩同志》,《五四运动回忆录》续,第五八五页。

系时受到学监的阻挠,两校学生谈话时学监坐在中间传话,所以没达成协议。"①

但是,当女学生们得知五月四日当天发生的事情后,她们再也按耐不住心头的烈火。据许德珩回忆说:"五四那天晚上,当女高师学生得知男学生被捕,也不顾学校的禁止,一齐冲出学校,到监狱外边示威要同男学生一起坐牢并参加斗争活动,这是破天荒的大事。"②

北京女高师是当时全国女子最高学府,女高师的一言一行,将影响其他各女校,因此反动派通过他们派在女高师的校长,百般设法阻挠学生走出校门。这位校长软硬兼施,丑态毕露。当时出版的《青岛潮》一书这样记载道:"兹闻北京女子师范学生某君,于五日晚集合同志,商救国之运动。六日,遂邀齐全体同学开会讨论。议决散布传单,集合北京各女校为一致行动,自今日起一律罢课。该校校长方还,大起恐慌,始用极端专制手段,迫令散会。无奈各生积愤填胸,遏无可遏。方氏遂变为柔监软禁的方策,当时大作其揖,口里连说:'诸位给我个面子,你们所议决之事,我必替你们办,千万可勿出大门。'学生看其可怜,无可如何,只得将传单交与方还,限时速送各校而罢。"③

对于这位方还校长的丑恶嘴脸和内心世界,当时出版的《五四》一书,也加以揭露说:"北京女学生自五四而后屡欲加入男生团体,然皆惟其领袖高等女师范之马首是瞻,而高师又受该校校长一人掣肘,遂不果行。盖该校校长方还新受政府五等嘉禾章之宠命,极欲结欢权贵以自固,是以方事之初,即一再要胁学生家长,谓该校如有罢课行为,即请该家长等各自领回学生,该校校址应完璧归还政府,绝不为学生运动场所云。"④

但是,五四的火炬已燃烧着许多少女的心,照亮着她们前进的道路。无论怎样的压制,也都是枉费心机了。五月七日,协和女医学校、协和女子大学、协和看护妇学校、尚义师范学校、贝满中校、培华女校、附属中学、

---

① 周传云:《访问孔文振同志记录》(一九八一年九月二十四日下午)。
② 《五四运动与体育——五四前夕访许德珩同志》,《五四运动回忆录》续,第五八五页。
③ 《五四爱国运动》上,第二二八页。
④ 《五四爱国运动》上,第四六八页。

第一中学、慕贞中学、中央女校、培德女校、笃志女校各代表等,在哈德门(即崇文门)大街一百八十五号洋楼陈杨玉涛女士家开会,女高师的学生代表因在头一天即请假出外,因此也得以参加这次会议。这次会议共到有各校代表四十余人,讨论和发出了向全国女界的通告及致巴黎各专使和上海南北和会的电报。其通告中说:"呜呼!我中国女子,遂无生气乎!何数日之吞声缄口寂然无闻也。青岛为中国人之青岛,中国为四万万人之中国,非独男子之中国。彼曹章陆辈为虎作伥,蒙蔽朝野,不惜以国家主权为若辈金钱之交换品,丧心病狂,肆无忌惮。当千钧一发,存亡危急之秋,各男学生本爱国之热忱,起而抗争;公义所激,遂有五四殴打曹章之事。被捕三十余人,今虽保释,而青岛问题,尚未挽回。则我辈女子,宜振奋精神起而响应,庶共辅爱国诸君子之进行。按之良心人格,实属义不容辞,责无旁贷。顷各校以停课为先声,商会以罢市为后援。同人等虽以蚊虻之力,未敢负山;然怀精卫之心,难忘填海。所冀我女界同胞投袂而起,惠然肯来,合群策群力以济难关,向政府陈告力争,保我领土。勿甘雌伏之讥,共奋雄飞之志。我二万万女同胞,果尚有心肝血气乎,吾辈将于此觇之!北京女校全体学生涕泣谨告。"①

大约在这次会议之后,北京女界便出现了一个救亡会的组织。例如,五月二十五日,"马神庙一带武装军警密布,光景顿形惨淡。有女子救亡会会长杨玉洁女士,欲赴联合会,及门,竟为军警所拒,且施恶语。而该会所出之《女界钟》,亦归流产。"②再如,五月二十八日各校学生的街头讲演被取缔后,不得不采取家庭讲演、个人讲演、书社讲演、城外讲演等四种形式,其中家庭讲演就是以"妇女救亡会为讲员"的。③

六月四日,北京各女校学生对军阀政府镇压爱国学生的反动行径怒不可遏。"是日午后三时,共十五校,约六百人,齐集天安门整队赴府,举出代表五人求谒徐总统。徐派秘书二人接见,代表等当述全体学生请愿之意,大致一谓请释被拘之男生,二谓以后请勿干涉学生之讲演。……至

---

① 《青岛潮》,《五四爱国运动》上,第二二九页。
② 《青岛潮》,《五四爱国运动》上,第一八二页。
③ 《青岛潮》,《五四爱国运动》上,第一八四页。

四时许始全体退出,复分头讲演以示继续男生之意,军警仅予干涉,未遽逮捕……"①

关于女高师学生参加这次游行的情况,孔文振老人回忆说:"那天,校长方还把前、后校门都锁了起来,并大声斥责学生外出游行是'伤风败俗','不守本分'。学生们愤怒涌向后门,连门带锁一齐摘了下来,飞快跑向天安门,学校派一些老学监追赶,可是已经晚了。这次游行,除一学监女儿外,其余同学都参加了。"②

天津、上海地处沿海,是中国较大的通商口岸。它们在帝国主义的直接控制之下,国破家亡,使这里的人民有切肤之痛。同时,在欧风美雨的波及之下,这里的女学也较内地为发达。加以交通方便、消息灵通等条件,因此当北京五月四日游行的消息传到这些地方的时候,妇女界很快就投入了运动。

消息传到天津后,有着革命传统的直隶第一女子师范③首先响应。在该校同学郭隆真等呼吁发起下,五月五日晚间召开了紧急会议,五月六日又召开各班代表会议。会议一致决定筹备成立天津女界爱国团体,联络中西女中、高等女校、普育女中、竞存女校、贞淑女校等校同学为骨干,除女学生外,家庭妇女、女教师均可参加。五月二十五日"女界爱国同志会"成立时,会员达六百多人,其中有六十多岁的老太太,也有十三四岁的小学生。

"女界爱国同志会"选举刘清扬、李毅韬为正副会长,邓颖超、郭隆真、张若名等为评议委员。它在初期的主要活动是向妇女进行爱国宣传。由邓颖超、郭隆真担任讲演队长,负责组织讲演工作。"女界爱国同志会"在招征会员启事中指出:"盖闻国家兴亡,匹夫有责,际兹危亟之秋,焉有袖手之举?我女界亦国民分子,岂能不尽其卫国责任?纵使起舞无剑,何难昧旦司鸡?此爱国同志会所以思唤醒我无量数无知识之女同胞,使人人皆有国家思想、国家责任也。直以自励其身,兼以教其子女,苟能

---

① 《五四》,《五四爱国运动》上,第四六九页。
② 周传云:《访问孔文振同志记录》(一九八一年九月二十四日下午)。
③ 辛亥革命时,该校同学曾积极支持地理教员白雅雨策划滦州起义。

普及全国,人人如是,则异日者或不致再蒙今日之强权欺凌,不致再现今日之卖国孽种,而爱国同志之天职于以尽矣!"①

在女界爱国同志会的大力宣传下,天津妇女界的爱国觉悟有很大提高。在天津各界代表历次赴京请愿的斗争中,都有妇女界的代表参加。第一次(六月二十七日)请愿代表中有刘清扬、张若名等;第二次(八月二十三日)请愿代表中有刘清扬、郭隆真等;第三次(八月二十八日)请愿代表有郑遂初、王天麟、汪海石、唐溪庄、周莲溪等;②第四次(十月一日)请愿代表有郭隆真、王桐华、武绍芬等。③

妇女界代表请愿,还得到了她们的母亲的关怀和支持,表现出各界妇女的觉醒和坚强的斗争性。

如八月二十三日刘清扬在京请愿被捕,由总统府拘至警察厅时,刘对警厅的一处长说:"我此番是奉母命救国,且男女同为国民,理应与男界同受甘苦,即便死于厅内,我等亦甘心。"④

有一位女代表(肖秉秀)的母亲曾登报函告其女"效死国家",爱国激情,溢于言表,是很感动人的,现节录如下:⑤

> 余系孀居,膝下仅有汝侍奉,以慰晚年。无如当局昏聩,国势垂危,各界遣派代表请愿中央,以冀救我国之危亡,除雪〔万〕恶之官吏。余老矣,恨不能随诸代表后,以尽一分子国民之责任,仅遣汝随群贤后,作秦庭之哭。自接京信,知第一次代表被警察逮捕,第二次亦被围困。母有一言寄汝,宁愿汝死于囹圄中,以救得国家,勿逍遥于庭帏内,而为日后之亡国奴也。吾心虽悲,为救国计,亦愿忍痛。汝之尽孝在此,汝之报国亦在此,……

一九一九年九月,男女社员各半的觉悟社成立(详前);同年十二月,天津新学联成立,女界爱国同志会也加入了新学联。一九二〇年一月二

---

① 《五四运动在天津》,第四〇页。
② 《五四运动在天津》,第三〇一页。
③ 《五四运动在天津》,第七九〇页。
④ 天津《益世报》一九一九年八月二十九日。
⑤ 天津《益世报》一九一九年八月二十七日。

十九日的斗争中,男女同学并肩作战,郭隆真、张若名亦坐狱半年始获释放。① 所有这些,都大大地促进了妇女的觉醒。

上海妇女界投入斗争,也是很早的。五月七日在西门外公共体育场召开的国民大会,据《英文沪报》的报道是:"男女华人及学生二万人,各携申讨卖国贼之旗帜,与其师长群集本埠西门外公共体育场开会,抗议青岛之丧失、中国官场之卖国及北京学生之被捕。"②可见,有许多妇女参加。

五月八日、九日两个下午,上海各校代表在复旦开预备会,讨论组织学生联合会事宜(十一日正式成立)。出席预备会及正式参加学联的共有四十四所学校,其中包括上海女子中学、中西女塾、神州女学、启秀女学、博文女学、勤业女子师范、城东女学、崇德女学、清心女学、南洋女子师范、爱国女学、民生女学等十二所女学校。会后,各女校又纷纷成立学联分会。不久以后,爱国女校学生分会又联合各女校分会召开谈话会,感到"学生联合会目前混合办法,窒碍颇多,爰由各代表公议另组女学生联合会,克日成立"。这个女学生联合会虽未正式成立,但从这次谈话会可以看出妇女界有进一步团结起来一致斗争的要求。这次谈话会还计议成立女校联合演讲团、红十字救护团、工艺团等。③

除学生外,其他各界妇女组织爱国团体的也为数不少。如"中华国民女子救国团"曾于五月下旬发表宣言,对民族前途痛切陈词:"尽故此次日本在欧洲和会不交还青岛,不废除密约,咸知足以亡我民国,悲抱朝鲜台湾沦陷之痛,同思振臂奋兴救国之图,现虽震动全国一致进行,而我女子同为国民,当多不知日本之行为,实关我国民祖宗子孙沦落异域版图之苦,是以纠集决心同志组织女子救国团,唤醒女界同胞,作同一之进行,尽女子之天职,挽危局于目前,收效果于万一。"④还有自称世界女子协会

---

① 王贞儒:《对女界同志会的几点回忆》,《五四运动回忆录》下,第六一二页。
② 《五四运动在上海史料选辑》,第一八三页。
③ 《申报》一九一九年六月七日。
④ 《时报》一九一九年五月二十七日。

会员的三位妇女在六月初致电北京政府,要求惩办卖国贼、废除密约。①

"六三"后,上海女工投入到斗争中来。反动派虽屡次企图分化男女工人,但都一一遭到破产。例如日华纱厂男女工人罢工后,资本家妄图强迫女工上工,遭到女工的严厉抗拒。再如,浦东陆家嘴英美香烟厂全体男女工于六月九日一律罢工,"惟因卷烟间配就之烟必须收束,故由大班谕令女工头商请各该部分女工格外通融入厂工作,俾免损坏"。但是,这一要求也遭到全体女工的抗拒,故十日仍"一律辍工"。②

除天津、上海外,内地一些城市,如江苏、山东、江西、浙江、福建、安徽、广东、湖南、湖北、四川、河南等地的中等城市,甚至一些小城市,亦均有女学生及各界妇女投入爱国运动。她们纷纷冲出学校和家门,走上街头,游行示威,抵制日货,宣传爱国思想,每至激昂之处,痛哭流涕者有之,断指血书者亦有之,真正是"巾帼英雄,不让须眉"。③

五四运动犹如一声春雷,震撼着祖国大地,也撼动了中国妇女身上的枷锁。不少妇女,特别是其中的进步知识分子,由此挣脱了锁链,开始了新的觉醒,走上了新的人生道路。

## 四、商女也知亡国恨

烟笼寒水月笼沙,夜泊秦淮近酒家。

商女不知亡国恨,隔江犹唱后庭花。

上引唐诗《泊秦淮》(作者杜牧)一首,为后世所经常吟诵,用来讽刺那些在国难当头犹苟安嬉乐的人。商女,即歌女。④《后庭花》,被看作一

---

① 《申报》一九一九年六月六日。
② 《时报》一九一九年六月十日。
③ 《五四爱国运动》上,第二三五页。
④ (唐)刘禹锡《夜闻商人船中筝》:"扬州市里商人女,来占江西明月天。"陈寅恪说:"此商女当即扬州之歌女而在秦淮商人舟中者。"

种亡国之音。①

　　这种苟安图乐的现象,是历史上常见的,是不以为奇的。但是,五四爱国运动,这场席卷全国的大风暴,不仅卷进了工、商、学各界的妇女,也卷进了处在社会最底层的像歌女、妓女等一类被认为"不知亡国恨"的妇女,使她们一反常态,积极地投入到斗争中来。试看以下各例:②

　　例一,上海西福致里有一妓女名妙莲者,曾以五十元捐助国民大会,会后又登出敬告曹、章、陆三卖国贼之告白。她还印了《敬告花界同胞书》,分发各妓院,其原文是:"我们中国到了将亡未亡时候了。现在所以未亡,全仗一点国民的志气。自外交失败的信息传来,首先由爱国的学生,发起惩警卖国奴,抵制日本货。没见几日,全国各界万众一心,下至小工车夫,亦不肯与日人工作。可见人心不死,正是我国一线生机。惟我青楼一无举动。我本我的良心,想出几条办法,劝告我花界同胞,各本良心尽我国民应尽之天职。"后附办法数条,计有:"请花界同胞哀恳各界,一致救护被捕爱国学生";"请花界同胞,不购日本货";"请花界同胞不可收受日本纸币";"请花界同胞,将波兰朝鲜亡国苦处,择要印在局票后面";"请花界同胞将国耻纪念二十一条件,印在请客票后面";"请花界同胞普劝我商家,国货万万不可涨价";"请花界同胞量力捐助国民大会,及学生联合会经费",等等。

　　例二,六月十日,又有上海名妓鉴冰、笑意、金书玉,妙莲等人组织的青楼救国团,发出传单两千张,其中说:"我们花界,斯业虽贱,爱国则一。愿我同胞,抱定宗旨,坚持到底。国贼弗除,学生不放,誓死不休。"下署"青楼救国团泣告"。

　　这些妓女们为了支持学生的爱国游行及宣传活动,又在福州路二百三十号倚虹楼番菜馆隔壁,设学生饮茶休息处,并于门前贴出告白,上书:"青岛问题发生,各界一致罢歇,学生为国热忱,吾界不忍坐息,敬备箪食壶浆,为君充饥解热。并非沽誉钓名,不过稍尽绵力。妓界泣告。"

---

① 《后庭花》,即《玉树后庭花》,乐府《吴声歌曲》名,陈后主所作新歌,其词有"玉树后庭花,花开不复久"语,后人看作亡国之音。
② 均见海上闲人编:《上海罢市实录》附录:《罢市之轶闻》。

在这种爱国思想的影响下,上海各妓院门前多贴有长八九寸、宽二寸之小传单,上书:"君亦中华民国之国民乎?"凡是看到这种传单的人,无不触目惊心。

例三,新世界为上海市的游艺场,亦随同商界在"三罢"期间一体罢市,其说书、评话等诸艺人自愿牺牲一切利益,其包银等项,听凭场主按月扣除。就是在接到总商会的开市通告后,仍继续罢唱罢演,坚持到最后五分钟,其《通告》中说:"顷接总商会通告,本月(六月)十三日开市。惟政府方面,罢黜国贼,始终未见明令。商女有知,谁唱玉树。本游戏场今日仍行停歇,以为国民争此最后之五分钟。"

例四,一些说书场的演唱家,纷纷发起义务说书,将所有书资,全部捐入学生联合会。其说书内容,亦尽量插入时事内容,试看下面一段书词对话,是很动人的:

甲(扮作商民口吻):近来中国人民程度日高,故非官厅压力所能抵止,试看罢市以来,地方秩序,丝毫不紊,是其明证。

乙(扮作某厅长口吻):人民程度既高,难道官厅程度不也随之而增进吗?然则本大老爷有何不可压迫他们之理呢?

甲:不对!不对!你老爷的增进,乃是官阶与权位;我们人民的进步,却是人格与思想;这是大不相同的。

听众听至此,齐声喝彩,全场掌声不已,台上台下之爱国热流汇为一起。

例五,海门妓女,多能写诗作文,京沪罢课罢市消息传到海门后,有夏蕙卿等四十余人开会,决与工商学界采取一致爱国行动。她们在《宣言》中说:"蕙卿虽粗识之无,亦知大体,自怜薄命,虽系堕溷之花,敢讳热心,忝作高林之木。但时事如此,国势如此,人心之忿激如此,我姊妹其各奋此娉婷之质,期作桴鼓之助。"她们还拟具了爱国办法数条,其中有自制爱国歌、提倡国货歌、讨卖国贼歌。分头拍唱,以歌代曲等。

从以上所举各例,不是可以充分说明,上引"商女不知亡国恨,隔江犹唱后庭花"那两句诗,在五四运动期间应该改作"商女也知亡国恨,人人耻唱后庭花"了么!

## 第二十章　五四运动和妇女解放

## 五、自杀和出走

一九一九年十一月十四日,在长沙市的大街上有一乘坐着新娘的花轿在行进着,轿前排列着全副新执事,子孙宫灯六十四盏,音乐队两班,吹吹打打,好不热闹。由于这桩婚事办得十分阔绰,因此引起路旁行人的注目。但是,当花轿快到男家不远的地方,轿内却一滴滴地流出鲜血,好像一串串的珠子,牵丝不断。当轿到男家、女宾迎妇出轿的时候,新娘却僵坐不出,待擎烛照看时,只见新娘"血满衣襟,昏倚轿侧。轿底现新剃刀一柄,浸血泊中。喉管有一伤口,宽寸余,血流不止"。① 原来,新娘在轿中用剃刀自刎了。当时尚有一点气息,待送至医院时,因伤势过重,流血过多,抢救已来不及,"随即丧命"。②

这场"血染长沙城的惨事",震动了长沙和湖南各界人士,引起了新文化界和妇女界的深思。

死者赵五贞,年方二十二岁(一说二十三岁),"颇知书识字",③家住长沙南阳街,父亲以开眼镜作坊为生。经父母包办,赵五贞被许配给长沙柑子园开古董店的吴凤林为妻,吴的年龄是三十一岁(一说四十余岁)。赵五贞对此婚姻不满,但父母之命不许违拒,要求展缓婚期也没有得到同意,因此,她决心以自杀对此包办婚姻表示反抗。④

---

① 《新娘舆中自刎之惨闻》,长沙《大公报》一九一九年十一月十五日。
② 《新娘自刎案前因后果》,长沙《大公报》一九一九年十一月十六日。
③ 《赵五贞自刎案之真象》,长沙《大公报》一九一九年十一月十九日。
④ 关于赵五贞自杀的具体原因,其说不一。一说是:"新郎颇不雅观,事为该女所闻";一说是:"系因前曾许配某姓,旋父母因婿贫悔婚,改适吴氏,女甚不愿,故致演此惨剧。"(见长沙《大公报》一九一九年十一月十五日。)还有的说:"因新娘年只廿,而新郎年已四十有余。新娘不愿意这种婚事,而父母闻得男家聘礼甚多,强迫其女嫁与某君,新娘有种种表示,男女两家均置不理。是日新娘早晨不肯起床装扮,他的父亲还赏以耳巴两个。新娘无法,勉强上轿,自伤命苦,就于轿内出了这自决的举动。"(见长沙《大公报》一九一九年十一月十六日。)又有的说:"新郎年大貌丑,因骗人财物拘押汉皋,不知何时始能出狱。有谓新郎之母异常凶恶,去年次媳被其凌磨而死。"(见长沙《大公报》一九一九年十一月十七日《新娘自刎案之余闻》。)

— 555 —

赵五贞自杀惨剧发生后的第二天,长沙报纸上就将这件事登出来了。第三天——十一月十六日,青年毛泽东就在长沙《大公报》上发表《对于赵女士自杀的批评》,指出这一事件的社会根源:"昨日的事件,是一个很大的事件。这事件背后,是婚姻制度的腐败,社会制度的黑暗,意想的不能独立,恋爱不能自由。"他指出:"一个人的自杀完全是由环境所决定",赵女士"是环境逼着她求死的",其环境是:(一)中国社会;(二)长沙南阳街赵宅一家人;(三)她所不愿意的夫家长沙柑子园吴宅一家人。"这三件是三面铁网,可设想作三角的装置,赵女士在这三角形铁网当中,无论如何求生,没有生法。生的对面是死,于是乎赵女士死了。"如果赵家父母不强迫包办,或夫家能尊重她的个人自由,或社会舆论给她以有力的支持,她是绝不会死的。"如今赵女士真死了,是三面铁网(社会、母家、夫家)坚重围着,求生不能,至于求死的。"①

三面铁网,归结起来,根源在于社会。因为母家、夫家都在社会里,是社会中的一个细胞。毛泽东在另一篇文章中指出:"母家夫家都含在社会里面,母家、夫家都是社会的一个分子,我们要晓得母家、夫家是有罪恶的,但是罪恶的来源,仍在社会。"②又说:"这社会便是一种极危险的东西,他可以使赵女士死,他又可以使钱女士、孙女士、李女士死。他可以使'女'死,他又可以使'男'死。我们现在未死的人,还有这样多,我们就不能不预防这危险东西遇着机会随时给我们以致命伤。我们就不能不大声疾呼,警觉我们未死的同类,就不能不高呼,'社会万恶'。"③

在这样一个万恶的社会中,受迫害的妇女是走投无路的,要使妇女避免这种"血洒长沙城的惨事",必须改变这种妇女处于最底层的旧社会,建立一个男女平等的新社会。毛泽东在长沙《大公报》的《随意录》中,发表名为《婚姻问题敬告男女青年》的短评中,告诫大家"眼见着这么一件'血洒长沙城'的惨事,就应该惊心动魄,有一个彻底的觉悟"④。

---

① 毛泽东:《对于赵女士自杀的批评》,长沙《大公报》一九一九年十一月十六日。
② 毛泽东:《"社会万恶"与赵女士》,长沙《大公报》一九一九年十一月二十一日。
③ 毛泽东:《"社会万恶"与赵女士》,长沙《大公报》一九一九年十一月二十一日。
④ 长沙《大公报》一九一九年十一月十九日。

毛泽东分析了妇女自杀的社会原因,但他并不赞成自杀。当时在讨论中,有一种意见曾把自杀看作"一件最快心最可喜的事"。① 他对此"颇难表示赞成之意"。他认为:"与(其)自杀而死,(毋)宁奋斗被杀而亡。奋斗的目的,不存在'欲人杀我',而存在'庶几有人格的得生',及终不得,无所用力,截肠决战,玉碎而亡,则真天下之至刚勇,而悲剧之最足以印人脑府的了!"②因此,他对于赵女士的结论是:"他的自杀,只于'人格保全'上有'相对'的价值。"③

自赵五贞自杀事件出现后,湖南的反封建斗争出现了一个高潮,长沙《大公报》收到这方面的稿件达数十篇。从当时发表的许多文章来看,青年毛泽东的文章水平是比较高的。他对自杀者抱以深切的同情,深刻地分析了这一悲剧的社会原因,他号召男女青年奋起,和旧社会旧势力进行战斗。所有这些,都鼓舞了广大妇女向解放的道路上迅跑。他在一篇名为《婚姻上的迷信问题》的文章中,提出要打破各种迷信,诸如"合八字""订庚""择吉""发轿""迎喜神""拜堂"等等,并指出:"最要紧的是'婚姻命定说'的打破。此说一破,父母代办政策便顿失了护符,社会上立时便会发生'夫妇的不安'。夫妇一发生不安,家庭革命军便会如麻而起。而婚姻自由、恋爱自由的大潮接着便将泛滥于中国大陆。"④

赵五贞事件过后不久,长沙《大公报》又报道了一位因婚姻不满而出走的名叫李欣淑的女士,"因着她婚姻黑暗的缘故,到北京实行工读去了"。⑤

事情的原委是:

李的父亲曾是前清的候补道。当李幼年时,其父即为之订亲。但后

---

① 自赵五贞自杀后,长沙《大公报》接到外间投稿也不下数十篇,报纸限于篇幅不能一一登载,于是摘录了一部分,其中有一新曼君来稿,认为赵五贞自杀"分明是一件最快心的最可喜的事",并在文中说:"哈哈,赵姓姐姐呵!你现在何等洒脱!何等自由!你的力量真大,你的计划真妙!"见长沙《大公报》一九一九年十一月二十日《赵女士自杀案的〈舆论〉》。
② 毛泽东:《非自杀》,长沙《大公报》一九一九年十一月二十三日。
③ 毛泽东:《非自杀》,长沙《大公报》一九一九年十一月二十三日。
④ 长沙《大公报》一九二〇年十一月二十八日。
⑤ 《长沙第一个积极奋斗的——李欣淑女士》,长沙《大公报》一九二〇年二月十七日。

来未婚夫死了,她父母本来是从礼教上考虑,要她守望门寡的,但又从经济上考虑,让她改配一个姓彭的有钱人家。李曾在自治女校读过书,稍有文化,对其父母包办婚姻极为不满,因而反抗出走。① 李在其启事中说:"我于今决计尊重我个人的人格,积极的和环境奋斗,向光明的人生大路前进。"②

李女士的出走,在社会上产生了巨大的反响,因为她不是像赵女士那样消极自杀,而是向旧社会积极反抗,给封建势力的震动是更为强烈的。一些孔家店的老朽们,对此摇头叹气说:"世风日下,沧海横流,濮上桑中,在今日竟不算一回事";包括一些"甘为玩具"的太太们也跟着说,她不懂得三从四德。她的父母则说,若是她回来,还"硬要她到彭宅去"。③

但是,青年人却从李的出走,看到了自己的前途,他(她)们说:"去年赵女士之死,是一个消极的办法,只可惊醒一班老朽的迷梦,却不可做我们青年人的模范。……现在李欣淑女士出走,她抱百屈不挠的精神,实行奋斗的生活,把家庭的习惯,名教的藩篱,一齐打破。她有彻底了解的新思想,她有爱世努力的人生观,她有积极的办法,她有实践的勇敢,她所发生的影响,在旧社会方面,可以给他们种种的觉悟;在新青年方面,可以给我们一个极大的教训,比赵女士所发生的影响要重要些,要远大些,要切实些。"④

赵五贞的自杀和李欣淑的出走,虽是两个不同类型的事件(一个是消极抵制,一个是积极反抗),但都说明了当时封建势力是如何的强大,它对妇女身心的摧残,是如何的严酷。但是,也可以看出,五四新文化运动已经在妇女解放方面起了积极的作用,像李欣淑出走那样的事件,在全国已经不是绝无仅有的了。事实是:受过五四运动洗礼的广大妇女,特别是青年知识分子妇女,已经不愿再受包办婚姻的约束,而是冲破牢笼,走出家庭,在妇女解放的道路上迅跑。许多后来出名的妇女运动的领袖,正

---

① 长沙《大公报》一九二〇年二月十七日。
② 《李欣淑女士出走后所发生的影响》(续),长沙《大公报》一九二〇年二月二十八日。
③ 长沙《大公报》一九二〇年二月十七日、二十八日。
④ 《李欣淑女士出走后所发生的影响》(续),长沙《大公报》一九二〇年二月二十八日。

是这样走上革命道路的,试看以下二例。

例一,当时在湖南西部山区溆浦县任教的向警予(县立女校校长),在五四运动爆发时曾带领学校师生上街游行,并展开"十人团"的活动,接受了伟大爱国运动的教育,也使这里的妇女解放运动向前迈进了一大步。运动过后不久,驻扎在溆浦县的湘西镇守副使兼第五区司令周则范,竟要娶向警予为妻,向的后母傅氏也逼她去做"将军夫人"。为了破除这种婚姻,向警予只身闯进周公馆,当面向周表示:"以身许国,终身不婚。"①结果,使周无计可施。后来,向警予随蔡和森一家赴法勤工俭学,和蔡在共同信仰马克思主义的基础上自由恋爱结婚,被誉为"向蔡同盟"。事情传到家乡后,他的后母虽然讽刺说:"现成的'将军夫人'不做,却去找个磨豆腐的(当时传说蔡和森在巴黎豆腐公司磨豆腐),真没出息!"②但也无可如何! 向警予是中国妇女解放运动的一面旗帜,她所走的道路是中国妇女解放的正确道路。

例二,在天津五四运动中涌现出来的妇女界领袖郭隆真,在反对封建包办婚姻上也是很出名的。她幼年时,就由家庭作主,与当地一个财主的独生子订了婚,但她一直反对这门亲事。为了躲婚,她长期住校,假期也不回家。一九一七年暑假,家里以"母病危"骗她回家完婚。为彻底摆脱这门封建包办婚姻,她以非常崭新的姿态对待了长久以来等待她的婚礼,"出嫁那天,她穿了一套学生装,坐花轿时,一路上卷起轿帘,到了男家,下轿不用人扶,大大方方地走进去,向新郎和客人们发表演讲,揭露封建婚姻葬送青年幸福的罪恶,宣传自由婚姻的好处,然后理直气壮离开男家,坐船到天津上学去了"。③

思想愈先进,反对封建包办婚姻也就愈彻底,所走的妇女解放的路子也就愈对头。从向警予、郭隆真的道路,看出了这样一条规律。从五四运动中涌现出的大批妇女先进分子所走的道路,也看出了这样一条规律。

---

① 谷茨:《向警予》,《中共党史人物传》第六卷。
② 谷茨:《向警予》,《中共党史人物传》第六卷。
③ 罗琼:《五四运动为妇女解放开创了新纪元》,《纪念五四运动六十周年学术讨论会论文选》(一),中国社会科学出版社一九八〇年版,第二三七页。

## 六、李超之死

　　无独有偶。当长沙发生赵五贞自刎事件并在报刊上展开讨论的前后，北京也发生了一件女高师学生李超死亡的事件，并因而引起了教育界、妇女界的重视，被看作新文化运动中的一件大事。

　　李超是广西省梧州金紫庄的人，父母双亡，姊妹三人。父有一妾，李超是跟随她长大的。李家财产虽然不少，但女儿均无继承权利，所以便招来一个侄儿（即李超名义上之兄长），按照封建家族的传统，承续香烟。

　　李超自幼上学，曾在梧州、广州等地的女子师范学校读书。一九一八年七月，来北京入国立高等女子师范学校，初为旁听生，后改正科生。同年冬，因体弱生病，经医生确诊为肺病，一九一九年春，入首善医院。病又加重，在同年八月十六日死于法国医院，年仅二十三四岁。

　　李超在家庭中丝毫没有温暖，被她的兄嫂视为眼中钉。还在李超二十岁时，其兄嫂即想把她很快嫁人，以便独吞家产。可是李超执拗不已，偏偏要用家庭的钱财来供给自己上学，因此益发为兄嫂所忌恨。最后，她的凶狠的兄嫂，不仅断绝了她的经济来源，还写信告诫她的姐夫，不许对其进行接济。一个远离家乡的幼弱女子，告贷无门，而且碍于自尊又不愿将此家庭丑事外扬，因此贫病交加，被迫而死。

　　李超之死，向人们提出的问题是：

　　第一，男女平等的问题。有女为什么不算有后？女子为什么没有继承遗产的权利？

　　第二，女子教育和经济独立问题。女子没有受教育的权利，当然阻碍着妇女的思想解放。但是在当时的社会中，妇女如果不在经济上取得独立，也无法取得受教育的权利。

　　李超之死并非个人问题，而是反映了妇女解放和社会解放的切实问题，也是在五四运动之后思想界普遍关心的问题。因此，李超之死引起了社会的关注。青年邓中夏报道说:"先前李超的为人,没有人晓得。后来死了,她的书信给她的朋友瞧见了,才惊骇起来,发起追悼会,京里一般有思想的人,更为注意。"①

李超的追悼会是一九一九年十一月三十日下午在女子高等师范召开的,到会的人非常踊跃,共男女千人以上,会场坐得满满的。蔡元培、蒋梦麟、陈独秀、李大钊、胡适等诸名流学者均到会并发表了演说。他们的演说,"均淋漓尽致,全场感动,满座恻然,无不叹旧家庭之残暴,表同情于奋斗之女青年"。② 到会的男女青年学生也纷纷发表了演说。除女高师的学生外,尚有北大学生黄日葵等多人,"均极沉痛"。③ 其中以女高师国文部的两位女同学的演说,最为人注目:"李女士受家庭专制之苦,如此其烈,而并(未)向同学道过只字者,全以女士尚有两种旧观念未能打破,即'家丑不能外扬'与'以穷困为耻'之观念是也。吾辈女青年对于旧家庭之压迫,不可再抱家丑不外扬之陈腐观念,宜即宣于大众……"④

这次追悼会还收到了挽联约千余幅,蔡元培的挽联是:⑤

　　求学者如此其难,愿在校诸君,勿辜负好机会;
　　守钱虏害事非浅,舍生计革命,不能开新纪元。

胡适写的一份约有六七千字的《李超传》,也在会场上散发。胡在传中写道:"李超传的根本问题,就是女子不能算为后嗣的大问题。古人为大宗立后,乃是宗法社会的制度,后来不但大宗,凡是男子无子,无论有无女儿,都还要承继别人的儿子为后。即如李超的父母有了李超这样的一个好女儿,依旧不能算是有后,必须承继一个'全无心肝'的侄儿为后。诸位读了这篇传,对于这种制度,该发生什么感想!"⑥

这次追悼会从下午二时到五时整整开了一个下午,是很有意义的。它对

---

① 大壑(邓中夏):《李超女士追悼会纪略》,长沙《大公报》一九一九年十二月六日,第三版。
② 大壑(邓中夏):《李超女士追悼会纪略》,长沙《大公报》一九一九年十二月六日,第三版。
③ 大壑(邓中夏):《李超女士追悼会纪略》,长沙《大公报》一九一九年十二月六日,第三版。
④ 大壑(邓中夏):《李超女士追悼会纪略》,长沙《大公报》一九一九年十二月六日,第三版。
⑤ 大壑(邓中夏):《李超女士追悼会纪略》,长沙《大公报》一九一九年十二月六日,第三版。
⑥ 胡适:《李超传》,长沙《大公报》一九一九年十二月八日。此传系胡在一九一九年十一月二十六日所写。

于妇女解放起了一定的积极影响。事后,女高师的学生还为李超之死编了话剧,到天桥等地上演,并将收入所得,办妇女职业学校、妇女识字班等,一直坚持了几个月。①

经过五四运动,妇女们要求男女平等、教育平等的呼声越来越高了。不少女子高等师范即将毕业的本科学生,希望到北京大学深造,也有的女学生直接写信给蔡元培校长,"详论男女同校的理由,并述个人愿入之志趣,洋洋数千言"。② 在教师方面,也有很多主张男女同校者,而各地女生要求男女同校者又不绝如缕。因此,北京大学在一九二〇年二月,开始招收女生入文科旁听,③不久即正式招收女生。④ 这是中国高等教育史上的创举,此后,全国高等学校男女同校的风气,即逐步传播开来。

## 七、娜拉出走后怎么办?

《新青年》第四卷第六号上曾经登过一个易卜生的剧本:《娜拉》,一名《玩偶家庭》(有的译作《傀儡家庭》),又名《模范家庭》。这个戏的中心思想是攻击以男子为中心的家庭制度,描写社会的诈伪。

戏的开始,娜拉和她的丈夫好像是生活很美满的。丈夫对她的称呼使用了"小宝贝""小鸟儿""小松鼠""我的最亲爱的"等一类使人肉麻的字眼。娜拉也很爱她的丈夫,深庆得人,因此百依百顺,不惜为自己的丈夫牺牲一切。丈夫因"操劳过度"曾经得过重病,医生私下对她说此病"不免有性命之忧,如不到意大利处过冬,就是医生也束手无策"。

---

① 周传云:《访问孔文振同志记录》。
② 《北大收纳女生之由来》,长沙《大公报》一九二〇年二月二十九日。
③ 据一九二〇年二日二十九日长沙《大公报》载《北大收纳女生之由来》一文报道:在最初招收的女生中,"一为王某,系江苏人,曾在高等女子师范修业,程度极好。一为易某,系湖南易宗夔之女"。又据一九八二年二月二十一日《北京日报》载《北大破例招收女生》一文说:"一九二〇年二月,北大破例招收女生玉兰、杨寿璧等九人入文科旁听(经过考试)。"
④ 一九二一年八月,北大《日刊》刊登的招生简章中,已有"奖励女生额"的规定。

可是当她向丈夫提出"我也同别的青年妻子一样,要想出去到外国旅行"并"暗暗讽劝"丈夫去借钱的时候,却被丈夫骂了一场,说她"轻薄",不许她有"这种的胡思乱想"。但是,娜拉还要一心一意救自己丈夫的命,为此不惜冒她父亲的名字、签了借据去借了钱,因而能去意大利"过了一年",结果算是救了她丈夫的命。但当冒名借钱的事被揭穿后,她丈夫不但不肯替她分担责任,反而骂她败坏了他的名誉:"你这混帐的妇人,干得好事!"因为根据当时社会的法律,妇女不得丈夫的许可,是不能借债于他人的。但是,事情很快就和平了结了,借据被退还了。当丈夫把借据撕成碎片抛在火炉中烧掉以后,就对娜拉又变得和颜悦色,表示自己的"宽容"了。请看丈夫对娜拉的这样一段台词:"刚才我一时气急了,觉得好像天翻地覆一般,不免说了几句气话,你可不要记在心上。我已经恕了你的罪。娜拉!我可以说我已经饶恕了你。"(第三幕)

通过这样一个戏剧情节,娜拉开始觉悟到自己在家庭中的傀儡地位。正如她对自己的丈夫所说:"我们的家庭实在不过是一座戏台,我是你的'玩意儿的妻子',正如我在家时是我爸爸的'玩意儿的孩子',我的孩子们又是我的'玩意儿'。"她十分激动地宣告:"我这八年,原来只是同一个陌生人住在这里,替他生了三个小孩子——唉!我想起来真难过!我恨不得把自己扯得粉碎!"

娜拉终于离开家庭出走了,只听外面"呼"的一响——大门关闭声,接着就是全剧的闭幕。

《娜拉》的作者是挪威的一位大戏剧家易卜生(一八二八——一九〇六年)。易卜生早年曾是一个信仰无政府主义的人,但在一八七一年巴黎公社失败后,对无政府主义的信仰开始减弱了。他在一八八四年致友人的信中,"主张极力推广选举权、提高妇女地位、改良国家教育,以便脱除一切中古陋习"。[①]

易卜生是一个主张解放个性、发展个性的为我主义者。他在致友人

---

① 胡适:《易卜生主义》,《新青年》第四卷,第六号。

的信中说:"我所最期望于你的是一种真正纯粹的为我主义,要使你有时觉得天下只有关于我的事最要紧,其余的都算不得什么。……你要想有益于社会,最好的法子莫如把你自己这块材料铸造成器……有的时候我真觉得全世界都像海上撞沉了船,最要紧的还是救出自己。"①

易卜生的这种思想,也贯串在他的剧作中。试读《娜拉》剧本中主人公和她丈夫的一段对话:

> 丈夫:你就这样丢了你的家,你的丈夫,你的儿女了吗?你不想想旁人要说什么!
>
> 娜拉:我也不管旁人说什么,我只知道我该这样做。
>
> 丈夫:这真是岂有此理!你就可以这样抛弃你那神圣的责任吗?
>
> 娜拉:你以为我的神圣的责任是什么?
>
> 丈夫:还用我说吗?可不是你对于你的丈夫和对于你的儿女的责任吗?
>
> 娜拉:我还有别的责任同这些一样的神圣。
>
> 丈夫:没有的。你说那些是什么?
>
> 娜拉:我对于我自己的责任。
>
> 丈夫:第一要紧的,你是人家的妻子,又是人家的母亲。
>
> 娜拉:这种话我如今都不信了。我相信第一要紧的我是一个人,同你是一样的人。无论如何,我总得努力做一个人。②

易卜生的思想,当然助长一些资产阶级极端个人主义者的形成,像娜拉的丈夫那样视妻子为玩物的自私自利的人,不能不说也是受了易卜生的为我思想的支配。另一方面,它对要求资产阶级个性解放、男女平等的妇女来说,也有着一定积极的影响。

因此,《娜拉》在中国刊出和上演之后,受到思想界、妇女界的欢迎。很多类似娜拉那样的妇女,也冲出家庭的牢笼,走向社会。"当时到处上演《娜拉》,高叫着'不做玩物''要人格''要自由'……她们从事宣传鼓

---

① 胡适:《易卜生主义》,《新青年》第四卷,第六号。
② 《娜拉》,《新青年》第四卷,第六号,第五六八、五六九页。

动;许多前进的妇女,并以行动,勇敢地冲破了旧有的藩篱。风气所及,使那些'士大夫'、道德家也只能向隅叹息。"①

但是,娜拉出走后怎么办?易卜生并没有回答,他也不可能回答这样的问题。鲁迅指出:"从事理上推想起来,娜拉或者也实在只有两条路:不是堕落,就是回来。因为如果是一只小鸟,则笼子里固然不自由,而一出笼门,外面便又有鹰,有猫,以及别的什么东西之类;倘使已经关得麻痹了翅子,忘却了飞翔,也诚然是无路可以走。还有一条,就是饿死了,但饿死已经离开了生活,更无所谓问题,所以也不是什么路。"②

关键在于经济。鲁迅说:"所以为娜拉计,钱——高雅的说罢,就是经济,是最要紧的了。自由固不是钱所能买到的,但能够为钱而卖掉。人类有一个大缺点,就是常常要饥饿。为补救这缺点起见,为准备不做傀儡起见,在目下的社会里,经济权就见得最要紧了。第一,在家应该先获得男女平均的分配;第二,在社会应该获得男女相等的势力。"③

但是经济权如何获得呢?当时鲁迅还不是马克思主义者,还不能指出获得经济权的具体道路,但是他已经懂得必须经过战斗,而且是剧烈的战斗。他说:"可惜我不知道这权柄如何取得,单知道仍然要战斗;或者也许比要求参政权更要用剧烈的战斗。"④

## 八、妇女解放的根本道路

在"五四"前后各种妇女解放的思潮中,大致不外三种:一种是资产阶级女权主义,即争取参政权、教育权等,以达到男女地位的平等。再一

---

① 陈素:《五四与妇女解放运动》,《群众》第七卷,第八期,一九四二年五月。又见:《五四运动回忆录》下,第一〇二〇页。
② 《娜拉走后怎样》(一九二三年十二月二十六日在北京女子高等师范学校文艺会讲),《鲁迅全集》第一卷,人民文学出版社一九五六年版,第二六九、二七〇页。
③ 《娜拉走后怎样》,《鲁迅全集》第一卷,第二六九、二七〇页。
④ 《娜拉走后怎样》,《鲁迅全集》第一卷,第二七一页。

种是小资产阶级的无政府主义等思潮,无政府主义者主张废除婚姻、消灭家庭的个人绝对自由主义。第三种是无产阶级的马克思主义,即主张把妇女解放和共产主义运动结合起来。事实证明:只有马克思主义才能解决妇女解放的根本道路问题。

还在一九一九年二月,中国第一个马克思主义者李大钊就在《战后之妇人问题》中明确指出:"我以为妇人问题彻底解决的方法,一方面要合妇人全体的力量,去打破那男子专断的社会制度;一方面还要合世界无产阶级妇人的力量,去打破那有产阶级(包括男女)专断的社会制度。"①

一九二二年一月,李大钊又在《现代的女权运动》中指出:"二十世纪是被压迫阶级底解放时代,亦是妇女底解放时代;是妇女寻觅伊们自己的时代,亦是男子发现妇女底意义的时代。"他在这篇文章中分析了十月革命前的国际妇女运动和十月革命后的国际妇女运动的不同,指出:"多数劳工妇女在资本阶级压制之下,少数中流阶级的妇女断不能圆满达到女权运动的目的。反之劳工妇女运动若能成功,全妇女界的地位都可以提高。"他说:"苏俄劳农政治下妇女享有自由独立的量,比世界各国的妇女都多,就是一个显例。第三国际的执行委员会,于一九二〇年指定 Clara Zetkin 为妇女共产党的国际的书记,计划着开一国际共产党劳工妇女会,示全世界劳工阶级妇女以正当的道路,以矫正大战开始一九一五年在 Berne 开的第一次国际妇女大会的错误。这又为女权运动开一新纪元。"②

中国共产党成立后,十分重视妇女解放问题,把其列为自己的重要任务之一。一九二一年,中国共产党帮助在上海的中华女界联合会实行了改组,并在《新青年》第九卷第五号上,登载了这个联合会的《改造宣言》《纲领》和《章程》。在其《纲领》中指出:"在男女劳动同一阶级觉悟的理由上,我们主张女子参加一切农民工人的组织运动";"在男女对于社会义务平等的理由上,我们主张女子与男子携手,加入一切抵抗军阀财阀底

---

① 《新青年》第六卷,第二号;又见《李大钊选集》,第一四五页。
② 一九二二年一月十八日《民国日报》副刊,《妇女评论》第二十五期;又见《李大钊选集》,第三六九、三七〇页。

群众运动";"在民族生存权的理由上,我们须与外国帝国主义者之侵略奋斗";"在人类利害共同的理由上,我们主张与国外妇女团体联合。"①中国共产党还以女界联合会的名义出版《妇女声》②半月刊,并创办平民女校,③积极为妇女解放运动创造条件。

在一九二二年七月召开的中国共产党第二次全国代表大会上,作出了《关于妇女运动的决议》。《决议》中说:"中国共产党认为妇女解放是要伴着劳动解放进行的,只有无产阶级获得了政权,妇女们才能得到真正解放。"又指出:"在私有财产制度之下妇女的真正解放是不可能的,前进,才能跳进妇女解放的正路。"

向警予是在"二大"当选为候补中央委员并在会后不久担任妇女工作的。这是中国共产党的第一个女中央委员和杰出的妇女领袖。此后,她在"三大""四大"都当选为中央委员,并任中央妇女运动委员会书记和主编《妇女周报》。

向警予除为党中央妇女工作起草许多重要指导文件外,还先后在《响导》《前锋》《妇女周报》等各种报刊上发表过《中国最近妇女运动》《今后中国妇女之国民革命运动》《中国妇女宣传运动的新纪元》《妇女运动的基础》等文章,论述了中国妇女解放的道路。她指出中国的国情和西方资本主义国家不同,不能像西方的旧民主主义那样,搞什么"女权运动""妇女参政","在这种立场中的中国妇女,如若死板板地刻定十八世纪欧美各国女权运动的旧程式,闭着眼睛依样画葫芦的喊男女平权,以为只要取得和本国男子同等的地位,便算目的已达。那么,结果便会是:参政运动成了功,一班桀黠的妇女趁机闯入北京或各省的猪圈,伙同一班男

---

① 《新青年》第九卷,第五号,一九二一年九月一日。
② 《妇女声》创刊于一九二一年十二月十三日,陈独秀、沈泽民、沈雁冰、邵力子、李达等都为该刊撰写过文章。参见《五四时期期刊介绍》第二集第二○一页。
③ 据李达回忆:"(一九二一年)十月间,陈独秀和我商议,在上海创办一个女校,以期养成妇运人才,开展妇运工作,我任该校校长,入校学生约二十人,丁玲、王一知、王剑虹等均由该校出身。当时任教者如陈独秀、高语罕、邵力子、陈望道、沈雁冰、沈泽民等,但办理不到一年,因经费支绌就停办了。"《"一大"前后》(二),第十四页。

性的猪仔干那祸国殃民的勾当"。①

向警予特别反对把武则天做皇帝当作妇女解放。她深刻地指出:"唐朝武则天,以一个女子的身份,居然南面称孤,贵为天子,富有四海。她的威权是何等重大,她的地位是何等高贵！但是她统治底下的成千成万的妇女究竟得到什么好处呢？还不是一样地做奴隶做玩物！所以我们绝对不能把武则天做皇帝的事,看做女权运动！"②因此,中国妇女"欲免除压迫,老实说来只有联合同阶级努力作战改造社会一法"。否则,"政治问题不解决,妇女问题是永远不能解决的"。向警予指出:"劳动解放与妇女解放是天造地设的伴侣。必劳动解放了,妇女才得真正的解放。"③

中国共产党对中国妇女运动的深刻分析,使五四运动中解放出的妇女界的知识分子走上新民主主义革命的道路,并促使她们和工农相结合、和劳动妇女相结合,进一步引导中国广大妇女也走上新民主主义革命的道路,在中国革命实践中真正发挥半边天的作用,从而改变了"半身不遂"的那种老状态。这样,几千年来处于受压迫的中国妇女,就找到了解放的根本道路。

---

① 参见《向警予传》,《中共党史人物传》第六卷。
② 参见《向警予传》,《中共党史人物传》第六卷。
③ 参见《向警予传》,《中共党史人物传》第六卷。

# 结　束　语

　　五四运动是一个爱国运动,又是一个文化运动。
　　以一九一五年九月《青年》(《新青年》)杂志创办为标志而兴起的新文化运动(启蒙运动),是一次彻底地反对封建文化的运动。
　　所谓彻底,是就它的坚决性而言的,即彻底地和封建文化决裂,鸣鼓而攻之。用《新青年》主编陈独秀的话说,就是"拖四十二生的大炮",向之猛烈轰击,有敌无我,彻底性可谓甚矣!
　　所谓彻底,并非说它彻底地完成了反封建文化的任务。启蒙思想家们所使用的形式主义的方法,并不能完成这样的任务。即使有了马克思主义指导之后,这个任务也不是通过一两次运动所能彻底完成的。中国的封建文化思想,是在几千年的长期历史中形成的,而且是渗透到各个领域,盘根错节,十分顽固。即使五四运动过了数十年之后,也不能说已经在意识形态领域内彻底清除了封建文化思想。
　　然而,这次启蒙运动所起的震古烁今、振聋发聩的作用确是巨大的,它在反对旧道德提倡新道德、反对旧文学提倡新文学方面,立下了伟大的功劳。它是中国近代历史上的一次伟大的思想解放运动,因此被称为中国的文艺复兴、启蒙运动。
　　兴起于"五四"前夕的这次文化运动,就其思想主流来看,是彻底地反封建主义的性质。但是,不能由此得出结论:它不具有任何反帝国主义的内容。试读李大钊为反对"二十一条"所写下的《国民之薪胆》《警告全国父老书》，以及为反对帝国主义分子给袁世凯制造帝制舆论而写下的《国情》等文，表现了多么强烈的爱国主义情感！中国社会是一个半殖民地半封建社会，帝国主义和中华民族的矛盾是这个社会中的最主要矛盾。它不同于文艺复兴时代的意大利，也不同于人权运动时代的法兰西。在此时此地发生的一切启蒙运动，都不能不是和挽救中国于危亡这一总任务，或直接或间接相联系着的。"强弱不并处，存灭争斯须"（陈独秀）、"我以我血荐轩辕"（鲁迅），启蒙思想家们早就怀有一种恨铁不成钢的悲愤心情和献身精神。

马克思主义传入中国后，使"五四"前的新文化运动增添了新的内容。中国人民对帝国主义的认识，到这时也才由感性认识上升到理性认识阶段。帝国主义一词在中国报刊上出现，可能很早，但是，用马克思主义观点提出和分析这一概念，却是由中国最早的马克思主义者李大钊等来进行的。正如毛泽东在分析中国人民对帝国主义的认识时所指出："第一阶段是表面的感性的认识阶段，表现在太平天国运动和义和团运动等笼统的排外主义的斗争上。第二阶段才进到理性的认识阶段，看出了帝国主义内部和外部的各种矛盾，并看出了帝国主义联合中国买办阶级和封建阶级以压榨中国人民大众的实质，这种认识是从一九一九年五四运动前后才开始的。"（《实践论》）

马克思主义是反对帝国主义的科学理论。因此，"五四"后的新文化运动，除仍具有着彻底地反封建主义的性质外，也同时具有了彻底地反帝国主义的性质。

五四爱国运动从一开始就以彻底地不妥协地反帝国主义和彻底地不妥协地反封建主义的姿态而出现。具体地说，就是坚决反对帝国主义灭亡中国的"二十一条"和帝国主义强加于中国人民的《巴黎和约》，坚决打倒与此有关的封建军阀政府中的卖国贼，并进一步提出社会的根本改造，"另起炉灶，组织新政府"。

五四爱国运动是一次真正的伟大的群众运动。"它带着为辛亥革命还不曾有的姿态"。地无分东西南北，人无分男女老少，所表现出来的爱国主义的激情，在中国历史上确实是罕见的。从六月十日罢免曹、章、陆，

# 结 束 语

到六月二十八日拒签和约,无一不是群众运动作用的结果。它的历史向人们生动地揭示了马克思主义的一个最普通、最基本的原理:人民群众是历史的主人,"人民,只有人民,才是创造世界历史的动力"。

但是,五四运动并没有彻底完成反对帝国主义和反对封建主义的任务。从文化运动来说,不能一次完成;从政治运动来说,也不能一次完成。要彻底完成这样的任务,不仅要有马克思主义的理论指导,而且要有无产阶级政党的组织领导。毛泽东指出:"灾难深重的中华民族,一百年来,其优秀人物奋斗牺牲,前仆后继,摸索救国救民的真理,是可歌可泣的。但是直到第一次世界大战和俄国十月革命之后,才找到马克思列宁主义这个最好的真理,作为解放我们民族的最好的武器,而中国共产党则是拿起这个武器的倡导者、宣传者和组织者。"(《改造我们的学习》)

五四运动的历史意义是巨大的、多方面的,集中到一点来说,就在于它促成了马克思主义和工人运动的结合,从思想上、干部上准备了中国共产党的成立。

五四文化运动出现了一种新因素——马克思主义在中国的传播;五四爱国运动出现了又一种新因素——中国工人阶级登上政治舞台而且发挥了重大作用。马克思主义需要从工人阶级那里找到自己的物质力量,工人阶级需要从马克思主义那里找到自己的精神力量,因而五四后期,特别是一九二〇年,这两股力量通过先进的知识分子这座桥梁,开始结合了。中国共产党便是两者相结合的产物。

中国新民主主义革命是无产阶级领导的人民大众的反帝反封建的革命。五四运动是中国旧民主主义革命到新民主主义革命的转折点,是新民主主义革命的开端,在今天已是众所周知的历史常识。但是,在当时,五四运动的参加者和领导者,包括中国共产党建党前后的一批马克思主义者,对此是不明确的。中国共产党成立时的纲领,也只是遵循《共产党宣言》和俄国十月革命的原则,宣布消灭阶级和承认无产阶级专政而已。直至"二大"时,才根据中国国情,区别了最高纲领和最低纲领,明确了现阶段革命的民主主义性质。但"二大"制订的反帝反封建纲领并未指出无产阶级的领导权问题。总书记陈独秀仍以旧民主主义观点看待中国革命,党的其他领导人和理论工作者如李大钊、瞿秋白、邓中夏、高君宇、蔡和森、毛泽东、周恩来、刘少奇等虽然都在革命过程的不同场合宣传了无产阶级的领导权,"四大"的决议也明白地指出了这一问题,从而初步形成新民主主义革命的根本思想,但在那时仍不能说新民主主义革命的理论已经完备了。

认识的深化有待实践的深化。经过第一次国内革命战争反对右倾机会主义的实践,特别是经过第二次国内革命战争反对左倾盲动主义的实践,毛泽东在抗日战争时期写下了著名的《新民主主义论》,从而使中国的新民主主义革命具有了比较完备的理论形态。

就是在《新民主主义论》这本名著中,毛泽东论证了五四运动是中国新民主主义革命的开始。毛泽东是从以下几个方面进行分析的:

第一,"五四运动是在当时世界革命号召之下,是在俄国革命号召之下,是在列宁号召之下发生的。五四运动是当时无产阶级世界革命的一部分"。

第二,"五四运动时期虽然还没有中国共产党,但是已经有了大批的赞成俄国革命的具有初步共产主义思想的知识分子"。

第三,"五四运动,在其开始,是共产主义的知识分子、革命的小资产阶级知识分子和资产阶级知识分子(他们是当时运动中的右翼)三部分人的统一战线的革命运动。……但发展到六三运动时,就不但是知识分子,而且有广大的无产阶级、小资产阶级和资产阶级参加,成了全国范围的革命运动了"。

第四,"五四运动是在思想上和干部上准备了一九二一年中国共产党的成立,又准备了五卅运动和北伐战争"。

以上几个方面,把五四运动的背景、规模、意义,都概括到了。这几个方面,都是为以往历次运动所不具备的新因素。因此,五四运动是中国新民主主义革命的开始,而不是旧民主主义革命的延续。

中国革命从实践到认识的历史过程,正如毛泽东一九六二年一月三十日在扩大的中央工作会议上所指出:"如果有人说,有那一位同志比如说中央的任何同志,比如说我自己,对于中国革命的规律,在一开始的时候就完全认识了,那是吹牛,你们切记不要信,没有那回事。过去,特别是开始时期,我们只是一股劲儿,要革命,至于怎么革法,革些什么,那些先革,那些后革,那些要到下一阶段才革,在一个相当长的时间,都没有弄清楚,或者说没有完全弄清楚";又说:"在抗日时期,我们才制定了合乎情况的总路线和一套具体政策。这时候,中国民主革命这个必然王国才被我们认识,我们才有了自由。"

当中国民主革命的必然王国一旦被认识之后,中国革命的步伐就大大地加快了。理论一掌握群众,便化为巨大的物质力量。中国革命在毛泽东思想的指引下,不仅迅速地迎来了抗日战争的胜利,而且迅速地迎来了全国的解放。

从五四运动(新民主主义革命的开始),到中华人民共和国的成立(新民主主义革命的基本完成),为时恰好三十年。就一个人来说,三十而立。但从历史的长河来看,三十年不过是短暂的一瞬。

五四时期是一个思想解放、百家争鸣的新时期。马克思主义从那个时期得以在中国广泛传播开来。马克思主义和各种反马克思主义思潮曾有过反复的较量,经过三十年,终于在全中国取得了伟大的胜利。五四时期及其以后的历史证明:马克思主义有着无限的生命力。

五四时期是一个群星灿烂、人才辈出的新时期。除一些早逝的启蒙思想家和革命烈士外,许多在五四时期的先进青年,如毛泽东、周恩来、刘少奇等,都成了中华人民共和国的缔造者或开国元勋。

但是,五四时期的青年,包括一些在运动中处于领导地位的青年,所走的道路是并非相同的。一九五六年六月,邓颖超在和韩素音的一次谈话中,把中国人民比作大海,把领导人比作浪头上的"白色泡沫","大海生下了这些白色泡沫,负载着这些白色泡沫,这些白色泡沫常常更生,但是如果没有大海,这些白色泡沫就不存在了"(韩素音:《早晨的洪流》第一部《作者略记》。香港南粤出版社一九七四年版,第一页)。五四时期的历史就是如此,有些"白色泡沫"由于脱离了大海,只是昙花一现、迅即消失;有些则紧紧依靠着大海,永远站在时代潮流的前端。

"其作始也简,其将毕也必巨。"社会主义建设比民主主义革命更难。可喜的是,一代代的先进青年,高举五四运动的火炬,继承先烈的遗志,前仆后继地不断前进。

# 附　　录

## 一九一二年一月——一九二一年七月大事记

### 一九一二年

一月一日　中华民国宣告成立,孙中山在南京就任临时大总统。

一月二日　孙中山通告各省改用阳历。

一月三日　黎元洪当选副总统。中华民国临时政府组成,确定了各部总次长名单。

一月十四日　袁世凯在北京、天津大肆搜捕革命党人。

是日　良弼等组成宗社党。陶成章被刺死于上海。

一月十六日　京津同盟会张先培,杨禹昌,黄之萌等谋炸袁世凯未中,三人均被捕遇难。

一月二十一日　徐企文等在上海发起成立中华民国工党。

一月二十六日　彭家珍在北京炸良弼。彭以身殉,良弼越二日死。

一月二十八日　临时参议院在南京成立;二十九日,选举林森为议长。

一月三十日　中华民国实业协会在南京成立,推举李四光为会长,马君武为名誉会长。

是月　中华书局在上海创办。至一九一五年,在全国设有分局三十余处。

**二月十一日**　南京临时政府教育总长蔡元培发表《对于新教育之意见》(《临时政府公报》第十三号)。

**二月十二日**　清帝溥仪宣布退位。

**二月十三日**　孙中山辞临时大总统职。十五日,参议院选袁世凯为临时大总统。

**二月二十七日**　蔡元培等抵北京,迎袁南下。

**二月二十八日**　《民立报》刊登《国学会缘起》。该会以章太炎为会长。

**二月二十九日**　袁世凯密令曹锟部在北京发动兵变。三月六日,参议院允袁在北京就职。

**三月三日**　中国同盟会在南京召开本部全体大会。宣布其宗旨为"巩固中华民国,实行民生主义",并举孙中山为总理,黄兴、黎元洪为协理。

**三月十日**　袁世凯在北京就任临时大总统;十三日,任唐绍仪为国务总理。

**三月十一日**　孙中山颁布《中华民国临时约法》。

**三月十五日**　袁世凯令各省督抚改称都督。

**四月一日**　孙中山正式解临时大总统职。

**四月二日**　南京临时参议院议决临时政府迁至北京;四日,又议决该院迁至北京。

**四月八日**　袁世凯任命范源濂为教育次长(总长仍为蔡元培)。

**是日**　女子参政同盟会在南京成立,该会以争取女子国民参政权为宗旨。

**四月二十五日**　同盟会本部迁往北京。

**五月一日**　因辛亥革命而停顿的清华学堂,本日重新开学,学生返校者三百六十人。十月,改称清华学校,监督改称校长,由唐国安任校长,周诒春为副校长。

**五月三日**　京师大学堂改名为北京大学校,严复任校长。全校分文、法、商、农、工等科,学生增至八百一十八人。一九一三年秋又增设预科。

**五月七日** 临时参议院议决,国会采取两院制,定名为参议院和众议院。

**五月十五日** 京师优级师范学堂更名为北京高等师范学校,由陈宝泉任校长。

**五月二十四日** 袁世凯通令禁售排满及诋毁前清各项书籍。

**五月三十日** 《民立报》刊登《留法俭学会缘起及会约》。不久,在北京、四川等地均有预备学校的设立。

**是月** 刘师复在广州发起组织晦鸣学舍。

**六月二十九日** 袁世凯任陆征祥为国务总理。

**七月八日** 日、俄订立第三次密约,再次划分两国在内蒙势力范围。

**七月十日** 教育部在蔡元培主持下,于北京召开临时教育会议,重订学制,规定初小四年、高小三年、中学四年、大学预科三年、本科三年或四年。

**七月十四日** 蔡元培辞教育总长职,二十六日由范源濂继任。

**七月十五日** 上海《新世界》杂志第五期译载恩格斯著作《社会主义从空想到科学的发展》,该刊译文题目为《理想社会主义与实行社会主义》。

**八月二十五日** 同盟会与统一共和党等四个政团,合并为国民党,是日在北京召开成立大会,选举孙中山为理事长。

**八月二十九日** 汉口租界人力车夫全体罢工,要求减轻捐税。

**九月二十五日** 袁世凯任赵秉钧为国务总理。

**是月** 袁世凯发布《尊崇伦常文》。

**十月一日** 北京大学校长严复辞职,章士钊继任。

**十月七日** 陈焕章等在上海发起成立孔教会,陈为主任干事。

**十月八日** 梁启超自日返国,本日到天津。

**十月十四日至十六日** 孙中山在上海中国社会党(该党于一九一一年十一月五日在上海成立,发起人为江亢虎)本部连续三日发表演说,评论社会主义学说及其派别。

**十月二十二日** 北京政府内务部公布:自本年二月十二日以来,北京报纸报部立案者共八十九种;北京各党、会报部立案者共八十五个。

**是月** 临时稽勋局遣送张竞生、谭熙鸿、杨铨、任鸿隽、宋子文等二十五人赴英、法、美、德、日五国留学。

**十一月三日** 中华民国工党在南京举行联合大会,号称支部已发展到十六省,"党员几达四十万"。

**十二月十一日** 王闿运任国史馆馆长。

**十二月十五日** 袁世凯颁布《戒严法》,加紧镇压各地人民反抗。

**十二月二十日** 留法俭学会预备学校第一班学生经西伯利亚于本日抵法,尽入法国中学校预备学校。

**十二月二十七日** 章士钊辞北京大学校长职,由何燏时继任。

## 一九一三年

**一月一日** 津浦铁路全线通车。

**二月四日** 北京参众两院复选(上年十二月初选),国民党获三百九十二席,占绝对多数。

**二月十八日至十九日** 《民立报》连载《留英俭学会意趣书》。

**是月** 陈焕章主编的《孔教会杂志》在上海创刊。

**三月十一日** 外籍基督教传教士大会在上海召开。大会决定进一步在中国调整、扩大教会大学。

**三月二十日** 宋教仁被刺于上海车站,二十二日在医院身亡。

**三月二十二日** 康有为主编的《不忍》杂志在上海创刊。

**三月二十六日** 孙中山自日返沪。

**四月一日** 由北洋法政学会编辑的《言治》月刊在天津创刊,李大钊在该刊第一期上发表《大哀篇》。

**四月八日** 民国第一届正式国会开会。

**四月二十六日** 袁世凯与英、法、德、俄、日五国签订善后大借款二千五百万英镑合同,以全部盐税关税余额为担保。

**五月三日** 袁世凯严令各省不许"散布浮言"。

**五月二十八日** 北大预科学生反对预科毕业生须经入学试验方可升入本科之规定。上海《民立报》自六月二日起连续发表评论,声援北大预科学生。

**五月二十八日** 中华民国工党领导人徐企文运动军队革命,攻打上海制造总局,失败被杀,工党也随入瓦解。

**五月二十九日** 共和、民主、统一三党正式合并为进步党。

**是月** 福建浦城、建瓯、崇安、松溪一带人民,因米荒举行暴动。

**六月三日** 北京留法预备学校第二班学生四十余人离京赴法。

**六月十七日** 汉口人力车工人全体罢工,抗议俄捕殴毙人力车工人龚银保。

**六月二十二日** 袁世凯发布《尊孔祀孔令》。

**六月二十五日** 黎元洪派军警在汉口捕杀革命党五十三人。

**六月二十九日** 江苏教育会举张謇、黄炎培为正副会长。

**六月九日至三十日** 江西都督李烈钧、广东都督胡汉民、安徽都督柏文蔚,先后被袁世凯免职。

**是月** 白朗军在河南连续作战获胜并攻占县城,使反动派大为震惊。

**七月一日** 清华学校举行第一届学生毕业典礼,并宣布有游美资格的学生名单。

**七月十二日** 李烈钧在江西湖口宣布独立,"二次革命"爆发。十五日,黄兴在南京宣布独立,任江苏讨袁军总司令。十七日,柏文蔚在安徽宣布独立,任安徽讨袁军总司令。十八日,上海、广东分别宣布独立。十九日,福建宣布独立。二十五日,湖南宣布独立。

**七月二十二日至二十八日** 上海讨袁军多次攻袭江南制造局,未下。二十五日,李烈钧在江西湖口战败。

**是月** 陕西神木县人民,聚众起事,击毙县知事,抢夺县署仓库,并焚毁教堂。

**八月十一日** 龙济光自肇庆抵广州,广东讨袁军被战败。九月一日,黄兴在江苏战败,放弃南京。"二次革命"失败。

**八月十五日** 孔教会代表陈焕章、梁启超等上书参众两院,请定孔教为国教。

**八月二十六日**　周诒春任清华学校校长,赵国材为副校长(因原校长唐国安于二十二日病故)。

**八月二十八日**　教育部发布《学生不得投身政党训令》。

**九月一日**　北京南苑航空学校开学,秦国镛任校长。

**九月三日**　保定陆军军官学校校长蒋方震辞职,由曲同丰继任校长。

**九月三日**　孔教会在北京国子监举行"仲秋丁祀孔"。袁世凯特派梁士诒为代表前往"献香"。

**九月七日**　梁士诒、叶恭绰等在北京组成袁世凯御用的公民党。

**九月十一日**　进步党熊希龄内阁组成。

**九月二十七日**　孔教会在山东曲阜开第一次全国大会。

**十月六日**　袁世凯以军警数千人冒充"公民团"包围国会,强迫议员选袁为总统。是日,经三次投票才勉强当选。

**十月七日**　国会选黎元洪为副总统。

**是月**　江西都昌人民起事,破县城,击毙县知事。

**十一月四日**　袁世凯下令解散国民党,并撤销国民党籍议员资格,至此国会因不足法定人数而停顿。

**十一月二十六日**　袁世凯再下尊孔令,并接见"衍圣公"孔令贻,授其一等嘉禾章。

**是月**　美国一些教会组织筹设金陵女子大学,推德本康夫人为校长。该校于一九一五年九月正式开学。

**十二月二日**　康有为以孔教会会长名义电袁世凯,要求将读经定为学校课程。

**十二月十九日**　教育部以财政困难,拟暂行停派留日学生。

**是月**　袁世凯调黎元洪到京,免其湖北都督职务,令段祺瑞"暂兼代领湖北都督事"。

**是年冬**　李大钊东渡日本。次年考入早稻田大学。

# 一九一四年

**一月** 白朗军连续破光山、潢川、商城、霍山、六安等县城,旋即活动于霍山、六安间,部众达六七千人。

**一月四日** 北大校长何燏时辞职,由胡仁源继任。

**一月十日** 袁世凯下令停止全部参众两院议员职务,并着手修改约法。二十六日,公布《约法会议组织条例》。

**一月十九日** 袁为灭口,派人将宋案凶犯应桂馨暗杀于京津路上的火车内。

**是月上旬** 章太炎被袁软禁于北京龙泉寺。

**二月七日** 袁世凯通令各省,以春秋两丁为祀孔日。

**二月十日** 英驻华公使请英政府参照美国"退还"庚子赔款在京设立清华学校办法,在汉口英租界设立大学一所。

**二月十二日** 熊希龄辞职,外交总长孙宝琦兼代国务总理。

**二月二十七日** 白朗军出现于武胜关,武汉震动。同日,赵秉钧在直隶都督兼民政长任内暴死。

**二月二十八日** 袁世凯下令解散各省议会。

**是月** 教育部令各学校、商店将教科书中刊有孙文、黄兴照片及对孙、黄赞扬之词一律删除净尽。

**是月** 山东乐陵县农民抗税,击毙县知事。

**三月二日** 袁世凯公布《治安警察条例》,禁止政治结社及同盟罢工,规定学生不得政治结社,也不得参加政治集会。

**三月八日** 白朗军攻克老河口。

**三月九日** 袁世凯令设清史馆,九月一日开馆,赵尔巽为馆长。

**三月十一日** 袁世凯颁布维护纲常名教的《褒扬条例》。

**是月** 山西盂县农民聚众抗税,攻打县城。

**是月** 安徽定远县藕塘地方农民起事,号称"江淮义侠军",据县城。

**四月一日** 袁世凯公布《报纸条例》,限制言论自由。

**四月八日** 白朗军在陕西连续攻破鄠县、乾县、永寿等县城。十四日破凤县,二十日破凤翔。

**四月九日** 康有为在《不忍》杂志发表《以孔教为国教配天议》。

**四月二十六日** 南苑航空学校的四架法式双翼机在陕西开始用于侦察白朗军。

**五月一日** 袁世凯公布《中华民国约法》,废止《临时约法》,扩大总统权限,改责任内阁制为总统制。同日,撤销国务院,设政事堂于总统府,任命徐世昌为国务卿。

**五月十日** 章士钊在日本东京创刊《甲寅》杂志,于上海发行。

**五月十九日** 教育部批准北京私立民国大学、私立中华大学、私立明德大学、私立中国公学立案。

**五月二十日** 袁世凯公布《地方保卫团条例》,加强地方统治。

**五月二十三日** 袁世凯公布省、道、县制,省设巡按使,道设道尹,县设知事。

**五月二十五日** 国史馆成立,六月十七日开馆。

**五月三十一日** 安徽颍州大刀会举事,旋遭镇压而失败。

**是月** 奉天安东县农民展开抗税斗争。

**六月二日** 白朗军在甘肃与赵倜部激战,白朗本人负伤。

**六月十日** 中国留美学生在美发起组织"中国科学社",次年一月在上海创办《科学杂志》。

**六月二十二日** 中华革命党在东京召开第一次大会,孙中山被选为总理。

**六月二十八日** 教育部呈准筹办历史博物馆。

**六月三十日** 袁世凯将各省都督改称将军。同日,黄兴由日去美。

**是月下旬** 白朗军返回河南。

**是月** 直隶临榆,永年、行唐等县农民连续进行抗税斗争。

**七月八日** 中华革命党在东京举行成立大会,孙中山正式任总理职。

**七月十一日** 驻日公使陆宗舆照会日本政府,要求取消孙中山等人的在日活动。

**八月一日至四日**　德国对俄、法、英宣战,第一次世界大战爆发。

**八月三日**　白朗受伤后死于河南鲁山,起义军完全失败。

**八月六日**　北京政府就欧战爆发发表中立宣言。

**八月八日**　日本军舰出现于青岛海面。

**八月十三日**　德国愿将胶州湾租借地直接归还中国,日驻华使馆代办警告外交次长曹汝霖,不准中国接受德建议。

**八月十五日**　清华学校男生一百名,女生十名,以及自费男女生若干人,乘船赴美留学。从本年起,清华每隔一年选派十名女生赴美留学。

**八月二十日**　日置益抵北京任日本驻华公使。

**八月二十三日**　日本对德宣战,旋即派军于九月二日在山东龙口登陆。十月六日,占领胶济路全线。十一月七日,日军攻占青岛。至此,德国在山东的势力范围全部为日本控制。

**九月二十一日**　教育部通饬全国,要求学生慎守中国在欧战中的中立态度,言论交际不可偏激。

**十月四日**　顺天府改为京兆地方,设京兆尹,辖二十县。

**十月十九日**　日军在山东平度县出示"斩律五条",规定:"如该村有一人妨碍日军行动者,将全村人民尽处斩刑。"

**是月**　上海招商局、太古、怡和三轮船公司中国海员举行总同盟罢工。

**是月**　浙江东阳县人民起事,焚县署。

**十二月六日**　山东省各界推定代表上京请愿,要求北京政府交涉撤退胶济路日军。

**十二月二十三日**　袁世凯在天坛举行祀天礼。

**十二月二十八日**　约法会议通过《修正大总统选举法》,规定总统任期改为十年并可连任,继任人由现任总统推荐。

**是月**　福建长太县农民进行抗粮斗争。四川涪陵县农民三千余人起事,与反动军队搏斗。江西万年县农民起事,焚县署。

**是年**　李根源等未加入中华革命党的原同盟会会员一百余人,在东京组织欧事研究会。

**是年** 上海锯泥水木等业工人罢工。

## 一九一五年

**一月十八日** 日驻华公使日置益向袁世凯提出"二十一条"。

**一月二十二日** 袁世凯制定《教育纲要》，强调尊孔读经。

**一月二十七日** 陆征祥继孙宝琦任外交总长。

**是月** 中国科学社主编的《科学》杂志在上海创刊。

**是月** 奉天新民县某乡农民起事，围攻清丈局。

**二月十一日** 中国留日学生千余人在东京冒雨集会，反对"二十一条"。

**二月十二日** 梁启超被袁世凯聘为政治顾问。

**二月二十日** 袁世凯任陈宧会办四川军务。五月一日，任其署四川巡按使。六月二十二日，又任其督理该省军务，并于次日授其为毅威将军。

**二月二十一日** 加拿大温哥华华侨二千余人集会，反对"二十一条"。

**二月** 留日学生总会集会，李大钊写《警告父老书》。

**三月四日** 吴佩孚任陆军第三师第六旅旅长。

**三月十日** 孙中山命中华革命党通告党员积极讨袁。

**三月十三日** 菲律宾小吕宋华侨电请北京政府拒绝"二十一条"，"宁战毋让"。

**三月十六日** 劝用国货会在上海成立。

**三月十八日** 上海绅商学界三四万人举行国民大会，反对"二十一条"。

**是月** 湖北沔阳县人民起事，执械劫狱，焚县署。

**四月五日** 张勋将武卫前军改编为"定武军"。

**四月十一日** 北京总商会举行大会，发起救国储金，并宣传提倡国货。

**是月**　上海商界发起组织中华救国储金团。

**五月七日**　日本政府向中国政府提出最后通牒,限四十八小时答复。

**五月九日**　袁世凯接受"二十一条"。外交总长陆征祥、次长曹汝霖亲往日使馆递交复文,对日本最后通牒概予承认。是日,全国教育联合会规定每年五月九日为国耻纪念日。同日,上海各群众团体四五万人召开国民大会,誓死反对"二十一条"。与此同时,全国各地均出现反日、抵货高潮。

**五月十一日**　北京救国储金团在中央公园(今中山公园)开会,并发表宣言。

**五月十三日**　汉口爱国青年愤起阻止当地日侨准备举行"提灯庆祝会"。全市商店闭门熄灯停止夜市。商民与日人冲突,捣毁日本商店。五月十八日,湖南长沙一青年反对"二十一条",从天心阁跳城自杀。类似事件在各地连续发生。

**五月二十三日**　北京救国储金团在中央公园召开第二次救国储金会。

**五月二十五日**　袁世凯指令外交总长陆征祥在卖国条约上签字。

**是月**　湖南新化县人民起事,破县城。

**六月二日**　袁世凯任命驻日公使陆宗舆为中日换约全权委员。

**是月**　蔡元培、李石曾等在法国发起组织勤工俭学会。

**七月十七日**　"党人"钟明光因刺龙济光在广东被捕,次日被害。

**是月**　广东花县人民起事,焚县署。

**八月三日**　古德诺发表《共和与君主论》。十四日,杨度、孙毓筠、严复、刘师培、李燮和、胡瑛等发起"筹安会"。

**八月十五日**　蔡锷到天津与进步党人密谋反袁。

**八月二十日**　梁启超在《大中华》杂志上发表《异哉所谓国体问题》。

**八月二十三日**　筹安会正式成立。

**八月二十九日**　江苏教育会召开年会(第十一次),黄炎培报告赴美考察教育情形。年会选张謇为正会长,黄炎培为副会长。

**是月**　湖南教育会会长叶德辉在长沙成立经学会,鼓吹尊孔读经。

**是月** 李大钊发表《厌世心与自觉心》。

**是月** 山西和顺县农民一万余人起事。

**九月一日** 中华革命党在东京集会,反对袁世凯复辟帝制。

**九月六日** 教育部设立通俗教育演讲会,鲁迅任该会小说股主任,次年二月辞职。

**九月十五日** 陈独秀主编的《青年杂志》在上海创刊(从一九一六年二卷一号起,改名《新青年》)。

**九月末** 蔡锷密函黄兴,征求其赴西南发难之意见。

**是月** 云南巧家县人民起事。

**十月十日** 朱执信到香港与邓铿策划反袁军事。

**十月十五日** 陈独秀在《青年杂志》一卷二号上发表《今日之教育方针》。

**十月二十五日** 孙中山与宋庆龄在东京结婚。

**是日** 中国科学社正式成立,公举任鸿隽、赵元任等五人为第一期董事,杨铨为编辑部部长。一九一八年办事机构从美国移至国内。

**是月** 孙中山命革命党人在上海、山东、广东、四川、江西、陕西等地运动起兵讨袁。

**是月** 甘肃环县、庆阳等地人民起事,进行抗捐抗税斗争。

**十一月二十日** 所谓全国各省区国民代表大会代表投票推戴袁世凯为皇帝。

**是月** 江西万载县人民聚众捣毁县署。

**十二月二日** 上海八千人力车夫为反对增加租价同盟罢工。

**十二月五日** 中华革命党人陈其美在上海策动肇和舰起义,炮轰上海制造局。

**十二月十二日** 袁世凯下令称帝。

**十二月二十一日** 袁世凯任陆征祥为国务卿兼外交总长。

**十二月二十五日** 蔡锷等通电云南独立,组织护国军讨袁。

**十二月三十一日** 袁世凯令明年为洪宪元年。

**是月** 孙中山发表《讨袁宣言》。

**是月** 吉林五常县农民,联合榆树、舒兰等地农民,到处捣毁税局。

**是年** 中华书局创办《中华学生界》《中华妇女界》,商务印书馆创刊《妇女杂志》等刊物。上海浸会大学改名为沪江大学。福建省基督教会在福州创办福建协和大学。

**是年初** 峄县中兴煤矿失火,数百名工人死亡。

**是年** 上海租界人力车工人罢工。苏州机织业工人罢工。

# 一九一六年

**一月一日** 云南都督府成立,以唐继尧为都督。

**一月十五日** 陈独秀在《新青年》一卷五号发表《一九一六年》,批判纲常名教。

**一月二十四日** 护国军到达贵阳。从一月二十七日后,贵州、广西、浙江、陕西、四川、湖南先后宣布独立。

**一月底** 李大钊为反袁事回国。二月初到上海,两月后又去日本。

**是月** 奉天宽甸县农民展开抗捐抗税斗争。

**二月九日** 朱执信等率部袭广州,未克。

**二月十五日** 《新青年》杂志一卷六期发表易白沙的《孔子平议》(连载两期)。

**二月二十一日** 湖南中华革命党人进攻督军署失败。

**二月二十三日** 袁世凯宣布延期实行帝制。

**是月** 中华医学会在上海召开第一次大会。

**是月** 吉林舒兰县农民展开抗捐抗税斗争。

**是月** 吉林密山、富锦、虎林、宝清等县农民二万余人起事。

**三月二十二日** 袁世凯被迫撤销帝制,仍自称大总统,并起用段祺瑞为参谋总长。复于四月二十一日,任段为国务卿兼陆军总长,负责组织内阁。

**三月二十三日** 袁世凯颁令废止洪宪年号。徐世昌、段祺瑞、黎元洪致电护国军,请停战议和。护国军于二十六日复电,要求袁世凯即日退大总统位。

**三月二十九日** 华法教育会发起会在巴黎召开,举蔡元培、欧乐(法)为会长,汪精卫、穆岱(法)为副会长,吴玉章等为会计,李石曾等为书记。

**是月** 山东肥城农民起事,反对清丈及加捐加税,附近东平、东阿、平阴等县农民亦纷纷举事。

**四月九日** 孙中山、廖仲恺、宋庆龄、何香凝等在东京集会,声讨袁世凯。

**四月三日** 华法教育会与留法勤工俭学会合组的华工学校开课。

**四月二十三日** 张国淦任教育总长。

**四月二十七日** 孙中山由日本返抵上海。五月九日,孙中山发表《讨袁第二次宣言》。

**是月** 湖南平江县人民起事,破县城、毙县知事。

**四、五月间** 李大钊自日回国抵上海。

**五月一日** 护国军在肇庆设都司令部,以岑春煊为都司令,梁启超为都参谋,发布宣言,否认袁世凯为总统,拥黎元洪继任。在北方国务院未产生前,暂设一军务院,以唐继尧为抚军长。至是西南局面联成一气,声势大振。

**五月八日** 袁世凯改政事堂为国务院。

**五月十四日** 天津惠民公司经理与法国军部代表签订召募二十余万华工赴欧参战合同。七月十二日,首批华工一九六八人自大沽口乘船去法。

**五月十五日、二十五日** 中华革命党人两次袭济南,未克。六月四日,再袭济南,仍未克。

**五月十八日** 袁世凯派人在上海刺死陈其美。

**是月** 河北易县、涿县、涞水、涞源等地农民三万余人,结社抗捐及反清丈土地。

**六月六日** 袁世凯死。

**六月七日** 副总统黎元洪继任大总统。自本日起,各省陆续取消独立。

**六月九日** 孙中山电黎元洪,要求恢复民国元年约法。

**六月十日** 唐继尧致电黎元洪要求恢复民元临时约法,召集旧国会,惩办策划帝制元凶。

**六月十三日** 徐树铮任国务院秘书长。

**六月二十二日** 段祺瑞通电反对西南主张,拒绝恢复临时约法。

**是日** 华法教育会在巴黎开成立会。

**六月二十九日** 黎元洪申令恢复民国元年约法和召集国会;另一方面,又任命段祺瑞为国务总理,申令民国三年五月一日以后各项条约继续有效,法令一切照旧。

**是月** 奉天复县、海城、东丰、盖平等地人民起事。

**七月六日** 黎元洪令各省督理军务长官改称督军,民政长改称省长。

**七月十二日** 范源濂任教育总长。

**七月十四日** 唐继尧等通电宣布撤销军务院。

**八月一日** 旧国会在北京重行开幕。黎元洪宣誓就任总统职。

**八月十五日** 《晨钟报》于北京创刊。

**是月** 湖北宣恩、监利等地人民起事。山东昌乐农民进行反抗逼税斗争。

**九月一日** 李大钊在《新青年》二卷一号发表《青春》。

**九月九日** 张继、林森、居正等原国民党议员在北京组织"宪政商榷会"。

**九月十一日** 陈焕章等上书请定孔教为国教。

**九月十三日** 梁启超、汤化龙等进步党人组织"宪法研究会"。

**九月十五日** 国会开会,审议宪法草案,关于省制问题发生争论。国民党议员主张规定省制大纲,省长民选;研究系议员反对,主张省长由总统委任。

**九月十六日** 曹锟任直隶督军。

**是日** 教育部向比国义品公司借款二十万元,作为建筑北京大学校舍费用。

**九月二十日** 康有为发表《致总统总理书》，要求将孔教"编入宪法"，祀孔行拜跪礼。

**九月二十一日** 张勋等召开第二次徐州会议，组成"十三省区联合会"。

**是月** 四川川西道属各县人民起事。

**十月一日** 陈独秀发表《驳康有为致总统总理书》。

**十月六日** 日本寺内内阁成立。

**十月二十日** 法国驻天津领事馆派兵强占老西开。二十一日，天津市民集会，强烈反对法国蛮横行径。

**十月三十日** 国会选冯国璋为副总统。

**十月三十一日** 黄兴在上海病故，终年四十二岁。

**是月** 国语研究会在北京发起成立，次年在北京召开第一次大会，推举蔡元培为会长。

**十一月一日** 陈独秀发表《宪法与孔教》一文，驳宪法草案中关于尊孔的规定。

**十一月八日** 蔡锷病故于日本九州福冈医科大学医院，终年三十四岁。

**十一月十二日** 天津法租界一千六七百名工人，为反对法占老西开而罢工。在此影响下，华警罢岗、商人罢市，居民纷纷迁出法租界。

**十一月十九日** 谷钟秀、张耀曾、李根源、杨永泰等在北京组织"政学会"。

**十一月二十五日** 上海江南造船厂工人罢工。

**十一月二十六日** 蔡元培由欧回国后去绍兴，是日在浙江第五师范学校发表演说。十二月十一日，又应邀去江苏教育会发表演说，同月又在上海爱国女校发表演说。

**是月** 四川新繁县人民起事，焚毁县署。

**十二月一日** 陈独秀在《新青年》二卷四号发表《孔子之道与现代生活》一文。

**十二月八日** 国会开会，又讨论省制问题，研究系议员和国民党议员发生斗殴。

**十二月二十四日** 西原龟三在北京会见段祺瑞。*

**十二月二十六日** 黎元洪任命蔡元培为北京大学校长,次年一月四日到职。

**是年** 北京政府财政部印刷工人罢工;上海翻砂工人罢工;上海英美香烟公司工人罢工。

**是年** 俄国在长春、哈尔滨等地设专门机构,大量招募华工赴俄。

**是年** 湖北、江西两省哥老会发动群众,展开斗争。

## 一九一七年

**一月** 陈独秀任北大文科学长,《新青年》编辑部亦随之迁至北京北池子箭杆胡同九号(今二十号)陈的家中。

**是月** 李大钊任《甲寅》日刊编辑。

**一月一日** 《新青年》二卷五号出版,胡适发表《文学改良刍议》。

**一月九日** 张勋、靳云鹏、徐树铮在徐州开省区联合会,商议对付国会办法。

**一月十一日** 抚顺煤矿发生炸裂事件,死亡工人九百二十四名。

**一月二十七日** 北大校长蔡元培在国立高等学校校务讨论会议上提出改革高等教育的建议,主张大学专设文理二科,其他法、医、农、工、商五科分别为独立之大学。

**一月三十日** 李大钊在《甲寅》日刊发表《孔子与宪法》。

**是月** 四川德阳县人民起事,破县城,焚县署等处。

**二月一日** 陈独秀在《新青年》二卷六号发表《文学革命论》,吴虞发

---

\* 西原来华共六次:第一次:一九一六年六月二十三日至七月十一日;第二次:一九一六年十二月二十二日至一九一七年一月十四日;第三次:一九一七年二月十六日至三月十九日;第四次:一九一七年六月八日至七月二十六日;第五次:一九一八年三月十八日至四月十四日;第六次:一九一八年五月二十九日至八月七日。参见裴长洪:《西原借款与寺内内阁的对华策略》,《历史研究》一九八二年第五期。

表《家族制度为专制主义之根据论》。

**二月三日** 美国对德绝交,并请中国一致行动,英法各国均请中国参加作战。二月十九日,日本与英、法、俄协议,承认日本在山东权利,日允中国参战。

**二月四日** 李大钊在《甲寅》日刊发表《自然的伦理观与孔子》。

**二月六日** 教育部下令重申禁止学生加入政党。

**是月** 陕西保定、延川、安定等县人民起事,各县县城均被攻破。滇西各地人民起事,攻破兰坪等县县城。

**三月四日** 各省公民尊孔会在上海成立,举陈焕章为会长,张勋、康有为等为名誉会长。

**是月** 段祺瑞面见黎元洪,要求黎电令驻协约国公使,向驻在国政府磋商与德绝交条件,黎元洪反对参战,拒发电报。段愤而辞职赴天津,经冯国璋调停,黎允不干预对德外交。六日段祺瑞回京。

**三月五日** 北京中国公学大学部改名中国大学。

**三月八日** 孙中山通电,反对参加欧战。

**三月十二日** 俄国二月革命爆发。

**三月十四日** 北京政府布告对德绝交。

**三月二十六日** 梁启超致函国务院,请速向德宣战。

**四月一日** 毛泽东以"二十八画生"笔名在《新青年》第三卷第二号发表《体育之研究》一文。

**四月二十五日** 段祺瑞召集各省督军会议,决定对德宣战。

**是月** 吉林舒兰县霍伦川地方人民反对清丈,焚毁皇产局。

**五月六日** 中华职业教育社举行成立大会,黄炎培等九人任临时干事,并举黄为办事部主任,蒋梦麟为总书记。

**五月二十三日** 因段祺瑞嗾使所谓"公民请愿团"等团体,包围议院,强使通过参战案,并组成督军团要求修改宪法,解散国会,黎元洪下令免去段祺瑞职务,以外交总长伍廷芳代国务总理。二十八日,又任李经羲为国务总理。

**五月二十三日** 蔡元培赴天津在南开学校全体会上讲德、智、体三育的重要,又在该校敬业、励学、演说三会的联合讲演会上讲思想自由问题。两次讲演,均由周恩来笔录。

**五月二十六日** 安徽省长倪嗣冲反对黎元洪免去段祺瑞职务,宣布与政府脱离关系。奉天、陕西、河南、浙江、山东、吉林、黑省、直隶、福建、山西各省相继独立。倪嗣冲并在蚌埠扣车,运兵天津,准备与奉鲁豫三省共同进兵北京。

**五月二十七日** 北京留法俭学会预备学校开学,第一批入学者三十人。同年,河北蠡县布里村、保定育德中学和四川成都也都先后创办预备学校。

**五月三十日** 研究系、交通系人物纷纷离京,国会无法开会。

**五月** 据日本文部省统计,至本年五月底,留日中国学生数约三千名。

**是月** 四川懋功县人民起事。

**六月一日** 黎元洪召张勋入京共商国是。

**六月二日** 脱离北京政府之各省督军,在天津设总参谋处。皖、鲁、奉各派重兵进逼北京。

**六月七日** 张勋率兵由徐州北上。八日,至天津,与段派集议,段系怂恿他入京倡乱。张勋电黎元洪,声称调停条件须先解散国会。

**六月十二日** 黎元洪被迫下令解散国会。伍廷芳不肯副署,与程璧光率海军南下。

**六月十四日** 张勋抵京,二十八日康有为秘密至京,与张勋策划复辟。

**六月二十六日** 黎元洪令将国史馆并入北京大学,在文科内设国史编纂处。

**六月二十八日** 教育部规定大学修业年限:预科二年;本科四年。

**七月一日** 上海发起组织中华全国学生救亡会。

**七月一日** 张勋、康有为等在北京拥溥仪复辟,并改民国六年七月一日为宣统九年五月十三日,恢复清末旧制。黎元洪避居东交民巷日本使馆,电请副总统冯国璋代行大总统职权,任段祺瑞为总理。三日,段举兵马厂,申讨张勋。十二日攻下北京。张勋复辟失败。

**七月十四日**　黎元洪通电去职。黎去职后,冯国璋任代大总统,以段祺瑞为总理。段派军阀与研究系、交通系政客联合组织内阁。研究系梁启超、汤化龙为段祺瑞出策,以宣统复辟,已使民国中断为理由,宣言召集临时参议院,不再恢复国会。

**七月十九日**　孙中山在广州致电段祺瑞反对再造国会,以维护民元约法。二十一日,海军总司令陈璧光响应孙中山号召,宣言"拥护约法,恢复国会"。二十二日,海军全部舰队从上海开往广东。国会议员也相率赴粤。

**七月二十一日**　孙中山在广东全省学界欢迎会上发表关于"知难行易"的讲演。

**是月**　安徽五河、泗县、盱眙、六安、寿县、凤台、颍上等县人民起事。

**八月一日**　冯国璋抵北京,六日宣布就任代总统。

**八月十四日**　北京政府正式对德、奥宣战。

**八月十八日**　孙中山召集国会议员在广州黄埔公园集会,决定在粤开非常会议。二十五日,非常会议在广州开幕,议决组织政府。九月一日,选孙中山为大元帅,唐继尧、陆荣廷为元帅,在临时约法未恢复前,行政权由大元帅掌握,对外代表中华民国。

**八月二十八日**　段祺瑞与日本银行团订立第一次善后借款一千万元,以全部盐务税款作为抵押,此即为有名的西原借款之一。从本年八月到次年九月,段祺瑞先后向日方借款达五万万元以上。

**九月十日**　孙中山在广州就任海陆军大元帅。

**九月二十七日**　教育部公布《修正大学校令》,其要点是:一、设二科以上得称大学,设一科者,称某科大学。二、大学本科修业年限改为四年,预科二年。三、大学教员改分正教授、教授、助教授三等,讲师仍旧。四、废止各科教授会,凡各科事项必须开会审议者,由各科评议员自行议决。

**九月二十九日**　冯国璋下令组织参议院,又下令通缉孙中山。

**九月**　周恩来自天津南开学校毕业后,东渡日本留学。

**是月**　吉林富锦县人民起事,破县城。

**十月六日** 广州军政府下令出兵湖南,任程潜为护法军湘南总司令。

**十月十五日** 北京大学召集会议,着手学制改革,仿美大学制,采用选科制度。

**是月** 恽代英在武汉发起组织互助社。

**十一月二日** 日本政府派石井为全权大使,赴美与美国务卿蓝辛谈判关于协同作战备案,发表所谓蓝辛石井宣言,美国政府承认"日本在中国之特殊地位"。

**十一月六日** 孙中山派林祖涵为湖南劳军使,赴湘慰问护法军。

**十一月七日** 俄国十月社会主义革命爆发。三日后,此消息即在上海《民国日报》等报纸上刊载。

**十一月十四日** 北方直皖二系军阀暗斗,冯国璋授意在湘作战之北军王汝贤、范国璋通电停战。

**十一月十五日** 段祺瑞请辞国务总理职。三十日,冯国璋以王士珍署国务总理。

**十一月** 李大钊到北京大学,次年一月任图书部主任。

**是月** 湖南宁乡县人民起事,破县城。

**十二月四日** 教育总长范源濂因赴美考察,辞总长职。冯国璋本日任傅增湘为教育总长。

**十二月十八日** 冯国璋任段祺瑞为参战督办。段借此名义,编练参战军三师十混成旅,聘日人为军事顾问。同日,王士珍任段芝贵为陆军总长。北京政府仍操于段派手中。

**十二月二十二日** 孔教会在北京创办《经世报》,以陈焕章为总经理兼总编辑。

**是年** 齐鲁大学在山东济南建立。

**是年** 蔡元培向教育部建议:北京大学工预科毕业生全部升入北洋大学工科,北洋大学法预科毕业生全部入北京大学法科。

**是年** 上海英美香烟公司工人罢工;中华书局、商务印书馆工人罢工。

**是年** 江苏苏州佃农要求减租,反抗镇压,包围县城。湖南许多地区农民纷纷展开对地主的斗争。同年,陕西武功县斋门教起义;安徽省大刀会起事。

## 一九一八年

**一月一日** 华侨学生会在上海成立。

**一月三日** 孙中山以粤督莫荣新捕杀大元帅府卫队官兵多人,令海军同安、豫章二军舰炮击观音山督军署。

**一月八日** 美国总统威尔逊发表《和平条件》十四条。

**一月十五日** 本日出版的《新青年》四卷一号,改用白话文及新式标点符号。

**一月二十日** 西南军阀在广州组织西南自主各省护法联合会,与孙中山主持的军政府相对抗。该会推岑春煊为议和总代表,唐绍仪为财政总代表,伍廷芳为外交总代表,唐继尧、程璧光、陆荣廷为军事总代表。

**一月二十一日** 南北两军在岳阳开战。

**二月十七日** 北京政府公布国会组织法、议员选举法。

**二月二十三日** 奉军进驻秦皇岛,截持日本运来的军械。此举系徐树铮与张作霖事先密谋商定。徐以此邀奉军入关,迫冯国璋支持皖系的武力统一政策。

**是月** 第十六混成旅旅长冯玉祥在湖北武穴通电主和。

**是月** 苏俄政府公告废除不平等条约。

**三月一日** 督办参战事务处成立,段祺瑞任督办。

**三月四日** 上海《时事新报》增辟《学灯》副刊。

**三月七日** 皖系军阀在安福胡同组织"安福俱乐部"。

**三月十日** 陈嘉庚在集美学校增办师范、中学两部。不久,又筹办厦门大学(一九二一年厦大成立,开始招生)。

**三月二十日** 《劳动》月刊创刊。

**三月二十三日** 王士珍辞职,段祺瑞再任国务总理。

**三月二十五日** 驻日公使章宗祥,与日外务省大臣交换《中日共同防敌军事协定》草案。

**三月二十七日** 段祺瑞命张敬尧任湖南督军。

**是月** 安徽含山县人民起事，攻占县城。山东滕县、新太等地人民起事，攻占新太县城。湖北蕲州一带人民起事。

**四月十四日** 毛泽东、蔡和森、何叔衡等在湖南长沙组织新民学会。

**四月十五日** 钱玄同在《新青年》四卷四号发表《中国今后之文字问题》。

**四月二十日** 段祺瑞赴汉口召集军事会议，密谋武力统一全国。

**四月二十四日** 留日学生救国团致电冯国璋、段祺瑞，反对《中日共同防敌军事协定》。

**四月二十九日** 广东非常国会通电反对《中日共同防敌军事协定》。

**是月** 山东东平、茌平、临清等县人民起事，攻破各县县城。

**五月四日** 广东政学系与桂系军阀联络，在广州非常国会上通过"修正军政府组织法案"，改设七政务总裁，排斥孙中山。孙向非常国会提出辞职。

**五月五日** 中华职业教育社于江苏召开第一届年会，到会者千余人。

**五月十二日** 留日中国学生罢课归国，在沪组织"留日学生救国团"，反对中日"共同防敌"。六月六日在上海复旦公学召开"留日学生救国团"全体大会。

**五月十五日** 鲁迅的第一篇白话文小说《狂人日记》在《新青年》四卷五号发表。

**五月十六日** 《中日陆军共同防敌军事协定》在北京签字。其内容共十二条，规定日军在满蒙驻兵，中国参战军队皆由日人训练。十九日，又签订《中日海军共同防敌军事协定》。

**五月二十一日** 北京大学、高师、工专等校学生二千多人至总统府，请求废止《中日陆军共同防敌军事协定》，并要求公布内容条文。次日，天津学生也向直隶省长进行了请愿活动。

**五月十八日** 广东非常国会宣布《中华民国军政府组织大纲》。二十日，选举唐绍仪、伍廷芳、孙中山、岑春煊、陆荣廷、唐继尧、林葆怿七人

**五月二十一日**　孙中山离粤；六月二十六日由日抵沪,居法租界内。护法运动失败。

**是月**　在反对《中日陆军共同防敌军事协定》的斗争中,北京、上海、天津、南京、济南等地学生和罢学归国的留日学生,组织学生救国团体。

**是月**　直隶栾城县人民起事。

**六月八日**　天津学生集会,反对《中日陆军共同防敌军事协定》。

**六月十四日**　徐树铮于天津奉军司令部枪杀陆建章。

**六月二十三日**　留日学生救国团与上海各界开联合会议,反对《中日陆军共同防敌军事协定》。

**六月三十日**　北京发起成立"少年中国学会",列名发起者为李大钊、王光祈、陈淯、张尚龄、曾琦、周无、雷宝菁。该会于一九一九年七月一日正式成立。

**是月**　赣北人民起事,号称"赣北护法军",攻占鄱阳、都昌等县城。吉林方正县人民起事,破县城,俘县知事。

**七月一日**　李大钊在《言治》(季刊)第三册发表《法俄革命之比较观》。

**七月八日**　冯玉祥在湖南常德宣布独立。

**七月十四日**　广州各界开拒约救国公民大会,反对《中日陆军共同防敌军事协定》,并于二十日成立各界联合会。

**七月十八日、十九日**　广州军政府连续召开政务会议,推岑春煊为主席总裁,任章士钊为秘书长。

**七月二十日**　据北京教育部第四次教育统计图表公布:一九一八年七月,全国学校共有一二九七三九所,学生达四二九四二五一人。

**七月三十一日**　督军团在津开会,密议总统、副总统人选(六月二十八日已由主要人员密议一次)。

**是月**　邵飘萍在北京创办新闻编译社。这是由中国人自办通讯社的开始。

**是月**　江苏肖县等地人民起事,破肖县县城。

**八月一日**　列宁委托外交人民委员齐切林复函孙中山,表示对孙中山拍来的贺电表示感谢,并向"中国革命的领袖"致敬。

**八月二日、三日**　日本、美国相继发表出兵西伯利亚宣言。英、法军于三日及十日先后在海参崴登陆。十九日美军于海参崴登陆。

**八月三日**　教育部决定每年送派各大学、高等专门学校男女教授若干名赴欧美各国留学。

**八月六日**　教育部再次通告:限罢学回国之留日学生于九月十日前回东京报到。

**八月十二日**　冯国璋通电辞总统职。安福国会开幕,安福系议员占百分之六十以上。二十日,选举王揖唐为国会众议院议长。

**八月十三日**　日本发表出兵满洲里宣言。第三师师长吴佩孚在湖南前线主和,自行决定停战一月。

**是日**　上海日商日华纺织公司女工千人罢工。

**八月十五日**　鲁迅在《新青年》五卷二号发表《我之节烈观》。

**八月十六日**　美总统以在第一次世界大战中,日本对中国侵略猛烈加强,极谋抵制,向法、英、日三国提议组织四国银行团,共同对华投资,不许一国单独行动。

**八月十九日**　毛泽东为组织湖南青年勤工俭学,第一次到达北京。

**八月二十一日**　岑春煊通电就广东军政府主席总裁职。

**八月二十四日**　段祺瑞以编练参战军,要求日政府借款二千万日元。

**八月三十一日**　陈炯明援闽粤军占领漳州。

**是月**　广东新会县人民起事,破县城。

**九月四日**　安福国会选徐世昌为大总统。

**九月七日**　美国驻华代办访北京政府外交总长,要求将中东路交美驻西伯利亚铁路委员会"代管",以防落入日本手中。

**九月十五日**　陈独秀在《新青年》五卷三号发表《质问东方杂志记者》一文,驳斥了《东方杂志》对新文化运动的污蔑和攻击。

**九月十九日**　孙中山致函广东军政府,委徐谦为全权代表参加政务会议。

**九月二十日**　日政府照会北京政府,将根据《中日陆军共同防敌协定》增兵北满。至十月初,驻东三省北部之日军达六万人。

**是日**　蔡元培在北京大学开学式上发表演说,强调"大学为纯粹研究学问之机关"。

**九月二十四日**　段祺瑞与日本订立满蒙四路,济顺、高徐二路借款各二千万元。章宗祥在山东问题换文上签"欣然同意"。同日,又成立二千万元参战借款合同,以聘请日人作段军教练为条件。二十八日,章宗祥代表北京政府在合同上签字。

**九月二十九日**　日本寺内正毅内阁倒台。

**是月**　奉天辑安县人民起事,破县城。

**十月五日**　邵飘萍在北京创办《京报》。

**十月十日**　徐世昌就任大总统职,段祺瑞解国务总理职,由钱能训暂代。

**十月十五日**　《新青年》五卷五号发表李大钊的《庶民的胜利》和《布尔什维主义的胜利》(实际出版时间为一九一九年一月)。

**十月二十日**　国民社成立。

**十月二十三日**　钱能训致电岑春煊,请设法进行南北和平。同日,熊希龄、蔡元培、张謇等人通电发起"和平期成会",各省复电均表赞同。

**十月**　北京大学图书馆由马神庙原址迁至沙滩红楼新址(红楼于本年八月建成),李大钊办公室,设红楼一层东首。

**是月**　北大新闻研究会成立。

**是月**　山东肥城县人民起事,破县城。

**十一月三日**　"和平期成会"成立,熊希龄为会长,蔡元培为副会长。

**十一月四日**　徐树铮赴日参观日陆军大演习。

**十一月十一日**　第一次世界大战结束。十二日,北京拆毁矗立在东单北的克林德石牌楼。十四日至十六日,北京各校放假三天,庆祝协约国胜利。

**十一月十六日**　徐世昌发布停战令。二十三日,南方军政府发布停战令。双方商谈在上海召集和平会议。

十一月十九日　新潮社成立。

十一月二十八日　北京政府规定放假三天,举行各界庆贺协约国战胜大会。李大钊在这次会上发表了《庶民的胜利》的讲演。

十二月十日　蔡元培为《北京大学月刊》写发刊词,指出:"大学者,'囊括大典,网罗众家'之学府也。"

十二月十八日　全国和平联合会在北京开成立大会,推蔡元培为总代表。

十二月二十二日　陈独秀、李大钊等在北京创办《每周评论》。

是日　督军团于安福俱乐部举行"庆祝国际荣誉合肥首勋大会",吹捧段祺瑞。

是日　段祺瑞决定编练四个师,以傅良佐、曲同丰、陈文运、马良为师长,段自任总司令,徐树铮为参谋长。

十二月二十九日　梁启超自上海乘船赴欧。

十二月三十日　孙中山撰《孙文学说》序,阐述"知难行易"学说。

是年　上海第二纱厂工人罢工,英美香烟公司工人罢工;大连沙河口铁道工厂工人罢工。

是年　湖南白莲教二千余人起义。

## 一九一九年

一月一日　《国民》杂志和《新潮》杂志在北京创刊。

一月五日　李大钊在《每周评论》上发表《新纪元》。

一月十一日　北京政府钱能训内阁改组,陆征祥任外交总长(未到任前由次长陈箓代理),傅增湘任教育总长,曹汝霖任交通总长。

一月十四日　孙中山批答蔡元培(兼任北京大学国史编纂处主任)、张相文,告以有关秘密会党史实"不可混入民国史中"。

一月十五日　陈独秀在《新青年》六卷一号上发表《本志罪案之答辩书》(实际出版时间在一九一九年三月)。

一月十八日　巴黎和会开幕。二十一日,中国派陆征祥、顾维钧、王正廷、施肇基、魏宸组等五人为参加巴黎和会全权代表。

**一月二十日**　无政府主义团体进化社出版《进化》月刊。

**一月二十五日**　北京大学哲学研究会成立。

**一月二十六日**　北京大学国故社成立（三月二十日创刊《国故》）。

**是月**　江苏省教育会、北京大学、南京高师暨南学校、中华职业教育社发起组织中华新教育共进社，编译各种新书。二月，发行《新教育》月刊。

**是月**　《北京大学月刊》创刊号出版。

**是月**　吉林农安、长岭一带农民反抗军队任意号粮号草。

**二月一日**　李大钊在《国民》杂志第一卷第二号上发表《大亚细亚主义与新亚细亚主义》。

**二月五日**　山东旅京人士组织外交后援会，力争收回青岛。

**二月七日**　北京《晨报》副刊改组，由李大钊负责编辑。

**二月八日**　上海日商日华纺织公司工人罢工。

**二月九日**　北京高师学生组织《同言社》（五月三日又改成立工学会）。

**二月十五日**　李大钊在《新青年》六卷二号上发表《战后之妇人问题》（实际出版时间在一九一九年四月中旬）。

**二月十六日**　中国国民外交协会在北京成立。

**二月十七日**　林纾在《新申报》上发表小说《荆生》。

**二月二十日**　南北和平会议在上海开幕。北京政府派朱启钤为总代表；广东政府以唐绍仪为总代表。三月三日，因北军继续进攻陕西于右任之靖国军，和议遂告停顿。

**二月二十日至二十三日**　李大钊在《晨报》上发表《青年与农村》。

**三月二日**　各国共产党第一次世界代表大会在莫斯科开幕。四日，宣布成立第三国际（共产国际）。

**三月九日**　李大钊在《每周评论》上发表《新旧思潮之激战》。

**三月十二日**　毛泽东离京去沪，送留法勤工俭学生出国，旋返湖南。

**三月十五日**　北京政府于中央公园举行"公理战胜"纪念牌坊开工

典礼。

**是日** 上海印刷工人二千人罢工。

**三月十八日** 林纾在《公言报》发表《致蔡鹤卿太史书》,攻击新文化运动。

**三月十九日至二十三日** 林纾在《新申报》发表小说《妖梦》。

**三月二十三日** 北大平民教育讲演团成立。

**四月一日** 《公言报》发表蔡元培写的《致〈公言报〉函并附答林琴南君函》。

**四月三日** 北京政府电饬各省,注意取缔"俄国过激党派"。

**四月六日** 《每周评论》第十六期,摘译《共产党宣言》第二章《无产者与共产党人》后面属于纲领的一段。

**四月八日** 南北和议继续开会。南方代表提出取消中日军事协定及参战军、停止参战借款、恢复旧国会等议题,遭北方代表反对。

**四月十一日** 全国和平联合会在上海讨论山东问题,力争收回青岛。二十日,山东召开国民请愿大会,到会十多万人。

**是日** 章宗祥自日返国,在东京车站受到中国留日学生三十余人的痛斥。

**四月十二日** 巴黎和会讨论山东问题,日本坚持继承德国在山东的权利,并以退出和会为要挟。三十日,和会议决德国在山东之权利,概让日本,且明确规定于对德和约中。五月一日,英国代表以和会所定解决山东问题办法通知中国代表。

**四月十五日** 鲁迅在《新青年》六卷四号发表《孔乙己》(实际出版时间在一九一九年七月)。

**四月二十日** 山东各界十万三千七百人在济南演武厅召开国民请愿大会。

**四月二十三日** 北京政府改北京女子师范学校为北京女子高等师范学校。

**四月二十八日** 上海《时事新报》副刊《学灯》以社会主义为题发起征文。

**四月二十九日、三十日** 巴黎和会召开英美法三国会议（日本代表应邀出席），议定《巴黎和约》关于中国山东问题之条款。

**四月三十日** 杜威抵上海。

**是月** 山东各界推派代表前往欧洲，直接向中国专使及巴黎和会请愿。

**是月** 周恩来由日返津。

**五月一日** 北京《晨报》副刊出版"劳动节纪念专号"，发表李大钊的《"五一节"May Day 杂感》。

**是日** 陆征祥密电北京政府，报告中国外交在巴黎和会失败之消息。

**是日** 北京国民外交协会议决，如果巴黎和会不能采纳中国主张，即请政府撤回代表，并决定于五月七日在中央公园召开国民大会。

**五月二日** 山东三千余工人在济南北岗子举行收回青岛演说大会。

**是日** 林长民在北京《晨报》发表《外交警报敬告国人》，证实巴黎和会中国外交失败消息。

**五月三日** 午后四时，北京国民外交协会开全体职员会，议决五月七日在中央公园召开国民大会，并电全国各省各团体同日举行。晚七时，北京大学全体学生在法科礼堂开会，高师等校代表亦参加，议决四日齐集天安门举行学生界之大示威。同时通电各省于五月七日举行游行示威运动。

**五月四日** 北京学生三千多人在天安门前集合，高呼口号，先至东交民巷，后去赵家楼胡同，举行示威游行。结果，赵家楼曹汝霖住宅被焚，章宗祥被殴。北京政府派军警镇压，捕去学生三十二人。当晚，钱能训在其私宅召集内阁紧急会议，筹商对付学生办法。

**五月五日** 北京中等以上学校实行总罢课。次日，学生联合会成立。

**五月五日、六日** 北京总商会为学生被捕事开紧急会议，决以实力赞助学生。

**五月六日** 贵州省议会电请置卖国贼于极刑。

**五月七日** 五四爱国运动迅速向各地扩展。上海于是日举行国民大会。天津、济南、太原、长沙、吉林、南京、广州、武汉、南昌等城市群众也先后集会声援北京爱国学生。此外,东京留日中国学生也在本日集队向英、美、法、俄、意各国公使馆呈书,要求将胶州湾直接交还中国。日本警察出面镇压,学生被捕及受伤多人。

**是日** 由北京女师发起,北京各女校代表集会,议商救国方法。除发电数通外,另发布通告,呼吁全国女界同胞奋起救国。

**是日** 北京政府迫于群众压力,释放全部被捕学生。

**是日** 郭钦光吐血身亡。

**五月八日** 北京政府再次颁布镇压学生运动的命令。

**五月九日** 蔡元培辞职出京。十三日,北京各大专校长齐上辞呈,力争留蔡。

**是日** 北京议会部分议员弹劾曹汝霖。南京、无锡、松江、兰陵等地及巴黎华人均开国耻纪念大会。苏州、嘉兴、嘉定等地均发生学生游行。

**五月十一日** 上海学生联合会成立。

**是日** 旅京的山东劳动者数万人于彰仪门外旷野集会,要求山东交涉,万勿签字。

**是日** 晚教育总长傅增湘离职出京。

**是日** 武汉学商两界集会,商议支持北京五四运动的办法。南昌、杭州等地学生游行。广州、吉林等地召开国民大会。

**五月十二日** 山东济宁学界展开爱国活动,本日成立学界联合会。

**五月十三日** 南北议和再次破裂。本日,南北双方议和代表均提出辞职。

**是日** 开封各校学生召开联合大会。

**五月十四日** 天津学生联合会正式成立。

**是日** 上海人力车工人,拒绝日人雇坐车辆,本日先从吴淞路一带开始,至月底已遍及全市。

**五月十五日** 《新中国》月刊在北京创刊。同年十二月十五日出版的一卷八号,载有列宁的《俄国的政党和无产阶级的任务》部分译文(郑振铎译)。

**是日** 烟台学生游行。

**五月十六日** 山东各地抵制日货。厦门学生游行。

**五月十七日** 合肥、漳州等地学生游行。武汉学生联合会成立。十八日,武汉各校学生三千余人集会游行。

**五月十八日** 北京学生五千余人举行大会,追悼郭钦光。安庆、淮安、南通等地学生游行。

**五月十九日** 北京各专门以上十八所学校学生再次罢课。次日,各中学学生也一律罢课。罢课学生组成北京学生护鲁义勇队。

**五月二十日** 孙中山著作《孙文学说》出版。

**是日** 北京、武汉等地商界议决抵制日货办法。

**五月二十一日** 上海《新闻报》载山东第五师全体士兵一万零八十名敬告全国同胞电,电中呼吁全国一致共御外侮,速除国贼。

**是日** 徐世昌免李长太步军统领职,令王怀庆署理(七月三十一日正式任王为步军统领)。

**五月二十三日** 天津、济南中等以上学校罢课。

**是日** 北京警察厅查封学生联合会刊物《五七》日刊。二十四日,封闭北京《益世报》(因转载山东第五师全体士兵告全国同胞电),并逮捕该报主编。二十五日,北京政府严令制止散发传单、集众游行、演讲。

**五月二十四日** 山东益都各界召开有城乡人民九千五百余人参加的国民大会。保定学生罢课。

**五月二十五日** 天津女界爱国同志会成立。

**五月二十六日** 上海中等以上学校学生两万多人,一律罢课。

**五月二十七日** 济南各女子学校八百人,在女师风雨操场召开联合大会。

**五月二十八日** 湖南学生联合会在长沙成立。苏州学生罢课。

**五月二十九日** 南京、杭州、安庆等地学生罢课。

**五月三十日** 福州、开封、南昌、宁波等地学生罢课。

**是月** 《新青年》六卷五号,即"马克思研究号",刊载李大钊的《我的马克思主义观》(实际出版时间在一九一九年九月)。

**六月一日** 武汉学生走出校门去街头讲演,遭军警阻击,学生受伤多人,造成"六一"大惨案。

**六月三日**　北京学生在街头讲演,被捕一百七十余人;四日,又被捕七百余人。

**是日**　长沙各校学生罢课。

**六月四日**　上海、天津学生联合会分别急电全国,援救北京被捕学生。

**是日**　北京十五校女生一千多人结队到总统府请愿。

**六月五日**　上海工人开始罢工,要求释放学生,罢免曹、章、陆。各地工人纷纷响应。

**是日**　上海商人罢市,声援学生运动。南京、宁波、厦门、芜湖、苏州、常州、镇江、无锡、扬州等地也陆续罢市。

**六月六日**　徐世昌令胡仁源署北京大学校长。

**六月八日**　戴季陶、沈玄庐等主编的《星期评论》创刊(该刊于一九二〇年六月停刊)。

**六月九日**　天津各界四万余人(一说两万余人)召开公民大会。六月十日,天津商界第一次罢市;十二日,第二次罢市。

**是日**　杭州罢市。

**六月十日**　天津工人酝酿大罢工。天津总商会急电北京政府。徐世昌被迫下令准曹汝霖、章宗祥、陆宗舆三人辞职。

**是日**　济南商界开始罢市。

**六月十一日**　陈独秀起草的《北京市民宣言》向北京政府提出取消中日密约等五项要求。同日,陈独秀走上街头,散发《宣言》,在"新世界"游艺场被暗探逮捕入狱。

**是日**　汉口、唐山、安庆等地商人罢市。

**六月十二日**　武昌、九江等地商人罢市,唐山、九江等地工人罢工。

**六月十三日**　徐世昌准钱能训辞职,令财政总长龚心湛暂代国务总理。

**是日**　徐世昌任徐树铮为西北筹边使;二十四日,又令徐兼西北边防总司令。

— 607 —

**六月十六日** 全国学生联合会于上海大东旅社开成立会。十八日开选举会,北京代表段锡朋任会长,上海代表何葆仁任副会长。

**六月十七日** 山东各界代表自本日起连续在省议会开会,议组请愿团去京。二十日晨,请愿团赴京,至新华门上请愿书。

**六月十八日** 天津各界联合会成立。

**六月二十二日** 全国和平联合会通电全国,历数安福系祸国殃民罪行。

**六月二十七日** 北京学、商两界代表三百余人,求见徐世昌,请勿签字。

**六月二十八日** 在全国群众和旅欧学生、工人的强大压力下,中国代表拒绝在《巴黎和约》上签字。

**是月** 上海《民国日报》增辟《觉悟》副刊。

**七月一日** 少年中国学会在北京正式成立,并创办《少年中国》月刊。

**七月七日** 旅沪山东协会发出通电,历数安福国会卖国罪行。自八日起,天津、云南、四川、安徽、江西等地各团体和全国学生联合会亦先后发出通电,要求封禁安福俱乐部。

**七月九日** 湖南各界联合会成立。

**七月十四日** 毛泽东主编的《湘江评论》创刊,该刊第二、三、四期发表毛泽东的著名论文《民众大联合》。

**七月二十日** 徐世昌令裁撤督办参战事务处,改设督办边防事务处,令段祺瑞督办边防事务。

**七月二十日** 胡适在《每周评论》三十一号上发表《多研究些问题,少谈些主义》。八月十七日,李大钊在该刊三十五号上发表了针锋相对的《再论问题与主义》。

**七月二十一日** 周恩来主编的《天津学生联合会报》创刊。

**七月二十二日** 全国学生联合会发表《终止罢课宣言》。

**七月二十五日** 苏俄政府向中国人民及南北政府发出《俄罗斯苏维埃联邦社会主义共和国对中国人民和中国南北政府的宣言》(即《第一次

对华宣言》）。这个宣言于一九二〇年四月间在中国报刊上公开发表后，受到中国人民的欢迎。

**七月三十日**　徐世昌免胡仁源署北京大学校长职。

**八月一日**　孙中山在上海创办《建设》杂志，该志自创刊号起，连载孙著《实业计划》。

**八月五日**　济南镇守使马良枪杀爱国回民马云亭、朱秀林、朱春祥三人。

**八月六日**　周恩来针对马良暴行，在《天津学生联合会报》发表《黑暗势力（一）》一文，提出推倒安福派。

**八月十日**　张敬尧解散湖南学生联合会。

**八月十四日**　四川留法勤工俭学生陈毅等六十一人，自沪乘船赴法。

**八月十六日**　中华博物学会成立。

**八月十九日至二十一日**　《南京学生联合会日刊》连载张闻天所写的《社会问题》一文。该文文末介绍了《共产党宣言》中的十条纲领。

**八月二十三日**　山东、北京、天津各界代表齐集新华门，要求惩办马良。

**八月二十四日**　《新生活》周刊在北京创刊，李大钊曾为该刊撰写时评等短文，达六十余篇。

**八月三十日**　《每周评论》被北洋政府封禁。

**九月一日**　北京高师附中学生赵世炎等发起成立少年学会。

**是日**　《解放与改造》半月刊在上海创刊。

**九月十一日**　北京大学校长蔡元培抵京。

**九月十五日**　徐世昌宣告对德战争状态停止，晋授段祺瑞大勋位。

**九月十六日**　天津觉悟社成立。

**九月二十四日**　徐世昌准代国务总理龚心湛辞职，令陆军总长靳云鹏代国务总理。

**九月二十七日**　上海各界联合会成立。

**是月**　天津南开学校增设大学部，是为南开大学之始，由张伯苓任校长。

**十月十日** 中华革命党正式改组为中国国民党。

**是日** 北京、天津学生利用庆祝共和纪念日,广泛展开"劳工神圣""推翻专制""打倒军阀"等新思想宣传。当天,天津警察打伤学生多人。

**十月十八日** 孙中山在上海寰球中国学生会发表《救国之急务》之演说。

**十月二十三日** 《北京大学日刊》发表毛泽东寄邓中夏的《问题研究会章程》。

**十月三十一日** 留法勤工俭学生李富春、张昆弟等一百五十人,自沪乘船去法。

**十一月一日** 郑振铎、王统照等编辑的《曙光》杂志在北京创刊(一九二一年六月终刊)。

**是日** 北京政府接收自一九〇〇年被美军占领之北京正阳门城楼。

**是日** 鲁迅在《新青年》六卷六号发表《我们现在怎样做父亲》。

**十一月五日** 北京政府任命靳云鹏为国务总理。

**十一月十日** 全国各界联合会在沪成立。

**十一月十一日至十二月四日** 《广东中华新报》上连载了杨匏安所写的《马克斯主义》一文(共十九天次)。

**十一月十四日** 长沙妇女赵五贞在花轿中自刎。

**十一月十六日** 日本帝国主义挑起福州事件。

**十一月十八日** 广州学生因屡次要求当局严惩镇压学生之魏邦平(广东警务处长兼广州警察厅长)均无结果,今日起中等以上各校一律罢课。

**十一月二十八日** 福建督军兼省长李厚基宣布福州紧急戒严。

**十一月二十九日** 北京男女学生三万人集会天安门,声讨日本帝国主义在福州暴行。在此前后,各地各团体均纷纷集合游行,声讨日帝暴行,并提出解决闽事主张。

**十二月一日** 全国学联就闽案电各地学联,请"每日多派学生游行演说"。

**是日** 李大钊在《新潮》二卷二号发表《物质变动与道德变动》。

**是日**　《闽星》半月刊在福建漳州创刊。

**十二周四日**　王光祈在北京《晨报》发表《城市中的新生活》。

**十二月七日**　北京各界十万人在天安门前开国民大会,声讨日帝在福州的暴行。

**十二月十八日**　湖南请愿团到北京,要求北京政府罢免督军张敬尧。

**十二月二十四日**　冯国璋在北京病死。

**十二月二十九日**　周恩来等主编的《觉悟》杂志创刊。

## 一九二〇年

**一月一日**　王光祈等在北京组织"工读互助团"。

**一月四日**　黎锦熙到北长街九十九号福佑寺往访在这里主办平民通讯社的毛泽东。

**一月六日**　天津国民大会通电全国声讨安福系。

**一月十八日**　毛泽东在陶然亭与邓中夏等辅社在京友人聚会,并摄影留念。

**一月十九日**　驻京日使向北京政府外交部提出山东问题,要求直接交涉。全国各界各团体纷起反对。

**一月二十九日**　天津学生为检查日货被镇压事,向省长请愿,又遭军警残酷镇压。周恩来等四人被拘捕。三十一日以后,北京、上海、南京、唐山等地群众团体纷纷通电和举行游行示威,支持天津学生运动。

**一月下旬**　梁启超自法归国,抵上海。

**二月五日**　陈独秀在武汉讲演,题为:《社会改造的方法与信仰》。七日晚,北上返京。旋即由李大钊护送出京转上海。

**二月九日**　国务总理靳云鹏慑于全国爱国运动高涨,是日起不到院办公。外交总长陆征祥亦于十三日辞职。

**二月十五日**　《改造》月刊二卷四号出版,特辟"社会主义研究"一栏。打着研究社会主义旗号,反对马克思列宁主义在中国的传播。

**是月**　北京大学破例招收女生九名入文科旁听。随后,又正式招收女生。

**三月**　李大钊、邓中夏、黄日葵、高君宇等发起成立北京大学马克斯（思）学说研究会。

**四月**　共产国际代表威金斯基在北京会见李大钊,旋经李大钊介绍至上海同陈独秀会见。

**五月一日**　中国人民初次隆重纪念国际劳动节。上海五千余工人召开世界劳动节纪念大会。广州、香港一千余工人在广州举行纪念大会。江西九江召开纪念会,参加示威游行的工人达三千余人。北京大学五百多学生和工友召开纪念五一劳动节大会。李大钊主持会议并发表演说。北大学生还有组织的上街演讲,并出动汽车散发《五月一日劳动宣言》。《新青年》第七卷第六期出版"劳动纪念号",李大钊发表《五一运动史》,陈独秀发表《劳动者的觉悟》。

**五月四日**　北京学生三千余人在北京大学召开五四运动纪念大会。广州、九江、济南、常州等地学生也纷纷集会纪念五四运动一周年。

**五月二十六日**　湘南战争开始。

**五月三十一日**　吴佩孚部撤防,二十七日过长沙,本日抵武汉。

**六月十一日**　张敬尧由长沙逃跑,次日湘军占长沙。

**七月一日**　北京政府停付俄国庚子赔款。

**七月六日**　冯玉祥率部由湖南常德等处退至湖北境。

**七月十四日**　直皖战争爆发。皖系旋即战败。

**七月十九日**　共产国际在莫斯科举行第二次代表大会。列宁在会上作《民族和殖民地问题提纲》的报告。

**是月**　毛泽东在长沙创办文化书社,九月九日正式营业。

**八月九日**　徐世昌再任靳云鹏为国务总理。

**八月十二日**　粤军总司令陈炯明在漳州誓师声讨桂系。十月二十九日,攻克广州。

**八月十四日**　曹锟、张作霖由津入京。

**八月十五日**　《劳动界》周刊在上海创刊。

**八月十六日**　天津觉悟社在北京陶然亭和北京的少年中国学会等社

团开座谈会,并筹备"改造联合"。参加陶然亭会议者有李大钊、周恩来、刘清扬、邓文淑(颖超)等。

**八月十三日和九月十六日** 蔡和森在法国给毛泽东写了两封关于中国革命问题的信。

**八月二十二日** 俄罗斯研究会在长沙成立。

**八月二十六日** 苏俄远东共和国代表优林等抵京。

**夏** 中国共产党发起组在上海成立。

**九月一日** 《新青年》杂志八卷一号发表陈独秀的《谈政治》。

**九月五日** 梁启超等创设"讲学社",邀请各国学者来华讲学。

**九月二十一日** 朱执信因调解虎门驻军与东莞民军纠纷,遇难。

**九月二十四日** 沙俄驻京公使库达摄夫声称"本人使华之任务业已结束"。沙俄使馆及各地领事馆自本日起取消。二十五日,北京政府收回天津俄租界;二十八日,收回汉口俄租界。

**九月二十七日** 苏俄政府发表第二次对华宣言。

**十月三日** 《劳动者》周刊在广州创刊。

**十月十二日** 罗素来华讲学,本日抵上海。

**十月十六日** 瞿秋白以北京《晨报》记者名义去苏俄。

**十月三十一日** 苏俄外交人民委员齐切林致函孙中山,表达对孙的敬意,并建议恢复中俄商业关系。一九二一年六月,孙中山在广州接到了这封信。同年八月,孙复信向列宁致以敬意,并希望和莫斯科的朋友获得接触。

**是月** 在李大钊等领导下,北京共产主义小组成立。

**十一月一日** 陈炯明抵广州。广州军政府任陈为广东省长兼粤军总司令。

**十一月七日** 《共产党》月刊在上海出版。

**是日** 勤工俭学生周恩来等一百九十七人,启程赴法。

**十一月二十日** 英、美、法、日四国政府发表声明,宣告新银行团成立。

**十一月二十一日** 上海机器工会在上海开成立大会。

**是日** 黄爱、庞人铨在长沙组织的"湖南劳动工会"成立。

**是月** 北京社会主义青年团成立。高君宇任书记。

**十一月二十五日** 孙中山偕伍廷芳、唐绍仪等离沪去粤。二十八日，经香港抵广州。二十九日，重组军政府。

**十一月二十九日** 北京政府外交总长颜惠庆接见苏俄代表优林。

**十二月五日** 广东省长兼粤军总司令陈炯明电邀陈独秀去广东"整顿"教育。十五日，陈独秀自上海赴广州，任广东省教育委员会委员长。

**十二月十五日** 张东荪在《改造》三卷四号发表《现在与将来》。

**是月** 上海印刷工会成立，工人加入工会者一千六百多人。

**是年 十二月一日和次年一月二十一日** 毛泽东写了《关于中国革命问题致蔡和森等同志的信》，完全同意蔡和森提出的建党思想。

**是年** 据不完全统计，全国各地罢工六十四次，人数约五万人。

## 一九二一年

**一月一日** 长辛店劳动补习学校正式开学。

**是日** 北京、浦口间开行直达快车。

**一月十八日** 英美法日四国正式照会北京政府，四国新银行团成立。

**是月** 沈雁冰、郑振铎、孙伏园等在北京成立文学研究会。

**二月十一日** 上海法捕房以新青年社出售《阶级斗争》等书，"言词激烈"，将该社强行封闭。

**二月十五日** 梁启超在《改造》三卷六号发表《复张东荪书论社会主义运动》。

**二月二十八日** 留法勤工俭学生发起"二·二八"运动，四百多名勤工俭学生在巴黎举行示威游行，到驻法公使馆要求解决入学和救济金问题。

**三月四日** 开滦煤矿一千余工人举行罢工。

**三月六日** 中华海员工业联合会在香港成立。

**三月十四日** 北京大学等八校教职员为抗议当局积欠经费，举行罢工。十五日,北京国立专门以上学校教职员代表联合会成立,马叙伦任主席。四月八日,北京八所高校教职员全体辞职。三十日,北京政府被迫接受八校教职员要求。

**三月十六日** 北京社会主义青年团决定派何孟雄参加少共国际代表大会。

**三月三十日** 广州千余妇女集会,要求男女平权。

**是月** 共产国际代表马林来华。

**四月六日** 陈嘉庚创办厦门大学。

**四月七日** 广东非常国会议决废除军政府,通过中华民国政府组织大纲。十日选举孙中山为非常大总统。五月五日,孙中山在广州就任非常大总统。

**五月一日** 北京长辛店一千多工人举行纪念劳动节大会,并示威游行。五日,长辛店工人俱乐部成立。

**是日** 上海、长沙、广州等地工人也展开纪念活动。

**是日** 李达在《新青年》九卷一号发表《讨论社会主义并质梁任公》。

**五月十四日** 北京政府内阁改组,靳云鹏复任国务总理(此为靳第三次任总理)。

**五月十六日** 北京八校教职员因北京政府开空头支票,再次辞职。

**五月十八日** 优林离北京返赤塔,旋任远东共和国外交部长。

**是月** 彭湃在广东海丰县向农民宣传并发起组织农会。

**六月三日** 北京八所国立学校教职员和十五所大中小学学生联合请愿,被卫兵用枪柄、刺刀击伤十余人。

**六月七日** 孙中山致电北京八校教职员,欢迎全体来粤。

**七月十三日** 北京政府被迫提出解决教育风潮五项办法。

**六月十八日** 孙中山下令讨伐桂系军阀陆荣廷。

**六月二十六日** 粤军占领梧州。

**七月十二日** 教育部通令各地速设女子中学或于相当学校附设女子中学部。

**七月二十三日至三十一日** 中国共产党第一次全国代表大会在上海

召开。大会通过了中国共产党的党纲,通过了当前实际工作的决议。从此,在中国出现了完全新式的、以共产主义为目的、以马克思列宁主义为行动指南的、统一的工人阶级政党。大会选举陈独秀为中央局书记。

# 修订版后记

　　冬去春来，物转星移，"五四"的八十周年就要到来了。拙著《五四运动史》出版于五四运动六十五周年，至今将届十五个年头。该书自出版以来，海内外的专家、学者及广大读者，给予很多的鼓励，也指出若干谬误。现乘再版之际，将该书作了一次认真的修订。所谓"认真"，也就是细读该书，将明显的谬误一一订正、将多余的空话尽量删去而已。

　　多年以来，自己虽也不断发表过一些研究性的论文，自觉稍有新意，但这些论文已散见于报刊、杂志并结集在《五四研究》一书中，因而在此就不一一列举了。

　　"五四"是一个常新的话题。不论就爱国运动来说，或就新文化运动来说，它的精神都是值得永久继承和发扬的。

　　"板凳须坐十年冷，文章不写一句空"，是自己奉行的治学格言。回顾冗往，可以说已为"五四"的研究坐了半个世纪的"冷板凳"，但空话仍感不少，何止一句？检讨起来，真是愧对前师。我今年已七十有四，如果余生尚有精力，当再争取一次补过的机会。

彭　明

1998年2月于中国人民大学

林园五四书屋